Annalen Der Physik, Volume 45

Anonymous

ANNALEN

DER

PHYSIK UND CHEMIE.

———

BAND XXXXV.

ANNALEN

DER

PHYSIK

UND

CHEMIE.

HERAUSGEGEBEN ZU BERLIN

VON

J. C. POGGENDORFF.

FÜNF UND VIERZIGSTER BAND.

DER GANZEN FOLGE HUNDERT EINUNDZWANZIGSTER.

NEBST VIER KUPFERTAFELN.

LEIPZIG, 1838.

VERLAG VON JOHANN AMBROSIUS BARTH.

ANNALEN

DER

PHYSIK

UND

CHEMIE.

—

HERAUSGEGEBEN ZU BERLIN

VON

J. C. POGGENDORFF.

ANNALEN

DER

PHYSIK

UND

CHEMIE.

ZWEITE REIHE.

HERAUSGEGEBEN ZU BERLIN

VON

J. C. POGGENDORFF.

FUNFZEHNTER BAND.

NEBST VIER KUPFERTAFELN.

LEIPZIG, 1838.

VERLAG VON JOHANN AMBROSIUS BARTH.

Inhalt

des Bandes XXXXV der Annalen der Physik und Chemie.

Erstes Stück.

Zweites Stück.

Nachweis zu den Kupfertafeln.

Die meteorologischen Tafeln von diesem Jahre mußten fortgelassen werden, weil die Zahl der festgestellten Bogen bereits überschritten war; sie werden bei nächster Gelegenheit mitgetheilt werden.

1838. **ANNALEN** *№. 9.*

DER PHYSIK UND CHEMIE.

BAND XXXXV.

I. *Ueber die elektrische Verzögerungskraft und
das elektrische Erwärmungsvermögen der Metalle; von* Peter Riefs.

Bei meinen früheren Untersuchungen über die Erwärmung von Drähten durch die elektrische Entladung [1])
bestanden die veränderlichen Theile des Schliefsungsbogens stets aus demselben Metalle. Der Ausdruck für die
Temperaturerhöhung T einer cylindrischen Stelle von der
Länge l und dem Radius r, wenn zum Schliefsungsbogen
ein Draht von der Länge λ und dem Radius ρ hinzugesetzt, und die Gröfse der Batterie mit s, die in ihr enthaltene Elektricitätsmenge mit q bezeichnet wird, fand sich:

$$T = \frac{a}{r^4}\left(\frac{1}{1+\dfrac{b\lambda}{\rho^2}}\right)\frac{q^2}{s}.$$

Die beiden Constanten a und b hangen, wie sich schon
aus oberflächlichen Versuchen ersehen läfst, von dem
Stoffe der bezüglichen Drähte ab; a also von dem Metalle des untersuchten Theils des Schliefsungsbogens, b
von dem Metalle des hinzugesetzten Drahtes. Wir wollen deshalb statt a ay, statt b bx setzen und a und b
als neue Constanten ansehen, die von Stoff und Dimensionen der Drähte unabhängig sind. Es ist unsere Aufgabe, sowohl die Werthe von y und x für die einzelnen Metalle, als auch, und zwar hauptsächlich, ihre mög-
liche Abhängigkeit von einander zu bestimmen; es mag

---

1) Poggend. Ann. Bd. XXXX. S. 335, Bd. XXXXIII. S. 47. Um
unnöthige Wiederholungen (Beschreibung der Apparate, unwesent-
liche Formeln u. s. f.) vermeiden zu können, habe ich diese beiden
Abhandlungen als bekannt voraussetzen müssen.

y das *elektrische Erwärmungsvermögen, x* die *elektrische Verzögerungskraft* der Metalle heifsen. Diese kurzen Bezeichnungen algebraisch bestimmter Gröfsen bedürfen als solche keiner weiteren Rechtfertigung; ich füge
indefs einige Worte über die Bezeichnung der Gröfse *x*
hinzu. Man schliefse eine elektrische Batterie durch einen beliebig zusammengesetzten Metallbogen, führe einen
Theil desselben durch die Kugel eines Luftthermometers,
und beobachte die Erwärmung dieses eingeschlossenen
Theils bei der Entladung gleicher elektrischen Anhäufungen, je nachdem ein entfernter Theil des ganzen Bogens
aus dem einen oder dem anderen Metalle besteht. Die
Formel:

$$T = \frac{ay}{r^4}\left(\frac{1}{1 + \frac{b x \lambda}{\varrho^2}}\right)\frac{q^2}{s} \dots\dots\dots (1)$$

in welcher bei der beschriebenen Anordnung der Versuche alle Gröfsen bis auf *x* constant bleiben, zeigt, welchen Einflufs wir den verschiedenen Metallen auf die
Aenderung der Erwärmung des Drahtes im Thermometer
zuschreiben. Denken wir uns nun die elektrische Batterie durch eine voltaische Säule, das Thermometer durch
eine dem Drahte nahe gestellte Magnetnadel ersetzt, und
ändern wir wiederum nur das Metall eines entfernten
Theils des Schliefsungsbogens, so wird der Magnetismus
des untersuchten Theils geändert und unsere Formel ist
für diesen speciellen Fall anwendbar, indem das allein
veränderliche *x* den Einflufs der Metalle auf den Magnetismus des Schliefsungsdrahts angiebt. Hier nun werden
die bisher ermittelten Werthe von *x Leitungswiderstände*
(umgekehrte Werthe der Leitungsfähigkeiten) der Metalle genannt, und man könnte fragen, warum ich nicht
diese bereits eingeführte Bezeichnung auch für unsere
Untersuchung beibehalten habe. Es ist indefs bei der
Erwärmung des Schliefsungsdrahts, sowohl durch die galvanische Säule, wie durch die elektrische Batterie, Lei-

tungswiderstand von allen Beobachtern in einer anderen, und zwar sehr verschiedenen, Bedeutung gebraucht worden. Theils nämlich hat man den Leitungswiderstand mit der Erwärmung T, theils (bei veränderlichem y) mit dem Werthe y, theils endlich, sonderbar genug, mit der Thermometeränderung selbst, aus der erst T berechnet werden muſs, in Proportionalität angenommen. Keine dieser Annahmen trifft die Gröſse x; ich habe deshalb derselben eine neue unzweideutige Bezeichnung „Verzögerungskraft" gegeben, die mir nebenbei, wenn es nach Analogie zu schlieſsen erlaubt ist, nicht unpassend gewählt zu seyn scheint.

1) Formeln zur Berechnung der Verzögerungskraft und des Erwärmungsvermögens der Metalle.

Um die Verzögerungskraft x der Metalle zu bestimmen, stellte ich folgende Versuche an. In dem Schlieſsungsbogen der elektrischen Batterie wurde ein Platindraht, 59''',25 lang, angebracht, der sich in der Kugel des früher beschriebenen Luftthermometers befand. Auſserdem enthielt der Schlieſsungsbogen einen Henley'schen Auslader, in dessen Kegelklemmen ein Draht von dem zu untersuchenden Metalle in beliebiger Länge befestigt wurde. Da bei allen Versuchsreihen über die Erwärmung des Platins in diesem zusammengesetzten Schlieſsungsbogen der Draht im Thermometer derselbe blieb, so kann in Formel (1) statt der wirklichen Erwärmung T des Platindrahts die ihr proportionale Thermometeränderung gesetzt werden. Wir nehmen an, daſs, als ein Platindraht von Länge λ und Radius ϱ in den Kegelklemmen des Ausladers befestigt war, die elektrische Anhäufung $\frac{q^2}{s} = 1$ eine Thermometeränderung $= \theta$ bewirkte; man hat in diesem Fall, da $\frac{ay}{r^4}$ constant ist und $= a'$ gesetzt werden kann,

$$bx = \left(\frac{a'}{\theta} - 1\right)\frac{\varrho^2}{\lambda}.$$

Wird in den Kegelklemmen ein Draht eines anderen Me-talles von der Länge λ, dem Halbmesser ϱ, eingeschaltet, so erhält man gleicherweise, wenn die beobachtete Ther-mometeränderung mit $\theta_{(1)}$ bezeichnet wird,

$$bx_{,} = \left(\frac{a'}{\theta_{(1)}} - 1\right)\frac{\varrho_{,}^2}{\lambda_{,}}.$$

Daher, die Verzögerungskraft x für Platin $=1$ gesetzt, die Verzögerungskraft des untersuchten Metalles

$$x_{,} = \left(\frac{a'}{\theta_{(1)}} - 1\right)\frac{\varrho_{,}^2}{\lambda_{,}} \text{ dividirt durch } bx \ldots (2)$$

Die Werthe von a' und bx, die allen Versuchen zu Grunde gelegt werden, wurden durch die folgenden drei Beobachtungsreihen bestimmt. In der Ueberschrift der Tabelle wird, wie in der Folge überall, zuerst das im Thermometer befindliche Metall und seine Drahtlänge ge-stellt, sodann in Klammern das im Auslader befindliche Metall mit seiner Länge. Die Kugeln der Maafsflasche waren zur Verkleinerung des Residuum in die Entfernung von $\frac{1}{2}'''$ gestellt, aber erst zwei Entladungen wurden zur Einheit der Elektricitätsmenge genommen. q ist Mittel aus zwei Beobachtungen.

Platin 59''',25 [Platin 34''',67]
$$\theta = 1{,}37\frac{q^2}{s}.$$

s.	3.		4.		5.	
$\frac{q}{s}$	beob.	Θ ber.	beob.	Θ ber.	beob.	Θ ber.
3	4,8	4,1				
4	7,7	7,3	5,7	5,5	4,8	4,4
5	10,6	11,5	8,6	8,6	7,2	6,9
6	15,1	16,4	11,5	12,3	9,5	9,9
7			15,4	16,8	12,6	13,4

Platin 59,25 [Platin 87,62]

$$\theta = 1{,}01\frac{q^2}{s}.$$

s.	3.		4.		5.	
q	beob.	θ ber.	beob.	θ ber.	beob.	θ ber.
3	3,8	3,0				
4	5,8	5,4	4,5	4,0		
5	8,4	8,4	6,5	6,3	5,3	5,1
6	10,8	12,1	8,6	9,1	7,0	7,3
7			11,4	12,4	9,2	9,9
8					11,7	12,9

Platin 59,25 [Platin 143,5]

$$\theta = 0{,}79\frac{q^2}{s}.$$

s.	3.		4.		5.	
q	beob.	θ ber.	beob.	θ ber.	beob.	θ ber.
4	4,6	4,2				
5	6,5	6,6	5,2	4,9	4,2	4,0
6	9,0	9,5	7,2	7,1	5,8	5,7
7	12,0	12,9	9,4	9,8	7,5	7,7
8			11,5	12,6	9,8	10,1

Wir haben allgemein:

$$\frac{b\,x}{\varrho^2} = \frac{1}{\lambda}\left(\frac{a'}{\theta} - 1\right),$$

worin die beiden Constanten $\dfrac{b\,x}{\varrho^2}$ und a' sich aus zwei Beobachtungsreihen bestimmen lassen. Man erhält:

	a'	$\dfrac{b\,x}{\varrho^2}$
aus Reihe 1 und 2	1,787	0,008780
1 - 3	1,788	0,008807
2 - 3	1,792	0,008843
Mittel	1,789	0,008810.

Die Mittel stellen die Beobachtungen sehr gut dar.

$$\theta = \frac{1,789}{1 + 0,00881\,\lambda}.$$

Reihe	θ beobachtet.	θ berechnet.	Differenz.
1.	1,37	1,3703	— 0,0003
2.	1,01	1,0096	+ 0,0004
3.	0,79	0,7901	— 0,0001.

Eine directe Beobachtung von a', die bei Einschaltung eines sehr kurzen und dicken Drahtes gemacht wurde, hatte, beiläufig bemerkt, den Werth 1,78 gegeben. Durch Multiplication mit dem Quadrate des Halbmessers des Platindrahtes, der weiter unten angegeben ist, erhält man:

$$\log b\,x = 5,17018,$$

und daher nach Formel (2) den logarithmischen Ausdruck zur Berechnung der Verzögerungskraft irgend eines Metalles:

$$\log x_i = \log\left[(1,789 - \theta_{(1)})\varrho_i{}^2\right] - \left[\log \theta_{(1)}\lambda_i + 5,17018\right] \dots (3)$$

Statt der Marke am Fuße der Buchstaben soll, der Deutlichkeit wegen, das chemische Zeichen des angewandten Metalls gestellt werden. Die eingeklammerte Marke bei θ zeigt an, daß $\theta_{(1)}$ die Thermometeränderung ist, wenn das angedeutete Metall sich im Auslader befindet; im Thermometer selbst ist alsdann in allen Fällen derselbe Platindraht, $59''',25$ lang rad. $0''',04098$, ausgespannt.

Das relative elektrische Erwärmungsvermögen eines Metalles wird durch zwei Versuchsreihen bestimmt, von welchen die schon zur Ermittelung der Verzögerungskraft angestellte die eine ist. Es sey, um ein Beispiel zu wählen, die Verzögerungskraft des Bleies bestimmt worden durch eine Versuchsreihe, wo sich Platin im Thermometer, Blei im Henley'schen Auslader befand. Wir haben also den Werth $\theta_{(pb)}$ schon gefunden. Man vertausche nun die Drähte, so daß sich Blei im Thermometer, Platin im Auslader befindet, und suche in einer neuen Versuchsreihe den Werth θ_{pb}, womit die Thermometeränderung, die der Bleidraht unmittelbar verursacht, bezeichnet wird. Aus diesen beiden Werthen, den Dimensionen der beiden Drähte und den Constanten des angewandten Thermometers, lassen sich die wirklichen Erwärmungen der Drähte auf die früher gezeigte Weise berechnen. Es sey die Erwärmung des Platins T die des Bleies T_{pb}. Da in beiden Versuchsreihen der ganze Schließsungsbogen unverändert blieb, auch die elektrische Anhäufung $=1$ gesetzt wurde, so ist in Formel (1) der zweite und dritte Faktor constant, es ist:

$$T_{pb}=\frac{a\,y_{pb}}{r_{pb}^{\;4}} \qquad T=\frac{a\,y}{r^{4}},$$

wo r_{pb} den Halbmesser des Bleidrahtes, r den des Platindrahtes bezeichnet. Es ist daher, wenn wir y, das Erwärmungsvermögen des Platins, zur Einheit wählen, das Erwärmungsvermögen des Bleies:

$$y_{pb}=T_{pb}\,r_{pb}^{\;4} \text{ dividirt durch } Tr^{4}.$$

Um aus den beobachteten Werthen θ_{pb} und $\theta_{(pb)}$ die zugehörigen Werthe T_{pb} und T zu berechnen, gebrauchen wir die zu diesem Zwecke gegebene Formel (siehe dies. Annal. Bd. XXXXIII. S. 50). Bei dem zu den folgenden Versuchen gebrauchten Thermometer [1] war: Volumen der Kugel 22668 Kub. Lin., Inhalt derselben in Skaleneinheiten 188404. Man hat daher die Erwärmung T_i eines Drahtes, wenn seine Länge l_i sein Halbmesser r_i, das spec. Gew. seines Stoffes g_i die Wärmecapacität desselben C_i ist, nach der Formel zu berechnen:

$$\log T_i = 7{,}90447 + \log (B_i+1) + \log \theta_i$$
$$\log B_i = 0{,}22126 - \log g_i\,C_i\,l_i\,r_i^{\;2} = A_i - \log l_i\,r_i^{\;2}.$$

Das numerische Glied des ersten Ausdrucks kann, da es im Zähler und Nenner der obigen Formel vorkommt,

---

1) Es war an diesem Instrumente die Verbesserung angebracht, daß die Oeffnungen der Metallansätze der Kugel und die durchgehenden Metallstücke vierkantig waren. Hierdurch wurde die Drehung des Drahtes beim Festspannen ohne Weiteres verhindert.

fortgelassen werden. Das Glied A_i ändert sich mit dem Metalle des Drahts im Thermometer; ich gebe seine Werthe und zugleich die Logarithmen von $C_i g_i$, die zur Berechnung derselben dienen und die wir in der Folge wieder gebrauchen werden.

	A.	*log C g.*
Blei	0,69787	9,52339
Eisen	0,29057	93069
Gold	0,46013	76113
Kupfer	0,29567	92559
Messing	0,23922	98204
Nickel	0,26996	95130
Platin	0,40190	81936
Silber	0,45545	76581
Zinn	0,64757	57369.

Die Berechnung der Erwärmung des Platindrahtes T kommt bei jedem einzelnen Metalle vor, sie betrifft aber stets denselben Draht, dessen Länge und Dicke bereits angegeben worden. Es ist für diesen Platindraht:

$$log\ T r^4 = 5,87121 + log\ \theta_{(1)},$$

während für den anderen Metalldraht:

$$log\ T_i r_i^4 = log\ (B_i + 1) + log\ \theta_i r_i^4$$
$$log\ B_i = A_i - log\ l_i r_i^2,$$

wonach das Erwärmungsvermögen des Metalles gegen das des Platins:

$$y_i = \frac{T_i r_i^4}{T r^4} \quad \cdots \cdots \quad (4)$$

leicht gefunden ist.

Die Drähte, die zu den folgenden Versuchen gebraucht wurden, hatte mir Hr. Hensel in Berlin höchst bereitwillig in seiner Manufaktur ziehen lassen. Das destillirte Zink konnte, trotz der angewandten Mühe, nicht in Drahtform gebracht werden. Die Drähte blieben in dem Zustande, in den sie das Ziehen versetzt hatte; obgleich angeblich durch dasselbe Loch gezogen, waren sie 'nicht gleich dick. Folgende sind die Logarithmen ihrer Halbmesser, nach steigender Größe geordnet, wie sie durch Messung am Schraubenmikrometer unter dem Mikroskope ermittelt wurden:

	log. des Halbmessers.
Gold	8,59476
Cadmium	60364
Silber	60599
Platin	61260
Palladium	61821
Zinn	62011
Blei	62087
Eisen	62237
Kupfer	62275
Nickel	62325
Messing	63009.

Der Golddraht hat merklich den kleinsten Halbmesser, wodurch die Bemerkung Baudrimont's bestätigt wird, daß unter den Metallen nur Gold ohne Kraftanwendung wieder durch dasselbe Loch gezogen werden kann, aus dem es hervorgegangen. Cadmium und Silber nähern sich in dieser Eigenschaft dem Golde.

2) Verzögerungskraft und Erwärmungsvermögen der Metalle.

Nickellegirung.

Platin 59,25 [Nickel 71,8]

$$\theta = 0,78\frac{q^2}{s}.$$

$s.$	3.		4.		5.	
q	beob.	θ ber.	beob.	θ ber.	beob.	θ ber.
4	4,5	4,2				
5	6,6	6,5	5,1	4,9		
6	9,7	9,4	7,0	7,0	5,6	5,6
7	12,3	12,7	9,2	9,6	7,6	7,6
8			11,4	12,5	10,1	10,0
9					12,4	12,6

Nickel 71,8 [Platin 59,25]

$$\theta = 2,14 \frac{q^2}{s}.$$

$s.$	3.		4.		5.	
q	beob.	Θ ber.	beob.	Θ ber.	beob.	Θ ber.
3	6,9	6,4				
4	11,7	11,4	9,1	8,6		
5	18,0	17,8	13,4	13,4	11,2	10,7
6	25,1	25,7	18,5	19,3	15,0	15,4
7			25,6	26,2	20,3	21,0
8					26,4	27,4

Wir haben hier:

$$\theta_{ni} = 2,14 \qquad \theta_{(ni)} = 0,78 \qquad l_{ni} = 71,8.$$

Man sieht aus diesen Zeichen, dafs zum Schliefsungsdraht, der den constanten Platindraht von 59''',25 Länge enthielt, ein 71''',8 langer Nickeldraht hinzugesetzt war; dafs in der Versuchsreihe, wo Platin im Thermometer war, sich die Aenderung des Thermometers 0,78 ergab, in der anderen Reihe aber, wo Nickel im Thermometer war, 2,14. Da jedes q Mittel aus zwei Beobachtungen ist, so wird jedes θ hier und in der Folge aus 24 Beobachtungen abgeleitet. Der Halbmesser des Drahtes war 0''',04191. Setzt man die angegebenen Werthe in die Formel (3) ein, so erhält man:

die Verzögerungskraft $x = 2,139,$

ferner durch die Formel (4):

das Erwärmungsvermögen $y = 1,795.$

Von einem ähnlichen Drahte wurde ein Stück, 48''',79 lang, geglüht; sein Halbmesser war dadurch etwas vergröfsert worden und betrug jetzt 0''',04247.

Platin 59,25 [Nickel 48,79]

$$\theta = 0{,}97\frac{q^2}{s}.$$

$s.$	3.		4.		5.	
q	beob.	Θ ber.	beob.	Θ ber.	beob.	Θ ber.
4	5,8	5,2				
5	8,5	8,1	6,5	6,0		
6	11,3	11,6	8,4	8,7	7,5	7,0
7	15,2	15,9	11,2	11,9	9,1	9,5
8			14,5	15,5	12,0	12,4
9					15,0	15,7

Nickel 48,79 [Platin 59,25]

$$\theta = 1{,}83\frac{q^2}{s}.$$

$s.$	3.		4.		5.	
q	beob.	Θ ber.	beob.	Θ ber.	beob.	Θ ber.
3	5,9	5,5				
4	9,8	9,8	7,8	7,3		
5	14,8	15,3	11,6	11,4	9,5	9,2
6	21,0	22,0	16,6	16,5	13,0	13,2
7			21,7	22,4	17,4	17,9
8					22,2	23,4

Mit den Werthen:

$$\theta_{ni} = 1{,}83 \qquad \theta_{(ni)} = 0{,}97 \qquad l_{ni} = 48{,}79$$

erhält man für den geglühten Draht:

Verzögerungskraft $\quad x = 2{,}110$

Erwärmungsvermögen $\; y = 1{,}829.$

Der hier angewandte Draht rührte aus dem Nachlasse eines Chemikers her, wo er als Nickeldraht bezeichnet war. Er wurde aber vom Magnete nicht gezogen und enthielt Zink und Kupfer in bedeutender Menge. Ich habe die Versuche mit diesem aus Nickel, Zink, Kupfer in unbekannten Verhältnissen zusammengesetzten Draht hier aufgeführt, weil sie die höchsten Werthe der Verzögerungskraft x, die überhaupt vorkamen, ergaben. Die

Werthe des Erwärmungsvermögens y können, da sie mit spec. Gewicht und Wärmecapacität des reinen Nickels berechnet sind, nicht richtig seyn, und diefs läfst sich schon aus den Zahlen selbst schliefsen, wie sich in der Folge zeigen wird.

Blei.

Platin 59,25 [Blei 38,5]

$$\theta = 1,20\frac{q^2}{s}.$$

$s.$	3.		4.		5.	
q	beob.	θ ber.	beob.	θ ber.	beob.	θ ber.
3	4,0	3,6				
4	6,6	6,4	4,9	4,8		
5	10,2	10,0	7,5	7,5	6,0	6,0
6	13,5	14,4	10,9	10,8	9,3	8,6
7			13,8	14,7	11,8	11,8
8					14,0	15,3

Blei 38,5 [Platin 59,25]

$$\theta = 1,12\frac{q^2}{s}.$$

$s.$	3.		4.		5.	
q	beob.	θ ber.	beob.	θ ber.	beob.	θ ber.
3	3,8	3,4				
4	6,0	6,0	4,4	4,5		
5	8,8	9,3	7,0	7,0	5,4	5,6
6	12,2	13,4	10,6	10,1	8,3	8,1
7			12,9	13,7	10,8	11,0
8					14,5	14,3

Nach der ersten Versuchsreihe fand sich der Bleidraht um 0'''',33 verkürzt, er wurde daher durch einen neuen von der früheren Länge ersetzt.

Mit den Werthen:

$$\theta_{pb} = 1,12 \qquad \theta_{(pb)} = 1,20 \qquad l_{pb} = 38,5$$

geben die Formeln (3) und (4):

Verzögerungskraft des Bleies $x_{pb} = 1,503$

Erwärmungsvermögen $\qquad y_{pb} = 2,876.$

Eisen.

Platin 59,25 [Eisen 68]

$$\theta = 1{,}19\frac{q^2}{s}.$$

q	3. beob.	Θ ber.	4. beob.	Θ ber.	5. beob.	Θ ber.
3	3,8	3,6				
4	6,5	6,3	5,2	4,8		
5	9,4	9,9	7,8	7,4	6,5	6,0
6	12,6	14,3	10,6	10,7	8,9	8,6
7			13,5	14,6	11,5	11,7
8					14,3	15,2

Eisen 68 [Platin 59,25]

$$\theta = 1{,}17\frac{q^2}{s}.$$

q	3. beob.	Θ ber.	4. beob.	Θ ber.	5. beob.	Θ ber.
3	4,0	3,5				
4	6,5	6,2	4,8	4,7		
5	9,5	9,7	7,6	7,3	6,1	5,9
6	12,9	14,0	10,5	10,5	8,4	8,4
7			13,2	14,3	11,0	11,7
8					14,5	15,0

Aus den Werthen:

$$\theta_{fe} = 1{,}17 \qquad \theta_{(fe)} = 1{,}19 \qquad l_{fe} = 68$$

findet man:

Verzögerungskraft des Eisens $x_{fe} = 0{,}8789$

Erwärmungsvermögen $\qquad y_{fe} = 0{,}7080.$

Messing.

Platin 59,25 [Messing 99,8]

$$\theta = 1{,}23\frac{q^2}{s}.$$

q	3. beob.	Θ ber.	4. beob.	Θ ber.	5. beob.	Θ ber.
3	3,8	3,7				
4	6,6	6,6	5,0	4,9		
5	9,7	10,3	8,0	7,7	6,5	6,2
6	14,5	14,8	11,1	11,1	9,0	8,9
7			14,9	15,1	11,7	12,1
8					15,0	15,7

Messing 99,8 [Platin 59,25]

$$\theta = 1,01\frac{q^2}{s}.$$

q	3. beob.	Θ ber.	4. beob.	Θ ber.	5. beob.	Θ ber.
3	3,5	3,0				
4	5,5	5,4	4,1	4,0		
5	8,3	8,4	6,1	6,3	5,0	5,1
6	11,7	12,1	8,9	9,1	7,3	7,3
7			11,5	12,4	9,9	9,9
8					12,1	12,9

Es ist:

$$\theta_{or} = 1,01 \qquad \theta_{(or)} = 1,23 \qquad l_{or} = 99,8$$

und hieraus:

Verzögerungskraft des Messings $x_{or} = 0,5602$
Erwärmungsvermögen $y_{or} = 0,3861$.

Kupfer.

Platin 59,25 [Kupfer 141,6]

$$\theta = 1,51\frac{q^2}{s}.$$

q	3. beob.	Θ ber.	4. beob.	Θ ber.	5. beob.	Θ ber.
3	4,9	4,5				
4	8,5	8,1	6,3	6,0		
5	12,6	12,6	9,5	9,4	7,6	7,6
6	17,6	18,1	13,2	13,6	10,9	10,9
7			17,4	18,5	14,5	14,8
8					18,9	19,3

Kupfer 141,6 [Platin 59,25]

$$\theta = 0,46\frac{q^2}{s}.$$

q	3. beob.	Θ ber.	4. beob.	Θ ber.	5. beob.	Θ ber.
5	4,1	3,8				
6	5,4	5,5	4,7	4,1		
7	7,1	7,5	6,0	5,6	4,7	4,5
8	8,6	9,8	7,4	7,4	6,0	5,9
9			8,6	9,3	7,5	7,6
10					8,4	9,2

$$\theta_{cu} = 0.46 \qquad \theta_{(cu)} = 1.51 \qquad l_{cu} = 141.6$$

Daher

Verzögerungskraft des Kupfers $x_{cu} = 0.1552$
Erwärmungsvermögen $\qquad y_{cu} = 0.1133$.

Gold.

Platin 59,25 [Gold 125]

$$\theta = 1.48 \frac{q^2}{s}.$$

	s.	3.		4.		5.	
q		beob. Θ	ber.	beob. Θ	ber.	beob. Θ	ber.
3		4,7	4,4				
4		7,7	7,9	6,0	5,9		
5		12,0	12,3	9,5	9,3	7,5	7,4
6		17,5	17,8	13,6	13,3	11,4	10,7
7				17,2	18,1	14,3	14,5
8						19,0	18,9

Gold 125 [Platin 59,25]

$$\theta = 0.61 \frac{q^2}{s}.$$

	s.	3.		4.		5.	
q		beob. Θ	ber.	beob. Θ	ber.	beob. Θ	ber.
4		3,4	3,3				
5		5,2	5,1	3,9	3,8		
6		7,4	7,3	5,6	5,5	4,4	4,2
7		9,0	10,0	7,4	7,5	6,2	6,0
8				9,8	9,8	7,9	7,8
9						9,4	9,9

Die Werthe:

$$\theta_{au} = 0.61 \qquad \theta_{(au)} = 1.48 \qquad l_{au} = 125$$

ergeben

Verzögerungskraft des Goldes $x_{au} = 0.1746$
Erwärmungsvermögen $\qquad y_{au} = 0.2112$

Silber.

Platin 59,25 [Silber 110,08]

$$\theta = 1,62\frac{q^2}{s}.$$

s.	3.		4.		5.	
q	beob.	θ ber.	beob.	θ ber.	beob.	θ ber.
3	5,3	4,9				
4	8,3	8,6	6,7	6,5		
5	13,5	13,5	10,4	10,1	8,3	8,1
6	19,2	19,4	14,8	14,6	11,5	11,7
7			20,0	19,8	14,6	15,9
8					19,7	20,7

Silber 110,08 [Platin 59,25]

$$\theta = 0,34\frac{q^2}{s}.$$

s.	3.		4.		5.	
q	beob.	θ ber.	beob.	θ ber.	beob.	θ ber.
6	4,0	4,1				
7	5,5	5,6	4,6	4,2	3,4	3,3
8	6,8	7,3	5,8	5,4	4,5	4,4
9	8,0	9,2	6,5	6,9	5,6	5,5
10			8,3	8,5	7,1	6,8

Es ist:

$$\theta_{ag} = 0,34 \qquad \theta_{(ag)} = 1,62 \qquad l_{ag} = 110,08$$

und hiernach:

Verzögerungskraft des Silbers $x_{ag} = 0,1043$

Erwärmungsvermögen $\qquad y_{ag} = 0,1267$

Nickel.

Platin 59,25 [Nickel 61,8]

$$\theta = 1,11\frac{q^2}{s}.$$

s.	3.		4.		5.	
q	beob.	θ ber.	beob.	θ ber.	beob.	θ ber.
3	3,8	3,3				
4	6,2	5,9	4,7	4,4		
5	9,3	9,3	7,1	6,9	5,5	5,5
6	12,9	13,3	9,9	10,0	7,9	8,0
7			13,1	13,6	10,4	10,9
8					13,3	14,2

Nickel

Nickel 61,8 [Platin 59,25]

$$\theta = 1{,}28\frac{q^2}{s}.$$

$s.$	3.		4.		5.	
q	beob.	Θ ber.	beob.	Θ ber.	beob.	Θ ber.
3	4,5	3,3				
4	7,0	6,8	5,2	5,1		
5	10,1	10,7	7,9	8,0	6,5	6,4
6	14,4	15,4	11,3	11,5	9,3	9,2
7			14,9	15,7	12,2	12,5
8					15,9	16,4

Diefs Nickel war von Gersdorf in Wien. Mit den Werthen:

$$\theta_{ni} = 1{,}28 \qquad \theta_{(ni)} = 1{,}11 \qquad l_{ni} = 61{,}8$$

findet man:

Verzögerungskraft des Nickels $x_{ni} = 1{,}180$

Erwärmungsvermögen $y_{ni} = 0{,}8727.$

Zinn.

Platin 59,25 [Zinn 48]

$$\theta = 1{,}25\frac{q^2}{s}.$$

$s.$	3.		4.		5.	
q	beob.	Θ ber.	beob.	Θ ber.	beob.	Θ ber.
3	4,0	3,8				
4	6,5	6,7	5,2	5,0		
5	10,2	10,4	8,0	7,8	6,5	6,3
6	14,7	15,0	10,8	11,3	9,2	9,0
7			14,7	15,3	12,2	12,3
8					15,8	16,0

Zinn 48 [Platin 59,25]

$$\theta = 0{,}89\frac{q^2}{s}.$$

$s.$	3.		4.		5.	
q	beob.	Θ ber.	beob.	Θ ber.	beob.	Θ ber.
3	2,9	2,7				
4	4,6	4,8	3,8	3,6		
5	7,2	7,4	6,0	5,6	4,7	4,5
6	9,5	10,7	7,7	8,0	6,5	6,4
7			10,0	10,9	8,6	8,7
8					11,2	11,4

Daher:

$$\theta_{sn}=0{,}89 \qquad \theta_{(sn)}=1{,}25 \qquad l_{sn}=48$$

Verzögerungskraft des Zinns $x_{sn}=1{,}053$

Erwärmungsvermögen $\qquad r_{sn}=1{,}570.$

Palladium.

Platin 59,25 [Palladium 65,3]

$$\theta=1{,}21\frac{q^2}{s}.$$

q	3.		4.		5.	
	beob.	θ ber.	beob.	θ ber.	beob.	θ ber.
3	3,8	3,6				
4	6,6	6,5	5,2	4,8		
5	10,0	10,1	7,9	7,6	6,1	6,0
6	14,0	14,5	10,7	10,9	8,7	8,7
7			14,4	14,8	11,4	11,9
8					14,6	15,5

Da die Wärmecapacität des Palladiums nicht bekannt ist, so konnte das elektrische Erwärmungsvermögen desselben nicht gefunden werden. Diefs gilt auch für die folgenden Metalle, von denen wir daher nur die eine Beobachtungsreihe, in der sich Platin im Thermometer befand, mittheilen. Die Werthe $\theta_{(pd)}=1{,}21$ $l_{pd}=65{,}3$ geben Verzögerungskraft des Palladiums $x_{pd}=0{,}8535$. Das Metall war nicht ganz silberfrei.

Cadmium.

Platin 59,25 [Cadmium 84,9]

$$\theta=1{,}36\frac{q^2}{s}.$$

q	3.		4.		5.	
	beob.	θ ber.	beob.	θ ber.	beob.	θ ber.
3	4,4	4,1				
4	7,5	7,3	5,6	5,4		
5	11,3	11,3	8,9	8,5	6,7	6,8
6	15,9	16,3	12,0	12,2	9,9	9,8
7			16,5	16,7	13,2	13,3
8					16,3	17,4

Das Metall war von **Hermann** in Schönebeck und sehr rein. Aus den Werthen $\theta_{(cd)} = 1{,}36$ $l_{cd} = 84{,}9$ findet man Verzögerungskraft des Cadmiums $x_{cd} = 0{,}4047$.

Neusilber.

Platin 59,25 [Neusilber 58,4]

$$\theta = 0{,}92 \frac{q^2}{s}.$$

$s.$	3.		4.		5.	
q	beob.	θ ber.	beob.	θ ber.	beob.	θ ber.
3	3,1	2,8				
4	5,0	4,9	3,7	3,7		
5	7,5	7,7	5,7	5,8	4,6	4,6
6	10,3	11,0	8,0	8,3	6,5	6,6
7			10,8	11,3	9,2	9,0
8					11,7	11,8

Der Draht war aus der Fabrik von **Henniger** in Berlin, sein Halbmesser $0'''{,}04004$. Es ist $\theta = 0{,}92$ $l = 58{,}4$ und daher Verzögerungskraft des Neusilbers $x = 1{,}752$.

Die Resultate dieser Versuche, nach steigender Verzögerungskraft geordnet, sind in der folgenden Tafel zusammengestellt.

Tafel A. Werthe der elektrischen Verzögerungskraft und des elektrischen Erwärmungsvermögens der Metalle, Platin zur Einheit genommen.

	Verzögerungskraft. $x.$	Erwärmungsvermögen. $y.$
Silber	0,1043	0,1267
Kupfer	0,1552	0,1133
Gold	0,1746	0,2112
Cadmium	0,4047	
Messing	0,5602	0,3861
Palladium	0,8535	
Eisen	0,8789	0,7080
Platin	1,	1,

	Verzögerungskraft.	Erwärmungsvermögen.
	x.	y.
Zinn	1,053	1,570
Nickel	1,180	0,8727
Blei	1,503	2,876
Neusilber	1,752.	

Die erste Zahlenreihe giebt das Verhältnifs an, in welchem Drähte von denselben Dimensionen aber verschiedenen Stoffes die Entladung einer elektrischen Batterie verzögern; die zweite Reihe das Verhältnifs der Temperaturerhöhungen, welche verschiedenartige Drähte derselben Dicke erfahren, wenn sie, Ende an Ende hinter einander befestigt, zugleich eine elektrische Batterie entladen. Berechnet man die umgekehrten Werthe der Verzögerungskräfte, so erhält man eine Reihe, von der wir weiter unten eine interessante Bedeutung anzugeben haben. Diese Reihe läfst sich aufserdem mit den von anderen Beobachtern durch die Magnetnadel ermittelten Werthen der Leitungsfähigkeit der Metalle vergleichen; wir wollen in ihr, zur Erleichterung dieser Vergleichung, den Werth für Kupfer gleich 100 setzen.

Tafel B. Umgekehrte Werthe der elektrischen Verzögerungskraft der Metalle, Kupfer = 100 gesetzt.

		$\dfrac{15,52}{x}$
	Silber	148,74
	Kupfer	100,
	Gold	88,87
	Cadmium	38,35
	Messing	27,70
	Palladium	18,18
	Eisen	17,66
	Platin	15,52
	Zinn	14,70
	Nickel	13,15
	Blei	10,32
	Neusilber	8,86.

Es war mir auffallend, dafs ein künstliches Metall, Messing, eins von den Beispielen abgiebt, wo die von Anderen gefundenen Werthe unter sich und mit meiner Angabe nahe übereinkommen. Lenz fand für Messing 29,33, Ohm 28,0, Pouillet 26,28, im Mittel also 27,8, mit dem oben gefundenen 27,7 übereinstimmend.

3) Abhängigkeit des elektrischen Erwärmungsvermögens von der Verzögerungskraft.

Eine Vergleichung der in Tafel A. gegebenen Werthe des Erwärmungsvermögens und der Verzögerungskraft zeigt, dafs zwischen diesen beiden Functionen vom Stoffe des Schliefsungsbogens eine directe Beziehung nicht stattfindet. Es konnte diefs schon aus meinen früheren Versuchen über den Einflufs der Dimensionen des Drahtes auf seine Erwärmung geschlossen werden, da dort die frei gewordenen Wärmemengen in einem constanten Verhältnisse zur Verzögerung der Entladung standen. Wir wollen daher hier die ermittelten relativen Temperaturerhöhungen in Wärmemengen verwandeln, wie diefs geschieht, wenn wir sie einzeln mit Cg, dem Producte der Wärmecapacität in das specifische Gewicht des bezüglichen Metalles, multipliciren. Da wir wiederum den Werth für Platin zur Einheit nehmen, so haben wir noch alle Werthe durch Wärmecapacität und specifisches Gewicht des Platins zu dividiren.

	Verzögerungskraft.	
	x.	yCg.
Silber	0,1043	0,1120
Kupfer	0,1552	0,1447
Gold	0,1746	0,1847
Messing	0,5602	0,5616
Eisen	0,8789	0,9148
Platin	1,	1,
Zinn	1,053	0,8917
Nickel	1,180	1,182
Blei	1,503	1,455.

Die Uebereinstimmung der beiden Reihen ist so grofs, wie sie überhaupt bei diesen Versuchen und bei Rechnungen mit nur annähernd richtigen Werthen erwartet werden kann. Die schon an sich schwankenden Werthe der Wärmecapacität und des specifischen Gewichts werden um so unrichtiger angenommen seyn, je unreiner das angewandte Metall war, und umgekehrt wird das Nichtübereinstimmen der Werthe von x und yCg auf eine Unreinheit des Metalles schliefsen lassen. Die Ungenauigkeit wird alsdann nicht nur das Product yCg, sondern auch den einzelnen Werth von y treffen, indefs die Berechnung des Werthes x frei von jeder Prämisse ist. Wer daher vollkommen chemisch reine Stoffe besitzt, der kann das elektrische Erwärmungsvermögen der Metalle mit gröfserer Schärfe bestimmen, wenn er dasselbe aus ihrer Verzögerungskraft, die sich immer leicht experimentell ermitteln läfst, nach dem folgenden Satze berechnet, der durch die aufgeführten Versuche vollkommen bewiesen ist.

Das relative elektrische Erwärmungsvermögen eines Metalles wird gefunden, wenn man die elektrische Verzögerungskraft desselben durch seine Wärmecapacität und sein specifisches Gewicht dividirt.

4) Allgemeine Formeln über die Erwärmung des Schliefsungsbogens der elektrischen Batterie.

Man befestige beliebig abgemessene Drähte aus den untersuchten Metallen hinter einander, lasse ferner eine Stelle dieser Kette offen und schliefse dieselbe in einzelnen Versuchen mit einem beliebigen Drahte. Entladet man mit diesem zusammengesetzten Schliefsungsbogen eine elektrische Batterie, so löset die, Seite 2 gegebene, Formel (1) alle Fragen, die in Betreff der Erwärmung eines continuirlichen Theils des Bogens gemacht werden können. Jene Formel enthält aber noch das Erwärmungsvermögen y des Metalles, das nach dem so eben aufgestellten Satze eliminirt werden kann. Man hat nämlich allgemein in Rücksicht auf beliebig angenommene Einheiten:

$$x = y\, C g,$$

wo C die Wärmecapacität, g das specifische Gewicht des betrachteten Metalles bedeutet, die Formel wird daher:

$$T = \frac{a\, x'}{r^4 C g} \left(\frac{1}{1 + \frac{b\, x\, \lambda}{\varrho^2}} \right) \frac{q^2}{s} \ \ . \ \ . \ \ . \ \ . \ \ \text{(I)}$$

und diefs ist die allgemeinste über die Temperaturzunahme einer continuirlichen Stelle eines zusammengesetzten Schliefsungsbogens durch die elektrische Entladung. Die Verzögerungskraft x im Zähler ist mit einer Marke bezeichnet, da sie nicht nothwendig mit der Verzögerungskraft im Nenner gleichzeitig denselben Werth annimmt. Hat man durch vorläufige Versuche über die Erwärmung eines Drahtes in dem zusammengesetzten Schliefsungsbogen die Constanten a und b bestimmt, wobei die Werthe von x und dem Producte $C g$ für Platin allen übrigen Werthen als Einheit zu Grunde gelegt werden, so ist mit Hülfe der ersten Spalte der Tafel A die Erwärmung jedes continuirlichen Theils des Schliefsungsbogens durch irgend eine elektrische Entladung leicht zu berechnen. Die Wärmemenge W, die in diesem Theile, dessen Länge l, dessen Radius r ist, frei wird, läfst sich nach der Formel bestimmen:

$$W = \frac{a'\, x'\, l}{r^2} \left(\frac{1}{1 + \frac{b\, x\, \lambda}{\varrho^2}} \right) \frac{q^2}{s} \ \ . \ \ . \ \ . \ \ . \ \ \text{(II)}$$

eine Formel, die merkwürdig durch ihre Symmetrie ist. Sie giebt den folgenden allgemeinen Satz:

In irgend welchen mit einander verbundenen Metalldrähten, die zugleich eine elektrische Batterie entladen, werden Wärmemengen frei, die genau proportional den Verzögerungen sind, welche diese Drähte einzeln irgend einer elektrischen Entladung verursachen würden.

Der hier betrachtete Fall eines zusammengesetzten Schliefsungsbogens ist der theoretisch einfachste und lehrreichste; im Experimente kommt aber gewöhnlich der complicirtere Fall vor, wo ein einziger Draht zur Schliefsung der Batterie benutzt und verändert wird. Die Erwärmung in Drähten, die einzeln eine Batterie schliefsen, wird nach obigen Formeln leicht gefunden, wenn man $x'=x$, $l=\lambda$, $r=\varrho$ setzt. Man hat daher die Erwärmung T eines Drahtes von der Länge λ, vom Radius ϱ, wenn die Verzögerungskraft seines Metalles x, das specifische Gewicht desselben g, die Wärmecapacität C, und ferner die Gröfse der Batterie s, ihre Elektricitätsmenge q ist:

$$T=\frac{a}{\varrho^2\, C g}\left(\frac{1}{\frac{\varrho^2}{x}+b\lambda}\right)\frac{q^2}{s}\ \ .\ .\ .\ . \quad (III)$$

Die in dem Drahte frei gewordene Wärmemenge erhält den sehr einfachen Ausdruck:

$$W=\frac{a}{\frac{\varrho^2}{x\lambda}+b}\cdot\frac{q^2}{s}\ \ .\ .\ .\ .\ . \quad (IV)$$

Besitzt man von den Metallen Drähte gleicher Dicke, und wählt man die Länge derselben im umgekehrten Verhältnifs ihrer Verzögerungskraft, so bleibt die letzte Formel bei gleichen elektrischen Anhäufungen für alle Metalle constant. Entladet man daher eine elektrische Batterie durch 148,7 Zoll Silberdraht, oder durch 88,8 Zoll Golddraht, oder durch 15,5 Zoll Platin-, oder durch 8,8 Zoll Neusilberdraht, oder u. s. f. (siehe Tafel B Seite 20), so werden diese Drähte durch die Entladung sehr verschiedene Temperaturerhöhungen erleiden. Denkt man sich aber die Drähte nach dem Versuche mit Eis umgeben, so werden sie alle, wenn sie zu ihrer anfänglichen Temperatur abgekühlt sind, genau dieselbe Menge Eis geschmolzen haben.

II. *Ueber die Sonnenwärme, das Strahlungs-und Absorptionsvermögen der atmosphäri-schen Luft, und die Temperatur des Welt-raums; von Hrn. Pouillet.*

(Ein in den *Comtes rendus* enthaltener und vom Verfasser mitgetheilter Auszug der Abhandlung.)

Die Gegenstände dieser Abhandlung sind: die Menge der in einer gegebenen Zeit senkrecht auf eine gegebene Fläche einfallenden Sonnenwärme; — der Antheil dieser Wärme, der bei senkrechtem Durchgang durch die Atmosphäre absorbirt wird; — das Gesetz der Absorption für verschiedene Schiefen; — die innerhalb eines Jahres von der Sonne auf die Erde gelangende totale Wärme-menge; — die in jedem Augenblick von der gesammten Oberfläche der Sonne ausgesandte totale Wärmemenge; — die Elemente, welche man kennen müfste, um zu wissen, ob die Masse der Sonne von Jahrhundert zu Jahrhundert allmälig erkalte, oder ob es eine Ursache gebe, bestimmt, die unaufhörlich entweichenden Wärme-mengen zu ersetzen; — die absolute Wärmemenge, aus-gesandt von einem Körper, dessen Oberfläche, Tempera-tur und Strahlungsvermögen bekannt sind; — die Gesetze der Erkaltung eines Körpers, der seine Wärme verliert, ohne welche zu empfangen; — die allgemeinen Bedin-gungen des Gleichgewichts der Temperatur eines Kör-pers, der durch eine der Atmosphäre analoge diather-mane Hülle geschützt wird; — die Ursache des Erkaltens der oberen Luftschichten; — das Gesetz dieser Erkal-tung; — die Temperatur des Weltraums; — die überall auf der Erdoberfläche zu beobachtende Temperatur, falls die Sonne nicht wirkte; — die aus der Sonnenwärme entspringende Temperatur-Erhöhung; — das Verhältnifs der Wärmemengen, welche die Erde von der Sonne und dem Weltraum, oder von allen anderen Himmelskörpern empfängt.

Es ist schwierig, die Gesammtheit dieser Untersuchungen kurz aufzuzählen; ich muſs mich also entschuldigen, sowohl wegen der Länge dieses Auszugs, als wegen der Kürze, mit welcher mehre Sätze darin aufgestellt sind. Ich muſs auch bedauern, daſs ich hier keine weitere Entwicklungen geben, und besonders die früheren Arbeiten über diesen Gegenstand, namentlich die von Laplace, Fourier und Poisson, nicht auseinandersetzen kann.

I. Ich habe die Menge der Sonnenwärme auf drei verschiedene Weisen zu bestimmen versucht: 1) mittelst des in den beiden ersten Ausgaben meiner *Elemens de Physique et de Météorologie* beschriebenen Apparats; — 2) mittelst des directen *Pyrheliometers,* und 3) mittelst des *Linsen-Pyrheliometers.*

Das *directe Pyrheliometer* sieht man Taf. I. Fig. 1 abgebildet. Das Gefäſs *v* ist sehr dünn, von Silber oder plattirtem Silber, einem Decimeter Durchmesser und 14 bis 15 Millimetern Höhe. Es enthält ungefähr 100 Grm. Wasser. Der Stöpsel, welcher das Thermometer im Gefäſs befestigt, sitzt in einer Metallröhre, die an ihren Enden von zwei Ringen *c, c'* gehalten wird und darin verschiebbar ist, so daſs, wenn der Knopf *b* gedreht wird, sich auch der ganze Apparat um die Axe des Thermometers dreht und das Wasser im Gefäſs in beständige Bewegung geräth und in seiner ganzen Masse eine recht gleichförmige Temperatur erlangt. Die Scheibe *d,* welche den Schatten des Gefäſses auffängt, dient zur Orientirung des Instruments. Diejenige Oberfläche des Gefäſses, welche die Sonnenwirkung empfängt, ist mit Kienruſs sorgfältig geschwärzt.

Der Versuch geschieht auf folgende Weise. Vorausgesetzt, daſs das Wasser im Gefäſs ungefähr die Tempe-

ratur der Umgebung besitze, stelle man das Instrument
im Schatten auf, doch sehr nahe dem Ort, wo es den
Sonnenschein empfangen soll, und zwar so, dafs es ein
gleiches Stück vom Himmel (wie nachher) übersehe; dort
zeichne man vier Minuten lang, von Minute zu Minute,
seine Erwärmung oder Erkältung auf. Während der fünften Minute stelle man es hinter einen Schirm und orien-
tire es so, dafs, wenn man am Ende dieser Minute, welche die fünfte ist, den Schirm fortnimmt, die Sonnenstrahlen senkrecht auf dasselbe einfallen. Alsdann, im Sonnenschein, zeichne man fünf Minuten lang, von Minute zu
Minute, seine sehr rasche Erwärmung auf und halte sorgfältig das Wasser fortwährend in Bewegung. Am Ende
der fünften Minute schiebe man den Schirm wieder vor,
bringe das Instrument in seine frühere Stellung und beobachte wieder fünf Minuten lang seine Erkaltung.

Sey R die Erwärmung, welche das Instrument während der fünf Minuten im Sonnenschein erfährt, r und
r' die Erkaltungen desselben während der fünf vorhergehenden und der fünf nachfolgenden Minuten, so ist
leicht zu ersehen, dafs die von der Sonnenwärme bewirkte Temperatur-Erhöhung t ist:

$$t = R \cdot \frac{r + r'}{2}.$$

Sey d der Durchmesser des Gefäfses, ausgedrückt
in Centimetern, p das Gewicht des darin enthaltenen
Wassers, ausgedrückt in Grammen, und p' das Gewicht
des Gefäfses und des darin versenkten Theils vom Thermometer, diefs Gewicht reducirt auf das, was es für eine
specifische Wärme gleich Eins seyn würde, so sieht
man, dafs die beobachtete Temperatur-Erhöhung t einer
Wärmemenge

$$t(p + p')$$

entspricht. Diese Wärmemenge fiel in fünf Minuten auf
Fläche $= \frac{1}{4} \pi d^2$; jede Flächen-Einheit empfing also wäh-

rend fünf Minuten: $\dfrac{4\,(p+p')}{\pi\,d^2}\,t$, und während Einer Minute:

$$\frac{4\,(p+p')}{5\,\pi\,d^2}\,t.$$

Für mein Instrument beträgt diese in Einer Minute von jedem Quadratcentimeter empfangene Wärme:

$$0{,}2624\,t.$$

Das *Linsen-Pyrheliometer* besteht aus einer Linse von 24 bis 25 Centimetern Durchmesser und einer Brennweite von 60 bis 70 Centimetern, in deren Brennpunkt sich ein Gefäfs von Silber oder plattirtem Silber mit ungefähr 600 Gramm Wasser befindet. Die Form des Gefäfses und die Stellung der Linse sind so gewählt, dafs die Strahlen für jede Höhe der Sonne senkrecht einfallen, sowohl auf die Linse, als auf die zu ihrer Auffangung und Absorption bestimmte Seite des Gefäfses.

Die Versuche werden wie mit dem vorhin beschriebenen Apparat angestellt, und die in Einer Minute auffallende Wärmemenge durch eine analoge Formel bestimmt. Nur giebt es hier noch eine Correction mehr für die von der Linse absorbirte Wärmemenge; diese Berichtigung geschieht durch Vergleich der mit dem directen und dem Linsen-Apparat erhaltenen Resultate. Unter den von mir versuchten Linsen absorbirte die, welche am wenigsten verschluckte, noch ein Achtel der einfallenden Wärme.

Die Anwendung des Linsen-Pyrheliometers ist nothwendig, wenn man die Versuche nicht bei ruhiger Luft machen kann. Wenn der Wind nicht stark ist, hat er auf die fünf Minuten lange Erkaltung einer Masse von mehr als 600 Grammen Wasser, die nicht mehr als 4 bis 5 Grad über die Temperatur der Umgebung erwärmt ist, nur wenig Einflufs, so dafs die Berichtigung immer ziemlich klein bleibt.

II. Die folgende Tafel enthält fünf Beobachtungsreihen, welche eine hinlängliche Idee von dem Gange

des directen Pyrheliometers geben werden. Die beobachteten Temperatur-Erhöhungen sind in der dritten Spalte
enthalten; weiterhin werden wir zeigen, wie die Zahlen
der zweiten und vierten Spalte erhalten wurden.

Beobachtungszeit.	Dicke der Atmosphäre oder ε.	Beobachtete	Berechnete	Unterschiede.
		Temperatur-Erhöhungen.		
28. Juni 1837.				
7^h 30′ M.	1,860	3°,80	3°,69	+0,11
10^h 30′ M.	1,164	4 ,00	4 ,62	—0,62
Mittag	1,107	4 ,70	4 ,70	0
1^h	1,132	4 ,65	4 ,67	—0,02
2	1,216	4 ,60	4 ,54	+0,06
3	1,370		4 ,32	
4	1,648	4 ,00	3 ,95	+0,05
5	2,151		3 ,36	
6	3,165	2 ,40	2 ,42	—0,02
27. Juli 1837.				
Mittag	1,147	4°,90	4°,90	0
1^h	1,174	4 ,85	4 ,86	—0,01
2	1,266	4 ,75	4 ,74	+0,01
3	1,444	4 ,50	4 ,51	—0,01
4	1,764	4 ,10	4 ,13	—0,03
5	2,174	3 ,50	3 ,49	+0,01
6	3,702	3 ,35	3 ,42	—0,07
22. September 1837.				
Mittag	1,507	4°,60	4°,60	0
1^h	1,559	4 ,50	4 ,54	—0,04
2	1,723	4 ,30	4 ,36	—0,06
3	2,102	4 ,00	3 ,97	+0,03
4	2,898	3 ,10	3 ,24	—0,14
5	4,992		1 ,91	
4. Mai 1838.				
Mittag	1,191	4°,80	4°,80	0
1^h	1,223	4 ,70	4 ,76	—0,06
2	1,325	4 ,60	4 ,62	—0,02
3	1,529	4 ,30	4 ,36	—0,06
4	1,912	3 ,90	3 ,92	—0,02
5	2,603	3 ,20	3 ,22	—0,02
6	4,311	1 ,95	1 ,94	+0,01

Beobachtungszeit.	Dicke der Atmosphäre oder ε.	Beobachtete	Berechnete	Unterschiede.
		Temperatur-Erhöhungen.		

11. Mai 1838.

Beobachtungszeit.	Dicke der Atmosphäre oder ε.	Beobachtete	Berechnete	Unterschiede.
11ʰ	1,193	5°,05	5°,06	—0,01
12	1,164	5 ,10	5 ,10	0
1	1,193	5 ,05	5 ,06	—0,01
2	1,288	4 ,85	4 ,95	—0,10
3	1,473	4 ,70	4 ,73	—0,03
4	1,812	4 ,20	4 ,37	—0,17
5	2,465	3 ,65	3 ,67	—0,02
6	3,943	2 ,70	2 ,64	+0,06

III. Nachdem ich, mehre Jahre hindurch, eine ziemlich grofse Anzahl ähnlicher Reihen gesammelt hatte, versuchte ich, ein Gesetz aufzufinden, welches alle beobachteten Resultate ziemlich genau darstellen könne. Zu dem Ende berechnete ich zuvörderst die Dicke der Atmosphäre, welche die Sonnenstrahlen bei jedem Versuch zu durchdringen hatten. Diese Dicke ε wird durch folgende Formel gegeben:

$$\varepsilon = \sqrt{2rh + h^2 + r^2 \cos^2 z} - r \cos z,$$

worin r der mittlere Halbmesser der Erde, h die Höhe der Atmosphäre und z die Zenithdistanz der Sonne. Ich setzte $h = 1$ und $r = 80$.

Was die Zenithdistanz z betrifft, so zog ich vor, statt sie jedesmal durch Beobachtung der Sonnenhöhe zu bestimmen, genau die Stunde der Mitte des Versuchs zu nehmen und sie aus folgender Formel abzuleiten:

$$\cos z = \sin v \sin d + \cos v \cos d \cos H,$$

worin v die Breite des Beobachtungsortes, d die Declination der Sonne um Mittag und H der Stundenwinkel der Sonne zur Zeit des Versuchs.

Mittelst dieser beiden Formeln habe ich die Dicken der Atmosphäre in der Spalte II der vorhergehenden Tafel berechnet.

IV. Durch Vergleichung der mittelst des Pyrhelio-

meters beobachteten Temperatur - Erhöhungen mit den
entsprechenden Dicken der Atmosphäre fand ich, daſs
man die Resultate sehr gut durch die Formel

$$t = A p^s$$

darstellen könne, worin A und p zwei Constanten. Bestimmt man diese beiden Constanten durch zwei Beobachtungen aus jeder Reihe, so kommt man immer bei
allen Reihen auf denselben Werth von A zurück, und,
wenn man von einer Reihe zur andern übergeht, auf
ziemlich verschiedene Werthe von p. Es ist also A
eine fixe, vom Zustand der Atmosphäre unabhängige Constante, und p eine Constante, die bloſs für den nämlichen
Tag fix ist, von einem Tage zum andern aber nach der
mehr oder weniger vollkommenen Heiterkeit des Himmels variirt. A ist also in der Formel die *solare Constante*, oder diejenige, welche als wesentliches Element
die constante Wärmkraft der Sonne enthält, während p
die *atmosphärische Constante* ist, oder diejenige, welche
die veränderliche Fähigkeit der Atmosphäre, mehr oder
weniger groſse Antheile der einfallenden Sonnenwärme
bis zur Erde gelangen zu lassen, als wesentliches Element
enthält.

Die Versuche geben für A den Werth $= 6°,72$, und
für p die folgenden Werthe:

Tag.	p.	$1 - p$.
28. Juni	0,7244	0,2756
27. Juli	0,7585	0,2415
22. Sept.	0,7780	0,2220
4. Mai	0,7556	0,2444
11. Mai	0,7888	0,2112
Wintersolstitium	0,7488	0,2512.

Mittelst dieser Werthe von A und p und der
Formel

$$t = A p^s$$

habe ich die in der vierten Spalte der vorhergehenden

Tafel enthaltenen Resultate berechnet. Man sieht, mit welcher Genauigkeit sie alle durch die Beobachtung gegebenen Zahlen darstellen, selbst wenn die Beobachtung Dicken der Atmosphäre entspricht, die sich vermöge der Schiefe wie 1:4 verhalten. So hatten bei den Versuchen am 4. Mai die Sonnenstrahlen Mittags eine Dicke der Atmosphäre von 24 Lieues zu durchlaufen und Abends um 6 Uhr eine von 86 Lieues, und dennoch stimmt die berechnete Zahl vollkommen mit der beobachteten. Man begreift jedoch, dafs die Formel nur bei recht beständigem und gutem Wetter mit Genauigkeit einen ganzen Tag lang mit demselben Werth von p angewandt werden kann. Wenn plötzliche Aenderungen im Zustande der Atmosphäre eintreten, so erleiden die Werthe von p ebenfalls eine mehr oder weniger grofse Veränderung; davon habe ich mich durch eine grofse Masse zu allen Jahreszeiten angestellter Versuche überzeugt. Es steht selbst zu vermuthen, dafs an gewissen Orten, besonders in gebirgigen Ländern und nahe an der Meeresküste, die Werthe von p an jedem Tage periodische Veränderungen erleiden, entsprechend der Verbreitung und der Verdichtung der Dämpfe.

V. Setzt man in obiger Formel $p=1$ und $\varepsilon=0$, so findet man

$$t=6°,72,$$

d. h. das Pyrheliometer würde um 6°,72 C. steigen, wenn die Atmosphäre die gesammte Sonnenwärme durchliefse, oder wenn man das Instrument an die äufserste Gränze der Atmosphäre bringen könnte, um dort die gesammte Wärmemenge, welche die Sonne aussendet, ohne irgend einen Verlust aufzufangen. Dieser Werth von t, multiplicirt mit 0,2624, giebt

$$1,7633.$$

Diefs ist also die Wärmemenge, welche die Sonne in Einer Minute auf eine Fläche von einem Quadratcentimeter absetzt, sowohl an der Gränze der Atmosphäre, als

als auch, wenn die atmosphärische Luft nichts von den einfallenden Strahlen absorbirte, an der Oberfläche der Erde.

VI. Die vorhin gegebenen Werthe von p bezeichnen die Antheile der Sonnenwärme, welche an verschiedenen Tagen durchgelassen wurden, während die Werthe von $1-p$ die Antheile bezeichnen, welche an den nämlichen Tagen absorbirt wurden. Diese Werthe entsprechen jedoch dem Werth $\varepsilon = 1$, d. h. sie bezeichnen die Antheile der Sonnenwärme, welche an Orten, die die Sonne im Zenith hätten, durchgelassen oder absorbirt worden wären, vorausgesetzt daselbst denselben Zustand der Atmosphäre wie in Paris zur Zeit des Versuchs. Daraus folgt, dafs die Atmosphäre, bei senkrechtem Durchgang der einfallenden Wärme, wenigstens 0,21 und höchstens 0,27 von derselben absorbirt, wenn auch der Himmel vollkommen heiter ist. Ich mufs indefs, bemerken, dafs am 28. Juni, welchem die Absorption von 0,27 entspricht, ein leichter weifser Schleier am Himmel zu erkennen war. Andere Beobachtungen, deren Reihen nicht vervollständigt werden konnten, gaben mir übrigens eine Absorption von 0,18. Mithin kann man sagen, dafs die Absorption der Atmosphäre zwischen 18 und 24 oder 25 Procent falle, wenn auch am Himmel keine, die Durchsichtigkeit desselben trübende Dünste wahrnehmbar sind.

VII. Mittelst dieser Angabe und des Gesetzes, nach welchem die durchgelassene Wärme mit vermehrter Schiefe abnimmt, kann man berechnen, welcher Antheil der einfallenden Wärme in jedem Augenblick zur erleuchteten Erdhälfte gelangt, und welcher in der entsprechenden Hälfte der Atmosphäre absorbirt wird. Diese Rechnung hängt ab von einem Integral der Form:

$$c \int \frac{p^{\varepsilon}\,d\varepsilon}{\varepsilon^2}.$$

Diefs läfst sich nicht genau erhalten; allein durch

verschiedene Approximationsmethoden ist leicht zu ersehen, dafs für $p = 0,75$ der zum Boden gelangende Antheil zwischen 0,5 und 0,6 liegt, folglich der von der Atmosphäre absorbirte Antheil zwischen 0,5 und 0,4, aber sehr nahe an 0,4.

Bei allem Anschein einer vollkommenen Heiterkeit absorbirt also die Atmosphäre noch die Hälfte aller Wärmemenge, welche die Sonne auf die Erde sendet, und nur die andere Hälfte dieser Wärme gelangt zum Boden, und wird daselbst, nach der mehr oder weniger beträchtlichen Schiefe, mit welcher sie die Atmosphäre durchlaufen hat, verschiedenartig vertheilt.

VIII. Kennt man die Wärmemenge, welche die Sonne durch senkrechte Wirkung in Einer Minute auf ein Quadratcentimeter zur Erde sendet, so ist es leicht die gesammte Wärmemenge zu bestimmen, welche die ganze Kugel der Erde und der Atmosphäre in Einer Minute empfängt. Diese Wärmemenge ist nämlich diejenige, welche auf den Beleuchtungskreis fallen würde, wenn die Atmosphäre der Erde, welche von der Sonne zugleich beleuchtet und erwärmt wird, fortgenommen würde. Nun ist die Fläche des Beleuchtungskreises πR^2, also die gesammte Wärmemenge, welche sie empfängt:

$$1{,}7633 . \pi R^2.$$

Wäre diese Wärme auf alle Punkte der Erde gleichmäfsig vertheilt, so empfinge jedes Quadratcentimeter auf seinen Theil nur:

$$\frac{1{,}7633\, \pi R^2}{4\, \pi R^2} \quad \text{oder } 0{,}4408.$$

Hienach ist leicht zu ersehen, dafs die gesammte Wärmemenge, welche die Erde im Laufe eines Jahres von der Sonne empfängt, dieselbe ist, wie wenn, während dieser Zeit, durch jedes Quadratcentimeter der Gränzfläche der Atmosphäre

231675 Einheiten

einträten. Verwandelt man diese Wärmemenge in die

entsprechende Menge geschmolzenen Eises, so gelangt man zu folgendem Satz:

Wenn die gesammte Wärmemenge, welche die Erde im Laufe des Jahres von der Sonne empfängt, auf alle Punkte der Erdoberfläche gleichförmig vertheilt, und daselbst, ohne irgend einen Verlust, zur Schmelzung von Eis verwandt würde, so wäre sie fähig eine Schicht Eis zu schmelzen, welche die ganze Erde umgäbe, und eine Dicke von

30,89 Metern

oder beinahe 31 Metern hätte. Das ist der einfachste Ausdruck für die gesammte Wärmemenge, welche die Erde jährlich von der Sonne empfängt.

IX. Dasselbe Fundamental-Datum erlaubt uns eine andere Aufgabe zu lösen, die vielleicht gewagter scheint, dessen Auflösung indefs eben so einfach ist. Sie erlaubt uns die gesammte Wärmemenge zu finden, welche in einer gegebenen Zeit aus der Sonnenkugel entweicht, ohne etwas anderes vorauszusetzen, als dafs alle Theile der Sonnenkugel gleiche Wärmemengen aussenden, was bisher durch die Erfahrung bestätigt wird, da die verschiedenen Seiten, welche die Sonne vermöge ihrer Rotation uns zuwendet, keinen merkbaren Einflufs auf die Temperaturen an der Erde auszuüben scheinen.

Betrachten wir den Mittelpunkt der Sonne als den Mittelpunkt einer Kugelhülle, deren Halbmesser dem mittleren Abstande der Erde von der Sonne gleich sey, so ist klar, dafs auf dieser ungeheuren Hülle jedes Quadratcentimeter in Einer Minute genau eben so viel Wärme von der Sonne empfängt, wie das Quadratcentimeter auf der Erde, d. h. 1,7633; folglich ist die gesammte Wärmemenge, welche sie empfängt, gleich ihrer ganzen Oberfläche, ausgedrückt in Centimetern und multiplicirt durch 1,7633, oder gleich:

$$1{,}7633 \cdot 4\pi D^2.$$

Diese einfallende Wärme ist nichts anderes als die Totalsumme der Wärmemengen, welche nach allen Richtungen von der ganzen Sonnenkugel, d. h. von einer Fläche $= \pi R^2$ (wo R der Sonnenhalbmesser ist), ausgesandt werden. Jedes Quadratcentimeter sendet also seinerseits aus:

$$1{,}7633 \frac{D^2}{R^2} \quad \text{oder} \quad \frac{1{,}7633}{\sin^2 \omega}.$$

ω ist der halbe Gesichtswinkel, unter welchem die Erde die Sonne sieht, also $15' 40''$. Diefs giebt 81888. Jedes Quadratcentimeter der Sonnenoberfläche sendet also in Einer Minute aus:

84888 Wärme-Einheiten.

Verwandelt man diese Wärme in Menge schmelzenden Eises, so gelangt man zu folgendem Resultat:

Wenn die gesammte Wärmemenge, welche die Sonne aussendet, ausschliefslich verwandt würde zur Schmelzung einer Eisschicht, welche die Sonnenkugel unmittelbar und allseitig umhüllte, so wäre diese Wärmemenge im Stande in Einer Minute eine Schicht von 11,80 Meter Dicke zu schmelzen, und in Einem Tage eine Schicht von 16992 Meter oder 4,25 Lieues Dicke.

Diese Bestimmung beruht, wie man sehen kann, auf keiner Hypothese. Sie ist unabhängig von der Natur der Sonne, von den Bestandtheilen ihrer Masse, von ihrem Strahlungsvermögen, von ihrer Temperatur und ihrer specifischen Wärme. Sie ist einfach die unmittelbare Folgerung aus den best festgestellten Sätzen über die strahlende Wärme, und aus der Zahl, zu welcher wir durch den Versuch gelangt sind.

X. Derselbe Gegenstand kann zu einer Masse von Fragen Anlafs geben; wir wollen nur die beiden folgenden untersuchen, weniger um sie zu lösen, als um die Anzahl und die Natur der unbekannten Elemente, von denen ihre Lösung abhängt, zu bezeichnen.

Die erste dieser Fragen ist: Ob im Inneren der Sonne eine Quelle vorhanden sey, welche auf irgend eine Weise, durch chemische, elektrische oder andere

Actionen, den in jedem Augenblick stattfindenden Verlust an Wärmestrahlen ersetzt, oder: ob diese Verlüste ohne irgend einen Ersatz sich unaufhörlich erneuen, also von Jahrhundert zu Jahrhundert eine fortschreitende Abnahme der Temperatur, an welcher der Erdkörper Theil nehmen mufs, erfolge.

Wie wir gezeigt, verliert jedes Quadratcentimeter der Sonne in Einer Minute eine Wärmemenge $v=84888$ Einheiten; es verliert also in m Minuten mv und die ganze Sonne:

$$4\pi R^2 . mv.$$

Angenommen nun, die Sonne sey ein vollkommener Wärmeleiter, habe also überall dieselbe Temperatur, d sey ihre mittlere Dichte und c ihre mittlere Wärmecapacität, so ist einzusehen, dafs die Gesammtmasse der Sonne, um 1° in ihrer Temperatur zu sinken, die Wärmemenge:

$$\tfrac{4}{3}R^3 \pi d c$$

verlieren müfste, weil sie in m Minuten $4\pi R^2 mv$ verliert; daraus folgt, dafs sie während dieser Zeit um eine Anzahl Grade sinkt, die gegeben wird durch das Verhältnifs:

$$\frac{3\,v\,m}{R.d.c}.$$

Der Halbmesser der Sonne, in Centimetern ausgedrückt, ist 70 Billionen. Die mittlere Dichte d der Sonne, in Bezug auf Wasser, ist 1,4, sie ergiebt sich aus der mittleren Dichte der Erde $=5,48$, aus der Masse der Sonne, die das 355000fache der Erde ist, und aus dem Volum der Sonne, welches 1384000 Mal so grofs als das der Erde.

Nimmt man überdiefs für m die Zahl der Minuten in einem Jahre, d. h. 526000, und setzt für v seinen Werth 84888, so wird diefs Verhältnifs:

$$\frac{4}{3\,c}.$$

Diefs ist die Anzahl der Grade, um welche sich die

Sonne in der Hypothese einer vollkommenen Wärmelei-
tungsfähigkeit jährlich erkalten müfste. Fügt man zu dieser einen Hypothese eine zweite in Bezug auf die specifische Wärme hinzu, setzt man z. B. voraus, diese sey
das 133fache der specifischen Wärme des Wassers, so
findet man, dafs sich dann die Gesammtmasse der Sonne
erkalten müfste

in einem Jahre um 0,01 Grad
in einem Jahrhundert um 1 Grad
in 10000 Jahren um 100 Grad.

Die in Rede stehende Aufgabe hängt also jetzt nur
von zwei Elementen ab, die uns aber wohl für immer
unbekannt bleiben werden, nämlich von der Wärmelei-
tungsfähigkeit und von der specifischen Wärme der Son-
nenmasse. Wenn uns diese beiden Elemente bekannt
wären, so, sieht man, könnte die Aufgabe in aller Strenge
gelöst werden. Anlangend die Hypothesen, die ich in
Betreff dieser Elemente machte, so hatten sie nur den
Zweck, die Gränze der Ungenauigkeiten zu zeigen, zu
welchen die Wissenschaft über diesen Punkt verdammt ist.

XI. In derselben Absicht wollen wir noch eine andere Frage untersuchen, die jedoch gegen die vorige das
voraus hat, dafs sie der Wissenschaft zugänglicher ist,
nämlich die Frage: Ob die Sonnentemperatur einige Analogie habe mit den Temperaturen, die wir durch chemische oder elektrische Actionen hervorbringen können.

Im folgenden Paragraph werden wir sehen, dafs die
gesammte Wärmemenge, die von Einem Quadratcentimeter Fläche in Einer Minute ausgesandt wird, immer zum
Ausdruck hat:

$$1{,}146 f . a^t ,$$

worin f das Ausstrahlungsvermögen dieser Fläche, t ihre
Temperatur und a die von Dulong und Petit mit grofser Genauigkeit bestimmte Zahl 1,0077.

Andererseits haben wir gefunden, dafs für die Sonne
diese Wärmemenge gleich 84888 ist. Mithin ist:

$$\text{für } f = 1 \qquad t = 1461$$
$$\text{für } f = 0{,}1 \qquad t = 1761.$$

Die Temperatur der Sonne hängt also ab vom Gesetz der Wärmestrahlung und vom Ausstrahlungsvermögen der Sonne oder ihrer Atmosphäre. In einer früheren Abhandlung [1]) habe ich ein Luft-Pyrometer beschrieben, mittelst dessen man alle hohen Temperaturen bis zum Schmelzpunkt des Eisens bestimmen kann. Seitdem habe ich durch Versuche ermittelt, daſs das Gesetz der Strahlung noch auf Temperaturen über 1000° C. anwendbar ist; diese Versuche werden mir bald zeigen, ob dieſs Gesetz sich wirklich noch auf Temperaturen von 1400° oder 1500° C. erstrecke; allein schon jetzt ist es erlaubt, diese Erstreckung als sehr wahrscheinlich zu betrachten. Was das Ausstrahlungsvermögen der Sonne betrifft, so ist es unbekannt; allein man kann es nicht gröſser als die Einheit annehmen. Daraus folgt also, daſs die Temperatur der Sonne wenigstens 1461° C., d. h. nahe die des Schmelzpunkts vom Eisen, beträgt, und daſs sie 1761° C. seyn könnte, wenn das Ausstrahlungsvermögen dem der polirten Metalle analog wäre. Diese Zahlen weichen nicht viel von denen ab, welche ich nach anderen Grundsätzen und durch andere Beobachtungsmittel in meiner Abhandlung von 1822 gegeben habe.

XII. Indem ich von den durch Dulong und Petit entdeckten Gesetzen der Erkaltung im Vacuo ausging, und einen besonderen Gesichtspunkt, den diese ausgezeichneten Physiker schon in ihrer Arbeit bezeichnet haben, weiter entwickelte, bin ich zu folgendem allgemeinen Theorem gelangt:

Die absolute Wärmemenge e, welche in der Einheit der Zeit durch die Einheit der Fläche eines Körpers von der Temperatur $t + \delta$ und dem Ausstrahlungs-

---

1) *Compt. rend. de l'acad. des Sciences T. III p.* 782. (Annalen, Bd. XXXXI S. 144.)

vermögen f austritt, wird immer ausgedrückt durch die Relation:

$$e = B f a^{t+\delta},$$

worin B eine invariable Constante, welche blofs vom Nullpunkt der Skale, und von den Einheiten der Zeit und der Fläche abhängt. Ihr Werth ist 1,146, wenn man die Minute und das Quadratcentimeter zur Einheit annimmt.

Um dieses allgemeine Gesetz der Wärme-Ausstrahlung zu beweisen, betrachte man einen sphärischen Körper im Mittelpunkt einer gleichfalls sphärischen Hülle dem Erkalten oder dem Gleichgewicht der Temperatur ausgesetzt. Um die Wirkungen der Reflexion zu vermeiden, nehme man an, Körper und Hülle haben ein Maximum-Ausstrahlungsvermögen; mit e bezeichne man die von der Flächen-Einheit der Hülle ausgesandte Wärmemenge, und nehme an, das Temperatur-Gleichgewicht sey hergestellt. Die gesammte Wärmemenge, welche der Körper in der Zeit-Einheit verliert, ist:

$$e\,s,$$

wenn s die Fläche oder $4\pi r^2$.

Bezeichnet man mit e'' den Antheil dieser Wärme, welcher von der Flächen-Einheit der Hülle aufgefangen und absorbirt wird, so hat man, als gesammte, von der Hülle aufgefangene Wärmemenge:

$$e''s',$$

wenn s' die gesammte Fläche derselben oder $4\pi r'^2$.

Da nun die vom Körper verlorene Wärmemenge gleich ist der von der Hülle aufgefangenen, so hat man zunächst:

$$es = e''s',$$

woraus:

$$e'' = e\cdot\frac{s}{s'} = e\,\frac{r^2}{r'^2} = e\sin^2\omega,$$

wenn ω der halbe Winkel, unter welchem der Körper durch einen Punkt der Hülle gesehen wird.

Betrachtet man nun, was der Körper von der Hülle empfängt, so ersieht man leicht, daſs es ist ein gewisser Bruch b von der gesammten Wärmemenge e', welche von jedem Element ausgesandt wird, und daſs er folglich von der gesammten Hülle eine Wärmemenge empfängt, ausgedrückt durch:

$$b\,e'\,s'.$$

Da Gleichgewicht eingetreten ist, so ist diese vom Körper empfangene Menge gleich der von ihm verlorenen, und dieses giebt:

$$b\,e'\,s' = e\,s,$$

also:

$$b\,e' = e\,\frac{s}{s'} = e\,\frac{r^2}{r'^2} = e\,sin^2\,\omega = e'',$$

d. h. der ganze Körper empfängt von jedem Element der Hülle eine Wärmemenge genau derjenigen gleich, die er dahin sendet.

Allein da beim Gleichgewicht die Temperaturen des Körpers und der Hülle gleich sind, so müssen auch die Mengen e' und e einander gleich seyn, weil auch das Ausstrahlungsvermögen beider gleich ist. Also:

$$b = sin^2\,\omega.$$

Während also jedes Element der Hülle eine gewisse Wärmemenge e nach allen Richtungen aussendet, empfängt der Körper von diesem Elemente nur:

$$e'.sin^2\,\omega.$$

Klar ist übrigens, daſs wenn die Temperatur der Hülle constant bleibt, und die des Körpers sich ändert, der Körper nichts desto weniger dieselbe Quantität $e'\,sin^2\,\omega$ von der Hülle empfangen wird, welche er beim Gleichgewicht empfinge, da e' immer die gesammte Wärmemenge ist, welche von der Flächen-Einheit der Hülle nach allen Richtungen ausgesandt wird.

Ist es nun richtig, daſs die absolute Wärmemenge, welche in der Zeit-Einheit durch die Flächen-Einheit ausgesandt wird, ausgedrückt werden kann durch eine Function von der Form:

$$e = Bfa^{\iota + \delta},$$

so folgt daraus für es oder die gesammte, vom Körper verlorene Wärmemenge:

$$es = sBfa^{\iota + \delta}.$$

Da die Hülle dasselbe Ausstrahlungsvermögen f und die Temperatur δ besitzt, so hat man zugleich:

$$e' = Bfa^{\delta},$$

und für die gesammte, von der Hülle ausgesandte Wärmemenge:

$$s'e' = s'Bfa^{\delta}.$$

Da der Körper nur den Theil $sin^2 \omega$ von dieser Wärme empfängt, so ist der wahre und definitive Verlust also:

$$se - s'e' sin^2 \omega = sBfa^{\iota + \delta} - s' sin^2 \omega Bfa^{\delta},$$

oder weil $s' sin^2 \omega = s$:

$$sBf(a^{\iota + \delta} - a^{\delta}).$$

Das ist der Verlust des Körpers an Wärmemenge. Bezeichnet man nun mit p sein Gewicht und mit c seine specifische Wärme, so ist klar, dafs er, für jede Wärme-Einheit, die er verliert, in seiner Temperatur um eine Anzahl Grade sinkt, die ausgedrückt wird durch:

$$\frac{1}{cp}.$$

Während er also eine Anzahl Wärme-Einheiten verliert, ausgedrückt durch:

$$sBf(a^{\iota + \delta} - a^{\delta}),$$

verliert er, in Temperatur, nur eine Anzahl Grade, ausgedrückt durch:

$$\frac{sBf}{cp}(a^{\iota + \delta} - a^{\delta}).$$

Diefs ist eigentlich seine Erkaltungsgeschwindigkeit.

Um diese Formel mit der von Dulong und Petit in Einklang zu bringen, genügt es zu setzen:

$$m = \frac{sBf}{cp},$$

und es müfste überdiefs die Constante Null seyn, wenn man sie zum Werth von c hinzufügte, wie leicht zu ersehen, wenn man annimmt, dafs nur der Körper polirt sey. Diefs beweist die Richtigkeit des allgemeinen Ausdrucks:

$$c = Bfa^{a+\delta} \ldots \ldots \ldots (2)$$

und diefs zeigt zugleich die Elementar-Zusammensetzung des Coëfficienten m, dessen Zahlenwerth durch die Erkaltungsversuche gegeben ist. Die Gröfse dieses Coëfficienten steht also im directen Verhältnifs der Oberfläche und des Strahlungsvermögens des Körpers, und im umgekehrten Verhältnifs der Masse und der Wärmecapacität desselben.

Was den Werth der Constanten B betrifft, so läfst er sich, wenigstens mit grofser Annäherung, aus der vorstehenden Relation ableiten, weil der Coëfficient m mit vieler Sorgfalt von Dulong und Petit bestimmt, und, für ein mit Quecksilber gefülltes, kugelförmiges Glas-Thermometer von 6 Centim. Durchmesser, gleich 2,037 gefunden worden ist.

Nimmt man also:

$$m = 2,037 \qquad \frac{s}{p} = \frac{1}{13,65}$$
$$c = 0,033 \qquad f = 0,8,$$

so findet man:

$$B = 1,146.$$

Diefs Resultat kann nicht vollkommen genau seyn, theils weil der Werth von f etwas hypothetisch ist, theils weil die wahren Dimensionen des erwähnten Thermometers, als ganz unnöthig für die Erkaltungsversuche von Dulong und Petit, nur allgemein angegeben worden sind. Indefs ist sicher, dafs der Fehler nicht bedeutend seyn kann, und wir nehmen daher diesen Werth von B als hinreichend genähert an.

XIII. Man kann übrigens auf anderem Wege direct beweisen, daſs die Werthe des Coëfficienten m sich gerade verhalten wie die Oberfläche und das Ausstrahlungsvermögen der dem Erkalten ausgesetzten Körper, und umgekehrt wie das Gewicht und die Wärmecapacität dieser Körper.

In der That, nimmt man an, daſs die Geschwindigkeit der Erkaltung in absoluter Kälte ausgedrückt werde, wie in der Formel von Dulong und Petit, durch die Relation:

$$v = m\, a^t,$$

so gelangt man durch Integration zu der Formel:

$$x = \frac{1}{m\, l'\, a}\left(\frac{a^{T-t}-1}{4^T}\right) \dots\dots\dots (3)$$

in welcher T die Initialtemperatur des Körpers und x die Anzahl der Minuten, während welcher der Körper von dieser Temperatur auf irgend eine Temperatur t herabsinkt.

Damit also der Körper um 1° erkalte, bedarf es einer Zeit:

$$x = \frac{1}{m\, l'\, a}(a-1)\, a^{-T}.$$

Bezeichnet nun s die Oberfläche des Körpers, p sein Gewicht und c seine specifische Wärme, so ist klar, daſs er, wenn seine Temperatur um 1° sinkt, eine Wärmemenge pc verliert, und da er sie durch eine Fläche s verliert, verliert jede Flächen-Einheit:

$$\frac{p\, c}{s}.$$

Da aber der Körper, um in seiner Temperatur um 1° zu sinken, eine Zeit x gebraucht, so folgt, daſs er in der Zeit Eins erkalte um:

$$\frac{1°}{x}.$$

Mithin verliert die Flächen-Einheit in der Zeit-Einheit eine Wärmemenge, ausgedrückt durch:

$$\frac{pc}{s} \cdot \frac{ml'a}{a-1} \cdot a^{\tau}.$$

Für einen anderen Körper, der dieselbe Initialtemperatur T hätte, wäre der Verlust:

$$\frac{p'c'}{s'} \cdot m' \cdot \frac{l'a}{a-1} \cdot a^{\tau}.$$

Da diese Verlüste den Strahlungsvermögen f und f' beider Körper proportional seyn müssen, so hätte man also:

$$\frac{m}{m'} = \frac{sfp'c'}{s'f'pc},$$

d. h. die Coëfficienten m und m' stehen im directen Verhältnisse der Oberfläche und Strahlungsvermögen, und im umgekehrten der Massen und Wärmecapacitäten.

XIV. Die Formeln (2) und (3) enthalten die Gesetze der Erkaltung in absoluter Kälte; man kann sie zur Lösung einer grofsen Zahl von Aufgaben anwenden.

Die erste z. B. zeigt an, dafs unter dem Aequator, wo die Temperatur des Bodens im Mittel 30° C. ist, jedes Quadratcentimeter verliert

in einer Minute: 1,44 Wärme-Einheiten
in 12 Stunden: 1037,00

Daraus folgt, dafs eine Wassersäule von 10 Metern Tiefe in 12 Stunden nur um 1° C. erkalte, wenn die obere Fläche derselben ihre Wärme in absoluter Kälte verliert, ohne irgend einen Ersatz dafür, weder an ihrer freien Oberfläche, noch an ihrem Umfange.

Die zweite zeigt, dafs das Thermometer von Dulong und Petit in absoluter Kälte gebraucht:

34',14 um von 100° C. auf   0° zu fallen
74',66 -   -   0° -   - —100   -   -

Allein diese kleine Kugel hatte nur 6 Centimeter im Durchmesser; macht man dieselben Rechnungen für einen ähnlichen Körper von z. B. den Dimensionen der Erde, so findet man, dafs diese Kugel in absoluter Kälte gebraucht:

13640 Jahre um von 100° auf   0° zu fallen
29830   -   -   -   0   - —100   -   -

Diese Beispiele sind geeignet zu zeigen, dafs, in den bisherigen Vorstellungen über die absolute Kälte und über die Erscheinungen, die an der Erdoberfläche auftreten würden, wenn die Temperatur des Weltraums aufserordentlich unter 0° unserer Thermometer herabgebracht würde, etwas Uebertriebenes liegt. Sie zeigen zugleich, dafs die wesentlichen Wärmegesetze auf solchen Stabilitätsprincipien begründet sind, dafs im Weltsystem plötzliche Temperaturveränderungen nicht weniger unmöglich sind, als plötzliche Aenderungen aus mechanischen Wirkungen.

XV. Das Theorem über die Ausstrahlung der Wärme erlaubt die Bedingungen des Temperaturgleichgewichts der Atmosphäre zu bestimmen. Betrachten wir zu dem Ende auf eine allgemeine Weise die Bedingungen des Temperaturgleichgewichts einer Kugel, die durch eine diathermane Hülle (*enveloppe*) geschützt, und mit dieser Hülle mitten in einem kugelförmigen Umschlufs (*enceinte*) aufgehängt sey.

Bezeichnen wir mit s, s'', s' die Oberflächen der Kugel, der Hülle und des Umschlusses mit e, e'', e', die in der Zeiteinheit von jeder Flächeneinheit von s', s'', s' ausgesandt werden; bezeichnen wir ferner mit b das Absorptionsvermögen der diathermanen Hülle auf die von der Kugel ausgesandte Wärme, und mit b' das Absorptionsvermögen derselben auf die von dem Umschlufs ausgesandte Wärme.

Die Kugel sendet in der Zeiteinheit eine Wärmemenge es aus; ein Antheil bes wird von der Hülle absorbirt, und ein Antheil $(1—b)es$ durchdringt die Hülle, um zum Umschlufs zu gelangen.

Der Umschlufs sendet eine totale Wärmemenge $e's'$ aus; ein Antheil $e's' sin^2 \omega$ fällt auf die diathermane Hülle, wenn ω den halben Winkel bezeichnet, unter

dem der Umschlufs die Hülle sieht; diese absorbirt einen Antheil $e's'b'\,sin^2\,\omega$, und läfst einen anderen Antheil $e's'(1-b')\,sin^2\,\omega$ entweichen.

Die Hülle sendet eine Wärmemenge $e''s''$ gegen
die Kugel, und eine gleiche Wärmemenge $e''s''$ gegen
den Umschlufs.

Die Summe der Wärmemengen, welche die Hülle
verliert, ist gleich der Summe der Wärmemengen, welche sie empfängt. Diefs giebt zuvörderst die Gleichung:

$$2e''s''=bes+b'e's'\,sin^2\,\omega.$$

Eben so hat man für die Kugel und für den Umschlufs zwei andere Gleichungen, die aus der Gleichheit
der verlornen und empfangenen Wärmemengen entspringen, nämlich:

$$es=e''s''+(1-b')\,e's'\,sin^2\,\omega$$
$$e's'\,sin^2\,\omega=e''s''+(1-b)es.$$

Leicht ersichtlich ist, dafs diese drei Gleichungen
sich auf zwei reduciren, weil die erste eine Folge der
beiden andern ist und aus ihnen abgeleitet werden kann.

Setzt man nun, der Halbmesser der Hülle sey beinahe dem Halbmesser der Kugel gleich, wie es fast mit
der Atmosphäre unserer Erde der Fall ist, so werden die
Gleichungen:

$$e=e''+(1-b')e'$$
$$e'=e''+(1-b)e,$$

und diefs führt zu folgenden drei Relationen:

$$\frac{e}{e'}=\frac{2-b'}{2-b}$$

$$\frac{e}{e''}=\frac{2-b'}{b+b'-bb'}$$

$$\frac{e'}{e''}=\frac{2-b}{b+b'-bb'}.$$

Bezeichnet man nun mit t, t'', t' die Temperatur
der Kugel, der Hülle und des Umschlusses, so wie mit
f, f'', f' das Ausstrahlungsvermögen derselben, so hat

man, nach dem zuvor aufgestellten Satz, die drei Gleichungen:

$$e = B a^t$$
$$e' = B a^{t'}$$
$$e'' = B f'' a^{t''}$$

in der zur Vereinfachung gemachten Voraussetzung, dafs
Kugel und Umschlufs Maxima von Ausstrahlungsvermögen besitzen.

Diese Gleichungen combinirt mit den vorherigen,
geben:

$$a^{t-t'} = \frac{2-b'}{2-b}$$

$$a^{t-t''} = f'' \frac{2-b'}{b+b'-bb'}$$

$$a^{t'-t''} = f'' \frac{2-b}{b+b'-bb'}$$

Diefs sind die allgemeinen Relationen, welche für
alle möglichen Fälle die durch die Gleichgewichtsbedingungen verlangten Temperaturunterschiede zwischen Kugel und Umschlufs, zwischen Kugel und Hülle, und zwischen Hülle und Umschlufs geben. Man sieht, dafs diese
Unterschiede wesentlich abhängen von den relativen Werthen von b und b', d. h. von den Absorptionsvermögen,
welche die diathermane Hülle auf die Wärme der Kugel und die des Umschlusses ausübt.

Nimmt man zuvörderst an, dafs diese Absorptionsvermögen gleich seyen, d. h. dafs man habe $b = b'$, so
folgt daraus:

$$t = t' \; ; \; a^{t-t''} = \frac{f''}{b} \; ; \; a^{t'-t''} = \frac{f''}{b}.$$

Alle diathermanen Hüllen, die gleiche Absorptionskräfte auf die Wärmestrahlen der Kugel und des Umschlusses ausüben, verhindern also nicht, dafs beim Gleichgewicht die Kugel und der Umschlufs nicht genau dieselbe Temperatur haben, wie wenn die diathermane Hülle
nicht da wäre, und umgekehrt.

Was

Was die Temperatur der diathermanen Hülle selbst betrifft, so sieht man, dafs sie der der Kugel und des Umschlusses nur unter der Bedingung gleich seyn kann, dafs $f'' = b$, d. h. dafs das Ausstrahlungsvermögen dieser Hülle gleich sey dem Absorptionsvermögen derselben. Diefs ist in der That der Fall beim Steinsalz und bei der Luft, wovon ich mich durch Versuche überzeugt habe.

Wenn aber diese Bedingungen nicht mehr erfüllt sind, wenn die diathermane Hülle ungleiche Absorptionskräfte auf die Wärme des Umschlusses und der Kugel ausübt, so ist der Satz von der Gleichheit der Temperatur nicht mehr wahr, und alsbald zeigen sich dann, den gewöhnlichen Gleichgewichtsgesetzen zuwider, mehr oder weniger bedeutende Temperatur-Unterschiede zwischen der Kugel, der Hülle und dem Umschlufs. Die folgende Tafel enthält einige der Resultate, welche man bekommt, wenn man den Gröfsen b' und b in den Formeln verschiedene Werthe giebt:

Werthe		Ueberschufs der Temperatur		
von b'.	von b.	der Kugel über den Umschlufs $t - t'$.	der Kugel über die Hülle $t - t''$.	des Umschluss. über die Hülle $t' - t''$.
0,3	0,7	35,0	53,5	18,5
0,3	0,8	45,5	59,5	14,0
0,3	0,9	57,0	65,0	8,0
0,4	0,8	38,0	49,0	11,0
0,4	0,9	49,0	56,0	7,0
0,5	0,9	41,0	46,0	5,0
0,5	0.95	46,5	49,5	3,0
0	0,9	78,0	91,0	13,0
0	0,1	91,0	91,0	0,0

Hieraus folgt z. B., dafs wenn die diathermane Hülle nur 0,3 von der Wärme des Umschlusses und 0,8 von der der Kugel absorbirt, die Temperatur der Kugel alsdann um 45°,5 die des Umschlusses, und um 59°,5 die der Hülle übertrifft, so daſs die Temperatur der letzteren dann 14° unter der des Umschlusses liegt.

Es giebt indeſs für die Wärme-Anhäufung auf der Kugel und für die Erkaltung der Hülle eine Gränze, und diese ist 91° C.

Diese Wirkung der diathermanen Hüllen ist sehr merkwürdig, und wird noch auffallender, wenn man, statt bei den Temperaturdifferenzen stehen zu bleiben, zu den Temperaturen selbst zurückgeht. Die vorhergehenden Beispiele führen dann zu dem Resultat, daſs, wenn der Umschluſs überall in der Temperatur des schmelzenden Eises gehalten wird, ein im Mittelpunkt dieses Umschlusses aufgehängte Kugel, die keine andere Wärme hat, als die sie davon empfängt, dennoch unter gewissen Bedingungen auf die Temperatur +40° bis +50° C., d. h. auf eine Temperatur, bedeutend höher als die der heiſsen Zone, gebracht werden, und diesen Temperatur-Ueberschuſs behalten kann, ohne jemals zu erkalten; geschähe es, so würde sie nicht mehr im Temperatur-Gleichgewicht seyn, und mithin sogleich von den Wärmestrahlen des Umschlusses erwärmt werden. Damit diese Erscheinung eintrete, braucht die Kugel nur durch eine diathermane Hülle geschützt zu seyn, die die doppelte Eigenschaft besitzt, bloſs die Hälfte der von dem Umschluſs ausgesandten Wärme, und ungefähr 0,9 der von der Kugel ausgesandten Wärme zu absorbiren.

Zur Vervollständigung dieser Folgerung in Bezug auf die Hülle, welche die einzige Ursache dieses Effectes ist, braucht nur noch hinzugefügt zu werden, daſs diese zwischen einem Umschluſs von 0° und einer Kugel von 45° bis 50° befindliche Hülle im Mittel eine Temperatur von mehreren Graden unter Null haben würde, indem ihre unteren Schichten wärmer und die oberen weit kälter als der Umschluſs wären, nach einem gewissen Gesetz der Abnahme, daſs man, wenn man die nöthigen Data hätte, berechnen könnte.

Was wir hier so eben gesagt, in der Voraussetzung,
der Umschluſs habe die Temperatur des schmelzenden
Eises, oder vielmehr, die zur Kugel gelangende Wärme
sey gleichförmig vertheilt, und an Menge gleich der, welche von einer solchen mit einem Maximum-Absorptions-
vermögen begabten Umschluſs käme, findet unter denselben
Bedingungen auch seine Anwendung auf einen Umschluſs
von jedweder Temperatur, vorausgesetzt, diese Temperatur
bleibe innerhalb der Wärme- und Kältegrade, für welche das Erkaltungsgesetz gültig ist.

Diefs sind im Allgemeinen die Wirkungen, welche
diathermane Hüllen vermöge einer ungleichen Absorption
auf die verschiedenen, sie durchdringenden Wärmestrahlen hervorbringen können. Was die Ursache dieser ungleichen Absorptionen betrifft, so hat einerseits Dela-
roche gezeigt, daſs sie in den Wärmequellen selbst, also
in der Natur der Wärmestrahlen, liegt, und andererseits
hat Hr. Melloni bewiesen, daſs sie auch unter gewissen Verhältnissen in der Natur der diathermanen Substanzen zu suchen sey.

XVI. Bis jetzt nimmt man an, daſs zwei athermane
Oberflächen von gleicher Temperatur einerlei Wärmestrahlen aussenden, oder wenigstens Wärmestrahlen, die
beim Durchgang durch die nämlichen Mittel immer gleiche Absorptionen erleiden; allein es wäre nicht unmöglich, daſs man dereinst einige Unterschiede in dieser Beziehung entdeckte, die entweder von einer Verschiedenartigkeit der Ausstrahlungsfähigkeiten, oder von der Natur der Körper abhängen.

Diefs ist ein wesentlicher Punkt, auf welchen die
Untersuchungen des Hrn. Melloni ohne Zweifel die
Aufmerksamkeit der Physiker hingelenkt haben dürften.
Wenn diese aus Quellen von gleicher Temperatur her-
stammenden Strahlen allen Proben widerstehen, wenn
sie bei Durchdringung derselben diathermanen Mittel ihre
Identität bewahren, so wird es unmöglich seyn, bei den

Versuchen in unseren Laboratorien, irgend eine Anhäufung von Wärme durch Dazwischensetzung diathermaner
Hüllen zu bewirken, weil alsdann die Absorptionswirkungen dieser Hüllen auf die Strahlen des Umschlusses
und auf die der Kugel oder des inneren Thermometers
nothwendig einander gleich seyn würden.

Diese Unmöglichkeit wird indefs nicht die Folgerungen schmälern können, welche wir hinsichtlich der
Wirkungen der Atmosphäre sowohl auf die Sonnenwärme
als auf die Wärme der übrigen Himmelskörper (*Himmelswärme, Sternenwärme.*) aus den Formeln abgeleitet
haben.

Was die Sonnenwärme betrifft, so ist in dieser Beziehung kein Zweifel vorhanden. Man weifs, dafs sie
beim Durchgang durch diathermane Substanzen weniger
absorbirt wird, als die Wärme aus verschiedenen irdischen Quellen, deren Temperatur nicht sehr hoch ist.
Freilich hat man den Versuch nur mit starren oder flüssigen diathermanen Schirmen anstellen können; allein man
hält es für gewifs, dafs eine atmosphärische Schicht eben
so wirke, wie Schirme dieser Art, und dafs sie folglich
auf die Erdstrahlen eine stärkere Absorption ausübt, als
auf die Sonnenstrahlen. Es ist noch hinzuzufügen, dafs
diese Verschiedenheit der Wirkung nicht, wie man wohl
gesagt hat, daraus entspringt, dafs die Sonnenwärme leuchtend und die Erdwärme dunkel ist; denn alles, was man
bis heut in dieser Beziehung weifs, führt zu dem Glauben, dafs es weder heifses Licht noch leuchtende Wärme
gebe. Wärme- und Lichtstrahlen können aus derselben
Quelle entspringen, zu gleicher Zeit ausgesandt werden
und in demselben Bündel neben einander bestehen; allein sie bewahren ihre Verschiedenartigkeit, weil sie einerseits von einander getrennt werden können, und weil
es andererseits kein Beispiel giebt, dafs ein Wärmestrahl
in einen Lichtstrahl, oder ein eigentlicher Lichtstrahl in

einen Wärmestrahl verwandelt worden wäre. Jene Ungleichheit der Absorption entspringt also aus besonderen
Eigenschaften, welche die Wärmestrahlen annehmen, wenn
sie von Quellen einer mehr oder weniger hohen Temperatur ausgesandt werden, und diese Eigenschaften werden nur dauerhafter oder mehr ausgebildet, wenn die
Quellen eine so hohe Temperatur besitzen, daſs sie, wie
die Sonne, Licht zugleich mit der Wärme aussenden.

Was die Himmelswärme betrifft, so hat man eine
andere Unterscheidung zu machen; man muſs sie in Bezug auf ihre Menge und auf ihre Natur betrachten.

Betrachtet in Rücksicht auf ihre Quantität, miſst man
sie, wie jede andere Wärme, durch die Wirkungen, welche sie erzeugt, d. h. durch die Menge von Eis, welche
sie schmilzt, oder durch die Temperatursteigerung, welche sie in einer bestimmten Menge Wasser hervorbringt.
Diefs ist der Satz, nach welchem, wie Fourier zuerst
gezeigt hat, die Himmelswärme in Rechnung genommen
werden muſs, wenn man die Erscheinungen der terrestrischen Temperaturen erklären will; und es ist auch der
Satz, nach welchem er auf eine allgemeine Weise gezeigt hat, daſs die Temperatur des Weltraums sehr
wenig unter der Temperatur der Erdpole liege, und ungefähr —50° bis —60° betrage, durch diese Rechnung
nichts anderes ausdrückend, als daſs die gesammte Wärme,
welche von sämmtlichen Himmelskörpern, mit Ausnahme
der Sonne, zu der Erde gelangt, an Menge derjenigen
gleich ist, welche eine Hülle mit Maximum-Emissionsvermögen, die in allen Theilen eine Temperatur von
—50° bis —60° besäſse, auf die Erdkugel herabsenden
würde. Das Wesentliche in dieser Betrachtungsweise
liegt in der Möglichkeit, die Gesammtheit der Himmelskörper durch eine eingebildete Hohlkugel oder eine athermane Fläche von überall einer gewissen Temperatur zu
ersetzen. Hinsichtlich der Bestimmung dieser Tempera-

tur selbst bleibt zu untersuchen, ob es Versuche gebe,
die sie zu liefern im Stande wären, und mit welchem
Grade von Annäherung man hoffen darf sie zu erhalten.

Betrachtet in Rücksicht auf ihre Natur, giebt die
Himmelswärme zu einer Unzahl von Fragen Anlaſs, die
hier zu behandeln unnütz seyn würde. Wir wollen uns
daher auf einige, unserem Gegenstand inhärirende Beobachtungen beschränken. Zunächst bemerken wir, daſs,
wenn auch jene fingirte Hohlkugel, sobald man ihr eine
zweckmäſsige Temperatur beilegt, die Himmelswärme in
aller Strenge oder mit groſser Annäherung vorstellen
kann, sie dieselbe doch nur rücksichtlich der Quantität
vorzustellen vermag; niemals wird sie es rücksichtlich
ihrer Natur vermögen, denn die Himmelswärme besitzt
vermöge ihres Ursprungs, Eigenschaften, welche sie ohne
Zweifel aus einer Quelle, deren Temperatur unter dem
Schmelzpunkt des Eises liegt, nicht erlangen kann. Man
sieht sogleich, daſs daraus Bedingungen entspringen, welche wir bei unseren Versuchen unmöglich nachzubilden
im Stande sind, nämlich eine Wärme, die, was Quantität betrifft, sich so verhält, wie wenn sie aus einer kalten Quelle herstammte; was Qualität anlangt, aber so,
wie wenn sie aus einer heiſsen Quelle hervorginge. Um
sich diese Art von Widerspruch zu erklären, braucht
man nur anzunehmen, daſs irgend eine Linie, gezogen
von der Erde bis in's Unendliche des Himmelsraums,
nicht nothwendig einen Körper treffe, welcher der Erde
Wärme zusenden könne, oder, mit anderen Worten,
man braucht nur anzunehmen, daſs die Sternenhülle, ungeachtet der Anhäufung unzählbarer, in alle Tiefen des
Himmels zerstreuter Körper, doch in Wirklichkeit keine
ununterbrochene Hülle für uns sey; dann wird es in der
That Punkte oder kleine Stücke des Himmels geben,
welche uns Wärme zusenden, und andere, ohne Zweifel, gröſsere Stücke, welche uns keine schicken, weil die

Linien zu ihnen sich in ein unendliches Vacuum verlieren. -

Man begreift sonach, daß die Himmelswärme rücksichtlich ihrer Natur und ihres Ursprungs, obwohl nicht
(*sinon*) rücksichtlich ihrer Menge, mit der Sonnenwärme
verglichen werden kann, und daß folglich die Atmosphäre auf sie dieselbe Absorption ausübt. Dieß vorausgesetzt, finden die allgemeinen Gleichgewichtsbedingungen, welche wir vorbin discutirt haben, hier ihre directe
Anwendung. Man braucht nur anzunehmen, daß die Kugel, welcher wir irgend welche Dimension gegeben haben, zur Erdkugel werde, daß der Umschluß die Hohlkugel sey, welche unbekannte Temperatur des Weltraums vorstelle, und daß die diathermane Hülle nichts
anderes sey als die Atmosphäre, vorausgesetzt, bei dieser zunächst Unbewölktheit und die Eigenschaft, in senkrechter Richtung nur ungefähr 20 bis 25 Proc. der einfallenden Wärme zu absorbiren, wie wir es bei den zuvor beschriebenen Versuchen über die Sonnenwärme gefunden haben. Da die Absorption, welche die Atmosphäre auf die von der Erde ausgesandten Strahlen ausübt,
nothwendig größer ist, so ergeben sich daraus alle die Folgerungen, zu welchen wir durch Anwendung des Gleichgewichts der terrestrischen Temperaturen gelangt sind.

Die Erscheinungen, welche ohne Wirkung der Sonne
und ohne Wirkung der inneren Erdwärme stattfinden,
sind demnach folgende:

1) Die Temperatur der Erdoberfläche ist bedeutend
höher als die Temperatur des Weltraums.

2) Die mittlere Temperatur der Atmosphäre ist nothwendig niedriger als die des Weltraums, und um so
mehr niedriger als die der Erde selbst.

3) Die Abnahme der Temperatur in der Atmosphäre rührt nicht her von der Wirkung der Sonne, auch
nicht von auf- und absteigenden Strömen, welche diese

Wirkung nahe an der Erdoberfläche hervorrufen kann; sie fände selbst statt, wenn die Erde oder die Atmosphäre nicht von der Sonne erwärmt würde, weil sie eine der Bedingungen zum Gleichgewicht diathermaner Hüllen ist; ihre wahre Ursache liegt in den ungleichen Absorptionswirkungen der Atmosphäre auf die aus dem Himmelsraum kommenden und auf die vom Erdboden oder vom Meere ausgesandten Wärmestrahlen.

Fourier ist, glaube ich, der Erste, welcher die Idee gehabt, daß die ungleiche Absorption der Atmosphäre einen Einfluß auf die Temperatur des Bodens ausüben müsse. Auf sie ward er geführt durch die schönen Versuche, welche Saussure i. J. 1774 auf einigen hohen Gipfeln der Alpen anstellte, um die relativen Intensitäten der Sonnenwärme zu vergleichen. Bei dieser Gelegenheit (*Annales de chimie*, *T. XXVII p.* 155) führt Fourier auf eine genaue Weise einen der Sätze an, die mich zur Aufstellung der Gleichgewichtsbedingungen geführt haben; nur scheint er ihn bloß auf die Sonnenwärme anzuwenden, voraussetzend, daß diese periodische Wirkung die Hauptursache der Temperatur-Abnahme in der Atmosphäre sey.

Andererseits hat schon Hr. Poisson in seiner letzten Arbeit gezeigt, daß die oberen Schichten der Atmosphäre nothwendig eine weit niedrigere Temperatur haben müssen als der Himmelsraum [1]). Dieses Resultat leitet er ab, theils aus der Zahl, welche er für die Temperatur des Himmelsraums gefunden hat, theils aus den mechanischen Bedingungen des Gleichgewichts, die an den Gränzen der Atmosphäre nicht erfüllt seyn würden, wenn die Luft daselbst nicht einen solchen Kältegrad besäße, daß sie ihre Elasticität gänzlich verlöre. Diese Folgerung, welche außerordentlich erscheinen könnte, wenn sie sich nur als eine mechanische Nothwendigkeit darböte, wird vielleicht jetzt, wenn nicht gewisser, doch wenigstens natürlicher erscheinen, weil sie auch aus den

1) Annal. Bd. XXXVIII S. 235, und Bd. XXXIX S. 66.

Gesetzen der Wärmestrahlung hervorgeht, dadurch erklärt und auf ihre wahre Ursache zurückgeführt wird.

(Schlufs im nächsten Heft.)

III. *Ueber den angeblichen Einflufs von Rauhheit und Glätte auf das Wärme-Ausstrah-
lungsvermögen der Körperflächen;*
von Hrn. Melloni.
(*Compt. rend. T. VII p. 298.*)

Mifst man die Intensität der Wärmestrahlung, welche
von zwei Seiten eines mit kochendem Wasser gefüllten
Metallgefäfses ausgeht, deren eine wohl polirt und glänzend ist, während die andere, zuvor auch polirt, aber
hernach mehr oder weniger entweder mit Schmirgel, oder
dem Grabstichel, oder der Feile geritzt worden ist, so findet man, dafs die geritzte Fläche immer mehr Wärme
ausstrahlt, als die glänzende, zuweilen noch über das
Verhältnifs 2 : 1 hinaus. Daraus hat man gefolgert, dafs
die Unebenheiten oder Rauhheiten in der Oberfläche der
Körper die Eigenschaft besäfsen, den Austritt der Wärme
zu erleichtern. Ich beehre mich hier, der Academie eine
Reihe von Versuchen im Auszuge mitzutheilen, aus denen, wie mir scheint, klar hervorgeht, dafs jener Schlufs
durchaus irrig ist, dafs wohl die Natur der Oberfläche
beiträgt, die Menge der von einem heifsen Körper ausgesandten Wärme abzuändern, der Zustand der Oberfläche aber keinen Einflufs darauf hat.

Zuvörderst mufs ich bekennen, dafs mir, ungeachtet der Autorität grofser Namen, der Einflufs der Politur auf die Ausstrahlung der Wärme immer sehr zweifelhaft erschienen ist. Man sagt: die innere Wärme er-

leide, indem sie den Körper verläſst, dieselbe Flächen-
wirkung, welche sie erfährt, wenn sie auf dem Wege
der Strahlung in dieselbe eindringt. Es sey; allein, warum
sollten die kleinen *Spiegelflächen*, welche durch das Ritzen
der Oberfläche erzeugt werden, weniger Wärme nach
innen reflectiren als die *polirte* Fläche *aus Einem Stück?*
Man nehme einen Kasten aus Messing, der zwei polirte
und an der Luft schwach angelaufene Seiten habe, und
mache auf eine dieser Seiten mit dem Grabstichel eine
Reihe paralleler Furchen. Diese Furchen werden gewiſs glänzender seyn als das Uebrige der Fläche, und
dennoch sendet die geritzte Fläche mehr Wärme aus
als die glatte. Schon vor etwa zwei Jahren zeigte ich
diesen Einwurf, so wie einige andere Versuche, den damals in Paris anwesenden HH. Bache, Henry und
Locke, ausgezeichneten Professoren der Physik aus
Nordamerika. Gegenwärtig, da mir die Frage wohl entschieden zu seyn scheint, lasse ich die indirecten Einwürfe bei Seite, und schreite unmittelbar zur Auseinandersetzung der Resultate, die zu einem directen Beweis
führen.

Ich nahm ein kubisches Gefäſs von Kupfer, dessen
vier Seitenflächen wohl geebnet waren; ich lieſs von auſsen an die Ecken und Ränder des Bodens kleine fe-
dernde Klammern löthen, um damit Platten von zwei
bis drei Linien Dicke dicht gegen das Gefäſs halten zu
können. Hierauf verschaffte ich mir zwei Plattenpaare,
eins von Gagat und das andere von Elfenbein, und befestigte sie an den Seiten des Gefäſses. Die Platten eines jeden Paares waren in allen Stücken einander vollkommen gleich, mit Ausnahme des Zustandes der äuſse-
ren Fläche, die bei der einen wohl geebnet und glänzend, bei der andern matt und durch Schmirgel geritzt
war. Als ich die Wärmemengen, welche von den beiden polirten Seiten, nach Füllung des Gefäſses mit heiſsem Wasser, ausgesandt wurden, genau mit dem Ther-

momultiplicator maſs, und sie mit den von den entsprechenden geritzten Flächen ausgestrahlten verglich, konnte
ich nur Unterschiede von einem oder zwei Hunderteln
wahrnehmen, bald auf der einen, bald auf der andern
Seite. Das Mittel aus zwanzig und einigen Versuchen
gab mir eine Verschiedenheit, die kaum auf einige Tausendstel stieg, und also ganz zu vernachlässigen war.

Bei diesem Versuch könnte man vielleicht einwen-
den, daſs, ungeachtet der Vorsicht, die Platten mit dem
Gefäſs in Contact zu halten, keine Sicherheit da war,
daſs die Platten eines jeden, dem Versuch unterworfenen Paares die nämliche Temperatur besaſsen. Um diesen Einwurf abzuwenden, lieſs ich aus einem kleinen
Marmorblock ein kubisches Gefäſs verfertigen, dessen
Wände vollkommen gleich dick, aber auswendig verschiedenartig bearbeitet waren; die erste Wand war glatt
und glänzend, die zweite auch eben, aber matt, die dritte
nach Einer Richtung gefurcht, und die vierte nach zwei
rechtwinklichen Richtungen gefurcht. Dennoch strahlte
das mit heiſsem Wasser gefüllte Gefäſs gleiche Wärmemengen durch seine vier Seiten aus.

Es scheint also, daſs der mehr oder weniger unregelmäſsige Zustand der Oberfläche keinen Einfluſs auf
das Ausstrahlungsvermögen ausübt, sobald der strahlende
Körper nicht metallischer Natur ist.

Nun überzog ich eine der Seiten meines Marmorge-
fäſses, so wie eine der Platten eines jeden Paares, das zu
dem vorherigen Versuch angewandt worden, mit Kienruſs.
Da das Ausstrahlungsvermögen des Kienruſses gewöhnlich durch 100 ausgedrückt wird, so konnte ich leicht,
durch folgweise Vergleiche, die Zahlen bestimmen, welche dasselbe Vermögen für das Elfenbein, den Gagat
und den Marmor vorstellen. Für alle drei lag es zwischen 93 und 98. Nun könnte man vielleicht sagen,
daſs, wenn bei den angewandten Substanzen der Einfluſs der Unpolitur Null sey, dieſs davon herrühre, daſs

deren Ausstrahlungsvermögen an der Gränze des Maximums liege, wo kaum eine Vermehrung eintreten könne, weil die aussendende Fläche dem Austritt der Wärme kein Hinderniſs mehr in den Weg lege, während bei den, von dieser Gränze sehr entfernten Metallen eine Veränderung des Oberflächenzustandes nothwendig ihren ganzen Einfluſs ausüben, und sie durch eine starke Veränderung in der ausgesandten Wärme wahrnehmbar machen müsse.

Obgleich diese Folgerung auf einer reinen Hypothese beruht, nämlich auf der, daſs der Kienruſs dem Ausstrahlen der Oberfläche keinen Widerstand entgegenstelle, und daſs überdieſs das Ausstrahlungsvermögen der angewandten drei Substanzen einerseits entfernt genug von 100 sey, um die erzeugten Veränderungen wahrnehmen zu lassen, und andererseits eine solche Stärke habe, daſs es bei der geringsten Aenderung in seinem Werthe den ganzen Abstand von jener Zahl überspringen müsse; so wollen wir doch für einen Augenblick die nicht metallischen Substanzen verlassen, und die Frage bei denjenigen Körpern, bei denen sie entsprungen ist, zu lösen suchen.

Kupfer, Zink, Zinn und Weiſsblech, die einzigen Metalle, die meines Wissens bisher zu den anfangs beschriebenen Versuchen angewandt sind, überziehen sich, bei Aussetzung der Luft, schnell mit einer leichten Oxydschicht, die unsichtbar ist, sich aber durch gewisse elektrische Erscheinungen auf eine sehr augenfällige Weise nachweisen läſst. Nun ist bekanntlich das Ausstrahlungsvermögen bei den Oxyden weit stärker als bei den Metallen. Es könnte demnach geschehen, daſs die geritzte Oberfläche, da sie der Luft eine gröſsere Zahl von Berührungspunkten darbietet, sich rascher als die polirte oxydirte und ihr Strahlungsvermögen bloſs vermöge der Oxydation erhöhte, ohne daſs die mehr oder weniger unregelmäſsige Anordnung der Oberflächentheilchen einen directen Antheil daran hätten.

Um zu sehen, ob diese Erklärung haltbar sey, brauchte man nur mit Gold und Platin, zu experimentiren, und das habe ich auch gethan. Allein die geritzten Platin- und Goldplatten gaben mir immer eine weit stärkere Wärmeausstrahlung als die ungeritzten.

Was für eine Veränderung ist es nun, die nach Entfernung der Oxydation und des Einflusses der Politur bei nicht metallischen Substanzen, bei Metallen die mehr oder weniger starke Veränderung der Oberflächenschicht begleiten kann?

Keine andere, meines Erachtens, als eine Veränderung in der Härte oder Dichtigkeit. In der That sind Gagat, Elfenbein, Marmor, Substanzen, die fast ganz der Zusammendrückbarkeit ermangeln, oder wenigstens die Abänderungen in Dichte und Härte, die man ihnen durch eine mechanische Kraft einprägen kann, nicht dauernd behalten. Sie werden auch in Platten zerschnitten, ohne dabei irgend einen Druck zu unterliegen. Die Metalle dagegen sind zusammendrückbar, und die im Handel vorkommenden Platten von ihnen wurden entweder durch Hämmern oder Walzen, also mittelst eines starken Drucks verfertigt. Die Erfahrung lehrt uns endlich, daſs solche Platten und Drähte eine gröſsere Dichte und Härte haben als das gegossene Metall. Wer sagt uns, daſs diese Zunahme von Härte und Dichte in der ganzen Masse gleichförmig vertheilt sey? Ist es nicht vielmehr wahrscheinlich, daſs, während des Walzens, die Oberfläche einen gröſseren Druck und eine stärkere Verdichtung als das Innere erleide, und demnach die Platte sich gleichsam eingeschlossen befinde, zwischen zwei Krusten von gröſserer Härte und Dichte als das Innere?

Dieſs gesetzt, so ist klar, daſs durch das Ritzen der Oberfläche einer Platte weniger dichte und weniger harte Theile entblöſst werden. Wirft man nun einen Blick auf die Tafeln über das Ausstrahlungsvermögen der Körper, so gewahrt man leicht, daſs dasselbe im Allgemei-

nen sich umgekehrt wie die Dichtigkeit verhält. Nehmen wir, nach Analogie, an, daſs dasselbe Gesetz auch
für die verschiedenen Verdichtungsgrade einer und derselben Substanz gültig sey, so werden wir schlieſsen müssen, daſs das Ausstrahlungsvermögen einer Platte durch
das Furchen ihrer Oberfläche wachsen muſs. Fügen wir
noch hinzu, daſs die Theilchen der äuſsersten Schicht,
nach Zerreiſsung ihrer gegenseitigen Spannung, sich aus-
dehnen und durch Verringerung der Dichtigkeit ein Ausstrahlungsvermögen erlangen müssen, daſs sich mehr dem
der weicheren Schichten des Innern nähert.

Wenn dem so ist, so folgt: 1) daſs eine polirte Platte
eines gegebenen Metalls eine desto gröſsere Wärmemenge
ausstrahlt als die Dichtigkeit und Härte ihrer Oberflächenschichten geringer ist; 2) daſs in dem Fall einer geringeren Dichte oder Härte die von der Rauhheit erzeugte
Zunahme des Absorptionsvermögens kleiner ist als die,
welche man erhält, wenn die Platte dichter und härter ist.

Fast ist es unnöthig hinzuzufügen, daſs man bei Prüfung dieser theoretischen Folgerungen kein Metall anwenden dürfe, welches sich bei einer etwas hohen Temperatur oxydirt; denn eine Platte aus einem solchen Metalle besitzt eine Neigung ihr Ausstrahlungsvermögen zu
erhöhen, und dieses variirt von einem Augenblick zum
andern mit dem Zustande der Oberflächenschichten, desto
mehr als diese Schichten weicher und zertheilter sind.

Ein starker Schlag oder ein langsamer Druck sind
die beiden Mittel, durch die man die Dichtigkeit der Metalle, im starren Zustande, mehr oder weniger abändern
kann. Ich lieſs daher aus recht reinem Silber vier Platten verfertigen, zwei stark gehämmert und zwei gegossen, in ihren Sandformen sehr langsam erkaltet; aus diesen Platten bildete ich die Seiten eines viereckigen Kastens mit metallischem Boden, und damit sie dabei nicht
in ihrer Dichte oder Härte geändert würden, löthete ich

sie mit einem leichtflüssigen Loth zusammen. Vor der Verknüpfung waren diese Platten schon mit Bimsstein und Kohle polirt, ohne Hammer und Glättstahl. Darauf wurde eine der gegossenen und eine der gehämmerten Platten mit grobem Schmirgelpapier in einer Richtung stark gerieben; die Seiten, welche ihren Glanz behalten hatten, spiegelten scharfe und starke Bilder, die geriebenen dagegen nur matte und streifige. Das so zubereitete Silbergefäs wurde mit heifsem Wasser gefüllt und jede seiner vier Seiten folgweise gegen die Oeffnung des thermo-elektrischen Apparats gedreht. Die dadurch erzeugten Abweichungen des Galvanometers waren folgende:

10° bei der gehämmerten und polirten Seite
18 - - gehämmerten und geritzten -
13 ,7 - - gegossenen und polirten -
11 ,3 - - gegossenen und geritzten -

Vergleicht man die vier Strahlungen mit einander, so sieht man, 1) dafs im polirten Zustande das *gegossene* Metall etwa *ein Drittel* mehr giebt als das *gehämmerte*, was den angekündigten Einflufs der geringeren Dichte beweist; 2) dafs der Einflufs der Streifen auf beide Arten von Platten nicht blofs in der Stärke verschieden ist, wie wir es vorhergesehen, sondern auch im *Sinn*. Denn das *gehämmerte* Silber erfährt durch die Wirkung des Schmirgels eine *Verstärkung* seines Strahlungsvermögens um *vier Fünftel*, das *gegossene* dagegen eine *Schwächung* um *ein Fünftel*.

Diese unerwartete Thatsache, welche unwidersprechlich die Wahrheit unseres Fundamentalsatzes beweist, erklärt sich vollkommen durch die Theorie, welche wir so eben auseinandergesetzt haben; denn der Druck eines harten Körpers, wie der Schmirgel, gegen die weiche Oberfläche des gegossenen Silbers comprimirt und verdichtet, wenn auch nur wenig, die geriebenen Theilchen und macht den Boden der auf der einen Fläche hervorgebrachten Furchen härter als die übrige Oberfläche der entsprechenden Platte.

Ich bedauere, nicht eben so auch mit Gefäfsen von Gold oder Platin haben experimentiren zu können, bei denen aller Wahrscheinlichkeit nach, wegen der grofsen Dichtigkeitsverschiedenheit dieser Metalle im geschmolzenen und geschmiedeten Zustande, die erwähnten Erscheinungen in einem weit bedeutenderem Grade aufgetreten seyn würden.

Wenden wir uns nun wieder zu den ersten Versuchen von Leslie, so sehen wir, dafs die verschiedenen Metallplatten, mit denen er experimentirte, ihm beständig ein gröfseres Ausstrahlungsvermögen gaben, wenn sie rauh und uneben waren, als glatt und polirt. Hienach schien nichts natürlicher als die Annahme, dafs bei den Erscheinungen der Wärmeausstrahlung, neben der Qualität der Oberflächenschichten auch der Grad der Politur, wenigstens bei den Metallen, von Einflufs sey. Diefs war auch der Schlufs, den man aus den Beobachtungen Leslie's zog, und dennoch war diese so einfache und scheinbar so directe Folgerung nicht richtig.

IV. *Untersuchungen über die Wärme;* *von J. D. Forbes.*

Professor der Physik an der Universität zu Edinburg.

(Auszug aus der in den *Transact. of the R. Society of Edinburgh* (*Vol. XIV*) enthaltenen und vom Verf. übersandten Abhandlung [1]).

I. Ueber die ungleiche Polarisirbarkeit der verschiedenen Wärmearten.

In meinem ersten Aufsatz sprach ich die Meinung aus, dafs die Wärme, je nach ihrer Quelle, ungleich polarisir-

---

1) Diese Abhandlung bildet die dritte Reihe der Untersuchungen des

sirbar sey. Hr. Melloni hat diefs Resultat nicht bestätigt finden können, sondern das entgegengesetzte Resultat erhalten, dafs jede Art von Wärme durch eine gegebene Glimmersäule gleich vollständig polarisirt werde [1].
Ich lieferte darauf in der zweiten Reihe meiner Untersuchungen neue Beweise von der Richtigkeit meiner Angabe; allein Melloni hat in einem späteren Aufsatz zu
zeigen gesucht, dafs sein Resultat dennoch richtig sey [2].
Auf diese Behauptung habe ich kurz geantwortet, dafs,
wie unwahrscheinlich mir auch vorkomme, dafs die von
einem so geschickten Experimentator, wie Hr. Melloni,
gefundenen Zahlenwerthe unrichtig seyen, ich dennoch
seine Erklärung meiner Resultate nicht für zulässig finden könne [3]. Die Untersuchung, die ich seitdem angestellt habe, und nun hier vorlegen will, haben meine
anfängliche Angabe vollkommen bestätigt.

Zunächst ist es nöthig, die von mir beobachteten
Thatsachen und Hrn. Melloni's Erklärung derselben anzugeben.

Mit zwei Säulen sehr dünner Glimmerblättchen *I*
und *K* [4] fand ich, dafs von der Wärme einer Argand'-
schen Lampe 72 bis 74 Procent polarisirt wurden, d. h.

Hrn. Verfassers über die strahlende Wärme. Die erste oder zweite
finden sich im 13. Bande der Verhandlungen der Edinburger Gesellschaft, und wurden auszugsweise bereits in dies. Ann. Bd. XXXV
S. 553 und Bd. XXXVII S. 501 mitgetheilt. *P.*

1) *Comptes rendus de l'acad. des sciences*, *T. II p.* 140 (Annal.
Bd. XXXVII S. 494); auch Biot, ebendaselbst, p. 194 (Annalen,
Bd. XXXVIII S. 202).

2) *Ann. de chim. et de phys. T. LXV p.* 5 (Ann. Bd. XXXXIII
S. 18 und 257.

3) *Phil. Mag. Ser. III Vol. XI p.* 542.

4) Dadurch bereitet, dafs ein dickes Glimmerstück in ein lebhaftes
Rothglühfeuer gebracht wurde, wodurch es, vermöge der Ausdehnung
der Luft zwischen den Blättchen, in eine Menge von Blättchen zer-
fällt, die Licht stark reflectiren und polarisiren.

daſs von 100 Strahlen, welche beim Parallelismus der
Réfractionsebenen der Säulen durchgingen, 72 bis 74
aufgefangen wurden, wenn diese Ebenen sich rechtwinklich kreuzten. Von der Wärme des siedenden Wassers
wurden nur 44 Proc. polarisirt, und Wärme von intermediären Intensitäten gab intermediäre Resultate.

Hr. Melloni folgerte sinnreich, diese Erscheinung
möge daraus entsprungen seyn, daſs die Glimmersäulen
(*I* und *K*, Taf. III Fig. 1) durch diejenige Wärme am
meisten erhitzt wurden, welche sie am leichtesten absorbirten oder am wenigsten leicht durchlieſsen (d. h. durch
die Wärme von niedriger Temperatur), und daſs sie
demnach durch secundäre Strahlung beständig Wärme
auf die thermo-elektrische Säule aussandten, die, mit der
parallelen oder *rechtwinklichen* Lage dieser Säulen in
keiner Beziehung stehend, natürlich die scheinbare Polarisation der Wärme zu verringern, oder die in beiden
Lagen durchgelassenen Wärmemengen gleich zu machen
streben muſste.

Die secundäre Strahlung der Glimmerblättchen ist
so oft als Einwand gegen meine Versuche vorgebracht
worden, daſs es mich, ungeachtet ich sie eben so oft als
unbedeutend nachgewiesen habe, nicht wunderte, sie abermals und in einer so plausibeln Weise vorgeschoben zu
sehen. Hr. Melloni hat aber wahrscheinlich nicht beachtet, daſs ein Schirm zur Auffangung der Wärme *zwischen* der Wärmequelle und der polarisirenden Säule *K*
aufgestellt war (Fig. I Taf. III), so daſs die Glimmerblättchen nur während der auſserordentlich kurzen Zeit (10
Secunden) einer Schwingung oder Ausbiegung der Nadel Wärme absorbiren konnten, sonst, glaube ich, würde
er nicht einen so höchst geringfügigen Einwand gemacht
haben [1]).

Ich habe mich jedoch bemüht, diesem Einwand di-

---

1) Ueberdieſs hätte er, wenn er die ungemeine Zartheit der Glimmerblättchen (von der hernach mehr) beachtet hätte, als eine nothwen-

rect zu begegnen. Ich nahm die früher mit *G* und *H* bezeichneten Glimmersäulen und stellte sie parallel, wie Fig. 2 Taf. III zeigt. Allein statt die Thermosäule in *P* aufzustellen, wo sie zugleich die direct durchgelassene Wärme von *S* (wenn der Schirm fortgenommen war) und die angebliche secundäre Strahlung von der Oberfläche *ab* der Glimmersäule empfangen haben würde, brachte ich sie in *p* an, unter gleichem Winkel gegen *ab*, aber ganz aufserhalb des Einflusses der directen Strahlung von *S*. Als dieser Versuch mit dunkler Wärme angestellt wurde (welche, nach Hrn. Melloni, den gröfsten Effect geben müfste), so war, nach Fortnahme des Schirms, während einer längeren Zeit als je in Praxis für die Absorption der Wärme erlaubt wird, nicht die geringste Bewegung an der Galvanometernadel zu beobachten. Dieser Versuch mufs demnach als vollkommen beweisend angesehen werden.

Hr. Melloni hat darauf angespielt, dafs die Dimensionen der Wärmequellen und der Winkel des Einfalls der Strahlen auf die Blättchen wesentlich auf die Resultate einwirken müfsten. Da auch ich vollkommen überzeugt bin, dafs man am genauesten mit parallelen Strahlen experimentirt, so wiederholte ich meine Versuche, seinem Plane gemäfs, mit einer Steinsalzlinse, die so vor der Wärmequelle aufgestellt worden, dafs die Strahlen parallel austraten. Ich brachte auch die polarisirende und die analysirende Säule in bedeutenden Abstand von der Thermosäule, und veränderte später ihren Abstand, um zu sehen, ob dadurch eine Erklärung des Widerspruchs gefunden werden könne.

Der Apparat war folgendermafsen angeordnet: *P* (Fig. 3 Taf. III) war die Thermosäule, *A* eine quadratische Pappröhre, um erstere vor Luftzug zu schützen, *I* die analysirende und *K* die polarisirende Glimmersäule,

dige Folge seines eigenen Raisonnements den Effect als unbedeutend erkennen müssen.

B ein beweglicher Schirm, L eine Steinsalzlinse, in deren Brennpunkt S die Wärmequelle. Der Abstand des Centrums der Thermosäule vom Centro der ersten Glimmersäule oder PI betrug 12 Zoll, PS dagegen 24 Zoll.

Mit diesem Apparat fand ich meine früheren Schlüsse vollkommen bestätigt. Die scheinbare Polarisation war etwas gröfser, wie ich aus dem, beim Parallelismus der Strahlen, einem constanten Winkel näher kommenden Einfall derselben vorausgesehen hatte; allein die ungleiche Polarisirbarkeit der verschiedenen Wärmegattungen trat auch deutlicher als je hervor, obschon der Abstand der Glimmerblättchen von der Thermosäule so grofs war, dafs jede Wirkung einer secundären Strahlung, wäre sie auch vorher merklich gewesen, so gut wie auf Null reducirt werden mufste.

Im Verfolg dieser Versuche bemerkte ich, deutlicher als zuvor, dafs der verschiedene Zustand der Verbrennung in der Wärmequelle einen Einflufs auf den Polarisationsindex ausübe, und sowohl an verschiedenen Tagen als während Eines Versuches zufällige Veränderungen in demselben hervorbringe. Die Wärme eines Messings von 700° F. fand ich an verschiedenen Tagen am gleichförmigsten, obwohl doch zuweilen in einer Reihe von Versuchen bedeutende Abweichungen vom Mittel vorkamen. Die Locatellische Lampe scheint gröfseren Veränderungen unterworfen zu seyn, und die Argand'sche noch gröfseren; in der That fand ich es unmöglich, die letztere Lampe auch nur eine Viertelstunde in einem gleichmäfsigen Verbrennungszustand zu erhalten, und daher habe ich sie zuletzt ganz bei Seite gestellt. Am meisten verändert sich aber die Wärme des glühenden Platins in ihrer Qualität; und diefs ist kein Wunder, denn sie vereinigt in sich die Wärme aus zwei sehr verschiedenen Quellen in ungewissen Verhältnissen, nämlich die Wärme von dem aufgerollten Platindraht und die von der Alkoholflamme, welche denselben erhitzt.

Ueberdiefs schwankt das Glühen aufserordentlich in seiner Intensität. Einmal, als das Glühen aufserordentlich stark und die Alkoholflamme sehr schwach war, erhielt ich einen höheren Grad von Polarisation als je zuvor oder hernach. Gewöhnlich stehen die Angaben [1]), bei *Parallelismus* und *Rechtwinklichkeit* von I und K, beim glühenden Platin im Verhältnifs von 100 zu 26 oder 27. In jenem Fall aber war das Verhältnifs $=100:20$, und als die Wärme durch Einschaltung einer dünnen Glasplatte geschwächt wurde, stieg es sogar auf das von $100:13$.

Nachstehende Tafel enthält die auf obigem Wege (mit den Säulen I und K) erhaltenen Resultate, so wie die meiner früheren Versuche über das 410° F. heifse Quecksilber und das siedende Wasser, bei welchen der Gebrauch einer Linse von wenig Nutzen gewesen seyn würde :

Wärmequelle.	Von 100 Strahlen polarisirt.
Argand'sche Lampe	78
Locatellische Lampe	75 bis 77
Glühendes Platin (gewöhnlich)	74 - 76
Glühendes Platin, mit Einschaltung von 0″,06 dickem Glase	80 - 82
Alkoholflamme	78
Messing bei etwa 700° F.	66,6
- ein 0″,016 dickes Glimmerblättchen zwischen K und B eingeschaltet	80
Quecksilber von 410° F. im Tiegel	48
Siedendes Wasser	44.

Nun versuchte ich, welche Wirkung die gröfstmögliche Annäherung der Glimmerblättchen an die Thermosäule ausüben würde. Die Pappröhre A wurde entfernt, und die Glimmersäule genähert, bis sie den trichterförmigen Reflector der Thermosäule berührte. In diesem äufsersten Fall zeigte sich die scheinbare Polarisation um

---

1) D. h. die durchgelassenen Wärmemengen.   *P.*

etwa zwei Procent verringert, sowohl beim glühenden Platin als bei der dunkeln Wärme. Ich will es ununtersucht lassen, ob und wie viel die Erhitzung der Glimmerblättchen hiezu mitwirkte, und welchen Antheil die Wärmereflexion von der Innenseite der diese Blättchen einschliefsenden Röhren hieran hatte, da es einleuchtend ist, dafs diese Umstände nicht die Verschiedenheit in den Resultaten der obigen Versuche hervorgebracht haben konnten.

Ich glaube man wird zugeben, dafs durch die eben angeführten Versuche die Ungleichheit der Polarisirbarkeit der Wärme aus verschiedenen Quellen unwiderleglich festgestellt ist. Indefs bekenne ich, würde ich mich doch nicht beruhigt fühlen, wenn ich nicht auf die Ursache des Widerspruchs zwischen Hrn. Melloni's Resultaten und den meinigen einiges Licht hätte werfen können. Diefs glaube ich nun vollständig und genügend thun zu können, ohne irgend die vollkommene Genauigkeit seiner Versuche in Zweifel ziehen zu wollen. Deutlichkeit halber, will ich den Gang, wie ich zu diesem Resultat gelangte, auseinandersetzen.

Es fiel mir bei, dafs es zur ferneren und unabhängigen Bestätigung der oben angegebenen Schlüsse genügend seyn würde, den Polarisationsindex für verschiedene Wärmegattungen durch eine mit dieser Frage ganz aufser Beziehung stehende Reihe von Versuchen zu prüfen, nämlich durch Depolarisationsversuche, die, wie man aus dem folgenden Abschnitt ersehen wird, erst nach einer Rechnung den Polarisationsindex geben.

Zuerst glaubte ich, dafs die Versuche mit der Wärme der Argand'schen Lampe, des glühenden Platins und des heifsen Messings dasselbe Resultat geben würden. Diefs war aber bei weitem nicht der Fall. Die Einschaltung des depolarisirenden Blättchens zwischen die polarisirende und analysirende Säule wirkte einfach auf den Durchgang gewisser Wärmestrahlen und änderte den Polarisationsindex mehr oder weniger, je nachdem es dicker oder dünner war.

Das wichtigste Resultat aber erhielt ich, wie man aus dem Abschnitt über Depolarisation ersehen kann, als Glimmerblättchen von fünf verschiedenen Dicken (von drei bis sechszehn Tausendteln eines Zolls) nach einander eingeschaltet, und dann der Polarisationsindex für jene drei Wärmearten bestimmt wurde. Die Resultate dieser funfzehn Versuche ergaben (zufällige Unregelmäfsigkeiten abgerechnet) deutlich folgendes Gesetz: *dafs, während ein Glimmerblättchen von 0,003 Zoll Dicke kaum die Eigenschaften der Wärme aus verschiedenen Quellen abändert, wie aus der Beständigkeit ihres Polarisationsindex hervorgeht, ein solches Blättchen von gröfserer Dicke fast keine merkliche Wirkung auf die Wärme einer Argand'schen Lampe ausübt, aber den Polarisationsindex der dunkeln Wärme so sehr erhöht, dafs, wenn die Dicke 0,016 Zoll beträgt, dieser Index für die Wärme der Argand'schen Lampe, des glühenden Platins und des dunkel heifsen Messings fast gleich wird.*

Nun waren Hrn. Melloni's Resultate leicht und vollständig zu erklären. Er wandte Glimmersäulen an, wie ich sie zuerst gebrauchte, bestehend aus losen, mit einem Messer abgetrennten, wiederum zusammengelegten und am Rande vereinigten Blättchen, 30, 60 und selbst mehr an der Zahl [1]). Dagegen sind die Blättchen der Säulen *I* und *K*, welche ich seit drittehalb Jahren gebrauche, von einer wahrhaft erstaunlichen Zartheit. Die Verfertigungsweise derselben habe ich in meinem früheren

1) Hr. F. bemerkt, dafs die von Hrn. Melloni in den *Annal. de de chim. T. LXV p.* 17 (Annalen, Bd. XXXXIII S. 29) beschriebene Anfertigungsweise der Glimmersäulen genau die sey, welche er früher anwandte, und nach welcher er im Juni 1835, in Gegenwart des Hrn. Melloni, eine solche Säule construirte, um diesem die damals noch von ihm bezweifelte Polarisation der Wärme zu zeigen.

Aufsatz kurz beschrieben (vergl. S. **65** dieses Aufsatzes), und es ist wahrscheinlich nur Unachtsamkeit, dafs sie nicht allgemein angewandt worden ist. Der durch Wirkung einer heftigen Hitze aufgeblätterte Glimmer giebt eine Masse von parallelen Blättchen, wie sie durch kein mechanisches Mittel zu erreichen ist. Wie dick eigentlich diese Glimmerblättchen seyen, habe ich nicht genau ermitteln können. Die Blättchen der Säulen G und H sind viel dicker, vielleicht zwei Mal so dick als die der Säulen I und K, welche ich gewöhnlich anwende, und doch sind die ersteren, nach roher Schätzung durch ihre Farbe im polarisirten Licht, etwa 0,001 Zoll dick. Die Säulen I und K können höchstens $\frac{1}{1500}$ Zoll dick seyn, und doch scheint ihr Polarisationsvermögen (was nur von der Zahl der Blättchen abhängt) bei gleichem Winkel (35° gegen die einfallenden Strahlen) gleich zu seyn dem von Hrn. Melloni's Säule aus zehn gesonderten Blättchen. Die mittlere Dicke der einzelnen Blättchen kann daher nur $\frac{1}{15000}$ Zoll betragen, auch reflectiren sie reichlich die Newton'schen Ringe.

Nun fand ich bei den Depolarisationsversuchen, dafs vom Glimmer eine weit gröfsere Dicke, als die Wärme selbst bei schiefem Durchgange durch die Säulen I und K durchwandert, erforderlich ist, um auf den Polarisationsindex der Wärme verschiedener Quellen, wie Messing von 700° F. und glühendes Platin, merklich einzuwirken. Es ist daher eine nothwendige Folge jener Construction, dafs die Wärme solcher Säulen ganz oder fast ungeändert in ihrem Charakter durchstrahlt, während bei lose auf einander gelegten Blättchen die Glimmerdicke hinreichend ist, um die durchgehende Wärme vermöge der Absorption so zu verändern, *dafs bei dem Act der Transmission der Unterschied der Qualität verschwindet, was auch die Quelle seyn möge.* Es ist kaum wahrscheinlich, dafs Hrn. Melloni's Blättchen, da sie 4 Zoll lang und 2 Zoll breit waren, einzeln genommen, weniger als $\frac{1}{13000}$ Zoll dick gewesen seyn sollten; eine Säule von 10 Blättchen würde demnach 10 Mal so dick als meine eben so starke Säule seyn, und bei einer Incidenz von 55° würde die von der Wärme durchlaufene Dicke nicht viel kleiner seyn als die der S. 71 erwähnten Säule, die, wie wir gesehen, allen Unterschied zwischen der Polarisirbarkeit der Argand'schen und der dunkeln Wärme aufhebt.

Nachdem ich die Wichtigkeit der von mir gewählten Construction der Glimmersäulen vollkommen eingesehen hatte, hielt ich es für der Mühe werth zu untersuchen, welchen Antheil von der Wärme aus verschiedenen Quellen diese sehr zarten Blättchen durchzulassen im Stande seyen, da ich vermuthete (was auch schon Hr. Melloni bemerkt hat), daſs derselbe bei so dünnen Blättchen bei weitem weniger ungleich sey als bei den von gewöhnlich angewandter Dicke. Meine Erwartungen wurden mehr als bestätigt, wie aus folgender Tafel zu ersehen ist, welche den Wärmeverlust beim Durchgang durch die beiden einander parallel gestellten Säulen I und K angiebt [1]), so wie auch, des Contrastes halber, den Verlust bei senkrechtem Durchgang durch ein einziges Glimmerblättchen von 0,16 Zoll Dicke.

Wärmequellen.	Von 100 einfallenden Strahlen durchgelassen von:	
	den Säulen I u. K parallel.	einzelner Platte 0″,016 dick.
Locatelli's Lampe	18,8	57
dito, mit Einschaltung einer 0″,06 dicken Glasplatte	16,2	72
Glühendes Platin	17,6	50
dunkelheiſses Messing von 700° F.	15,5	15
Siedendes Wasser	10	8.

Sehr einleuchtend wird, daſs das Transmissionsvermögen der Säulen I und K, wenigstens bei den vier er-

1) Bei weitem der gröſste Theil dieses Verlustes entspringt aus der Reflexion, deren Wirkung, wie ich früher gefunden, bei allen Wärmegattungen gleich ist.

sten Wärmequellen, wenig verschieden ist, und auf keinen Fall im Verhältnifs steht zur charakteristischen Wirkung des Glimmers selbst bei mäfsiger Dicke. Diefs
tritt noch mehr hervor, wenn man die Verhältnisse der
in beiden Fällen durchgelassenen Wärme verschiedenen
Ursprungs vergleicht, und dabei die durch Glas gesiebte
(*sifted*) Lampenwärme als 100 annimmt.

	Säulen *I* und *K.*	Glimmerblatt v. $0'',016$ Dicke.
Locatelli mit Glas	100	100
Locatelli	116	79
Glühendes Platin	108	70
Messing von 700° F.	96	21
Siedendes Wasser	62	11.

Ich brauche wohl kaum hinzuzusetzen, dafs eine so
merkwürdige Thatsache, als die, dafs die durch Glas gesiebte (*sifted*) Wärme leichter durch die dünnen Glimmerblättchen geht als die directe Lampenwärme, sorgfältig festgestellt wurde.

Da die vier ersten Wärmearten in wenig verschiedenen Verhältnissen von den Säulen *I* und *K* durchgelassen werden, und besonders, da die durch Glas gesiebte Lampenwärme in dieser Beziehung fast genau der
dunkeln Wärme des heifsen Messings gleich kommt, so
haben wir offenbar einen neuen Grund, Hrn. Melloni's Voraussetzung (S. 66), dafs die scheinbaren Unterschiede der Polarisation bei meinen Versuchen aus einer, nach Verschiedenheit der Quellen, ungleichen Absorption der Wärme durch die Glimmersäulen entsprungen seyen, als unhaltbar zu verwerfen.

Die ungleiche Polarisirbarkeit der verschiedenen Wärmearten als Thatsache angenommen, bleibt noch eine Erklärung für dieselbe aufzusuchen. Früher glaubte der
Verfasser, die Ursache liege in einer ungleichen Brechung der verschiedenen Wärmearten in dem Glimmer; al-

lein ferneres Nachdenken liefsen ihm diese Erklärung als
unpassend erkennen. Eben so ungenügend erwies sich
die Annahme, dafs ein Verhältnifsunterschied in der gesammten, bei paralleler und winkelrechter Stellung der
Glimmersäulen, auf die Thermosäule gelangende Wärmemenge, entsprungen aus einer ungleichen Absorption
der verschiedenen Wärmearten durch den Glimmer, die
Sache erklären könne; indem eine Absorption, wenn sie
gleich sey für gemeine und polarisirte Wärme, keinen
solchen Effect hervorzubringen vermöge. Endlich ergab
sich auch die Vermuthung, dafs leuchtende Wärme vielleicht reichlicher als dunkle reflectirt werden möge, durch
directe Versuche, welche das Gegentheil lehrten, als un-
gegründet. Wir müssen daher, sagt der Verfasser, die
ungleiche Polarisirbarkeit als eine wesentliche Verschiedenheit der Wärme von dem Licht ansehen.

II. Ueber die Depolarisation der Wärme.

Die Thatsache der Depolarisation (welche der Verfasser in seiner ersten Abhandlung ausführlich nachgewiesen hat, — s. Ann. Bd. XXXV S. 555) ist von gröfster Wichtigkeit, sowohl weil man wahrscheinlich auf keine
directere Art die Doppelbrechung der Wärme in Krystallen wird darthun können, als auch, weil Zahlenwerthe durch sie erlangt werden, die für die Theorie der
Wärme, so wie zur Unterscheidung der Wärme vom
Licht von grofser Bedeutung sind. Beim Licht hängt
die Depolarisation ab: 1) von der Wellenlänge und
2) von dem Unterschiede in der Verzögerung der beiden durch die doppeltbrechende Platte gehenden Bündel; und die Verzögerung, welche im geraden Verhältnifs zur Dicke dieser Platte steht, ist verschieden nach
der Natur derselben und vielleicht auch mit der Natur
der einfallenden Strahlen.

Leicht ersichtlich ist also, dafs, wenn man die durch
eine Platte von gegebener Dicke depolarisirte Menge von

Licht (oder, dem analog, Wärme) bestimmt hat und
die Wellenlänge kennt, die Verzögerung oder Stärke
der Doppelbrechung ermitteln kann, oder umgekehrt,
wenn letztere bekannt ist, die Wellenlänge zu finden
vermag. Da das letztere Element das wichtigere ist und
es zur Zeit kein besseres Mittel zu seiner Bestimmung
giebt, so schlug der Verfasser in seiner ersten Abhandlung vor, dasselbe auf diese Weise zu ermitteln, unter
der Voraussetzung, dafs die Verzögerung der Wärme
gleich der des Lichtes sey.

Hiebei ist jedoch zweierlei wohl zu erwägen. Erstlich, dafs die Depolarisation, bei gleicher Wellenlänge,
gleich seyn kann bei verschiedener Dicke des Glimmers
und verschiedener Verzögerung; und zweitens, dafs alle
unsere Wärmequellen heterogene Strahlen liefern, von
denen jeder seine eigene Wellenlänge hat, und dafs demnach keine strenge Uebereinstimmung der beobachtenden
Resultate mit der Formel erwartet werden darf, in welcher die Homogenität oder Constanz der Wellenlänge
λ vorausgesetzt wird.

Ist F^2 die Intensität des ganzen einfallenden polarisirten Strahls, und E^2 die desjenigen Antheils, welcher,
nach dem Durchgang durch die depolarisirende Platte,
in einer senkrechten Ebene polarisirt werden kann, so
hat man bekanntlich nach F r e s n e l :

$$\frac{E^2}{F^2} = sin^2\, 180^\circ \cdot \left(\frac{o-e}{\lambda}\right).$$

Da die beiden Gröfsen linker Seite beobachtet werden können, so ist deren Verhältnifs bekannt; auf der
rechten Seite haben wir aber zwei Gröfsen, nämlich $o-e$,
den Unterschied der Verzögerung beider Strahlen in dem
doppelbrechenden Krystall, und λ, die Wellenlänge, von
denen die eine erst gefunden werden kann, wenn für
die andere ein Werth festgesetzt ist, und offenbar kann
eine Unzahl von Werthen dieser beiden Gröfsen der
obigen Gleichung Genüge leisten. Beim Licht können

hieraus wenig Zweifel entspringen, da das Phänomen der periodischen Farben das Mittel zur Auffindung der richtigen Lösung an die Hand giebt; allein bei der Wärme ist das Verhältnis von λ zu $o - e$ gänzlich unbekannt, und wir können nur annehmen, dafs dasselbe, wie es nothwendig mufs, gleichförmig mit der Dicke der Platte wachse, da diefs mit $o - e$ der Fall ist, und λ nicht von der Dicke der Platte abhängt. Durch ein sehr einfaches Verfahren ward der wahre Werth leicht aufgefunden.

Der Verfasser nahm fünf Glimmerblättchen von verschiedener Dicke, aber genau derselben Qualität und gröfstmöglicher Gleichförmigkeit, gab ihnen dieselbe Gröfse und eine solche Gestalt, dafs sie mit ihrer neutralen Axe nach Belieben vertical oder geneigt unter 45° aufgestellt werden konnten. Die Dicke derselben wurde zunächst durch ihre Farben im polarisirten Licht ermittelt, was zwar der einfachste, aber nicht der genaueste Weg ist. Es ergab sich dadurch:

Farbe:	Verzögerung in Millionteln eines Zolls [1].
No. 1. Weifs, in's Gelbe fallend	12
No. 2. Reich blau	28
No. 3. Purpurblau	43
No. 4. Zwischen Roth und Orange	36
No. 5. Nelkenroth	80.

Die relativen Dicken, welche aus diesen Zahlen hervorgehen, wurden (bis auf die erste) ziemlich durch die folgenden, mit einem dazu von Troughton verfertigten Tasterzirkel angestellten, Messungen bestätigt.

---

1) Diese Zahlen wurden durch Verdopplung derjenigen erhalten, welche den entsprechenden Farben dünner Luftschichten in Newton's Tafel zukommen. Die Zweifel über die Ordnung der Farben bei den zwei letzten Zahlen wurden durch die weiterhin angeführten Messungen entfernt, wodurch es sich ergab, dafs das Nelkenroth No. 5 eine Farbe vierter Ordnung war.

No. 1. Dicke: 0,0026 Zoll
No. 2.   -   0,0044 -
No. 3.   -   0,0074 -
No. 4.   -   0,0060 -
No. 5.   -   0,0157 -

Diese Platten nach einander zur Depolarisation anwendend, bestimmte der Verfasser das Verhältnifs $\frac{E^2}{F^2}$ auf die früher beschriebene Weise (Annal. Bd. XXXV S. 556), und zwar für die Wärme 1) einer Argand'schen Lampe mit Glasschornstein, 2) des glühenden Platins, und 3) des durch eine Weingeistflamme erhitzten, aber noch nicht glühenden Messings. Da die Platten No. 3 und No. 4 sehr nahe eine gleiche Dicke hatten (und deshalb, wie nothwendig, fast genau dieselbe Depolarisation gaben), so wurde die vereinte Dicke von No. 2 und 3 als Mittelglied zwischen No. 3 und 5 angewandt.

Die folgenden Tafeln enthalten die Resultate der Versuche mit der ersten und dritten Wärmequelle. Zur Polarisation und Analyse wurden die früher mit I und K bezeichneten Glimmersäulen gebraucht; die Brechungsebene von I lag immer horizontal, die von K abwechselnd horizontal und vertical, oder, kurz bezeichnet, bei 0° und 90°.

Argand'sche Lampe, 16 Zoll vom Centrum der Säule, Glimmerplatte No. 3.

Lage der Refractionsebene von K (die von Zimmer auf 0°).	Lage des neutralen Schnitts der depolarisirenden Glimmerplatte.	Galvanometrischer Effect der Thermosäule.	Totale Polarisation F^2.	Depolarisation E^2.
Auf 0°	Auf 0°	11°,9	8°,45	
- 90	- 0	3 ,45		
- 90	- 45	8 ,8		+5°,35
- 0	- 45	6 ,75		—5 ,35
- 0	- 0	12 ,1		
- 90	- 0	3 ,75	8 ,35	
- 90	- 45	8 ,8		+5 ,05
- 0	- 45	6 ,7		—5 ,35
- 0	- 0	12 ,05		
- 90	- 0	3 ,7	8 ,35	
		Mittel	8°,38	5°,27

Dunkelheißes Messing, 14 Zoll von der Säule, Glimmerplatte No. 3.

Lage der Refractionsebene von K (die von Zimmer auf 0°).	Lage des neutralen Schnitts der depolarisirenden Glimmerplatte.	Galvanometrischer Effect der Thermosäule.	Totale Polarisation F^2.	Depolarisation E^2.
Auf 0°	Auf 0°	5°,25	3°,25 [1]	
- 90	- 0	2 ,0		
- 90	- 45	5 ,75		+3°,75
- 0	- 45	2 ,15		—3 ,8
- 0	- 0	5 ,95		
- 90	- 0	1 ,95	4 ,0	
- 90	- 45	5 ,75		+3 ,8
- 0	- 45	2 ,6		—3 ,3
- 0	- 0	5 ,9		
- 90	- 0	1 ,95	3 ,95	
- 90	- 45	5 ,65		+3 ,7
- 0	- 45	2 ,3		—3 ,5
- 0	- 0	5 ,8		
- 90	- 0	1 ,8	4 ,0	
		Mittel	3°,98	3 ,64

[1] Wegen kurz zuvor erst geschehener Anzündung der Lampe und noch nicht voller Erhitzung des Messings offenbar zu klein, und deshalb im Mittel ausgelassen.

Aus der Gleichung:

$$\frac{E^2}{F^2} = sin^2\,180° \cdot \frac{o-e}{\lambda}$$

folgt:

$$\frac{o-e}{\lambda} = \frac{arc\left(sin = \sqrt{\frac{E^2}{F^2}}\right)}{180°}.$$

Da die Wurzelgröfse ein doppeltes Zeichen hat, so wird die Gleichung erfüllt, wenn $\frac{o-e}{\lambda}$ gleich ist einem Bruch a oder gleich $1-a$, oder $1+a$, $2-a$, oder $2+a$, oder $3-a$ u. s. w. Aus den vorstehenden Tafeln haben wir nun

für die Argand'sche Lampe:

$$\frac{E^2}{F^2} = \frac{5,27}{8,38} = 0,629\;;\;\sqrt{\frac{E^2}{F^2}} = \pm 0,793,$$

also:

$$\frac{o-e}{\lambda} = 0,29\ \text{oder}\ 0,71,\ \text{oder}\ 1,29,\ 1,71\ \text{u. s. w.}$$

Für die dunkle Hitze des Messings:

$$\frac{E^2}{F^2} = \frac{3,64}{3,98} = 0,915\;;\;\sqrt{\frac{E^2}{F^2}} = \pm 0,957,$$

folglich:

$$\frac{o-e}{\lambda} = 0,41\ \text{oder}\ 0,59,\ \text{oder}\ 1,41,\ \text{oder}\ 1,59\ \text{u. s. w.}$$

Der wahre Werth von $\frac{o-e}{\lambda}$ mufs nun der seyn, der, wenn mehre Platten angewandt werden, *gleichförmig* mit der Dicke der Platten wächst.

Folgende Tafel enthält die Resultate der mit mehren Platten angestellten Versuche:

Ar-

Wärmequelle.	No. der depolarisirenden Platte.	$\frac{F'}{F}$.	Werthe von $\frac{o-e}{\lambda}$.		
Argand'sche Lampe	No. 1	$\frac{2^{o},15}{7,38} = 0,291$	0,18	0,82	1,18
	1	$\frac{1^{o},91}{6,67} = 0,286$			
	2	$\frac{5^{o},65}{8,53} = 0,662$	0,39	0,70	1,30
	3	$\frac{5^{o},27}{8,38} = 0,629$	0,29	0,71	1,29
	2+3	$\frac{2^{o},07}{5,55} = 0,373$	0,21	0,79	1,21
	5	$\frac{1^{o},31}{4,38} = 0,299$			
	5	$\frac{1,14}{4,83} = 0,298$	0,185	0,815	1,185

Wärmequelle.	No. der depolarisirenden Platte.	$\dfrac{E^2}{F}$	Werthe von $\dfrac{o-e}{\lambda}$
Glühendes Platin	No. 1	$\dfrac{2^{\circ},00}{7,60}=0,264$	0,17 ; 0,83 ; 1,17 ; ..
	- 1	$\dfrac{1^{\circ},90}{7,68}=0,248$	0,165 ; 0,835 ; 1,165 ; ..
	- 2	$\dfrac{4^{\circ},66}{7,31}=0,638$	0,30 ; 0,70 ; 1,30 ; ..
	- 3	$\dfrac{5^{\circ},02}{6,70}=0,749$	0,335 ; 0,665 ; 1,335 ; ..
	- 4	$\dfrac{5^{\circ},63}{7,08}=0,795$	0,35 ; 0,65 ; 1,35 ; ..
	- 2+3	$\dfrac{1^{\circ},48}{4,66}=0,318$	0,19 ; 0,81 ; 1,19 ; ..
	- 5	$\dfrac{1^{\circ},35}{6,36}=0,212$	0,15 ; 0,85 ; 1,15 ; ..

Dunkelheißes Messing		
No. 1	$\dfrac{1°,94}{7,35} = 0,264$	0,17 ; 0,83 ; 1,17 ; ..
- 2	$\dfrac{3,17}{4,18} = 0,764$	0,34 ; 0,66 ; 1,34 ; ..
- 3	$\dfrac{3°,64}{3,98} = 0,915$	0,41 ; 0,59 ; 1,41 ; ..
- 2+3	$\dfrac{1°,01}{3,38} = 0,299$	0,185 ; 0,815 ; 1,185 ; ..
- 5	$\dfrac{0°,62}{4,89} = 0,127$	0,115 ; 0,885 ; 1,115 ; ..

Der Verfasser construirt nun diese Resultate, indem er, für jede Wärmequelle, die Dicke der Platten zu Abscissen und die Werthe von $\frac{o-e}{\lambda}$ zu Ordinaten nimmt, und dann eine gerade Linie zieht, welche die Endpunkte einer der drei zu jeder Abscisse gehörenden Ordinaten schneidet, oder ihnen wenigstens am nächsten kommt. Er findet dadurch, dafs die auf diesem Wege für die drei Wärmequellen erhaltenen Interpolationslinien (welche die mit der Dicke der Platten *proportionalen* Werthe von $\frac{o-e}{\lambda}$ darstellen würden) gleiche Winkel mit der Abscissenlinie machen, und schliefst daraus, dafs man, wie er schon früher vermuthete, niemals hoffen dürfe, auf diesem Wege die verschiedene Wellenlänge dieser Wärmearten zu bestimmen, da sich ergiebt, dafs λ entweder sehr wenig, oder (was zwar unwahrscheinlich sey) beständig proportional mit der Variation der Verzögerung $o-e$ variire.

Alle drei Wärmequellen geben (mittelst der graphischen Interpolation) so nahe wie möglich denselben Werth von $\frac{o-e}{\lambda}$, nämlich 1,4 für 0,02 Zoll Dicke und 0,07 für 0,001 Zoll Dicke des Glimmers.

Ganz anders ist es beim Licht. Die Summe der S. 77 gegebenen Verzögerungen in den fünf Glimmerblättchen beträgt 0,000199 Zoll, die Summe der auf S. 78 gegebenen Dicken dieser Blättchen ist 0,0361 Zoll, folglich ist der mittlere Werth von $o-e$ der Verzögerung $=0,0000055$ für eine Glimmerdicke von einem Tausendstel Zoll. Nun ist λ für das äufserste Roth $=0,0000266$ und für das äufserste Violett $=0,0000167$ Zoll. Folglich sind für ein Glimmerblättchen von 0,001 Zoll Dicke die Werthe von $\frac{o-e}{\lambda}$ bei äufserstem rothen Licht $\quad \dfrac{55}{266} = 0{,}207$

\- violettem Licht $\quad \dfrac{55}{167} = 0{,}329$

Wärme $\qquad\qquad\qquad\qquad = 0{,}07$.

Setzen wir voraus, die Verzögerung $o - e$ sey gleich für alle Wellenlängen, und sowohl für Licht als für Wärme, so ergiebt sich daraus der Werth von λ oder die Länge der Wärmewelle; denn da für ein $0''{,}001$ dickes Glimmerblättchen $\dfrac{o-e}{\lambda} = 0{,}07$ u. $o - e = 0{,}0000055$, so haben wir:

$$\lambda = \frac{o-e}{0{,}07} = \frac{0{,}00055}{7} = 0{,}000079 \text{ Zoll,}$$

ungefähr drei Mal so lang als eine Welle von rothem Licht, und fünftehalb Mal so lang als eine von violettem; doch ist dabei nicht zu vergessen, dafs alles dieses auf der Voraussetzung einer unveränderlichen Verzögerung beruht.

ı. In dem Vorstehenden wurde blofs die Sprache einer der beiden Hypothesen gebraucht, welche zur Auslegung der Resultate dieses Abschnitts dienen; weil, läge die Variation in $o - e$ oder dem Unterschiede der Geschwindigkeit beider Strahlen in dem Glimmer, doch das Resultat dasselbe bliebe. Die Versuche in dem folgenden Abschnitt mögen uns bei unserer Wahl leiten. Angenommen mittlerweile, die Resultate liefsen sich durch die Annahme erklären, dafs nicht λ gröfser, sondern $o - e$ kleiner sey bei der Wärme als beim Licht, so läuft diefs auf die Annahme hinaus, dafs die Doppelbrechung schwächer sey, oder eine gröfsere Dicke vom Krystall zur Hervorbringung eines gegebenen Effects erfordert werde. Die Vermuthung über das Daseyn einer auf der Wellenfläche senkrechten Schwingung hat hier keinen Einflufs: Denn vermöge der Reductionsweise der

Depolarisationsversuche bleibt der unpolarisirte Theil der Wärme ganz aufser Betracht, und folglich werden nur diejenigen Theile des gesammten Effects, welche von transversalen Schwingungen herrühren, nicht so sehr von der Doppelbrechung modificirt als beim Licht.

(Schlufs im nächsten Heft.)

V. Ueber die Diffraction eines Objectivs mit kreisrunder Apertur;
von George Biddell Airy.
(Transact. of the Cambridge Phil. Society, Vol. V p. 283.)

Die Untersuchung der Gestalt und Helligkeit der Ringe oder Strahlen, welche das Bild eines Sterns in einem guten Fernrohr umgeben, wenn eine geradlinige Blendung auf das Objectiv gelegt wird, ist zwar bisweilen mühsam, niemals aber schwierig. Die zu integrirenden Ausdrücke sind immer Sinus und Cosinus von Multiplis der unabhängigen Variablen, und die einzige Mühe dabei besteht in zweckmäfsiger Wahl der Integrationsgränzen. Mehre Fälle dieses Problems sind vollständig ausgearbeitet worden, und das Resultat hat, in jedem Fall, ganz mit der Erfahrung übereingestimmt. Diese Versuche, brauche ich wohl kaum zu erwähnen, sind selten von Anderen gemacht als Denen, deren unmittelbarer Zweck auf die Erläuterung der Undulationstheorie gerichtet war. Es giebt jedoch einen etwas verschiedenen Fall, welcher in der Praxis fortwährend vorkommt, und in der Theorie zu seiner Berechnung den Werth eines schwierigeren Integrals erfordert, ich meine den gewöhnlichen Fall eines Objectives mit kreisrunder Oeffnung. Der Wunsch, jede häufig vorkommende optische Erscheinung der mathematischen Untersuchung zu unterwerfen, hat mich veranlaſst, die Zahlenwerthe des sich hiebei darbietenden Integrals zu berechnen.

Sey a der Radius der Oeffnung des Objectivs, f die Brennweite, b der Seitenabstand eines Punkts in der auf der Axe des Fernrohrs senkrechten Ebene von dem Brennpunkt. Angenommen nun, die Linse sey aplanatisch und die einfallende Lichtwelle eine ebene; dann besteht die Wirkung der Linse darin, daſs sie dieser Welle eine Kugelgestalt verleiht, deren Centrum der Brennpunkt der Linse ist. Jedes Stückchen der Welle, als begränzt durch die Gestalt des Objectivs, muſs nun als der Ausgangspunkt einer kleinen Welle betrachtet werden, deren Intensität proportional ist der Oberfläche jenes Stückchen; und alle diese kleinen Wellen müssen, zur Zeit, wenn sie die eben erwähnte Kugelfläche verlassen, in gleicher Phase seyn. Ist nun $\delta x \times \delta y$ der Flächenraum eines sehr kleinen Stücks des Objectivs q der Abstand dieses Stücks von dem durch den Abstand b bestimmten Punkt, so wird die Verschiebung des Aethers in diesem Punkt, durch diese kleine Welle bewirkt, ausgedrückt werden durch:

$$\delta x \times \delta y \times sin\frac{2\pi}{\lambda}(\varrho t - q - A),$$

und die gesammte Verschiebung, hervorgebracht durch alle von jedem Stück der Kugelwelle kommenden kleinen Wellen, wird seyn das Integral von:

$$sin\frac{2\pi}{\lambda}(\vartheta t - q - A),$$

genommen für die ganze Oberfläche des Objectivs, und q ausgedrückt in Gliedern der Coordinaten irgend eines Punktes der Kugelfläche.

Sey x gemessen vom Centro der Linse in einer mit b parallelen Richtung, y senkrecht auf x und auf der Axe des Fernrohrs, und z vom Brennpunkt aus parallel mit dieser Axe. Dann ist:

$$q = \sqrt{(x-b)^2 + y^2 + z^2} = \sqrt{x^2 + y^2 + z^2 - 2bx},$$

wenn wir die Quadrate und höheren Potenzen von b vernachlässigen. Allein $x^2 + y^2 + z^2 = f^2$, weil die Welle ein Theil einer Kugel ist, deren Centrum im Brennpunkt liegt. Daher:

$$q = \sqrt{f^2 - 2bx} = f - \frac{b}{f} x \text{ nahe}$$

und die zu integrirende Größe ist:

$$\sin \frac{2\pi}{\lambda} \left(vt - f - A + \frac{b}{f} x \right).$$

Die erste Integration, in Bezug auf y ist einfach, da y nicht in den Ausdruck eintritt, der daher als constant betrachtet werden kann. Setzt man y_1 und y_2 für die kleinsten und größten Werthe von y, die x entsprechen, so ist das erste Integral:

$$(y_2 - y_1) . \sin \frac{2\pi}{\lambda} \left(vt - f - A + \frac{b}{f} x \right).$$

Bis so weit sind die Ausdrücke allgemein, indem sie für jede Form des Objectiv-Umrisses gelten.

Ehe wir in Bezug auf x integriren, müssen wir die Werthe von y_1 und y_2 in Gliedern von x ausdrücken. Für eine kreisrunde Apertur haben wir:

$$y_2 - y_1 = 2 \sqrt{a^2 - x^2},$$

worin das Zeichen der Wurzelgröße wesentlich positiv ist. Mithin wird die Verschiebung des Aethers in dem durch den Abstand b bestimmten Punkt ausgedrückt durch:

$$2 \int_x \sqrt{a^2 - x^2} . \sin \frac{2\pi}{\lambda} \left(vt - f - A + \frac{b}{f} x \right)$$
$$= 2 \sin \frac{2\pi}{\lambda} (vt - f - A) \int_x \sqrt{a^2 - x^2} . \cos \frac{2\pi}{\lambda} . \frac{b}{f} . x$$
$$+ 2 \cos \frac{2\pi}{\lambda} (vt - f - A) \int_x \sqrt{a^2 - x^2} . \sin \frac{2\pi}{\lambda} . \frac{b}{f} . x$$

und die Integrationsgränzen sind $x = -a$ und $x = +a$. Zwischen diesen Gränzen ist offenbar:

$$\int_x \sqrt{a^2 - x^2} . \sin \frac{2\pi}{\lambda} . \frac{b}{f} . x = 0,$$

da jeder positive Werth durch einen gleichen negativen zerstört wird, und daher wird die Verschiebung ausgedrückt durch:

$$2\sin\frac{2\pi}{\lambda}(vt-f-A)\int_{x=+a}^{x=-a}\sqrt{a^2-x^2}.\cos\frac{2\pi}{\lambda}.\frac{b}{f}.x.$$

Setzen wir:

$$\frac{x}{a}=\wp\;;\;\frac{2\pi}{\lambda}.\frac{b}{f}=n,$$

so wird der Ausdruck:

$$2a^2.\sin\frac{2\pi}{\lambda}(vt-f-A)\int_{w=+1}^{w=-1}\sqrt{1-\wp^2}.\cos n\wp$$

oder:

$$4a^2.\sin\frac{2\pi}{\lambda}(vt-f-A)\int_{w=1}^{w=0}\sqrt{1-\wp^2}.\cos n\wp.$$

So weit ich sehe kann der Werth dieses Integrals nicht unter einer endlichen Form dargestellt werden, weder für allgemeine noch besondere Werthe von $\wp$. Wird das bestimmte Integral:

$$\int_a\sqrt{1-\wp^2}.\cos n\wp \quad (\text{von } \wp=0 \text{ bis } \wp=1),$$

welches nur eine Function n ist, durch N ausgedrückt, so kann gezeigt werden, daſs N der linearen Differentialgleichung

$$N+\frac{3}{n}.\frac{dN}{dn}+\frac{d^2N}{dn^2}=0$$

genügt, welche auf eine Gleichung erster Ordnung zurückgeführt werden kann, die nicht zu einer bekannten Auflösungsmethode zu führen scheint.

Lösen wir die Gleichung durch Annahme einer nach Potenzen von n fortschreitenden Reihe, so können wir $\cos n\wp$ und jedes Glied für sich integriren; wir gelangen dann zu folgendem Ausdruck für das Integral:

$$\frac{\pi}{4}\times\left(1-\frac{n^2}{2.4}+\frac{n^4}{2.4^2.6}-\frac{n^6}{2.4^2.6^2.8}+\cdots\right).$$

Die Tafel am Schlusse dieses Aufsatzes enthält die Werthe der eingeklammerten Reihe für jede 0,2 von

$n=0$ bis $h=12$. Jeder Werth ist für sich berechnet, jeder bei der Rechnung gebrauchte Logarithme systematisch abgekürzt, und der ganze Proceſs sorgfältig geprüft. Die Rechnungen sind eine Stelle weiter geführt als die Zahlen hier angeben. Ich glaube, sie werden selten mehr als um eine Einheit in der letzten Stelle fehlerhaft seyn, ausgenommen vielleicht in einigen der letzten Werthe, wo die schnelle Divergenz der Reihe für die ersten fünf oder sechs Glieder die genaue Berechnung durch Logarithmen schwierig macht.

Beim Gebrauche dieser Tafel muſs $n=\dfrac{2\pi}{\lambda}\cdot\dfrac{ba}{f}$ genommen werden. Gebraucht man zur Bestimmung des Punktes im Gesichtsfelde, für welchen man die Heiligkeit zu ermitteln wünscht, statt des Linear-Abstandes b, die Anzahl s von Secunden, so ist $b=f.s.sin\,1''$ und n muſs dann $=\dfrac{2\pi}{\lambda}.as.sin\,1''$ genommen werden. Nimmt man λ für mittlere Strahlen $=0{,}000022$ Zoll, so muſs man $n=1{,}3846\times as$ nehmen, a in Zollen ausgedrückt. Aus diesem Ausdruck und aus den Zahlen der Tafel ziehen wir folgende Schlüsse:

1) Das Bild eines Sterns ist kein Punkt, sondern eine helle Scheibe, umgeben von einer Reihe heller Ringe. Die Winkeldurchmesser dieser Ringe (oder der Werth von s entsprechend einem gegebenen Werth von n) hängt lediglich von der Apertur des Fernrohrs ab, und verhält sich umgekehrt wie diese Apertur.

2) Wenn die Intensität des Lichts nach den Grundsätzen der Undulationstheorie durch das Quadrat des Coëfficienten von

$$sin\frac{2\pi}{\lambda}(vt-f-A)$$

ausgedrückt und die Intensität des Mittelpunkts der Scheibe zur Einheit angenommen wird, so erhellt, daſs der mittlere Fleck die Hälfte seines Lichts verloren hat, wenn:

$$n = 1{,}616 \text{ oder } s = \frac{1{,}17}{a}$$

dafs ein gänzlicher Lichtmangel oder ein schwarzer Ring vorhanden ist, wenn:

$$n = 3{,}832 \text{ oder } s = \frac{2{,}76}{a},$$

dafs der hellste Theil des ersten hellen Ringes entspricht:

$$n = 5{,}12 \text{ oder } s = \frac{3{,}70}{a}$$

und er ungefähr $\frac{1}{57}$ von der Intensität des Centrums besitzt, dafs ein schwarzer Ring vorhanden ist, wenn:

$$n = {,}714 \text{ oder } s = \frac{5{,}16}{a};$$

dafs der hellste Theil des zweiten hellen Rings entspricht:

$$n = 8{,}43 \text{ oder } s = \frac{6{,}09}{a}$$

und ungefähr $\frac{1}{240}$ von der Intensität des Centrums besitzt, dafs ein schwarzer Ring vorhanden ist, wenn:

$$n = 10{,}17 \text{ oder } s = \frac{7{,}32}{a},$$

dafs der hellste Theil des dritten hellen Ringes entspricht:

$$n = 11{,}63 \text{ oder } s = \frac{8{,}40}{a}$$

und ungefähr $\frac{1}{640}$ von der Intensität des Centrums besitzt.

Die schnelle Abnahme des Lichts von einem Ringe zum andern erklärt genügend, dafs bei einem sehr hellen Stern nur zwei bis drei Ringe, und bei einem schwachen Stern gar keine Ringe sichtbar sind. Der Unterschied im Durchmesser der centralen Flecke (oder falschen Scheiben) verschiedener Sterne, welcher optischen Schriftstellern als eine Schwierigkeit erschienen ist, findet auch seine vollständige Erklärung. So wird der Radius der falschen Scheibe eines schwachen Sterns, bei der ein Licht von weniger als der halben Intensität des centralen Lichts keinen Eindruck auf das Auge macht, bestimmt, wenn man setzt:

$$n = 1{,}616 \text{ oder } s = \frac{1{,}17}{a},$$

wogegen der Radius der falschen Scheibe eines hellen Sterns, bei welcher Licht von 0,1 der Intensität des im Centro noch merklich ist, durch die Annahme bestimmt wird:

$$n = 2{,}73 \text{ oder } s = \frac{1{,}97}{a}.$$

Im Allgemeinen ist die Uebereinstimmung dieser Resultate mit der Beobachtung sehr befriedigend. Eine Messung der Ringe ist jedoch nicht leicht; denn ist a klein genug genommen, um die Ringe sehr deutlich und scharf zu machen, so ist die Intensität ihres Lichts (welches mit a^4 variirt) so schwach, dafs sie für den Gebrauch eines Mikrometers nicht hell genug sind. Fraunhofer erhielt indefs (was das Verhältnifs der Durchmesser u. s. w. betrifft) ziemlich mit dem obigen Resultate übereinstimmende Messungen.

Zur Prüfung dieser Zahlen würde wahrscheinlich der Gebrauch einer elliptischen Apertur am zweckmäfsigsten seyn. Durch eine Untersuchung von genau derselben Art, wie die obige, ergiebt sich, dafs die Ringe dann Ellipsen sind, genau der Ellipse der Apertur ähnlich, jedoch in umgekehrter Lage; dafs die grofse Axe der Ringe bei der elliptischen Apertur gleich ist dem Durchmesser der Ringe bei einer kreisrunden Apertur, wenn deren Durchmesser gleich ist der kleinen Axe der elliptischen Apertur, dafs aber die Intensität gröfser ist im Verhältnifs der Quadrate der Axen. Ich habe noch nicht Gelegenheit gehabt, diefs in Praxis zu prüfen.

Ich will nun die Zahlen der Tafel auf die Lösung des folgenden Problems anwenden: Zu finden den Durchmesser u. s. w. der Ringe, wenn ein kreisrunder Schirm vom halben Durchmesser des Objectivs mitten auf die ses gelegt wird, so dafs eine ringförmige Oeffnung übrig bleibt.

Da der Radius des Schirms $= \frac{1}{2} a$, so ist leicht ersichtlich die Verschiebung:

$$2 \sin \frac{2\pi}{\lambda}(vt - f - A) \int_{x = +a}^{x = -a} \sqrt{a^2 - x^2} \cdot \cos \frac{2\pi}{\lambda} \cdot \frac{b}{f} x.$$

$$-2 \sin \frac{2\pi}{\lambda}(vt - f - A) \int_{x = +\frac{1}{2}a}^{x = -\frac{1}{2}a} \sqrt{\frac{a^2}{4} - x^2} \cdot \cos \frac{2\pi}{\lambda} \cdot \frac{b}{f} \cdot x.$$

Setzt man $\frac{x}{a} = w$ und $\frac{2x}{a} = u$, so wird diefs:

$$4a^2 \sin \frac{2\pi}{\lambda}(vt - f - A) \int_{w = 1}^{w = 0} \sqrt{1 - w^2} \cdot \cos \frac{2\pi}{\lambda} \cdot \frac{ba}{f} w$$

$$-4 \cdot \frac{a^2}{4} \sin \frac{2\pi}{\lambda}(vt - f - A) \int_{u = 1}^{u = 0} \sqrt{1 - u^2} \cdot \cos \frac{2\pi}{\lambda} \cdot \frac{ba}{2f} u.$$

Den Factor $a^4 \pi$ fortgelassen, wird die Intensität ausgedrückt durch:

$$\left\{ \varphi(n) - \tfrac{1}{4} \varphi\left(\frac{n}{2}\right) \right\}^2,$$

wo $\varphi(n)$ die in der Tafel gegebene Zahl ist.

Durch Bildung der Zahlenwerthe finden wir, dafs die schwarzen Ringe den Werthen $n = 3{,}15$; $7{,}18$; $10{,}97$ entsprechen, und dafs die Intensität der hellen Ringe (die des Centrums $= 1$) $\frac{1}{10}$ und $\frac{1}{80}$ sind. Folglich wird durch Abblendung der Mitte des Objectivs die Gröfse der centralen Scheibe verringert und die Helligkeit der Ringe vergröfsert.

Gleichergestalt würde, wenn der Durchmesser des kreisrunden Schirms $= a(1 - p)$ wäre, die Intensität des Lichts proportional seyn: $\{\varphi(n) - (1 - p)^2 \cdot \varphi(n - pn)\}^2$. Wenn p sehr klein, ist die Gröfse in der Klammer gleich:

$$2p\,\varphi(n) + pn\,\varphi'(n) = \frac{p}{n} \cdot \frac{d}{dn}(n^2\,\varphi(n)).$$

In dem Fall eines sehr schmalen Ringes werden daher die Durchmesser der schwarzen Ringe dadurch bestimmt, daſs man $n^2 \varphi(n)$ zum Maximum oder Minimum macht. Es erhellt auch, daſs dann nur Ein schwarzer Ring, entsprechend jedem schwarzen Ring bei der vollen Apertur, vorhanden seyn, und daſs sein Durchmesser etwas kleiner seyn muſs. Dieser Schluſs stimmt nicht überein mit den von Herschel in der *Encyclop. Metrop. Article Ligt, p.* 488, beschriebenen Versuchen; allein derselbe giebt zu, daſs die Resultate auch nicht mit denen Fraunhofer's übereinstimmen. Ich bin daher geneigt, die von Herschel beobachtete Phänomene einer andern Ursache zuzuschreiben.

Die Untersuchung ähnlicher Diffractionsfälle, wie der hier behandelte, scheint mir eine Sache von groſsem Interesse für die, welche sich mit der Prüfung der Lichttheorien beschäftigen. Die Annahme von transversalen Schwingungen ist bei diesen nicht erforderlich, wie bei den Polarisationserscheinungen, und sie liefern daher keine Gründe für diese Annahme. Allein sie erfordern nothwendig die Voraussetzung einer fast unbegränzten Divergenz der Wellen, die nicht bloſs aus einer kleinen Apertur, sondern auch aus jedem Punkt einer groſsen Welle kommen, und die Resultate, zu denen sie uns führen, zeigen schlagend, wie wenig der anfängliche Einwurf gegen die Undulationstheorie begründet war, daſs, wenn Wellen sich gleichmäſsig in allen Richtungen ausbreiten, keine Dunkelheit möglich sey.

Werthe von $\varphi(n) = \frac{4}{\pi} \int_{w=1}^{w=0} \sqrt{1-w^2} \cdot \cos n w$.

n.	$\varphi(n)$.	n.	$\varphi(n)$.	n.	$\varphi(n)$.
0,0	+1,0000	4,0	—0,0330	8,0	+0,0587
0,2	+0,9950	4,2	—0,0660	8,2	+0,0629
0,4	+0,9801	4,4	—0,0922	8,4	+0,0645
0,6	+0,9557	4,6	—0,1116	8,6	+0,0634
0,8	+0,9221	4,8	—0,1244	8,8	+0,0600
1,0	+0,8801	5,0	—0,1310	9,0	+0,0545
1,2	+0,8305	5,2	—0,1320	9,2	+0,0473
1,4	+0,7742	5,4	—0,1279	9,4	+0,0387
1,6	+0,7124	5,6	—0,1194	9,6	+0,0291
1,8	+0,6461	5,8	—0,1073	9,8	+0,0190
2,0	+0,5767	6,0	—0,0922	10,0	+0,0087
2,2	+0,5054	6,2	—0,0751	10,2	—0,0013
2,4	+0,4335	6,4	—0,0568	10,4	—0,0107
2,6	+0,3622	6,6	—0,0379	10,6	—0,0191
2,8	+0,2927	6,8	—0,0192	10,8	—0,0263
3,0	+0,2261	7,0	—0,0013	11,0	—0,0321
3,2	+0,1633	7,2	+0,0151	11,2	—0,0364
3,4	+0,1054	7,4	+0,0296	11,4	—0,0390
3,6	+0,0530	7,6	+0,0419	11,6	—0,0400
3,8	+0,0067	7,8	+0,0516	11,8	—0,0394
				12,0	—0,0372

VI. *Ein neuer Fall von Interferenz der Licht-strahlen; von Hrn. Humphry Lloyd.*
Professor der Physik an der Universität zu Dublin.

(Aus den *Transact. of the R. Irish Academy* (*Vol. XVII*, 1834), vom Verfasser mitgetheilt.)

Fresnel's Versuch über die Interferenz zweier Licht-bündel, die von derselben Quelle ausgehen, und an zwei, unter sehr stumpfen Winkeln geneigten Spiegeln reflectirt werden, ist mit Recht als einer der wichtigsten in der ganzen Optik angesehen worden. Das Interfe-

renzprincip selbst ist zwar schon von Young im Rohen
aufgestellt und durch Erscheinungen belegt worden, die
dem unbefangenen Forscher wenig zu wünschen übrig
liefsen; allein alle diese Erscheinungen gestatteten auch
andere Erklärungen, und die Anhänger der Corpuscular-
theorie des Lichts nahmen lieber zu diesen ihre Zuflucht,
als dafs sie die Wahrheit eines Gesetzes anerkannt hätten, welches für die Undulationstheorie eine so mächtige
Stütze abgab. Bei den meisten dieser Erscheinungen
wurde das Licht durch einen Gegenstand aufgefangen, und
man glaubte, die Voraussetzung einer Molecularaction
zwischen den Theilchen des Körpers und den an dessen
Rande vorbeigehenden des Lichts sey hinreichend zur
Erklärung der Thatsachen. Allein in Fresnel's Versuch
werden die beiden interferirenden Lichtbündel regelmäfsig nach bekannten Gesetzen an den Spiegelflächen reflectirt, frei von jedem fremdartigen Umstand, welcher
möglicherweise von Einflufs auf das Resultat seyn könnte.
Dieser Versuch hat daher den Charakter der Controverse
über die Natur des Lichts wesentlich geändert; die Vertheidiger der Newton'schen Theorie sind gegenwärtig
gezwungen, das sonach streng festgestellte Interferenz-
princip anzuerkennen, und haben sich nur abzumühen,
die Vereinbarung der Theorie mit diesem Principe nachzuweisen.

Beim Nachdenken über diesen wichtigen Versuch,
dessen Anstellung etwas schwierig ist, fiel mir bei, dafs
die Interferenz sich wohl auf eine noch einfachere Weise
zeigen lassen möchte, durch gegenseitige Einwirkung von
directem und reflectirtem Licht. Eine Interferenz dieser
Art nahm Young zur Erklärung einiger Diffractionser-
scheinungen an; allein Fresnel zeigte, dafs die Erklärung unvollständig sey, und die besagten Erscheinungen
lediglich durch die Interferenz secundärer Wellen bewirkt werden, die Reflexion keinen Theil daran habe.
Unter diesen Umständen ist es etwas befremdend, dafs
die

die Thatsache der Interferenz von directem und reflectirtem Licht nicht schon dem Prüfstein der Erfahrung unterworfen wurde [1]), besonders da von dem Charakter dieser Interferenz, falls sie existirte, zu erwarten stand, daſs sie einiges Licht auf die Gesetze der Reflexion werfen werde.

Die Theorie einer solchen Interferenz ist aus den allgemeinen Principien leicht herzuleiten. Es falle Licht von einer einzigen leuchtenden Quelle unter beinahe 90° Incidenz auf eine reflectirende Fläche; eine auf der andern Seite des Reflectors befindliche Tafel werde auf einer gewissen Ausdehnung sowohl vom directen als vom reflectirten Lichte beleuchtet, und wenn der Unterschied in den von beiden Lichtbündeln zurückgelegten Wegen nur ein kleines Multiplum von einer Wellenlänge beträgt, so werden diese beiden Bündel durch ihre Interferenz Fransen bilden.

Sey a^2 die Intensität des directen Lichts, a'^2 die des reflectirten und A^2 die des resultirenden, so ist, zufolge der Theorie von der Zusammensetzung coëxistirender Vibrationen:

$$A^2 = a^2 + 2aa' \cos 2\pi \left(\frac{\delta' - \delta}{\lambda} \right) + a'^2,$$

worin δ und δ' die Länge der Wege beider Wellen von ihrem Ursprunge bis zu einem gegebenen Punkt, und λ die Wellenlänge.

Die Intensität des resultirenden Lichts wird ein *Maximum*, und zwar gleich $(a + a')^2$ seyn an den Punkten, für welche:

---

1) Sie ist in der That auch vor einigen Jahren von Hrn. Professor v. Ettingshausen in Wien beobachtet, indeſs nicht durch den Druck veröffentlicht worden, und daher nur zur Kenntniſs einiger Wenigen gelangt. Schon aus diesem Grunde, und mehr fast noch wegen der darin eingeflochtenen, interessanten Betrachtungen, schien mir der Aufsatz des Hrn. Prof. Lloyd den Lesern der Annalen mitgetheilt werden zu müssen.   *P.*

$$cos \, 2\pi \left(\frac{\delta' - \delta}{\lambda}\right) = + 1, \text{ oder } \delta' - \delta = 2n \cdot \frac{\lambda}{2},$$

und ein *Minimum*, oder gleich $(a - a')^2$, wenn:

$$cos \, 2\pi \left(\frac{\delta' - \delta}{\lambda}\right) = - 1, \text{ oder } \delta' - \delta = (2n+1) \cdot \frac{\lambda}{2},$$

worin n irgend eine Zahl aus der natürlichen Reihe 1, 2, 3 u. s. w. *Helle Fransen* werden also an allen, durch die erste Gleichung festgesetzten Punkten gebildet, und *dunkle* an allen Punkten entsprechend der letzteren.

Sey OP (Taf. I Fig. 3) der Reflector, OM die senkrecht mit ihm in Berührung gesetzte Tafel, A der leuchtende Punkt, und A' sein reflectirtes Bild, in gleichem Abstand unterhalb der Linie OB. Wenn dann M der Punkt ist, dessen Helligkeit bestimmt werden soll, so ist $\delta = AM$ und $\delta' = A'M$.

Bezeichnet man nun AB durch p, BO durch d, und OM durch x, so ist offenbar:

$$\delta^2 = d^2 + (p-x)^2 \quad, \quad \delta'^2 = d^2 + (p+x)^2,$$

und daraus angenähert:

$$\delta = d \left\{ 1 + \tfrac{1}{2}\left(\frac{p-x}{d}\right)^2 \right\}, \quad \delta' = d \left\{ 1 + \tfrac{1}{2}\left(\frac{p+x}{d}\right)^2 \right\},$$

mithin, wenn α den Winkel AOB bezeichnet:

$$\delta' - \delta = \frac{2px}{d} = 2x \, tang \, \alpha.$$

Der allgemeine Ausdruck für die Intensität des Lichts an einem Punkt M ist demnach:

$$A^2 = a^2 + 2aa' \, cos \left(4\pi \frac{x}{\lambda} \, tang \, \alpha \right) + a'^2.$$

Substituiren wir wieder für $\delta' - \delta$ den eben gefundenen Werth, so sehen wir, daß die successiven Ringe in den Abständen:

$$x = \tfrac{1}{4} m \lambda \, cot \, \alpha$$

gebildet werden, worin m irgend eine Zahl aus der natürlichen Reihe ist, deren *gerade* Werthe die Orte der *hellen* Fransen, und deren *ungerade* die der *dunkeln* geben. Dem zufolge giebt es *helle* Fransen in den Abständen 0, 2l, 4l u. s. w., und *dunkle* in den dazwi-

schen liegenden l, $3l$, $5l$ u. s. w., wenn $l = \frac{1}{4}\lambda \cot . \alpha$.
Die Fransen haben also gleiche Abstände zwischen sich.
Offenbar muß der Winkel α sehr klein oder die Incidenz sehr schief seyn, damit die Fransen eine merkliche Breite haben.

Bisher haben wir angenommen, das Licht erleide bei der Reflexion keine Aenderung, außer in der Richtung. Setzen wir nun voraus, die Vibrationsphase werde *beschleunigt*, und untersuchen die Wirkung davon auf die Lage der Fransen.

Der Betrag dieser Beschleunigung sey durch den Winkel $\mu\pi$ bezeichnet; dann wird der Phasenunterschied seyn:

$$2\pi\left(\frac{\delta' - \delta}{\lambda}\right) - \mu\pi = 2\pi\left(\frac{\delta' - \delta - \frac{1}{2}\mu\lambda}{\lambda}\right),$$

so daß die successiven Fransen an den Punkten gebildet werden, für welche:

$$\delta' - \delta - \tfrac{1}{2}\mu\lambda = \tfrac{1}{2}m\lambda,$$

wo m eine Zahl aus der natürlichen Reihe. Allein, wir fanden bereits $\delta' - \delta = 2x\,tg.\alpha$, mithin werden die besagten Punkte gegeben durch die Formel:

$$x = \tfrac{1}{4}(m + \mu)\lambda\cot.\alpha.$$

Die *geraden* Werthe von m entsprechen den *hellen* Fransen, die *ungeraden* den *dunkeln*. Hieraus ist klar, daß die Breite der Fransen ungeändert bleibt, und die Beschleunigung nur die Wirkung hat, daß sie das ganze System weiter abrückt vom Rande, um die Größe:

$$\tfrac{1}{4}\mu\lambda\cot\alpha.$$

Zur experimentellen Prüfung dieser Resultate wandte ich den Apparat mit zwei beweglichen Metallplatten an welcher bei Interferenzversuchen so häufig gebraucht wird. Nachdem die Platten so weit genähert worden, daß sie eine schmale horizontale Oeffnung ließen, wurde die Flamme einer Lampe dahinter aufgestellt, um das von dieser Oeffnung ausfahrende Licht in einem Abstande von ungefähr drei Fuß mit einem schwarzen, wohl

polirten und horizontalen Glase aufzufangen. Dieser Reflector wurde dann so befestigt, dafs seine Ebene etwas
unterhalb der Oeffnung lag, oder, anders gesagt, dafs
das Licht ungefähr unter 90° auf denselben fiel. Offenbar mufs das so schief reflectirte Licht mit dem, unter einem sehr kleinen Winkel divergirenden directen
Licht zusammentreffen, mit einem Unterschied im Wege,
welcher fast einer unendlichen Verringerung fähig ist.
Die beiden Lichtbündel sind also im Stande zu interfe-
riren, und wirklich sah ich, als ich sie, in kurzer Entfernung vom Reflector, mit einem Ocularstück auffing,
ein sehr schönes Fransensystem, in jeder Hinsicht der
einen Hälfte des in Fresnel's Versuch durch die beiden Spiegel gebildeten Systemes ähnlich.

Die erste Franse war eine *helle* und *farblose*; ihr
folgte eine sehr scharf begränzte *schwarze*, dann eine
helle farbige, und so abwechselnd fort. Unter den günstigsten Umständen konnte ich leicht sieben Abwechslungen zählen; alle Fransen hatten, so weit das Auge darüber zu urtheilen vermochte, gleiche Breite, die mit der
Schiefe des reflectirten Bündels zunahm. Die erste dunkle
Franse war *intensiv schwarz*; die folgenden waren es
immer weniger und weniger, und nach drei oder vier
Ordnungen verliefen sie sich vollständig in die hellen
Fransen. Zugleich wuchs die Färbung der hellen Fransen mit deren Ordnung, bis, nach sechs oder sieben Abwechslungen, die Farben der verschiedenen Ordnungen
sich übereinander lagerten und die Fransen sich dem-
nach in einem diffusen Licht von nahe gleichförmiger
Intensität verloren. Alle diese Umstände sind denen bei
Fresnel's Versuch ähnlich und stimmen genau mit der
Theorie.

Am vollkommsten begränzt sind diese Fransen, wenn
das Ocularstück sich dicht am Reflector befindet; ihre
Breite und Färbung wachsen mit dem Abstand des Ocu-
larstücks, behalten aber eine bestimmte und merkliche

Gröfse, wenn dieses im wirklichen Contact mit dem
Rande gebracht wird, — ein Umstand, welcher sie ganz
von den gebeugten Fransen an der Gränze eines Schattens unterscheidet.

Diese Fransen scheinen mir, aufser dafs sie ein wich-
tiges allgemeines Gesetz erläutern, noch in theoretischer
Beziehung einiges Interesse zu besitzen. Abhängig von
der Interferenz zweier Lichtbündel, von denen das eine
direct von der leuchtenden Quelle ausgeht, das andere
aber eine Reflexion erlitten hat, scheinen sie mir die
Mittel darzubieten, einen, bei ihrem Zusammentreffen
etwa in ihrer Beschaffenheit vorhandenen Unterschied
zu entdecken, und deshalb die durch die Reflexion bewirkten Abänderungen zu verfolgen.

Beim reflectirten Licht giebt es zwei Umstände, die
hauptsächlich unsere Aufmerksamkeit in Anspruch nehmen, nämlich: die *Amplitude der Schwingungen*, von
denen die Intensität des Lichts abhängt, und die *Phase*.
Die vor uns liegenden Thatsachen scheinen bis zu einem gewissen Grade mit beiden Punkten zusammenzu-
hängen.

Fresnel's Schlufsfolgen in Betreff der Intensität
des reflectirten Lichts sind zum Theil analogischer Natur und bei weitem nicht streng beweisend. Dennoch
haben sie ihn zu Resultaten geführt, die vollständig mit
der Erfahrung übereinstimmen und höchst interessant
sind, und schwerlich können wir Lehren, die solche
Kennzeichen der Wahrheit an sich tragen, unseren Bei-
fall versagen. Die Formel, welche Fresnel für die Intensität des reflectirten Lichts erhalten hat, hat, aufser einigen wenigen Beobachtungen von Arago, noch keine
directe Bestätigung durch die Erfahrung erlangt. Aus
dieser Formel folgt, dafs, bei der Gränz-Incidenz 90°,
die Intensität des reflectirten Lichts gleich seyn mufs der
des einfallenden. Fresnel selbst erwähnt dieser Folgerung, und fügt hinzu, dafs wir sie ohne Zweifel in

der Erfahrung richtig finden würden, wenn wir jene Gränze erreichen könnten. Der gegenwärtige Versuch nun liefert die Mittel zur Prüfung dieses Schlusses, und er scheint ihn vollständig zu bestätigen. Ich habe bereits erwähnt, wie vollkommen schwarz die erste dunkle Franse in der beschriebenen Erscheinung ist. So weit das Auge zu beurtheilen vermag, ist die Intensität des Lichts in diesen Fransen durchaus Null; und da die Intensität des Lichts in den dunkeln Fransen allgemein durch die Formel $(a - a')^2$ ausgedrückt wird, so sind wir genöthigt anzunehmen, daſs $a = a'$, oder daſs, bei dieser äuſsersten Incidenz, das directe und das reflectirte Licht gleiche Intensität haben.

Was den Einfluſs der Reflexion auf die *Vibrations-phase* betrifft, so scheint darüber eine gewisse Unsicherheit in der Theorie zu herrschen. Die Erscheinungen bei dünnen Platten nöthigen uns zu der Annahme, daſs bei der Reflexion von der ersten oder zweiten Fläche eine halbe Welle entweder verloren oder gewonnen werde, so daſs dem Unterschiede der von den beiden Wellen durchlaufenen Wegen entweder eine halbe Undulation zu addiren oder von ihm zu subtrahiren ist. Daſs ein solcher Vorgang wirklich stattfinde, ist aus theoretischen Betrachtungen höchst wahrscheinlich. In dem einen Fall wird das Licht von der Oberfläche eines dichteren reflectirt, in dem andern von der eines lockreren, und die Gesetze der Mechanik, auf welche Fresnel die Lehre von der Reflexion gegründet hat, leiten uns zu dem Schluſs, daſs die Verschiebungen der Aethertheil-chen im Moment nach der Reflexion in beiden Fällen von entgegengesetzten Zeichen seyn müssen. Dieser Unterschied in der Vibrationsphase ist gleichwerthig einem Unterschiede von einer halben Undulation in der Länge der Wege.

Es scheint indeſs nicht klar verstanden zu seyn, welcher Fläche wir diese physische Veränderung in dem

Zustande des Strahls zuzuschreiben haben. Youngs der zuerst dieses Gesetz aufstellte, sagt in der That: Licht, das an der Oberfläche des *lockreren* Mittels reflectirt worden, muſs als verzögert um die Hälfte des eigenthümlichen Intervals angesehen werden. Ich kann jedoch nicht umhin, zu glauben, daſs gerade die Analogie, durch welche er diesen Punkt erläutert, und noch mehr die Schlüsse von Fresnel über diesen Gegenstand, zu der entgegengesetzten Folgerung führen, daſs jener Vorgang bei der Reflexion von der Oberfläche des *dichteren* Mittels stattfinde. Wirklich geht aus Fresnel's Schlüssen hervor, daſs das *Zeichen* der Vibrationsbewegung allemal bei der Reflexion von der Oberfläche des dichteren Mittels verändert wird, wenn der Einfallswinkel den Polarisationswinkel übersteigt; und leicht kann gezeigt werden, daſs dieser Zeichenwechsel gleich kommt einer Addition von $\pm \pi$ in der Phase.

Der gegenwärtige Interferenzfall scheint diese Ansicht zu unterstützen. Wie wir gesehen, folgt aus der Theorie, daſs, wenn das Licht keine Phasenveränderung bei der Reflexion erleidet, die Abstände der dunkeln Fransen vom Rande des Schattens successiv wie die ungeraden Zahlen 1, 3, 5, 7, . . . seyn werden, so daſs der Abstand der ersten dunkeln Franse von dem Rande gleich ist dem halben Abstande zwischen jedem folgenden Paar dunkler Fransen. Dagegen erhellt aber aus den Erscheinungen, daſs jener Abstand, so weit das Auge zu beurtheilen vermag, genau den folgenden Zwischenräumen gleich ist, so daſs alle Fransen um den Betrag eines *halben Zwischenraums* von dem Rande abgerückt sind. Die Erscheinungen nöthigen uns also zu der Annahme, daſs die Phase der reflectirten Welle *beschleunigt* ist, und daſs diese Beschleunigung genau eine *halbe Phase* oder π beträgt. Der allgemeine Ausdruck für die Verschiebung der Fransen ist: $\frac{1}{4} \mu \lambda \cot \alpha$, und da dieser gleich $\frac{1}{4}\lambda \cot \alpha$ gefunden worden ist, so folgt $\mu = 1$ oder die

Beschleunigung $=n$. Es erhellt also, dafs wenn Licht von der Oberfläche eines dichteren Mittels reflectirt wird, die Welle, — wenigstens an der Gränz-Incidenz, — im Augenblick der Reflexion eine halbe Undulation gewinnt.

Um mich vollständiger von den Wirkungen der Reflexion auf die Phase zu überzeugen, wiederholte ich den Versuch mit polarisirtem Licht. Das Licht war, bevor es die Oeffnung in dem Schirm erreichte, mittelst Durchgang durch einen guten Turmalin polarisirt, und die Fransen wurden bei verschiedenen Lagen der Polarisationsebene gegen die Reflexionsebene beobachtet. Bei allen diesen Veränderungen der Umstände konnte ich jedoch keinen merklichen Unterschied in der Lage der Fransen entdecken, und besonders schien mir der Abstand der ersten dunkeln Franse vom Rande des Schattens wie zuvor genau dem Zwischenraum der folgenden Fransen gleich zu seyn, das Licht mochte in oder senkrecht auf der Einfallsebene polarisirt seyn.

Diefs Resultat, scheint mir, könnte auch gerade aus der Fresnel'schen Theorie der Reflexion erwartet werden. Denn, wenn $+a$ der Coëfficient der Verschiebung oder die Amplitude der Vibration im einfallenden Strahl ist, und i und i' die Winkel der Incidenz und Refraction bezeichnen, so sind nach dieser Theorie die Coëfficienten der Verschiebung im reflectirten Strahl:

$$-a\frac{sin(i-i')}{sin(i+i')} \quad \text{oder} \quad +a\frac{tg(i-i')}{tg(i+i')},$$

je nachdem die Polarisationsebene mit der Reflexionsebene zusammenfällt oder winkelrecht auf ihr ist. Nun ist die erstere Gröfse immer *negativ*, so lange i gröfser ist als i', oder der Strahl auf die Oberfläche eines *dichteren* Mittels fällt. Unter denselben Umständen aber ist die letztere Gröfse *positiv* oder *negativ*, je nachdem $i+i'$ kleiner oder gröfser als 90°, oder der Einfallswinkel *kleiner* oder *gröfser* als der Polarisationswinkel.

Bei sehr schiefer Reflexion sind demnach beide Verschiebungen negativ, und deshalb wird, die Polarisationsebene mag in oder senkrecht auf der Reflexionsebene liegen, die Welle im Moment der Reflexion um eine halbe Phase geändert werden.

Aus Sir David Brewster's wichtigen Untersuchungen über die Natur der Reflexion von Metallen geht hervor, daſs ein linear polarisirter Strahl, welcher auf einen Metallspiegel fällt, durch die Reflexion elliptisch polarisirt wird, ein Resultat, das eine Phasendifferenz in den zwei aus der Zerfällung entstandenen Vibrationen andeutet. Allein aus denselben Untersuchungen erhellt ferner, daſs diese Phasendifferenz mit der Incidenz variirt, und bei den äuſsersten Incidenzen ganz verschwindet, so daſs bei der äuſsersten Gränz-Incidenz von 90° weder in der gegen die Reflexionsebene parallelen noch senkrechten Vibration eine Phasenänderung vorhanden, oder diese Aenderung für beide Vibrationen gleich ist. Aus einigen Beobachtungen über die Fransen, welche durch Interferenz von directem Licht mit dem an einem Metallspiegel reflectirten gebildet werden, schlieſse ich, daſs das erstere der Fall sey.

VII. *Ueber die Leitungsfähigkeit des Goldes, Bleis und Zinns für die Elektricität bei verschiedenen Temperaturen; von E. Lenz.*

(Aus den Schriften der St. Petersburger Academie; vom Hrn. Verfasser übersandt [1]).

Am 7. Juni 1833 hatte ich die Ehre der Conferenz eine Abhandlung vorzulegen über die Leitungsfähigkeit für Elektricität bei verschiedenen Temperaturen, in welcher ich die darauf Bezug habenden Formeln für fünf Metalle, nämlich: Silber, Kupfer, Messing, Eisen und Platin aus Versuchen herleitete; ich erlaube mir heute

[1] Gegenwärtiger Aufsatz ist ein Zusatz zu der früheren Abhandlung des Hrn. Verfassers in diesen Annalen, Bd. XXXIV S. 418.   P.

diesen meinen damaligen Aufsatz zu vervollständigen durch eine ähnliche Bestimmung für drei andere Metalle, nämlich für Gold, Zinn und Blei.

Das Verfahren bei diesen Versuchen war dem in der früheren Abhandlung näher auseinandergesetzten vollkommen ähnlich bis auf einen Punkt. Damals nämlich richtete ich die vier Beobachtungen bei jeder Temperatur so ein, dafs zwei bei steigender, zwei bei sinkender Temperatur gemacht wurden; ich glaubte auf diese Weise den Fehler möglichst zu beseitigen, der dadurch entstehen mufs, dafs der Draht und das Thermometer unmöglich ganz zu gleichen Zeiten gleiche Wärmegrade annehmen können, und in der That glaube ich, dafs durch dieses Verfahren keine bedeutende Fehler aus dieser Ursache in den von mir erhaltenen Resultaten geblieben seyn können; indessen war das zu vorliegenden Versuchen angewandte Verfahren noch mehr geeignet, dieselben zu beseitigen. Dieses bestand nämlich darin, dafs ich das Oel, in welchem die Drähte erwärmt wurden, vermittelst einer Berzelius'schen Lampe nahezu auf die beabsichtigte Temperatur brachte, dann aber durch Heben und Senken des Dochtes die Flamme so modificirte, dafs sie eben nur im Stande war das Oel bei dieser Temperatur zu erhalten, ohne sie zu erhöhen. Dieses war bei einiger Uebung keinesweges schwer zu erreichen, und es gelang mir immer eine Viertelstunde hindurch, während welcher die vier Ablenkungen der Nadel beobachtet wurden, eine bis auf ein Fünftheil des Grades constante Temperatur zu erhalten.

Indem ich mich nun, des besseren Verständnisses wegen, auf meine frühere Abhandlung beziehe, entlehne ich aus derselben die Formel:

$$ \gamma = \frac{\lambda . sin \frac{1}{2} b}{2 L . cos \frac{1}{4}(a+b) . sin \frac{1}{4}(a-b)} \quad . . . (1) $$

in welcher γ die Leitungsfähigkeit des untersuchten Drahts bedeutet, a den Ablenkungswinkel, wenn der Draht *nicht* zwischen den Multiplicator und die elektromotorische Spirale, *b* aber denselben Winkel, wenn der Draht dazwischen gebracht war, λ die Länge des Drahts bei dem Durchmesser irgend eines als normal angenommenen Drahts (bei diesem Versuche war es ein Kupferdraht durch No. 11 gezogen), *L* die Länge des Multiplicatordrahts, der elektromotorischen Spirale und sonst nöthiger Hülfsdrähte, alle auf denselben Normaldurchmesser reducirt.

Das Erste war nun, die Gröfse *L* für den Multiplicator und die elektromotorische Spirale, die bei allen Versuchen dieselben blieben, zu bestimmen. Dieses geschah durch Bestimmung der Ablenkung der Multiplicatornadel beim Abreifsen des Ankers mit der elektromotorischen Spirale 1) wenn sie allein den Kreis schlofs, und 2) wenn eine bestimmte Länge des Normaldrahts (bei mir 100 Fufs) dazwischen gebracht wurde. — Zwei solche Versuche sind in den folgenden Tabellen enthalten, zu deren besserem Verstehen ich wiederum auf meine frühere Abhandlung verweisen mufs:

Versuch 1.

	1.	2.	3.	4.	
Ohne den Normaldraht am Anfang der Versuchsreihe	63°,5	65°,6	66°,0	68°,1	65° 48'
Mit dem Normaldraht von 100 Fufs	10 ,1	10 ,0	10 ,6	10 ,7	10 21
Ohne den Normaldraht, am Ende der Versuchsreihe	63 ,5	65°,2	66 ,4	67 ,9	65° 45

Folglich
im Mittel ohne Normaldraht Ablenkung $= 65° 46',5 = a$

-    -   mit demselben   - $= 10 \; 21,0 = b$

Versuch 2.

	1.	2.	3.	4.	
Ohne den Normaldraht am Anfang der Versuchsreihe	62°,5	65°,6	64°,9	67°,9	65° 12'
Mit dem Normaldraht von 100 Fuſs	10 ,0	9 ,9	10 ,4	10 ,7	10 15
Ohne den Normaldraht, am Ende der Versuchsreihe	61 ,9	65 ,5	65 ,6	67 ,7	65 10,5

Folglich

im Mittel ohne Normaldraht Ablenkung $= 65° 11',2 = a$

\-   \-   mit demselben   \- $= 10 \quad 15 \; 0 = b$.

Bedient man sich zur Reducirung auf den Normaldraht der Formel:

$$L = \frac{50 \, sin. \frac{1}{2} b}{cos. \frac{1}{4}(a+b) . \, sin. \frac{1}{4}(a-b)},$$

so ergiebt sich aus der ersten Versuchsreihe $L = 19{,}925$

\-   \-   \-   \-   zweiten   \- $= 19{,}880$

im Mittel   19,9025

bei den nachfolgenden Rechnungen wurde die Zahl 19,9 zu Grunde gelegt. Allein gewöhnlich erforderte es der Apparat, daſs noch ein Paar Hülfsdräbte von unbedeutender Länge in den Kreis gebracht wurden; ihre Länge ward durch ganz ähnliche Versuche bestimmt, und die Gröſse zu 19,9 addirt, gab das vollständige L in obiger Formel (1).

λ wurde bei dem Zinn- und Bleidraht unmittelbar durch ihre Länge in Fuſsen gegeben, da diese Drähte mit dem Normaldraht genau denselben Durchmesser hatten; beim Golddraht ward das Verhältniſs des Durchmessers desselben zu dem des Normaldrahts dadurch bestimmt, daſs gleiche Längen beider abgewogen und deren spec. Gewichte bestimmt wurden, wie solches weiter unten gezeigt werden wird.

Ich bemerke hier noch, daſs der Multiplicator- und

elektromotorische Draht genau dieselben waren, wie bei den Versuchen in der früheren Abhandlung; dafs sie eine weit geringere Ablenkung (um etwa 10°) geben, rührt daher, dafs der Hufeisenmagnet sehr abgenommen hatte durch wiederholtes Auseinandernehmen, Reinigen etc. Ich hätte ihm leicht durch neues Streichen die frühere Kraft wieder geben können; allein es lag mir weniger daran einen starken, als einen Magneten von constanter Kraft zu haben, welche letztere Eigenschaft meinem Magnet in einem hohen Grade zukam, indem ein Abreifsen von mehreren 100 Malen seine Kraft kaum merklich schwächte. Ich würde des Umstandes gar nicht erwähnt haben, da die Genauigkeit der Versuche ganz und gar nicht davon abhängt, wenn es nicht auffallen möchte, dafs die Ablenkung bei den Versuchen mit dem Zinndrahte unter denselben Umständen gröfser war, als bei den nachfolgenden Versuchen mit dem Blei- und Golddrahte; erstere Versuche waren nämlich noch vor der oben erwähnten Schwächung des Magneten angestellt worden.

Ich gehe jetzt zu den Versuchen selbst über, bei deren Auseinandersetzung ich durchaus dieselbe Ordnung befolgen werde, wie in der früheren Abhandlung; nur die Einheit des Leitungswiderstandes ist hier nicht der Multiplicatordraht nebst der elektromotorischen Spirale, sondern ein englischer Fufs des obigen Normaldrahtes (No. 11) von Kupfer, gegen den jener $=19,9$ ist.

Versuche mit dem Zinndraht.

Länge des Drahts oder $\lambda = 9',67$ engl. Länge des Hülfsdrahts $= 0,8$, also:

$$L = 19',9 + 0',8 = 20',7.$$

Temperatur des elektromotorischen, des Multiplicatordrahts und des Hülfsdrahts $= 15°$ R.

Ohne zwischengebrachten Zinndraht erhielt ich:

	Ablenkungen.				Mittel.
	1.	2.	3.	4.	
Beim Beginn der Reihe =	76,7	75,3	76,6	77,6	76,56
Am Ende der Reihe =	75,7	74,5	75,6	76,8	75,65

Folglich $a = 76^\circ\, 6',3$.

Thermomet. Réaum.	Ablenkungen.				Mittel.
	1.	2.	3.	4.	
15,90	28,6	28,7	28,8	28,1	28,800
38,35	27,6	26,6	26,6	27,1	26,875
54,25	25,8	25,3	25,4	25,5	25,500
70,15	24,0	24,3	24,6	24,6	24,375
89,47	22,7	22,8	22,9	23,3	22,925
105,35	21,9	21,6	21,8	22,2	21,875
126,40	20,8	20,6	21,0	21,0	20,850
144,70	19,4	19,6	19,7	19,8	19,625
162,40	18,7	18,4	18,4	19,3	18,700
162,60	18,6	18,2	18,7	18,8	18,575
145,85	19,4	19,3	19,6	19,7	19,500
125,80	20,8	20,1	20,8	20,6	20,575
109,02	21,8	21,2	21,5	21,0	21,375
90,02	23,2	22,2	23,1	22,9	22,875
70,75	24,4	24,5	24,5	24,5	24,475
50,20	25,5	25,1	25,2	25,6	25,350
33,97	26,6	26,3	26,5	26,9	26,575
20,40	27,3	27,2	28,1	28,2	27,700

Aus den Versuchen ohne Zwischenbringung des Zinndrahts sieht man, dafs die Kraft des Magneten während dieser Versuchsreihe etwas abgenommen hatte (von $76^\circ,56$ bis $75^\circ,65$). Allein da die Versuche erst bei steigender, dann wieder bei sinkender Temperatur gemacht wurden, so müssen, wenn man die nahezu bei gleicher Temperatur beobachteten Ablenkungen zu einem Mittel vereinigt (wie z. B. die erste und letzte, zweite und vorletzte Beobachtung etc.), und wenn man voraussetzt, dafs die Schwächung des Magneten der Zeit proportional geschah, was sehr wahrscheinlich ist, die auf diese Weise erhaltenen Mittel von der Schwächung des Mag-

neten fast ganz unabhängig seyn. Deshalb habe ich die
Beobachtungen obiger Tabelle auf die eben angegebene
Weise zu zweien combinirt und dadurch die nachfolgende Tabelle erhalten, in der γ die nach der Formel
(1) bezeichneten Leitungsfähigkeiten bedeutet.

Therm. Réaum.	b.	γ.	Therm. Réaum.	b.	γ.
18,2	28° 15',0	0,30618	107,2	21° 37',5	0,20437
36,2	26 43,5	0,28420	126,2	20 42,8	0,19235
52,3	25 25,5	0,25937	145,5	19 33,8	0,17776
70,5	24 25,5	0,24407	162,5	18 38,3	0,16645
89,8	22 54,0	0,22192			

Um die Abnahme der Leitungsfähigkeit mit steigender Temperatur durch eine Formel auszudrücken, bediene ich mich, wie früher, der nachfolgenden:

$$\gamma_n = x + yn + zn^2 \ldots \ldots \ldots (2)$$

wo γ_n die Leitungsfähigkeit für die Temperatur n bedeu-
det; x, y, z sind aus den Versuchen zu bestimmende
Coëfficienten. Setzen wir statt γ_n, n, n^2 die in der obi-
ben Versuchstabelle enthaltenen Resultate, so erhalten
wir 9 Gleichungen, und durch Abziehen jeder nächstfolgenden von der vorhergehenden folgende 8 für die Bestimmung von y und z:

$$0 = 0,02918 + 18,0 . y + 979,3 . z$$
$$0 = 0,02483 + 16,1 . y + 1424,8 . z$$
$$0 = 0,01530 + 18,2 . y + 2235,0 . z$$
$$0 = 0,01215 + 19,3 . y + 3093,3 . z$$
$$0 = 0,01755 + 17,4 . y + 3427,9 . z$$
$$0 = 0,01202 + 19,0 . y + 4431,5 . z$$
$$0 = 0,01459 + 19,1 . y + 5189,5 . z$$
$$0 = 0,01131 + 17,2 . y + 5293,5 . z$$

Hieraus ergeben sich nach der Methode der kleinsten Quadrate:

$$y = -0,00133929 \qquad z = +0,00000238896.$$

Setze ich diese Werthe in die allgemeine Gleichung:

$$\gamma_n = x + yn + zn^2$$

oder
$$x = \gamma_n - (yn + zn^2),$$

so erhalte ich 9 Werthe von x, deren Mittel mir giebt:
$$x = 0,32326,$$

folglich wird die Leitungsfähigkeit des Zinns für verschiedene Temperaturen n, bezogen auf die des Kupfers bei der Temperatur $= 15^\circ$, ausgedrückt durch die Formel:
$$\gamma_n = 0,32326 - 0,00133929\, n + 0,00002468896 \cdot n^2.$$

Setze ich statt n und n^2 die Temperaturen unserer Versuchstabelle, so erhalte ich folgende berechnete γ_n und folgende Abweichungen von den beobachteten:

γ_n		Differenzen.
Beobachtet.	Berechnet.	
0,30618	0,29970	+0,00648
0,28420	0,27809	+0,00616
0,25937	0,26002	—0,00065
0,24407	0,24121	+0,00286
0,22192	0,22305	—0,00113
0,20437	0,20828	—0,00391
0,19235	0,19386	—0,00151
0,17776	0,18119	—0,00343
0,16645	0,17133	—0,00488

Versuche mit dem Bleidraht.

Länge des Bleidrahts $\lambda = 9,29$:
$$L = 19,9 + 1,5 = 21,4.$$

Temperatur der übrigen Drähte von Kupfer (außer dem Bleidraht) $= 15^\circ,0$ R.

Ohne zwischengebrachten Bleidraht:

	Ablenkungen.				Mittel.
	1.	2.	3.	4.	
Beim Beginn der Reihe =	63,5	65,4	66,2	68,0	65° 46',2
Am Ende der Reihe =	62,5	66,2	65,7	68,7	65 46,2

Folglich $a = 65^\circ\ 46',2$.

Nach

Nach Zwischenbringung des Bleidrahts erhielt ich folgende Ablenkungen:

Therm. Réaum.	Ablenkungen.					γ.
	1.	2.	3.	4.	Mittel.	
14,8	15,2	15,3	16,0	16,1	15° 37',5	0,14497
39,7	13,8	14,8	14,4	14,5	14 15,0	0,12853
47,2	13,2	13,5	14,2	14,5	13 51,0	0,12392
65,8	13,0	12,8	13,5	13,2	13 7,5	0,11572
80,3	12,2	12,2	12,5	12,8	12 25,5	0,10807
101,0	11,5	11,4	12,2	11,9	11 45,0	0,10085
116,8	10,9	11,0	11,2	11,5	11 9,0	0,09460
154,3	9,8	9,8	10,2	10,3	10 1,5	0,08324
191,2	8,7	8,0	9,4	9,4	9 7,5	0,07450
225,5	8,1	8,15	8,6	8,9	8 21,7	0,06732

Auch hier ist die 2te, 4te, 6te und jede gerade Zahl von Beobachtungen bei aufsteigender, jede ungerade aber bei absteigender Temperatur angestellt worden, obgleich der Magnet gar keine Schwächung erlitten hatte.

Für die Gleichungen, aus welchen y und z der Formel (2) gefunden werden sollen, erhalten wir folgende neun:

$$0 = 0,01644 + 24,9 . y + 1357,1 . z$$
$$0 = 0,00461 + 7,5 . y + 651,7 . z$$
$$0 = 0,00820 + 18,6 . y + 2101,9 . z$$
$$0 = 0,00765 + 14,5 . y + 2118,5 . z$$
$$0 = 0,00722 + 20,7 . y + 3752,8 . z$$
$$0 = 0,00625 + 15,8 . y + 3440,7 . z$$
$$0 = 0,01136 + 37,5 . y + 10167,3 . z$$
$$0 = 0,00874 + 36,9 . y + 12748,9 . z$$
$$0 = 0,00718 + 34,3 . y + 14293,1 . z$$

Hieraus erhalten wir:

$$y = - 0,00063757$$
$$z = + 0,00000112775,$$

und durch Substitution dieser Werthe in die Gleichung (2):

$$x = 0,15326,$$

folglich wird unsere Formel für den Bleidraht:

$$\gamma_n = 0{,}15326 - 0{,}00063757 . n + 0{,}00000112775 . n^2.$$

Setzt man hier statt n und n^2 successiv die Temperaturen, bei welchen beobachtet wurde, so erhalten wir folgende Vergleichung der beobachteten und berechneten Leitungsfähigkeiten:

γ_n.		Differenzen.
Beobachtet.	Berechnet.	
0,14497	0,14407	+0,00090
0,12853	0,12973	—0,00120
0,12392	0,12668	—0,00276
0,11572	0,11619	—0,00047
0,10807	0,10933	—0,00126
0,10085	0,10037	+0,00048
0,09460	0,09418	+0,00046
0,08324	0,08173	+0,00152
0,07450	0,07258	+0,00192
0,06732	0,06683	+0,00049

Versuche mit dem Golddraht.

Der Golddraht war bedeutend dünner als die bisher angewandten Drähte No. 11 (beiläufig halb so dick); seine Länge mußte daher erst auf den Normaldurchmesser reducirt werden, damit sie, durch γ dividirt, den Leitungswiderstand ausdrücke. Zu dem Ende wog ich eine bestimmte Länge desselben von 50",95 engl. ab, und bestimmte zugleich mit Sorgfalt sein specifisches Gewicht; ich fand sein absolutes Gewicht $= 3{,}8845$ Grm., sein specifisches $= 19{,}418$, welches beweist, daß das Gold ziemlich rein war. In der That hatte ich es als *feines* Gold von dem Goldscheider erhalten; es enthielt aber, nach einer qualitativen chemischen Analyse, etwas Silber. — Zugleich wog ich von dem Normalkupferdraht ein Stück von 36" ab und bestimmte sein specifisches Gewicht; sein absolutes Gewicht war $= 4{,}606$ Grm., sein specifisches $= 8{,}8168$.

Ist nun die Dicke des Golddrahts $=2r'$, die des Kupferdrahts $=2r$; die Länge des Golddrahts $=l'$, die auf den Durchmesser des Kupferdrahts oder $2r$ reducirte Länge des Golddrahts, bei der er eben so gut leiten würde, $=\lambda$, so haben wir nach dem bekannten Satze für die Leitungsfähigkeit der Drähte die reducirte Länge des Golddrahts:

$$\lambda = \frac{r^2}{r'^2}\, l.$$

Ist nun l die Länge des gewogenen Kupferdrahts, δ sein specifisches Gewicht, p sein Gewicht in Grammen, q das Gewicht eines Kubikzolls destillirten Wassers beim Maximum der Dichtigkeit in Grammen, und bezeichnet man die entsprechenden Werthe für's Gold mit l', δ', p', so hat man:

$$r^2 = \frac{p}{l\delta\pi q} \quad \text{und} \quad r'^2 = \frac{p'}{l'\delta'\pi q},$$

folglich:

$$\frac{r^2}{r'^2} = \frac{p\,l'\delta'}{p'\,l\delta} = \frac{\lambda}{l},$$

folglich:

$$\lambda = l.\frac{p\,l'\delta'}{p'\,l\delta},$$

setzt man in diesen Ausdruck die obigen Werthe von p, l, δ für Kupfer und Gold, für l aber die Länge des Golddrahts, der zu den Versuchen über die Leitungsfähigkeit diente, $=51'',65$, so ergiebt sich:

$$\lambda = 190'',9 = 15'91 \text{ engl.},$$

hier ergab sich:

$$L = 19',9 + 1'58 = 21',48,$$

mit diesen Werthen ist γ berechnet worden. Die Temperatur des Kupferdrahts, des Multiplicators und der elektromotorischen Spirale $= 15,1$.

Die Versuche geben folgende Tabelle der Abweichungen der Multiplicatornadel.

8 *

Ohne zwischengebrachten Golddraht:

	Abweichungen d. Nadel				Differenz.
	1.	2.	3.	4.	
Beim Beginn d. Reihe =	60,4	57,2	62,8	60,5	60° 13,5
Am Ende der Reihe =	60,5	57,1	62,3	60,2	60 1,5

Folglich: $a = 60°\ 7,5$.

Nach Zwischenbringung des Golddrahts erhielt ich folgende Ablenkungen:

Therm. Réaum.	Abweichungen der Nadel.				Mittel.		γ.
	1.	2.	3.	4.			
15,6	29°,5	29,4	31,1	30,9	30°	14,2	0,80438
46,1	28 ,6	28,3	29,9	30,3	29	16,5	0,75373
64,5	28 ,2	28,0	29,5	29,3	28	45,0	0,72750
82,1	27 ,7	27,4	28,8	29,3	28	24,0	0,71059
98,6	27 ,7	27,0	28,9	28,3	27	58,5	0,69039
117,8	27 ,0	26,8	28,1	28,3	27	33,0	0,67078
138,2	26 ,5	26,0	27,7	27,2	26	51,0	0,63975
155,7	26 ,0	25,6	26,7	27,3	26	24,0	0,62033
172,1	25 ,5	25,5	26,9	26,7	26	9,0	0,60986
191,4	24 ,9	24,8	26,3	26,3	25	34,5	0,58613
207,9	24 ,8	24,6	25,5	25,9	25	12,0	0,57123
226,5	24 ,3	24,2	25,6	25,7	24	57,7	0,56184

Hieraus ergeben sich für die Bestimmung von y und z, folgende 11 Gleichungen:

$$0 = 0,05065 + 30,5 . y + 1781,9 . z$$
$$0 = 0,02623 + 18,4 . y + 2035,1 . z$$
$$0 = 0,01691 + 17,6 . y + 2580,1 . z$$
$$0 = 0,02020 + 16,5 . y + 2981,6 . z$$
$$0 = 0,01961 + 19,2 . y + 4155,0 . z$$
$$0 = 0,03103 + 20,4 . y + 5222,5 . z$$
$$0 = 0,01942 + 17,5 . y + 5153,5 . z$$
$$0 = 0,01047 + 16,4 . y + 5375,0 . z$$
$$0 = 0,02373 + 19,3 . y + 7015,0 . z$$
$$0 = 0,01490 + 16,5 . y + 6589,0 . z$$
$$0 = 0,00939 + 18,6 . y + 8081,0 . z$$

die Behandlung derselben nach der Methode der kleinsten Quadrate giebt:

$$y = -0,0017851$$
$$z = +0,00000255666,$$

woraus folgt:

$$x = 0,83646,$$

wir haben also für die Leitungsfähigkeit des Golddrahts
die Formel:

$$\gamma_n = 0,83646 - 0,0017851 . n + 0,0000025666 . n^2.$$

Setzen wir in dieselbe statt n die beobachteten Temperaturen, so erhalten wir die nachfolgende Vergleichs-
tabelle der berechneten und beobachteten Leitungsfähigkeiten:

Berechnetes. γ_n	Beobachtetes. γ	Differenz.
0,80924	0,80458	— 0,00486
0,75960	0,75373	— 0,00587
0,73195	0,72750	— 0,00445
0,70713	0,71059	+ 0,00346
0,68530	0,69039	+ 0,00509
0,66165	0,67078	+ 0,00913
0,63859	0,63978	+ 0,00116
0,62050	0,62033	— 0,00017
0,60498	0,60986	+ 0,00488
0,58545	0,58613	— 0,00232
0,57584	0,57123	— 0,00461
0,56329	0,65184	— 0,00145

Auf diese Weise hätten wir nun die Formeln für
unsere drei Drähte entwickelt; allein sie sind so unmittelbar, weder unter einander, noch auch mit den früheren
für die übrigen Metalle erhaltenen Resultaten vergleichbar, da sie sich, streng genommen, nicht auf ein und
dieselbe Einheit beziehen, jede nämlich auf die Leitungsfähigkeit des Kupfers bei der Temperatur, die die Kupferdrähte gerade hatten, oder die die Luft in dem Zimmer hatte, in welchem beobachtet wurde. Diese Tem-

peratur habe ich im Anfang eines jeden Versuches angeführt, sie war:

bei den Versuchen mit dem Zinndraht = 15°,0 R.

- - - - - - Bleidraht = 15 ,0 R.

- - - - - - Golddraht = 15 ,1 R.

Der kleine Unterschied der letzten Temperatur ist wohl zu vernachlässigen, und wir können annehmen, daſs alle Beobachtungen bei 15° R. angestellt wurden. In meiner früheren Abhandlung hatte ich sämmtliche Leitungsfähigkeiten auf die des Kupfers bei 0° = 100 bezogen. Ich werde mich hier daher desselben Verfahrens bedienen. Das Verhältniſs der Leitungsfähigkeit des Kupfers bei 0° zu dem bei 15° ist aber nach der früheren Formel für's Kupfer = 100 : 95,393. Man hat also unsere obigen Formeln nur mit 95,393 zu multipliciren, so hat man die Formel auf diese neue Einheit bezogen. Die nachfolgende Tafel enthält unsere Formel in dieser neuen Gestalt, wobei ich, der leichteren Uebersicht wegen, auch die früheren Formeln hinzugezogen und sämmtliche Metalle nach der Leitungsfähigkeit geordnet habe:

für Silber γ_n = 136,250 − 0,49838 . n + 0,00080378 . n^2
Logarithm. d. Coëfficient 9,69756   6,90514

für Kupfer γ_n = 100,000 − 0,31368 . n + 0,00043679 . n^2
Logarithmen 9,49648   6,64027

für Gold γ_n = 79,792 − 0,170284 . n + 0,00024389 . n^2
Logarithmen 9,23117   6,38718

für Zinn γ_n = 30,837 − 0,127726 . n + 0,00023733 . n^2
Logarithmen 9,10638   6,37535

für Messing γ_n = 29,332 − 0,051685 . n + 0,000061316 . n^2
Logarithmen 8,71336   5,78757

für Eisen γ_n = 17,741 − 0,083736 . n + 0,00015020 . n^2
Logarithmen 8,92291   6,17667

für Blei γ_n = 14,620 − 0,060819 , n + 0,000107578
Logarithmen 8,78404   6,03172

für Platin γ_n = 14,165 − 0,038899 . n + 0,00006586 . n^2
Logarithmen 8,58994   5,81862.

Um die Schwächung der Leitungsfähigkeit durch die Wärme bei den verschiedenen Metallen noch besser übersehen zu können, werde ich hier die Leitungsfähigkeit derselben bei 0°, bei 100° und 200°, aus den Formeln berechnet, zusammenstellen.

	Leitungsfähigkeit für Elektricität bei:		
	0°.	100°.	200°.
Silber . .	136,25	94,45	68,72
Kupfer . .	100,00	73,00	54,82
Gold . . .	79,79	65,20	54,49
Zinn . . .	30,84	20,44	14,78
Messing .	29,33	24,78	21,45
Eisen . .	17,74	10,87	7,00
Blei . . .	14,62	9,61	6,76
Platin . .	14,16	10,98	9,02

Aus vorstehender Tabelle ersieht man nun recht augenscheinlich, wie stark der Einfluss der Wärme auf die Fähigkeit der Metalle ist, die Elektricität zu leiten, und zweitens wie ungleich dieser Einfluss bei den verschiedenen Metallen ist. So haben zum Beispiel bei 100° die letzten fünf Metalle ihre gegenseitige Stelle in der Ordnung der Leitungsfähigkeiten schon ganz geändert; das Blei ist das am schlechtesten leitende Metall geworden; das Platin ist sogar über das Eisen hinaufgerückt; das Messing leitet besser wie Zinn, welches bei 0° in dieser Hinsicht über ihm steht. Bei 200° ist die Reihenfolge zwar dieselbe geblieben als bei 100°; indessen sind sich hier Kupfer und Gold fast ganz gleich geworden, so dass bei noch höherer Temperatur das Gold das besser leitende Metall werden muss.

Bei diesem bedeutenden Einfluss der Temperatur auf die Leitungsfähigkeit der Metalldrähte, und bei dem nicht weniger bedeutenden Einwirken jeder, wenn auch unbeträchtlichen, Legirung mit anderen Metallen, das durch Versuche anderer Physiker nachgewiesen worden ist, kann es denn auch ganz und gar nicht wundern, wenn die Angaben der Leitungsfähigkeit der Metalle bei verschiedenen Physikern von einander abweichen. Besonders wird dieses nothwendig der Fall seyn zwischen Versuchen, wie die meinigen, und denen, die durch Glühen verschiedener Metalldrähte durch ein und dieselbe Säule vorgenommen wurden: man erhält hier eigentlich nur die Leitungsfähigkeit der Metalle bei der Glühhitze, die von der bei minderen Temperaturen sehr verschieden ist, wie wir so eben uns überzeugten.

In meiner früheren Abhandlung habe ich mir erlaubt, die erhaltenen Formeln über die Gränzen der Beobachtungen auszudehnen, wo sich denn ergab, daß sämmtliche Metalle ein Minimum der Leitungsfähigkeit bei einer hohen Temperatur haben, über welches hinaus dieselbe wieder wächst; in der dort mitgetheilten Tabelle dieser Minima haben sich aber Druckfehler eingeschlichen, daher ich sie in corrigirter Gestalt wiederhole, und auch die drei zuletzt in dieser Hinsicht bestimmten Metalle beifüge:

		=	bei	
Silber	Minimum	59,00	310,05	Réaum.
Kupfer	-	43,70	359,00	-
Gold	-	50,06	349,10	-
Zinn	-	13,64	269,2	-
Messing	-	18,46	421,50	-
Eisen	-	6,01	278,80	-
Blei	-	6,02	282,6	-
Platin	-	8,41	295,3	-

Das Daseyn eines Minimums der Leitungsfähigkeit, das für das Platin schon bei etwa 300° eintreten müßte, also auf jeden Fall vor der Rothglühhitze, widerspricht der Erfahrung Davy's, nach welcher ein durch den galvanischen Strom in's Rothglühen versetzter Platindraht durch anderweitiges Erhitzen einer Stelle desselben bis zum Weißglühen an seinen übrigen Theilen weniger glüht als früher. Hienach scheint im Gegensatz zu der Folge-

rung aus meinen Formeln der Schluſs sich zu ergeben,
daſs die weiſsglübende Drahtstelle den Strom schlechter
leite als früher, und dieser daher so geschwächt wurde,
daſs er nicht mehr im Stande sey, das frühere Glühen
zu unterhalten. Da eine empyrische Formel nicht über
die Gränzen der Werthe, für welche sie bestimmt wurde,
ausgedehnt werden darf, so denke ich keinesweges die
Erfahrung eines Davy durch Obiges zu widerlegen; ich
glaubte jedoch, diese Folgerungen meiner Formeln hervorheben zu müssen. Vielleicht gelingt es einem späteren
Beobachter, diesen Punkt vollständig aufzuklären. Ich
habe zwar einen Versuch dazu gemacht (vergl. diese Annalen, Bd. XXXIV S. 436), der in der That für meine
Folgerung zu sprechen schien; allein die Unfähigkeit,
höhere Temperaturen mit Genauigkeit zu bestimmen, sind
hier ein schwer zu beseitigendes Hinderniſs, so daſs ich
den fraglichen Punkt als für noch nicht entschieden ansehen muſs.

VIII. *Ueber die Wirkung der Salpetersäure auf Wismuth und andere Metalle;*
von *Thomas Andrews in Belfast.*
(*Phil. Mag. Ser. III T. XII p. 305.*)

Ich schätze mich glücklich, zu sehen, daſs meine, dem
britischen Naturforscher-Verein mitgetheilten Beobachtungen über die sonderbaren Abänderungen in der gewöhnlichen Wirkung der Salpetersäure auf gewisse Metalle
die Aufmerksamkeit eines so ausgezeichneten Physikers,
wie Hr. Schönbein, erregt haben. Da indeſs einige
meiner Resultate mit den seinigen im Widerspruch stehen, und seine Schlüsse vielleicht modificiren werden, so
will ich meine Untersuchungen, von denen bis jetzt nur

eine kurze und unvollständige Notiz veröffentlicht ist, hier ausführlich beschreiben. Nachstehender Auszug aus der zu Liverpool vorgelesenen Handschrift enthält eine vollständige Beschreibung der Erscheinungen, auf welche Hr. Schönbein sich bezieht, und von welchen er voraussetzt, daß ich sie vielleicht nicht bemerkt habe.

»Nachdem ein Stückchen Wismuth in eine große Menge Salpetersäure von 1,4 spec. Gewicht getaucht, und darauf in der Flüssigkeit mit einer großen Platinplatte berührt worden war, hörte es fast ganz auf, sich zu lösen, während es zugleich einen eigenthümlichen Glanz annahm. Nach Entfernung des Platins begann das Wismuth zuweilen sich in gewöhnlicher Weise wieder zu lösen, zuweilen aber mit einer dunkeln Haut zu überziehen, welche bald hernach gelöst wurde und die Metallfläche zum Vorschein kommen ließ. Die Wirkung der Säure war nun nicht mehr wahrnehmbar, und, obschon sie nicht gänzlich aufhörte, war sie doch so schwach, daß ein, kaum einen halben Gran schweres Stückchen Wismuth sich nach zwei Tagen noch nicht in einem großen Ueberschuß von Säure aufgelöst hatte. Und dennoch war während dieser Zeit die Säure erneut worden. Ja, die Lösung geschah um so langsamer, je häufiger die Säure erneut wurde, eine scheinbar paradoxe Erscheinung, die indeß daraus entspringt, daß das Metall in diesem eigenthümlichen Zustand weniger einer schon im Metallsalz enthaltenen Säure, als einer reinen zu widerstehen vermag.«

»Wurde das Wismuth in seinem eigenthümlichen Zustand mit einem Platindraht berührt, so hatte dieß scheinbar nur die Wirkung, daß vielleicht sein Glanz erhöht wurde. Wenn aber die Berührung mit dem Platin aufgehoben wurde, bedeckte sich das Wismuth erstlich mit einer schwarzen Haut und nahm dann wiederum seinen früheren Glanz an. Diese Erscheinungen zeigten sich immer bei Herstellung und Aufhebung des Contacts mit dem Platin.«

»Kupfer gab sehr ähnliche Resultate wie das Wismuth. Der Contact mit dem Platin hemmte seine Lösung in Salpetersäure und erhielt seine Oberfläche glänzend. Wurde das Platin entfernt, so überzog es sich mit schwarzem Oxyd, welches hernach von der Säure gelöst wurde, und das Kupfer in dem eigenthümlichen oder langsam löslichen Zustand zurückliefs. Wenn aber das Kupfer, während es noch mit Oxyd bedeckt war, aus der Flüssigkeit gezogen ward, löste die an seiner Oberfläche haftende Säure augenblicklich die Oxydschicht auf, und liefs das Kupfer in seinem gewöhnlichen Zustand zurück.«

Offenbar sind in den obigen Versuchen Wismuth und Kupfer dadurch in den eigenthümlichen oder langsam löslichen Zustand versetzt worden, dafs sie zu positiven Gliedern einer einfachen Volta'schen Kette gemacht wurden. Es überraschte mich daher sehr, zu sehen, dafs Hrn. Schönbein die Hervorbringung desselben Effects bei Anwendung des Wismuths als positiven Pol mifslungen war, während bekanntlich das Eisen auf beide Weisen unthätig gemacht werden kann; und dafs er aus diesem Unterschiede in dem Verhalten beider Metalle den Schlufs zieht, der besondere Zustand entspringe beim Eisen nicht aus derselben Ursache wie beim Wismuth. Die folgenden Versuche werden indefs zeigen, dafs in dieser Beziehung die vollkommenste Aehnlichkeit zwischen dem Eisen und den andern Metallen vorhanden ist.

Als eine kleine Wismuthstange zum positiven Pol einer kleinen Batterie von zwei Plattenpaaren von Platin und amalgamirtem Zink gemacht, und in Salpetersäure von 1,4 spec. Gewicht und 75° F. Temperatur getaucht wurde, ward ihre Löslichkeit sogleich gehemmt, und, bei

Aufhebung der Verbindung mit der Batterie, zeigte sie sich in den eigenthümlichen Zustand versetzt. Die Säure befand sich bei diesem Versuche in einer Platinschale, die mit dem anderen Ende der Batterie verbunden war, und deren negativen Pol bildete. Als ich indefs statt dieser schwachen Säule eine mäfsig wirksame Batterie von 20 Paaren Doppelplatten nahm, ward das Wismuth, bei Schliefsung des Bogens, fortwährend in einem merklichen Grade gelöst (ob schon langsam und in anderer Weise als für sich), und hernach zeigte sich der eigenthümliche Zustand nur selten.

Diese Versuche sind indefs weit davon, beim Wismuth und Eisen eine Verschiedenheit in der Entwicklungsart des besonderen Zustandes festzustellen, sondern zeigen, wie aus dem Folgenden erhellt, vielmehr die Identität beider Fälle.

Beim Eisen wird der unthätige Zustand leichter hervorgebracht, wenn man es einfach mit Platin in Berührung setzt, als wenn man es zum positiven Pol eines Becher-Apparats macht; denn im ersten Fall kann die Wirkung der Säure, nachdem sie schon begonnen hat, vernichtet werden [1]), während es im letzteren Falle wesentlich ist, dafs das Eisen mit der Batterie verbunden sey, bevor es in die Säure getaucht wird [2]). Wird das Eisen zum positiven Pol einer kräftigeren Batterie angewandt, so oxydirt und löst es sich beim Durchgang des Stroms, wie Faraday gezeigt hat [3]); allein da Schönbein die Spur von Eisen, die er selbst zuweilen in der Flüssigkeit entdeckt hat, von der Wirkung der sauren Dämpfe auf den über der Säure befindlichen Theil des Eisens, und von der Herabführung des so gebildeten Nitrats in die Säure durch Kapillarität herleitet [4]), so hielt

1) Faraday, *Phil. Mag. Vol. IX* p. 58.
2) Schönbein, Annalen, Bd. XXXVII S. 390.
3) Faraday, *Phil. Mag. Vol. IX* p. 62.
4) Schönbein, Annalen, Bd. XXXIX S. 137.

ich es für nöthig, den Versuch in solcher Weise anzustellen, dafs dieser Einwand gehoben sey.

Diefs geschah einfach dadurch, dafs ich ein kleines Stück Eisendraht an einen dünnen Platindraht befestigte, und ersteres gänzlich in die Flüssigkeit untertauchte, oder indem ich den Eisendraht mit Glas bekleidete und blofs einen Querschnitt des Drahts der Säure aussetzte. Als ein so vorgerichteter Eisendraht zum positiven Pol einer mäfsig wirksamen Batterie von 20 Plattenpaaren gemacht wurde, begann er in einem sehr wahrnehmbaren Grad sich zu lösen (während jedoch zugleich auch Sauerstoffgas an ihm entwich), und, wenn die Verbindung mit der Batterie aufgehoben wurde, bildete sich gewöhnlich eine schwarze Kruste von unlöslichem Oxyd. Diese Resultate erhielt ich bei verschiedenen Proben von Salpetersäure von 1,47 bis 1,5 spec. Gewicht, welche alle für sich keine Wirkung auf das Eisen haben. Der Durchgang eines elektrischen Stroms von hinlänglicher Intensität vermag also die Ursache der Lösung des Eisens zu werden, wenn dieses den positiven Pol bildet. Auf welche Weise man die Batterie schliefst, ist gleichgültig für das Resultat.

Es erhellt also aus diesen Versuchen, dafs der Durchgang eines elektrischen Stroms von gewisser Intensität Eisen und Wismuth unthätig macht in Säuren, in denen sie sonst löslich sind, während der Durchgang eines Stroms von gröfserer Intensität ihre Lösung in Säuren bewirkt, die sonst keine Wirkung auf sie ausüben. Freilich verlangen hiezu die beiden Metalle eine ungleiche Intensität des Stroms; allein diefs erklärt sich leicht aus ihrer verschiedenen Verwandtschaft zur Salpetersäure. Wiewohl indefs der besondere Zustand der beiden Metalle hienach durch die nämliche Ursache hervorgerufen zu werden scheint, so mufs doch wohl bemerkt werden, dafs, während die chemische Wirkung der Säure auf das Eisen gänzlich zerstört wird, die Wirkung derselben auf das Wismuth und alle andere von mir untersuchten Metalle, vielleicht mit Ausnahme des Zinns, nur sehr verzögert wird. Dieser Unterschied, so wichtig er auch ist, scheint mir indefs nicht hinreichend, uns abzuhalten, alle diese Erscheinungen von einer nämlichen Ursache herzuleiten. Was den Umstand betrifft, dafs Bleihyperoxyd das Wismuth nicht beschützt, wohl aber das Eisen, so habe ich nur zu bemerken, dafs dieses Hyperoxyd so wenig zum Anhaften an das Wismuth geneigt ist, dafs es mir niemals gelang, diefs Metall eigentlich damit zu überziehen, und wenn ich versuchte, ein mit diesem Hyperoxyd bekleidetes Eisen zur Beschützung des Wismuths in Salpetersäure von 1,4 spec. Gew. anzuwenden, so löste es sich in der Regel ab und liefs die Oberfläche des Eisens entblöfst zurück.

Concentrirte Salpetersäure versetzt sowohl Wismuth als Eisen sogleich in den eigenthümlichen Zustand, und legt man ein Stückchen Wismuth in Salpetersäure von 1,5 spec. Gew., so dauert seine Lösung mehre Wochen, genau so, wie wenn es, in dem besonderen Zustand, in Salpetersäure von 1,4 spec. Gew. aufbewahrt wird. Allein merkwürdig ist, dafs, selbst in derselben Säure und bei derselben Temperatur, scheinbar geringfügige Umstände diese beiden Zustände im Wismuth zu erregen im Stande sind, und die Thatsachen, die ich nun beschreiben werde, gehören sicher zu den sonderbarsten, zu welchen diese Untersuchung geleitet hat.

Wird ein kleines Stückchen Wismuth, z. B. ein halber Gran, bei der Temperatur von 40° bis 50° F. in Salpetersäure von 1,4 spec. Gew. gebracht und darin liegen gelassen, so fängt es nach ein Paar Secunden an, sich mit Entwicklung orangenfarbener Dämpfe zu lösen; allein zuweilen, wenn die Lösung bis zu einem gewissen Punkt vorgeschritten ist, hört sie plötzlich auf, und nun befindet sich das Wismuth in dem besonderen Zustand. Häufiger erhält man diesen Zustand, wenn man die Flüssigkeit bewegt, so dafs frische Säure mit dem Wismuth in Berührung kommt; allein auf diese Weise wird er niemals erzeugt, sobald nicht die ursprüngliche Oberfläche des Wismuths fortgelöst und der Säure eine neue Oberfläche dargeboten worden ist. Es ist jedoch leicht, dem Wismuth eine Oberfläche zu geben, die immer unthätig ist, selbst wenn es zuerst in eine Säure von der obigen Stärke getaucht wird, nicht nur bei 50° F., bei welcher Temperatur lose (*unattached*) Stückchen Wismuth mit grofser Schnelligkeit aufgelöst werden. Zu dem Ende braucht man nur ein Glasrohr von etwa $\frac{1}{11}$ Zoll Durchmesser mit geschmolzenem Wismuth zu füllen, und nach dem Erkalten durchzufeilen, so dafs der Säure ein kreisrunder Schnitt von Wismuth dargeboten werden kann. Diese Oberfläche zeigt sich bei erster Eintauchung in die Säure immer in dem besonderen Zustand (*The greatest care was taken to render the surfaces of the unattached fragments perfectly similar by filing, and to bring all to the same Temperatur*).

Dürfen wir nun annehmen, dafs in diesem Falle das Glas die Rolle eines elektronegativen Metalls übernehme und den besonderen Zustand durch Erregung eines elektrischen Stromes hervorrufe? Diese Annahme ist aber ausnehmend unwahrscheinlich, und wird auch nicht begünstigt durch einige Versuche, die ich in dieser Beziehung anstellte. Der Einflufs des Glases ist höchst wahrscheinlich mechanisch, da die Lösung gehemmt und der besondere Zustand hervorgerufen wird, wenn man die ebene Oberfläche des Wismuths für sich der Säure aussetzt. Es mufs jedoch eingeräumt werden, dafs die Annahme, ein so geringer mechanischer Unterschied vermöge eine so kräftige chemische Action zu hemmen, etwas Schwieriges habe.

Bei den übrigen Metallen kommen die Erscheinungen im Allgemeinen auf dasselbe hinaus, und nur in den Einzelheiten zeigen sich geringe Abweichungen.

Der besondere Zustand des *Zinns* ähnelt sehr dem
des Eisens. Salpetersäure von 1,5 spec. Gew. übt keinerlei Action auf Zinn aus, wenigstens habe ich dasselbe
Wochen lang in Säure von dieser Stärke liegen lassen,
ohne daſs seine Oberfläche matt geworden wäre [1]).
Taucht man einen Zinnstab in Salpetersäure von 1,47
spec. Gew. und 50° F., so wird er augenblicks angegriffen und mit einer dicken Schicht von Zinnoxyd überzogen. Gieſst man aber die Säure in ein Platingefäſs,
mit welchem das Zinn vor seiner Eintauchung verbunden wurde, so wirkt sie nicht auf dieses, und wenn man
den Contact unterbricht, findet man dasselbe unthätig
geworden. Man kann das Zinn auch unthätig machen,
wenn man es zum positiven Pol einer Batterie von gewisser Stärke nimmt. Es widersteht der Lösekraft eines Stroms von hoher Intensität besser, und hemmt den
Durchgang desselben mehr als Eisen und Wismuth.

Den zuvor über das *Kupfer* angegebenen Thatsachen kann noch hinzugefügt werden, daſs Salpetersäure
von 1,5 spec. Gew. auch dieses Metall in den besonderen Zustand versetzt. Es ist dann langsam löslich. Für
sich in Salpetersäure von 1,47 spec. Gew. gebracht, wird
das Kupfer erst heftig angegriffen, und dann in den besonderen Zustand versetzt. Mit Platin verknüpft, erlangt
es diesen Zustand sogleich, und so lange der Contact
mit Platin unterhalten wird, behält es seinen vollen Glanz;
wird dieser Contact aber unterbrochen, so bekleidet sich
das Kupfer mit einer schwarzen Schicht, die durch Säure
oder durch Wiederherstellung des Contacts mit Platin
nur theilweis fortgeschafft wird.

Das *Zink* kann nicht bleibend in den besonderen
Zu-

---

1) In D u m a s's *Traité* (*Vol. I*) wird angegeben, daſs Salpetersäure
   von 1,5 spec. Grm. heftig auf Zinn wirke, dieses aber in Säure von
   1,48 spec. Gew. unlöslich sey. Sicher ist dieſs ein Irrthum, sobald
   reine Salpetersäure angewandt wird.

Zustand versetzt werden; verbindet man es aber mit Platin oder macht es zum positiven Pol einer Säule, so wird seine Lösung sehr verzögert, so lange als der Strom durchgeht.

Will man diesen Gegenstand unter allgemeinem Gesichtspunkt auffassen, so ist es nothwendig, die Abänderung, welche die Wirkung der Säure erleidet, während das Metall zu einer Volta'schen Kette gehört, zu unterscheiden von der bleibenden Abänderung, welche nach aufgehobener Verbindung mit der Säule fortbesteht. Durch Ausdehnung meiner Untersuchungen auf andere Sauerstoffsäuren finde ich, dafs die chemische Wirkung derselben im concentrirten Zustande auf andere Metalle geschwächt wird durch Volta'sche Combinationen. Die Wirkung solcher Combinationen auf den chemischen Procefs kann allgemein folgendermafsen ausgedrückt werden.

Den Contact eines elektronegativen Metalls erhöht die gewöhnliche Wirkung einer Sauerstoffsäure auf ein elektropositives Metall, wenn diese Säure so verdünnt ist, dafs das letztere Metall durch Wasserzersetzung oxydirt wird; dagegen verzögert oder vernichtet er diese Wirkung, wenn die Säure so concentrirt ist, dafs jenes Metall vermöge der Zersetzung der Säure selbst oxydirt wird [1]).

Entwickelt sich z. B. für den Fall mit Schwefelsäure, Wasserstoffgas an dem Platin einer Zink-Platin-Kette, so wird die gewöhnliche Lösung des Zinks bedeutend beschleunigt seyn durch den Contact desselben mit dem Platin; wenn dagegen schweflige Säure am Platin entweicht, so zeigt sich umgekehrt die Auflösung des Zinks bedeutend verzögert. Die Versuche, durch wel-

---

1) Der erste Theil dieses Gesetzes erleidet eine, vielleicht mehr scheinbare als wirkliche Ausnahme bei der Wirkung gewisser verdünnten Säuren auf Eisen unter gewissen Umständen; bei dem zweiten Theil, welcher, glaube ich, zuvor noch nicht beobachtet wurde, ist mir bis jetzt keine Ausnahme vorgekommen.

che diefs Gesetz nachgewiesen worden, sind in einem Aufsatz enthalten, der nächstens der K. Irländischen Academie übergeben werden wird.

In Bezug auf den besonderen Zustand eines Metalles in Salpetersäure, nachdem es dem Volta'schen Einflufs entrückt ist, verdient bemerkt zu werden, dafs das Metall mit desto lebhafterem Glanz in der Flüssigkeit erscheint, je vollständiger jener Zustand hervorgerufen, und je vollkommener das Metall unthätig geworden ist. Da Faraday gezeigt hat, dafs die merkwürdigen Eigenschaften, welche Platinplatten besitzen, nachdem sie als positiver Pol einer Batterie gedient haben, auf einer vollkommenen Sauberkeit und Reinheit ihrer Oberfläche beruhen, so möchte es nicht unwahrscheinlich seyn, dafs eben so der unthätige Zustand jener Metalle bewirkt werde durch die Reinheit ihrer Oberfläche, von welcher durch die Volta'sche Action jede Spur von Oxyd fortgelöst worden ist, und auf welche, nachdem sie so, vollkommener als es durch mechanische Mittel geschehen kann, gereinigt sind, die Säure keine oder eine sehr geschwächte Wirkung haben kann. Diefs ist jedoch nur eine blofse Vermuthung, und ich vermag von den meisten der beschriebenen einzelnen Thatsachen keine Erklärung zu geben.

Zusatz. Ueber die eben erwähnte, der K. Irländischen Academie übergebene Arbeit, enthalten die *Proceedings of the Irish. Acad. p.* 157 folgende Notiz:

Wenn eine Zinkplatte in Schwefelsäure von 1,847 spec. Gewicht bis 240° C. erhitzt wird, so löst sie sich rasch, unter Entwicklung eines Gemisches von Wasserstoffgas und schwefliger Säure. Allein, wenn man eine solche Platte voltaisch mit einem Platindraht verbindet und nun in dieselbe Säure taucht, so wird sie drei Mal langsamer gelöst; es erscheint kein Gas am Zink, und dafür wird schweflige Säure, fast rein, am Platindraht abgeschieden. Aehnliche Erscheinnngen zeigen sich bei anderen Temperaturen; allein das Verhältnifs des gelösten Zinks, wenn es allein und wenn es mit Platin verbunden ist, verändert sich mit der Temperatur. Aus einer näheren Untersuchung des Einflusses der gegenseitigen Entfernung und Gröfse der Platten auf den elektrischen Strom ging hervor, dafs, wie in gewöhnlichen Fällen, die Wirkung auf das Zink mit Verringerung seiner Entfernung vom Platin in der Flüssigkeit wuchs, dagegen mit Vergröfserung der Platinfläche abnahm. Das letztere anomale Resultat ward sorgfältig untersucht und festgestellt.

Der Einflufs des Contacts von Platin auf andere Metalle ähnelt im Allgemeinen der Wirkung desselben auf das Zink, ausgenommen beim Quecksilber und Arsenik, wobei die Lösung nicht scheint verlangsamt zu werden, auch fast kein Gas am Platin entwickelt wird.

Der allgemeine Schlufs, den der Verfasser aus allen seinen Versuchen zieht, ist, dafs durch die Bildung einer Volta'schen Kette die chemische Action im Allgemeinen verringert und nie erhöht wird, wenn der flüssige Leiter eine Sauerstoffsäure von solcher Stärke ist, dafs das elektropositive Metall oxydirt wird, vermöge der Zersetzung nicht des Wassers, sondern der Säure selbst.

IX. *Ueber die Inductions-Phänomene beim Oeffnen und Schliefsen einer Volta'schen Kette; von Professor Dr. M. Jacobi.*

(Aus den Berichten der St. Petersburger Academie; vom Verfasser übersandt.)

I.

Faraday hat bekanntlich in der 9ten Abtheilung seiner Experimental-Untersuchungen [1]) eine Reihe sehr interessanter Phänomene beschrieben, die sich beim Oeffnen und Schliefsen einer galvanischen Kette besonders entschieden zeigen, wenn ein langer, spiralförmig um einen Eisenkern gewundener Draht sich in dem Kreise befindet. Diese Versuche sowohl, als auch ihre Erklärung, haben den Hrn. Prof. Moser bei der Redaction des betreffenden Artikels im ersten Bande des Repertoriums der Physik (S. 328) Veranlassung zu einer Polemik gegeben, worin derselbe Zweifel, und wie er meint »keine ungewichtigen,« gegen die neuen Thatsachen und die daraus gezogenen Schlüsse erhebt. Ich erlaube mir daher über den fraglichen Gegenstand einige Erörterungen, von welchen ich wünsche, dafs sie wenigstens die Facta retten mögen.

Nach der Faraday'schen Abhandlung über den fraglichen Gegenstand ist eigentlich wenig Neues hinzugefügt worden, wenn man den Aufsatz des Hrn. Prof. Magnus im 38sten Bande von Poggendorff's Annalen ausnimmt, worin derselbe auf mehrere wichtige Modificationen dieser Inductions-Erscheinungen aufmerksam macht. Man reicht vorläufig vollkommen damit aus, die Inductions-Phänomene beim Oeffnen und Schliefsen der Kette als besondere Formen der magneto-elektrischen

1) Annalen, Bd. XXXV S. 413. *P.*

Induction zu betrachten. Um sie in allen Punkten hierauf zurückzuführen, bedarf es nur der naturgemäßen Annahme, daß der galvanische Schließungsdraht, ganz so
wie jeder andere geschlossene Leiter fähig ist, magneto-
elektrisch erregt zu werden. Alles räthselhafte, ja Ge-
heimnißvolle verschwindet, wenn man dann ferner den
Platz oder die Stelle, von welcher aus die Erregung
ihren Ursprung nimmt, gehörig berücksichtigt, und das
Lenz'sche Gesetz der magneto-elektrischen Spirale sich
immer als Führer zur Seite gehen läßt. Freilich betrifft
dieses nur die formelle Seite der Erscheinung; es fehlen
noch genaue Maaßbestimmungen und noch eine genügende Erklärung der sonderbaren Modification der Effecte,
die man, zwar nicht genau, aber doch verständlich genug durch Verwandlung der Quantität in Intensität nach
Faraday zu bezeichnen pflegt.

2.

Zur besseren Uebersicht will ich mich des von Hrn.
Prof. Moser gebrauchten Schema's (Taf. I Fig. 4) bedienen, wo ZK der galvanische Elektromotor, $ZcMdK$
der Schließungsdraht, dessen Theil M entweder gerade
oder spiralförmig gewunden und nach Umständen mit einem Eisenkern versehen, $ZcbxadK$ aber eine Neben-
schließung ist. Es wird also ZK die Stelle der galvanischen Erregung, das übrige aber galvanischer Schließungsbogen seyn; M dagegen die Stelle der magneto-
elektrischen Erregung, deren Schließungsbogen der Nebendraht $cbxad$ und der Elektromotor ZK.

Es ist hier noch Beziehung zu nehmen auf den mechanischen Begriff des Contacts, über den ich mich schon
früher ausgesprochen habe, in einer Notiz über den galvanischen Funken, welche ich die Ehre hatte der Kai-
serlichen Academie vorzulegen [1]), und darüber noch hinzuzufügen: Der Begriff des Contacts gestatte es nicht,

1) Siehe S. 633 des letzten Bandes d. Ann.

anzunehmen, dafs derselbe instantan oder in einer unendlich kleinen Zeit vollzogen oder aufgehoben werden
könne; es ist dazu eine unmefsbare kleine, aber doch
endliche Zeit erforderlich, während welcher die Kraft
des Stromes von Null bis zu einer endlichen Gröfse beim
Schlusse, oder von einer endlichen Gröfse zu Null, beim
Oeffnen der Kette *allmälig* übergeht, und zwar, weil
vor dem Schliefsen und nach dem Oeffnen der Kette der
Leitungswiderstand des Schliefsungsbogens als ∞ angenommen werden kann, bei vollständig vollzogenem Contact aber eine endliche Gröfse ist. Dieses allmälige,
durch die Natur des Contacts bedingte, sich Bilden und
Verschwinden des Stromes ist bequem oder mitunter nothwendig, bei Erklärung mancher Phänomene, zu Hülfe
zu nehmen. Dafs der Magnetismus eine namhafte Zeit
braucht, um sich zu entwickeln oder zu verschwinden,
wie Magnus zuerst entschieden gezeigt hat, ist auf die
Inductions-Phänomene von einigem Einflusse, modificirt
dieselben aber nur quantitativ, indem sie dadurch nach
Umständen, welche wesentlich von der Qualität des Eisens abzuhängen scheinen, bald stärker, bald schwächer
hervortreten mögen, ist aber zur Erklärung derselben keinesweges nothwendig.

3.

Faraday nennt diesen Inductions-Strom, da er am
leichtesten in einer Nebenschliefsung nachgewiesen werden kann, »*extra current*,« was man, ohne sich einem
Präjudiz hinzugeben, durch Nebenstrom oder secundären
Strom übersetzen könnte. Früher habe ich selbst, ehe
ich die Faraday'sche Abhandlung vollständig kannte,
(*Mémoire sur l'Application de l'Ectromagnetismus etc.*)
den Ausdruck »contre-courant,« Gegenstrom, gebraucht,
weil die Erscheinungen in der Nebenschliefsung, die Existenz eines solchen auch im Hauptdrahte zu anticipiren,
das Recht gaben, wenn er auch durch das Experiment

in dieser Form noch nicht nachgewiesen werden konnte.
Hingegen setzt die Benennung »succedirender Strom,«
wie sie im Repertorio gebraucht wird, ein Nacheinander
beider Erscheinungen voraus, was vorläufig eben so wenig erwiesen ist.   Vielmehr ist es den allgemeinen mechanischen Principien, über welche hinauszugehen nirgends Veranlassung ist, ganz conform, eine Gleichzeitig-
keit beider anzunehmen, und den magneto-elektrischen
Strom S als Function der Modification (nicht des stabilen Zustandes) der magnetischen Vertheilung durch
$S = \psi(M)\delta M$ auszudrücken, wo für $M = Const.$, $S = 0$
wird.   Dieser Gleichung würde es auch keinen Eintrag
thun, wenn der Strom ein wirklicher wäre, und nicht
blofs eine Vorstellungsweise, also etwa die Bewegung
eines materiellen elektrischen Fluidums.   Alsdann würde
S die Kraft bezeichnen, welche dasselbe in Bewegung
setzte.   Wird $S = 0$, so bliebe die lebendige Kraft dieses materiellen Fluidums E^2 übrig, die erst später, und
nur in Folge eines Widerstandes oder einer Reaction
$= 0$ werden könnte.   Die Erscheinungen würden dann
aus zwei Theilen bestehen, wovon der erste dem be-
schleunigten elektrischen Fluidum, der zweite der verzö-
gerten und allmälig verschwindenden Bewegung ange-
hörten.   Nur in diesem Sinne könnte man diesen zweiten Theil allenfalls den succedirenden Strom nennen, was
aber, wie man sieht, mannigfache, die innerste Natur dieser Agentien betreffende Voraussetzungen nöthig machte,
welche nur durch bedeutenden Calcul eine entschiedene
Begründung erhalten könnten.

4.

Um nun die Phänomene einzeln zu betrachten und
zuvörderst den Funken, so ist die Steigerung desselben
beim Oeffnen der Kette, wenn sich ein Elektromagnet
im Kreise befindet, unstreitig, wie es auch von Faraday
geschieht, als eins der stärksten Argumente für die neuen

Ströme anzusehen. Ich habe diesen Gegenstand bereits
früher betrachtet, und ihn, wie ich glaube, vollständig
anderen Erscheinungen angeschlossen; ich will nur erwähnen, dafs es die Begriffe verwirren hiefse, wenn man
einerseits sieht, wie schon geringe Modificationen in der
magnetischen Vertheilung im Stande sind, Platindraht
zum Glühen zu bringen, und andererseits nicht zugeben
wollte, dafs das völlige Verschwinden des Magnetismus
im weichen Eisen, was doch gewifs eine recht bedeutende Modification genannt werden kann, Verbrennungs-
oder gesteigerte Glüherscheinungen sollte hervorbringen
können, in sofern durch den Apparat hierzu Gelegenheit
gegeben wird. Es wäre also gewifs nicht unbillig, von
einer solchen Polemik den Nachweis zu fordern, was es
denn sey, dafs diese nothwendigen Wirkungen des extra-
current hemme? und da die natürliche Erklärungsweise
des verstärkten Funkens im Repertorio für unstatthaft
erklärt wird, so ist diese Forderung zu dringend, um
sich durch das Argument abweisen zu lassen, dafs noch
Manches in der Sphäre der Magneto-Elektricität unerklärt sey, und man überhaupt daselbst auf Schwierigkeiten stofse. In der That aber gehört der Funke, den
man erblickt, oder das Partikelchen, das glüht und verbrennt, der zugleich galvanisch erregten und magneto-
elektrisch inducirten geschlossenen Kette an. Das Maximum seines Glanzes war ein Zeitelement früher vorhanden, ehe das vollständige Verschwinden des Magnetismus erfolgte, und coïncidirte mit dem Momente, wo die
Stärke des Stromes und die Gröfse der Berührungsflächen der Wärmeentwicklung am besten entsprachen [1]).

1) Es versteht sich übrigens von selbst, dafs hier nur von dem Funken eines einfachen oder einer geringen Anzahl Plattenpaare die Rede
ist, und nicht von solchen, welche durch Reibungs-Elektricität oder
solche elektrische Apparate hervorgebracht werden, die am Elektro-
meter eine bedeutende freie Spannung zeigen.

5.

Im Repertorio wird S. 334 folgender Versuch gegen den *extra-current* angeführt: »Wenn man in den Verbindungsdraht einer Kette, aufser einem Elektromagneten, noch eine Magnetnadel einschaltet, welche abgelenkt wird, so geht dieselbe beim Oeffnen der Kette so ruhig zurück, und so genau nach der andern Seite, um eben so viel, dafs hier an nichts anderes, als das Aufhören des Stromes zu denken ist.« Diese Behauptung ist in der That auffallend, da Jedermann weifs, dafs eine Nadel, bei einigermafsen grofsen Schwingungsbogen, *nicht genau* nach der andern Seite um eben so viel zurückgeht, und dafs die Abnahme der Amplituden schon bei *einer* Schwingung recht merklich ist, bekanntlich wegen des Widerstandes der Luft, und wenn die Nadel auf einer Spitze schwebt, auch wegen der Reibung im Hütchen. Aber abgesehen hiervon, wird schon die erste Amplitude verringert werden, weil die Nadel anfangen mufs zurückzugehen, *noch ehe die Kette vollständig geöffnet ist,* nämlich in Folge des allmälig verringerten Contacts und der dadurch entstandenen allmäligen Schwächung des Stroms. Die vollständige Einwirkung der terrestrischen Richtkraft wird daher erst einen Moment später oder dann eintreten, wenn die Kette vollständig geöffnet ist. Wenn auch die Zeit, während welcher dieser continuirlich abnehmende Magnetismus des Schliefsungsdrahtes noch wirkt, unmefsbar klein ist, so ist die Kraft doch immer von der Art, dafs sie eine Abnahme der Amplitude bewirken mufs. Befindet sich ein Elektromagnet im Kreise, so wird dieses Zeitelement zwar nicht vergröfsert, weil es nur von der Weise abhängt, wie der Contact aufgehoben wird, der Magnetismus des Schliefsungsdrahtes wird aber verstärkt, weil der verschwindende Magnetismus des Eisens einen inducirten Strom hervorruft, der mit dem galvanischen eine gleiche Richtung hat. Es ist daher keine Frage, dafs in diesem Falle

die Abnahme der ersten Amplitude, denn von dieser
kann nur die Rede seyn, gröfser seyn wird. Da aber
diese Einwirkung unter den gewöhnlichen Umständen,
und namentlich bei Anwendung mäfsiger Eisenmassen,
nur gering ist, so sind, um dieselbe bei der Abnahme
der Amplitude herauszuerkennen, feinere Beobachtungsmittel und Methoden erforderlich, welche alle anderen
Umstände wohl zu berücksichtigen und zu trennen, vor
allem aber damit anzufangen hätten, die bedeutenderen,
aus bekannten Ursachen, und abgesehen von allen elek-
tromagnetischen Erscheinungen, erfolgenden Abnahmen
der Amplituden nicht zu verkennen.

6.

Es hat gewifs Jedermann die einfache und schöne
Weise gefallen, wie Faraday den extra-current am
magnetischen Galvanometer nachweist, das er im Schema
bei x einschaltet. Diese Versuche sind für den extra-
current von der höchsten Bedeutung, und es ist wichtig,
ihre Wahrhaftigkeit und Validität über alle, selbst über
die im Repertorio dagegen aufgestellten Zweifel zu erheben. Wenn man nämlich bei x ein Galvanometer
einschaltet, so wird die Nadel durch den, zwischen dem
Hauptdrate M und der Nebenschliefsung getheilten Strom
abgelenkt werden. Beim Oeffnen der Kette wird aber
ein magneto-elektrischer Strom entstehen, der in M seine
Erzeugungsstelle hat, und durch den Nebendraht in eine
dem galvanischen Strome entgegengesetzte Richtung gehen wird. Um diesem magneto-elektrischen Strome die
volle Einwirkung zu gestatten, führt Faraday die Nadel durch einen Stift wieder in den magnetischen Meridian zurück und verhindert so die Ablenkung durch den
galvanischen Strom. Nun ist es ganz richtig, dafs, wenn
die Nadel an einem Seidenfaden aufgehängt ist, derselbe
leicht aus der verticalen Lage kommt, indem der gehemmte Pol sich gegen den Widerstand legt und gleich-

sam dort ein Hypomochlium findet. Auch ohne magneto-
elektrischen extra-current wird daher unter solchen Umständen die Nadel beim Oeffnen der Kette nach der
entgegengesetzten Seite ausschlagen, was indessen weniger oder vielmehr gar nicht der Fall ist, wenn man eine
gut construirte Bussole, wo die Nadel auf einer Spitze
schwebt, einschaltet. Um daher jede Ungewifsheit zu
beseitigen, ob die Ablenkung, die man wahrnimmt, dieser Zufälligkeit, oder wirklich dem extra-current zuzuschreiben sey, ist es nöthig, die Nadel an *beiden Polen*
vorsichtig zu hemmen. Alsdann darf das Aufheben des
galvanischen Stromes für sich kein Ausschlagen der Nadel, und nur höchstens ein geringes Vibriren bewirken,
dagegen wird die Wirkung des magneto-elektrischen
Stromes rein hervortreten. Diese Vorsichtsmafsregel ist
zu einfach und bietet sich zu natürlich dar, als dafs ich
die Absicht hätte haben können, den Hrn. Prof. M o s e r
darauf aufmerksam zu machen, als ich, noch vor dem
Druck des Repertoriums, in einem, an diesen geistrei-
chen Physiker gerichteten Briefe, dieses Umstandes beiläufig erwähnte.

Ich habe nun die dahin gehörigen Versuche nicht
nur früher bereits in Dorpat, sondern auch hier gemeinschaftlich mit dem Hrn. Academiker L e n z wiederholt,
und wir wurden beide in der Ueberzeugung befestigt,
nicht nur, dafs die von F a r a d a y beschriebenen Ablenkungen der Galvanometernadel in der Nebenschliefsung
wirklich nach der angegebenen Richtung statt haben, sondern dafs sie auch kein Irrthum sind, und nur einzig
und allein dem extra-current zugeschrieben werden können. Eine, bei x eingeschaltete, an *beiden Polen* sorgfältig gehemmte Galvanometernadel wurde beim Oeffnen
der Kette, wenn bei M ein hufeisenförmiger Elektromagnet befindlich war, um 152° abgelenkt, lag aber der Anker an, so geschah dieses um 180°, und die Nadel wurde
mit Gewalt gegen die Hemmung geschleudert. Wurde

statt des empfindlichen Galvanometers mit Doppelnadel eine Bussole mit einfachem Schliefsungsdrahte eingeschaltet, so betrug die Ablenkung 3° bis 5°, und wenn das Hufeisen durch den Anker war 7° bis 10°.

Schon diese Modification in der Ablenkung, wenn der Anker am Hufeisen anliegt oder nicht, ist der vollkommenste Beweis für den extra-current oder Gegenstrom; denn in jenem Falle ist die Summe der zerlegten Magnetismen stärker, und also der Inductionsstrom und die durch ihn bewirkte Ablenkung bedeutender.

Nun wurde das Galvanometer *mit an beiden Polen sorgfältig gehemmter Nadel* unmittelbar in den Strom gebracht, und obgleich der Strom in diesem Falle viel stärker war, und die Nadel sich kräftig gegen die Hemmung lehnte, so fand dennoch, weder beim Oeffnen noch Schliefsen der Kette, eine merkliche Bewegung statt, mit Ausnahme eines geringen Vibrirens, das vielmehr in der Verticalebene stattzufinden schien. Uebrigens mufs noch besonders bemerkt werden, dafs, nach den Versuchen des Hrn. Prof. Magnus, die sich vollständig bestätigen, das langsamere Verschwinden des Magnetismus auf die Gröfse der Ablenkung der Galvanometernadel bei x einen Einflufs haben mufs. Ob dieselbe aber dadurch vergröfsert oder verringert wird, läfst sich im Voraus schwer entscheiden, weil die Umstände, von welchen dieser Ausschlag abhängt, zu mannigfaltig sind.

7.

Was den Chemismus des extra-current betrifft, so ist hierüber weiter nichts zu sagen; denn es steht als ein Factum fest, dafs bei x solche chemische Zersetzungen und physiologische Wirkungen hervorgebracht werden können, die einer erhöhten Spannung angehören, und die man bisher nur durch eine vielplattige Volta'sche Säule oder durch magneto-elektrische Induction hervorbringen konnte. Da erstere im Schema nicht gegenwärtig ist, indem ZK nur ein einfaches Plattenpaar zu seyn braucht, so müſste man wirklich entweder zu einer neuen Naturkraft oder zu den Erklärungen des Repertoriums seine Zuflucht nehmen, wenn nicht glücklicherweise die ganze Anordnung des Apparates solche Ströme nicht nur zulieſse, sondern sogar forderte. Es liegt daher nahe und ist billig diese Klasse von Erscheinungen für die magneto-elektrischen Inductionsströme zu vindiciren. Und wenn das auch nur geschähe, um sie irgendwo unterzubringen, und wirklich, was nicht der Fall ist, nur ein geringer Grad von Wahrscheinlichkeit dafür spräche, so wäre derselbe dadurch gesteigert, daſs die gesammten Erscheinungen, die wir bereits erwähnt haben und noch erwähnen werden, sich gegenseitig bestätigen und fordern. Die physiologischen Wirkungen, welche bei x stattfinden, werden in der Polemik, gegen die herrschenden Ansichten, gänzlich übergangen; sie sind auch zu schlagende Facta, um Zweifel von der Art dagegen zu erheben, wovon das Repertorium meint, daſs sie nicht ungewichtig seyen.

9.

Indessen verdankt man dem Hrn. Prof. Moser einen schönen Versuch, der durch seine positiven Resultate, die Einwirkung des extra-current auf das magnetische Galvanometer, wenn noch ein Zweifel darüber bestände, auch über diesen erheben würde. Ich meine die Methode der Amplituden. Zwar konnte ich keinen, um ein achteckiges Brett gewundenen Multiplicator anwenden (S. 336), um die dort angeführten negativen Resultate zu erhalten, dagegen habe ich mich des weiterhin erwähnten einfacheren und sichereren Verfahrens bedient. Auch bei diesen Versuchen war der Hr. Academiker Lenz gegenwärtig, und er hatte die Güte sie zum Theil selbst mit der Schärfe und Redlichkeit anzustellen, die man an diesem Beobachter gewohnt ist. — Bei x also wurde eine Bussole mit einem einfachen, etwa $1\frac{1}{2}'''$ dikkem Drahte eingebracht, der genau in den magnetischen Meridian gestellt wurde; bei M befand sich ein Elektromagnet, der wegen der Nebenschliefsung nur eine geringe Tragkraft hatte. Die Nadel wurde um 30° abgelenkt. Nun ward die Nadel durch einen Magnetstab, oder auch durch a tempo Schliefsen und Oeffnen der Kette in solche Schwingungen versetzt, dafs sie auf der anderen Seite über den Nullpunkt hinausgehen. Sobald das Extrem der Amplituden den Nullpunkt erreicht, ist die Geschwindigkeit der Nadel an dieser Stelle und ihre terrestrische Richtkraft $=0$, zugleich befindet sie sich aber in der günstigsten Position gegen den Schliefsungsdraht.

Jetzt wird die Kette gelöst, sogleich erfolgt ein Ausschlag der Nadel, welcher bei wiederholten Versuchen 7° bis 10° betrug, und zwar nach der, der constanten Ablenkung entgegengesetzten Seite. Ist das Extrem der Amplitude noch einige Grade über den Nullpunkt hinaus, so besitzt die Nadel beim Aufheben der Kette noch eine gewisse terresterische Richtkraft, der sie folgen mufs; nichts desto weniger erfolgt eine zwar schwächere, aber entschiedene Ablenkung der Nadel nach derselben Seite wie früher. Nun kann auch der Gegenversuch angestellt werden. Die Nebenschliefsung wird beseitigt und die Bussole unmittelbar in den Hauptdraht eingeschaltet. Dasselbe Verfahren wie früher. Sobald das Extrem der Amplitude den Nullpunkt erreicht, wird die Kette aufgehoben, und die Nadel verharrt unverrückt an dieser Stelle. — Diese Resultate sind durchaus prononcirt, und die Art und Weise, wie sich die Nadel benimmt, entschieden und unverhohlen. Was deren Beweiskraft für den extra-current betrifft, so hat das Repertorium zuerst auf ihr grofses Gewicht aufmerksam gemacht.

9.

Was nun den extra-current oder Gegenstrom beim Schließen der Kette betrifft, so combiniren sich dessen Wirkungen mit denen des galvanischen Stromes in der Art, daß sie nur durch schärfere Beobachtungen und besonders durch genauere Maaßbestimmungen von denselben zu trennen und für sich darzustellen wären. Solche Beobachtungen unterliegen aber eigenthümlichen, von der Natur der Hydroketten abhängenden Schwierigkeiten, und in der That ließen sich viele der bisher angeführten Phänomene, worin man die Wirkungen eines beim Schließen der Kette entstehenden Gegenstromes erkennen möchte, auch auf eine, allenfalls genügende Weise anderweitig erklären, wenn man nicht eben zugleich ein Bewußtseyn von magneto-elektrischer Induction überhaupt hätte.

Indessen erlaube ich mir einige Versuche anzuführen, die für den fraglichen Gegenstand völlig entscheidend sind, indem durch dieselben *ein Gegenstrom, beim Entstehen des Hauptstromes, unmittelbar im Hauptdrahte* nachgewiesen wird. Nachdem man nämlich gesehen hatte, daß magneto-elektrische Ströme fähig sind weiches Eisen zu magnetisiren, schien es möglich, daß eine Modification in der Intensität solcher Ströme eintreten könne, wenn dieselben durch eine Spirale geleitet werden, in welcher sich ein Eisenkern befindet.

Hr. Academiker Lenz hat über diesen Gegenstand früher einige, nicht weiter publicirte Versuche angestellt, die er die Güte hatte mir mitzutheilen. Ihre Resultate finden sich in der nachfolgenden Tabelle I, und sie sind nach der bekannten, diesem Physiker eigenthümlichen Methode angestellt. Es wurden jedesmal vier Beobachtungen gemacht, um die Excentricität der Nadel und die Torsion des Fadens zu eliminiren. Der Sinus des halben Ablenkungswinkels repräsentirt die Kraft des Stromes.

Tab. I.

	Abweichungen.				Mittlere Abweichung α.
	1.	2.	3.	4.	
Drahtspirale ohne Eisenkern	43,2	43,8	43,9	43,7	43,65
Drahtspirale mit Eisenkern von 8" Länge und ½" Seite	43,8	44,0	43,9	43,1	43,7

Im ersten Falle war also die Kraft des Stromes:

$$K = \sin \tfrac{1}{2}\alpha = \sin 21^\circ\,49',5,$$

im zweiten aber:

$$K = \sin \tfrac{1}{2}\alpha = \sin 21\;51.$$

Ferner hatte Hr. Lenz die Güte die folgenden Versuche der Tab. II mit dem Wulste anzustellen, den ich in meinem *Mém. sur l'applicat. etc. p.* 50 beschrieben habe, und der aus zwei neben einander gewundenen und isolirten Drähten, jeder 400' lang und ¾''' dick, bestand. Diese beiden Drähte seyen mit *A* und *B* bezeichnet. Sie wurden in einen magneto-elektrischen Kreis eingeschaltet, und der Strom durch einen desselben hindurchgeleitet, während der daneben liegende geschlossen oder geöffnet war.

Tab. II.

	Abweichungen.				Mittlere Abweich. α.	Kraft des Stromes, oder sin ½α.
	1.	2.	3.	4.		
Drahtspirale *A* in der Kette, *B* ungeschlossen	71,2	72,2	75,9	75,6	73,725	$\sin 36^\circ\,51',75$
Drahtspirale *A* in der Kette, *B* für sich geschlossen . . .	71,8	71,2	75,9	74,6	73,375	$\sin 36\;41,25$
Drahtspirale *B* in der Kette, *A* ungeschlossen	71,8	72,0	75,6	75,6	73,75	$\sin 36\;52,5$
Drahtspirale *B* in der Kette, *A* für sich geschlossen . . .	71,8	71,6	75,6	75,5	73,625	$\sin 36\;48,75$

Aus diesen Versuchen geht hervor, dafs wenn der magneto-elektrische Strom durch die nebenliegende geschlossene Spirale oder den anwesenden Eisenkern wirklich

lich in etwas modificirt wurde, dennoch der Einfluſs so gering war, daſs er innerhalb der Gränze der Beobachtungsfehler fiel. Indessen konnten wir hierbei nicht beruhigt bleiben, um so weniger, da Versuche, die wir gemeinschaftlich zu einem ganz andern Zwecke angestellt hatten, uns unverkennbar zeigten, daſs die Anwesenheit gröſserer Eisenmassen in Spiralen von zahlreichen Windungen für einen magneto-elektrischen Strom, der durch diese Spiralen geleitet wird, nicht indifferent ist. Die Versuche selbst bleiben einer künftigen Publication vorbehalten, und es soll hier nur einer, der mit ihnen in keinem Zusammenhange steht, und der besonders dieses Gegenstandes wegen angestellt wurde, hervorgehoben werden.

Eine Röhre von Kupferblech (Taf. 1 Fig. 5) $13\frac{1}{2}$ Fuſs engl. lang und $1\frac{1}{2}$ Zoll im Durchmesser wurde spiralförmig von 840' doppelt mit Seide besponnenem Kupferdraht von etwa $0'''{,}85$ im Durchmesser in 2134 Windungen umgeben. Die Enden dieser Spirale standen in Verbindung mit einer Inductionsrolle b, in welcher ein constanter magneto-elektrischer Strom erzeugt werden konnte. In den Kreis bei c wurde der Multiplicator mit Doppelnadel eingeschaltet, dessen sich Hr. Lenz bei seinen anderweitigen Versuchen immer bedient hatte, und bei dem die Ablenkung durch ein Fernrohr, in einem gegen die Horizontalebene um 45° geneigten Spiegel beobachtet werden konnte. Der Kreis bestand demnach aus der Inductionsspirale b, welches die Stelle der Erregung für den magneto-elektrischen Strom war, der Spirale a und dem Multiplicator c. Es wurden ebenfalls zur Elimination der Exçentricität und der Torsion vier Beobachtungen angestellt.

Tab. III.

	Abweichungen.				Mittlere Abweichung.	Kraft des Stromes. $sin \frac{1}{2}a.$
	1.	2.	3.	4.		
I. Ohne Eisenkern	15,0 15,3	15,0 15,0	15,9 15,6	16,0 15,7	15,475 15,4	$sin\ 7°\ 43',125$
II. Mit Eisenkern von 13' 6" Länge und $1\frac{1}{4}$" Dicke in der Spirale a	14,2 14,7	12,2 12,5	13,2 13,5	13,7 13,3	13,325 13,5	$sin\ 6\ 42',375$

Im ersten Falle war daher die Kraft des Stromes:

$$sin\ 7°\ 43',125 = 1343$$

im zweiten Falle aber $\qquad sin\ 6°\ 42',375 = 1168$

Es geht also hieraus hervor, daſs die Anwesenheit des Eisenkerns die Stärke des Stromes verringert. Um aber hierbei zu einer richtigen Beurtheilung zu gelangen, muſs man zum Ohm'schen Gesetze recurriren, wonach die Stärke des Stromes gleich ist der elektromotorischen Kraft, dividirt durch den gesammten Leitungswiderstand, oder, wenn wir jene $= A$, diesen $= F$ setzen, so erhalten wir $\frac{A}{F} = sin\ \frac{1}{2}\alpha$, oder $log\ A = log\ F + log\ sin\ \frac{1}{2}\alpha$.

Durch vorhergegangene Versuche, die weiter nicht hierher gehören, war bereits der Leitungswiderstand der ganzen Kette, die nur aus festen Leitern bestand, mit einem gewissen Normaldrahte verglichen worden, woraus sich $F = 188',95$ oder $log\ F = 2,27636$ ergab. Es war also ohne Eisenkern, die elektromotorische Kraft $log\ A = 3,40447$ oder $A = 2538$.

Mit dem Eisenkern $log\ A' = 3,34372$ oder $A = 2207$.

Die elektromotorische Kraft A' kann hier betrachtet werden als die Differenz der elektromotorischen Kräfte, der Inductionsrolle b und des Gegenstromes in der Spirale a; wir erhalten daher $A'' = 331$, oder, wenn wir die elektromotorische Kraft $A = 100$ setzen, so ist der Gegenstrom $A'' = 13$.

Diese Versuche zeigen unzweideutig, daſs beim Magnetisiren des Eisens ein reactiver Gegenstrom entsteht, dessen Erregungsstelle die Spirale des Eisenkerns selbst ist. Hier wurde zwar nur ein magneto-elektrischer Strom angewendet, es ist aber nicht der mindeste Grund vorhanden, diese Erscheinung nicht auch auf alle übrigen elektrischen Ströme auszudehnen. Es läfst sich ferner hieraus schliefsen, dafs, wo Magnetismus durch elektrische Ströme erzeugt wird, ein constanter Zustand oder ein stabiles Gleichgewicht nur nach einer Reihe von Oscillationen der magnetischen Intensität eintreten könne. Ob die Gesammtdauer dieser Oscillationen eine namhafte oder nur eine unmefsbare Zeit beträgt, mag von den mannigfaltigsten Umständen abhängen, und besonders bedingt werden durch die Qualität und Gröfse der Eisenmassen, der Art und Weise der Bewicklung u. s. w. Wodurch diese Oscillationen erlöschen? das zu untersuchen ist vorläufig wenigstens nicht sehr dringend; man mag es einstweilen der Coërtivkraft, oder irgend einer anderen, der Friction analogen Kraft zuschreiben.

Aber über diesen Gegenstrom, namentlich wenn der Hauptstrom ein magneto-elektrischer ist, wäre noch einiges besonders zu bemerken, indem recht wohl Bedingungen gedacht werden können, unter denen dieser Gegenstrom gar nicht wahrgenommen zu werden brauchte. Der magneto-elektrische Strom ist nämlich nur von sehr kurzer Dauer. Die Inductionen entgegengesetzter Art, welche der entstehende und verschwindende Magnetimus des Eisenkerns der ihn umgebenden Spirale ertheilt, können sich so schnell auf einander folgen, dafs ihre Wirkungen auf die Nadel sich aufheben. Das würde besonders der Fall seyn, wenn man sehr schwere Nadeln anwendete, und der Multiplicator auf eine solche Weise gewunden wäre, dafs die Nadel gegen die Ströme immer eine gleiche Lage behielte. Dann kann leicht der Fall eintreten, dafs die entgegengesetzten Impulse die Nadel noch während der Dauer der ersten Amplitude tref-

10 *

fen, und, wenn sie gleich stark sind, sich aufheben.
Unter den gewöhnlichen Umständen aber wird die Induction des entstehenden Magnetismus die Nadel in einer günstigeren Lage treffen, als die des verschwindenden, und es wird so der Effect der ersteren ein Uebergewicht erhalten. Hierzu kommt noch der besondere
Umstand, daſs der ertheilte Magnetismus nie völlig verschwindet, indem das Eisen nie vollkommen homogen
und weich ist. Der remanente Magnetismus hängt aber
groſsentheils von der stahlartigen Beschaffenheit des Eisens ab, die bei gröſseren Massen entschiedener hervortritt. Es ist daher leicht möglich, daſs ein Stahlkern bei
gleichen Dimensionen zwar einen minder kräftigen Gegenstrom erzeugte als ein Eisenkern, daſs aber, wegen
des remanenten Magnetismus, sein Einfluſs auf die Devia-
tion sich bemerklicher machte.

10.

Wenn nun das Vorhergehende hinlänglich erscheint
zur Rechtfertigung der natürlichen und, wie ich glaube,
sonst allgemein gehegten Ansicht über den extra-current
oder Gegenstrom, so wäre noch einiges über die relative Stärke desselben und des primären galvanischen
Stromes zu sagen. Es ist nämlich im Repertorio wiederholt davon die Rede, und in der Weise, als wäre
es etwas Factisches, Widerspruchloses, daſs der extra-
current stärker sey als der primäre, dem er sein Entstehen verdanke. Seitdem das Ohm'sche Gesetz sich
durch vielseitige Bestätigung allgemeine Anerkennung er-
rungen, und sogar unlängst die neue Entdeckung eines
französischen Physikers geworden ist, hat man nicht mehr
das Recht, zwei Ströme unter ganz verschiedenen Umständen so ohne Weiteres als stärker oder schwächer
zu bezeichnen. Die Versuche, die man bis jetzt über
Inductionsströme überhaupt angestellt hat, zeigen, daſs
sie besonders in ihren physiologischen Effecten mächtig

sind, dagegen scheint der Magnetismus, den sie dem
weichen Eisen zu ertheilen und die Quantität eines Elek-
trolyten, die sie zu zersetzen vermögen, nur gering zu
seyn; ihre Wirkungen sind daher mehr denen einer Säule
analog, die aus vielen, aber sehr kleinen und schwach
geladenen Plattenpaaren besteht. Es hängt hierbei indessen so viel von der Art und Weise der Umwicklung
und von den Dimensionen der anwesenden Eisenmassen
u. s. w. ab, dafs es schwer ist schon jetzt zu entscheiden, ob man durch Inductionsströme Effecte erhalten
könne, die bisher nur durch grofsplattige Voltasche Apparate erlangt wurden.

X. *Ueber ein galvanisches Flugrad; von K. W. Knochenhauer in Meiningen.*

Der in den folgenden Zeilen beschriebene elektro-mag-
netische Rotationsapparat, den ich in Rücksicht auf das
elektrische Flugrad mit dem obigen Namen bezeichnen
will, scheint mir einige Beachtung zu verdienen, weil er
nicht nur durch seine grofse Drehungsgeschwindigkeit einen schönen Anblick gewährt, sondern auch recht gut
dienen kann, um einen deutlichen Begriff von mehreren
Experimenten zu geben, die sonst durch theure Apparate
dargestellt werden. Ich werde das Instrument beschreiben, wie ich es mir selbst angefertigt habe, und überlasse es den Mechanikern, daran Aenderungen nach ihrem
Belieben zu treffen.

, Auf einem hölzernen Brette $ABCD$, Fig. 6 Taf I,
ist um O, in einem Abstande von $1\frac{1}{2}$ Zoll, eine kreisförmige Rinne eingeschnitten, die an zwei sich gegen-
überstehenden Stellen bei G und H durch 2 bis drei
Linien breite Scheidewände unterbrochen ist. Von den

beiden so getrennten halbkreisförmigen Rinnen, die man beim Versuche mit Quecksilber anfüllt, gehen die beiden Kupferdrähte Z und K aus. In O steht ein Stahlstift OL, auf welchem sich das Flugrad $EILMF$ drehen soll. Dieses besteht zunächst aus zwei gewundenen Spiralen E und F, jede von 20 Windungen mit einem Durchmesser von $1\frac{1}{4}$ Zoll; hierzu habe ich unübersponnenen Kupferdraht genommen, aber, wie die schrägen Linien der Zeichnung andeuten, die Windungen durch zwischengezogene Fäden vollständig isolirt und ihnen damit zugleich die nöthige Haltung gegeben. Die beiden Spiralen sind durch den Draht ILM mit einander verbunden; sie werden aufserdem durch ein kleines Holzstäbchen PR in der gehörigen Entfernung und Lage gehalten. Durch die Mitte von PR geht eine, oben bei L zugeschmolzene dünne Glasröhre, die sich im Holzstäbchen und mittelst des Drähtes ILM leicht befestigen läfst. Die beiden äufseren freien Drahtenden der Spiralen sind erst etwas nach unten, darauf bei G und H horizontal gebogen; um sie mit dem Quecksilber der Rinne in Verbindung zu bringen, habe ich zwei, an dem einen Ende zugespitzte Kupferstreifen, am anderen breiteren Ende zu engen Röhren umgebogen, dieselben inwendig amalgamirt und auf die ebenfalls amalgamirten Drähte G und H gesteckt. Dadurch ist die metallische Verbindung der Spiralen mit dem Quecksilber vollkommen gesichert, und die Kupferstreifen gleiten nicht nur über das Quecksilber, sondern auch über die im gleichen Niveau stehenden Scheidewände der Rinne mit Leichtigkeit hinweg. Setzt man nun diesen Apparat auf den Stahlstift, wobei die herabhängenden Enden der beiden Kupferstreifen das Quecksilber berühren, hängt von oben herab, wie die Zeichnung zeigt, einen Hufeisenmagnet so ein; dafs seine Pole mit den Scheidewänden der Rinne in derselben Ebene liegen, und schliefst Z und K durch einen galvanischen Apparat, so fängt das Flugrad mit

anfänglich gesteigerter Schnelligkeit zu rotiren an, und
läuft ununterbrochen fort. Bei meinen Versuchen bediente ich mich eines kleinen Calorimotors von 5 Windungen bei 8 Zoll Höhe, und hatte einen Magnet von
30 Pfund Tragkraft; das Flugrad drehte sich hier mit einer solchen Schnelligkeit, dafs ich die Umläufe nicht
mehr zählen konnte, sie aber auf 300 bis 400 in der
Minute schätzte. Mit einem anderen Magnet, der 10
Pfund trägt, erfolgten noch etwa 200 Umdrehungen in
der Minute. Der Hergang bei diesem Experimente ist
im Allgemeinen zu einfach, als dafs ich ihn weiter auseinanderzusetzen nöthig hätte; eben so versteht es sich
von selbst, dafs das Rad rotirt, wenn man den Magnet
über die Spiralen hinausgreifen läfst. Da hierzu die mir
zu Gebote stehenden Hufeisenmagnete nicht die gehörige
Weite hatten, so mufste ich von aufsen her der einen
Spirale den Pol nähern, hatte dabei den störenden Einflufs des andern Pols, und konnte nur ein langsameres
Umdrehen erreichen. — Bei jedem Uebergange der Kupferstreifen von der einen halben Rinne in die andere
wird der galvanische Strom unterbrochen und umgelegt,
daher erfolgt ein Funke; dreht sich das Rad schnell, so
springen die Kupferstreifen bisweilen auf dem Quecksilber, und es erfolgen neue Funken. Zwingt man durch
über die Rinne gespannte Fäden die Kupferstreifen zu
solchen wiederholten Sprüngen, so sieht man eine ähnliche Erscheinung wie am sogenannten Blitzrade. Uebrigens wäre bei gehöriger Einrichtung, im Nothfall durch
einen in die Spiralen eingeschobenen Eisenkern, das
Flugrad recht gut im Stande, mittelst einer Kurbel bei
L, eine kleine Maschine in Bewegung zu setzen, und
gäbe dann ein Beispiel einer sich selbst steuernden elektro-magnetischen Maschine. Liegen die beiden Spiralen
fest und ist der Magnetstab beweglich, so rotirt derselbe,
vorausgesetzt dafs er bei jeder halben Umdrehung den
galvanischen Strom in den Spiralen umlegt.

Auf die Einrichtung dieses Rotationsapparates führten mich theoretische Untersuchungen über den Einfluſs einer galvanischen Spirale auf einen Magnetpol, und umgekehrt. Hätte ich nun gleich gewünscht, meine Ideen durch vollständigere Experimente durchzuführen, woran mich die Umstände hindern, so will ich doch ein Paar Betrachtungen hinzufügen, aus denen sich einige bisher nicht hinreichend erklärte Beobachtungen vollkommen begreifen lassen. Ich glaube nämlich, daſs man bei dem jetzigen Stande unserer Kenntniſs die Ampère'sche mathematische Entwicklung übergehen, und, ohne sich über die letzten Gründe der Erscheinungen zu erklären, an Biot's Experiment anknüpfen müsse, wonach ein unbegränzter Draht, durch welchen ein galvanischer Strom hindurchgeht, die Pole einer Magnetnadel nach entgegengesetzten Seiten mit einer ihren Entfernungen umgekehrt proportionalen Kraft zum Rotiren treibt. Von der Richtigkeit dieser Beobachtung kann man sich auch auf folgende Weise leicht überzeugen. Auf einem kreisrunden Kartenblatte befestige man in der Richtung der Radien vier oder mehrere gleichmäſsig vertheilte magnetische Nadeln, alle mit dem Nordpol nach der Peripherie, mit dem Südpol nach dem Centrum zu; man setze die Mitte des Blattes auf eine feine Spitze, so daſs es in horizontaler Lage ganz leicht rotiren kann, und nähere ihm einen senkrecht ausgespannten Kupferdraht, durch welchen man einen galvanischen Strom hindurchleitet; das Kartenblatt bleibt in Ruhe. Es erfolgt dasselbe, wenn man rings um dasselbe Kupferdrähte ausspannt und durch alle nach gleicher Richtung galvanische Ströme führt. Es sey *C* in Fig. 7 Taf. I das Kartenblatt, *n, n, n, n* die vier Nordpole der Nadeln und *A* der Durchschnitt des Kupferdrahtes. Denkt man sich die Scheibe gleichmäſsig schnell rotiren, so wäre, nach Biot's Angabe, die Wirkung des Drahtes *A* bei einer Intensität *I* auf den Pol

bei $B = \dfrac{I}{AB}$, und führte ihn nach BG rechtwinklig zu AB. Setzt man $BC = R$, $\angle ABC = y$ und $\angle BAC = v$, so wirkte, während v auf $v + dv$ wächst, A auf den Pol eine Zeit hindurch, die durch den Bogen BE gemessen wird; also ist die Wirkung in dieser Zeit $= \dfrac{I.BE}{AB}$, und senkrecht zu BC zerlegt, welche allein die Scheibe zum Rotiren bringt, $= -\dfrac{I.R.BE}{AB}cos\,y$.

Es ist aber $BE^2 = AB^2\,dv^2 + (dAB)^2$; aus $R\,sin\,y = AC\,sin\,v$ folgt $R\,dy\,cos\,y = AC\,dv\,cos\,v$ oder

$$dv^2 = \frac{R^2\,dy^2\,cos^2\,y}{AC^2 - R^2\,sin^2\,y};$$

ferner aus $AC^2 = AB^2 + R^2 - 2R.AB\,cos\,y$ folgt $0 = dAB.AB - dAB.R\,cos\,y + AB.R\,dy\,sin\,y$ oder

$$(dAB)^2 = \frac{AB^2.R^2\,dy^2\,sin^2\,y}{AB^2 - 2AB.R\,cos\,y + R^2\,cos^2\,y}$$
$$= \frac{AB^2.R^2\,dy^2\,sin^2\,y}{AC^2 - R^2\,sin^2\,y},$$

also ist:

$$BE^2 = \frac{AB^2.R^2\,dy}{AC^2 - R^2\,sin^2\,y}$$

und die in Untersuchung gezogene Wirkung:

$$= -I.R^2\,dy\,cos\,y\,\sqrt{\left[\frac{1}{AC^2 - R^2\,sin^2\,y}\right]}.$$

Betrachtet man die Wirkung von A auf den Pol zwischen FD, wo $v + dv$ in v übergeht, so ändert sich in den Formeln nur y in $180° - y$ oder $cos\,y$ in $-cos\,y$; demnach ist die Wirkung:

$$= I.R^2\,dy\,cos\,y\,\sqrt{\left(\frac{1}{AC^2 - R^2\,sin^2\,y}\right)}.$$

Beide Wirkungen heben sich gegenseitig auf, und dasselbe findet an allen übrigen Stellen statt; also übt A auf die rotirende Scheibe keinen Einfluſs und läſst sie in Ruhe, wenn sie nicht rotirt. — Aus dieser sicheren

Angabe leitet man leicht die Wirkung ab, die ein Element des galvanischen Stroms auf einen Magnetpol ausübt; es bringt ihn senkrecht zur Verbindungslinie zwischen sich und dem Pol, zerlegt zu einem Rotiren mit einer Kraft, die im umgekehrten Verhältnis des Quadrats ihrer gegenseitigen Entfernung steht. Es sey nämlich AB, Fig. 8 Taf. I, der unbegränzte Draht, N der Magnetpol, so ist die drehende Wirkung des Elements

bei D auf $N = \dfrac{I.dDC.\cos x}{DN^2}$, oder weil $DC = CN\,tg\,x$

und $DN = \dfrac{CN}{\cos x}$ ist, $= \dfrac{I.dx\,\cos x}{CN}$, also die Gesammt-

wirkung des ganzen Drahtes AB auf $N = \displaystyle\int \dfrac{I.\cos x\,dx}{CN}$

(integrirt von $x = -90°$ bis $90°$) $= \dfrac{2I}{CN}$, so wie es

die obigen Versuche verlangen. Umgekehrt bringt ein Pol das galvanische Element mit derselben Kraft zu einem entgegengesetzten Rotiren.

Wendet man die gefundenen Resultate zunächst auf eine frei schwebende galvanische Spirale an, wiefern sie vom Erdmagnetismus bewegt wird. Meine Versuche sind folgende: Eine Spirale von 176 Windungen, aus $\frac{3}{8}$ Linien starkem Kupferdraht, aus demselben, der zu allen übrigen Versuchen gebraucht wurde, und von $3\frac{1}{2}$ Linie Durchmesser, die auf einer feinen Spitze frei schwebte, folgte dem Erdmagnetismus nicht, wurde aber leicht durch einen genäherten Stahlmagnet in Bewegung gesetzt. Auf ähnliche Weise machte ich mir sieben Spiralen, jede von 120 möglichst engen Windungen, und verband sie, wohl isolirt, so neben einander, daß derselbe Strom alle nach einander in derselben Richtung durchlaufen mußte. Ich wollte mich hierdurch der Ampèreschen Ansicht so eng wie möglich anschliefsen; wurde nun diese zusammengesetzte Spirale auf die vorige Weise aufgehängt, so zeigte sich nur kein Einfluß des Erdmagnetismus auf

dieselbe, sondern sie wurde selbst von einem Magnet-
stabe nur mit Mühe bewegt. Ich machte mir jetzt eine
Spirale von 18 Windungen, jede von einem Durchmesser von 2 Zoll, trennte sie, wie bei dem oben beschriebenen Flugrade, in zwei, etwa um 4 Zoll auseinander-
stehende Hälften, hing sie wie früher auf, und sah sie
durch den Erdmagnetismus bewegt, so daſs sie erst nach
einigen Oscillationen im magnetischen Meridian zur Ruhe
kam; die Wirkung des Stahlmagnets auf sie war sehr
groſs. Wurden die beiden Hälften der Spirale näher an
einander gerückt, so blieb sich der Erfolg dem Anschein
nach ganz gleich. Endlich verfertigte ich mir noch eine
zusammenhängende Spirale von 12 Windungen, aber
von 3¾ Zoll Durchmesser; auch sie folgte leicht der Einwirkung des Erdmagnetismus. — Der so verschiedene
Erfolg kann nicht in einem ungleich starken galvanischen
Strom, nicht in ungleicher Beweglichkeit der Apparate,
sondern nur in ihrer ungleichen Construction gesucht
werden. Es sey also ADB, Fig 9 Taf. I, die Windung einer galvanischen Spirale, in welcher der positive
Strom von B über D nach A geht; sie stehe senkrecht
gegen die horizontale Linie OC, welche sich in C drehen kann, und die Richtung des horizontal wirkenden
Erdmagnetismus sey CE, wo $\angle OCE = x$ ist. Setzt
man $OD = R$ und $\angle DOB = y$, so giebt die Wirkung
des Nordpols der Erde auf das galvanische Element bei
D ein Drehungsmoment, um die Spirale in den magnetischen Meridian zu führen, $= I.R^2 \, dy \, cos^2 y \, sin \, x$
$+ I.R.OC dy \, cos \, y \, cos \, x$, worin I eine Constante bezeichnet; hiernach ist das Drehungsmoment, das von der
ganzen Windung abhängt, $= \int I R^2 \, dy \, cos^2 y \, sin \, x$
$+ \int I.OC dy \, cos \, y \, cos \, x$ (integrirt von $y = 0$ bis $= 2\pi$)
$= I.R^2 \pi \, sin \, x$. Das Resultat ist unabhängig von OC;
dagegen wächst unter übrigens gleichen Umständen der
Einfluſs des Erdmagnetismus auf eine Spirale mit dem
Quadrat ihrer Weite und mit der Anzahl ihrer Win-

dungen. Ein Aehnliches gilt von der Wirkung der Stahl-
magnete auf Spiralen überhaupt. Setzt man $x=0$, so
ist nicht nur die Drehungskraft $=0$, sondern die Spirale wird gar nicht vom Erdmagnetismus angezogen, was
sie sehr wesentlich von einem Magnet unterscheidet. —
Wenden wir dieselben Gesetze auf die Erregung des
Magnetismus im weichen Eisen durch galvanische Spiralen an, indem wir auch hier den Nord- und Südmagnetismus mit einer gleichen Kraft und nach gleicher Richtung auseinandertreten lassen, als die schon vorhandenen Pole von dem galvanischen Strome fortgetrieben
werden, so sey Fig. 10 Taf. I AB ein Stab weichen Eisens, C ein beliebiger Ort in demselben, und ED stelle
eine Folge von Elementen der Spiralwindungen dar, die
parallel mit AB liegen; ich nehme an, daſs sie senkrecht gegen AB und gegen die Fläche der Zeichnung
stehen, oder gegen AB und CF, lasse den positiven
Strom nach der Richtung des Pfeils gehen, und suche
die Kraft, mit welcher der Nordmagnetismus in C nach
CB, der Südmagnetismus nach CA getrieben wird. Ist
CF senkrecht auf ED, $\angle GCF=x$, so ist die Wirkung des Elementes in G auf C nach dem Obigen:

$$= \frac{I . dFG \cos x}{CG^2} = \frac{I . dx \cos x}{CF},$$

folglich die Wirkung sämmtlicher Elemente in ED:

$$\int \frac{I . dx \cos x}{CF} = \frac{I}{CF} \left[\frac{EF}{EC} + \frac{FD}{CD} \right].$$

Bei den meisten Versuchen, wo der Abstand CF nicht
bedeutend ist gegen die Länge der Spirale, wird man
$\frac{EF}{EC} + \frac{FD}{CD} = 1$ setzen dürfen; nur bei weiteren Spiralwindungen kommen noch Glieder hinzu, die jedoch ihrer
Bedeutung nach immer als Glieder der zweiten Ordnung
zu betrachten sind. Es befinde sich nun ein Eisencylinder innerhalb einer Spirale, und Fig. 11 Taf. I stelle eine
Windung derselben ABD dar; F sey ein beliebiger

Punkt des Eisenkerns in derselben Fläche, AC sey $=R$ und $\angle DFA = x$, so ist die magnetisirende Wirkung aller in D senkrecht auf einander liegenden Elemente der Spirale auf F, sofern nur die Glieder der ersten Ordnung in Betracht kommen, $= \dfrac{I.DF.dx}{DF} = Idx$, folglich die magnetisirende Wirkung der ganzen Spirale auf $F = \int I dx$ (integrirt von $x = 0$ bis $= 2\pi$), $= I.2\pi$. Hiernach werden alle Stellen im soliden oder hohlen Eisencylinder gleich stark magnetisirt, und die Weite der Windungen übt bei gleich intensivem galvanischen Strome keinen Einfluß. Erst die Glieder der zweiten Ordnung bringen bei weiteren Windungen einen geringen Nachtheil. Hiermit stimmen die Beobachtungen von Lenz überein. — Zweitens befinde sich eine Spirale in einem hohlen Eisencylinder; es sey wieder Fig. 12 Taf. I ADB eine einzelne Windung, F ein Ort im Eisen und $\angle DFA$ $= x$, dann ist, bei alleiniger Berücksichtigung der Glieder erster Ordnung, die magnetisirende Wirkung der in D senkrecht stehenden Elemente der ganzen Spirale auf $F = \dfrac{I.FDdx}{FD} = Idx$, und der in E senkrecht stehenden Elemente $= -Idx$; beide Wirkungen zusammen sind $= 0$, und demnach ist hie magnetisirende Wirkung der ganzen Spirale auf $F = 0$. Somit wird ein hohler Cylinder durch eine in seinem Inneren befindliche Spirale nicht magnetisirt. Nur bei sehr weiten und kürzeren, namentlich viereckigen Spiralen können sich die Glieder der zweiten Ordnung bemerklich machen. Auch dieß stimmt mit den Beobachtungen von Parrot, Jacobi und Dove überein.

Sieht man nach diesen Erörterungen noch auf das obige Flugrad zurück, so läßt sich ohne weitere mathematische Discussion abnehmen, daß auch bei ihm eine bedeutendere Weite der Spiralwindungen vortheilhaft ist, wogegen enge Windungen nur eine geringe Wirkung versprechen. Um mich von dieser theoretischen Wahrheit durch ein Experiment zu überführen, machte ich mir ein ähnliches Instrument mit sehr engen Windungen, aber mit einer ununterbrochenen Spirale; mußte ich nun gleich den Magnetpol von aufsen anbringen, und deshalb auf eine geringere Wirkung gefafst seyn, so wollte sich der Apparat doch nicht einmal bei ganz genähertem Magnete aus seiner Stellung bewegen, und bewies mir dadurch die vollkommene Richtigkeit meiner Voraussetzung.

XI. *Versuche über subjective Complementar-farben; von H. W. Dove.*

Läfst man den Schatten eines schmalen, undurchsichtigen Körpers auf ein farbiges Glas falien, welches mit seiner unteren Fläche auf einem ebenen Metallspiegel liegt, so sieht man zwei lebhaft complementar gefärbte Bilder des Gegenstandes, das eine von viel tieferer Farbe als die der unbeschatteten Theile des Glases, das andere complementar zu dieser Farbe. Die Entstehung dieser Farben ist neuerdings der Gegenstand einer näheren Untersuchung von Hrn. Prof. Fechner geworden, zu deren Vervollständigung die nachfolgenden Versuche dienen können, da die dabei befolgte Beobachtungsmethode eine ganz andere war.

Bezeichnet *c d* die Längendimension eines schmalen, undurchsichtigen Körpers, *a b* die Projection seines Schattens auf die Vorderfläche des farbigen Glases, so sieht man an dieser Stelle nur das von der Hinterfläche reflectirte Licht, also dieselbe Erscheinung, als wenn Licht durch eine Spalte gleicher Dimension gegangen wäre, und durch eine Glasschicht von mehr als doppelter Dicke des angewendeten Glases, deren Mächtigkeit für jeden

gegebenen Einfallswinkel aus dem bekannten Brechungsverhältnifs des Glases sich unmittelbar bestimmen läfst.
.An der Stelle ab ist aber aufserdem Licht abgehalten
worden einzudringen, und man erhält daher ein zweites
Bild $\alpha\beta$, blofs gebildet durch das von der Vorderfläche
äufserlich reflectirte Licht. Alle übrigen Stellen des Glases senden Licht in das Auge von der Vorderfläche und
von der Hinterfläche. Man hat also hier mit drei verschiedenen Lichtmengen zu thun, und es fragt sich daher, ob zu der complementaren Färbung von $\alpha\beta$ jene
beiden Lichtmengen concurriren und welche am meisten,
oder ob nur eine dazu beitrage.

Hat das angewendete farbige Glas eine bedeutende
Dicke, so dafs beide Bilder weit auseinandertreten, so
ist es leicht einen undurchsichtigen Schirm so zwischen
das Auge und die Glastafel einzuschalten, dafs ab verdeckt wird, während $\alpha\beta$ sichtbar bleibt. Da die com-
plementare Färbung dann sehr lebhaft fortdauert, so ist
klar, dafs der Anblick von ab nicht wesentlich ist zur
Hervorbringung des Farbeneindrucks von $\alpha\beta$. Betrachtet man aber unter dem Polarisationswinkel des angewendeten Glases dasselbe mittelst eines Nicol'schen
Prismas, so wird das von der Vorderfläche des Glases
reflectirte Licht bei einer bestimmten Stellung des Prismas völlig verschwinden. In diesem Falle erhält man
also von allen Theilen des Glases dieselbe tiefe Farbe,
als vorher von der Stelle ab allein, daher verschwindet
bei Anstellung des Versuches das an dieser Stelle vorher sichtbare Bild vollkommen, vorausgesetzt nämlich,
dafs die Breite des Stäbchens cd nicht bedeutend sey,
weil sonst nicht für alle Theile der beschatteten Stelle der
Bedingung des Polarisationswinkels genügt werden kann.
Bei dem Verschwinden von ab wird nun das vorher complementar gefärbte $\alpha\beta$ ein vollkommen farbloser dunkler
Schatten. Diefs ist ein entscheidender Beweis dafür, dafs
eine beschattete Stelle in einer gleichförmig farbigen

Beleuchtung nicht zu subjectiven Farben Veranlassung giebt.

Ein mit dem Verschwinden von *a b* verbundenes Farbloswerden von $\alpha\beta$ kann man noch auf eine ganz andere Weise erhalten. Betrachtet man nämlich das auf einem grünen Glase entstehende grüne und rothe Bild durch ein homogen rothes Glas, so verschwindet das rothe Bild vollkommen, während das grüne farblos dunkel wird. Eben so verschwindet auf einem orangenen Glase das blaue Bild, wenn es durch ein rein blaues Glas betrachtet wird, wobei das orangene Bild sich zu einem schwarzen Schatten verdunkelt, endlich auf einem blauen Glase das orangene Bild, wenn man es durch ein orangenes Glas betrachtet, wobei das blaue schwarz wird. Diefs Verschwinden ist minder vollkommen, wenn man dieselben dioptrischen Mittel, statt zwischen das Auge und das Glas einzuschalten, von dem einfallenden Lichte, ehe es die spiegelnde Platte erreicht, durchstrahlen läfst. So auffallend diese Versuche bei dem ersten Anblicke erscheinen, so lassen sie sich doch auf ihre bedingenden Ursachen leicht zurückführen. Betrachtet man nämlich ein auf dem Metallspiegel liegendes grünes Glas von recht reiner Farbe durch ein Nicol'sches Prisma, so erscheint, wenn das von der Vorderfläche reflectirte Licht fortgeschafft ist, die Farbe des Glases durch alleinige Reflexion von der Hinterfläche in überraschender Intensität. Betrachtet man dieses Grün aufserdem noch durch ein rothes Glas, so erscheint die spiegelnde Glastafel vollkommen schwarz. In den vorhergehenden Versuchen, ohne Anwendung einer polarisirenden Vorrichtung wurde das von der Hinterfläche reflectirte Licht daher durch Absorption vernichtet; man hatte hier also nur Licht von der Vorderfläche, so wie in der ersten Versuchsreihe nur Licht von der Hinterfläche, in beiden Fällen einer gleichförmig farbigen Beleuchtung also keine subjective Färbung des Schattens.

Von

Von den Modificationen der Färbung beider Bilder, wenn man nicht monochromatische Gläser anwendet, wird man sich auf dem angegebenen Wege leicht Rechenschaft geben.

Um zu entscheiden, ob das von der Vorder- und Hinterfläche reflectirte Licht mit dem von der Hinterfläche allein reflectirten intensiver gefärbten Lichte Veranlassung, zu einer subjectiven Färbung gebe, wurde eine runde Oeffnung in einem Metallschirm von dem reflectirten Lichte des spiegelnden Glases beleuchtet und dieselbe durch ein doppeltbrechendes achromatisches Prisma betrachtet. Bei der Stellung, wo das Licht der Vorderfläche in dem einen Bilde verschwindet, erhält man hier, nur Licht von der Hinterfläche, im andern Bilde hingegen Licht von der Vorder- und Hinterfläche. Bei der Anwendung der verschieden farbigsten Gläser erschien doch nie eine subjective Färbung, stets nur ein Unterschied größerer Intensität der Farbe, die aber bei Beleuchtung durch blaues Himmelslicht sich dem entsprechend modificirte.

Um nun zu untersuchen, ob das von der Vorderfläche reflectirte Licht, verglichen mit dem von der Hinterfläche gespiegelten bei Abhaltung des von beiden gleichzeitig gespiegelten, Veranlassung zu subjectiver Farbe werde, wurde statt des undurchsichtigen Körpers cd eine ihm entsprechende enge Spalte angewendet, durch welche das Licht einfiel, während alle übrigen Theile des Glases beschattet waren. Man sieht nun an der Stelle ab dieselben Erscheinungen, welche man früher bei $\alpha\beta$ wahrnahm, und umgekehrt. Die subjective Färbung ist noch vorhanden, aber schwächer. Davon, daß sie subjectiv sey, kann man sich überzeugen, wenn man verschieden farbige Gläser neben einander auf denselben Metallspiegel legt, und nun mittelst eines stark brechenden Prismas Spectra durch die Bilder erzeugt, während nämlich die durch Reflexion von der Hinterfläche erzeugten Spectra die gröfsten Differenzen zeigen; je nachdem nämlich die Enden des Spectrums durch Absorption angegriffen werden, oder bestimmte Stellen im Innern desselben, giebt das von der Vorderfläche der verschieden farbigen Gläser reflectirte Licht, so verschieden farbig es auch, direct gesehen, dem Auge erscheint, doch ganz übereinstimmende Spectra.

Aus den angeführten Versuchen folgt also, dafs die Färbung des äufseren Bildes subjectiv sey, und zwar hervorgebracht durch das Zusammenwirken des Gegensatzes zu dem inneren Bilde und zu dem Lichte, welches zugleich von Vorder- und Hinterfläche in das Auge gelangt.

Bei den Untersuchungen der Absorptionserscheinungen in farbigen Flüssigkeiten bedient man sich, um verschiedene Dicken derselben zu erhalten, in der Regel eines durchbohrten massiven Glasprismas mit an die Seiten desselben angelegten Spiegelscheiben. Da aber bei manchen Phänomenen es wünschenswerth ist, die absorbirende Wirkung ohne Erzeugung prismatischer Farben zu erhalten, das Zusammenschieben zweier gleichen Keile aber wegen der vielfachen Spiegelungen Schwierigkeiten darbietet, so erscheint das folgende Verfahren mir in Untersuchungen der Art Vorzüge zu gewähren, weil man die Schichten der Flüssigkeit begränzt erhält durch Ebenen, welche in mathematischer Strenge parallel sind. Man giefst Quecksilber in ein weites Gefäs und darüber die zu untersuchende Flüssigkeit. Schafft man nun vermittelst einer polarisirenden Vorrichtung das von der Vorderfläche gespiegelte Licht hinweg, so erhält man das Licht in der Weise, als wenn es eine Planscheibe von entsprechender Dicke durchdrungen hätte, die man durch weiteres Aufgiefsen beliebig verändern kann. Ueberhaupt dürfte bei vielen Versuchen auf diese Weise ein belegter Glasspiegel die Stelle eines Metallspiegels vertreten.

———

XII. *Untersuchungen über die Eigenschaften der magneto-elektrischen Ströme; von Hrn. A. de la Rive.*

(*Biblioth. univers. N. Ser. T. XIV v.* 134. — Ein kürzerer Auszug dieser Abhandlung, die ganz ausführlich in den *Mém. de la Soc. de phys. et d'hist nat. de Génève, T. VIII,* enthalten ist, wurde schon in diesen Ann. Bd. XXXXI S. 152 mitgetheilt.)

Die magneto-elektrischen Ströme sind elektrische Ströme, welche durch Einfluſs eines Magneten in einem Metalldraht erregt werden; sie durchlaufen folglich jeden Leiter, welcher die beiden Enden dieses Drahts verbindet. Diese Ströme sind instantan, und immer giebt es deren zwei in entgegengesetzten Richtungen und hinter einander, wenn man den Magnet dem Metalldraht nähert oder von ihm entfernt [1]). Man kann demnach durch Fortsetzung dieser Hin- und Herbewegung eine ununterbrochene Reihe instantaner Ströme von abwechselnd entgegengesetzter Richtung hervorrufen. Beim Studium der Eigenschaften dieser Ströme bin ich zu einigen Resultaten gelangt, die mir scheinen neu zu seyn, und vielleicht einiges Licht auf die Natur der Elektricität oder wenigstens deren Wirkungsweise werfen werden. Dieſs hat

---

1) Diese Definition kann wohl weder für vollständig noch für richtig gelten. Denn erstlich werden die magneto-elektrischen Ströme nicht bloſs durch einen Magneten erregt, sondern auch durch den Erdmagnetismus, so wie durch jeden elektrischen Strom. Und zweitens ist die Instantanität (oder richtiger: die kurze Dauer) keinesweges ein wesentliches Kennzeichen derselben; die Ströme, welche ein um seine Axe rotirender Magnet oder eine Kupferscheibe liefert, dauern und bewahren ihre einmalige Richtung so lange, als die Richtung der Rotation in gleichem Sinne fortgesetzt wird. Nur in dem Fall, daſs die Erzeugung dieser Ströme durch Nähern und Entfernen eines Magneten, oder durch Magnetisiren von Eisen geschieht, ist das Gesagte richtig. *P.*

mich veranlafst sie zu veröffentlichen, wiewohl sie zu einer ausführlicheren Arbeit über die Elektricität gehören, die noch nicht vollendet ist.

I. Allgemeiner Blick auf die magneto-elektrischen Ströme.

Der Apparat, mit welchem ich die magneto-elektrischen Ströme zum Behufe dieser Untersuchungen erhalten habe, ist im J. 1834 zu London verfertigt. Er besteht im Wesentlichen aus zwei Cylindern (*Armures*) ¹) von weichem Eisen, die mit einem seidebesponnenen Metalldraht umwickelt sind, und vermöge einer Rotationsbewegung, die man ihnen durch eine an einer Axe befestigte Handhabe ertheilt, nach einander vor den Polen eines starken Magneten vorübergeführt werden. Bei jedem Vorübergang der Eisencylinder werden in den um sie gewikkelten Metalldrähten zwei instantane und entgegengesetzte Ströme erregt, der eine, wenn der Cylinder vor dem Pol anlangt (d. h. sich ihm nähert. *P.*), der andere, wenn er ihm verläfst. Die Drähte sind an einem ihrer Enden mit einander verknüpft, so dafs sie nur zwei Enden darbieten, und diese werden mit dem Leiter verbunden, durch welche man die Reihe der magneto-elektrischen Ströme leiten will. Ein von mir dem Apparat hinzugefügter Zähler giebt an, wie oft in einer gegebenen Zeit die Eisencylinder vor den Polen fortgegangen, folglich auch, wie viel instantane und entgegengesetzte Ströme in derselben Zeit auf einander gefolgt sind.

Die magneto-elektrischen Ströme haben alle Eigenschaften der gewöhnlichen elektrischen Ströme; sie wirken auf die Magnetnadel, entwickeln Wärme und bringen dünne Metalldrähte sogar zum Glühen, zersetzen Wasser und andere Körper, und erzeugen merkwürdige

---

1) Ohne Zweifel hat der Apparat des Verfassers die Einrichtung der Saxton'schen Maschine, dafs zwei Cylinder von weichem Eisen durch ein Querstück aus gleichem Metall zu einem rechtwinklichen Anker (*Armure*) verbunden sind.   *P.*

physiologische Wirkungen. Bei der Zersetzung der Körper werden die Elemente nicht getrennt, wie bei den
Volta'schen Strömen, was daher rührt, daſs jedes Ende
des Drahts, in welchem der magneto-elektrische Strom
entwickelt wird, abwechselnd als positiver und als negativer Pol dient. Durch einen Kunstgriff kann man
zwar den einen der beiden entgegengesetzten Ströme verschwinden machen, so daſs man dann nur eine Folge
von Strömen in gleicher Richtung hat; allein sie verlieren dann einen groſsen Theil ihrer Stärke und einige ihrer
merkwürdigsten Eigenschaften [1]). Alle in dieser Abhandlung auseinandergesetzten Versuche sind mit abwechselnd entgegengesetzten Strömen angestellt, wie sie mit
dem eben beschriebenen Apparat erhalten werden.

Wenn man diesen Apparat mehr oder weniger schnell
in Rotation versetzt, so gewahrt man bald mit Erstaunen den Einfluſs, den die Schnelligkeit der Aufeinanderfolge der magneto-elektrischen Ströme auf die Eigenschaften derselben ausübt. Um ihre Wärmkraft zu messen, bediente ich mich eines Bréguet'schen Metallthermometers von der in meiner früheren Abhandlung beschriebenen Einrichtung [2]), indem ich die Feder desselt-
ben in den Strom brachte. So wie diese Feder sich erwärmt, durchläuft eine Nadel den Kreisbogen, dessen
Grade den Graden des gewöhnlichen Centesimalthermo-
meters entsprechen. Zur Messung der chemischen Wirkungen gebrauchte ich den ebenfalls in meiner früheren
Abhandlung [3]) beschriebenen Apparat, mittelst dessen

---

1) Um Ströme von stets Einer Richtung zu erhalten, ist es nicht unumgänglich nöthig die von der entgegengesetzten Richtung ausfallen
zu lassen; weit besser ist es diese umzukehren, wie es bei der Pixii-
schen und besonders einfach bei der Saxton'schen Maschine geschieht.
Man erlangt dadurch natürlich gerade den doppelten Effect, wie nach
der vom Hrn. Verfasser angezeigten Methode; dennoch ist der so erhaltene Strom nicht continuirlich und constant.   *P.*

2) *Mém. de la Soc. de Phys. et d'Hhist. nat. T. VII p.* 486.
   (Ann. Bd. XXXX S. 380.)

3) Ebendaselbst, S. 379

man die kleinste Gasmenge, die in einer gegebenen Zeit entwickelt wird, mit der gröfsten Genauigkeit bestimmen kann.

Die folgende Tafel giebt die Wärmegrade, welche einer gewissen Zahl von elektro-magnetischen Strömen in einer gegebenen Zeit entsprechen:

Zahl d. Ströme in 1″.	Erwärmung der Metallfeder.	Zahl der Ströme in 1″.	Erwärmung der Metallfeder.	Zahl der Ströme. 1″.	Erwärmung der Metallfeder.
2	7°	11	59°	26	121°
4	12	13	69	30	126
6	32	18	90	35	132
8	47	20	100	39	133
9	52	22	104		

Die nachstehende Tafel enthält in der ersten und zweiten Spalte die zur Entwicklung von 30 Maafs Gas erforderliche Zeit und gesammte Anzahl von Strömen, endlich in der dritten Spalte die Zahl der Ströme in einer Secunde:

Zeit zur Entwicklung von 30 Maafs Gas.	Dazu erforderliche Zahl von Strömen.	Zahl von Strömen in 1″.	Zeit zur Entwicklung von 30 Maafs Gas.	Dazu erforderliche Zahl von Strömen.	Zahl von Strömen. in 1″.
8″,5	400	47	16″,5	452	27
9 ,5	488	51	17 ,0	424	25
10 ,0	412	41	19 ,5	468	24
10 ,5	441	42	35	679	10
11 ,5	393	34	43 ,5	740	9
12 ,0	396	33	75	1050	7
13 ,0	393	30			

Aus diesen Tafeln geht in Betreff der chemischen Zersetzungen hervor, dafs die Wirkung eines jeden einzelnen magneto-elektrischen Stromes von der Dauer desselben abhängt, und dafs sie am gröfsten ist, wenn ungefähr 30 bis 34 Ströme auf die Secunde kommen;

dann sind 393 Ströme zur Entwicklung der angegebenen
Gasmenge erforderlich. Bei größerer oder geringerer
Dauer verlieren die magneto-elektrischen Ströme an Stärke,
denn zur Hervorbringung eines und desselben chemischen
Effects bedarf es 400 Ströme, wenn deren 47 auf die Secunde kommen, 488 wenn 51 in der Secunde, 424 wenn
25 in der Secunde, 679 wenn 10 in der Secunde, 1050
wenn 7 in der Secunde u. s. w. Doch ist zu bemerken, daß in der Abnahme der Stärke, welche die Ströme
von dem Punkt des größten Effects mit vergrößerter oder
verringerter Schnelligkeit der Aufeinanderfolge erleiden,
keine vollkommene Regelmäßigkeit vorhanden ist.

Bei den Wärmewirkungen giebt es keine Gränze;
sie sind desto stärker, je schneller die Ströme auf einander folgen. Hier ist aber eine neue Ursache, welche
macht, daß diese Schnelligkeit auf die Stärke der entwickelten Wärme einwirken muß, nämlich, daß die
Dauer der Erkaltung desto geringer ist, je größer die
Schnelligkeit, und wenn auch die Wirkung der einzelnen Ströme beständig die nämliche bliebe, würde ein
und dieselbe Zahl von Strömen doch eine desto stärkere
Wärmewirkung hervorbringen, als sie in einer kürzeren
Zeit wirken. Diese Ursache ist jedoch bei weitem nicht
hinlänglich, die große Wärmesteigerung, welche mit erhöhter Schnelligkeit der Aufeinanderfolge eintritt, zu erklären; sie kann vielleicht nur erklären, weshalb bei den
Wärmewirkungen kein solches Maximum vorhanden ist,
wie bei den chemischen Wirkungen.

Die Schnelligkeit der Aufeinanderfolge der magneto-
elektrischen Ströme macht ihren Einfluß auch in den
elektro-dynamischen und physiologischen Wirkungen bemerklich. Wenn man sich selbst zum Leiter dieser Ströme
macht, indem man die Enden der Drähte, in welchen
dieselben entwickelt werden, mit den Händen anfaßt, so
bekommt man anfangs in den Fingergelenken, dann bis
zum Ellbogen und endlich bis zu den Achseln Erschüt-

terungen, welche zuletzt um so unerträglicher werden,
als man sich, vermöge eines Nervenkrampfs, in der Unmöglichkeit befindet, die Drahtenden aus den Händen
zu entfernen, und man sich von dieser Art Tortur nicht
anders befreien kann, als dafs man mit der Erzeugung
der Ströme aufhören läfst. Ich habe nicht bemerkt, dafs
man an anderen Theilen des Körpers, als an den eben
bezeichneten, Schläge bekäme, ungeachtet ich bei einem
Versuch, wo ich die Conductoren an die Schläfen setzte,
mitten auf der Stirn einen sehr peinlichen Druck empfand,
der erst nach einigen Stunden völlig verschwand. Frö-
sche erlitten unter Einwirkung dieser Ströme heftige und
ununterbrochene Zuckungen; nach wenigen Augenblicken
sieht man ihr Blut sehr entschieden schwarz werden.

Die Hervorbringung so ausgezeichneter physiologi-
scher Effecte durch Ströme, die gänzlich in Metalldrähten entwickelt werden, ist um so überraschender als der
lebhafte Funke auf dem zur Verbindung der Drahtenden dienenden Quecksilber andeutet, dafs nur ein sehr
kleiner Theil dieser Ströme durch den in ihre Bahn gebrachten thierischen Körper strömt. Es scheint, dafs die
Macht dieser Ströme wesentlich von ihrer Discontinuität
herrührt, denn wenn ein Strom, wie stark er auch sey,
continuirlich wirkt, so erleidet bekanntlich das seiner
Wirkung ausgesetzte Thier erst Zuckungen im Moment,
wo diese Wirkung anfängt oder aufhört. Ueberdiefs
kann man denselben Effect erhalten, wenn man, mittelst
eines sehr einfachen Kunstgriffs, den Strom einer einfachen Volta'schen Kette unterbrochen wirken läfst. Im
Vorbeigehen sey bemerkt, dafs die Anwendung der discontinuirlichen Ströme, und besonders der so leicht und
bequem zu entwickelnden magneto-elektrischen Ströme
weit lebhaftere Erschütterungen, und demgemäfs, in gewissen Fällen, eine weit kräftigere Heilung bewirken
könnte, als die Anwendung der gewöhnlichen Elektrisirmaschine oder der Säule. Gewifs ist wenigstens, dafs

Personen, welche diese Ströme durch einen leidenden Theil ihres Körpers leiteten, eine weit stärkere und anhaltende Empfindung verspürten, als von dem Strom einer starken Volta'schen Batterie [1]).

Ich beschliefse das allgemeine Studium der magneto-elektrischen Ströme mit der Bemerkung, dafs man den Einflufs der Geschwindigkeit auf die Intensität der Ströme bis zu einem gewissen Grade erklären kann, wenn man annimmt, dafs die beiden Elektricitäten, welche durch die Wirkung des Magneten zu den beiden Enden des ihrer Wirkung ausgesetzten Drahts getrieben werden, nicht Zeit haben, sich durch Vermittlung des Drahtes selbst zu neutralisiren, sondern gezwungen sind, gröfstentheils den die beiden Enden verbindenden Leiter zu durchlaufen. Was dieser Muthmafsung Gewicht zu geben scheint, ist: dafs je unvollkommener der Leiter ist, es sich zur Erregung magneto-elektrischer Ströme in demselben desto vortheilhafter erweist, lange Drähte anzuwenden, durch welche die unmittelbare Wiedervereinigung der beiden Elektricitäten nur schwierig vor sich gehen kann.

Unter den mit diesem Theil der Untersuchung in Beziehung stehenden Thatsachen ist eine schon an sich sonderbare. Ich bemerkte nämlich, dafs jedes Mal, wenn ich die beiden Enden des Drahts, worin die Ströme entwickelt werden, durch einen unvollkommenen Leiter verband, z. B. durch eine Flüssigkeit, die zersetzt ward, oder ein Metalldraht von hinlänglicher Dünnheit, um sich zu erhitzen, der Anker aus weichem Eisen stark angezogen wurde von den Polen des Magnets, wenn er, vermöge der ihm ertheilten Rotationsbewegung, vor den Polen fortging. Diese Anziehung hört vollständig auf, sobald der

1) Bekanntlich hat bei uns Hr. Dr. Neeff schon vor drei Jahren auf die medicinischen Wirkungen der discontinuirlichen Ströme aufmerksam gemacht. Siehe Annalen, Bd. XXXVI S. 352, und besonders S. 364. *P.*

besagte Leiter ein vollkommener ist, z. B. ein dicker Kupferdraht von geringer Länge. Rührt diese Erscheinung davon her, daſs der durch die Magnetisirung des Eisens erzeugte Strom seinerseits auf das Eisen wirkt, um ihm einen entgegengesetzten Magnetismus einzuprägen, und folglich den attractiven Effect des ersteren zu zerstören? Begreiflicherweise muſs in diesem Fall der entgegengesetzte Magnetismus desto mehr hervortreten, je stärker der ihn erzeugende instantane Strom ist, und je bessere Leiter also derselbe durchläuft. Die eben erwähnte Thatsache scheint auch zu beweisen, daſs, sobald der Strom sich frei entwickeln kann, der momentan vom weichen Eisen erlangte Magnetismus verschwindet und sich vollständig in Elektricität umwandelt.

Dieser Punkt verdient ein tieferes Studium; ich denke baldigst darauf zurückzukommen. Die Erscheinungen dieser Art scheinen mir noch nicht leicht erklärlich; denn die bisher aufgestellten Theorien scheinen mir von der Umwandlung der Elektricität in Magnetismus und des Magnetismus in Elektricität, so wie überhaupt von allen magneto-elektrischen Erscheinungen, deren Hervorbringung von Bewegung abhängt, und deren erste Entdeckung Hrn. Arago gebührt [1]), noch keine genügende Rechenschaft zu geben.

Ich werde nun die Wirkungen der magneto-elektrischen Ströme auseinandersetzen, und bemerke hier nur

1) Allerdings hat Hr. Arago in dem sogenannten Rotationsmagnetismus ein Phänomen entdeckt, von dem wir jetzt wissen, daſs es ein magneto-elektrisches ist; aber ihm oder Hrn. Barlow, der eben so alte, wenn nicht ältere Ansprüche auf diesen Fund hat, darum die Entdeckung der Magneto-Elektricität zuzuschreiben, wäre eben so ungerecht, wie wenn man Galvani den Entdecker der Volta'schen Säule nennen wollte. Die Ehre der Entdeckung der Magneto-Elektricität kann gerechterweise Keinem anderen zuerkannt werden, als dem, der uns lehrte, daſs in rotirenden Metallen elektrische Ströme durch den Magnet erregt werden, und dieſs hat zuerst und allein Hr. Faraday gethan. *P.*

noch, daſs ich, um die Versuche vergleichbar zu machen, beständig die nämliche Geschwindigkeit anwandte,
nämlich 27 abwechselnd entgegengesetzte Ströme in der
Secunde hervorbrachte; jedesmal, wenn ich mich hievon
entfernte, habe ich es sorgfältig angegeben.

11. Durchgang magneto-elektrischer Ströme durch metall-
lene Leiter.

Der Widerstand, den die elektro-magnetischen Ströme
erleiden, wenn man den Metalldrähten, welche sie leiten,
eine geringere Dicke oder gröſsere Länge giebt, ist bedeutend. Ein sehr feiner Silberdraht von 15 Centimetern Länge läſst den magneto-elektrischen Strom mit
solcher Leichtigkeit durch, daſs dieser die in seine Bahn
gebrachte Feder des Metallthermometers auf 70° erhöht.
Giebt man dagegen dem Draht eine Länge von 37 Fuſs,
so erwärmt der Strom die Feder um nicht mehr als 10°.
Als der Strom den Draht eines Galvanometers, dessen
Nadel er um 80° ablenkte, durchlief, wurde er so geschwächt, daſs er weder auf das Federthermometer, noch
auf die Nadel eines anderen Galvanometers mit dickerem Drahte, welches wie jenes Thermometer in den
Kreis gebracht war, irgend eine Wirkung ausübte. Als
man in den Kreis nur dieses Galvanometer und das Federthermometer eingeschlossen lieſs, wich die Nadel 75°
ab und die Feder erhitzte sich um 47°.

Ich hatte zu London Gelegenheit den magneto-elektrischen Strom durch einen Kupferdraht von 14 Meilen
(*Milles*) und etwa 3 Millimeter Dicke zu leiten. Dieser lange Leiter lieſs nicht den kleinsten Theil des Stromes durch. Selbst auf die Länge einer Meile verkürzt
leitete er nicht besser, während der Strom einer Säule
unter denselben Umständen durchgelassen wurde.

Die magneto-elektrischen Ströme erleiden demnach
von Seiten homogener Leiter einen Widerstand, welcher rasch mit der Länge wächst. Allein wenn der Lei-

ter heterogen, statt homogen ist, wird sonderbarerweise der Widerstand verringert. Drei Metalldrähte von einem Millimeter Dicke und einem Meter Länge, der erste von *Kupfer*, der zweite von *Platin*, der dritte von *Eisen*, wurden nach einander, und zwar zugleich mit dem Federthermometer, in die Bahn des Stroms gebracht. Beim *Kupferdraht* stieg die Temperatur der Feder auf 87°, beim *Platindraht* auf 73° und beim Eisen auf 70°. Beim Durchlaufen eines Leiters von derselben Länge, d. h. von einem Meter, aber gebildet zur Hälfte der Länge aus *Kupfer* und zur Hälfte aus *Eisen*, gab der Strom 75°. Als vier Drähte, abwechselnd von *Kupfer* und *Eisen*, zusammen wieder einen Meter lang, hinter einander verbunden wurden, gab der Strom 76°; bei acht Abwechslungen von *Kupfer* und *Eisen* gab er 77°. In allen Fällen war die gesammte Länge des Leiters dieselbe, und die Dicke der Kupfer- und Eisendrähte immer ein Millimeter. Die stärkere Wirkung der magneto-elektrischen Ströme bei heterogenen Ketten rührt wahrscheinlich von dem Umstande her, daſs sie discontinuirlich und abwechselnd entgegengesetzt sind; während die Volta'schen und thermo-elektrischen Ströme, die continuirlich und stets von gleicher Richtung sind, homogene Leiter mit gröſserer Leichtigkeit durchlaufen.

Die Wärme verringert die Leitungsfähigkeit der Metalle für die magneto-elektrischen Ströme bedeutend, wie für die übrigen Ströme. Bei Durchleitung des Stroms durch den Platindraht einer apblogistischen Lampe entwickelte der Strom in der Feder des Metallthermometers fünf Grad Wärme weniger, wenn der Platindraht glühend, als wenn er kalt war.

III. Durchgang des magneto-elektrischen Stromes durch
flüssige Leiter.

Um den Widerstand bei einem solchen Durchgang zu ermitteln, schaltete ich die Feder des Metallthermometers und den Galvanometerdraht in den Strom ein, brachte die Flüssigkeiten in einen rechteckigen, mehr oder weniger breiten und langen Kasten, und schloſs die Kette durch eingetauchte Platinplatten von gleicher Gröſse mit dem Querschnitt der Flüssigkeiten. Auf diese wurden die in folgender Tafel enthaltenen Resultate erlangt, welche lehren, daſs das relative Leitungsvermögen der Flüssigkeiten für magneto-elektrische und Volta'sche Ströme gleich ist, das absolute aber für die ersteren weit geringer und weit abhängiger von Veränderungen in der Länge der Flüssigkeiten.

Als in einen Kasten, worin zwei Platinplatten beständig in gleichem Abstande von einander standen, mehr oder weniger verdünnte Salpetersäure gegossen wurde, ergaben sich folgende Resultate:

Salpetersäure concentrirt				17°
1 Vol. dito verdünnt mit 1 Vol. Wasser				19
1 - - - - 2 -				17
1 - - - - 3 -				13
1 - - - - 4 -				12.

Bei Veränderung des Abstandes der Platten, d. h. der Länge der Flüssigkeit, erhält man:

Bei reiner concentrirter Salpetersäure

Abstand	4″	2″	1″	$\frac{1}{2}$″	$\frac{1}{4}$″
Temperatur	13°	18°	15°	28°	35°

Bei 1 Vol. Salpetersäure und 1 Vol. Wasser

Abstand	4″	2″	1″	$\frac{1}{2}$″	$\frac{1}{4}$″
Temperatur	17°	25°	30°	35°	40°.

Nun nahm ich einen weiteren und längeren Kasten, goſs in denselben Schwefelsäure, verdünnt mit dem doppelten Volum Wasser, dann Salpetersäure und Chlorwasserstoffsäure, und stellte Platinplatten von gleicher Gröſse mit dem Querschnitt der Flüssigkeiten in verschiedenen Abständen von einander. Die Ergebnisse waren dann:

Abstand beider Platinplatten.	Grade des Metallthermometers.		
	Schwefelsäure.	Salpetersäure.	Chlorwasserstoffs.
72″	15°	15°	15°
60	19	18	19
48	22	20	23
36	24	23	28
24	32	28	33
12	42	38	47
6	52	52	58
3	60	59	62
1	67	65	68.

Die Unterschiede in der Leitungsfähigkeit dieser drei Lösungen sind sehr gering, und der Einfluß ihrer Länge, welcher bei allen drei sehr groß ist, ist auch nahe gleich für jede. Wenn er bei der Chlorwasserstoffsäure etwas größer erscheint, so rührt dies sehr wahrscheinlich davon her, daß in derselben die Platinplatten zuletzt durch das von dem Strom entwickelte Chlor etwas angegriffen werden, und sonach den Strom desto besser leiten, je länger sie es thun. Der Beweis, daß der Unterschied von diesem Umstande abhängt, liegt darin, daß, wenn man die Platten, nachdem sie bis zu einer Linie genähert sind, wiederum von einander entfernt, sie bei denselben Abständen einen stärkeren Strom geben wie zuvor. So erhielt man 37° statt 33° bei 24‴, 22° statt 19° bei 60‴, 21° statt 15° bei 72‴. Bei den beiden andern Säuren ergeben sich dagegen bei denselben Abständen immer die nämlichen Grade wie anfangs.

Ich habe nicht versucht zu ermitteln, nach welchem Gesetz die Intensität des Stroms mit Verringerung des Abstandes wächst. Dies Gesetz ist, wie die schönen Arbeiten der HH. Ohm und Fechner gezeigt haben, abhängig von der Leitungsfähigkeit des ganzen von dem Strom durchlaufenen Bogens, folglich hier, von der des Drahts, worin der Strom entwickelt wird, und von der Metallfeder, welche er durchläuft; wir dürfen daher nicht höffen, in den Zahlen der vorstehenden Tafel irgend ein allgemeines Gesetz anzutreffen. Ich will nur bemerken, dafs der Einflufs der Länge des flüssigen Leiters weit gröfser ist bei den magneto-elektrischen Strömen als bei den Volta'schen, während der Unterschied in der Wirkung, welcher aus der Ersetzung eines sehr kurzen flüssigen Leiters durch einen metallenen Leiter erfolgt, weit merklicher ist bei den ersteren als bei den letzteren.

So gab eine Säule von 80 Paaren ein quadratzölliger Platten, ohne Einschaltung einer Flüssigkeit, 80° am Metallthermometer; als dagegen ihr Strom durch schwach verdünnte Salpetersäure geleitet wurde, gab sie nur 15° bei 1″′ Abstand der Platinplatten und 12° bei 72″′ Abstand.

Der magneto-elektrische Strom gab, ohne Einschaltung von Flüssigkeit, ebenfalls 80°, und, mit verdünnter Salpetersäure, bei 1″′ Abstand der Platten 65°, und bei 72″′ Abstand 15°.

Der Strom einer Säule von 30 Paaren ähnlicher Platten wie zuvor, aber stark geladen, entwickelte, ohne flüssigen Leiter, 180° Wärme, dagegen nur 52° und 42°, wenn er eine Schicht Salpetersäure von respective 36 und 72 Linien durchwandert. Endlich gab eine Säule von 6 noch stärker geladenen Plattenpaaren, ohne flüssigen Leiter, 300° Wärme, aber nur 15°, als ihr Strom durch Salpetersäure ging, und zwar bei jeglichem Abstande der Platinplatten, welche den Strom in diese Säure leiteten.

Aus diesen Versuchen geht offenbar hervor, dafs der Intensitätsverlust, welchen die Volta'schen Ströme beim Durchgang durch gut leitende Flüssigkeit erfahren, fast gänzlich, wie ich vor mehren Jahren gezeigt habe, beim Uebergange aus dem metallischen in den flüssigen Leiter, und umgekehrt aus letzterem in ersteren, stattfindet, und nicht beim Durchgang durch die Flüssigkeit selbst, die mehr oder weniger lang seyn kann, ohne einen grofsen Unterschied in dieser Intensität zu bewirken. Ganz anders ist es bei den magneto-elektrischen Strömen; bei ihnen scheint die Intensitäts-Verringerung, die aus dem Uebergang aus dem metallischen Leiter in den flüssigen entspringt, fast Null zu seyn, während sie beim Durchgang durch eine längere Strecke des flüssigen Leiters eine bedeutende Schwächung erfahren [1]).

Das vorstehende Resultat liefse vermuthen, dafs die magneto-elektrischen Ströme nicht, wie die continuirlichen (Volta'schen oder thermo-elektrischen) Ströme bedeutende Schwächungen erleiden, wenn man in die von ihnen zu durchlaufende Flüssigkeit Zwischenplatten einschaltet. Und in der That lehrt die Erfahrung, dafs sie in diesem Fall keinen Verlust erleiden, sobald die metallischen Zwischenplatten eine gleiche Gröfse wie der Querschnitt der Flüssigkeit haben.

Ich habe über diesen Gegenstand eigends einige Versuche angestellt. Ich nahm zwei Glaskasten von gleicher Breite, als einen dritten, der doppelt so lang war. Alle drei füllte ich mit derselben Säure, und dann brachte ich sie einzeln und nach einander in die Kette, erst den langen und dann die beiden kurzen, letztere verbunden an den Enden durch einen Platinbogen. In beiden Fällen beobachtete ich sowohl am Metallthermometer als am Galvanometer dieselbe Intensität des Stroms, nämlich 10° am ersteren und 32° am letzteren. In beiden Fällen hatte der Strom dieselbe Strecke von der Flüssigkeit zu durchlaufen; allein in dem einen war eine Zwischenplatte von Platin zu durchdringen, und in dem an-

---

1) Ein Beispiel von genauerer Bestimmung des Widerstandes in der Flüssigkeit und des beim Uebergang aus dem metallischen in den flüssigen Leiter, und umgekehrt, hat man in dem Aufsatze des Hrn. Lenz, S. 349 des vorigen Bandes. Das dabei gefundene Resultat bestätigt übrigens, wenigstens für magneto-elektrische Ströme von constanter Richtung, nicht die Schlüsse des Hrn. de la Rive. *P.*

anderen nicht, und dennoch war dadurch die Intensität desselben gar nicht geändert worden.

Aehnliche Resultate erhält man, wenn man mehre Zwischenplatten zugleich in der Flüssigkeit aufstellt; nur muſs man dafür sorgen, daſs die Bahn des Stromes durch den flüssigen Leiter gleiche Länge behalte, weil sonst die etwa eintretende Schwächung des Stroms nicht mehr Wirkung der Zwischenplatten, sondern Wirkung der Verlängerung des Weges durch die Flüssigkeit ist. So brachten drei, mit verdünnter Salpetersäure gefüllte und durch Platinbogen vereinigte Gläser die Wärmkraft des Stroms auf 40° herab, die bei Durchlaufung zweier Gläser 54° und bei Durchlaufung eines Glases 86° gewesen war. Allein der Weg durch die Flüssigkeit, welcher im ersten Fall 6 Linien betragen hatte, betrug im zweiten nur 4 und im dritten gar nur 2 Linien. Blofs diesem Umstande, und nicht dem Wechsel von metallischen und flüssigen Leitern ist die Abnahme der Wärmkraft zuzuschreiben. Vergleicht man nämlich die Intensitäts-Abnahme, welche der elektrische Strom in diesem Versuch vermöge der zwei oder drei, statt eines genommenen, discontinuirlichen Leiter erfuhr, mit der, welche er in den vorhergehenden Versuchen blofs vermöge einer Verlängerung der Bahn in der Flüssigkeit erlitt, so ergiebt sich, daſs die Discontinuität der ersteren, d. h. die Anwesenheit der Zwischenplatten, keinen Einfluſs auf die Intensität des Stromes ausübt, weder in dem einen noch in dem andern Sinn.

Ueberdiefs, wenn man die Rotationsgeschwindigkeit des magneto-elektrischen Apparats, und folglich die Schnelligkeit der Aufeinanderfolge der Ströme erhöht, so findet man, daſs zwei Platinplatten von einem Quadratzoll Oberfläche, zwei Linien von einander, getaucht in eine mit der Hälfte ihres Volums an Wasser verdünnte Salpetersäure, die Ströme eben so gut leiten, als ein ganz metallischer Leiter, z. B. ein Kupferdraht; und daſs die

Intensitäts-Abnahme, welche durch Hinzufügung eines zweiten und dann eines dritten mit derselben Säure gefüllten und durch Platinbogen verknüpften Glases entsteht, weit geringer ist als die, welche statt hatte, als die Rotations-Geschwindigkeit der Maschine geringer war. So erhielt man, wenn die Maschine 40 Ströme in der Secunde gab, 120° mit einem einzigen Glase, während 27 Ströme nur 86° lieferten. Mit 2 Gläsern und 34 Strömen in der Secunde erhielt man 111°, mit 3 Gläsern und 30 Strömen in der Secunde 69°.

Hier noch einen anderen Versuch, welcher den Einfluss der Natur und Länge der Flüssigkeit auf die Intensität des durchgelassenen Stroms darthut, und zugleich zeigt, daß die Veränderungen der Leiter keine merkliche Wirkung in dieser Beziehung ausüben. Sechs gleiche Gläser wurden gefüllt, drei mit Salpetersäure und drei mit einer Lösung von schwefelsaurem Ammoniak (einer stark leitenden Flüssigkeit), und darauf durch Platinbogen, die in jeder Beziehung gleich waren, mit einander verbunden. Beim Durchgang durch diese sechs hinter einander, in beliebiger Ordnung aufgestellte Gläser, erwärmte der Strom die Metallfeder nur um 5°. Die drei mit Salpetersäure, allein in die Kette gebracht, gaben 18°, zwei 33° und ein einziges 45°. Die drei mit der Lösung von schwefelsaurem Ammoniak gefüllte Gläser gaben 9°, zwei 18° und ein einziges 33°. Bringt man in die magneto-elektrische Kette statt des Wärme-Galvanometers das chemische Galvanometer, so findet man, daß, bei 48 abwechselnd entgegengesetzten Strömen in der Secunde, zur Entwicklung von 30 Maaß Gas erforderlich sind:

mit 0 Zwischenplatten 12 Secunden, d. h. 576 Ströme
- 1 - - 18 - - - 864 -
- 2 - - 26 - - - 1248 -
- 3 - - 34 - - - 1633 -

Bei einer Geschwindigkeit, welche 40 abwechselnd

entgegengesetzte Ströme in der Secunde liefert, sind zur
Entwicklung von 30 Maaſsen Gas erforderlich:

mit 0 Zwischenplatten 10 Secunden, d. h. 400 Ströme
- 1 - - 10 - - - 800 , -
- 2 - - 26 - - - 1040 -
- 3 - - 34 - - - 1560 -

Die Flüssigkeit, in der die Zwischenplatten standen,
war in beiden Fällen dieselbe, ein Gemeng von gleichen Volumen Salpetersäure und Wasser.

Aus diesen Versuchen und einer groſsen Anzahl ähnlicher, von den ich hier, um diese Abhandlung nicht zu
sehr zu verlängern, nicht sprechen will, folgt, daſs die
magneto-elektrischen Ströme beim Durchgang durch metallische Zwischenplatten von gleicher Gröſse mit dem
Querschnitt der Flüssigkeit, in der sie sich fortpflanzen,
gar keine Veränderung in ihrer Intensität erleiden, und
daſs die Länge (*etendue*) der Flüssigkeit allein in dieser Beziehung einen Einfluſs ausübt, der desto beträchtlicher ist, als die besagten Ströme weniger rasch auf einander folgen.

(Schluſs im nächsten Heft.)

XIII. *Ueber ein interessantes Vorkommen von Kalkspath im Basalttuff; von Wilhelm Haidinger.*

In den frischen Durchschnitten der Ausgrabungen, welche gegenwärtig bei Schlackenwerth zum Behufe des Was-
sergrabens für den neuen Hohofen Seiner Durchlaucht
des Hrn. Fürsten von Metternich vorgenommen werden, hatte ich vor Kurzem Gelegenheit ein Vorkommen
von Kalkspath zu beobachten, welches der Schlüsse wegen, die sich daran reihen, die Aufmerksamkeit der Beobachter von Veränderungen, denen die Rinde unseres Erd-

körpers unterworfen war, ungemein in Anspruch nimmt.
Ich verdanke der gütigen Anordnung des k. k. Hofsecre-
tärs, Hrn. Dr. A. Schmidt, eine höchst interessante
Suite dahin gehöriger Stücke, welche mir Hr. Schicht-
meister Kellermann mit zuvorkommender Gefälligkeit
übersandte.

Zwischen den Schichten von mehr und weniger festem Basalttuff finden sich Massen, aus deren Gestalt
und Oberfläche unzweifelhaft hervorgeht, daß sie ursprünglich Baumstämme waren. Die Richtung ihrer Lage
ist von West nach Osten. Sie kommen von verschie-
nem Durchmesser vor, gewöhnlich sind sie einen Zoll
bis acht Zoll dick. Das Merkwürdigste an denselben
ist die Structur des Innern, die man beim Entzweibre-
chen der Stämme beobachtet. So wie sie zwischen den
Schichten liegen, ist der innere Raum, den das Holz
vorher erfüllte, wie Fig. 13 Taf. I im Querschnitte und
Fig. 14 im Längenschnitte zeigt, durch strahlige Grup-
pen von Krystallen ersetzt, welche von Mittelpunkten
aa, meistens von der oberen Seite ausgehend, sich an
die entgegengesetzten Wände erstrecken. Der kleine
Ueberrest von organischer Materie ist in den unteren
Theilen bei *bb* in parallelen Fasern abgesetzt.

Nach der Gestalt waren die strahligen Individuen
und Krystalle ursprünglich Arragonit, nämlich das prismatische Kalk-Haloïd. Wenn man sie jedoch entzwei bricht,
so erscheint nichts von dem krystallinischen Gefüge und
dem muschligen Querbruch dieser Species, sondern man
beobachtet eine Zusammensetzung aus Individuen des
rhomboëdrischen Kalk-Haloïdes oder Kalkspathes. Die
schon gebildeten Krystalle von Arragonit sind also durch
einen nachträglichen Proceß in Kalkspath umgewandelt
worden.

Uebereinstimmend mit den Versuchen von Gustav
Rose dürfen wir annehmen, daß die Pseudomorphose
des Arragonits im Holz bei einer erhöhten Temperatur

vor sich gegangen ist, während die des Kalkspathes in Arragonit bei einer niedrigen stattgefunden hat. Die Ablagerung des Basalttuffs an der östlichen Seite der basaltischen Ausbrüche, die Anschwemmung des ausgekochten Holzes zwischen den Schichten desselben geschah also heifs bei dem Abzuge der Gewässer nach Osten zu, in derselben Zeitperiode, in welcher vermittelst der Erhebung des Landes auf seine gegenwärtige Höhe die Thäler der Elbe und Eger in ihrer ganzen Länge durch die feste Erdrinde querdurch gebrochen wurden. Die Bildung der Arragonitkrystalle trat während des ersten Theils der Periode der Abkühlung ein, die Verwandlung des Arragonits in Kalkspath in der zweiten, die sich mehr dem gegenwärtigen Zustande nähert, — vielleicht noch nicht zu Ende ist. Da sich an anderen Orten in der Nähe, z. B. bei Waltsch, Arragonit in einem ähnlichen Gesteine erhalten hat, ohne zu Kalkspath zu werden, so bleibt ferneren Beobachtungen vorbehalten zu entscheiden, ob schnelle Austrocknung auf einer Seite und feuchter Druck auf der andern die Bedingnisse waren, welche diesen Unterschied hervorbringen.

Elbogen, den 8. Juni 1838.

Zur vorstehenden höchst interessanten Notiz des Hrn. Wilh. Haidinger giebt Se. Excellenz der Hr. Präsident Graf K. Sternberg aus Karlsbad vom 16. Juni noch folgenden Beitrag.

An dem rechten Ufer des Baches, welcher durch Schlackenwerth strömt, erhebt sich eine Hügelreihe von Süden gegen Norden, die mit Wald bedeckt ist, und nach Osten fortläuft, am Fufse dieser Hügelreihe wird ein Kanal gegraben und neben diesem eine Strafse gebaut, welche zu einer neuen Eisenmanufaktur führen soll. Um den nöthigen Raum hiezu zu erhalten und das Herabrollen des verwitterten Gesteines zu beseitigen, hat man das südliche Gehänge dieser Hügelreihe zwischen 3

und 4 Klafter Höhe und 2 Klafter Breite abgegraben.
Von der westlichen Spitze dieser Abgrabungen, in einer
Strecke von ungefähr 150 Schritten, findet man in einem
uneben knollig aufgethürmten Basalttuff eine bedeutende
Menge Stämme von 2 bis 7 Zoll im Durchmesser, theils
aufrecht, theils schief, theils auch horizontal gestreckt,
welche in ihrem Innern mit Kalkspath erfüllt sind. Man
entdeckte aber auch nebenher ähnliche runde Räume, in
welchen Baumstämme gewesen die ausgefault sind und
nicht ausgefüllt wurden. Was etwa noch in diesen Höhlungen, die 2 bis 3 Ellen tief sondirt werden können,
sich von Holzfaser befindet, läfst sich jetzt nicht ausmitteln, weil sie mit Wasser angefüllt sind. Die querlie-
genden kann man 2 bis 3 Klafter weit verfolgen. Dafs
aber hier wirklich Holzstämme gewesen, läfst sich aus
einzelnen Bruchstücken erkennen, an denen die Holzfaser, aber keine weitere Organisation zu erkennen ist.
Neben diesen Stämmen im Basalttuff und tiefer in einer
plattenförmigen Lage des Gesteines sind Abdrücke von
Blättern mit einer Mittelrippe und vielen secundären Ner-
ven, folglich von dikotylenen Pflanzen abstammend zu
finden. Dafs hier also ein Wald gestanden, welcher in
den breiartigen Basalttuff eingehüllt worden, ist nicht
zu verkennen; es möchte fast scheinen, dafs der gröfste
Theil der Pflanzen nach und nach ausgefault sey, und
die Flüssigkeit, aus welcher sich Kalkspath und Arragonit niedergeschlagen haben, die durch Ausfaulen entstandenen Höhlungen ausgefüllt habe; denn es ist auffallend,
wie die strahlenförmig aus einander laufenden Stengel
des Kalkspathes, welche auf einem Querbruche mehr als
von einem Punkte auslaufen, sich doch nirgends kreuzen und in der runden Form des Baumes abschliefsen.
Eine ähnliche Erscheinung ist, so viel ich mich erinnere,
noch nirgends vorgekommen.

In dem östlichen fortlaufenden Gebirge erscheint Ba-
salt, wo keine Baumstämme mehr sichtbar sind.

XIV. *Ueber das Chlorchrom; von Heinrich Rose.*

Es giebt bekanntlich zwei Modificationen des grünen Chromoxyds ($\ddot{C}r$), die sich wesentlich von einander unterscheiden. Ist das Chromoxyd nicht geglüht, sondern nur getrocknet worden, so löst es sich leicht in verdünnten Säuren auf; wird es indessen geglüht, so verwandelt es sich, unter einer lebhaften Feuererscheinung, in die andere Modification; es ist dann in verdünnten Säuren unlöslich, und wird nur durch Erhitzen mit concentrirter Schwefelsäure aufgelöst. Beide Modificationen unterscheiden sich nicht wesentlich in der Farbe; die des geglühten Oxyds ist nur ein wenig dunkler grün.

Es ist mir geglückt, zwei ähnliche Modificationen bei dem, dem Chromoxyde entsprechenden Chlorchrom ($\ddot{C}r\ddot{C}l^3$), aufzufinden.

Wird Chromoxyd in Chlorwasserstoffsäure aufgelöst, so erhält man eine dunkelgrüne Auflösung, welche abgedampft eine dunkelgrüne zerfliefsliche Masse bildet. Wird diese nur bis zum Kochpunkt des Wassers erhitzt, so verliert sie ihr Wasser noch nicht ganz; sie kann selbst bis zu 160° C. erwärmt werden, ohne sich zu verändern. Wendet man indessen eine gröfsere Wärme an, so bläht sich die Masse aufserordentlich auf, verliert ihr Wasser, verändert ihre Farbe und wird pfirsichroth. Es ist indessen aufserordentlich schwierig, dieses Chlorchrom auf die Weise zu erhitzen, dafs es vollständig seinen Wassergehalt verliert, ohne sich dabei zu zersetzen. Ich habe es in einem Oelbade lange Zeit bei einer Temperatur von 250° C. in einem Strome von trockner Luft erhitzt, aber es ist mir nicht gelungen, es von einem bestimmten Gewicht zu erhalten, welches sich durch ferneres Trocknen nicht mehr veränderte. Bei jedem erneuten Erhitzen verminderte sich das Gewicht, aber zugleich verlor es auch nach und nach seine pfirsichrothe Farbe; dieselbe bekam eine deutliche Einmengung von Grün, und das Chlorchrom enthielt Oxyd.

Wird dieses pfirsichrothe Chlorchrom beim Zutritt der Luft geglüht, so verwandelt es sich, unter deutlicher Entwicklung von Chlor in Chromoxyd von schöner grüner Farbe. — Ich versuchte, das Gewicht des durch Glühen erhaltenen Oxyds aus dem mit Sorgfalt bei 200° C. getrockneten Chlorchrom zu bestimmen; aber da letzteres schon eine beträchtliche Einmengung von Oxyd enthielt, so erhielt ich dem Gewichte nach mehr, als ich erhalten sollte; denn 0,373 Grm. eines solchen Chlorchroms, dessen Farbe nicht mehr pfirsichroth war, gaben 0,217 Grm. Oxyd, statt 0,184 Grm., welches Gewicht eigentlich hätte erhalten werden sollen.

Wird dieses Chlorchrom, nachdem man es, ohne es zu zersetzen, so weit wie möglich vom Wasser befreit und es eine pfirsichrothe Farbe angenommen hat, der Luft ausgesetzt, so zieht es begierig die Feuchtigkeit derselben an, und zerfliefst zu einer dunkelgrünen Flüssigkeit. Es ist also aufserordentlich leicht im Wasser löslich. Auch das bei 250° C. getrocknete Chlorchrom, obgleich es viel Oxyd enthält, zerfliefst noch beim Zutritt der Luft. — Wird es mit Schwefelsäure behandelt und erwärmt, so verwandelt es sich in schwefelsaures Chromoxyd, und alles Chlor entweicht vollständig als Chlorwasserstoffsäure. Mit Alkalien übergossen, wird es sehr leicht zersetzt und Chromoxyd ausgeschieden.

Wird dieses auflösliche Chlorchrom in einer Atmosphäre von Chlorgas erhitzt, so verwandelt es sich, ohne seine pfirsichrothe Farbe zu verlieren, in eine andere Modification, welche unauflöslich im Wasser ist. Ist das Chlorgas nicht vollkommen frei von atmosphärischer Luft, so wird ein Theil des Chlorchroms in Chromoxyd verwandelt, und diefs geschieht unter Feuererscheinung, weil sich dabei das in Säuren unlösliche Oxyd bildet. — Das entstandene unlösliche Chlorchrom bildet ein Pulver von pfirsichrother Farbe. Man kann aber diese unlösliche Modification des Chlorchroms von vortrefflicher Schönheit erhalten, wenn man dieselbe auf die Weise darstellt, dafs man ein Gemenge von Chromoxyd und Kohle in einem Strome von Chlorgas glüht. Es bildet sich dann ein Sublimat, das aus einzelnen Krystallschuppen besteht, die einen starken Glanz und eine ausgezeichnete Farbe besitzen.

Diese Modification des Chlorchroms ist zwar bei der Hitze, bei welcher sie sich bildet, flüchtig, aber so wenig, dafs es schwer ist, sie rein von dem Gemenge von Kohle und Oxyd zu erhalten, aus welchem sie sich gebildet hat. Geschieht die Erhitzung in einer Glasröhre von schwer schmelzbarem Glase, so wird das entstandene Chlorchrom durch die Hitze nur an die Stellen getrieben, welche etwas weniger durch das Kohlenfeuer geglüht werden als die andern; es ist aber nicht möglich durch die stärkste Hitze es gänzlich an eine leere Stelle des Rohrs zu treiben. Um es ganz rein zu erhalten, mufs man die Stücke des Chlorchroms aussuchen, welche sich auf und in dem nicht zersetzten Gemenge zeigen; man mufs sie zerrieben in eine Glasröhre von schwer schmelzbarem Glase und von etwas weitem Durchmesser so legen, dafs sie nur die untere Seite der Glasröhre einnehmen, und dafs die obere davon nicht berührt wird; man mufs endlich durch ein starkes Kohlenfeuer die Röhre so erhitzen, dafs die untere Seite derselben stärker glüht, als die obere, während ein Strom von trocknem Chlorgas hindurchgeleitet wird. Wiederholt man diese Operation noch ein oder einige Mal, so kann man ein Sublimat in dem oberen Theil der Glasröhre erhalten, welches ganz frei vom kohligen Gemenge ist.

Diese Modification des Chlorchroms hat ausgezeichnete Eigenschaften. Sie ist unlöslich im Wasser, und verändert sich an der Luft gar nicht. Beim Trocknen verliert sie leicht alle anhängende Feuchtigkeit, und nimmt dann beim ferneren stärkeren Trocknen nicht an Gewicht ab. Reibt man die pfirsichrothen Glimmerblättchen mit etwas Wasser, so zertheilen sie sich wie Talkblättchen oder wie Musivgold. — Bisweilen erhält man aufser dem unlöslichen Chlorchrom auch zugleich viel von der auflöslichen Modification desselben, welche an der Luft zerfliefst und sich durch Wasser auflöst, während das unlösliche Chlorür vollkommen ungelöst zurückbleibt, und vollkommen mit Wasser ausgewaschen werden kann.

Ausgezeichneter noch als gegen Wasser ist das Verhalten dieses unlöslichen Chlorchroms gegen Schwefelsäure. Es wird nicht im Mindesten zersetzt, wenn man es in verdünnter Schwefelsäure erhitzt und lange Zeit darin aufbewahrt; die verdünnte Säure kann nicht nur durch Abdampfen concentrirt werden, sondern die concentrirte Säure kann auch noch vom Chlorchrom abdestillirt werden, ohne dafs es sich zersetzt, und in seinem Aeufseren verändert. Es absorbirt auch nichts von den Dämpfen der wasserfreien Schwefelsäure und verändert sich nicht durch sie in der Farbe. Wird das Gemenge des Chlorchroms mit der wasserfreien Säure vorsichtig erhitzt, so sublimirt die wasserfreie Säure ab, und das Chlorchrom bleibt unverändert zurück.

Von Ammoniakflüssigkeit wird es nicht angegriffen; Auflösungen von kohlensaurem Kali oder Natron hingegen zersetzen es beim Kochen, doch äufserst schwierig und erst nach längerer Zeit. Eine Auflösung von Kalihydrat zersetzt es beim Kochen etwas schneller, indessen auch mit grofser Schwierigkeit,

Durch's Glühen beim Zutritt der Luft zersetzt es sich unter Entwicklung von Chlor, ohne Feuererscheinung, und verwandelt sich in Chromoxyd. 0,7665 Grm. dieses Chlorchroms gaben 0,3645 Grm. Oxyd. Es folgt hieraus, daſs es ganz die Zusammensetzung eines Chlorchroms hat, das dem Chromoxyde entspricht. 0,7665 Grm. müſsten der Berechnung nach 0,378 Grm. Oxyd geben. Der Unterschied rührt nur daher, daſs beim Glühen durch die Entwicklung des Chlorgases sich etwas von der noch nicht zersetzten Chlorverbindung verflüchtigt.

Werden die Blättchen dieses Chlorchroms mit Wasser auf einer Platte von Agat vollkommen fein gerieben, so bleibt das feine Pulver lange feucht und läſst sich schwer trocknen. Es hat durch die Zerstörung der Krystallschuppen sehr viel von seiner Schönheit verloren. Läſst man es lange im Wasser liegen, so färbt sich endlich dasselbe schwach grünlich. Es scheint also, daſs, wenn auch dieses Chlorchrom im krystallinischen Zustande vollkommen unlöslich im Wasser ist, es im sehr fein zertheilten Zustande unter Wasser nach und nach in die auflösliche Modification übergehen könne. Wenn dieſs indessen auch der Fall seyn sollte, so ist dieser Uebergang auſserordentlich allmälig, denn selbst nach Monaten ist die Menge des aufgelösten Chlorchroms gering. Doch könnte dieſs Ursach seyn, daſs dieses Chlorchrom nicht die technische Anwendung finden könne, zu welcher es durch die Schönheit seiner Farbe und seines Glanzes berechtigt ist [1]).

1) Nach einer mündlichen Mittheilung des Hrn. Liebig hat auch er die Unlöslichkeit der einen Modification des Chlorchroms im Wasser schon seit längerer Zeit bemerkt. Auch Berzelius giebt in seinem Lehrbuche der Chemie (Bd. IV S. 741 der 4ten Ausgabe) einige Eigenschaften derselben an.

XV. *Ueber die Producte, welche bei der Verwitterung des Schwefelkieses in der Natur gebildet werden; von Th. Scheerer,*
Hüttenmeister auf Modums Blaufarbenwerk in Norwegen.

Nicht allein der Leberkies, sondern auch der gewöhnliche Schwefelkies erleidet durch die Einwirkungen von Luft und Feuchtigkeit eine Zersetzung; wiewohl dieselbe bei letzterem nur unter mehr begünstigenden Umständen vor sich geht. Schwefelkies in festem Gestein und in gröſseren Parthien widersteht fast aller Zersetzung. Wenn derselbe dagegen fein eingesprengt vorkommt, wie z. B. im Alaunschiefer, der zugleich wegen seiner undichten Beschaffenheit die eindringende Nässe nicht abzuhalten vermag, so geschieht die Zersetzung höchst vollkommen und in verhältniſsmäſsig kurzer Zeit. Solche Verwitterungen des Schwefelkieses hat man Gelegenheit bei den Alaunschiefern im Kirchspiele Modum und der Umgegend zu beobachten. Je nachdem der Alaunschiefer mehr oder weniger reich an Schwefelkies, zerklüftet, porös und den Einwirkungen der Witterung ausgesetzt war, ist die Zersetzung in einem entsprechenden Grade geschehen. Auf der Ostseite des Stor-Elv, dem Blaufarbenwerke gegenüber, ist eine Stelle, welche alle Bedingungen erfüllt, die eine solche Verwitterung begünstigen. Die Zersetzung ist daher hier auch sehr vollständig gewesen.

Dort befindet sich nämlich eine, früher an eingesprengtem Schwefelkies gewiſs sehr reichhaltig gewesene Schicht von Alaunschiefer, die von oben und von der vorderen Seite her den Einwirkungen von Luft und Feuchtigkeit sehr ausgesetzt ist. In dieser Alaunschieferschicht ist, mehrere Lachter unter ihrem oberen Absatze, ein höhlenartiger Raum, an dessen Decke und Wänden sich nun verschiedene Zersetzungsproducte des Schwefelkieses

abgesetzt haben, und woselbst sie zugleich vor dem Weg-
waschen durch Regengüsse und anderen zerstörenden
Wirkungen der Witterung geschützt waren. Dafs dieser Raum früher bei einer bergmännischen Untersuchung
durch Feuersetzen entstanden sey, wodurch zugleich die
Zersetzung des Schwefelkieses hier mehr als irgend sonst
wo begünstigt und eingeleitet worden wäre, kann man
nicht wohl glauben, wenn man denselben vor sich sieht,
da er den sehr leicht zu erkennenden Charakter solcher
Feuerörter durchaus nicht an sich trägt.

In der Schicht zwischen dem oberen Absatze und
der Decke der Höhle scheint die hindurchgedrungene
Feuchtigkeit allen Schwefelkies vollständig zersetzt zu
haben. Nirgends trifft man mehr glänzende Punkte, sondern das Gestein ist innen durch und durch dunkel rost-
farbig. An der Decke der Höhle selbst beobachtet man
folgende deutlich gesonderte Bildungen:

1) Jene dunkelbraune Substanz (A), welche das
Gestein mehr oder weniger durchdringt, und in demselben nach unten zunimmt, hat sich an der Höhlendecke
als eine von fremden Beimischungen ziemlich freie Schicht
abgesetzt.

2) Unter dieser Schicht sitzt, nicht in allmäligem
Uebergang, sondern deutlich geschieden, eine hellgelbe
Lage (B) in tropfsteinartigen Bildungen, welche

3) von einem weifslichen Ueberzuge oder von kleinen weifsen Krystallen (C) bekleidet ist.

Die dunkelbraune Substanz A ist völlig derb, fett-
glänzend, von schiefrigem Bruche und giebt ein braun-
gelbes Pulver. In reinem Wasser ist dieses Pulver durchaus unauflöslich, und auch selbst in concentrirter Salzsäure löst es sich erst vollständig bei längerem Erwärmen. Nach einer damit angestellten Analyse besteht
diese Substanz (einige wenige Procent eingemengten
Steinpulvers abgerechnet) aus:

80,73 Eisenoxyd
6,00 Schwefelsäure
13,57 Wasser
—————
100,30

welches einer Zusammensetzung von 14 Atomen Eisenoxyd, 2 Atomen Schwefelsäure und 21 Atomen Wasser entspricht, oder in einer Formel ausgedrückt:

$$2(\overset{...}{Fe}{}^{7}\overset{..}{S}) + 21\overset{.}{H},$$

oder:

$$2(\overset{...}{Fe}\overset{..}{S}{}^{3} + 20\overset{...}{Fe}) + 63\overset{.}{H},$$

je nachdem man die Formel schreiben will. Nach Berzelius Nomenclatur ist also diese Verbindung: zwanzigfach basisch schwefelsaures Eisenoxyd zu benennen. Sie ist das meist basische Eisensalz, welches bis jetzt bekannt ist. Der Sauerstoff im Oxyde beträgt darin das Doppelte von dem des Wassers. Nach obiger Formel berechnet, sollte die Zusammensetzung seyn:

80,81 Eisenoxyd
5,91 Schwefelsäure
13,28 Wasser
—————
100,00.

Die Substanz *B* ist ebenfalls derb, von erdigem Bruche und giebt ein hellgelbes Pulver. Auch diese wird in feinster Pulverform von reinem Wasser durchaus nicht gelöst; jedoch wird eine Spur von schwefelsaurem Kalk ausgezogen. Erwärmte Salzsäure bewirkt dagegen nach längerer Zeit die vollständige Zersetzung. Zwei mit derselben vorgenommene Analysen ergaben:

1.	2.	
49,37	49,89	Eisenoxyd
32,42	32,47	Schwefelsäure
5,03	5,37	Natron
13,13	13,09	Wasser
99,95	100,82.	

Das Natron ward bei beiden Analysen etwas kalihaltig gefunden. Der Kaligehalt erscheint jedoch veränderlich, und ist, seiner geringen Menge wegen, ohne Bedeutung. Aus den angeführten Analysen folgt nun ein Atomenverhältnifs von 4 Atomen Eisenoxyd, 5 Atomen Schwefelsäure, 1 Atom Natron und 9 Atomen Wasser, welches der Formel

$$4\ddot{\overline{Fe}}\ddot{S} + \dot{N}\ddot{S} + 9\dot{H}$$

entspricht. Nach derselben sollte die Zusammensetzung seyn:

$$
\begin{array}{r l}
50{,}03 & \text{Eisenoxyd} \\
32{,}03 & \text{Schwefelsäure} \\
5{,}00 & \text{Natron} \\
12{,}94 & \text{Wasser} \\
\hline
100{,}00. &
\end{array}
$$

Die Substanz C wies sich bei näherer Untersuchung als reiner Gyps aus.

Diefs sind die sämmtlichen Zersetzungsproducte, welche man an der bezeichneten Stelle vorfindet. Sehr wahrscheinlich sind wohl anfänglich noch mehr entstanden, die aber, wegen ihrer Auflöslichkeit, durch stets neue, von oben eindringende Nässe weggewaschen wurden. Jetzt, wie schon erwähnt, ist die Zersetzung beendet, und nur die unlöslichen und schwerlöslichen Substanzen sind, wie auf einem Filtrum ausgewaschen, zurückgeblieben.

Will man sich den Anfang und Fortgang dieser Zersetzung näher klar machen, so mufs man annehmen, dafs, was fest steht, sich zuerst schwefelsaures Eisenoxydul gebildet habe. Diefs oxydirte sich nach und nach, und setzte dabei jene erste braune Schicht von zwanzigfach basischem schwefelsauren Eisenoxyd ab. Jedoch mufs die Absetzung dieses basischen Eisensalzes unter besonderen Verhältnissen geschehen seyn, da wir wissen, dafs eine Eisenvitriolauflösung durch Oxydation an der Luft *fünffach* basisch schwefelsaures Eisenoxyd niederschlägt. Ebenfalls ist es schwierig zu erklären, wie auf jene dunkelbraune Schicht plötzlich die hellgelbe folgt, welche Alkali unter ihre Bestandtheile aufgenommen hat. Zwar kann man annehmen, dafs bei der anfangenden Zersetzung des Schwefelkieses das Thonschiefergestein zuerst eine Zeit lang widerstanden habe, bis dann auch diefs angegriffen wurde und die Schwefelsäure daraus Alkali extrahirte, und so die Bildung eines neuen Salzes begann; allein wenn diese Erklärungsweise auch viel Wahrscheinliches an sich trägt, so bleibt das *plötzliche* Aufhören des einen Zersetzungsproductes und die damit eintretende Bildung des zweiten doch ein schwer zu lösendes Räthsel. Dafs der Gyps, als leichter auflösliche Substanz, sich zu unterst an der Höhlendecke abgesetzt hat, ist dagegen leicht zu erklären. Die Kalkerde in demselben hat übrigens gewifs bei dem Absatze der beiden beschriebenen Eisensalze keine unwichtige Rolle gespielt, sondern zu ihrem Niederschlage durch Sättigung der überschüssigen Säure beigetragen.

XVI. *Notizen.*

Erdbeben in Chili am 7. November 1837 (*le 7. Novembre dernier*). — Die merkwürdigste Thatsache bei diesem Erdbeben, — schreibt Hr. Gay der Pariser Academie, — und welche zu beweisen scheint, dafs die Bewegung in verticaler Richtung geschah, ist die, dafs ein grofser Mastbaum, der auf dem Fort San Carlos mehr als 10 Meter tief in den Erdboden versenkt, und durch drei starke Eisenstangen gestützt war, so geschickt herausgestofsen wurde, dafs ein ganz rundes, fast vollkommen regelmäfsiges Loch zurückblieb. (*Compt. rend. T. VI p.* 833.)

Erdbeben zu Pesaro. — Nach einem Schreiben des Hrn. Mamiani trat bei dem Erdbeben, welches am 23. Juni d. J. um $9^h 55'$ Abends zu Pesaro stattfand, eine Niveauveränderung in den Brunnen ein, wie man das so oft schon bei solchen Ereignissen bemerkt hat. Allein während in den meisten Fällen ein Sinken des Wassers beobachtet wurde, stieg hier dasselbe, an einigen Orten um 4 bis 5 Fufs. (*Compt. rend. T. VII p.* 89.)

1838.   ANNALEN   *No.* 10.
DER PHYSIK UND CHEMIE.
BAND XXXXV.

I. *Theorie zur Berechnung der von mir gemes-*
senen Zerstreuungskreise des Lichts, bei feh-
lerhafter Accommodation des Auges;
von Dr. A. W. Volkmann,
Professor der Physiologie in Dorpat.

In dem 1836 von mir herausgegebenen Werkchen: Neue
Beiträge zur Physiologie des Gesichtssinnes, habe ich gegen Treviranus die alte Lehre zu vertheidigen gesucht,
dafs das Auge, wenn es fehlerhaft accommodirt sey, das
von einem Punkte ausgehende Licht keineswegs in einem
Punkte der Netzhaut vereinige, sondern in einem mehr
oder weniger grofsen Kreise zerstreue. Ich bin noch weiter gegangen und habe dieses Mehr oder Weniger mathematisch zu bestimmen gesucht, indem ich einen Weg
gefunden hatte, auf welchem sich die Gröfse des Zerstreuungskreises für jeden gegebenen Fall berechnen liefs.
Seit der Publication des angeführten Werkchens ist meh-
reres geschehen, was die Streitfrage, ob das Auge ein
Accommodationsvermögen besitze oder nicht, zum Schlusse
bringen dürfte. Zuvörderst hat Kohlrausch in einem
besonderen Schriftchen: Ueber Treviranus Ansichten
vom deutlichen Sehen in die Nähe und Ferne, Rinteln
1836, nachgewiesen, dafs die von Treviranus versuchte
mathematische Demonstration, dafs dem Auge ein Accommodationsvermögen nicht zukomme, *völlig fehlerhaft* sey,
indem Treviranus gewisse mathematische Formeln mifsverstanden und auf verkehrte Weise benutzt habe. Dieser in dem Munde eines Mathematikers gewichtige Aus-
spruch ist von Fechner bestätigt worden, welcher Kohlrausch's Abhandlung im Repertorium der gesammten

deutschen Literatur, 11. Band S. 140, angezeigt und als entscheidend gegen Treviranus anerkannt hat.

Hiernächst habe ich selbst meine frühere Arbeit von der Seite revidirt, welche den meisten Einwürfen ausgesetzt schien, und habe die früher gewonnenen Resultate im Wesentlichen bestätigt gefunden. Hierüber zu berichten, ist der Zweck dieses Aufsatzes, doch muß ich mir erlauben, aus meiner früheren Arbeit dasjenige zu wiederholen, was zum Verständniß der gegenwärtigen unumgänglich nöthig ist.

Ich habe bewiesen (a. a. O. Cap. IV.), daß es im Auge einen Punkt gebe, in welchem sich alle diejenigen geraden Linien kreuzen, welche von irgend einem leuchtenden Punkte bis zu dem Netzhautbildchen desselben gedacht werden können. Ich habe jenen Punkt Drehpunkt genannt, weil ich fand, daß das Auge bei seiner Bewegung um denselben gedreht wird, und diese Linien nannte ich Richtungslinien, theils, weil sie die Richtung wirklich bestimmen, welche die verschiedenen Strahlen eines Lichtkegels nehmen müssen, um in einem Punkte der Netzhaut zusammenzukommen, theils, weil es eines neuen Namens für diese Linien bedurfte, da sie mit den Achsenstrahlen der Lichtkegel nicht zusammenfallen. Die Benutzung eines besonders hierzu construirten Instrumentes (Gesichtswinkelmesser) belehrte mich, daß bei dem Menschen der Drehpunkt im Mittel 0",466 hinter der Hornhaut und 0",353 vor der Netzhaut, in der Längenaxe des Auges liege.

Kennt man nun die Lage des Drehpunktes im Auge, so läßt sich für jedes Object von gegebener Größe und gegebener Entfernung die Größe seines Netzhautbildchens berechnen. Es sey in Fig. 1 Taf. II lp das beobachtete Object, $l'p'$ das Netzhautbildchen desselben, c der Drehpunkt des Auges. Es sey ferner das Auge in Bezug auf das Object so gestellt, daß der Richtungsstrahl ll' gleich dem Richtungsstrahl pp', so ist $p'l'$ proportional pl, das heifst $p'l'$: $p.l = p'c$: cp, in so weit nämlich, als wir bei kleinen Netzhautbildern den Kreisabschnitt $p'l'$ als geradlinig betrachten dürfen. Hiermit sind alle Bedingnisse zu einem Regel de Tri Exempel gegeben, mittelst dessen sich aus der gegebenen Gröfse des Objectes lp und seiner gemessenen Entfernung vom Drehpunkte die Gröfse des Netzhautbildchens $p'l'$ berechnen läfst:

$$\frac{p'c \times lp}{pc} = p'l'.$$

Läfst sich die Gröfse der Netzhautbildchen berechnen, so läfst sich auch die Gröfse der Zerstreuungskreise berechnen, falls solche vorkommen. Gesetzt, der leuchtende Punkt n (Fig. 1) hätte in Folge fehlerhafter Accommodation des Auges, statt eines Punktes einen Zerstreuungskreis von dem Durchmesser $p'l'$ gebildet, so müfste statt eines leuchtenden Punktes eine leuchtende Scheibe zur Erscheinung kommen. Man denke sich, der leuchtende Punkt n stehe auf dem Hintergrunde PP, so kann kein Zweifel seyn, dafs der Zerstreuungskreis $p'l'$ eine Gesichterscheinung bedinge, welche von dem ganzen Hintergrunde PP den Theil lp decke. In sofern nun das Zerstreuungsbild (so will ich den gedeckten Theil lp des Hintergrundes nennen) mefsbar ist, mufs der Zerstreuungskreis $p'l'$ berechenbar seyn.

Um nach den angegebenen Principien Versuche anzustellen, ist es wünschenswerth, ein Zerstreuungsbild von scharfen Conturen zu haben, weil nur dann die Gröfse des objectiven Raumes, den es deckt, mit Präcision mefsbar ist. Die scharfen Gränzen erhält man aber durch einen Kunstgriff, welchen Scheiner entdeckt hat.

Wenn man in der Distanz einer Pupillenweite zwei kleine Löcherchen durch einen undurchsichtigen Körper (ein Kartenblatt) sticht, und durch diese Löcherchen einen Punkt betrachtet, so erscheint dieser doppelt, wenn er dem Auge zu nahe oder zu fern liegt. Der von dem betrachteten Punkte ausgehende Lichtkegel wird, statt auf

der Netzhaut, im ersteren Falle hinter ihr, im letzteren
schon vor ihr vereinigt, und sollte demnach auf der Netzhaut, statt eines Punktes, eine Scheibe (Zerstreuungskreis)
bilden. Eine solche Scheibe würde sich auch bilden,
wenn die ganze Pupille frei wäre, da aber der vor dem
Auge befindliche undurchsichtige Körper (die durch-
löcherte Karte) die ganze Pupille, mit Ausnahme zweier
Punkte, bedeckt, so formiren sich statt einer Lichtscheibe
zwei kleine beleuchtete Pünktchen. Es ist einleuchtend,
dafs diese beiden Pünktchen nichts anderes sind, als die
Gränzpunkte desjenigen Zerstreuungskreises, der stattfinden müfste, wenn der undurchsichtige Theil zwischen den
beiden Löchern das für die Mitte der Scheibe bestimmte
Licht nicht abschnitte. Es ist demnach ganz gleichgültig,
ob man den Diameter eines Zerstreuungsbildes, oder die
Distanz der Doppelbilder in Scheiner's Versuch mifst,
letztere aber gewähren den verlangten Vortheil scharfer
Umrisse.

Ich experimentirte nur auf folgende Weise: Ich nahm
ein Brettchen, welches an der einen schmalen Seite in der
Art ausgeschnitten war, dafs der Ausschnitt dem Quer-
contur des Gesichts entsprach und mit Bequemlichkeit an
dieses, gleich unter den Augen, angedrückt werden konnte.
Auf der Länge des Brettchens, über welche das eine
Auge binvisirte, wurde eine gerade Linie so verzeichnet,
dafs sie eine Fortsetzung der Augenaxe bildete. Auf dieser Linie wurde ein Haar lothrecht aufgerichtet, um das
Object abzugeben, welches unter fehlerhafter Accommodation betrachtet werden sollte. Unmittelbar vor dem
Auge war, ebenfalls lothrecht, eine Metallplatte aufgerichtet, welche die beiden Löcherchen enthielt, und zugleich
einen Stützpunkt für die Stirn gewährte, durch welchen
eine gleichbleibende Entfernung des Auges vom betrachteten Object ermöglicht wurde. Endlich war 12 Zoll
vom Auge, wiederum lothrecht, ein Maafsstab angebracht,
auf welchem, nach einer bekannten Eintheilung durch

Diagonallinien, der Nonius bezeichnet war. Fixirte ich
nun durch die beiden Löcherchen den Maaßstab, so sah
ich das Haar, als zu nahe gelegenes Object, doppelt und
konnte die Distanz der Doppelbilder in dem Maaßstabe
sogleich bestimmen, und zwar mit ziemlicher Genauigkeit
bis auf Hunderttheile des Par. Zolles. War nun das Haar
durch ein Paar Löcherchen von $1'''$ Distanz und unter
einer Entfernung von $2'',1$ betrachtet worden, so war die
scheinbare Distanz der Doppelbilder auf dem $12'',1$ entfernten Maaßstabe $0'',43$; demnach war die Distanz der
Netzhautbilder $0'',01208$, und da das Haar, als $0'',002$ im
Durchmesser haltend, ohne eintretende Zerstreuung des
Lichtes nur ein Bild von $0'',00028$ Diameter hätte bilden
können, so war der Diameter des Zerstreuungskreises in
diesem Falle $0'',01180$.

Ich habe in meinen Beiträgen, S. 136, Tabellen mitgetheilt, in welchen für zahlreiche Fälle die Größen der
Zerstreuungskreise berechnet sind. Aus dem Voraus-
geschickten muß nun ersichtlich seyn: erstens, daß für jeden
gegebenen Fall eine besondere Beobachtung, zweitens für
alle Fälle zusammengenommen ein gemeinsames Princip
der Berechnung nöthig war. Demnach könnten die von
mir berechneten Größen der Zerstreuungskreise aus dop-
peltem Grunde falsch seyn, nämlich entweder, wenn die
angestellten Beobachtungen ungenau, oder wenn die der
Rechnung zu Grunde liegenden Principien an sich nicht
richtig wären. Es ist hier nicht die Absicht, eine Bestätigung der Grundsätze der Rechnung zu geben, deren
Richtigkeit innerhalb gewisser Gränzen nach früheren Mittheilungen kaum zweifelhaft ist [1]), die Absicht der gegen-

---

1) Ganz unangreifbar, dünkt mich, sind diese Grundsätze von Seiten
   ihrer logischen Anwendung, dagegen ist die Bestimmung des Drehpunktes (s. oben), von welchem die ganze Rechnung abhängt, nur
   innerhalb gewisser Gränzen genau. Der Leser wird nicht verkennen,
   daß dieser Mangel absoluter Genauigkeit bei gegenwärtiger Untersuchung gleichgültig ist. Die Aufgabe besteht nicht darin, die Größe

wärtigen Arbeit geht dahin, zu erforschen, welche Kenntnifs von der Structur des Auges nothwendig sey und
genüge, um die Gröfse aller von mir gemessenen Zerstreuungskreise *a priori* zu berechnen, und durch Vergleichung der *gemessenen* und *berechneten* Gröfsen mit
einander zuvörderst die Realität einer stattfindenden Licht-
zerstreuung und dann die Genauigkeit in der Messung
der Zerstreuungskreise zu prüfen.

Eine solche Prüfung kann vollständig nur dadurch
ausgeführt werden, dafs die Beobachtungen, welche sich
auf die Zerstreuungskreise beziehen, von der Theorie ganz
ausgeschlossen bleiben, und blofs diejenigen Beobachtungen, welche sich auf die Gestalt und das Brechungsvermögen des Auges beziehen, eingeführt werden, um die
Gröfse der Zerstreuungskreise zu berechnen. Auf diese
Weise ist die *Berechnung* der Zerstreuungskreise von
ihrer *Messung* ganz unabhängig, und die Vergleichung
beider mit einander kann wirklich über die Richtigkeit
der Theorie und über die Genauigkeit der Messungen
entscheiden.

Auf das Interessante einer solchen Untersuchung
machte mich zuerst Herr Professor W. Weber (früher
in Göttingen) aufmerksam; auch verdanke ich seiner Gefälligkeit die Formeln und Gleichungen, welche den nachfolgenden Berechnungen zum Grunde liegen. Bevor ich

eines Zerstreuungskreises mit absoluter Genauigkeit zu messen, *son-*
dern die Differenz der Zerstreuungskreise in verschiedenen Fäl-
len des mangelhaften Sehens nachzuweisen. Gesetzt, eine man-
gelhafte Bestimmung des Drehpunktes veranlafste eine fehlerhafte Berechnung des Zerstreuungskreises, so würde ganz derselbe Fehler in
allen Berechnungen wiederkehren, und würde demnach ohne Einflufs
seyn auf die Proportionen zwischen den Zerstreuungskreisen, die eben
gesucht werden. Die ganze Lehre vom Drehpunkte und seiner Lage
ist kürzlich von Mile angegriffen worden (diese Annal. Bd. XXXXII.
S. 37), indefs wird es mir, wie ich hoffe, gelingen, in dem unter
No. II folgenden Aufsatze die Richtigkeit meiner früheren Beobachtungen zu erweisen.

diese mittheile, ist es nöthig, einige Bemerkungen einzuschalten, ohne welche der Ideengang meines scharfsinnigen Freundes mifsverstanden werden könnte.

Wollte man die Gröfse der Zerstreuungskreise der Lichtkegel im Auge aus dem Brechungsvermögen desselben berechnen, so müfste man nicht nur das Verhältnifs der verschiedenen brechenden Mittel zu einander (also z. B. die Dimensionen ihrer Schichten), sondern man müfste auch die Gestalt derselben vollkommen kennen, eine Kenntnifs, welche uns bekanntlich noch abgeht. Hiernach könnte es scheinen, als ob die Gröfse der Zerstreuungskreise überhaupt nicht berechnet werden könnte. Indefs leuchtet bald ein, dafs man die Rechnung vereinfachen kann, wenn man auf absolute Genauigkeit verzichten und mit genäherten Verhältnissen sich begnügen will. Meine Messungen über den Kreuzungspunkt der Lichtstrahlen im Auge führen aber darauf, wie die Vereinfachung der Rechnung am zweckmäfsigsten einzurichten sey, wie sich sogleich ergeben wird.

Die Thatsachen, welche einer Theorie der Brechung im Auge und der Berechnung der Zerstreuungskreise zum Grunde gelegt werden müssen, sind folgende:

1) Die Achsenstrahlen schneiden sich *nahe* im Mittelpunkte der Kugel des Augapfels.

2) Bei gemessenen Entfernungen, sowohl des Objectes, als der Netzhaut, von jenem Mittelpunkte, war das Bild auf der Netzhaut *deutlich*.

Man kann nun den Einflufs, den die Gestalt der Hornhaut und der Linse im Einzelnen hat, zur Vereinfachung der Rechnung vernachlässigen, und sich das Auge als eine Kugel von homogener brechender Substanz denken. Die zweite angegebene Thatsache giebt dann das Brechungsvermögen dieser Kugel an die Hand, welches mit der bekannten Gröfse des Kugelhalbmessers zur Berechnung der Zerstreuungskreise vollkommen ausreicht.

So gröblich dem ersten Anblick nach jene Annahme,

dafs das Auge eine Kugel von homogener brechender Substanz sey, erscheinen mag, so thut doch die darauf gegründete Rechnung, wie man finden wird, den feinsten Messungen, die ich gemacht habe, genug, und es steht kaum zu hoffen, dafs diese Messungen bald so vervollkommnet werden sollten, dafs daraus sich derartige feinere Bestimmungen über den inneren Bau des Auges ableiten liefsen, welche mit Recht und Vortheil jener ersten und gröblichen Näherung substituirt werden könnten. Diese letztere wird daher lange Zeit den physiologischen Betrachtungen über das Auge zu Grunde gelegt werden können, und dabei ihrer Einfachheit wegen den grofsen Vortheil leichter Uebersicht gewähren.

Es stelle nun in Fig. 2 Taf. II. O den Drehpunkt des Auges vor, in welchem sich die Achsenstrahlen aller Lichtkegel schneiden, E sey ein dem Auge zu nahe liegender Lichtpunkt, welcher seine Strahlen durch zwei Löcherchen DD'' der dem Auge vorgehaltenen Karte KK zur Netzhaut schickt. Diese Strahlen werden nicht auf der Netzhaut, sondern erst hinter ihr in dem Punkte A vereinigt, treffen also die Netzhaut an zwei verschiedenen Punkten BB'', wodurch in der Empfindung ein Doppelbild gesetzt wird. F bedeutet einen Punkt, welcher innerhalb der Gränzen des Scharfsehens, also so liegt, dafs die von ihm ins Auge fallenden Strahlen in einem Punkte der Netzhaut vereinigt werden. Zum leichteren Ueberblick sey:

$$OF = a \quad OE = a' \quad CC'' = c \quad OC' = r$$
$$OB' = \alpha \quad OA = \alpha' \quad BB'' = x \quad CD' = m$$
$$DD'' = p.$$

Nach Angabe des Herrn Professor Weber ist nun der Gang der Berechnung folgender:

$$x : c = (\alpha' - \alpha) : (\alpha' + r)$$
$$c : p = (a' - r) : (a' - r - m)$$

$$x = \frac{\alpha' - \alpha}{\alpha' + r} \cdot \frac{a' - r}{a' - r - m} \cdot p,$$

woraus x berechnet werden kann, wenn α' bekannt ist. Zur Berechnung von α' dient folgende Gleichung, wobei der Kürze wegen $\frac{a}{\alpha} \cdot \frac{a+r}{a-r}$ durch n bezeichnet werde:

$$\alpha' = \frac{(ra')}{(n-1)\,a' - nr}.$$

Nach S. 133 meiner Beiträge ist:

$$0'',466 = r,$$
$$0'',353 = \alpha,$$

und nach Tabelle A., S. 136, (a. a. O. siehe auch unter Tabelle A.) ist:

$$12'',1 = a - r,$$
$$\tfrac{1}{12}'' = p,$$
$$0'',3 = m.$$

Hieraus ergiebt sich zunächst der Werth von n:

$$n = \frac{12,1 + 0,466}{0,353} \cdot \frac{0,353 + 0,466}{12,1} = 2,4094.$$

Gesetzt nun, es wäre:

$$6'',1 = a' - r,$$

wie in dem fünften Falle der unter A. unten mitgetheilten Tabelle, so ergiebt sich:

$$\alpha' = \frac{0'',466\,(6'',1 + 0'',466)}{(2,4094 - 1)(6'',1 + 0'',466) - 2,4094.\,0'',466} = 0,3763,$$

woraus nun x berechnet werden kann, nämlich:

$$x = \frac{0,3763 - 0,353}{0,3763 + 0,466} \cdot \frac{6,1}{6,1 - 0,3} \cdot \tfrac{1}{12} = 0,0624244.$$

Nach diesem von Herrn Professor W e b e r angegebenen Schema hat Herr Dr. J a h n die Gefälligkeit gehabt, die Gröfse der Zerstreuungskreise für alle diejenigen Fälle zu berechnen, welche ich in meinen Beiträgen tabellarisch zusammengestellt hatte. Die nun folgenden Tabellen includiren die früher von mir mitgetheilten, enthalten aber zwei neue Columnen, worüber sogleich Aufschlufs gegeben werden soll.

Die Columne I bestimmt die Entfernung des unter fehlerhafter Accommodation betrachteten Objectes, also

des lotbrecht aufgespannten Haares (s. oben) von dem
vordersten Punkte der Hornhaut; Columne II bestimmt
die scheinbare Distanz des Doppelbildes, vermessen auf
einem Maaßstabe von 12",1 Entfernung vom Auge; Columne III berechnet die Distanz der beiden Netzhautbilder mit Hülfe des oben erwähnten Regel de Tri Exem-
pels, und giebt also direct den Durchmesser des Zerstreuungskreises [1]); Columne IV enthält die Angabe, wie
groß das Netzhautbildchen ohne eintretende Zerstreuung
des Lichtes gewesen seyn würde; Columne V giebt den
Diameter des Zerstreuungskreises, berechnet nach der vor-
getragenen Theorie, und also unabhängig von der Beobachtung; Columne VI endlich drückt in Zahlen die Differenz aus, welche zwischen den Angaben der dritten und
fünften Columne stattfindet, und gewährt demnach unmittelbar die Controle meiner Beobachtungen.

Tabelle A.

Entfernung des fixirten Maaßstabes: 12",1; Dicke
des Haars, welches zwischen dem Fixationspunkte und
dem Auge befindlich war: 0",002; Distanz der beiden
Löcherchen, durch welche das Haar betrachtet wurde:
1'''; Entfernung dieser Löcherchen vom Auge: 0"3.

---

[1]) Sie giebt diesen Durchmesser darum direct, weil ich die Distanz
der *Mittelpunkte* der Haarbilder, nicht aber die Distanz des freien
Raumes zwischen ihnen gemessen hatte. Dieß habe ich in meiner
früheren Arbeit verkannt, in Folge welches Irrthums die Größen der
Zerstreuungskreise dort um ein Weniges zu klein angegeben sind.

I. Entfernung des Haars vom Auge.	II. Scheinbare Distanz der Doppelbilder.	III. Distanz der Netzhautbilder, oder Diameter des Zerstreuungskreises.	IV. Erforderliche Größe des Netzhautbildes ohne Lichtzerstreuung.	V. Diamet. d. Zerstreuungskreises zufolge der Theorie.	VI. Abweichung der Beobachtung von der Theorie.
2",1	0",43(?)	0",01208	0",00028	0",01300	+0",00092
3,1	0,24	0,00674	0,00020	0,00752	+0,00078
4,1	0,18	0,00506	0,00016	0,00493	—0,00013
5,1	0,12	0,00337	0,00013	0,00341	+0,00104
6,1	0,09	0,00253	0,000108	0,00242	+0,00011
7,1	0,05	0,00140	0,000093	0,00172	+0,00032
8,1	0,03	0,00084	0,000081	0,00120	—0,00036
9,1	0,02	0,00056	0,000071	0,00080	—0,00024

Tabelle B.

Distanz der Löcherchen, durch welche visirt wurde: $1\frac{1}{2}'''$, alle übrigen Verhältnisse wie in Tabelle A.

I. Entfernung des Haars vom Auge.	II. Scheinbare Distanz der Doppelbilder.	III. Distanz der Netzhautbilder, oder Diameter des Zerstreuungskreises.	IV. Erforderliche Größe des Netzhautbildes ohne Lichtzerstreuung.	V. Diamet. d. Zerstreuungskreises zufolge der Theorie.	VI. Abweichung der Beobachtung von der Theorie.
2",1	0",55	0",01545	0",00028	0",01950	—0",00405
3,1	0,36	0,01011	0,00020	0,01128	—0,00117
4,1	0,24	0,00674	0,00016	0,00739	—0,00065
5,1	0,15	0,00471	0,00013	0,00511	—0,00040
6,1	0,10	0,00280	0,000108	0,00363	—0,00083
7,1	0,06	0,00169	0,000093	0,00258	—0,00089
8,1	0,04	0,00112	0,000081	0,00180	—0,00068

Tabelle C.

Distanz der Visirlöcherchen: $1\frac{1}{4}'''$, alle übrigen Verhältnisse wie in Tabelle A.

I. Entfernung des Haars vom Auge.	II. Scheinbare Distanz der Doppelbilder.	III. Distanz der Netzhautbilder, oder Diameter des Zerstreuungskreises.	IV. Erforderliche Größe des Netzhautbildes ohne Lichtzerstreuung.	V. Diamet. d. Zerstreuungskreises zufolge der Theorie.	VI. Abweichung der Beobachtung von der Theorie.
2″,1	0″,50	0″,01405	0″,00028	0″,01625	—0″,00220
3,1	0,30	0,00843	0,00020	0,00940	—0,00097
4,1	0,20	0,00562	0,00016	0,00616	—0,00054
5,1	0,14	0,00393	0,00013	0,00426	—0,00033
6,1	0,09	0,00253	0,00010	0,00302	—0,00049
7,1	0,06	0,00169	0,00009	0,00215	—0,00046
8,1	0,03	0,00084	0,00008	0,00150	+0,00066
9,1	0,02	0,00056	0,00007	0,00100	+0,00044

Tabelle D.

Distanz der Sehlöcherchen: $\frac{1}{2}'''$, die übrigen Verhältnisse wie in Tabelle A.

I. Entfernung des Haars vom Auge.	II. Scheinbare Distanz der Doppelbilder.	III. Distanz der Netzhautbilder, oder Diameter des Zerstreuungskreises.	IV. Erforderliche Größe des Netzhautbildes ohne Lichtzerstreuung.	V. Diamet. d. Zerstreuungskreises zufolge der Theorie.	VI. Abweichung der Beobachtung von der Theorie.
2″,1	0″,30	0″,00843	0″,00028	0″,00650	+0″,00193
3,1	0,17	0,00478	0,00020	0,00376	+0,00102
4,1	0,12	0,00345	0,00016	0,00246	+0,00091
5,1	0,07	0,00197	0,00013	0,00170	+0,00027
6,1	0,04	0,00112	0,00010	0,00121	—0,00009
7,1	0,03	0,00084	0,00009	0,00086	—0,00002
8,1	0,02	0,00056	0,00008	0,00060	—0,00004
9,1			0,00007	0,00040	
10,1	0,01	0,00028	0,00006	0,00023	+0,00005

Tabelle E.

Entfernung des fixirten Maaſsstabes: 10″,1; Dicke des Haars zwischen dem Fixationspunkte und dem Auge: 0″,003; Distanz der Visirlöcherchen: 1‴.

I. Entfernung des Haars vom Auge.	II. Scheinbare Distanz der Doppelbilder.	III. Distanz der Netzhautbilder, oder Diameter des Zerstreuungskreises.	IV. Erforderliche Gröſse des Netzhautbildes ohne Lichtzerstreuung.	V. Diamet. d. Zerstreuungskreises zufolge der Theorie.	VI. Abweichung der Beobachtung von der Theorie.
3″,1	0″,20	0″,00668	0″,00029	0″,00696	—0″,00028
4,1	0,15	0,00500	0,00023	0,00440	+0,00060
5,1	0,08	0,00257	0,00019	0,00289	—0,00022
6,1	0,06	0,00200	0,00016	0,00192	+0,00008
7,1	0,04	0,00134	0,00014	0,00122	+0,00012
8,1	0,03	0,00100	0,00012	0,00071	+0,00029
9,1	0,02	0,00067	0,00011	0,00032	+0,00035

Tabelle F.

Entfernung des Fixationspunktes: 8″,1; alle übrigen Verhältnisse wie in Tabelle E.

I. Entfernung des Haars vom Auge.	II. Scheinbare Distanz der Doppelbilder.	III. Distanz der Netzhautbilder, oder Diameter des Zerstreuungskreises.	IV. Erforderliche Gröſse des Netzhautbildes ohne Lichtzerstreuung.	V. Diamet. d. Zerstreuungskreises zufolge der Theorie.	VI. Abweichung der Beobachtung von der Theorie.
2″,1	0″,30	0″,01237	0″,00041	0″,01145	+0″,00092
3,1	0,15	0,00618	0,00029	0,00611	+0,00007
4,1	0,08	0,00330	0,00023	0,00361	—0,00031
5,1	0,06	0,00247	0,00019	0,00215	+0,00032
6,1	0,03	0,00124	0,00016	0,00118	+0,00006
7,1	0,02	0,00082	0,00014	0,00050	+0,00032

Tabelle G.

Entfernung des Fixationspunktes: 6″,1; übrige Verhältnisse wie in Tabelle E.

I. Entfernung des Haars vom Auge.	II. Scheinbare Distanz der Doppelbilder.	III. Distanz der Netzhautbilder, oder Diameter des Zerstreuungskreises.	IV. Erforderliche Größe des Netzhautbildes ohne Lichtzerstreuung.	V. Diamet. d. Zerstreuungskreises zufolge der Theorie.	VI. Abweichung der Beobachtung von der Theorie.
2″,1	0″,17	0″,00914	0″,00041	0″,00995	—0″,00081
3 ,1	0 ,08	0 ,00430	0 ,00029	0 ,00479	—0 ,00049
4 ,1	0 ,05	0 ,00269	0 ,00023	0 ,00256	+0 ,00013
5 ,1	0 ,02	0 ,00108	0 ,00019	0 ,00093	+0 ,00015

Die Betrachtung der in Columne VI verzeichneten Abweichungen lehrt, daſs zwischen den Resultaten der Beobachtung und der Rechnung eine grofse Uebereinstimmung stattfindet, eine Uebereinstimmung, welche über die Genauigkeit der Beobachtungen keinen Zweifel übrig läfst. Hierbei ist zu berücksichtigen, daſs allen Rechnungen die Angabe $r = 0″,466$ und $\alpha = 0″,353$ zum Grunde liegt, eine Angabe, welche nur gröblich genau seyn kann, weil jene Gröfsen nur das mittlere Verhältnifs ausdrücken. Durch eine kleine erlaubte Veränderung dieser Gröfsen würde eine noch etwas gröfsere Uebereinstimmung zwischen Rechnung und Erfahrung erhalten werden können. Indefs ist die Uebereinstimmung zwischen Erfahrung und Theorie, obschon sie nicht absolut ist, doch vollkommen genügend, den Satz zu beweisen, auf welchen es hier ankommt:

Dafs Gesichtsobjecte, welche nicht im Fixationspunkte des Auges liegen, Zerstreuungskreise bilden, und dafs die Gröfse dieser Zerstreuungskreise um so beträchtlicher ist, je weiter das Object von dem Fixations-

punkte entfernt, oder, mit anderen Worten, je weniger das Auge accommodirt ist.

II. Ueber die Lage des Kreuzungspunktes der Richtungsstrahlen des Lichtes im ruhigen und im bewegten Auge; von A. W. Volkmann.

Der Gegenstand, der hier zur Sprache gebracht wird, ist schon anderwärts (Neue Beiträge zur Physiologie des Gesichtsinnes, Leipzig 1836) ausführlich von mir erörtert worden, und es würde unnöthig seyn, auf ihn zurückzukommen, wenn nicht Mile in einer Abhandlung über die Richtungslinien des Sehens (s. diese Annal. Bd. XXXXII. S. 57) die von mir aufgestellten Lehren zu widerlegen gesucht hätte. So weit ich im Stande bin, dem Gange der Untersuchung meines Gegners zu folgen, kann ich nachweisen, dafs seine Einwürfe mich nicht widerlegen, und eine solche Nachweisung ist der Zweck dieser Abhandlung.

Ich hatte in meinen Beiträgen durch Beobachtungen zu erweisen gesucht, dafs zwei Gesichtsobjecte, welche beim Visiren sich decken, in einer *geraden* Linie liegen, welche das Eine Netzhautbild und die beiden Objecte schneidet. Solche Linien, welche ich Richtungsstrahlen genannt habe, kreuzen sich nach meinen Untersuchungen sämmtlich in einem Punkte, so ziemlich in der Mitte des Augapfels, und um diesen Punkt dreht sich das Auge bei allen seinen Bewegungen, weshalb ich ihn Drehpunkt nannte. Mile dagegen behauptet: Der Kreuzungspunkt der Richtungsstrahlen müsse nothwendig mit dem Mittelpunkte der Hornhautkrümmung zusammenfallen, welcher nach Sömmering nur 3''',3 hinter dem vordersten Punkte der Hornhaut liege. Der Drehpunkt des Auges dagegen liege genau in dessen Mitte, 5''' hinter der Hornhaut, und folglich fielen beide Punkte *nicht* zusammen. Diese Verschiedenheit der Angaben ist für die Lehre vom Sehen von äußerster Wichtigkeit. Denn nicht nur hängt von der Bestimmung des Kreuzungspunktes der Richtungsstrahlen die Möglichkeit ab, die Größe der Netzhautbilder und den Diameter der Zerstreuungskreise mit Bequemlichkeit zu berechnen, sondern das Zusammenfallen dieses Punktes mit dem Drehpunkte des Auges ist auch die Bedingung, unter welcher allein Objecte, welche sich bei ruhendem Auge decken, auch bei bewegtem gedeckt bleiben können.

Zuvörderst müssen wir eine Inconsequenz unsers Gegners in dem Gebrauch des Wortes Richtungslinien bemerken, welche anzudeuten scheint, daß ihm der verwickelte Gegenstand nicht vollständig klar wurde. Auch Mile versteht unter Richtungslinien gerade Linien, welche von dem Objecte nach dem Netzhautbilde gezogen werden, denn S. 57 heißt es wörtlich: Da die Richtungslinie eine *gerade,* durch den Mittelpunkt der Corneakrümmung gehende, den Lichtpunkt mit dem Bildpunkte verbindende Linie ist; und die Meinung, als wären diese Richtungsstrahlen mit den Lichtstrahlen identisch, wird S. 46 durch die Worte verworfen: sie (die Richtungsstrahlen) sind nichts Wirkliches, sondern nur *fingirt.* Ja es war dem Verfasser so wichtig, diesen Begriff festzuhalten, daß er darauf dringt, das Wort Richtungsstrahlen in Richtungslinien zu verwandeln. In unvereinbarem Widerspruch hiermit heißt es S. 60: Wir haben gesehen, daß, da die Richtungslinien auf die Corneanormale fallen, ihre *Strahlen* ungebrochen ins Auge treten; und ebendaselbst: Die von der Augenaxe abweichenden Richtungslinien aber, obgleich sie perpendiculär durch die Cornea durchgehen, fallen doch weiterhin schief auf die Normalen der beiden Linsenflächen, werden also *gebrochen* und weichen von dem anfänglich eingeschlagenen geraden Wege ab. Im *résumé* der Arbeit heißt es schließlich: Die Richtungslinien

linien sind also *fast gerade* Linien, und so bleibt es dem Leser überlassen, zu wählen, ob er die Richtungslinien sich gerade, oder fast gerade, ob er sie als etwas Fingirtes, oder als reelle Lichtstrahlen denken will.

Um jedem Mißverständniß des Folgenden zu begegnen, ist eine vorläufige Worterklärung unerläßlich. Zwischen dem leuchtenden Punkte und dessen Netzhautbilde kann man in Gedanken eine gerade Linie ziehen, indem man von dem Lichtgange gänzlich abstrahirt. Eine solche Linie kann man schlechthin *Richtungslinie,* und unter gewissen Voraussetzungen auch Richtungslinie des Sehens, oder, wie ältere Physiologen pflegten, Sehstrahl nennen. Die Voraussetzung, welche ich meine, würde die seyn, daß unser Auge angebornermaßen die Fähigkeit besitze, die Objecte an der Stelle der Außenwelt wahrzunehmen, wo sie sich wirklich befinden. In diesem Falle nämlich könnte die Richtungslinie des Sehens offenbar keine andere seyn, als eine gerade Linie, welche von dem empfindenden Netzhautpunkte bis zu dem empfundenen Punkte verlängert würde. — Man kann aber ferner auch eine Linie zwischen zwei leuchtenden Punkten ziehen, welche sich decken, und kann dieser Linie den Namen *Richtungslinie des Lichtes* oder *Richtungsstrahl* geben. Diese zweite Linie nämlich ist nicht bloß fingirt, sondern wird gegeben durch denjenigen Lichtstrahl, welchen die auf die Cornea einfallenden Lichtkegel der beiden leuchtenden Punkte gemeinschaftlich haben. Es ist nämlich an sich klar, daß zwei Objecte nur dann ihre Bilder auf ein und derselben Stelle der Netzhaut formiren können (wovon ja das Decken abhängt), wenn die von ihnen ausgehenden divergirenden Lichtkegel eine gleichartige Stellung zum Auge haben. Man findet aber bei einiger Ueberlegung leicht, und Mile hat dieß gut auseinandergesetzt, daß diese Gleichartigkeit der Stellung eben darauf beruhe, daß zwei Lichtkegel noch vor ihrem Eindringen in das Auge einen Lichtstrahl gemeinsam haben. Die ser Strahl würde für die Erscheinung des Deckens der *radius regulator* seyn, er würde nämlich den Lichtkegeln die zum Decken nothwendige Stellung, und demnach den leuchtenden Punkten die in gleichem Bezuge nöthige Richtung geben, folglich Richtungsstrahl genannt werden können. Befinden sich die Objecte, welche gedeckt erscheinen, in einem gleichartigen Medium, so ist der Richtungsstrahl aufserhalb des Auges geradlinig, und hier, wie in meiner früheren Arbeit, ist nur von diesen geradlinigen Richtungsstrahlen die Rede. Sobald aber der Richtungsstrahl in das Auge eindringt, so unterliegt er den Gesetzen der Brechung, und bei unseren noch immer sehr unvollkommenen Kenntnissen von den physikalischen Verhältnissen des Sehorgans ist es nun nicht mehr möglich, dem Gange desselben zu folgen. Dagegen kann man in Gedanken den Richtungsstrahl bis zur Netzhaut geradlinig verlängern, und ich finde jetzt, wie früher, dafs ein solcher verlängerter Richtungsstrahl mit der oben definirten Richtungslinie vollkommen zusammenfällt [1]).

Ein solches Zusammenfallen wäre an sich nicht nothwendig. Es könnte nämlich möglicherweise der Richtungsstrahl am (Fig. 3 Taf. II), welcher den Lichtkegeln zweier Objecte ab einen gemeinsamen Convergenzpunkt auf der Netzhaut anweist, statt geradlinig nach n fortzugehen, nach l gebeugt werden. In diesem Falle würden wir zwei Richtungslinien, lb und la, haben, von denen keine mit dem Richtungsstrahle am zusammenfiele. Wenn dem so wäre, so würde zugleich erwiesen seyn, dafs das Auge an sich nicht das Vermögen besitze, die Richtung der Gesichtsobjecte wahrzunehmen. Die beiden Objecte a und b nämlich können, obschon sie in verschiedenen Richtungslinien liegen, demohngeachtet nicht, an ihrer ver-

1) Dafs der Richtungsstrahl, ungeachtet der Brechungen, denen er ausgesetzt ist, zuletzt doch an einer Stelle der Netzhaut ankommt, wo er ohne stattfindende Brechung auch auftreffen müfste, ist sehr auffallend, wird aber im Nachfolgenden erwiesen werden.

schiedenartigen Lage erkannt werden, weil die Bilder beider auf den einen Netzhautpunkt *l* träfen, welcher alles Empfundene in derselben Richtung sieht.

Indefs lehrt die Erfahrung, dafs Richtungslinie und Richtungsstrahl zusammenfallen. Diefs habe ich durch sorgfältige Experimente für das Kaninchenauge erwiesen (Beiträge S. 25) und habe es dann für das menschliche Auge angenommen. Gegenwärtig ist mir klar, dafs diese Annahme noch eines Beweises bedarf. Nach brieflichen Mittheilungen von Treviranus an mich ist die Hornhaut des Kaninchens sphärisch, und der Mittelpunkt der Linse ist gleichzeitig Centrum der Hornhautkrümmung. Dasselbe in Bezug auf die Hornhaut versichert Mile, und Beide erklären das Zusammenfallen der Richtungslinien und Richtungsstrahlen, welches sie für das Kaninchenauge zugeben, aus dieser Eigenthümlichkeit der Form desselben. Das Verhältnifs dieser Linien mufste demnach an einem Auge untersucht werden, dessen Hornhaut eine andere als sphärische Krümmung hatte. Ein solches Auge ist das des Ochsen, dessen Hornhautkrümmung in der Mitte einen kleineren Radius hat, als nach den Seiten hin. Diefs ergiebt sich mit vollkommener Sicherheit aus den Untersuchungen meines geehrten Collegen Professor Senff, welcher ein Fensterbildchen auf der Hornhaut, bei verschiedener Stellung des Auges, mikrometrisch mafs, und aus den verschiedenen Gröfsen desselben die Corneacurve berechnete. Auch meine eigenen, obschon minder feinen Beobachtungen bewiesen die ellipsoidische Gestalt. Auf einen Bogen Papier legte ich einen Fingerring, und in den Ring legte ich das Auge, so dafs die Ebene des fingirten Querdurchschnitts desselben mit der Papierfläche parallel lag. Dann fällte ich von den vordersten Punkten der Hornhautkrümmung, mittelst eines Winkelmaafses, Perpendikel auf das Papier, und erhielt eine Menge von Punkten, welche den Gang der Curve verzeichneten. Nachdem diese gezogen worden war, so fand

sich, daſs der *Sinus versus* des Hornhautbogens 0″,30 Par.
maſs, während der Kreisbogen, welcher auf die Secante
der Hornhautkrümmung paſste, einen *Sinus versus* von
0″,35 zeigte.

Im Kaninchenauge kreuzen sich die geradlinig verlängerten Richtungsstrahlen sämmtlich in Einem Punkte
des Auges, was Mile davon ableitet, daſs dieser Punkt
zugleich Centrum der Hornhautkrümmung sey. Ist diese
Erklärung richtig, so darf in dem Ochsenauge ein solcher
gemeinsamer Kreuzungspunkt nicht vorhanden seyn, weil
die ellipsoidische Krümmung kein Centrum hat. Vielmehr müſsten in dem Ochsenauge diejenigen Richtungsstrahlen, welche mehr auf den seitlichen Theil der Hornhaut auffielen, die Sehaxe mehr nach hinten, solche dagegen, welche näher der Mitte aufträfen, die Augenaxe
weiter nach vorn kreuzen. Die Beobachtung lehrt aber,
daſs auch im Ochsenauge die geradlinig verlängerten Richtungsstrahlen mit den Richtungslinien zusammenfallen, und
in Einem Punkte des Auges sich kreuzen.

Die Versuche wurden auf folgende Weise angestellt:
Zuerst wurde das Auge in der Art präparirt, daſs man
im Stande war, das Netzhautbildchen von auſsen wahrzunehmen. Ich schnitt aus der Sclerotica zwei Stücke,
mit Schonung der Aderhaut, sorgfältig aus, das eine Stück
da, wo die Augenaxe die Sclerotica schneidet, das zweite
weiter nach vorn, gegen die Hornhaut zu. Die einge-
schnittenen Löcher waren in senkrechter Richtung niedrig,
dagegen in der horizontalen Ausdehnung lang, besonders
das vordere, welche Form der Löcher den Vortheil gewährte, dem Augapfel seine Festigkeit und Gestalt zu
sichern, und gleichzeitig eine gröſse Strecke der Aderhaut
frei zu legen. Wenn nun in einer finsteren Stube vor
der Hornhaut des Auges eine brennende Kerze aufgesteckt
wurde, so konnte diese auf der schwarzen Aderhaut als
purpurrothes Flammenbildchen wahrgenommen werden.
Um nun das Verhältniſs der Richtungslinien und Rich-

tungsstrahlen genau kennen zu lernen, wurde folgender
Apparat benutzt. Auf einer Tischplatte war eine Drehscheibe angebracht, welche sich horizontal um ihre Axe
drehte. Ueber die ganze Länge der Tischplatte war eine
Linie verzeichnet, welche den Drehpunkt der Scheibe genau schnitt, so daſs ein auf der Drehscheibe verzeichne-
ter Halbmesser in die Richtung der Linie eingestellt werden konnte. An dem einen Ende des Tisches befand
sich, perpendiculär über gedachter Linie aufgerichtet, eine
Diopter, zwischen dieser und der Scheibe, perpendiculär
über derselben Linie, ein Haarvisir, und endlich am äuſsersten Ende des Tisches, nochmals in jener Linie, eine
Lichtflamme. Visirte man nun durch die Diopter, so
theilte das Haarvisir die Lichtflamme in zwei gleiche
Hälften. Auf der Drehscheibe war für das zu untersuchende Auge ein Objectträger angebracht, d. h. ein
Ring, in welchem das Auge fest und ruhig lag, und ein
Schiebeapparat, welcher eine doppelte, in rechten Winkeln sich kreuzende Bewegung zuließ. Mit Hülfe dieses
beweglichen Objectträgers konnte das Auge sowohl von
rechts nach links, als von vorn nach hinten verschoben
werden, und die Gröſse der Bewegungen des Schiebers
ließ sich an einem Maaſsstabe, der dazu eingerichtet war,
sofort ablesen. War es nun zuvörderst gelungen, das
Auge so zu stellen, daſs dessen Längenaxe mit der Richtungslinie des Visirapparates zusammenfiel, so zeigte sich,
wenn man durch die Diopter blickte, das Netzhautbildchen der Lichtflamme von dem Haarvisire halbirt. Hierauf wurde die Drehscheibe um etwa 5° gedreht, und sogleich wich das Netzhautbildchen auf die Seite des Haarvisirs. Ich hatte nämlich absichtlich das Ochsenauge so
aufgestellt, daſs der vorderste Punkt der Hornhaut über
dem Drehpunkte der Scheibe schwebte, offenbar muſste
also das Auge durch den Schiebeapparat mehr nach vorn
bewegt werden, um das Netzhautbildchen wieder in die
Visirlinie zu bringen. Es wurde also der Längenschieber

um 0",41 Par. nach vorn geschoben, worauf das Netzhautbildchen wieder vom Haarvisir halbirt wurde. Diefs heifst
nichts anders, als die Richtungslinie schnitt gegenwärtig
die Längenaxe des Auges in einem Punkte, welcher 0",41
hinter dem vordersten Punkte der Hornhaut lag. Hatte
aber das Auge einmal diese Stellung erhalten, so konnte
die Scheibe gedreht werden, so weit man wollte, immer
blieb das Netzhautbildchen in der Mitte des Haarvisirs.
Der vordere Ausschnitt in der Sclerotica lag aber zwischen 65° und 90° nach vorn, vom Axenpunkte des
Auges, und wenn die Drehung so weit getrieben wurde,
dafs das Netzhautbildchen in diesem Ausschnitt zum Vorschein kam, so wurde es auch in diesem Falle von dem
Haarvisir halbirt. Da nun das Netzhautbildchen auch
dann unveränderlich in der Visirlinie blieb, wenn die
Lichtflamme in der Richtung dieser Linie bald näher, bald
ferner angebracht wurde, so mufs diese Linie als diejenige
betrachtet werden, in welcher Gesichtsobjecte sich decken,
und bezeichnet demnach gleichzeitig den Gang des Rich-
tungsstrahls. Dieser Versuch bestätigt also auch für Augen
mit ellipsoidisch gekrümmter Hornhaut die früher nur für
das Kaninchen erwiesenen Gesetze: 1) dafs die bis zur
Netzhaut verlängerten Richtungsstrahlen mit den Richtungslinien zusammenfallen, also *gerade Linien* sind; welche die sich deckenden Objecte mit dem entsprechenden
Netzhautbilde verbinden; 2) dafs Richtungslinien und verlängerte Richtungsstrahlen sich in Einem Punkte des Auges
kreuzen, welcher, beiläufig bemerkt, im Ochsenauge nicht
das Centrum der Hornhautkrümmung seyn kann, weil ein
solches Centrum gar nicht existirt.

Es sey erlaubt, hier einen Schritt rückwärts zu thun,
und einige Bemerkungen über den Versuch mit dem
Ochsenauge nachzutragen, welche oben übergangen werden mufsten. Wenn man die Sclerotica eines Ochsenauges entfernt, so sieht man im finstern Zimmer das Bildchen einer Lichtflamme durch das schwarze Pigment der

Aderhaut hindurch dunkel purpurroth und hinreichend deutlich. Bringt man aber das Auge auf die Drehscheibe und will das Bildchen durch die Diopter betrachten, so sieht man es nicht mehr. Nimmt man nun die undurchsichtige Aderhaut hinweg, um ein helleres Bild auf der blofsen Netzhaut zu erhalten, so zerreifst letztere fast immer, wo dann zwar ein glänzender Fleck, nicht aber ein Bildchen mit festen Conturen auftritt, dessen Lage durch Diopter und Haarvisir genau bestimmt werden könnte. Aber selbst wenn in glücklichen Fällen die Netzhaut nicht zerreifst, entsteht doch kein brauchbares Präparat, denn der Glaskörper treibt die Netzhaut beulenförmig nach aufsen, wodurch störende Veränderungen in der Form des Auges eintreten. Da nun die Benutzung der Diopter zur Erreichung genauer Resultate unerläfslich nöthig war, so versuchte ich durch *theilweise* Entfernung der Aderhaut dem Netzhautbildchen die erforderliche Helligkeit zu geben. Nach einigen verunglückten Experimenten gelang es mir, die äufsere schwarze Schicht der Aderhaut vollständig hinweg zu präpariren, so dafs nur die innere hellblaue Membran übrig blieb. Durch diese drang nun so viel Licht, dafs ich auch durch die Diopter hindurch ein deutliches Flammenbildchen erkannte, vorausgesetzt, dafs der hintere Theil des Ochsenauges im Schatten lag. Hiermit trat indefs eine neue Schwierigkeit ein, denn ich konnte auf diese Weise das Haarvisir nicht erkennen. Auch diesem Uebelstande wurde abgeholfen, indem ich ein Lichtchen halb vor, halb neben dem Ochsenauge anbrachte, so dafs es für mich hinter der Diopter versteckt stand, der hintere Theil des Ochsenauges im Schatten blieb, dagegen der eine Rand des Haars durch ein Streiflicht erleuchtet wurde.

Mile behauptet nun, durch Versuche gefunden zu haben, dafs der Richtungsstrahl stets normal auf die Hornhaut falle, und das Centrum ihrer Krümmung schneide. Zunächst liefs er Augen aus Glas blasen, füllte sie mit

Wasser, und fand an diesen sein Gesetz bestätigt. Diefs mufste denn freilich so seyn, da hier das Licht zwar durch verschiedene, aber doch *concentrisch gelagerte* Medien ging. Im natürlichen Auge ist dem nicht so, daher das Verhalten der künstlichen keinen Schlufs auf sie gestattet. Allerdings versichert Mile, auch mit dem Menschenauge selbst experimentirt und dieselben Resultate gefunden zu haben; allein die Methode der Versuche ist nicht beschrieben, die vielen Schwierigkeiten, welche, wie bemerkt, dem Beobachter entgegentreten, sind gar nicht erwähnt, und es ist erlaubt, zu fragen, ob sie hinreichend gewürdigt wurden? Das Wenige nämlich, was von dem Versuche bemerkt wird, gestattet Einwendungen. Um die Netzhautbilder sichtbar zu machen, wurden Löcher in die Sclerotica geschnitten und die Aderhaut wurde bei Seite geschoben. Bei diesem Verfahren mufsten Zerreifsungen, oder doch Vorfälle der Netzhaut entstehen. Die Methode, durch welche die Entfernung des Kreuzungspunktes der Richtungsstrahlen von dem vordersten Punkte der Hornhaut gemessen wurde, ist auch nicht erwähnt, es wird nur angegeben, diese Entfernung habe 3''',3 betragen, und so weit nach innen liege auch das Centrum der Hornhautkrümmung. Nur ist befremdlich, dafs Mile selbst angiebt (was richtig ist), die Hornhautkrümmung sey keine sphärische und ermangele des Mittelpunktes, während er andererseits gefunden zu haben glaubt, dafs die Richtungsstrahlen normal auf die Netzhaut fielen. Hätte sich letzteres ausgewiesen, so hätte sich ja finden müssen, dafs es einen gemeinschaftlichen Kreuzungspunkt der Richtungsstrahlen mit der Sehaxe gar nicht gäbe, sondern dafs die Kreuzung bald mehr nach vorn, bald mehr nach hinten im Auge zu Stande käme, und doch soll dieser Punkt 3''',3 hinter der Hornhaut liegen!

Da es mir nicht möglich gewesen ist, frische Menschenaugen zu erhalten, so habe ich den Versuch von Mile nicht wiederholen können, indefs scheinen mir in

den mitgetheilten Beobachtungen bereits die Elemente
zu Schlüssen über die Lage des Kreuzungspunktes enthalten zu seyn. Da in Augen mit ellipsoidisch gekrümmter Hornhaut ebensowohl als in solchen mit sphärischer
Krümmung, den Beobachtungen zufolge, die Richtungslinien und die geradlinig verlängerten Richtungsstrahlen
zusammenfallen, so scheint dieses Zusammenfallen als allgemein gültiges Gesetz betrachtet werden zu dürfen. Gilt
nun dieses Gesetz auch für das Menschenauge, so müssen Visirversuche über den Gang beider Linien Aufschluß
geben. Eine gerade Linie, welche durch zwei sich dek-
kende Körper ins Auge verlängert wird, ist nichts anders, als die Richtungslinie. Betrachtet man gleichzeitig
zwei Objecte, welche zwei andere decken, so erhält man
zwei Linien, welche, geradlinig bis zur Netzhaut verlängert, sich in irgend einem Punkte des Auges kreuzen, und
ließe sich finden, in welchem Punkte des Auges diese
Kreuzung vor sich geht, so wäre der Kreuzungspunkt
der gedachten Linien wirklich gefunden.

Ich habe nun in meinem Gesichtswinkelmesser ein
Instrument angegeben, welches mit ziemlicher Genauigkeit
die Stelle angiebt, wo zwei durch sich deckende Punkte
verlängerte Linien im Auge sich schneiden, und zweifle
nicht, daß hiermit der Kreuzungspunkt der Richtungslinien [1]) nachgewiesen ist. Diese meine Ueberzeugung
durch Beschreibung des Instrumentes zu rechtfertigen,
würde eine lästige Wiederholung früherer Mittheilungen
nothwendig machen, und ich verweise daher auf meine
Beiträge, S. 30, oder diese Annalen, Bd. XXXVII S. 342.
Dagegen muß hier bemerkt werden, daß Mile in einem
unbeachtet gebliebenen polnischen Programm bereits 1822
ein Instrument angegeben hat, welches die von mir behaupteten Grundsätze schon früher hätte beweisen kön-

---

1) Da Richtungslinie, nach Anderen Sehstrahl, und Richtungsstrahl
zusammenfallen, so will ich, der Kürze wegen, beide zusammenfal-
lende Linien nur schlechthin Richtungslinien nennen.

nen, während dessen Erfinder es zu anderen Folgerungen benutzt hat.

Das Instrument bestand im Wesentlichen darin, dafs auf einem Bretchen Metallplatten vor dem ruhenden Auge eines Beobachters perpendiculär und in solcher Richtung fächerförmig aufgestellt wurden, dafs von allen Metallplatten nur die scharfen Kanten, nicht die Flächen wahrgenommen werden konnten. Die Richtungslinien der Platten verhielten sich demnach wie die Radien eines Punktes, welcher im Auge lag, und es liegt am Tage, dafs diese Richtungslinien der Platten nun auch die Richtungslinien darstellten, welche wir suchen, und dafs jener Centralpunkt im Auge kein anderer war, als der zu findende Kreuzungspunkt, eben dieser. Die flachen Seiten der Metallplatten waren mit Farbe bestrichen, sämmtlich auf der linken Seite mit einer anderen, als auf der rechten. Wenn nun der Beobachter das Auge seitlich bewegte, und den Blick von derjenigen Metallplatte, welche anfänglich in der Linie der Augenaxe gestanden hatte, auf eine andere richtete, so dafs nun die zweite oder dritte Platte mit der Richtung der Augenaxe zusammenfiel, so bemerkte er, dafs auch nach dieser Augenbewegung *sämmtliche* Metallplatten nur von der scharfen Kante erschienen, indem bei keiner einzigen etwas Farbiges zum Vorschein kam. Als endlich mit Hülfe eines zweckmäfsigen Apparates gemessen wurde, an welcher Stelle des Auges sich die geradlinig zur Netzhaut verlängerten Metallplatten kreuzten, so fand sich, dafs dieser Kreuzungspunkt 5‴ Par. hinter dem vordersten Punkte der Hornhaut lag.

Aus diesem Versuche weifs ich nichts anders zu schliefsen, als dafs der Kreuzungspunkt der Richtungsstrahlen 5‴ Par. ($= 0'',440$) hinter dem vordersten Punkte der Hornhaut liege, was mit meiner Bestimmung des Punktes, zu $0'',466$, sehr wohl übereinstimmt. Mile schliefst indefs aus diesem Versuche, *dafs der Drehpunkt der bewegten Sehaxen 5‴ hinter dem vordersten Punkte der*

Hornhaut liege, und unbeweglich sey, während durch andere Versuche erwiesen wurde, daſs der Kreuzungspunkt der Richtungslinien bei Bewegung des Auges verrückt werde.

Es hält nicht schwer, nachzuweisen, daſs sich Mile entweder in seinen Beobachtungen, oder in seinen Folgerungen geirrt habe. Es seyen in Fig. 4 Taf. II *ad*, *be*, *cf* die erwähnten Metallplatten, deren vordere Ränder *d*, *e*, *f* die hinteren *a*, *b*, *c* decken, weil die Richtungslinien der Platten zusammenfallen mit den Richtungslinien des Sehens *am*, *bz*, *cl*. Diese Richtungslinien schneiden sich nach Mile's Theorie in dem *mobilen* Kreuzungspunkte *x*, dem Centrum der Hornhautkrümmung, und die Sehaxe dreht sich bei Bewegung des Auges, in dem *immobilen* Punkte *y*, dem Drehpunkte. Nun soll das Auge *AA*, welches anfänglich den Punkt *e* fixirte, nach *d* blicken, es dreht sich also die Sehaxe um den immobilen Drehpunkt *y* und erhält die Linie *z'a'* zur nunmehrigen Richtung der Augenaxe. Das so verwendete Auge empfindet nach wie vor (so lehrt die Erfahrung), *a* durch *d* verdeckt, und da in der Augenaxe die Empfindung des Deckens nur dann zu Stande kommt, wenn die Gesichtsobjecte in der Richtung der Augenaxe wirklich liegen, so kann *a* nicht bei *a*, sondern *muſs* bei *a'* gelegen haben. Demnach hätten sich zu Anfange des Versuchs, als das Auge nach *e* gerichtet war, die Punkte *da'* gedeckt, obschon sie nicht in Mile's Richtungslinie liegen! Ist der Drehpunkt des Auges und der Kreuzungspunkt der Richtungslinien getrennt, und ist ersterer unbeweglich, so können die Punkte *ad*, welche bei Richtung des Auges nach *e* sich decken sollen, bei Verwendung nach *d* sich nicht mehr decken, und doch behauptet Mile die Deckung für beide Fälle, das erste Mal aus theoretischen Gründen, das zweite Mal in Folge der Beobachtung! — Wenn die Punkte *ad*, *be*, *cf* sich wirklich decken, wie die Beobachtung aussagt, und wenn diese Deckung bei Bewegung des Auges sich gleich bleibt, wie abermals die Beobachtung aussagt, so bleibt nichts übrig, als anzunehmen, daſs die Drehung des Auges um den Kreuzungspunkt der Richtungsstrahlen stattfinde, denn nur in diesem Falle ist es möglich, daſs die um einen *immobilen* Punkt gedrehte Sehaxe zwei Objecte als gedeckt wieder finde, welche schon vor der Bewegung des Auges sich als deckende kund gaben.

Mile freilich behauptet, daſs bei Bewegung der Augen die Deckung der Gesichtsobjecte, welche bei ruhendem Auge stattfand, nothwendig aufhören müsse, und nur in gewissen Fällen scheinbar fortbestehe. Ehe wir noch auf die Prüfung dieser Behauptung näher eingehen, mag bemerkt werden, daſs hiermit die Annahme eines immobilen Drehpunktes der Augenaxe zur unbegründeten Hypothese wird. Der Schluſs nämlich, daſs ein gewisser Punkt der Sehaxen bei Bewegung des Auges unveränderlich an seiner Stelle bleibe, bedarf der Erfahrung, daſs die Deckung der Gesichtsobjecte bei den Augenbewegungen sich gleich bleibe zur Prämisse. Denn wenn in dem Versuche von Mile zuerst das gerade nach vorn gestellte Auge eine Metallplatte eb von der scharfen Kante sieht, und nachmals, nachdem es sich bewegt hat, eine zweite Platte ad ebenso, so heiſst dieſs nichts anders, als daſs nach Verwendung des Auges die Richtungslinie der zweiten Platte ebenfalls mit der Augenaxe zusammenfalle. Ob aber nicht das ganze Auge, zusammt seiner Axe und deren prätendirten Kreuzungspunkte, seine Lage verlassen habe, bleibt gänzlich ungewiſs. Es sey zum Beispiel für das ruhende Auge A Fig. 4 der Punkt b durch c gedeckt, und, nach einer seitlichen Bewegung nach d, erscheine a durch d gedeckt, so ist nicht zu erweisen, ob nicht der Punkt x der Augenaxe nach x' verlegt worden, denn die Erscheinung würde in letzterem Falle ganz dieselbe seyn. Die von mir aufgestellte Lehre, das Auge bewege sich um einen immobilen Drehpunkt, war wenig-

stens logisch richtig, denn sie ging von dem Princip aus,
dafs sich deckende Gesichtsobjecte auch bei Bewegung
des Auges ihre Deckung behielten, allein diefs Princip
ist es, welches Mile angreift, indem er es mit der Erfahrung in Widerspruch findet.

Ich hatte die Stabilität der Deckung zweier Gesichtsobjecte, bei Bewegung der Augen, aus Versuchen geschlossen, welche den oben erzählten, mit den Metallplatten, ähnlich waren. Mile schliefst aber das Gegentheil aus einem anderen Versuche, welcher dem Anschein
nach genauer ist. Wenn man ein brennendes Licht fixirt,
und dieses durch eine vor das Auge geschobene Karte
verdeckt, so dafs der vorgeschobene Rand der Karte nur
eben das Licht verbirgt, und wenn man hierauf das Auge
von der Karte abwärts dreht, so kommt die Flamme zum
Vorschein, geht aber das Auge in seine ursprüngliche
Lage zurück, so verschwindet sie wieder, gedeckt durch
die Karte. In diesem Versuche scheint das Aufhören
der Deckung ganz unleugbar, und das Auseinandertreten
der Gesichtsobjecte, welche gedeckt bleiben sollen, äufserst
beträchtlich. Aber gerade die Gröfse der Abweichung,
welche macht, dafs die Erscheinung in die Sinne fällt,
verdächtigt den Versuch. Man wird finden, dafs in Mile's Experiment bei äufserst geringer Bewegung des Auges die Lichtflamme in ihrer ganzen Breite neben die
deckende Karte zu liegen kommt, während zwei Haarvisire, welche sich decken, bei einer mindestens eben so
starken Bewegung des Auges nicht im mindesten auseinein-
anderweichen. Freilich machen die Haarvisire keinen so
lebhaften Eindruck als ein Licht, und es könnte das Bedenken entstehen, ob nicht die Undeutlichkeit des Bildes,
welche bei schwacher Beleuchtung und beim Sehen mit
einer weniger sensiblen Stelle der Netzhaut, als dem empfindlichen Axenpunkte, unvermeidlich eintritt, die Ursache der Täuschung enthalte. Um diesen Einwurf zu
prüfen, stellte ich folgenden Versuch an:

Ich liefs ein Paar hohle Pappcylinder anfertigen, von der Breite, dafs sie senkrecht aufgestellt, und innerlich durch ein Licht erhellt werden konnten. In jedem Cylinder war eine 4″ lange, höchst feine Spalte angebracht, welche von dessen oberen Rande senkrecht nach dem unteren zu geführt war. Experimentirte ich nun in einem verfinsterten Zimmer, so war überhaupt kein Gegenstand deutlich sichtbar, als die beiden linienförmigen Spalten, welche durch das unmittelbar hinter ihnen angebrachte Kerzenlicht auf das schärfste erleuchtet wurden. Die beiden Cylinder wurden nun in der Richtung der Augenaxe hinter einander aufgestellt, der eine etwa 8″ vom Auge, der zweite 10′, und zwar letzterer um so viel höher, dafs der tiefste Punkt seiner Lichtspalte für den Beobachter auf dem obersten Punkte der vorderen Lichtspalte genau aufsafs, also in der Art, dafs beide Lichtlinien dem fixirenden Auge als eine zusammenhängende einzige erschienen. Wenn ich jetzt den Kopf noch so wenig seitlich rückte, oder wenn ich die Lage des Auges durch einen seitlichen Druck mit dem Finger veränderte, so zerfiel die Lichtlinie sogleich in zwei getrennte, neben einander liegende Stücke, wenn ich dagegen das Auge mit Hülfe seiner eigenen Muskeln seitlich drehte, so erhielt sich die Einheit der Lichtlinie, und folglich die Deckung. Da dieses Experiment wohl unleugbar ein feineres Resultat giebt, als das von Mile, so kann das Hervortreten des Lichtes hinter der Karte im ersten Versuche unmöglich auf einem Auseinandertreten der Bilder beruhen, sondern mufs eine andere Erklärung zulassen.

Alle Fälle, in welchen, wie in dem von Mile erwähnten, die bestandene Deckung der Gesichtsobjecte nach Bewegung der Augen aufhört, beruhen darauf, dafs die Bilder beider Objecte auf einer gewissen Stelle der Netzhaut in einander fallen, dafs das Plus und Minus des Lichtes, welches von jedem Objecte einfällt, an eben dieser Stelle sich zu einer mittleren Beleuchtung ausgleicht, und daſs eben darum das entferntere Object gesehen wird, entweder erhellt, oder verdunkelt durch das näher liegende Object, von welchem dasselbe wirklich verdeckt wird.

In Fig. 5 Taf. II sey A das Auge, P die Pupille, c der Kreuzungspunkt der Richtungsstrahlen, und zugleich der immobile Punkt, um welchen das Auge sich bewegt, also der Drehpunkt. KK' sey die undurchsichtige Karte, FF' die Lichtflamme. Der leuchtende Punkt F würde auf der Netzhaut bei n zu stehen kommen, der leuchtende Punkt F' bei m, also ist mn die dem Netzhautbildchen der Flamme zugehörige Stelle. Nun kann aber dieses Netzhautbildchen nicht gebildet werden, weil bei der Stellung der Pupille P hinter der Karte KK' kein einziger Lichtstrahl der Kerze ins Auge fällt. Dagegen fällt das Schattenbild der Karte KK' allerdings ins Auge, und beschattet die Netzhaut in der Ausbreitung zwischen m und o. Die Stelle mn der Netzhaut, welche das Flammenbildchen aufnehmen würde, wenn von der Kerze Licht ins Auge fiele, empfängt einen Theil des Kartenbildes, nämlich dessen äuſsersten Rand, was der Empfindung entspricht, daſs die vor das Auge gehaltene Karte das Flammenbild eben nur decke.

Jetzt wende sich das Auge um seinen immobilen Drehpunkt c, so daſs die Pupille in die Gegend von p zu stehen kommt. Bei dieser Stellung der Pupille und der Karte können Lichtstrahlen der Kerze in der Richtung Fp und $F'K'$ ins Auge fallen, und müssen ein Bild herstellen. Da nun das Bild dahin zu stehen kommt, wo dessen Richtungslinien, welche geradlinig den Kreuzungspunkt c schneiden, auf die Netzhaut treffen, so steht das Flammenbildchen zwischen mn, das Kartenbild steht zwischen mo, und folglich ist die Netzhautstelle mn beiden Bildern gemeinschaftlich. Da das Flammenbildchen von strahlendem Lichte gebildet wird, so muſs es in der Empfindung vorherrschen, daher verhält sich mn

als beleuchtet, *no* als nicht beleuchtet, womit die Empfindung bedingt ist, als stehe die Flamme neben der Karte. Da indefs bei *mn* nicht blofs die Kerze ihr helles, sondern auch die Karte ihr dunkles Bild entwirft, so mufs das Licht des Flammenbildes durch den Schatten des Kartenbildes abgedämpft werden, und wirklich erscheint das Flammenbild minder glänzend, als wenn die Karte entfernt wird.

Gesetzt aber, es wäre in Fig. 5 FF' eine Kohle und KK' eine weifse Karte, so wird bei Verwendung des Auges die Kohle ebenfalls hinter der Karte hervortreten, was mit den aufgestellten Behauptungen ganz in Einklang ist. Das Bild der dunkeln Kohle steht wieder zwischen *mn*, das Bild der weifsen Karte zwischen *mo*, die Netzhautstelle *mn* gehört beiden Bildern an. Man darf nicht verlangen, dafs das helle Kartenbild das dunkle Kohlenbild ganz verdränge, dazu ist das Licht der Karte viel zu wenig glänzend, und das Bild der Kohle viel zu tief schattig. Licht und Schatten gleichen sich auf der Netzhautstelle *mn* in so weit aus, dafs das Kartenbild hier dunkler, oder, was dasselbe sagt, das Kohlenbild heller scheint, daher sieht man neben der hellen Karte eine ins Graue spielende Kohle.

Streng genommen sieht man also in dergleichen Fällen, wo nach Bewegung des Auges eine früher bestandene Deckung wegfällt, nicht einen Gegenstand *neben* dem andern, sondern einen Gegenstand *durch* den andern. Wer ein geübtes Auge hat, kann diefs in vielen Fällen deutlich wahrnehmen, und ich sehe (obschon sehr unvollkommen) selbst in dem Experiment von Mile Licht und Karte an derselben Stelle. Deutlicher und wohl den Meisten wahrnehmbar wird diefs in dem folgenden Experimente. Man betrachte das Flammenbildchen eines nicht flackernden Lichtes, und bedecke es durch eine vorgehaltene Karte dermafsen, dafs der obere, horizontale Rand der Karte die Flammenspitze nur eben bedeckt.

deckt. Dann hebe man das Auge. Sogleich kommt die
Spitze der Flamme zum Vorschein, welche aber diefsmal
nicht sowohl über der Karte vorspringt, als vielmehr in
einem Einschnitte der Karte sichtbar wird. Diese interessante Modification der Erscheinung erkläre ich mir
auf folgende Weise: Das Flammenbildchen ist in diesem
Versuche so schmal, dafs es nicht ausschliefslich den Theil
der Netzhaut einnimmt, welcher hinreichend deutlich empfindet. Es wird nicht blofs das Flammenbildchen, welches auf den empfindlichsten Theil der Netzhaut zu stehen kommt, sondern auch der zu beiden Seiten liegende
Contur des Kartenbildes mit ziemlicher Deutlichkeit erkannt, und so sieht man, dafs die Flammenspitze wie
durch einen Einschnitt der Karte hindurch scheint. Nun
springt zwar die Flammenspitze über den Contur der
Karte allerdings etwas vor, allein diefs erklärt sich aus
der bekannten Thatsache, dafs alle lichten Gesichtsobjecte
gröfser erscheinen als die dunkeln.

Ein Experiment, welches mit den hier aufgestellten
Grundsätzen in Widerspruch scheinen könnte, ist folgendes: Man stecke auf ein Bretchen lothrecht eine Stecknadel, betrachte diese gegen den hellen Himmel und
schiebe vor das Auge eine Karte, so dafs die Nadel
ihrer ganzen Länge nach von dem Rande der Karte nur
eben verdeckt wird. Nun wende man das Auge, und
es wird nicht nur die Nadel zum Vorschein kommen,
sondern sie wird auch von der Karte durch einen Streifen hellen Himmels getrennt seyn. Allein auch hier ist
die Erklärung ihren Principien nach dieselbe wie früher.
Es sey diefsmal in Fig. 5 FF' der Diameter der Stecknadel, und HH' sey der helle Hintergrund des Himmels.
Von diesem Hintergrunde ist ein grofser Theil durch die
Karte verdeckt, unter andern auch die Stelle hh, welche
hier allein in Frage kommt. Weder diese Stelle des
Himmels, noch die Stecknadel kann Lichtstrahlen ins
Auge schicken, wenn die Pupille bei P steht, dagegen

können es beide, wenn die Pupille nach *p* rückt. Nun muß sich für die Stecknadel ein Schattenbildchen zwischen *mn*, für die Partie *hh* des hellen Himmels ein Lichtbildchen zwischen *ma*, und endlich für die Karte ein Schattenbild zwischen *mo* darstellen. Die Netzhautstelle *oa* erhält blofs Schatten; die Stelle *an* erhält Schatten von der Karte und Glanzlicht vom Himmel, welches letztere die Empfindung des Schattens fast ganz aufhebt; die Stelle *nm* endlich erhält dieses Glanzlicht zwar auch, allein es erhält nicht blofs einmal Schatten von der Karte, sondern noch ein zweites Mal Schatten von der Stecknadel, daher diefsmal der Schatten, obschon abgeschwächt, doch deutlich zur Empfindung kommt. Hieraus ergiebt sich, dafs die schattige Stecknadel von der schattigen Karte durch einen hellen Streifen getrennt seyn mufs.

Die vorstehenden Mittheilungen werden, wie ich hoffe, jedenfalls die Sorgfalt meiner früheren Beobachtungen rechtfertigen, ob auch die Richtigkeit meiner Schlüsse, überlasse ich den Theoretikern zu entscheiden. Die von mir aufgestellte Lehre von dem Gange der Richtungslinien und von der Lage des Drehpunktes ist für die Betrachtung des Sehprocesses so brauchbar, dafs es mir angemessen schien, sie so lange zu halten, als diefs der Erfahrung gemäfs möglich ist, und in den Beobachtungen von Mile finde ich nichts, was geeignet wäre, jene Lehre zu widerlegen.

III. *Ueber eine Scheibe zur Erzeugung subjectiver Farben; von G. T. Fechner.*

Es ist zur Genüge bekannt, daſs man durch Drehung einer mit Farben in angemessener Weise bemalten Scheibe Weiſs oder Grau erzeugen kann. Seltsam scheint es mir, daſs man ein Phänomen noch nicht wahrgenommen, was gewissermaſsen die Umkehrung des vorigen ist. Dreht man rasch eine mit einer Abwechselung von Weiſs und Schwarz bedeckte Scheibe, so entstehen Farben. Ich machte diese Beobachtung zuerst zufällig. Ich hatte mir, um durch Drehen einer Scheibe verschiedene Abstufungen von Grau zu erzeugen, eine Pappscheibe von 18 Par. Zoll Durchm. fertigen lassen, welche in 18 gleich breite concentrische Kreisringe getheilt war. Der innerste war ganz schwarz, der nächste enthielt 20 Grade, der folgende 30 Grade weiſse Fläche u. s. f., so daſs also der äuſserste 18te ganz weiſs war. Fig. 7 Taf. III stellt diese Anordnung dar, wie sie für bloſs 7 Kreisringe seyn würde. Der Umriſs der schwarzen Figur ist, wenn man von den Ecken absieht (bei Eintheilung in unendlich viele Kreisringe), der einer archimedischen Spirale. Als nun diese Scheibe gedreht wurde, war ich erstaunt, anstatt Abstufungen reinen Grau's, vielmehr allerhand von der Mitte nach dem Umfang zu, so wie nach Beschaffenheit der Drehungsgeschwindigkeit sich ändernde Farben wahrzunehmen, die für mein Auge zwar nicht von starker Intensität, aber doch nicht ohne Lebhaftigkeit waren. Ich habe dieſs Phänomen vielen Personen gezeigt, und dabei gefunden, daſs es von ihnen mit sehr ungleicher Deutlichkeit wahrgenommen wird, was auch in Betracht seines subjectiven Ursprungs nicht auffallend seyn kann. Einige nannten die Farben brillant, Andere vermochten

kaum etwas davon zu sehen; doch glaube ich, dafs sie
Niemandem ganz entgangen sind. Göthe würde diese
Scheibe vielleicht sehr bequem für seine Theorie gefunden haben, indem man hier in der That Farben erscheinen sieht, wenn sich bei der Bewegung Schwarz (freilich nur so zu sagen) über Weifs schiebt, oder umgekehrt. Indefs ist der Grund der Erscheinung unstreitig
folgender: Gesetzt, die Scheibe bewege sich in der Richtung des Pfeils, so tritt für das als unbeweglich voraus-
gesetzte Auge bei a Schwarz an die Stelle des Weifs,
welches einen Augenblick vorher dort erblickt wurde.
Der Eindruck des so eben so erblickten Lichts verschwindet nun nicht sofort im Auge, und zwar nimmt er nicht
für alle Farbenstrahlen, welche das weifse Licht zusammensetzen, gleich schnell ab, wie sich durch andere Thatsachen (namentlich das Farben-Abklingen im geschlossenen Auge nach angeschauten hellen Bildern) genügend
darthun läfst, auf die ich in einer Fortsetzung meiner Untersuchungen über subjective Farben zurückkommen werde.
Die Farben erlöschen nun nach einander im Auge mehr
oder weniger, bis bei fortgesetzter Drehung der Rand b
an die Stelle von a kommt und neues weifses Licht mit
sich führt. So wie aber der Eindruck der verschiedenen
Farbenstrahlen verschieden schnell verschwindet, scheint
er sich andererseits auch bei Eintritt von Licht nach
Dunkelheit mit verschiedener Schnelligkeit wieder geltend
zu machen, so dafs hierdurch ein neuer Grund zu Farbenerscheinungen entsteht. Je nach der Disposition des
Auges, dem Abstande zwischen dem Rande a und b, welcher in den verschiedenen Kreisringen verschieden ist,
und der Schnelligkeit des Drehens mufs nun natürlich
schon ein gröfserer oder geringerer Antheil von Farben
im Auge erloschen seyn, bis neues Licht das Auge trifft
und die neu eintretende Farbenerscheinung sich mit der
partiell erloschenen zusammensetzt, und diefs bedingt die

Veränderlichkeit der Erscheinung, die sich in der That
schwer auf feste Bestimmungen bringen läfst.

Ich habe allerdings versucht, diefs zu thun, indem
ich beobachtete, wie sich bei anfangs langsamer, dann
zunehmend schneller Drehung die Farben entwickeln und
ändern; indefs haben Andere von dem, was ich hierbei
wahrnahm, nichts deutlich erblicken können, was vielleicht
auf der vorzugsweise gesteigerten Empfindlichkeit meines
Auges für subjective Farben beruht.

Bei dem precären Werthe, den die subjective Ein-
zeln-Wahrnehmung haben würde, will ich sie übergehen,
und blofs folgenden Umstands erwähnen, den ich selbst
mit der gröfsten Entschiedenheit wahrnehme und den
mehrere Andere wenigstens undeutlich bemerkt haben.
Wenn die Scheibe so langsam gedreht wird, dafs die
einzelnen Zacken der Figur noch einigermafsen unterschieden werden können, so sehe ich diese Zacken schon
farbig gesäumt, und zwar mit vorwaltendem Blaugrün,
wenn die Drehung in Richtung des Pfeils geschieht, mit
vorwaltendem Rothgelb, wenn sie in entgegengesetzter
Richtung geschieht.

Prof. Möbius bemerkte, als ich ihm diesen Versuch
zeigte, noch einen besonderen Umstand, auf den ich selbst
nicht aufmerksam geworden war, der aber frappant ist
und von Jedem in gleicher Weise wahrgenommen wird.
Wenn die langsame Drehung in Richtung des Pfeils geschieht, so scheint sich die schwarze Figur auszudehnen,
wenn sie dagegen in entgegengesetzter Richtung geschieht,
sich zusammenzuziehen. Besonders diese Zusammenzie-
hung, dieses Einkriechen der Figur, ist sehr auffallend;
aber auch die Ausdehnung im ersten Falle unverkennbar.

Wendet man statt einer schwarzen Figur auf weifsem
Grunde eine ähnliche weifse auf schwarzem Grunde an,
so zeigen sich ähnliche, obwohl in der Helligkeit modificirte Farbenerscheinungen. Bei mäfsiger Drehungsge-

schwindigkeit zeigen sich mir aber hier die Zacken rothgelb gesäumt, wenn die Drehung in Richtung des Pfeils
geschieht, blaugrün bei entgegengesetzter Drehung. Die
scheinbare Verkleinerung oder Vergröfserung der Figur
tritt aber bei denselben Drehungsrichtungen als vorhin ein.

Wenn man statt der Spiralfigur einen einzigen weifsen Sector auf einer schwarzen Scheibe oder umgekehrt
befestigt und das Ganze in rasche Drehung versetzt, so
zeigen sich, wie zu erwarten, die Farben nicht minder.
Unter Anwendung eines weifsen Halbkreises auf einer
schwarzen Scheibe stellt sich mir bei mäfsig hellem Ta-
geslichte die Erscheinung so dar: bei mäfsiger Drehungsgeschwindigkeit färbt sich die Scheibe gelb, dann bei zunehmender Geschwindigkeit successiv gelbgrün, grün, schön
hellblau. Durch diese die Scheibe überziehenden allgemeinen Tinten flimmert aber eine bunte Marmorirung
durch, welche während der gelben Phase der Erscheinung hauptsächlich aus blauen Adern oder Fasern, die
sich durch das Gelb hindurchziehen, besteht, bei rasche-
rer Drehung aber successiv ändert. Wenn man nach
erreichter hellblauer Phase die Geschwindigkeit noch mehr
vermehrt, so ist keine gleichförmige Tinte mehr wahrzunehmen, sondern die ganze Scheibe überdeckt sich jetzt
mit einem tapetenartigen Muster von zusammenhängenden
mehrfarbigen Maschen oder Zellen, hier und da mit Ein-
streuung gröfserer Flecke. Dieses vielfarbige zellige Muster ist das constanteste bei dieser ganzen Gattung von
Erscheinungen. Es ward nämlich bei hinreichend rascher
Drehung der Scheibe von den verschiedensten Personen,
bei verschiedener Helligkeit der Beleuchtung, und bei
Sectoren auch von anderen Winkeln als 180° wahrgenommen, zeigt sich daher auch auf den verschiedenen
Kreisringen der erstbeschriebenen Scheibe. Was dagegen die Aufeinanderfolge der allgemeinen Farbentinten
bei zunehmender Drehungsgeschwindigkeit anlangt, so

habe ich selbst weder bei direct einfallendem Sonnenlicht, noch bei dämmerndem Tageslicht sie noch deutlich
in der vorhin angegebenen Art wahrzunehmen vermocht.
Sehr merkwürdig war mir bei Anwendung des weißen
Halbkreises unter direct einfallendem Sonnenlichte die
Erscheinung von unregelmäßig zerstreuten Stellen, welche vom schönsten Goldglanze strahlten, wenn die Scheibe
mit mäßiger Geschwindigkeit gedreht ward.

Wenn nach Erscheinung des zelligen Farbenmusters
die Geschwindigkeit über eine gewisse Gränze noch ferner vermehrt wird, so nimmt die Deutlichkeit desselben
mit wachsender Geschwindigkeit wieder ab. Unstreitig
würde man bei hinreichendem Wachsthum derselben reines Grau erhalten. In der That habe ich zwar mit der
mir zu Gebote stehenden Rotationsmaschine die Geschwindigkeit in keinem der Fälle, wo eine einzige Abwechselung zwischen Weiß und Schwarz im ganzen Umkreise
stattfand, bis zu dem Punkte zu treiben vermocht, daß
ein farbloses reines Grau erschienen wäre; sehr leicht
aber bei mehreren Abwechselungen, welcher Unterschied
auch nach der Ursache der Erscheinung leicht zu erwarten.

Wendet man z. B. eine Scheibe an, die in 12 abwechselnd weiße und schwarze Sectoren getheilt ist, so
erscheint das zellige Farbenmuster schon bei einer sehr
geringen Drehungsgeschwindigkeit, wo bei Anwendung
des weißen Halbkreises noch gar nichts davon zu sehen,
und vermehrt man die Geschwindigkeit noch etwas mehr,
so verfließt dies Muster in das reinste, gleichförmigste
Grau.

Es würde interessant seyn, zu untersuchen, bei wel-
chen Drehungsgeschwindigkeiten, oder welcher Anzahl von
Abwechselungen zwischen Weiß und Schwarz (wenn die
Geschwindigkeit constant ist) für verschiedene Augen das
Grau eintritt, indem sich hieraus eine Art Maaß für ge-
wisse subjective Eigenthümlichkeiten derselben entnehmen

liefse. Ich kann nämlich nicht umhin, zu glauben, dafs die Erscheinung der tapetenartigen Muster, da sie im Object keinen Grund haben kann, auf einer Verschiedenheit der einzelnen Stellen der Netzhaut in schneller Entäufserung und Aufnahme der verschiedenen Farbenempfindungen beruht.

Als practisches Resultat möchte aus Vorstehendem hervorgehen, dafs die von Talbot (in diesen Ann. Bd. XXXV S. 465) angegebene Scheibe zur Erzeugung verschiedener Abstufungen des Grau [1]), im Wesentlichen dieselbe, als die, welche ich zuerst beschrieben habe (mit der Spiralfigur), ihrem Zwecke nicht sehr gut entspricht. Man mufs, um mit mäfsigen Drehungsgeschwindigkeiten farbloses Grau zu erhalten, die dazu anwendenden Quantitäten von Weifs und Schwarz in *mehrfachen* Abwechselungen im Kreise vertheilen.

IV. *Ueber die Vortheile langer Multiplicatoren, nebst einigen Bemerkungen über den Streit der chemischen und der Contact-Theorie des Galvanismus; von G. Th. Fechner.*

Es ist hinlänglich bekannt, dafs derselbe Multiplicator nicht zur Anzeige aller Wirkungen mit gleichem Vortheil benutzt werden kann, dafs bei Ketten, in denen kein starker Leitungswiderstand wirksam ist (thermo-elektrische Ketten und hydro-elektrische einfache Ketten mit grofser erregender Oberfläche oder starker Leitungsflüssigkeit, magneto-elektrische Kreise aus verhältnifsmäfsig kurzen und dicken Drähten), eine grofse Anzahl Windungen des Multiplicators ohne Vortheil ist, dafs vielmehr wenig Win-

1) Es ist mir sehr auffallend, dafs Talbot beim Gebrauche derselben nichts von Farben wahrgenommen hat. Wenigstens findet sich nichts darüber angeführt.

dungen aus dickem Draht hier den Vorzug verdienen;
während dagegen, je gröfser der Widerstand in einer
Kette ist (je kleiner die erregende Oberfläche, je schlechter leitend die Flüssigkeit, je mehr und schlechtere Leiter in die Kette eingeschoben sind), um so nützlicher
wird es, die Anzahl der Windungen zu vermehren, um
so weniger nutzt die Dicke des Drahts, Umstände, die
sich aus der Ohm'schen Theorie ohne Schwierigkeit ableiten lassen, und die Jeder, der mit Multiplicatoren verschiedener Art zu operiren Gelegenheit hat, täglich bestätigt finden kann. Wer sich viel mit Versuchen im
Gebiete des Galvanismus und der Elektrochemie zu beschäftigen hat, sollte daher mit einem ganzen Sortiment
von Multiplicatoren verschiedener Art versehen seyn, und
namentlich ist darauf aufmerksam zu machen, dafs es für
manche Untersuchungen von besonderem Vortheil ist, die
Extreme in der Einrichtung des Multiplicators bereit zu
halten. Als das eine Extrem betrachte ich die Einrichtung des Multiplicators, welche ich früher in Schweigg.
Journ. beschrieben habe, bestehend aus einem einfachen
breiten und dicken Kupferstreifen, der eine einzige Windung um die Nadel macht. Sie leistet bei *einfachen* thermo-
elektrischen Ketten, und bei solchen magneto-elektrischen Wirkungen, wo der Strom keine langen und dünnen Drähte zu durchlaufen hat, vortreffliche Dienste, und
kann auch mitunter bei hydro-elektrischen Ketten Anwendung finden in Fällen, wo man bezweckt, dafs der Widerstand des Mefsapparats vernachlässigt werden könne,
was freilich voraussetzt, dafs die Verbindung mit den Er-
regerplatten auch durch kurze und dicke Metallstäbe geschehe. Für die Messungsmethode mittelst der Oscillationen bietet indefs dieser Multiplicator den Uebelstand
dar, dafs vermöge des Einflusses des breiten Kupferstrei-
fens auf die Nadel die Schwingungen sich sehr schnell
verkleinern. In diesem und manchem anderen Bezuge
möchte in den meisten Fällen die diesem Extrem zunächst

stehende Einrichtung vorzuziehen seyn, die ich mich erinnere, bei Prof. D o v e gesehen zu haben, bei welcher
ein Kupferstab so gebogen ist, dafs er einige wenige,
etwa vier, verticale Windungen neben einander macht,
zwischen welchen die Nadel schwebt. Ein solcher Multiplicator wird, da die geringere Breite und gröfsere Länge,
durch welche der gebogene Stab gegen den Streifen hinsichtlich des Leitungswiderstandes in Nachtheil steht, durch
eine Vermehrung seiner Dicke leicht compensirt werden
kann, immer noch blofs einen in fast allen Verhältnissen
verschwindenden Leitungswiderstand äufsern, und dabei
den Vortheil einer gröfseren Multiplication vor meiner
Einrichtung voraus haben.

Von viel ausgedehnterer Anwendung jedoch für viele
Untersuchungen bei hydro-elektrischen Ketten, so wie für
manche andere Zwecke, ist ein Multiplicator, der das
andere Extrem, möglichst viele Windungen aus dünnem
Draht, zu repräsentiren dient; und es scheint mir, dafs
man den Nutzen dieser Einrichtung noch nicht gehörig
ins Auge gefafst hat, da man bei den gebräuchlichen Multiplicatoren selten (obwohl es neuerdings von einigen
Beobachtern geschehen) [1]) über die Zahl von einigen
hundert Windungen hinausgeht, die in der That für viele
Fälle ausreichend oder selbst am zweckmäfsigsten sind,
dagegen es andere giebt, wo ein Multiplicator, dessen
Leitungswiderstand den aller anderen, die Kette bildenden, Theile bei Weitem überbietet, von aufserordent-
lichem Vortheil ist.

Ich bin jetzt im Besitze zweier Multiplicatoren dieser Art, wovon der längere, den ich mit L bezeichnen
will, eine Kupferdrahtlänge von 16454 Par. Fufs ent-

1) Namentlich hat Hofrath G a u f s in Göttingen zur Messung des In-
  ductionsvermögens der erdmagnetischen Kräfte einen Multiplicator von
  20000 Fufs Länge angewandt. Auch S c h ö n b e i n bedient sich eines
  Multiplicators von einigen Tausend Windungen.

hält [1]), von welcher 2 Fufs im unbekleideten Zustande im Mittel 0,226 Grammen wiegen (aus Wägung von 38 Drahtenden abgeleitet). Dieser Draht ist auf ein Gestell von 5 Zoll Länge, eben so viel Breite und 7,1 Linien Höhe, in der ganzen Breite des Gestells aufgewunden und macht um dasselbe 12076 Windungen, welche (nur für angenähert zu haltende) Zahl aus der Länge der er-

1) Die (nur für angenähert zu achtende) Bestimmung der Länge geschah so: Der Draht war auf 19 Rollen gewickelt. Vom Drahte jeder Rolle wurden 4 Fufs (2 Fufs von jedem Ende) abgeschnitten, und (sammt Seide) gewogen. Es wurde ferner das ganze Gewicht des auf jeder Rolle aufgewickelten Drahts, durch Wägen der Rolle vor und nach der Abwicklung, bestimmt, und unter Voraussetzung, dafs die Längen den Gewichten proportional seyen, hieraus die Länge jeder Drahtrolle berechnet. Allerdings kann diese Berechnung blofs eine Annäherung gewähren. Genau würde sie unter der Voraussetzung seyn, dafs entweder der Draht in jeder Rolle überall gleiche Dicke habe und allenthalpen gleichförmig übersponnen sey, was aber nicht der Fall, da die beiden Enden derselben Rolle im Allgemeinen beträchtliche Gewichtsverschiedenheiten sowohl im bekleideten Zustande, als nach Entfernung der Seide zeigten; — oder dafs die für beide Enden gefundenen Bestimmungen (aus denen das Mittel genommen wurde) wirklich das richtige Mittel für die ganze Drahtrolle gewähren, worauf man sich indefs auch nicht verlassen kann, schon aus dem Grunde, weil die Drahtzieher in dem Maafse, als sich beim Ziehen das Loch des Zieheisens erweitert, dasselbe immer von Neuem verengern, so dafs ein langer Draht immer abwechselnd anschwillt und sich wieder verdünnt. Diefs hindert auch, den Leitungswiderstand langer Drähte, sey es aus dem Gewichte, oder aus der direct gemessenen Länge, zu bestimmen. Ungeachtet der ganze, den langen Multiplicator bildende Draht zusammen, und als eine einzige Sorte, gefertigt und übersponnen war, waren doch die Extreme des Gewichts bei Wägung der 38 abgeschnittenen Enden von 2 Fufs Länge im bekleideten Zustande 0,198 und 0,307 Grammen; im unbekleideten Zustande 0,164 und 0,320 Grm. Bei dickeren Drähten mögen Unterschiede, die in so bedeutendem Verhältnisse zu einander stehen, nicht vorkommen; dafs sie aber auch hier bedeutend genug sind, um bei gröfseren Längen eine directe Vergleichung ihres Leitungswiderstandes nach der Länge zu hindern, davon habe ich mich sattsam überzeugt.

sten und letzten Windung mit Rücksicht auf die Ge-
sammtlänge des Drahts abgeleitet ist. Der andere Multiplicator, mit kleinerem Gestelle, welchen ich K nennen
will, enthält nicht ganz 3000 Fuſs Kupferdraht gleicher
Sorte in etwas mehr als 3000 Windungen aufgewunden,
und der Leitungswiderstand des ersten verhält sich zu
dem des letzten nach einer beiläufigen Messung wie
5,3ᴬ: 1.

Die Wirkungen, welche diese Multiplicatoren vor
anderen voraus haben, sind namentlich folgende:

1) Man kann mit ihnen die Ablenkung der Magnetnadel, welche die Maschinenelektricität im Bewegungszu-
stande hervorbringt, aufs Leichteste nachweisen. Der
längere Multiplicator, den ich in diesem Bezuge geprüft
habe, zeigte, wenn sein eines Ende mit dem Conductor
einer Elektrisirmaschine von mäſsiger Wirksamkeit, das
andere mit dem Boden in Verbindung stand, während
rascher Drehung der Maschine eine stehende Ablenkung
der Doppelnadel von ungefähr 45°.

Bei kürzeren Multiplicatoren gelingt es in der Regel nur, wenn für die Isolirung der Wirkungen, noch
auſser der Ueberspinnung mit Seide, besondere Sorge
getragen ist, jene Erscheinung nachzuweisen. Daſs der
lange Multiplicator auch ohne solche Vorsorge eine so
starke Wirkung zeigt, erklärt sich aus der in Göttingen
gemachten Beobachtung, daſs die Drahtlänge auf einen
Strom der genannten Art keine schwächende Wirkung
äuſsert, mithin hier das multiplicirende Princip der Win-
dungszahl ganz rein in Wirkung tritt. Wenn nun auch
vermöge der Unzulänglichkeit der isolirenden Eigenschaft
der Seide ein beträchtlicher Antheil der den Draht durch-
laufenden Elektricität für die Wirkung verloren geht, so
wird doch der Rückstand vermöge dieser starken Multiplication noch kräftig genug zu wirken im Stande seyn.

2) Bei Combination beider Multiplicatoren kann man
sehr schön ein in Göttingen mit gröſseren Magnetstäben

beobachtetes magneto-elektrisches Phänomen nachweisen.
Setzt man nämlich, während die Enden beider in genug-
same Entfernung von einander gestellter Multiplicatoren
mit einander communiciren, die aus zwei starken Nadeln
bestehende Doppelnadel des größeren Multiplicators in
Schwingung, so fängt die Doppelnadel des anderen Multiplicators von selbst an, mit zu schwingen.   Wofern man
es so einrichtet, daß die Periode der Schwingungen in
beiden Multiplicatoren coincidirt [1]) und die Schwingungen im großen Multiplicator in hinreichender Weite erhält, so gehen die freiwilligen Schwingungen im kleineren bis ungefähr 60° zu beiden Seiten der Gleichgewichtslage.   Durch Einhängung kleiner Magnetstäbchen anstatt
Magnetnadeln in den großen Multiplicator würden sich
die Wirkungen unstreitig noch verstärken lassen.

3) Eine Ursache der Wirkungsabnahme verliert bei
diesen Multiplicatoren merklich ihren Einfluß, so daß
die damit geschlossenen Ketten im Allgemeinen eine be-
merkenswerthe Constanz der Wirkung zeigen.   So z. B.
hatte die Kraft einer Zink-Kupferkette bei Schließung
mit dem Multiplicator L in schwach schwefelsaurem Wasser binnen 10 Minuten vom Anfange der Schließung an
um nichts Merkliches abgenommen, zeigte sich aber nach
$2\frac{1}{4}$ Stunden im Verhältniß von 1 : 0,83 geschwächt.

Bei Schließung unter ganz denselben Umständen
mit einem Multiplicator aus etwa 80 Windungen von
viel dickerem Draht, dessen Leitungswiderstand sich nach
directen Versuchen zum Widerstand von L wie 1 : 1187

---

1) Ich habe dies dadurch bewirkt, daß ich die Doppelnadel im größeren Multiplicator allemal zur rechten Zeit mittelst Annäherung eines
  schwachen Magnetstäbchens umlenkte.   Indeß würde man leicht auch
  eine natürliche Coincidenz der Periode der Schwingungen in beiden
  Multiplicatoren hervorbringen können, wenn man die Nadeln in angemessener Weise magnetisirte und die noch stattfindende Abweichung
  dadurch corrigirte, daß man die Nadelaxen der einen Doppelnadel,
  anstatt parallel, unter einen kleinen, zur Bewirkung der bezweckten
  Aenderung hinreichenden Winkel gegen einander stellte.

verhielt, fand sich die Kraft schon nach 5 Minuten im Verhältnifs von 1 : 0,387 geschwächt. Im Brunnenwasser fand bei dem Multiplicator L unter gegebenen Umständen binnen 5 Minuten eine Schwächung im Verhältnifs von 1 : 0,864, bei dem kurzen Multiplicator dagegen ein Verhältnifs von 1 : 0,154 statt, u. s. f.

Diese Eigenthümlichkeit langer Multiplicatoren erklärt sich aus Versuchen, welche ich in meinen Maafsbestimmungen über die galvanische Kette in Betreff der Wirkungsabnahme mitgetheilt habe. Ich habe dort gezeigt, dafs diese Wirkungsabnahme zum Theil auf einer continuirlich fortschreitenden Zunahme des Uebergangswiderstandes beruht. Nun leuchtet ein, dafs bei Schliefsung mit einem Multiplicator, gegen dessen Widerstand der Uebergangswiderstand überhaupt nicht sehr in Betracht kommt, auch die Vermehrung dieses Widerstandes, wenn sie in einem bestimmten Verhältnisse stattfindet, an Einflufs verlieren mufs; überdiefs ist sehr wahrscheinlich, dafs der Uebergangswiderstand um so schneller wächst, je gröfser die Stärke des Stroms ist; es mufs aber bei Schliefsung mit dem langen Multiplicator der Strom an sich viel schwächer ausfallen, als bei Schliefsung mit dem kurzen, was indefs nicht hindert, dafs seine Anzeige bei Schliefsung derselben Kette doch eben so stark oder stärker ausfällt, wegen der Vielheit seiner Windungen.

Allerdings hat, wie ich ebenfalls in meinen Maafsbestimmungen gezeigt habe, auf die Veränderung der Stromkraft noch ein anderer neuerdings unter andern auch von Munck näher untersuchter Umstand Einflufs, nämlich die Veränderung der elektromotorischen Kraft. Allein bemerkenswerther Weise schreitet diese nicht immer auf dieselbe Art continuirlich fort, als die Veränderung des Uebergangswiderstandes, sondern während dieser immerfort zunimmt, kann die elektromotorische Kraft lange Zeit merklich constant bleiben, bis man nach einiger Zeit auf einmal einen ganz andern Werth der elektromotorischen Kraft findet, der abermals längere Zeit constant bleiben kann, während inzwischen der Ueber-gangswiderstand continuirlich zunimmt.

Die Sprünge (oder vielmehr in kurzem Zeitraum vorgehenden Veränderungen) dieser Art, namentlich in concentrirten Flüssigkeiten (Schwefelsäure, Salpetersäure u. s. w.), sind wegen des Verhältnisses der dabei obwal-tenden elektromotorischen Kräfte sehr merkwürdig und lassen sich, wie überhaupt alle Verhältnisse, welche die elektromotorische Kraft angehen, mittelst der langen Mul-tiplicatoren sehr rein beobachten; man hat hier nicht (wie in Ermangelung solcher Multiplicatoren noch in meinen galvanischen Maaſsbestimmungen hat geschehen müssen) nöthig, erst durch Hülfsversuche und Rechnung die Com-plication mit den Veränderungen des Uebergangswider-standes und des Widerstandes der Flüssigkeit zu elimi-niren, wenn man sich nur einmal überzeugt hat, daſs diese gegen den constanten Theil, welchen der Draht zum Ge-sammtwiderstande hergiebt, verschwinden, was man leicht daran erkennt, daſs weder Näherung noch Vergröſserung der Platten etwas Merkliches mehr zur Vermehrung der Stromkraft beiträgt. Jene schnellen Veränderungen hän-gen wenigstens zum Theil von Veränderungen ab, wel-che die Metalle auch schon auſser Einfluſs der Kette durch die Flüssigkeit erfahren [1]), und in manchen Fällen coincidiren sie mit sichtbaren eben so schnellen Aende-rungen im chemischen Angriff der Flüssigkeit. Inzwischen kommen, wie ich mich neuerdings zur Genüge überzeugt habe, auch häufig allmälig fortschreitende Aenderungen der elektromotorischen Kraft vor. Weitere Details ver-spare ich für einen anderen Ort.

Nicht überflüssig mag hier folgende beiläufige Be-

---

1) **Munck af Rosenschöld** (diese Ann. Bd. XXXXIII S. 440), leitet sie vielmehr von eintretenden Gegenspannungen zwischen Flüs-sigkeit und Metall ab. Ich kann ihm hierin aus Gründen, die ich anderwärts darlegen werde, nicht beitreten.

merkung seyn. In neueren Zeiten hat man wegen der
grofsen Constanz ihrer Wirkung Zellen-Apparate sehr
empfohlen, in welchen mit Hülfe von Scheidewänden aus
thierischer Blase das Kupfer einseitig mit Kupfervitriollösung, das Zink mit Zinkvitriollösung in Berührung steht.
Es ist möglich, dafs diese Combination besondere Vortheile gewähre, möglich aber auch, dafs der Vortheil vor
gewöhnlichen Apparaten mit blofser Kupfervitriollösung
blofs durch den gröfseren Leitungswiderstand bedingt
werde, welchen die thierische Blase in die Flüssigkeit
bringt, da nach Versuchen in meinen Maafsbestimmungen
Verlängerung des flüssigen Leiters eben so wie Verlängerung des festen zur Retardation der Wirkungsabnahme
wirkt. Diefs verdiente wohl Versuche, da es einleuchtend ist, dafs man, im Fall diese Vermuthung richtig wäre,
die thierische Blase lieber durch einen Multiplicator von
mehr Windungen ersetzen würde, der die Wirkungen
in demselben (oder vielmehr noch gröfserem) Verhältnisse, als er sie durch seinen Widerstand schwächt, auch
vervielfältigt anzeigt. Ich selbst bediene mich schon seit
langer Zeit mit Vortheil solcher Ketten aus Zink-Kupfer
mit blofser Kupfervitriollösung unter Schliefsung mit langen Multiplicatoren, wo es mir auf Erhaltung constanter
Ströme ankommt. Ich habe bei grofser erregender Oberfläche, welche ebenfalls die Wirkungsabnahme retardirt,
Ströme erhalten, die während Stunden merklich constant
blieben, obschon ich, da ich mein Augenmerk nicht besonders darauf gerichtet habe, nicht versichern kann, dafs
diese Constanz vom ersten Momente der Schliefsung an
schon stattgefunden. Wo freilich der Strom nicht blofs
durch die Anzeige des Multiplicators stark erscheinen,
sondern an sich stark seyn soll, oder wo man Verhältnisse, welche den Leitungswiderstand der Flüssigkeit und
des Uebergangs betreffen, untersuchen will, verliert diefs
Mittel seine Brauchbarkeit.

4) Von vorzüglicher Brauchbarkeit sind diese In-
stru-

strumente zu Versuchen in destillirtem Wasser oder anderen Flüssigkeiten von starkem Leitungswiderstande oder Uebergangswiderstande, indem man mit ihnen noch dann deutliche und mefsbare Wirkungen erhält, wo gewöhnliche Multiplicatoren beinahe die *Anzeige* versagen. Bei Anwendung von so langen Multiplicatoren verliert eine Menge von Fällen, welche die Anhänger der chemischen Theorie wenigstens früher zu Gunsten derselben geltend gemacht haben, wo nämlich bei mangelnder chemischer Wirkung auch die galvanische Wirkung aufhören soll, alles Gewicht, indem das Statthaben eines merklichen Stroms in solchen Fällen mittelst derselben sehr wohl wahrnehmbar ist.

5) Man kann mit sehr kleinen erregenden Oberflächen und sehr kleinen Quantitäten Flüssigkeit fast so viel ausrichten, als mit der gröfsten, was namentlich bei elektrochemischen Untersuchungen mit kostbaren Metallen und Flüssigkeiten von besonderem Vortheil ist. In der That ist es bei diesen Multiplicatoren, wofern nur der Widerstand der Flüssigkeit nicht sehr beträchtlich ist, fast gleichgültig, ob man eine grofse oder kleine erregende Oberfläche anwendet, was auch nicht anders seyn kann, da die Gröfse der erregenden Oberfläche nach der Contact-Theorie keinen Einflufs äufsert auf die elektromotorische Kraft, sondern nur, indem sie mehr Uebergangspunkte darbietet, zur Verminderung eines hier ohnehin nicht in Betracht kommenden Theils vom Gesammtwiderstande wirkt.

Zum Schlufs sey es mir noch erlaubt, um nicht die Leser durch eine besondere Abhandlung über den betreffenden Gegenstand zu ermüden, einige Worte über Schönbein's letzte Abhandlung zu Gunsten der chemischen Theorie zu sagen, die wenigstens in sofern hier nicht ganz am unrechten Orte stehen, als die Erklärungsweise der Wirkung langer Multiplicatoren hierbei mit in Frage kommt.

Schönbein glaubt, daſs mehrere Einwürfe, die ich gegen die chemische Theorie aufgestellt, sich durch gehörige Berücksichtigung des Leitungswiderstandes heben lassen, und beruft sich dabei auf de la Rive's Darstellung des Gegenstandes. Will man einer Grundvoraussetzung de la Rive's beipflichten, und noch eine andere Voraussetzung hinzufügen, so gebe ich zu, daſs es der Fall sey. Allerdings erschien mir jene Voraussetzung zu unklar und bei näherer Betrachtung in sich selbst zerfallend, als daſs ich in meinem früheren Aufsatze eine Berücksichtigung derselben für nöthig gehalten; da ich indeſs finde, daſs Andere in diesem Bezuge nicht gleicher Meinung sind, so mag nachträglich die Erörterung folgen, wie sich bei Berücksichtigung derselben die Sache stellt. Jene Grundvoraussetzung, auf welche de la Rive's Darstellung fuſst, ist die, daſs die Elektricitäten in der einfachen Kette an der Berührungsstelle des Zinks mit der Flüssigkeit zugleich beständig auseinandertreten, vermöge der chemischen Wirkung, und zugleich theilweise sich durch dieselbe Oberfläche beständig wieder vereinigen. Ich verstehe aber nicht, wie zwei stetig nach entgegengesetzten Richtungen auf dieselben Elektricitäten wirkende Kräfte eine gleichzeitige oder abwechselnde Bewegung derselben nach entgegengesetzten Richtungen hervorbringen können; es scheint sich mir dieſs mit keiner der Vorstellungen, nach welchen wir die Kräfte mathematisch zu behandeln pflegen, vereinbaren zu lassen [1]). Ich gebe aber sofort zu, daſs für Den, welcher Klarheit in diese Vorstellung zu bringen vermag, mein *Experimentum crucis* gegen die chemische Theorie aufhört, ein solches zu seyn, indem derselbe dann natürlich noch weniger Bedenken tragen wird, die andere Voraussetzung zu geneh-

---

1) Die Erfahrungsgründe, welche de la Rive p. 116 seiner *Recherches* dafür geltend macht, könnten, wie leicht erhellt, nur im Sinne einer schon festgestellten chemischen Theorie etwas beweisen, da sie nach anderen Theorieen auch andere Erklärungen zulassen.

migen, welche zur Erklärung desselben nach chemischen Ansichten erforderlich ist.

Um im Zusammenhange zu zeigen, worauf es hierbei ankommt, so stellt sich nach de la Rive. (*Recherches p.* 30) der Hergang wie folgt:

Das Zink einer durch den Multiplicator geschlossenen einfachen Zink-Kupfer-Kette nimmt durch den die natürlichen Elektricitäten zersetzenden Einfluß der chemischen Wirkung negative, die Flüssigkeit positive Elektricität an, und diese beiden Elektricitäten vereinigen sich theilweise wieder durch dieselbe Berührungsoberfläche des Zinks mit der Flüssigkeit, von welcher ihre Zersetzung ausgegangen war, theilweise auf dem entgegengesetzten Wege, indem sie in entgegengesetzten Richtungen an jener Berührungsstelle durch die Flüssigkeit und den Schließungsdraht strömen, und dieser letzte Antheil von Elektricitäten ist es nur, den wir als Strom durch den Multiplicator wahrnehmen. Die Theilung zwischen beiden Wegen geschieht nach Verhältniß der Leitung, die sie darbieten, oder, was dasselbe sagt, nach umgekehrtem Verhältniß ihres Leitungswiderstandes, wobei de la Rive den Uebergangswiderstand in Betreff des ersten Weges und dessen im Verhältniß der Vergröserung der erregenden Oberfläche erfolgende Abnahme in richtigen Anschlag bringt.

Nun läßt sich bei Zugeständniß jener ersten Voraussetzung zeigen, daß der Versuch, den ich als *Experimentum crucis* gegen die chemische Theorie angeführt habe, und den Schönbein durch abgeänderte Versuche bis jetzt nur bestätigt, nicht widerlegt hat [1]), so wie die

---

1) Daß das, was Schönbein S. 63 seiner Abhandlung gegen mich bemerkt, in der That auf Mißverständniß beruht, wird der aufmerksame Leser der meinigen leicht finden. Ich habe ein Ueberwiegen der Wasserzellen nicht als wesentlich, sondern nur in sofern behauptet, als durch verändernde Einwirkung der Säure die Homogenität der Plattenpaare in den widersinnig angeordneten Zellen aufgehoben

von mir unter No. 5 meiner Abhandlung erörterte Thatsache, daſs bei langem Schlieſsungsdrahte Verstärkung
der Leitungsflüssigkeit ihren Einfluſs zur Vermehrung der
Stromkraft verliere, nur durch die zweite Voraussetzung
mit der chemischen Theorie vereinbar wird, daſs der
Uebergangswiderstand stets in demselben Verhältnisse
durch Verstärkung oder Aenderung der Leitungsflüssigkeit abnimmt, als die Menge der erregten Elektricität
dadurch zurimmt, was zwar an sich möglich, aber weder
theoretisch vorauszusetzen, noch durch Versuche irgend
wahrscheinlich gemacht ist [1]), da natürlich jene und ähnliche Versuche, ohne einen Cirkelschluſs, nicht selbst als
Beweise dafür angeführt werden können.

In der That, es sey in einer einfachen Zink-Kupfer-
Kette die durch eine gegebene Flüssigkeit erregte Elektricitätsmenge E, der Widerstand der Flüssigkeit f, der
des Drahts d und der des Uebergangs w, so wird, zufolge der Theilung nach dem umgekehrten Verhältnisse
der Widerstände, durch den Multiplicator die Elektricitätsmenge

$$\frac{w\,E}{w+f+d}$$

gehen. Soll nun für den Fall, wo $f+w$ gegen d verschwindet, d. h. bei sehr langem Draht, jene Stromgröſse
im Multiplicator bei Veränderung der Flüssigkeit unverändert bleiben, so muſs w im umgekehrten Verhältniſs
von E stets zu- und abnehmen.

würde. Schönbein bemüht sich umständlich, zu zeigen, daſs die
Ströme, welche aus den widersinnig angeordneten Plattenpaaren in
den Draht übergehen, einander das Gleichgewicht halten. Dieſs
Gleichgewicht ist es ja aber eben, was ich der chemischen Theorie
als damit unvereinbar entgegenhalte.

1) Im Sinne der Contact-Theorie ist sogar diese Voraussetzung schon
durch positive Versuche widerlegt; ich lege aber in diesem Streite
kein Gewicht darauf, weil die chemische Theorie die Thatsachen,
welche den Beweis in jenem Sinne führen, anders deuten könnte.

Eben so bei meinem *Experimentum crucis*. Es läfst
sich zeigen, dafs, wenn die Summe der Uebergangswider-
stände in den Säurezellen *s* und die darin erregte Elektricitätsmenge *S* ist, in den Wasserzellen aber respective
w und *W*, die Gleichheit der Ströme, die aus beiden in
den Multiplicator übergehen, nach Annahme der ersten
Voraussetzung nur durch die zweite bestehen kann, dafs

$$s\,S = w\,W,$$

d. h., dafs in demselben Verhältnisse, als die entwickelte
Elektricitätsmenge in den Säurezellen wächst, der Uebergangswiderstand darin sich mindert.

Diese Voraussetzung hat freilich das wider sich, dafs,
wenn wir die Gröfse der Erregung durch Anwendung
eines positiveren Metalls in den Säurezellen statt durch
Verstärkung der Säure vermehren, sogleich nach der Erfahrung *s S* das Uebergewicht erhält. Mithin ist eigentlich noch eine dritte Voraussetzung, die ich den Anhän-
gern der chemischen Theorie selbst zu machen überlasse,
nöthig, um den Unterschied beider Fälle zu erklären.

Zieht man es vor, der chemischen Theorie mit allen
diesen Voraussetzungen beizupflichten, als der Contact-
Theorie, welche derselben nicht bedarf, so kann ich natürlich nichts dagegen haben; doch gestehe ich, dafs man
mir dann den Maafsstab, nach welchem über den Vorzug von Theorieen entschieden zu werden pflegt, *nicht
zu verkennen scheint.*

Dafs die Contact-Theorie die sonderbaren Veränderungen, welche die Metalle in Flüssigkeiten erfahren,
bis jetzt unerklärt läfst, gebe ich sofort zu; sie leistet
hierin bis jetzt durchaus nicht mehr, als die chemische
Theorie, von der man ein Gleiches aussagen kann. Die
Versuche, hypothetische Erklärungen davon im Sinne der
chemischen Theorie zu geben, kann man der letzteren
wohl nicht so sehr zu Gunsten anrechnen, indem sich
auch im Sinne der Contact-Theorie dergleichen Versuche
sehr wohl anstellen liefsen, durch welche weder etwas

für, noch wider die Sache entschieden werden kann. Bei freigestellten Annahmen wird es immer leicht seyn, jede beliebige Sache zu erklären, schwer aber, diese Annahmen als begründete nachzuweisen.

V. Berechnung und Interpolation der Brechungsverhältnisse nach Cauchy's Dispersionstheorie und deren Anwendung auf doppeltbrechende Krystalle; von G. Radicke.

Sind die Theilchen einer elastischen Flüssigkeit, wie man die des lichtverbreitenden Aethers nach der Undulationshypothese voraussetzt, durch anziehende oder abstoßende Kräfte unter sich verbunden, und wird das Gleichgewicht derselben dadurch gestört, daß sich eines der Theilchen um eine — mit dem gegenseitigen Abstand der Theilchen verglichen — sehr kleine Größe verschiebt, so wird in Folge dieser Verschiebung die ganze Flüssigkeit in eine undulirende Bewegung versetzt.

Geht die Bewegung so von statten, daß zu einer bestimmten Zeit die im Zustande des Gleichgewichts in irgend einer Ebene befindlichen Aethertheilchen um gleichviel und nach derselben Richtung ihre Lage geändert, und eine gleiche Geschwindigkeit angenommen haben: so bilden sich bei einer gewissen Beschaffenheit des Aethers drei Systeme ebener Wellen, welche jener Ebene parallel sind, sich aber dadurch von einander unterscheiden, daß sie sich im Allgemeinen mit ungleicher Geschwindigkeit fortpflanzen, und daß die Verschiebungen (die Schwingungsrichtungen) in ihnen auf einander senkrecht stehen.

Die Bedingung einer solchen Spaltung in drei Wellensysteme ist: daſs der Zustand des Gleichgewichts dadurch hervorgebracht wird, daſs die auf jedes beliebige Molekül des Aethers wirkenden Kräfte, welche von den Theilchen jedweder durch dasselbe gelegten Geraden ausgehen, zu beiden Seiten gleich und entgegengesetzt sind.

Die Hauptmomente, welche in dem mechanischen Theil der Optik zur Sprache kommen, und welche zur Feststellung der Gesetze der Lichtverbreitung führen, sind die *Fortpflanzungsgeschwindigkeit*, die *Schwingungsrichtung*, die *Schwingungsdauer* und die *Wellenlänge* in den drei Wellensystemen.

Stellt man die Schwingungsrichtungen durch die auf einander senkrechten Richtungen der Axen eines Ellipsoids, und die respective Fortpflanzungsgeschwindigkeit durch die Längen der Halbaxen desselben vor, so kommt es bei der Bestimmung der ersten beiden Momente nur darauf an, die Coefficienten der allgemeinen Gleichung des Ellipsoids

$$\mathfrak{L}x^2 + \mathfrak{M}y^2 + \mathfrak{N}z^2 + 2\mathfrak{P}yz + 2\mathfrak{Q}xz + 2\mathfrak{R}xy = 1$$

im Allgemeinen, und für jeden besonderen Fall zu bestimmen.

Nennt man die Werthe der drei Halbaxen $\frac{1}{s}$, so ist ihre Länge bestimmt durch die kubische, allemal drei reelle Wurzeln liefernde, Gleichung:

$$\left.\begin{array}{l}(\mathfrak{L}-s^2)(\mathfrak{M}-s^2)(\mathfrak{N}-s^2) - \mathfrak{P}^2(\mathfrak{L}-s^2) - \mathfrak{Q}^2(\mathfrak{M}-s^2) \\ \qquad - \mathfrak{R}^2(\mathfrak{N}-s^2) + 2\mathfrak{P}\mathfrak{Q}\mathfrak{R} = 0\end{array}\right\} (1)$$

und die Lage der auf einander senkrechten Axen (der Schwingungsrichtungen), wenn man die Cosinus der Winkel, welche sie mit den Axen der x, y, z bilden, respective durch A, B, C bezeichnet, ist gegeben durch die Gleichungen:

$$(\mathfrak{L}-s^2)A + \mathfrak{R}B + \mathfrak{Q}C = 0$$
$$\mathfrak{R}A + (\mathfrak{M}-s^2)B + \mathfrak{P}C = 0$$
$$\mathfrak{Q}A + \mathfrak{P}B + (\mathfrak{N}-s^2)C = 0.$$

Bedeutet m die Masse eines der Aethertheilchen, welches, von einem gegebenen anderen, dessen Masse m_i ist, um r im Zustande des Gleichgewichts entfernt, mit der Kraft $mm_i f(r)$ auf das letztere wirkt; sind ferner u, v, w die Coordinaten eines constanten, vom Ursprung der Coordinaten um $k^2 = u^2 + v^2 + w^2$ entfernten, Punktes der durch diesen Ursprung gehenden Normalen der ebenen Wellensysteme; sind überdiefs α, β, γ die Winkel, welche die Richtung mm_i mit den Axen der x, y, z bildet; und bezeichnet man

$$rf'(r) - f(r) \text{ durch } \varphi(r),$$

$$S\left\{\frac{mf(r)}{r}\left(1 - \cos[r(u\cos\alpha + v\cos\beta + w\cos\gamma)]\right)\right\} \text{ durch } \mathfrak{U},$$

$$\frac{m\varphi(r)}{r}\left(1 - \cos[r(u\cos\alpha + v\cos\beta + w\cos\gamma)]\right) \text{ durch } W,$$

(das Summenzeichen auf die sämmtlichen auf m_i wirkenden Aethertheilchen m bezogen):

so sind die von Cauchy gefundenen Werthe der Coefficienten des Ellipsoids:

$$\mathfrak{L} = \mathfrak{U} + S(W\cos^2\alpha), \quad \mathfrak{M} = \mathfrak{U} + S(W\cos^2\beta),$$
$$\mathfrak{N} = \mathfrak{U} + S(W\cos^2\gamma), \quad \mathfrak{P} = S(W\cos\beta\cos\gamma),$$
$$\mathfrak{Q} = S(W\cos\gamma\cos\alpha), \quad \mathfrak{R} = S(W\cos\alpha\cos\beta). \text{ [1]}$$

[1] Dieses Ellipsoid unterscheidet sich wesentlich von der Fresnel'schen Elasticitätsfläche, indem: einerseits die letztere gegen die Elasticitätsaxen eine *unveränderliche* Lage hat, und die *Radii Vektoren* die Fortpflanzungsgeschwindigkeiten der ebenen Wellen repräsentiren, während die Lage des Ellipsoids eine *veränderliche* ist und nur die *Axen* das Bestimmende sind; andererseits die Elasticitätsfläche nur *genäherte* Werthe liefert, welche überdiefs bei feineren Untersuchungen nicht mehr ausreichen. (Man vergl. des Verf. *Handbuch der Optik.* Berlin 1838. Bd. I p. 456.)

Ferner ist das in Rede stehende Ellipsoid nicht zu verwechseln mit dem Fresnel'schen Ellipsoid, welches gleichfalls eine *unveränderliche* Lage hat, und durch seine *Radii Vektoren* die Fortpflanzungsgeschwindigkeit der *Strahlen* ausdrückt.

Ist T die Schwingungsdauer, l die Wellenlänge und $\omega\left(=\frac{1}{s}\right)$ die Fortpflanzungsgeschwindigkeit, so sind die Gleichungen, welche diese Gröfsen unter sich verbinden:

$$T=\frac{2\pi}{s} \; , \; l=\frac{2\pi}{k}=\omega\,T.$$

Die vorstehenden Gleichungen sind die Hauptresultate der ersten beiden Paragraphen des Cauchy'schen Memoires.

Eine Folge der letzten Gleichungen ist, dafs die Fortpflanzungsgeschwindigkeit von der Wellenlänge abhängt, und da die Richtung der an der Gränze eines durchsichtigen Mittels gebrochenen Strahlen bei einerlei Incidenz (wenn man die senkrechte Incidenz ausnimmt) sich mit der Fortpflanzungsgeschwindigkeit ändert, so mufs die Brechung weifsen Lichtes im Allgemeinen stets mit Dispersion verbunden seyn.

Soll ein Mittel das weifse Licht *nicht* zerstreuen (wie der leere Raum und die Gase), so mufs die Beschaffenheit des Aethers in demselben von der Art seyn, dafs l und T proportional sind. Cauchy's Calcul zufolge (§. 9) tritt diese Bedingung ein, wenn die Aethertheilchen sich mit einer Kraft abstofsen, welche der vierten Potenz ihrer Entfernung umgekehrt proportional ist.

Complicirter sind die Bedingungen, welche in den zerstreuenden Mitteln in Absicht auf die Constitution des Aethers (die von dem Verhalten der Gröfsen m, r, α, β, γ, $f(r)$ abhängt) erfüllt werden müssen, wenn die Erscheinungen eine Folge der Theorie seyn sollen.

Als Bedingungen für einfachbrechende Mittel fand Cauchy (§. 3 und §. 4), wenn wegen der Kleinheit des r die mit höheren Potenzen dieser Gröfse multiplicirten Glieder vernachlässigt werden, als für *jede* Lage der Coordinatenaxen geltend 1) die Relationen:

$$\left.\begin{array}{l} S[mrf(r)\cos\beta\cos\gamma]=S[mrf(r)\cos\gamma\cos\alpha] \\ \quad=S[mrf(r)\cos\alpha\cos\beta]=0 \end{array}\right\}\text{(a)}$$

und:

$$S[mr\varphi(r)\cos^a\alpha\cos^b\beta\cos^c\gamma]=0$$

für alle ungerade Zahlenwerthe, welche $a+b+c=2$ machen.

2) Die Relationen:

$$S[mrf(r)\cos^2\alpha]=S[mrf(r)\cos^2\beta]=S[mrf(r)\cos^2\gamma]\ldots(b)$$

und:

$$\left.\begin{aligned}S[mr\varphi(r)\cos^2\beta\cos^2\gamma]&=S[mr\varphi(r)\cos^2\gamma\cos^2\alpha]\\&=S[mr\varphi(r)\cos^2\alpha\cos^2\beta]=\tfrac{1}{3}S[mr\varphi(r)\cos^4\alpha]\\&=\tfrac{1}{3}S[mr\varphi(r)\cos^4\beta]=\tfrac{1}{3}S[mr\varphi(r)\cos^4\gamma].\end{aligned}\right\}\quad(c)$$

Als Bedingungen für doppeltbrechende einaxige Mittel fand derselbe, wenn man die optische Axe mit der Axe der z zusammenfallen läfst, die Erfüllung 1) der Gleichungen (a), 2) der Gleichungen:

$$S[mrf(r)\cos^2\alpha]=S[mrf(r)\cos^2\beta]$$
$$S[mr\varphi(r)\cos^2\gamma\cos^2\beta]=S[mr\varphi(r)\cos^2\gamma\cos^2\alpha]$$

und:

$$S[mr\varphi(r)\cos^2\alpha\cos^2\beta]=\tfrac{1}{3}S[mr\varphi(r)\cos^4\alpha]$$
$$=\tfrac{1}{3}S[mr\varphi(r)\cos^4\beta].$$

Verfolgt man die Rechnung weiter, indem man nur die Gleichungen (a) als Bedingungen beibehält, und zwar in Bezug auf die Elasticitätsaxen als Coordinatenaxen, so kommt man auf die von Neumann (Pogg. Ann. Bd. XXVI) und mithin auch auf die von Fresnel für doppeltbrechende zweiaxige Krystalle des prismatischen Systems aufgestellten Polarisationsgesetze, sobald man die in den Gleichungen (b) enthaltenen Summen als sehr klein im Verhältnifs zu den in den Gleichungen (c) enthaltenen Summen voraussetzt, eine Bedingung, welche auch (bei der Annahme, dafs die Schwingungen in der Polarisationsebene erfolgen) erfüllt seyn mufs, wenn die Cauchy'schen Formeln für einaxige Krystalle mit den Fresnel'schen in Einklang treten sollen [1]).

Bezeichnet man durch a, b, c die Cosinus der Winkel, welche die Normale der Wellenebene mit den Axen

1) Man vergl. das oben erwähnte Handbuch des Verf. Bd. I p. 66.

der x, y, z macht, und durch δ die Winkel zwischen dieser Normale und der Richtung $mm_{\prime}$, so hat man

$$a=\frac{u}{k}\,,\quad b=\frac{v}{k}\,,\quad c=\frac{w}{k}\quad \text{und}\quad k\cos\delta=u\cos\alpha+v\cos\beta+w\cos\gamma.$$

Es wird mithin $u=S\left[\dfrac{2mf(r)}{r}\sin^2\left(\dfrac{kr\cos\delta}{2}\right)\right]$ und

$$W=\frac{2m\varphi(r)}{r}\sin^2\left(\frac{kr\cos\delta}{2}\right),$$ und man erhält, wenn man die Sinus in Reihen entwickelt, Glieder, welche sämmtlich mit Faktoren von der Form $k^{2n}r^{2n-1}$ multiplicirt sind. Es lassen sich daher auch die Coefficienten $\mathfrak{L}$, $\mathfrak{M}$, $\mathfrak{N}$, $\mathfrak{P}$, $\mathfrak{Q}$, $\mathfrak{R}$, und demnach, wie sich wenigstens für die der Richtung der Elasticitätsaxen folgenden Strahlen streng erweisen läfst, die durch die Gleichung (1) bestimmten Werthe von s^2 [1]) in Reihen von derselben Form entwikkeln, so dafs dieselben wegen der Kleinheit des r sehr rasch convergiren.

Ist die resultirende Reihe:

$$s^2=a_1k^2+a_2k^4+a_3k^6+\text{etc.,}\quad\ldots\quad(2)$$

so erhält man, da $s^2=k^2\omega^2$ $\left(\text{wegen } k=\dfrac{2\pi}{l}\right)$ ist,

$$\omega^2=a_1+a_2k^2+a_3k^4+\text{etc.}$$

als die Gleichung, welche die Abhängigkeit zwischen der Wellenlänge und der Fortpflanzungsgeschwindigkeit ausdrückt.

Kehrt man die Reihe (2) um, so nimmt sie die Form

$$k^2=b_1s^2+b_2s^4+b_3s^6+\text{etc.}$$

an. Man erhält die Coefficienten b_1, b_2, b_3 ...., wenn man s^2, s^4, s^6 etc. mittelst (2), d. h. mittelst

---

1) Fällt nämlich die Normale mit einer der Elasticitätsaxen zusammen, so wird $\mathfrak{P}=\mathfrak{Q}=\mathfrak{R}=0$, und die Gleichung des Ellipsoids wird $\mathfrak{L}x^2+\mathfrak{M}y^2+\mathfrak{N}z^2=1$; die Quadrate der Halbaxen desselben werden daher $\dfrac{1}{\mathfrak{L}}$, $\dfrac{1}{\mathfrak{M}}$, $\dfrac{1}{\mathfrak{N}}$.

$$s^2 = a_1 k^2 + a_2 k^4 + a_3 \quad k^6 + \dots$$
$$s^4 = \qquad a_1{}^2 k^4 + 2 a_1 a_2 k^6 + \dots$$
$$s^6 = \qquad a_1{}^3 \quad k^6 + \dots$$

eliminirt, wodurch sich ergiebt:

$$k^2 = a_1 b_1 k^2 + (a_2 b_1 + a^2{}_1 b_2) k^4$$
$$+ (a_3 b_1 + 2 a_1 a_2 b_2 + a_1{}^3 b_3) k^6 + \dots,$$

und die Coefficienten der gleichen Potenzen von k auf beiden Seiten einander gleich setzt, nämlich $a_1 b_1 = 1$, $b_2 b_1 + a_1{}^2 b_2 = 0$, $a_3 b_1 + 2 a_1 a_2 b_2 + a_1{}^3 b_3 = 0$ etc.

Man gewinnt demnach:

$$k^2 = \frac{1}{a_1} s^2 - \frac{a_2}{a_1{}^3} s^4 + \frac{a_1 a_3 - 2 a_2{}^2}{a_1{}^5} s^6 - \text{etc.}$$

Da $a_1, a_2, a_3 \dots$ beziehlich $r, r^3, r^5 \dots$ als Faktoren enthalten, so sind dieselben, wenn r in Absicht auf die Kleinheit von der ersten Ordnung ist, beziehlich von der 1sten, 3ten, 5ten ... Ordnung; mithin convergirt auch die Reihe für k^2 rasch, da jeder Coefficient um eine Ordnung niedriger ist, als der vorhergehende.

Es läfst sich ferner zeigen, dafs man denselben Grad der Näherung erreicht, man mag eine bestimmte Zahl Glieder in (2) oder eine *gleiche* Zahl Glieder in (3) beibehalten. Behält man nämlich in (2) und (3) nur *ein* Glied bei, so reduciren sich dieselben auf $s^2 = a_1 k^2$ und $k^2 = \frac{1}{a_1} s^2$, welche offenbar zusammenfallen. Behält man zwei Glieder bei, so erhält man aus (3), d. h. aus

$$k^2 = \frac{1}{a_1} s^2 - \frac{a_2}{a_1{}^3} s^4:$$

$$s^2 = \frac{a_1{}^2}{2 a_2} - \sqrt{\left[\tfrac{1}{4} \left(\frac{a_1{}^2}{a_2} \right)^2 - \frac{a_1{}^3}{a_2} k^2 \right]}$$

$$= a_1{}^2 \frac{1 - \sqrt{1 - 4 \frac{a_2{}^2}{a_1} k^2}}{2 a_2} = a_1 k^2 + a_2 k^4 + 2 \frac{a_2{}^2}{a_1} k^6$$

$$+ \frac{5 a_2{}^3}{a_1{}^2} k^8 + \dots,$$

welche Gleichung sich auf (2), d. h. auf $s^2 = a_1 k^2 + a_2 k^4$

reducirt, da $\frac{a_2{}^2}{a_1}$, $\frac{a_2{}^3}{a_1{}^2}$ von der 5ten, 7ten... Ordnung

sind. Aehnlich folgt es für die Beibehaltung mehrerer
Glieder.

Wollte man nun mittelst der Gleichung (3) k, und
mithin die Wellenlänge für irgend einen Strahl in irgend
einem Mittel bestimmen, so hätte man 1) die Coefficienten der Potenzen von s zu eliminiren, 2) die Werthe
von s durch bekannte Gröfsen zu ersetzen. Das erstere
wird möglich durch Zuziehung der Gleichung (3), wie
sie sich für andere Farbenstrahlen desselben Mittels bei
gleicher Lage der Wellenebene ergiebt, da in diesem Fall
in allen diesen Gleichungen a_1, a_2, a_3 ... dieselben Werthe haben; das zweite wird möglich durch Zuziehung der
Gleichung (3) für andere Mittel, welche dieselben Werthe von s zeigen. Da die Oscillationsdauer T durch die

Gleichung $l = \omega T$ bestimmt ist, und man $\omega = \dfrac{s}{k} = \dfrac{sl}{2\pi}$

hat, so ist $s = \dfrac{2\pi}{T}$, d. h. s wird durch die Farbe bestimmt, und man wird daher, um die Gleichungen zu ha-
ben, welche sich aus (3) für verschiedene Mittel bei
Gleichheit der Werthe von s ergeben, Strahlen derselben Farbe nehmen.

Die Ausführung ist von Cauchy auf folgende Art
geschehen: Begnügt man sich mit einer Näherung, welche
der Beibehaltung von $n-1$ Gliedern der Gleichung (3)
entspricht, und bezeichnet man durch s_1, k_1; s_2, k_2;
s_3, k_3; ... für irgend welche Farbenstrahlen eines bestimmten Mittels, welche beziehlich der 1ste, 2te, 3te...
Strahl heifsen mögen, die Werthe von s und k, so eli-
minire man b_1, b_2, b_3 ... aus $n-1$ der aus (3) zu ziehenden Gleichungen:

$$k_1{}^2 = b_1 s_1{}^2 + b_2 s_1{}^4 + b_3 s_1{}^6 \dots$$
$$k_2{}^2 = b_1 s_2{}^2 + b_2 s_2{}^4 + b_3 s_2{}^6 \dots$$
$$k_3{}^2 = b_1 s_3{}^2 + b_2 s_3{}^4 + b_3 s_3{}^6 \dots$$
$$k_n{}^2 = b_1 s_n{}^2 + b_2 s_n{}^4 + b_3 s_n{}^6 \dots$$

Für $n=2$ erhält man alsdann:

$$k_n{}^2 = \frac{s_n{}^2}{s_1{}^2} k_1{}^2,$$

für $n=3$:

$$k_n{}^2 = \frac{s_n{}^2 - s_2{}^2}{s_1{}^2 - s_2{}^2}\, \frac{s_n{}^2}{s_1{}^2} k_1{}^2 + \frac{s_n{}^2 - s_1{}^2}{s_2{}^2 - s_1{}^2}\, \frac{s_n{}^2}{s_2{}^2} k_2{}^2,$$

für $n=4$:

$$k_n{}^2 = \frac{(s_n{}^2 - s_2{}^2)(s_n{}^2 - s_3{}^2)s_n{}^2}{(s_1{}^2 - s_2{}^2)(s_1{}^2 - s_3{}^2)s_1{}^2} k^2$$

$$+ \frac{(s_n{}^2 - s_3{}^2)(s_n{}^2 - s_1{}^2)s_n{}^2}{(s_2{}^2 - s_3{}^2)(s_2{}^2 - s_1{}^2)s_2{}^2} k_2{}^2$$

$$+ \frac{(s_n{}^2 - s_1{}^2)(s_n{}^2 - s_2{}^2)s_n{}^2}{(s_3{}^2 - s_1{}^2)(s_3{}^2 - s_2{}^2)s_3{}^2} k^3$$

$$\text{etc.,}$$

das heißt:

$$\frac{k_1{}^2}{s_1{}^2(s_1{}^2 - s_n{}^2)} + \frac{k_n{}^2}{s_n{}^2(s_n{}^2 - s_1{}^2)} = 0,$$

$$\frac{k_1{}^2}{s_1{}^2(s_1{}^2 - s_2{}^2)(s_1{}^2 - s_n{}^2)} + \frac{k_2{}^2}{s_2{}^2(s_2{}^2 - s_1{}^2)(s_2{}^2 - s_n{}^2)}$$

$$+ \frac{k_n{}^2}{s_n{}^2(s_n{}^2 - s_1{}^2)(s_n{}^2 - s_2{}^2)} = 0,$$

oder allgemein:

$$S\left[\frac{k_a{}^2}{s_a{}^2\, P(s_a{}^2 - s_b{}^2)} \right] = 0, \quad \ldots \quad (4)$$

wo das Summenzeichen sich auf die verschiedenen Werthe von a bezieht, welche die ersten n ganzen Zahlen vorstellen, und wo $P(s_a{}^2 - s_b{}^2)$ das Product:

$$(s_a{}^2 - s_1{}^2)(s_a{}^2 - s_2{}^2)(s_a{}^2 - s_3{}^2)\ldots(s_a{}^2 - s_{b-1}{}^2)(s_a{}^2 - s_{b+1}{}^2)\ldots$$
$$(s_a{}^2 - s_n{}^2)$$

bezeichnet. Ersetzt man die mit $k_a{}^2$ multiplicirten Glieder durch K_a, so heißt die letzte Gleichung:

$$K_1 + K_2 + K_3 \ldots + K_n = 0, \quad \ldots \ldots \quad (5)$$

welche unabhängig von der Natur des Mittels ist und nur von s abhängt. Ist daher ein Werth von k in einem anderen Mittel $= k_a'$, und gehört derselbe einem Strahl an, für den s dem Werthe s_a des $a$ten Strahls im ersten

Mittel gleich ist, so läfst sich $k_a' = \theta_a k_a$ setzen, wo θ_a constant ist, da k_a und k_a' constant sind. $\theta_a = \dfrac{k_a'}{k_a} = \dfrac{\omega}{\omega'}$ ist das Verhältnifs der Fortpflanzungsgeschwindigkeiten, also das Brechungsverhältnifs des Strahls beim Uebergang aus dem ersten Mittel in das zweite. Die Gleichung (4) wird alsdann für das zweite Mittel:

$$S\left[\frac{k_a^2\,\theta_a^2}{s_a^2\,P\,(s_a^2 - s_b^2)}\right], \quad \ldots \quad (6)$$

oder, wenn man $\theta_a^2 = \Theta_a$ setzt,

$$K_1\,\Theta_1 + K_2\,\Theta_2 + K_3\,\Theta_3 + K_4\,\Theta_4 \ldots + K_n\,\Theta_n = 0. \ldots (7)$$

Sind für ein 3tes, 4tes … Mittel θ', Θ'; θ'', Θ''; … die Werthe von θ und Θ, so hätte man für dieselben:

$$\left.\begin{array}{l}K_1\,\Theta_1' + K_2\,\Theta_2' + K_3\,\Theta_3' \ldots + K_n\,\Theta_n' = 0\\K_1\,\Theta_1'' + K_2\,\Theta_2'' + K_3\,\Theta_3'' \ldots + K_n\,\Theta_n'' = 0\end{array}\right\} (8)$$

etc.

Die Gröfsen K_1, K_2, $K_3 \ldots K_n$ lassen sich nun mittelst n der Gleichungen eliminiren, und somit Θ_n in Θ_a, Θ_a', $\Theta_a'' \ldots$ ausgedrückt finden. Das Brechungsverhältnifs θ_n ist also bestimmbar, wenn $n-1$ Brechungsverhältnisse desselben Mittels, und die Brechungsverhältnisse für die entsprechenden n Strahlen in anderen Mitteln bekannt sind. Nimmt man zum ersten Mittel den leeren Raum, so werden θ_a, $\theta_a' \ldots$ die absoluten Brechungsverhältnisse.

Das erste Eliminationsverfahren Cauchy's, durch welches mit der gröfsten Geschicklichkeit die Beobachtungsfehler in den zum Grunde gelegten Messungen zu compensiren gesucht wurden, ist folgendes:

Es seyen θ_1, θ_2, $\theta_3 \ldots \theta_7$ die zu den Fraunhofer'schen Strahlen B, C, D, E, F, G, H gehörenden Werthe, ferner:

$$\begin{array}{l}S\ \Theta_a = \Theta_1 + \Theta_2 + \Theta_3 + \Theta_4 + \Theta_5 + \Theta_6 + \Theta_7\\S'\ \Theta_n = \Theta_1 + \Theta_2 + \Theta_3 + \Theta_4 - \Theta_5 - \Theta_6 - \Theta_7\\S''\ \Theta_a = -\Theta_1 - \Theta_2 + \Theta_3 + \Theta_4 + \Theta_5 + \Theta_6 - \Theta_7\\S'''\Theta_a = -\Theta_1 + \Theta_2 + \Theta_3 - \Theta_4 - \Theta_5 + \Theta_6 + \Theta_7;\end{array}$$

ferner:

$$\Sigma \Theta_b = \Theta_b + \Theta_b{}' + \Theta_b{}'' + \Theta_b{}''' + \ldots$$

für einen *bestimmten* bten Strahl, und $\Sigma' \Theta_b$, $\Sigma'' \Theta_b$ etc. dieselbe Summe, aber mit ähnlichem Zeichenwechsel, wie die Summen $S' \Theta_a$, $S'' \Theta_a$, $S''' \Theta_a$.

Man setze nun, wenn Θ_c bestimmt werden soll,

$$\Theta_c = \vartheta_c + \vartheta_c{}' + \vartheta_c{}'' + \vartheta_c{}''' + \ldots,$$

wo ϑ_c den Näherungswerth von Θ_c bedeutet, den man erhält, wenn man nur *ein* Glied in (3) beibehält, oder, was dasselbe ist, wenn man nur 2 Glieder in (5; 7, 8) beibehält, und wo $\vartheta_c + \vartheta_c{}'$, $\vartheta_c + \vartheta_c{}' + \vartheta_c{}''$, $\vartheta_c + \vartheta_c{}' + \vartheta_c{}'' + \vartheta_c{}'''$, etc. die Näherungswerthe von Θ_c vorstellen, welche der Beibehaltung von beziehlich 3, 4, 5 Gliedern in (5, 7, 8) entsprechen.

Um ϑ_c zu erhalten, setzt man daher in (6, 7) $n = 2$, welches giebt:

$$\frac{\Theta_1}{\Theta_2} = -\frac{K_2}{K_1} \;,\; \frac{\Theta_1{}'}{\Theta_2{}'} = -\frac{K_2}{K_1} \;,\; \frac{\Theta_1{}''}{\Theta_2{}''} = -\frac{K_2}{K_1} \;,\; \text{etc.,}$$

also:

$$\frac{\Theta_1}{\Theta_2} = \frac{\Theta_1{}'}{\Theta_2{}'} = \frac{\Theta_1{}''}{\Theta_2{}''} \; \text{etc.,}$$

folglich:

$$\frac{\Theta_1}{\Theta_1{}'} = \frac{\Theta_2}{\Theta_2{}'} = \frac{\Theta_3}{\Theta_3{}'} = \ldots = \frac{\Theta_7}{\Theta_7{}'} = \frac{S \Theta_a}{S \Theta_a{}'} = \frac{S' \Theta_a}{S' \Theta_a{}'} = \frac{S'' \Theta_a}{S'' \Theta_a{}'} \; \text{etc.,}$$

und ebenso:

$$\frac{\Theta_c}{\Theta_c{}''} = \frac{S \Theta_a}{S \Theta_a{}''} = \frac{S' \Theta_a}{S' \Theta_a{}''} = \frac{S'' \Theta_a}{S'' \Theta_a{}''} \; \text{etc.,} \quad \frac{\Theta_c}{\Theta_c{}'''} = \frac{S \Theta_a}{S \Theta_a{}'''} = \text{etc.,}$$

während aus den letzten Gleichungen wiederum folgt:

$$\frac{\Theta_c}{S \Theta_a} = \frac{\Theta_c{}'}{S \Theta_a{}'} = \frac{\Theta_c{}''}{S \Theta_a{}''} \; \text{etc.,}$$

mithin:

$$\frac{\Theta_c}{S \Theta_a} = \frac{\Theta_c + \Theta_c{}' + \Theta_c{}'' + \ldots}{S \Theta_a + S \Theta_a{}' + S \Theta_a{}'' + \ldots} = \frac{\Sigma \Theta_c}{\Sigma S \Theta_a},$$

wo $\Sigma S \Theta_a$ die im links daneben stehenden Nenner enthaltene Summe bedeutet. Die letzte Gleichung giebt:

$$\Theta_c =$$

$$\Theta_c = \frac{\Sigma \Theta_c}{\Sigma S \Theta_a} S \Theta_a,$$

oder da Θ_c der vorher mit ϑ_c bezeichnete Werth ist:

$$\vartheta_c = \frac{\Sigma \Theta_c}{\Sigma S \Theta_a} S \Theta_a. \quad \ldots \ldots \quad (9)$$

Dieser Werth von ϑ_c ist um so freier von Beobachtungs-fehlern, je gröfser die Zahl der Mittel, die man in die Rechnung gezogen hat, d. h. je gröfser die Zahl der Glieder in $\Sigma \Theta_c$ ist.

Der Näherungswerth von Θ_c, wenn man 3 Glieder in (5, 7, 8) beibehält, sey $\vartheta_c + \Delta \Theta_c$. Alsdann hat man, da aus (9) folgt:

$$S \vartheta_a = S \left[\frac{\Sigma \Theta_c}{\Sigma S \Theta_a} S \Theta_a \right] = \frac{\Sigma S \Theta_a}{\Sigma S \Theta_a} S \Theta_a = S \Theta_a$$

(wenn man unter $S \vartheta_c$ versteht: $\vartheta_1 + \vartheta_2 + \vartheta_3 \ldots + \vartheta_7$), und da $\Delta \Theta_c = \Theta_c - \vartheta_c$ ist:

$$S \Delta \Theta_a = S \Theta_a - S \vartheta_a = 0 \ldots \ldots \quad (10)$$

Die Gleichung (6) giebt:

$$K_1 \Theta_1 + K_2 \Theta_2 + K_3 \Theta_3 = 0 \ldots \ldots \quad (11)$$

oder da K von der Natur des Mittels unabhängig ist:

$$K_1 \Sigma \Theta_1 + K_2 \Sigma \Theta_2 + K_3 \Sigma \Theta_3 = 0.$$

Diese Gleichung verwandelt sich, da aus (9) folgt: $\Sigma \Theta_c = \vartheta_c \frac{\Sigma S \Theta_a}{S \Theta_a}$, in:

$$K_1 \vartheta_1 + K_2 \vartheta_2 + K_3 \vartheta_3 = 0,$$

welche Gleichung, in Verbindung mit (11) und mit $\Theta_c = \vartheta_c + \Delta \Theta_c$, liefert:

$$K_1 \Delta \Theta_1 + K_2 \Delta \Theta_2 + K_3 \Delta \Theta_3 = 0.$$

Eben so würde seyn:

$$K_1 \Delta \Theta_1 + K_2 \Delta \Theta_2 + K_4 \Delta \Theta_4 = 0$$
$$K_1 \Delta \Theta_1 + K_2 \Delta \Theta_2 + K_5 \Delta \Theta_5 = 0 \text{ etc.,}$$

welche Relationen in Verbindung mit (10), d. h. mit:

$$\Delta \Theta_1 + \Delta \Theta_2 + \Delta \Theta_3 \ldots + \Delta \Theta_7 = 0$$

auf Werthe von $\Delta \Theta_3$, $\Delta \Theta_4$, $\Delta \Theta_5$, $\Delta \Theta_6$, $\Delta \Theta_7$ führen, die nach $\Delta \Theta_1$ und $\Delta \Theta_2$ linear sind. Es ergiebt sich daher, dà diese Werthe von der Natur des Mittels unabhängig sind:

$$\frac{\varDelta\Theta_1}{\varDelta\Theta_2}=\frac{\varDelta\Theta_1{}'}{\varDelta\Theta_2{}'} \quad \text{oder} \quad \frac{\varDelta\Theta_1}{\varDelta\Theta_1{}'}=\frac{\varDelta\Theta_2}{\varDelta\Theta_2{}'};$$

und eben so:

$$\frac{\varDelta\Theta_1}{\varDelta\Theta_1{}'}=\frac{\varDelta\Theta_3}{\varDelta\Theta_3{}'}=\frac{\varDelta\Theta_4}{\varDelta\Theta_4{}'} \quad \text{etc.},$$

mithin:

$$\frac{\varDelta\Theta_c}{\varDelta\Theta_c{}'}=\frac{S'\varDelta\Theta_a}{S'\varDelta\Theta_a{}'} \quad {}^1),$$

oder da diese Gleichung für *jede* zwei Mittel gilt:

$$\frac{\varDelta\Theta_c}{S'\varDelta\Theta_a}=\frac{\varDelta\Theta_c{}'}{S'\varDelta\Theta_a{}'}=\frac{\varDelta\Theta_c{}''}{S'\varDelta\Theta_a{}''}=\text{etc.}=\frac{\varSigma'\varDelta\Theta_c}{\varSigma'S'\varDelta\Theta_a};$$

folglich:

$$\varDelta\Theta_c=\vartheta_c{}'=\frac{\varSigma'\varDelta\Theta_c}{\varSigma'S'\varDelta\Theta_a}S'\varDelta\Theta_a, \quad \ldots \ldots (12)$$

welcher Werth von $\vartheta_c{}'$ sehr frei von Beobachtungsfehlern ist, da die gemessenen Werthe aller Strahlen sämmtlicher zum Grunde gelegten Mittel gleichen Antheil haben.

Ganz auf dieselbe Weise kommt man zu den Werthen von $\vartheta_c{}''$. Setzt man nämlich $\vartheta_c{}''=\varDelta^2\Theta_c$, also, wenn $\varDelta\Theta_c$ den genäherteren Werth von $\varDelta\Theta_c$ bezeichnet, welcher der Beibehaltung von 4 Gliedern der Gleichungen (5, 7, 8) entspricht, $\varDelta\Theta_c=\vartheta_c{}'+\varDelta^2\Theta_c$, so kommt man auf demselben Wege, wie vorher, auf:

$$\left.\begin{array}{l} S\varDelta^2\Theta_a=0\ ,\ S'\varDelta^2\Theta_a=0, \\ K_1\varSigma\Theta_1+K_2\varSigma\Theta_2+K_3\varSigma\Theta_3+K_4\varSigma\Theta_4=0 \\ K_1\vartheta_1\ +\ K_2\vartheta_2\ +\ K_3\vartheta_3\ +\ K_4\vartheta_4\ =0 \\ K_1\varDelta\Theta_1+K_2\varDelta\Theta_2+K_3\varDelta\Theta_3+K_4\varDelta\Theta_4=0 \end{array}\right\} \ (13)$$

und wegen der Unabhängigkeit des K_a von der Natur des Mittels auf:

---

1) Es darf nicht vergessen werden, daſs der Index c auf eine *bestimmte*, aber beliebige der ersten 7 Zahlen, der Index a auf alle 7 Zahlen zugleich bezogen ist, so daſs diese obige Gleichung 7 Gleichungen enthält, welche sich ergeben, wenn man dem c nach einander jeden seiner 7 Werthe beilegt. Ferner haben die Accente der Summenzeichen hier und in der Folge stets dieselbe Bedeutung in Bezug auf ihr allgemeines Glied, welche diese Accente in $S'\Theta_a$, $S''\Theta_a$ etc. und $\varSigma'\Theta_c$, $\varSigma''\Theta_c$ etc. in Bezug auf Θ_a und Θ_c haben.

$$K_1 \Sigma' \varDelta \Theta_1 + K_2 \Sigma' \varDelta \Theta_2 + K_3 \Sigma' \varDelta \Theta_3 + K_4 \Sigma' \varDelta \Theta_4 = 0.$$

Eliminirt man hieraus $\Sigma' \varDelta \Theta_c$ mittelst (12), so kommt:

$$K_1 \vartheta_1' + K_2 \vartheta_2' + K_3 \vartheta_3' + K_4 \vartheta_4' = 0,$$

woraus in Verbindung mit (13) wiederum folgt:

$$\frac{\varDelta^2 \Theta_c}{S'' \varDelta^2 \Theta_a} = \frac{\varDelta^2 \Theta_c'}{S'' \varDelta^2 \Theta_a'} = \frac{\varDelta^2 \Theta_c''}{S'' \varDelta^2 \Theta_a''} = \text{etc.} = \frac{\Sigma'' \varDelta^2 \Theta_c}{\Sigma' S'' \varDelta^2 \Theta_a},$$

und:

$$\varDelta^2 \Theta_c = \vartheta_c'' = \frac{\Sigma'' \Delta^2 \Theta_c}{\Sigma'' S'' \varDelta^2 \Theta_a} S'' \varDelta^2 \Theta_a.$$

Es ist klar, daſs eben so $\varDelta^3 \Theta_c = \vartheta_c''' = \dfrac{\Sigma''' \varDelta^3 \Theta_c}{\Sigma''' S''' \varDelta^3 \Theta_a} S''' \Delta^3 \Theta_a,$

etc. sich ergeben muſs.

Ferner erhellt, daſs ϑ_c, ϑ_c', ϑ_c'', ϑ_c'''.... eine abnehmende Reihe bilden werden, wenn die zum Grunde gelegten Messungen ganz fehlerfrei wären. Da die Genauigkeit der Beobachtung aber ihre Gränzen hat, so werden die Differenzen je zweier auf einander folgender Glieder der Reihe

$$\Theta_c = \vartheta_c + \vartheta_c' + \vartheta_c'' + \vartheta_c''' + \cdots$$

von einem bestimmten Gliede ab kleiner werden, als die Beobachtungsfehler, so daſs diese, so wie die folgenden Glieder, wenn sie aus den Messungen berechnet würden, die regelmäſsige Abnahme nicht mehr bemerken lassen. Man käme daher zu keinem genaueren Resultat, wenn man noch mehr Glieder zu Hülfe zöge. Zur Bestimmung desjenigen Gliedes, bis zu welchem man gehen muſs, um den Grad der Genauigkeit zu erreichen, welchen die Messungen möglich machen, berechnete Cauchy für die Substanzen, deren Brechungsverhältnisse von Fraunhofer durch Messung bestimmt worden sind, die Werthe von ϑ_c, ϑ_c', ϑ_c'', ϑ_c''', ϑ_c^{IV}, und fand ϑ_c^{IV} durchgängig geringer als die Differenzen von Θ, welche die doppelten Messungen Fraunhofer's am Wasser und am Flintglas No. 23 zeigten, und deren gröſste Werthe 0,000159 und 0,000113 sind. Geht man daher von Messungen aus, welche den Fraunhofer'schen an Genauigkeit gleich stehen, so braucht man nur bis ϑ''' zu geben, und die aus der Gleichung

$$\Theta_c = \vartheta_c + \vartheta_c' + \vartheta_c'' + \vartheta_c''' \quad \ldots \quad (14)$$

berechneten Werthe von Θ_c würden wegen der angewendeten Mittel zur Compensation der Beobachtungsfehler, als genauer betrachtet werden können, als die durch die Messung bestimmten.

Die zu dieser Berechnung von Θ_c nöthigen Formeln zusammengestellt sind:

$$\left.\begin{aligned}
\vartheta_c &= \frac{\Sigma\,\Theta_c}{\Sigma\,S\,\Theta_a}\,S\,\Theta_a \\[1em]
\vartheta_c' &= \frac{\Sigma'\,\varDelta\,\Theta_c}{\Sigma'\,S'\,\varDelta\,\Theta_a}\,S'\,\varDelta\,\Theta_a \\[1em]
\vartheta_c'' &= \frac{\Sigma''\,\varDelta^2\,\Theta_c}{\Sigma''\,S''\,\varDelta^2\,\Theta_a}\,S''\,\varDelta^2\,\Theta_a \\[1em]
\vartheta_c''' &= \frac{\Sigma'''\,\varDelta^3\,\Theta_c}{\Sigma'''\,S'''\,\varDelta^3\,\Theta_a}\,S'''\,\Delta^3\,\Theta_a
\end{aligned}\right\} \quad \ldots (15)$$

$$\left.\begin{aligned}
\varDelta\,\Theta_c &= \Theta_c - \vartheta_c \\
\varDelta^2\,\Theta_c &= \varDelta\,\Theta_c - \vartheta_c' \\
\varDelta^3\,\Theta_c &= \varDelta^2\,\Theta_c - \vartheta_c''
\end{aligned}\right\} \quad \ldots\ldots (16)$$

Die ersten Factoren der Werthe von ϑ_c, ϑ_c'... (d. h. die mit Σ bezeichneten Summen lassen sich ein- für allemal berechnen, die anderen Größen dagegen müssen für jedes besondere Mittel eigends ausgewerthet werden.

Cauchy fand, als er die Formeln (15 und 16) auf die Brechungsverhältnisse des Lichts für die Luft anwandte, daß die Resultate streng mit der Erfahrung übereinstimmen, wenn man als erstes Glied der Reihe (14), d. h. statt ϑ_c, die Größe $\frac{1}{7}S\,\Theta_a$, d. h. das arithmetische Mittel der gemessenen Werthe einführt; er hielt es daher für vortheilhafter, auch für alle anderen Mittel diese Substitution beizubehalten, zumal da dieser Werth $\frac{1}{7}S\,\Theta_a$, welcher mit Θ bezeichnet werde, dieselben Bedingungen erfüllt, welche ϑ_c erfüllt.

Bezeichnet man die Factoren von $S'\varDelta\Theta_a$, $S''\varDelta\Theta_a$,

$S'''\varDelta\Theta_a$ in (15) beziehlich durch β_c, γ_c, δ_c, so werden die für (15, 16) zu substituirenden Gleichungen:

$$\Theta = \tfrac{1}{7} S\Theta_a$$

$$\vartheta_c' = \beta_c S' \varDelta\Theta_a \qquad\qquad \varDelta\Theta_c = \Theta_c - \Theta$$

$$\vartheta_c'' = \gamma_c S'' \varDelta^2\Theta_a \qquad\qquad \varDelta^2\Theta_c = \varDelta\Theta_c - \vartheta_c'$$

$$\vartheta_c''' = \delta_c S''' \varDelta^3\Theta_a \qquad\qquad \varDelta^3\Theta_c = \varDelta^2\Theta_c - \vartheta_c''$$

$$\Theta_c = \Theta + \vartheta_c' + \vartheta_c'' + \vartheta_c'''.$$

Um diese Gleichungen durch eine einzige zu ersetzen, nehme man der Kürze wegen:

$$S\ \Theta_a = \ \ \Theta_1 + \Theta_2 + \Theta_3 + \Theta_4 + \Theta_5 + \Theta_6 + \Theta_7 = U$$

$$S'\ \Theta_a = \ \ \Theta_1 + \Theta_2 + \Theta_3 + \Theta_4 - \Theta_5 - \Theta_6 - \Theta_7 = U'$$

$$S''\Theta_a = -\Theta_1 - \Theta_2 + \Theta_3 + \Theta_4 + \Theta_5 + \Theta_6 - \Theta_7 = U''$$

$$S'''\Theta_a = -\Theta_1 + \Theta_2 + \Theta_3 - \Theta_4 - \Theta_5 + \Theta_6 + \Theta_7 = U'''.$$

Alsdann wird, da $\varDelta\Theta_c = \Theta_c - \Theta$ ist, $S'\varDelta\Theta_a = S'(\Theta_a - \Theta)$ $= S'\Theta_a - \Theta = U' - \Theta$, also $\vartheta_c' = (U' - \Theta)\beta_c$.

Ferner:

$$\varDelta^2\Theta_c = \varDelta\Theta_c - \vartheta_c' = \Theta_c - \Theta - (U' - \Theta)\beta_c,$$

mithin:

$$S''\varDelta^2\Theta_a = S''[\Theta_a - \Theta - (U' - \Theta)\beta_a] = S''\Theta_a - \Theta$$
$$- (U' - \Theta)S''\beta_a = U'' - \Theta - (U' - \Theta)S''\beta_a,$$

also:

$$\vartheta_c'' = [U'' - \Theta - (U' - \Theta)S''\beta_a]\gamma_c.$$

Ferner:

$$\varDelta^3\Theta_c = \varDelta^2\Theta_c - \vartheta_c'' = \Theta_c - \Theta - (U' - \Theta)\beta_c$$
$$- [U'' - \Theta - (U' - \Theta)S''\beta_a]\gamma_c,$$

daher:

$$S'''\varDelta^3\Theta_a = U''' - \Theta - (U' - \Theta)S'''\beta_a$$
$$- [U'' - \Theta - (U' - \Theta)S''\beta_a]S'''\gamma_a,$$

also:

$$\vartheta_c''' = \{ U''' - \Theta - (U' - \Theta)S'''\beta_a$$
$$- [U'' - \Theta - (U' - \Theta)S''\beta_a]S'''\gamma_a\} \delta_c.$$

Man erhält somit, wenn man

$$U' - \Theta = \mathfrak{u}, \quad U'' - \Theta = \mathfrak{u}'', \quad U''' - \Theta = \mathfrak{u}'''$$

und $\mathfrak{u}'' - \mathfrak{u} S''\beta_a = \mathfrak{V}$ setzt, statt der Gleichung (14)

$$\Theta_c = \Theta + \mathfrak{u}\beta_c + \mathfrak{V}\gamma_c + (\mathfrak{u}''' - \mathfrak{u} S'''\beta_a - \mathfrak{V} S'''\gamma_a)\delta_c,$$

oder $\mathfrak{u}''' - \mathfrak{u} S'''\beta_a - \mathfrak{V} S'''\gamma_a = \mathfrak{W}$ setzend,

$$\Theta_c = \Theta + \mathfrak{U}\beta_c + \mathfrak{V}\gamma_c + \mathfrak{W}\delta_c \quad \ldots \ldots (A)$$

als die Formel, welche zur unmittelbaren Bestimmung von Θ_c dient.

Die Größen β_c, γ_c, δ_c, welche sich nur mit der Natur der Farbe ändern, lassen sich ein- für allemal berechnen; ebenso $S''\beta_a$, $S'''\beta_a$, $S'''\gamma_a$, welche sich weder mit der Farbe noch mit dem Mittel ändern, so daß nur Θ, $\mathfrak{U}$, $\mathfrak{V}$, $\mathfrak{W}$ für jedes Mittel, auf welches man die Rechnung anwendet, besonders bestimmt werden müssen.

Die Werthe von $S''\beta_a$, $S'''\beta_a$, $S\gamma_a'''$, β_c, γ_c, δ_c sind folgende:

$$S''\beta_a = -0{,}138854, \quad S'''\beta_a = -0{,}368070, \quad S'''\gamma_a = -0{,}44499$$

c	β_c.	γ_c.	δ_c.
1	0,190836	—0,16423	—0,2357
2	0,168772	—0,08707	0,1094
3	0,109003	0,06720	0,2435
4	0,031390	0,18408	—0,1162
5	—0,038191	0,20259	—0,1476
6	—0,171628	0,04688	0,0207
7	—0,290181	—0,24876	0,1269.

Schluß im nächsten Heft.)

VI. *Ueber die Ursache der Farbenveränderung, welche manche Körper unter dem Einflusse der Wärme erleiden;*
     von C. F. Schönbein.

Der Zusammenhang, welcher zwischen der chemischen Beschaffenheit eines Körpers und seiner Farbe besteht, ist bis jetzt noch nicht erkannt, und die Ausmittlung desselben dürfte wohl zu den schwierigsten Aufgaben gehören, welche die Physiker und Chemiker noch zu lösen haben. Wir wissen durchaus nicht, warum das Kupfer roth, das Gold gelb, das Silber weiſs, das Cyaneisen blau ist, und wir sind namentlich noch darüber in völliger Ungewiſsheit, ob die Farbe einer Substanz in der Beschaffenheit ihrer Molecüle oder in der eigenthümlichen Anlagerungsweise der letzteren ihren Grund habe. Welches Dunkel nun aber auch noch über diesen Gegenstand liegt, und wie groſs unsere Unwissenheit über die wahre Ursache der Färbung der Körper ist, so viel wissen wir denn doch, daſs das, was man die chemische Natur einer Substanz nennt, es zunächst ist, was das Verhalten derselben zum Licht bestimmt; und in der That schlieſst der Chemiker in hundert Fällen mit Sicherheit auf eine stattgefundene qualitative Veränderung eines Stoffes aus einer beobachteten Modification der Farbe, welche dieser erlitten hat. Nicht sind es aber die auf Farben sich beziehende Lichtverhältnisse allein, welche bei der chemischen Veränderung eines Stoffes anders werden; auch diejenigen Beziehungen erleiden eine Modification, welche auf Brechung, Reflexion, Beugung, Polarisation etc. beruhen, so daſs man wohl behaupten darf, es gebe zum Behufe der Ausmittlung der chemischen Identität oder Verschiedenheit der Stoffe kein

empfindlicheres Reagens als das Licht. Durch unsere
bisherigen materiellen chemischen Mittel haben wir nur
die gröberen und handgreiflicheren qualitativen Unterschiede ausgemittelt, und eben deswegen gewiß auch
viele Substanzen für ident genommen, von welchen eine
Untersuchung mit feineren Reagentien später zeigen
wird, daß sie es nicht sind. Es ist daher sehr zu wünschen, daß die Optiker eine hülfreiche Hand dem Chemiker reichen und ihm Werkzeuge verschaffen, welche
denselben in Stand setzen, stattgefundene delicate Veränderungen in der qualitativen Beschaffenheit eines Körpers mit Leichtigkeit und Sicherheit zu erkennen. Wird
einmal die Methode, die chemische Natur der Substanzen
auf optischem Wege gründlich zu untersuchen, in allgemeine Anwendung gebracht seyn, so bin ich überzeugt,
daß unsere Kenntnisse auf diesem Gebiete schnell sich
erweitern, und wir eine richtigere Einsicht in die innere
Beschaffenheit der Materien erhalten werden, als die ist,
die wir jetzt besitzen. Newton's Untersuchungen über
das Lichtbrechungsvermögen der Körper, wie auch diejenigen von Biot, haben schon gezeigt, wie wichtig das
optische Verhalten derselben für den Chemiker ist. Die
gegenwärtige Arbeit bezweckt nichts anderes, als die
Aufmerksamkeit der Physiker und Chemiker auf die Bedeutung des vorübergehenden Farbenwechsels hinzulen-
ken, den manche Substanzen unter dem Einflusse der
Wärme erleiden.

Bei Vergleichung der chemischen Beschaffenheit der
Stoffe, welche einen solchen Farbenwechsel zeigen, muß
zunächst auffallen, daß dieses Phänomen in der Regel
nur an zusammengesetzten Körpern wahrgenommen wird.
Schwefel, Phosphor und vielleicht auch das Selen, welches einfache Stoffe sind, müssen als Ausnahmen betrachtet werden; es dürfte aber vielleicht gerade die Fähigkeit dieser Körper, unter verschiedenen Umständen
verschiedenartige Färbungen anzunehmen, darauf hindeu-

ten, dafs sie zusammengesetzt sind, besonders wenn noch
in Betracht gezogen wird, dafs der Schwefel dimorph ist.
Die Zahl der zusammengesetzten Substanzen, welche sich
in dem fraglichen Falle befinden, ist sehr grofs, und es
würde zu weitläufig seyn, dieselben alle namentlich anzuführen; ich erwähne unter den festen blofs des rothen
Quecksilberoxydes, das in der Hitze braunschwarz erscheint; des gelben basisch salpetersauren Quecksilbers,
das unter den gleichen Umständen eine rothe Farbe zeigt;
des rothen Quecksilberjodids, das durch Erwärmung kö-
nigsgelb wird; des citronengelben einfach chromsauren
Kalis, das bei höherer Temperatur eine morgenrothe Färbung annimmt.   Flüssigkeiten, von welcher Beschaffenheit sie auch seyn mögen, ändern in der Regel ihre Farbe
durch Erwärmung nicht; doch giebt es deren einige, die
eine Ausnahme machen.   Eine Auflösung von salzsaurem
Kobaltoxyd, z. B. die in der Kälte bräunlichgelb aussieht, ist im erwärmten Zustande blau, die saure salpetersaure Eisenoxydlösung, die bei gewöhnlicher Temperatur vollkommen farblos ist, nimmt in der Wärme eine
röthlichgelbe Färbung an.   Die bei —20° wasserhelle
salpetrichte Säure wird durch Erwärmung gelb und sogar braunroth; eben so färben sich die farblosen Verbindungen dieser Säure mit Salpetersäure, Schwefelsäure,
Phosphorsäure etc. unter den gleichen Umständen gelb.
Von zusammengesetzten Gasen ist mir keines bekannt,
welches seine Farbe mit der Temperatur merklich änderte, als dasjenige der salpetrichten Säure, das bekanntlich bei höherer Temperatur dunkler erscheint, als bei
niedrigerer.   Wahrscheinlich dürfte aber eine genauere
Untersuchung zeigen, das auch noch andere gasförmige
Körper bei der Temperaturveränderung einen Farbenwechsel zeigen.

Es fragt sich nun, worin die in Rede stehende Erscheinung begründet sey, ob blofs in mechanischen oder
aber in chemischen Ursachen.   Bis jetzt hat man diese

Frage immer durch die vage Annahme zu beantworten gesucht: es werde durch die Wärme irgend eine Modification der Anordnung der kleinsten Theile eines Körpers veranlaßt, in Folge welcher eine Farbenveränderung eintrete. Im Allgemeinen mochte diese Annahme wohl richtig seyn, aber sie ist so unbestimmt, daß sie uns in völliger Ungewißheit läßt, ob diese Veränderung stattfindet in Bezug auf die Aggregation der integrirenden oder der constituirenden Bestandtheile der zusammengesetzten Körper; mit anderen Worten, ob durch die Erwärmung nur die relative Lage der zusammengesetzten Molecüle verändert werde, oder ob die einfachen heterogenen Atome in eine Verbindung treten, verschieden von derjenigen, in welcher sie sich bei gewöhnlicher Temperatur befinden. Einige neuere Untersuchungen von Mitscherlich, Rose und anderen Naturforschern haben dargethan, daß gewisse Salze unter dem Einflusse der Wärme eine wesentliche, man darf wohl sagen, chemische Veränderung erleiden, ohne daß sich dieselben im gewöhnlichen Sinne des Wortes zersetzten. So wird z. B. der Arragonit durch eine schwache Glühhitze in Kalkspath, das pyramidale rothe Quecksilberjodür in das prismatische gelbe umgewandelt, ohne daß man in der procentischen Zusammensetzung beider Körper irgend eine Veränderung bemerkte. Beispiele ähnlicher Art ließen sich noch mehrere anführen. Ein wichtiger Umstand, auf den ich jetzt schon aufmerksam machen muß, ist: daß das rothe durch Wärme in Gelb umgeänderte Quecksilberjodid in seinem neuen Zustande zwar auch nach der Abkühlung noch einige Zeit verharrt, bald nachher aber doch wieder seine ursprüngliche Beschaffenheit ohne irgend eine merkliche äußere Veranlassung annimmt; obgleich mechanische Ursachen, wie z. B. Erschütterung, die Rückkehr in den normalen Zustand auffallend beschleunigen. Arragonit, einmal in Kalkspath umgewandelt, bleibt für immer Kalkspath. In

den besprochenen Fällen waltet nicht der geringste Zwei-
fel |ob, daſs durch die Erwärmung diejenige Verände-
rung in der chemischen Constitution der erwähnten Körper bewerkstelligt wird, welche die Chemiker mit dem
Terminus »isomer« bezeichnen. Es entstehen neue Substanzen, welche sich von denen, woraus sie hervorgegangen, durch eigenthümliche Form, specifisches Gewicht,
Härte, Lichtverhältnisse und wahrscheinlich auch noch
durch anderweitige physikalische Eigenschaften namhaft
unterscheiden. Wie verhält es sich nun mit denjenigen
Substanzen, welche mit der Temperatur auch ihre Farbe
verändern? Deutet dieser Nüancenwechsel etwa auch
auf verschiedene chemische Verbindungsweisen ihrer constituirenden Bestandtheile hin, und beweist er, daſs dieselben Elemente in gleich bleibendem Massenverhältniſs
eine Reihe isomerer Verbindungen bilden können, deren
Eigenthümlichkeit durch eine gegebene Temperatur bestimmt ist? Das oben angeführte Verhalten des rothen
Quecksilberjodids scheint mir bei Beantwortung dieser
Fragen von ganz besonderer Wichtigkeit zu seyn; einerseits weil dasselbe dem Verhalten derjenigen Substanzen sich anreiht, welche bei der Abkühlung wieder in
ihren früheren Zustand zurücktreten, in sofern nämlich
die Elemente des fraglichen Jodids nicht in ihrer neuen
Verbindungsweise verharren. Andererseits aber schlieſst
dasselbe sich wieder dem kohlensauren Kalk an, in sofern es nicht mit dem Verschwinden der Ursache seiner
Veränderung sogleich wieder seine ursprüngliche Beschaffenheit annimmt. Das Jodid steht in Bezug auf die Veränderlichkeit seiner Molecularzusammensetzung in der
Mitte zwischen Kalkcarbonat und denjenigen Verbindungen, bei welchen Temperaturwechsel und Veränderung
ihrer chemischen Constitution immer gleichzeitig zusammenfallen.

Suchen wir die aufgestellte Frage zunächst an dem
Quecksilberoxyd zu erörtern, daſs sich durch seinen star-

ken Farbenwechsel so sehr auszeichnet. Daſs die Verbindungsweise des Sauerstoffs mit dem Quecksilber in
Bezug auf Innigkeit bei höheren Wärmegraden eine andere seyn muſs, als sie es bei niederen ist, erhellt schon
daraus, daſs bei einer gewissen Temperatur beide Stoffe
von einander sich abtrennen, und man darf daher wohl
annehmen, es hafte der Sauerstoff um so lockerer an
dem Quecksilber, je erhitzter dessen Oxyd ist. Eine
Verschiedenheit der Innigkeit, mit welcher dieselben Elemente verbunden sind, begründet aber, nach meiner Ansicht, schon eine qualitative oder chemische Differenz.
Erhitztes Quecksilberoxyd ist demnach ein anderer chemischer Körper, als kaltes, und es stehen beide zu einander in einem isomeren Verhältniſs. In einem solchen
Falle befinden sich freilich im Grunde alle chemische
Verbindungen, die verschiedenen Temperaturen ausgesetzt sind, namentlich aber die durch die Hitze zersetzbaren. Es scheint mir indessen, als ob manche zusammengesetzten Körper in ihrem Innern unter dem Einflusse der Wärme Modificationen erleiden können, welche zwar auch zum Theil in einem veränderten Affini-
tätsverhältniſs begründet seyn mögen, welche Modificationen aber zunächst in einer vorübergehenden Verrük-
kung der constituirenden Elemente aus ihrer normalen
(bei gewöhnlicher Temperatur eingenommenen) Lage ihre
Ursachen haben. Es ist nämlich eine auffallende Thatsache, daſs manche zusammengesetzte Substanz bei ihrer
Erwärmung eine Färbung annimmt, welche eine andere
Verbindungsstufe dergleichen Elemente charakterisirt. Folgende Beispiele mögen den angeführten Fall näher erläutern. Quecksilberoxyd nimmt bei höherer Temperatur beinahe die Farbe des Protoxyds an, Antimonoxyd
die der Antimonsäure, einfach Schwefelarsenik die des
Zwölftelschwefelarseniks, das rothe Quecksilberjodid die
des Dreivierteljodquecksilbers, das Zinnober die des Halb-
schwefelquecksilbers, das einfache chromsäure Kali die

des doppeltsauren Salzes, das basisch gelbe Quecksilber-
nitrat die des Quecksilberoxyds, die wasserhelle saure
salpetersaure Eisenoxydlösung die der Auflösung eines
basischen Salzes, die gelbe neutrale salzsaure Kobaltlösung die der sauren Lösung des gleichen Metalles,
die wasserhellen flüssigen Verbindungen der salpetrichten
Säure die Farbe der letzteren, wenn dieselbe für sich
etwas erwärmt ist.

Wenn nun auch nicht bei jeder Substanz, die mit
der Temperatur ihre Farbe ändert, die erwähnte Nüan-
cenbeziehung wahrgenommen wird, so sind die Fälle, in
welchen diefs geschieht, doch so zahlreich, dafs sie den
Gedanken an eine blofse Zufälligkeit der fraglichen Beziehungen nicht wohl zulassen, und zu der Vermuthung
Anlafs geben, es habe wirklich die Veränderung der
Farbe der erwähnten Substanzen ihren Grund in der
Bildung einer neuen Verbindung; es entsteht also z. B.
bei der Erhitzung aus dem rothen Quecksilberoxyd das
Oxydul, aus dem neutralen Chromsalz das saure morgenrothe, aus der neutralen salzsauren Kobaltlösung die saure
blaue etc. Da sich nun aber in den angeführten Fällen
bei der Erwärmung kein Sauerstoff, kein Kali, keine
Salpetersäure u. s. w. abscheidet, so mufs man annehmen, diese Substanzen befinden sich in den fraglichen
erhitzten Körpern in einem Zustande inniger Mengung,
oder es übe die neugebildete Verbindung noch eine so
bedeutende Adhäsionsanziehung aus gegen den ausgeschie-
denen Stoff, dafs dieser räumlich nicht von jener sich
trennen kann. Es ist aber auch möglich, dafs z. B. ein
kleinstes Theilchen Quecksilber der einen Hälfte des
Sauerstoffs, enthalten in einem Atom Quecksilberoxyd,
bei der Erwärmung näher steht, als der anderen Hälfte
des Sauerstoffs, und diese letztere noch durch eine Art
von Affinität an ihrer Lostrennung und Vergasung gehindert wird. Auch dürfte angenommen werden, bisweilen treten beide Bestandtheile einer Verbindung bei de-

ren Erhitzung in eine solche Relation zu einander, daſs sie zwar chemisch gänzlich von einander getrennt sind, aber durch eine Anziehung, ähnlich derjenigen, welche, nach Faraday, das Platin gegen den Sauerstoff ausübt, noch räumlich zusammengehalten werden. In diesem Falle scheinen sich namentlich die Verbindungen der salpetrichten Säure zu befinden. Was nun diese Säure in ihrem isolirten Zustande betrifft, so ist es eine bekannte Thatsache, daſs sie ihre Färbung mit der Temperatur verändert. Ohne allen Zweifel beruht das fragliche Verhalten auf der Fähigkeit der constituirenden Bestandtheile der Säure bei verschiedenen Wärmegraden verschiedenartig mit einander sich zu verbinden. Deshalb müssen wir auch annehmen, daſs, wenn z. B. schwefelsaure salpetrichte Säure durch Erwärmung gelbbraun wird, eine gedoppelte Veränderung in dieser Verbindung stattfinde. Es trennt sich zunächst von ersterer Säure die letztere ab, und diese wird dann in ihrer Molecularzusammensetzung durch die Wärme eben so verändert, als ob sie für sich allein existirte.

Wenn ich mich nicht täusche, ist es der scharfsinnige Kielmeyer gewesen, der schon vor langer Zeit die Behauptung ausgesprochen hat, daſs jede bestimmte Temperatur auch ihre eigene Chemie habe. Ist nun dieser Satz auch nicht in aller Strenge zu nehmen, so scheint mir derselbe doch im Allgemeinen wahr zu seyn, und den Beweis für seine Richtigkeit in dem erwähnten, durch Wärme veranlaſsten Farbenwechsel zusammengesetzter Substanzen zu finden. Wie schon früher bemerkt worden ist, haben die Chemiker lange Zeit nur die allergreifbarsten Unterschiede der Körper berücksichtigt, und diejenigen für ident genommen, welche ihnen bei der Analyse dieselben Bestandtheile in gleichem Mengenverhältniſs lieferten. Die Entdeckung der Isomerie und der damit so genau zusammenhängenden Dimorphie hat gezeigt, daſs Gleichheit der Elemente und des Verhältnis-

ses, nach welchem sie verbunden sind, keinesweges ein
sicheres Criterium für die Beurtheilung der Identität chemischer Substanzen abgiebt, und eine solche Gleichheit
grofse Verschiedenheiten in den chemischen und physikalischen Eigenschaften der Materien zuläfst. Nachdem
nun dieser wichtige Schritt vorwärts in der Wissenschaft
gemacht, und namentlich nachgewiesen worden ist, dafs
durch das Agens der Wärme nicht nur Zersetzungen von
Substanzen, sondern auch isomere Umwandlungen bewerkstelligt werden können, so steht nun zu hoffen, dafs
die Chemiker ihre Aufmerksamkeit auf die versteckteren
qualitativen Veränderungen, besonders auf die transito-
rischen richten, welche zusammengesetzte Körper unter
dem Einflusse der Imponderabilien, z. B. der Wärme
und der Elektricität, erleiden. Forschungen dieser Art
können nicht fehlen, die dermaligen Gränzen der Chemie wesentlich zu erweitern und uns eine genauere Einsicht in die mannichfaltigen Verbindungsweisen der Ele-
mentarstoffe zu verschaffen, wie auch in den Zusammenhang, in welchem die Molecularconstitution eines Körpers mit dessen chemischen und physikalischen Eigenschaften steht.

Um für die Richtigkeit der vorhin in Betreff der
Ursache des Farbenwechsels mancher Substanzen geäuf-
serten Ansichten einige factische Stützen zu finden, nahm
ich meine Zuflucht zu dem Galvanometer. Es ist eine,
von den meisten Physikern Europa's anerkannte Thatsache, dafs durch jede chemische Veränderung, bestehe
dieselbe in der Bildung oder Zersetzung einer zusammengesetzten Substanz, das elektrische Gleichgewicht der
in Wechselwirkung begriffenen Materien zerstört werde.
Gemäfs diesem Grundsatze müfste also, würde der be-
sprochene Farbenwechsel seinen Grund in irgend einer
chemischen Veränderung der Körper haben, an welchen
jener wahrgenommen wird, auch ein Volta'scher Strom
entstehen, und dieser unter geeigneten Umständen ver-

mittelst des Multiplicators nachgewiesen werden können. Was nun die festen, mit der Temperatur ihrer Farbe ändernden Materie betrifft, so sind sie leider so schlechte Stromleiter, daſs sie die Anwendung des Galvanometers nicht zulassen. Glücklicherweise verhält es sich anders mit den flüssigen, und mit diesen habe ich auch eine Reihe von Versuchen in der vorhin angegebenen Absicht angestellt.

Eine etwas concentrirte saure salzsaure Kobaltlösung ist bekanntlich blau, verwandelt sich aber durch Zusatz von etwas Wasser in Weingelb. Wird diese gelbe Flüssigkeit erwärmt, so nimmt sie ihre ursprüngliche blaue Färbung wieder an, und zwar ist diese um so tiefer, je höher die Temperatur der Lösung. Die Umänderung von Blau in Gelb erklären die Chemiker durch die Annahme, daſs durch das Wasser dem sauren Salz ein Theil seiner Säure entzogen werde, und somit die gelbe Lösung eine andere Verbindung enthalte als die blaue. Da erstere durch einen weiteren Zusatz von Salzsäure wieder blau wird, aber auch die Wärme für sich allein schon diesen Farbenwechsel veranlaſst, so dürfen wir wohl auch annehmen, daſs die gelbe basischere Kobaltlösung bei höherer Temperatur in die saure blaue Verbindung umgeändert werde, oder, was dasselbe ist, daſs die durch Wasser dem sauren Salze entzogene Säure unter Beihülfe der Wärme sich vom Wasser wieder trenne und mit der basischeren Verbindung zu der sauren sich vereinige. Gehen aber wirklich derartige chemische Veränderungen vor, so muſs, oben Gesagten zufolge, auch unter diesen Umständen, das elektrische Gleichgewicht innerhalb besagter Flüssigkeit gestört werden.

Bringt man nun letztere in eine U-förmig gebogene Röhre, setzt in jeden Schenkel derselben einen Platindraht, erwärmt die Flüssigkeit, enthalten in einem der Schenkel, bis zum Blauwerden, und verbindet nun die freien Enden der Platindrähte mit einem sehr empfindlichen

chen Galvanometer, so tritt ein Strom auf, der von der
kalten Flüssigkeitssäule nach der erwärmten sich bewegt,
und es erweist sich die Stärke dieses Stromes um so
größer, je bedeutender die Temperaturdifferenz zwischen
den beiden Schenkeln ist. Bei meinen Versuchen betrug die Abweichung der Nadel, wenn die Flüssigkeit
ihrem Siedpunkt nahe war, etwa 70°. Ich brauche wohl
kaum zu erwähnen, daß die Nadel wieder auf Null zu-
rückkehrte, sobald die beiden Flüssigkeitssäulen wieder
einerlei Temperatur hatten. Auf eine ganz gleiche Weise
verhielt sich die bei gewöhnlicher Temperatur farblos,
bei erhöhter aber gelb erscheinende Auflösung des sauren salpetersauren Eisenoxyds. Ich erhielt unter den
vorhin erwähnten Umständen einen Strom, der ebenfalls
von der kalten Flüssigkeitssäule zur warmen ging und
die Nadel um etwa 40° ablenkte. Aehnliche Resultate
ergaben sich, wenn, anstatt der erwähnten Flüssigkeiten,
eine Auflösung von saurem schwefelsauren Eisenoxyd,
oder flüssige Verbindungen der salpetrichten Säure mit
anderen Säuren, z. B. Schwefelsäure, Phosphorsäure, Salpetersäure etc., bei dem Versuche gebraucht wurden. Es
scheint freilich auf den ersten Anblick hin, als ob die
beobachteten Ströme thermo-elektrischer Art seyen; d. h.
ihren Entstehungsgrund in der Differenz der Temperatur der beiden Flüssigkeiten oder der beiden Platindrähte
hätten. Becquerel in seinem *Traité de l'électricité* sagt,
daß, wenn die beiden aus Platin bestehenden Enden eines Galvanometerdrahtes in Salpetersäure eintauchen und
unter diesen Umständen elektrisches Gleichgewicht bestehe, dieses gestört werde, im Fall man eines dieser
Enden aus der Flüssigkeit nehme, erhitze und wieder
eintauche; und zwar entstehe hiebei ein Strom, der vom
kalten Ende zum warmen gehe. Der französische Naturforscher betrachtet denselben als einen thermo-elektrischen; würde aber diese Meinung richtig seyn, so
müßten ähnliche Ströme mit allen gut leitenden Flüssig-

keiten erhalten werden. Meine Untersuchungen zeigen
aber hievon das Gegentheil. Chemisch reines Schwefel-
säurehydrat für sich oder in verschiedenen Verhältnissen
mit Wasser verdünnt, chemisch reine Salzsäure, Auflösungen von Kali, schwefelsaurem Kali, kohlensaurem und
phosphorsaurem Natron, schwefelsaurem Zinkoxyd, Sublimat und vielen anderen Salzen mehr in communicirende
Röhren gebracht und die eine Flüssigkeitssäule erhitzt,
lieferten bei der Verbindung mit dem Galvanometer vermittelst Platindrähte auch nicht den allerschwächsten
Strom. Aus der Stromabwesenheit unter den zuletzt angeführten Umständen erhellt aber die Unrichtigkeit der
angeführten Erklärungsweise von Becquerel, wie auch
die hohe Wahrscheinlichkeit, wo nicht die Gewifsheit,
dafs die Störung des elektrischen Gleichgewichts in den
Fällen, wo dieselbe zusammenfällt mit der Farbenveränderung einer Flüssigkeit, ihren unmittelbaren Grund
weder in der Temperaturdifferenz der beiden Drähte,
noch in derjenigen der mit einander communicirenden
Flüssigkeitssäulen, sondern in vorübergehenden chemischen Veränderungen hat, welche die Wärme in der einen Säule veranlafst. Ich brauche wohl kaum ausdrück-
lich zu bemerken, dafs es auch Flüssigkeiten geben kann,
die bei der Erwärmung ihre Färbung nicht verändern,
und doch vorübergehende chemische Modificationen erleiden, da qualitative Veränderungen einer Substanz nicht
immer nothwendig mit einem Farbenwechsel verbunden
sind. Flüssigkeiten, die sich in einem solchen Falle befinden, müssen daher ebenfalls im Stande seyn, bei ungleicher Erwärmung einen Strom zu erzeugen. Auflösungen von verschiedenen Quecksilbernitraten besitzen,
nach meinen Versuchen, das Vermögen in einem sehr
ausgezeichneten Grade, durch ungleiche Erwärmung Ströme
zu erregen, und bekannt ist, dafs derartige Lösungen bei
sehr verschiedenen Temperaturen farblos sind. Angenommen nun, es hätte mit den voranstehenden Bemer-

kungen seine vollkommene Richtigkeit, so würde hieraus folgen, daſs das Galvanometer dem Chemiker ein Werkzeug darbietet, das ihn in den Stand setzt, chemische Thätigkeit nachzuweisen, wo kein anderes Reagens solche anzeigen kann, und wo, bisherigen Annahmen zufolge, keine Veränderung in der chemischen Conſtitution einer Substanz stattfindet. Ich habe früher schon das Galvanometer das chemische Mikroskop genannt, und ich glaube die vorhin besprochenen Thatsachen rechtfertigen diese Benennung auf's Neue. Es wäre daher sehr zu wünschen, daſs die wissenschaftlichen Chemiker des unschätzbaren Instrumentes häufiger sich bedienten, als dieſs bis jetzt geschehen, und daſs von ihnen zunächst sorgfältigst alle wichtigeren stromleitenden, chemischen Verbindungen in Bezug auf die Einflüsse untersucht würden, welche jene bei ungleichem Erwärmtseyn auf das Galvanometer ausüben.

Zum Schlusse sey es mir gestattet, noch einige Andeutungen zu geben über die Wichtigkeit, welche die Isomerie früher oder später für die chemische Seite der Geologie gewinnen dürfte. Betrachten wir die, unsere Erdrinde conſtituirenden Bestandtheile unter einem chemischen Gesichtspunkte, so muſs uns wohl auffallen, daſs in den Gebirgsarten gewisser geognostischer Formationen bestimmte Elemente über andere vorwalten. Ich erinnere hier nur an die ungeheuren kohlensauren Kalkmassen, welche in den sogenannten Flötzgebirgen auftreten. Auf der anderen Seite finden wir aber auch nicht selten innerhalb derselben Formation chemische Gebilde von der gröſsten Verschiedenartigkeit neben einander gestellt, und merkwürdigerweise bisweilen so, daſs durch beinahe unmerkliche Zwischenstufen das eine Gebilde in das andere übergeht, wie z. B. kohlensaurer Kalk in Dolomit. Diese Uebergänge finden manchmal unter Umständen statt, daſs man an eine Umwandlung der einen Substanz in die andere denken möchte. In der That ist

dieser Gedanke in früherer Zeit hie und da ausgesprochen,
in der Regel aber als eine Art von alchymistischer Grille
verlacht und als durchaus unzulässig erklärt worden. Gehen wir von dem dermaligen Standpunkt der Chemie aus,
so müssen wir allerdings annehmen, seit unsere Erde bestehe, existirten auch die funfzig und etlichen Elemente,
die wir jetzt kennen, und alle geologischen Bildungsepochen, in sofern dieselben auf chemische Processe sich
beziehen, seyen durch das Affinitätsspiel dieser Urstoffe
veranlaßt worden. Die Umwandlung eines Stoffes in
den andern dürfen wir nicht zugeben. Wie diese Elemente in Bezug auf Menge so zusammengekommen sind,
daß sie gerade Verbindungen bilden konnten, zusammengesetzt nach stöchiometrischen Gesetzen, und wie diejenigen Materien, welche sich mit einander verbinden
können, sich so gut ausgefunden, darüber glauben sich
die Chemiker nicht auslassen zu müssen; dieselben betrachten diesen Umstand als eine Thatsache, über die
sich nun eben weiter Nichts sagen lasse. Die auffallende Erscheinung ferner, daß gewisse Stoffe sich immer begleiten oder vermeiden, und in diesem Falle nicht
selten solche sind, welche hinsichtlich ihres chemischen
Charakters ziemlich viel Uebereinstimmung zeigen, wie
z. B. die sich vergesellschaftenden Körper: Chlor, Brom
und Jod, Kali und Natron, Strontian und Baryt, Schwefel und Selen, Platin, Iridium, Palladium, muß der Chemiker heutigen Tages als eine bloße Zufälligkeit ansehen, da für ihn zwischen je zwei Elementen eine ganz
unübersteigliche Kluft liegt. Es giebt manche Naturforscher, welche der Meinung sind, es hätte eine Zeit gegeben, zu welcher alle die unseren jetzigen Erdkörper
constituirenden Elemente im isolirten Zustande existirt
hätten. Eine solche Annahme implicirt aber die anderen, daß die jetzt vorgefundenen zusammengesetzten Körper einmal durch Synthesis gebildet worden seyen. Nach
meinem Dafürhalten lassen sich manche Gründe aufstel-

len, die der erwähnten Ansicht nicht günstig sind, und die es wahrscheinlich machen, dafs manche chemische Verbindungen auf einem anderen Wege, als dem der Zusammensetzung, aus den aus ihnen jetzt abscheidbaren Elementen hervorgebracht worden. Hätten sich einmal die von uns angenommenen Urstoffe in einem Zustande völliger Getrenntheit befunden, und wären sie zu gleicher Zeit wie jetzt schwer gewesen, so sollte man glauben, dieselben hätten sich ihrem specifischen Gewichte gemäfs über einander ordnen müssen. Wie aber leicht einzusehen, wäre eine solche Anordnung schon hinreichend gewesen, die chemische Verbindung mancher der Elemente mit einander zu verhindern, welche wir jetzt verbunden antreffen. Behauptet freilich der Chemiker seine zur Urzeit etwa in concentrischen Schichten über einander gelagerten Elemente seyen durch irgend eine unbekannte und plötzlich in Wirksamkeit getretene Ursache durch einander gerührt worden, und giebt man ihm diese Voraussetzung zu, wie dem Astronomen die Annahme eines Stoffes, den er zur Erklärung der krummlinigen Bewegung der Planeten nöthig hat, so würde durch eine solche Hypothese das Vorhandenseyn mancher geognostischen Gebilde allerdings begreiflich seyn, aber deswegen doch noch eine Menge anderer räthselhaft, ja unerklärlich erscheinen. Wenn aber manche Substanzen, die wir jetzt als aus gewesenen Stoffen zusammengesetzt uns denken, nicht auf dem gewöhnlichen synthetischen Wege entstanden sind, so müssen wir fragen; wollen wir nicht anders bequemlichkeitshalber annehmen, diese Materien seyen entweder so wie sie jetzt sind erschaffen worden, oder hätten von Ewigkeit her in ihrem dermaligen Zustand existirt; ich sage, wir müssen fragen, welchen Ursprung denn dieselben gehabt haben.

Ich halte dafür, dafs diese, und andere die Entstehung mineralischer Gebilde betreffende, Fragen jetzt zwar noch nicht beantwortet werden können; aber ich bin auch der Ansicht, dafs uns später die Isomerie als Schlüssel zur Lösung einer grofsen Anzahl chemisch-geologischer Probleme dienen wird. Ist nur einmal dieser neue Zweig der Chemie so weit fortgeschritten, dafs er Stoffe, welche bis jetzt noch als verschiedene Elemente gelten müssen, nur als isomere Körper erscheinen läfst, dann wird uns in der Geologie manches klar werden, was jetzt in vollkommenes Dunkel gehüllt ist.

Es ist ein eben so oft ausgesprochener als wahrer Satz, dafs die Natur durch die einfachsten Mittel die gröfsten und mannigfaltigsten Zwecke erreicht. Welche complicirte und grofsartige Effecte werden nicht durch die Schwerkraft hervorgebracht, die doch nach einem so einfachen Gesetze wirkt! Wenn wir daher annehmen, die grofse Anzahl verschiedenartiger Materien, welche unsere Planeten constituiren, seyen das Product von nur wenigen Elementarstoffen, dem Massenverhältnifs und der Anlagerungsweise nach, auf die mannigfaltigste Weise verbunden, so ist diefs eine Voraussetzung, welche durch Analogien gerechtfertigt wird, und die man kaum als eine naturphilosophische Träumerei betrachten dürfte. Denken wir uns die wenigen supponirten Urstoffe dem Einflusse sehr verschiedener Temperaturen, durch Intensität und Richtung verschiedenartiger Volta'scher Ströme, verschiedener Druckgewalten etc. ausgesetzt, so läfst sich begreifen, wie unter solchen mannigfaltigen Umständen aus den fraglichen Elementen die verschiedenartigsten Körper gebildet werden konnten. Bereits sind einige Thatsachen bekannt, welche der Vermuthung Raum geben, dafs Stoffe, welche die heutige Chemie als Elemente erklärt, und die oben deshalb in ihren wesentlichen Eigenschaften unveränderlich seyn sollten, unter gewissen Einflüssen, namentlich unter denen der strömenden Elektricität und der Wärme, sehr bedeutende Modificationen erleiden können. Vom Schwefel ist es schon längere

Zeit bekannt, daſs er dimorph ist, und durch Erhitzung
und schnelle Abkühlung in einen Cohärenzzustand versetzt werden kann, von seinem normalen bedeutend verschieden. Der Phosphor und das Selen zeigen ein ähnliches Verhalten. Ich selbst habe in neuerer Zeit aus
meinen elektrischen Untersuchungen Resultate erhalten,
welche beweisen, daſs das für elementar gehaltene Eisen
die Fähigkeit besitzt, sich in chemischer und physikali-
scher Hinsicht so verändern zu lassen, daſs es in seinem
modificirten Zustande gewissermaſsen als ein ganz anderes Metall betrachtet werden muſs. Aus einem leicht
oxydirbaren Körper wird es in eine gegen den Sauerstoff indifferente Substanz verwandelt, aus einem emi-
nent elektro-positiven Metall geht es in ein elektro-ne-
gatives über. An einigen anderen leicht oxydirbaren Metallen sind bereits ähnliche Modificationen beobachtet
worden. Wenn nun auch letztere nur vorübergehend
sind und bis jetzt noch durch kein Mittel haben fixirt
werden können, so folgt hieraus noch nicht, daſs z. B.
eine dauernde Umwandlung des Eisens zu den absoluten
Unmöglichkeiten gehört. Die fraglichen Modificationen
beweisen in jedem Falle, daſs manche sogenannte Elemente nicht den Charakter unbedingter Unveränderlich-
keit in Bezug auf diejenigen Eigenschaften tragen, welche man als wesentliche ansieht.

Wie es nun Aufgabe der Chemie ist, aus ihrem Gebiete dem Geologen Hülfsmittel zur Erweiterung seiner
Wissenschaft zu liefern, so muſs dieser umgekehrt auch
dem Chemiker die Hand bieten. Wie viel Licht ist nicht
bereits über die Geschichte organischer Wesen und deren Entwicklung aus den Untersuchungen der Geologen
verbreitet worden, und zu welchen biologischen Entdek-
kungen berechtigen nicht gerade die Forschungen unserer Tage auf dem Felde der vorweltlichen Zoologie. —
Es darf wohl angenommen werden, daſs die Bildung der
unorganischen Körper unserer Erde eben so gut nach

bestimmten Gesetzen erfolgte, als diejenige der untergegangenen und noch lebenden organischen Wesen, daſs, mit anderen Worten, es chemische Bildungsepochen in der Geschichte unseres Planeten gab, wie es biologische Perioden gegeben, und nicht unmöglich ist es, daſs beide in einer gewissen Abhängigkeit von einander gestanden und die eine Klasse von Thätigkeit die andere bedingt hat.

Wenn nun im gegenwärtigen Augenblicke die Geologen mit allem Recht ihre Aufmerksamkeit auf die Reste der urweltlichen Organismen richten, und sich bemühen, aus diesen Denkmälern der Vorzeit, eine Grundlage für die Geschichte unserer Erde zu gewinnen und die Hauptmomente früherer terrestrischen Thätigkeit in Bezug auf deren Aufeinanderfolge und gegenseitige Abhängigkeit zu bestimmen, und wenn zugegeben werden muſs, daſs im Laufe der letzten 20 Jahre der Eifer und Scharfsinn der zoologischen und botanischen Geologen auf diesem Gebiete Auſserordentliches geleistet und die schwierigsten Probleme gelöst hat, so darf man nicht in Abrede stellen, daſs die chemische Seite der geologischen Wissenschaft bis jetzt viel weniger in's Auge gefaſst worden ist, als sie es verdient. Es steht daher zu erwarten, daſs in einer nahen Zukunft die geologischen Forschungen in der angedeuteten Richtung stattfinden und die bezeichneten Lücken ausgefüllt werden. Wollen wir aber eine Einsicht in die Gesetzmäſsigkeit der qualitativen Veränderungen gewinnen, welche die Erde in früheren Zeiten erlitten hat, so müssen wir den nämlichen Weg betreten, auf welchem die geologischen Naturforscher zu ihrer jetzigen Kenntniſs der Bildungsmomente des urweltlichen organischen Lebens gelangt sind. Wir müssen mit gröſster Genauigkeit die Eigenschaften jedes einzelnen geognostischen Gebildes kennen lernen; wir müssen die Beziehungen, in welchen diese Erzeugnisse hinsichtlich ihrer chemischen Natur, physikalischen Beschaffenheit und chronologischen Aufeinanderfolge zu einander stehen, so scharf genau als nur immer möglich ausmitteln, und zu gleicher Zeit die Producte, welche durch die, heutigen Tages noch chemisch wirksamen, Kräfte hervorgebracht werden, mit den unorganischen Körpern der Urwelt sorgsamst vergleichen. Es muſs mit einem Worte erst eine vergleichende Geochemie geschaffen werden, ehe die Geognosie zur Geologie werden, und ehe das Geheimniſs der Genesis unseres Planeten und der ihn constituirenden unorganischen Massen enthüllt werden kann. Um diesem groſsartigen und wahrhaft gigantischen Ziele der Wissenschaft sich zu nähern, sind vor allem Männer nöthig, ausgerüstet nicht nur mit allen Kenntnissen, welche die heutige Chemie und Physik gewährt, sondern auch mit dem so seltenen Vermögen, Massen einzelner Thatsachen unter allgemeine Gesichtspunkte zu stellen und zwischen scheinbar ganz von einander getrennten Erscheinungen Beziehung und Zusammenhang zu entdecken. Es muſs ein Mann kommen, der für die geologische Chemie das ist, was Cuvier für die Anatomie der fossilen und lebenden Thierwelt, was Newton für die Astronomie war.

VII. *Ueber die Zeit zur Entwicklung eines elektrischen Stroms; von Hrn. Prof. Jacobi.*

(Aus den Berichten der St. Petersburger Academie; vom Verfasser übersandt.)

In der Sitzung der Pariser Academie vom 8. Januar d. J. (n. St.) hat Herr Haldat eine Abhandlung vorgelegt, worin er die Resultate von Versuchen mittheilt, die er über die Geschwindigkeit angestellt hat, mit welcher sich die magnetischen oder elektrischen Ströme in der Arago'schen Scheibe entwickeln. Es ergiebt sich daraus, dafs die magnetische Einwirkung, welche die Ursache der Bewegung ist, sich in weniger als 0,0002 Secunden entwickelt, oder eigentlich in weniger als 0,0001 Secunden, da während des ersteren Zeitraums die Arago'sche Scheibe in den magnetischen Zustand über- und in den neutralen Zustand zurückgeht. Nach den schönen Versuchen von Wheatstone, dessen Methode aber auf die Volta'sche Elektricität nicht gut anwendbar ist, sind diese Versuche von Haldat wohl die einzigen, die über das Verhältnifs dieser Agentien zur Zeit publicirt worden sind. Inzwischen werde ich aber dadurch an Versuche erinnert, die ich noch in Dorpat über die Geschwindigkeit der durch ein einfaches Plattenpaar entwickelten Contactelektricität angestellt habe, und deren Resultat von der Art ist, dafs es eine weitere Ausdehnung mit vollkommeneren Hülfsmitteln wünschenswerth machte.

Meine Versuche waren nämlich darauf gerichtet, das Zeitelement zu ermitteln, welches der elektrische Strom zu seiner Bildung braucht. Die elektro-magnetischen Maschinen geben hierüber nur unvollkommenen Aufschlufs. Bei einem kleinen Modell, das ich hier habe anfertigen lassen, vollbringen sich z. B. 1000 bis 1200 Umdrehungen in der Minute; in der Secunde also 20 Umdrehungen. Bei jeder derselben wird der Strom vier Mal unterbrochen und gewechselt; in der Secunde geschieht dieses demnach 80 Mal. Da nun während dieser $\frac{1}{80}$ Secunde eine Drahtlänge von 350′ durchlaufen wird, so mufs der Volta'sche Strom eine Geschwindigkeit von wenigstens 28000 Fufs in der Secunde haben, oder eigentlich von 56000 Fufs, da er sich in dieser Zeit bilden und wieder verschwinden mufs. Die Versuche von Wheatstone lassen aber in Bezug auf die Geschwindigkeit eine weiter hinausgerückte Gränze vermuthen. Ich hatte in Dorpat ein Rad zu meiner Disposition von 1 Fufs Durch-

messer, das durch eine Kurbel und Rad und Getriebe
herumgedreht werden konnte, und zwar so, daſs bei ein-
maliger Umdrehung der Kurbel das Rad sich 3 Mal
umdrehte. Der Radkranz war von Blei; ich lieſs aber
eine Messingschiene um denselben legen, und so genau
abdrehen, als es eben auf einer gewöhnlichen Drehbank
möglich war. An einer Stelle wurde die Peripherie des
Rades um $\frac{1}{2}'''$ ausgeschnitten, und in den Zwischenraum
ein Metallsegment sorgfältig und so eingekittet, daſs es
vollkommen isolirt war, mit der übrigen Peripherie aber
eine vollkommene Fläche bildete. Auf die Axe des Rades wurde eine Kupferscheibe ebenfalls isolirt aufgesteckt; sie tauchte mit dem unteren Theile in ein Gefäſs mit Quecksilber, und war auſserdem durch einen
Draht mit dem Metallsegmente in Verbindung gebracht.
Auf der Peripherie des Rades ruhte als Reophor ein Hebel in der Art, wie ich ihn bei meinem Commutator anzuwenden pflege. Wurde nun dieser Hebel mit der einen Platte einer einfachen Kette, das Quecksilbergefäſs
aber, worin die oben erwähnte Kupferscheibe tauchte,
mit der anderen Platte in Verbindung gesetzt, so war
die Kette nur dann geschlossen, wenn der Hebel auf
dem eingelassenen Metallsegmente ruhte, nicht aber, während er den eigentlichen Radkranz berührte. Bei einem
Durchmesser des Rades von 1' betrug der Umfang 3',14
$=152'''$. Da das Metallsegment nur $\frac{1}{2}'''$ breit war, so fand
nur während $\frac{1}{304}$ der ganzen Umdrehungszeit metallischer
Contact statt. Die Kurbel wurde mit groſser Anstren-
gung in 13 Secunden 43 Mal herumgedreht, das Rad also
in derselben Zeit 129 Mal oder etwa 10 Mal in 1 Secunde. Der Schluſs der Kette fand demnach nur während $\frac{1}{3000}$ Zeitsecunde statt. In den Volta'schen Kreis
war eine Spirale von Kupferdraht von 70 Fuſs Länge
eingeschaltet worden, die ein Hufeisen von weichem Eisen umgab. Der Strom muſste also, nach der gewöhnlichen Vorstellungsweise, in $\frac{1}{3000}$ Secunde diesen Draht

von 70 Fufs Länge durchlaufen haben, was einer Geschwindigkeit von 630000 Fufs in der Secunde entspricht, oder vielmehr einer Geschwindigkeit von 1260000 Fufs, da sich der Strom bilden und verschwinden mufste.

Die einzige Manifestation der geschlossenen und aufgehobenen Kette, mit der ich mich vorläufig begnügen mufste, war der Funke, und wirklich war derselbe in den gehörigen Zeitintervallen regelmäfsig sichtbar, wobei es aber nöthig wurde, durch Andrücken des Hebels den Contact zu verstärken. Eine magnetische Einwirkung des Hufeisens auf eine in dessen Nähe an einem Coconfaden aufgehängte Nadel konnte nicht wahrgenommen werden. In der That, wenn M die magnetische Kraft und P die Masse der Nadel ist, so mufs $S = \dfrac{g\,M}{P.81,000000}$ sehr gering seyn, indem M bei einer einfachen Kette von etwa 60 Quadratzoll nicht sehr grofs seyn konnte. P auch nicht so aufserordentlich klein war. Uebrigens frägt es sich doch, ob der Versuch nicht gelinge, wenn man einen sehr empfindlichen Multiplicator mit leichten astatischen Nadeln, und zur Wahrnehmung der Bewegung ein Mikroskop anwendet. Ich hatte diese Vorrichtungen gerade nicht bei der Hand, und lege nicht allzuviel Gewicht auf diesen Versuch, da die Nichtwahrnehmung der Bewegung die Frage: ob eine magnetische Einwirkung in $\frac{1}{5000}$ Secunden stattfinden könne, doch nicht entschieden hätte. Man ist überhaupt in Verlegenheit, wie die Existenz von Kräften, die nur ein kurzes Zeitelement über wirksam sind, wahrgenommen werden soll, da die meisten Einwirkungen auf unsere Sinne mechanisch sind.

Als ich statt der 70 Fufs Draht von $1\frac{1}{2}'''$ Dicke 1000 Fufs von $\frac{3}{4}'''$ einschaltete, worin 800 Fufs zu einer Spirale gewunden waren, so konnte ich mit der gröfsten Mühe, bei Tage wenigstens keinen Funken wahrnehmen, auch von Commotionen, die bei diesem Wulst, selbst bei Anwendung nur eines Plattenpaares, sehr heftig sind, war nichts zu spüren. Wurde die Bewegung langsamer, so daß das Rad sich etwa 3 Mal in der Secunde herumdrehte, so war der Funke sichtbar. Die Geschwindigkeit berechnet sich hiernach auf 270000 Fuß in der Secunde.

Ueberhaupt muß ich bemerken, daß der Funke auch bei Einschaltung des 70 Fuß dicken Drahtes ungleich schwächer erscheint, als es sonst der Fall ist, besonders wenn ein Eisenkern in der Spirale sich befindet; mit der Langsamkeit der Drehung nahm aber auch der Glanz desselben zu. Da der helle Funke, der beim Oeffnen der Spiralen eines Elektromagneten sichtbar ist, gewöhnlich als ein doppelter angenommen wird, als ein elektrischer nämlich und als ein magnetischer, letzterer aber etwas später erscheint als ersterer, so könnte man meinen, daß der bei der schnellen Drehung sichtbare Funke der eigentliche elektrische war, der dem geraden Drahte und keinerlei Induction angehörte. So darf man sich nicht wundern, durch den langen Draht keinen Funken erhalten zu haben, da ein tausend Fuß langer dünner Draht, wenn man ihn gerade ausstreckt und nicht zur Spirale windet, bei Anwendung eines einfachen Plattenpaares, auch nur einen kaum sichtbaren Funken giebt.

VIII. Ueber die elektro-chemische Behandlung der Silber-, Kupfer- und Blei-Erze; von Hrn. Becquerel.

(Biblioth. univers. T. XIV p. 432.)

In der öffentlichen Sitzung der Pariser Academie vom 2. Mai las Hr. Becquerel einen sehr interessanten Bericht von zahlreichen Versuchen, die er seit einigen Jahren gemacht, um die elektrischen Kräfte zur Ausbringung von Silber, Kupfer und Blei zu benutzen. Es ist der Mangel an hinreichendem Brennmaterial, dafs die Gewinnung von Gold und von Silber in der Regel durch Anwendung von Quecksilber mittelst Amalgamation geschieht.

Nach dem Verfahren des Hrn. Becquerel unterwirft man z. B. die Silbererze, wie bei der Amalgamation, zuvörderst einem zweckmäfsigen vorläufigen Procefs, und leitet dann einen elektrischen Strom in die gehörig vorgerichtete und angefeuchtete Masse. Dieser Strom bemächtigt sich des Silbers und führt es zu nicht oxydirbaren Körpern, wo es als Pulver, Krystalle oder Lamellen gesammelt wird, je nach der Intensität der zersetzenden Wirkung. Um diesen Strom hervorzubringen, braucht man nur einige Eisenbleche in saure Lösungen zu stellen, welche sie rasch angreifen, und sie so in Bezug auf das Silbererz zu stellen, dafs sie eine oder mehre Volta'sche Ketten bilden.

Um Silber von Kupfer zu trennen, was in der Metallurgie ein weitläufiger und kostspieliger Procefs ist, braucht man nur der Elektricität, während sie durch die vorbereiteten Minerale geleitet wird, gewisse Hindernisse darzubieten, welche sie nöthigen, sich des Silbers zu bemächtigen, welches sie dann nach aufsen fortführt, während sie die übrigen Metalle, mit denen dasselbe verbunden ist, zurückläfst.

Die Versuche, welche wir eben sehr kurz beschrieben, wurden anfangs mit sehr kleinen Quantitäten von Mineral angestellt, ganz neuerlich aber mit vollem Erfolg mit *Tausenden* von Kilogrammen.

Wir geben jetzt kein Detail weiter über den Gegenstand, da Hr. Becquerel eine vollständige und ausführliche Abhandlung über diesen interessanten Gegenstand versprochen hat.

IX. *Versuch einer neuen physikalischen Theorie der Capillarität; von* J o h. M i l e.

Professor an der ehemaligen Universität zu Warschau.

Capillarität als Phänomen besteht vorzüglich in, gegen die allgemeine Schwere, bis zu einem gewissen Grad, sich äufsernden Bewegungen tropfbarer Flüssigkeiten in engen Räumen, welchen, wenigstens bei der capillaren Elevation, Anziehung augenscheinlich zu Grunde liegt. Obgleich dieselbe auch Ursache der Depression ist, so scheint diefs aus der blofsen Beobachtung doch nicht zu folgen, vielmehr glaubt man hier eine Abstofsung vor sich zu haben. In den letzten Decennien ist man aber auf Bewegungen aufmerksam geworden, denen eine Differenz im Wärmegrade zu Grunde liegt, und die wirklich nur auf Repulsionen beruhen. Da dergleichen Bewegungen, so wie die sogenannten capillaren, nur durch eine Einwirkung in unmerkliche Ferne bewirkt werden, die einseitig von der Oberfläche tropfbarer Flüssigkeiten ausgeht, was eben nachgewiesen wird, so gehören sie wirklich zu derselben Art der Erscheinungen, wie gewöhnliche capillare Attractionen, können also immer capillare Repulsionen heifsen.

Allen diesen Erscheinungen insgesammt wird aber folgende, schon von L a p l a c e angedeutete, von Anderen oft modificirt angenommene Ansicht über die Materie zu Grunde gelegt.

Attractionen wie Repulsionen können nur von denselben Mittelpunkten ausgehen, die auch die der Molecule seyn müssen. Die Molecule selbst können aber nicht zugleich anziehen und abstofsen, es mufs also ein anderes Agens zwischen den Moleculen vorhanden seyn, welches die Abstofsungskraft ausübt; und da Zugabe der

Wärme das Volumen des Körpers, also den Abstand der Molecule vergröfsert, und umgekehrt Erkältung es vermindert, so wird daraus gefolgert, dafs diefs Agens die Wärme selbst sey. Gay-Lussac's Versuch, aus welchem folgt, dafs aus der Torricelli'schen Leere, die das Quecksilber auch noch so geschwind ausfüllen mag, keine erkennbare Wärme sich ausscheidet, die Compression einer noch so verdünnten Luft sie doch entwickelt, zeigt aber, dafs diese Wärme nicht in dem leeren Zwischenraum der Molecule frei, wenigstens nicht im bemerkbaren Grade, enthalten seyn kann, sondern dafs sie sich um dieselben so wie Atmosphären anhäufen, und, so weit wie diefs die eigene Abstofsung der Wärmeatome unter einander zuläfst, um dieselben auch verdichten mufs. Von den Moleculen angezogen, stofsen also die Wärmeatome, wie die daraus gebildeten ganzen Wärmeatmosphären, direct nur sich selbst zurück, und indirect auch die in ihnen eingehüllten Molecule, die sich unter einander wieder direct anziehen, also auch die Wärmeatmosphären einander nähern, woraus erklärlich wird, dafs Attraction und Repulsion wie zugleich aus den Moleculen selbst ausgeht, und dafs die Molecule einen solchen Abstand von einander einnehmen müssen, dafs ihre eigene Attraction mit der Repulsion ihrer Atmosphären unter einander im Gleichgewicht bleibt.

Nach dieser Ansicht mufs aber Ab- und Zunahme der Repulsionskraft durch Entfernung anders modificirt werden und ein anderes Gesetz befolgen, als das des Quadrats der Entfernungen, welches die Attraction befolgt, und die Repulsionskraft mufs mit der Annäherung stärker zu- und mit der Entfernung mehr abnehmen, als die der Attraction. Aus diesem Grunde wird, bei Annäherung der mit Wärme vereinigten Molecule an einander, der Erfolg der Attraction, weil die Repulsionskraft verhältnifsmäfsig mehr zunimmt, stark und schnell abnehmen, und umgekehrt, wenn solche Molecule von ein-

einander gehen, mufs der Erfolg der Attraction aus dem
selben Mifsverhältnifs zuerst wachsen, weil ihr jetzt nur
eine sehr geschwind sich vermindernde Repulsion entge-
genwirkt, und erst von einer gewissen Entfernung, die
aber immer noch sinnlich für uns unbemerkbar ist, wieder nach dem quadratischen Verhältnifs abnehmen. Demnach kann also die Attraction, wenn wir damit den Ueberschufs über die Repulsion verstehen wollen, aus zweierlei Gründen kleiner werden: einmal, wenn die Entfernung der Molecule zunimmt, und zweitens, wenn sie so
weit abnimmt, dafs die Repulsion dadurch sehr zunimmt.
Zuletzt wird aber bei einer gewissen Entfernung, was
aber mit der Temperatur sich ändert, die Attraction durch
die Repulsion auf Null reducirt. Unter und über diesem Abstand nimmt die Attraction also ab und zu, was
gerade dem Erfolge entgegengesetzt ist, der aus der al-
leinigen Wirkung der Attraction in gröfsere Entfernung
hervorgeht.

Diese Ansicht, die eine der vorzüglichsten unter den
heute gangbaren ist, lege ich meiner Erklärung der capillaren Phänomene zu Grunde, und vielleicht dürfte das
Ungezwungene dieser Erklärung umgekehrt einen Beweis
für ihre Richtigkeit abgeben.

Wir wollen jetzt in dieser Hinsicht zuerst die Phänomene der capillaren Anziehung und dann die der Abstofsung betrachten.

I. Abtheilung.
Von der capillaren Attraction.

Man versuchte die hierher gehörigen Phänomene seit
zwei Jahrhunderten, wo man sie erst anfing zu studiren,
auf verschiedene Weise zu erklären. Physikalische Theorien mufsten der Natur nach die ersten seyn (siehe Geh-
ler's phys. Wörterb.), dann folgten mathematische. Verminderter Luftdruck in den engen Räumen, Klebrigkeit

der Flüssigkeiten u. dergl. sollten die Ursachen abgeben, aber das Phänomen findet auch statt unter der Glocke der Luftpumpe, und Zähigkeit der Flüssigkeiten hindert dasselbe eher, als daß sie es hervorbringen sollte. — Es wurde zuletzt eingesehen, daß Attraction der Gefäßwände und der Flüssigkeitsmolecule unter sich, in nicht merkbarer Ferne, die Grundursache seyn müsse, ohne jedoch das *wie* zu erklären.

Es ist heute allgemein bekannt, daß jede tropfbare Flüssigkeit von der Oberfläche fester Körper angezogen wird, und daran hängen bleibt, wenn sie nur an dem nahen Anrücken an dieselbe, durch Zwischenkörper, am gewöhnlichsten durch eine unmerkliche Luft- oder Wasserschicht, nicht verhindert wird. Die Attraction muß also in unmerklicher Ferne sehr groß, am größten also zwischen den sich nächsten Moleculen seyn, so, daß dagegen die Kraft der entfernten wie verschwindet, ja die Attraction aller die Erde bildenden Molecule dagegen zu wirken oft nicht ausreicht, wie die capillare Bewegung gegen die Schwere es beweist. Dicke oder dünne Cylinder von gleichem oder ungleichem specifischen Gewicht, wenn nur der Durchmesser ihres inneren Kanals gleich ist, und sie vom Wasser naß werden, heben dasselbe gleich hoch; ein Beweis, daß nur die nächsten Schichten des Kanals hier vorherrschend auf's Wasser einwirken, der Rest der Röhrchenmaterie aber schon zu entfernt ist, um dieß bemerkbar zu thun, und daß nur die erste dünne Wasserschicht, die sich an die Wand anhängt, jetzt eine ihr nächste Wasserschicht, und diese wieder nur die ihr nächste u. s. w. vorherrschend anzieht. Deswegen müssen also Flüssigkeitsmolecule sehr nahe an eine starre Wand oder an einander rücken, wenn sie an einander hängen bleiben sollen. Fein bestäubte Wassertropfen fließen erst dann mit einer Fläche oder mit einander zusammen, wenn sie gegen einander gedrückt werden, wodurch die Staubschicht am Contactpunkte erst von einander geschoben wird. Aus diesem Grunde beachtet man auch in der Auslegung der capillaren Phänomene nur den gegenseitigen Einfluſs der einander nächsten Molecule, und kann den der entfernten, als verhältniſsmäſsig sehr schwach, unberücksichtigt lassen.

Gegenseitige Attraction zwischen den nächsten Moleculen macht also die capillare Anziehungskraft aus, und besondere Repulsionskräfte, die man etwa zur Erklärung der capillaren Depression noch auſser der Attraction annehmen möchte, sind ganz überflüssig, da Abstoſsung, wie z. B. die des Quecksilbers vom Glase, nur scheinbar eine solche, und nur Folge einer anderseitigen Anziehung ist. Die gewöhnliche Repulsionskraft der Molecule, die Wärme, äuſsert aber nicht nur bei den Phänomenen, von denen erst in der zweiten Abtheilung gesprochen wird, sondern auch bei denen in dieser Abtheilung ihren Einfluſs, und beide Arten der Phänomene können nur aus dem Ringen der beiden Elemente der Materie, nämlich der Molecule und der Wärme, und aus ihrer vorherrschenden und einseitigen Wirkung, entspringen. Daraus folgt im Ganzen eine bestimmte Dichtigkeit und ein bestimmtes Volumen; aus der einseitigen muſs aber auch stellenweis eine Verschiedenheit hervorgehen können. Die fast absolute Unzusammendrückbarkeit tropfbarer Flüssigkeiten, und doch leichte Verschiebbarkeit ihrer Theilchen, scheint freilich nur mit der Annahme einer in jedem Punkte gleichen Dichtigkeit vereinbar, und alle theilweise und anhaltend fortdauernde Verschiedenheiten derselben während des capillaren Vorganges auszuschlieſsen. Doch werden wir sehen, daſs Rarefaction und Condensation wirklich theilweise in einer tropfbaren Flüssigkeit, nämlich eine dünnere oder dichtere Lagerung der Molecule in der oberflächlichen Schicht, als in der Mitte der Flüssigkeit, wenn diese Schicht gekrümmt wird, primär stattfinden und fortdauern mufs, die aber nur deswegen, weil die Schicht sehr dünn ist, unmerklich in ihren Folgen, sowohl hinsichts der Volum- als auch der Wärmeveränderung der ganzen Masse, bleiben mufs.

In dem gröfsten Theil der Masse, in der Mitte einer tropfbaren Flüssigkeit, können schon die sich gegenseitig gleich stark anziehenden und abstofsenden Molecule in gleichen unveränderlichen Abständen von einander schwebend erhalten werden, wofür die sehr grofse Unzusammendrückbarkeit dieser Flüssigkeiten spricht. Wenn aber auch die Molecule von oder gegen einander nur durch eine grofse Kraft bewegt werden können, so können sie sich doch durch eine sehr kleine verschieben, weil diefs fast ohne gegenseitige Distanz-Veränderung geschehen kann, was auch durch ihre grofse Beweglichkeit bezeugt wird. In der Mitte der Flüssigkeit, wo jedes Molecul von anderen umgeben ist, müssen sie also alle ihre gegenseitige Attraction und Repulsion unter einander gleichmäfsig austauschen, und ein inneres Molecul nach allen Richtungen gleich stark, also wie nach keiner, angezogen und abgestofsen, mufs ruhen. Das Innere einer tropfbaren Flüssigkeit mufs also wie passiv sich verhaltend betrachtet werden, also auch nur einer passiven Verschiebung durch Einwirkung von aufsen fähig seyn.

In dem verhältnifsmäfsig kleineren Theile der Masse auf der Oberfläche einer tropfbaren Flüssigkeit können aber durch ihre Formveränderung, wenn sie nämlich keine Ebene mehr bildet, die Molecule schon in solches Mifsverhältnifs gegen einander gerathen, dafs gleicher Abstand eines gegen die nächsten es umgebenden, schon unmöglich wird. Diefs mufs ungleiche Spannungen, und damit ein Bestreben, in die gewöhnliche Lage mit gleichen Abständen von einander zurückzukehren, hervorbringen, was auch äufsere Formabänderung nach sich ziehen mufs. Dieses kann aber nicht gleichgültig für die

innere, obgleich verhältnißmäfsig gröfsere, doch passiv
sich verhaltende Masse seyn; sie mufs also die Bewegungen der weit weniger Masse besitzenden oberflächlichen Schicht theilen. Denn, wenn wir die äufserst grofse Kraft berücksichtigen, die nöthig wird, um eine tropfbare Flüssigkeit auch nur äufserst wenig zusammenzu-
drücken, so mufs es einleuchten, dafs die Kraft, womit
die auseinandergezogenen oder einander genäherten oberflächlichen Molecule in ihre ursprüngliche Lage zurückzukehren streben, schon hinreichend werden kann, um
die Molecule des Innern der Masse zu verschieben, die
ja dabei ihre Distanzen nicht zu ändern, also ihre Kräfte
weder ab- noch abzuspannen brauchen.

Nur von der Oberfläche also, und nur, wenn diese
keine Ebene, sondern eine Krümmung bildet, kann die
Kraft, wodurch zuerst die oberflächlichen Molecule activ,
nämlich durch eigene Attraction und Repulsion verschoben werden, ausgehen, dem auch secundär Verschiebungen der inneren Molecule, in Folge eines Druckes oder
Zuges, in der Richtung von oder nach der Oberfläche
passiv folgen müssen. Nur aus solchen zweifachen, primären activen und secundären passiven Bewegungen der
Molecule werden hier die capillaren Phänomene nach
den gewöhnlichsten Gesetzen der Mechanik erklärt, also
Capillarität auf einen gewöhnlichen mechanischen Vorgang reducirt.

Wie man aus dem eben Gesagten ersieht, denke
ich die neue Theorie gar nicht auf subtile hypothetische
Voraussetzungen, die sich auf die, noch so sehr unbekannte innere Constitution der Materie beziehen müfsten, zu gründen. Die Ergründung dergleichen in das
Innere des Wesens der Materie eindringenden Beziehungen kann unumgänglich nothwendig seyn in der Erklärung des Chemismus, des Hervorgehens aus dem Innern der Materie von Thätigkeiten, die man so willig
besonderen imponderablen Agentien zuschreibt, oder in

der Construction der Molecule aus Atomen und ihres Verhaltens gegen den Aether u. dergl.; sie wird aber überflüssig zur Erklärung der Capillarität. Diese scheint mir gar kein solcher subtiler Vorgang zu seyn, weil sie auf gleiche Weise, sowohl zwischen einfachen (Quecksilber) wie zwischen doppelten (Wasser) und mehrfachen (Oele) Moleculen, stattfindet, wenn sie nur eine tropfbare Flüssigkeit bilden. Die Capillarität nimmt vielmehr nur die Mitte zwischen den äufseren mechanischen und den innerlichen Körperveränderungen ein, sie steht, um so zu sagen, nur erst auf der Schwelle zum Innern der Körper; denn sie geht ja blofs von der Oberfläche der Flüssigkeit aus, in deren Innern erst das Geheimnifsvolle waltet.

Mathematische Theorien scheinen die Erklärung der Capillarität auch zu tief schöpfen zu wollen, und finden ihre Erläuterungen nur durch einen grofsen Aufwand des höchsten Calculs möglich, fufsen auch wahrscheinlich deswegen weniger auf physikalische Thatsachen. Weit entfernt, über diesen mathematischen Weg, welchen selten Jemand, ich am wenigsten, folgen könnte, direct zu urtheilen, mufs doch auf demselben keine sichere Einsicht in die Sache zu erlangen seyn, da Poisson, einer der gröfsten heutigen Mathematiker, der Theorie des gröfsten Mathematikers seiner Zeit, Laplace, den Vorwurf macht, dafs sie gar nicht das erkläre, was sie zu erklären vorgiebt; denn sie erkläre nicht, wie der die Flüssigkeitssäule concav oder convex endigende Meniscus sich bilde und wirke, von welchem doch Laplace die capillare Thätigkeit allein abhängig macht [1]). Die

1) „ *Mais* Laplace *a omis, dans ses calculs, une circonstance physique, dont la considération était essentielle: je veux parler de la variation rapide de densité que le liquide éprouve près de surface libre, et près de la paroi du tube, sans laquelle les phénomènes capillaires n'auraient pas lieu,*" p. 5.

„*Or on démontrera, que si l'on négligeait cette variation*

Annahme einer immerwährenden stufenweisen Verdünnung der tropfbaren Flüssigkeit, gegen ihre Oberfläche hin, die die Erklärung der Capillarität nach Poisson erst möglich machen soll, ist aber durch nichts bewiesen, und geht nicht nothwendig aus der atomistischen Construction der Materie hervor, deren er doch huldigt.

Es sey mir erlaubt, hier meine Ueberzeugung auszusprechen, daſs man wohl die Erklärung der Capillarität nicht sehr weit und nicht so hoch zu suchen braucht. Sie scheint mir weiter nichts, als eine mechanische moleculare Thätigkeit zu seyn, die den Tropfen und die Blase, diesen negativen Tropfen, bildet: Capillare Phänomene sind nur durch den Einfluſs eines engen Raums und Adhäsion an die Gefäſse modificirte partielle Tropfen- oder Blasenbildungen und davon abhängende Wirkungen. Aus den ersten erfolgt capillare Depression, aus den zweiten Elevation. Aus diesem Grunde wird in folgenden vier Abschnitten abgehandelt:

     1) Die Tropfen- und Blasenbildung.
     2) Die capillare Depression.
     3) Die capillare Adhäsion.
     4) Die capillare Elevation.

---

1) Tropfen- und Blasenbildung ist die Grundthätigkeit der capillaren Depression und Elevation.

Eine kleine Masse tropfbarer Flüssigkeit aus dem Bereiche der stärkeren Anziehung irgend eines Körpers entfernt, z. B. Quecksilber auf Papier, Wasser auf einer bestäubten oder mit Fett überzogenen Fläche, bildet einen Tropfen, eine volle Kugel; hingegen bildet eine, durch Einlassung von Luft in der tropfbaren Flüs-

rapide de la densité dans l'épaisseur de la couche superficielle, la surface capillaire démeurerait plane et horizontale, et il n'y aurait ni élevation ni abaissement du liquide,“ p. 6, *Nouvelle Théorie de l'action capillaire par* S. D. Poisson. *Paris* 1831.

sigkeit entstandene Lücke, eine Blase, eine leere Kugel.
Die Erklärung dieser Kugelbildungen aber wird zur Grund-
erklärung der capillaren Phänomene: deswegen wollen
wir mit dieser hier anfangen.

Gewöhnlich wird die Tropfenbildung in den Lehrbüchern übergangen, oder nicht hinreichend und nicht
consequent erklärt. Es ist nämlich nichts leichter, als
auszusprechen: dafs der Tropfen nun eine Folge der gegenseitigen allgemeinen Attraction aller Molecule unter
sich selbst sey, wo also alle auf eins und jedes auf alle
übrigen einwirkt, dadurch aber die Anziehung wie in
die Mitte der Masse versetzt wird, die deswegen zur Kugel sich abrundet. Doch giebt man wieder andererseits
zu, dafs diefs vorzüglich durch die Attraction zwischen
den nächsten Moleculen erfolgt, weil, da die Attraction
schon in kleinen Entfernungen sehr geschwind abnimmt,
hier, wo nicht viele Molecule zusammenwirken, diese
Wirkung nur noch in der gröfsten Nähe sich stark äufsern kann. Ungeachtet aber dieser richtigen Anschauung,
wo nicht mehr jedes Molecul auf alle übrigen, sondern
nur auf die ihr nächsten merkbar einwirkt, also auch
an keinen Attractions-Mittelpunkt zu denken ist, läfst
man doch die, von der Oberfläche sehr entfernten inneren Moleculen eines Tropfens bis an dieselbe sich erstreckende Wirkungen äufsern, um die Abrundung davon abhängig zu machen.

Man sucht also der Tropfenbildung immer dieselbe
Art von Wirkung zu unterlegen, als der sphärischen Bildung ganzer Himmelskörper, in welchen bei grofsen Entfernungen die Attraction noch stark wirkend sich äufsert,
weil hier unendlich viele Molecule addirt diese Attraction
ausüben. In der verhältnifsmäfsig unendlich kleinen Masse
eines Tropfens bringen aber die Theilchen auf diese Art,
wenn sich ihre Wirkung auch summirt, nur eine unmerkliche Kraft hervor, so dafs diese, im Vergleich zu der
aus der Einwirkung der nächsten Molecule auf einander

hervorgehenden, ganz bei der Tropfenbildung unberücksichtigt bleiben kann. Es muſs also eine ganz andere
Ursache der Tropfen- und Blasenabrundung vorhanden
seyn, die, wie es mir scheint, übersehen wurde, und
die wir jetzt auseinandersetzen wollen.

In kleinen Massen tropfbarer Flüssigkeiten, wo also
die oberen Schichten mit ihrer Last die unteren nicht
merkbar zusammendrücken, müssen die Molecule, in
die ihren durch Repulsion neutralisirten Attractionen zugehörigen Entfernungen zusammenrückend, in gegenseitig gleichem Abstande verharren. Dieſs folgt aus der
Beibehaltung immer desselben specifischen Gewichts und
desselben Volumens auch bei veränderter Form, also bei
verschiedentlicher Verschiebung der Molecule, wenn nur
die Temperatur dabei unverändert bleibt. Ein vollkommen gleicher gegenseitiger Abstand kann aber nur dann
stattfinden, wenn die Molecule in parallelen Schichten
über einander so gelagert werden, daſs ihre einzelnen
Reihen zwischen zwei andern, und ein jedes Molecul
immer über drei zu liegen kommt, was augenscheinlich
nur dann zutreffen kann, wenn die Schichten wirklich
in parallelen Ebenen liegen. Dieſs ist auch die einzige
Anordnung, wie man die gleich groſsen Kanonenkugeln
mit der möglichst gröſsten Zahl der Contacte zu lagern
pflegt, wo alsdann eine jede Kugel immer zwölf andere
mit gegenseitigem Contact umringen; nämlich sechs um
die mittelste in derselben Schicht, drei darüber und drei
darunter eben Platz neben einander finden. — Freilich
berühren sich die Molecule nicht eben so, stehen vielmehr sehr weit von einander ab, dieſs verändert aber
nichts an der Sache. Auch sie streben, vermöge entgegengesetzter Kräfte, solche gleiche Abstände einzuneh-
men, suchen also auch in möglichst gröſster Zahl an einander zu kommen, werden aber durch einander abgehalten und geordnet. Weniger als zwölf um eins in gleichem Abstande würde Lücken hinterlassen, in welche

die, wegen verminderter Repulsion überwiegende Attraction ein entfernteres Molecul hineinziehen müfste; mehr als so viel könnten wiederum wegen überwiegender Repulsion nicht bestehen.

Wenn in Folge der durch Repulsion neutralisirten Attraction Molecule nur dann gleich weit von einander entfernt gelagert seyn können, wenn sie sich in ebene parallele Schichten legen, so kann diese Anordnung gar nicht gestört seyn, sobald sich die Flüssigkeit auch eben endigt, nämlich einen horizontalen Spiegel bildet. Alle Molecule werden hier durch die sie zunächst umgebenden und gleich weit abstehenden, nach allen Seiten gleich stark, also ohne gegenseitige Annäherung oder Entfernung, ohne einseitige An- oder Abspannung ihrer Kräfte, gehalten, wodurch sie alle in Ruhe verbleiben. Wird aber der horizontale Wasserspiegel durch die Einwirkung einer äufseren Kraft gestört, so mufs auch innere Bewegung folgen, wobei einzelne Molecule aus dem Zwischenraum einiger in den der anderen weiter versetzt, auch von einander sich entfernen müssen, indem solche Bewegungen einzelner Molecule nur in Bögen geschehen, die nur immer einem einzigen Molecul ihre Concavität zukehren können.

Da während solcher Bewegungen jedoch die meisten Molecule gleichzeitig nach derselben Richtung sich verschieben, ihren Abstand also nicht zu ändern brauchen, diejenigen aber, die nach entgegengesetzter Richtung fortgehen, sich entgegenkommen, wodurch die Aushebungsbögen sich verkleinern, und da viele Hebungen und Einfälle in verschiedenen, aber nahen Moleculen gleichzeitig zutreffen können und müssen, wodurch sich die Bogenbewegungen fast in Linienbewegungen ausgleichen, so mufs die Bewegung der tropfbaren Flüssigkeit mit grofser Leichtigkeit geschehen. Wirklich reicht schon eine kleine Kraft, die eigene Schwere ihrer Molecule, aus, um sie zu verschieben.

Der gegenseitige Abstand der Molecule von einander in einer ruhenden tropfbaren Flüssigkeit bis an irgend eine Stelle der Oberfläche muſs also, wenn diese eine Ebene ist, gleich weit ausfallen, und wir wollen dieſs die normale Lagerung der Molecule nennen. Dieſa kann aber nicht mehr stattfinden, wenn so eine Stelle gekrümmt ist; denn alsdann würden sich auch die nachfolgenden Schichten krümmen müssen, wobei aber der gegenseitige Abstand der Molecule nicht mehr gleich weit bleiben könnte. Ein solcher mag hier die anomale Lagerung der Molecule heiſsen. Wir wollen dieses an Abbildungen erläutern.

Bei einer ebenen Oberfläche sind in den beiden Reihen *ab* (Fig. 1 Taf. IV) die Molecule von einander, sowohl in jeder besonders, *a* von *a'*, *b* von *b'*, wie auch gegenseitig, *a* von *b*, *b* von *a*, gleich weit entfernt; es kommt also immer eins zwischen zwei andern zu liegen. Wird aber so eine Reihe gekrümmt, so kann nur eins unverändert bleiben; entweder bleiben die Molecule der unteren Schicht *b* (Fig. 2 Taf. IV) von den Moleculen der oberen *a* gleich weit entfernt, also zwischen ihnen liegend, aber alsdann können sie nicht mehr unter einander selbst so liegen, und müssen bei einer convexen Krümmung *x* näher, und bei einer concaven *z* aber weiter von einander zu liegen kommen, als in der normalen Lagerung; oder die Molecule der unteren Schicht *b* (Fig. 3 Taf. II) bleiben von einander gleich weit entfernt, aber alsdann können sie wiederum nicht immer eins zwischen zwei Moleculen der oberen Schicht, also nicht gleich weit entfernt von ihnen zu stehen kommen. Es läſst sich leicht einsehen, daſs hier eigentlich eine dritte in die Mitte der beiden anomalen Lagerungen eintreten muſs; es kann aber daraus doch keine Ausgleichung zur normalen stattfinden, und es muſs nur eine complicirte anomale daraus entstehen. Wir haben hier zwar den Umstand unberücksichtigt gelassen, daſs ein

Molecul nicht zwischen zweien, sondern zwischen dreien tetraëderartig sich lagert; aber diefs kann nichts an der Sache verändern. Auch ändert nichts daran der Umstand, dafs viele Schichten der Flüssigkeit an der Krümmung Antheil nehmen; zur normalen Ausgleichung auf der Oberfläche kann es deshalb doch nicht kommen. In der Tiefe kann sich freilich, aber nur stufenweise, die anomale Lagerung vermindern, und erst weiterhin in eine ganz normale übergehen. Es müfsten also ganze Schichten von anomal gelagerten Moleculen bestehen, was aber, wegen der Kleinheit der Molecule und ihrer Abstände, doch unmerkbar bleibt.

Wird also die oberste Schicht einer Flüssigkeit gehoben, so kann sie keine Lücke zurücklassen, weil in dem vergröfserten Abstande zz (Fig. 4 Taf. IV) die gegenseitige Attraction der Molecule wegen verminderter Repulsion wachsend die zweite Schicht, und diese aus demselben Grunde die dritte, diese die vierte u. s. w. heben mufs. In diesem Falle kann sich jedoch kein vollkommener Parallelismus bilden; denn in der verticalen Richtung würden die Molecule in den Beugungspunkten aa, bb (Fig. 5 Taf. IV) gegen einander zu nahe ausfallen, sich also stärker abstofsen. In der Richtung der zur Beugung perpendiculären Linien cc, dd (Fig. 6 Taf. IV) könnte der Parallelismus aber nicht fortdauernd sich bilden, und es würde zuletzt die Lücke x mit einer noch gröfseren anomalen Lagerung der Molecule zurückbleiben. Selbst wenn wir uns den Hügel durch Ueberschiebung der Molecule (Fig. 7 Taf. IV) gebildet dächten, so könnte er auch nicht fortbestehen; denn obgleich jetzt der Parallelismus in der tiefen Masse ungestört bleibt, so ist doch der Abstand zwischen den oberflächlichen Moleculen b und a (Fig. 7 Taf. IV) ein anomaler, ein zu gröfser, weswegen eine zu wenig durch Repulsion verminderte, also stärker wie zwischen den andern Moleculen wirkende Attraction; das Molecul b

gegen *a* bewegen mufs, wodurch aber auch die folgenden, in dieselbe Lage kommend, so lange der Hauptmasse zueilen müssen, bis eine einzige Ebene, gegen die
der Rest der Molecule parallel gelagert schon ruhig verbleiben könnte, dadurch gebildet würde. In jedem Falle
würden bei Krümmungen anomale Molecularlagerungen,
also Spannungen, mit einem Bestreben sich in eine Ebenebildung auszugleichen, entstehen. Wir sehen auch,
dafs ein, durch Eintauchung und langsames Herauszie-
hen aus der Flüssigkeit eines von ihr benetzt werdenden Stäbchens, gebildetes Hügelchen nach dem Abreifsen
gleich in die Ebene zurückeilt. Daran hat die Schwerkraft wenig Antheil; denn dasselbe findet auch in einer
umgekehrten Lage der Ebene statt. Füllt man ein, nur
an einem Ende offenes Röhrchen, das jedoch nicht über
3 Linien im Durchmesser haben mufs, ganz voll mit Wasser aus, so kann man es umdrehen, ohne dafs dieses
ausläuft; es bildet eine hängende Ebene, an der man
mit dem Stäbchen einen Hügel hervorziehen kann, der,
nach dem Abreifsen gleich nach oben zurückziehend, sich
in die Ebene verliert.

Wie bei der Convexität äufsert sich auch bei der
Concavität das Bestreben zur Ebenebildung. Wenn
man z. B. ein von der Flüssigkeit nicht benetzt wer-
dendes Stäbchen in dieselbe eindrückt, so bildet sich
eine Concavität, die nach dem Nachlassen des Druckes
gleich verstreicht, mag die Ebene liegen oder hängen.
In diesem Falle würde wiederum umgekehrt die steigende Repulsionskraft keine Verdichtung der Schichten
(Fig. 8 Taf. IV) zulassen. Parallel könnten sie aber auch
nicht seyn; denn fände diefs in der Richtung der Verticalen *a a*, *b b* (Fig. 9 Taf. IV) statt, so wären die Moleculen hier zu dicht bei einander; wären aber die Krümmungen parallel, so würden sie in den Beugungen *c c*,
d d (Fig. 10 Taf. IV) doch anomal gelagert ausfallen.
Bei einem vollkommenen Parallelismus in der Tiefe würde

aber die Lagerung der oberflächlichen Molecule wieder
anomal ausfallen, so, dafs dadurch zwischen den von einander mehr entfernten Moleculen *ab* (Fig. 11 Taf. IV),
weil dazwischen, ein Abstofsungselement fehlt, die Anziehung stärker wirken, wodurch wieder die Molecule
so lange hinabgezogen würden, bis diese sich zur Ebene
ausglichen.

Eine tropfbare Flüssigkeit strebt also mit einer Ebene
sich zu endigen. Da aber eine rings herum freie Masse
mehr als eine Ebene haben mufs, also ohne Kanten und
Winkel, ohne Krümmungen nicht seyn kann, starke Krümmungen aber, weil in ihnen die Differenz der Abstände
der anomal gelagerten Molecule von einander gröfser
ausfällt, sich auch mit gröfserer Kraft abflächen, so müssen solche sich immer mehr abstumpfen, dafür aber immer in gröfserer Anzahl sich bilden, und die Masse
sich immer mehr abrunden, so dafs zuletzt nur eine Kugel aus der allseitigen Bestrebung zur Ebenebildung hervorgehen kann. In solcher Kugel schliefst aber die äufserste Schicht, selbst wenn es zur Ruhe kommt, eine
anomale Lagerung der Molecule ein, so, dafs eine Spannung fortbesteht, welche in einer Ebene nicht vorhanden ist. Diese aus der anomalen Lagerung der Molecule hervorgehende Spannung ist also einzig und allein
die Ursache der Abrundung eines Tropfens und einer
Blase.

Mag eine Masse noch nicht vollkommen abgerundet seyn, so müssen die stärkeren Krümmungen *a, y*
(Fig. 12 Taf. VI) mit gröfserer Kraft sich zu verflächen streben, als die schwächeren Krümmungen *n, m.*
Dadurch aber wird die sich passiv verhaltende innere
Masse von *a* und *y* gegen die Mitte gedrängt. Einander nähern können sich die inneren Molecule einmal nicht, sie können aber dadurch, wenn sie andererseits einen geringeren Druck erleiden, leicht verschoben
werden, weil dazu, wie schon gesagt wurde, eben keine

große Kraft nöthig ist. Da die Molecule der Zone *nm*,
die in der mit der Axe parallelen Richtung, also fast in
einer geraden Linie liegen, und nur in der andern mit
der Axe sich kreuzenden gekrümmte Reihen sich bilden,
kein so großes Bestreben, sich nach innen der Masse
zu bewegen, äußern, so müssen sie, gedrängt durch die
innerlichen Molecule, die ihrerseits wieder von den Moleculen *a* und *y* stärker gedrückt sind, vielmehr nach
außen gegen *zz* passiv sich hin bewegen; woraus folgt,
daß sich die ganze eiförmige Masse in der Richtung *ay*
verkürzen, in der Richtung *nm* aber so lange verlängern
muß, bis sie die kugeliche Gestalt *zz* annimmt, wo dann
bei derselben ringsumheren Krümmung das Gleichgewicht
erst hergestellt wird, indem jetzt jedes oberflächliche Molecul, von den nächsten gleich stark abgestoßen und angezogen, mit derselben Kraft in's Innere der Masse einzudringen strebt, und mit gleicher Kraft durch den Widerstand des Inneren daran verhindert wird. Die primäre active Kraft geht also von *a* und *y*, den stärksten
Krümmungen, gegen das Volle der Masse aus, und wirkt
auf das Innere derselben wie Druck.

Hat die Masse, statt Vorsprünge, Einstülpungen, z. B.
wenn zwei Tropfen sich zu einem einzigen verbinden
(Fig. 13 Taf. IV), so findet in der eingebogenen Zone
ds dieselbe Bestrebung zur Ebenebildung statt, nur daß
die primäre active Bewegung jetzt nach der entgegengesetzten Richtung, nämlich nach außen der Masse in's
Leere hin erfolgt, und wie ein Zug auf ihr Inneres wirkt.
Dadurch wird nämlich der Druck der in dieser Zone gelegenen oberflächlichen Schichten auf die inneren Molecule vermindert, und diese müssen jetzt, an anderen
Punkten der Oberfläche gepreßt, dem Zuge gegen *x*
nachfolgen. Die eingebogene Zone *ds* füllt sich dadurch
ringsherum aus, es entsteht ein Ellipsoïd, und aus diesem, auf die schon früher angedeutete Weise, die Kugel. Die active Bewegung geht also bloß anfänglich, so

lange die doppelkeglige Gestalt noch dauert, aus der Zone ds hervor; nach dem Uebergang in's Ellipsoïd verhält sich die verflächte Zone schon passiv und die jetzt stärker gekrümmten Stellen ay wirken activ. Die innere sowohl dem Zuge wie dem Drucke folgende Masse verhält sich aber augenscheinlich immer passiv, und der Erfolg der Abrundung geht nur von der Oberfläche, nicht aber von der ganzen Masse, also auch nicht wie von ihrem Mittelpunkte aus. Wenn dem so wäre, so müſsten sich ja die Tropfen, bevor noch die Berührung zu Stande käme, gegen einander verlängern, was doch nicht stattfindet. Die zwei Mittelpunkte nm streben also gewiſs nicht, den dritten z zwischen sich zu bilden; denn Zusammenflieſsen und Abrundung findet ja auch bei Kugelabschnitten statt. Hängt man z. B. an die untere Fläche eines Glastäfelchens kleine Massen Wassers, die blofs Kugelabschnitte bilden, so flieſsen ja auch diese in einen gröſseren Kugelabschnitt und auf dieselbe Weise zusammen.

Auf die nämliche Art muſs die Blasenbildung, wo auch kein attractiver Mittelpunkt ist, erfolgen. Ist das Continuum einer Masse tropfbarer Flüssigkeit durch eingebrachte Luft unterbrochen, so rundet sich eine solche Lücke auch ab und nimmt die Kugelgestalt an. Auch hier, wenn wir uns eine solche Lücke anfänglich als elliptisch denken, geht der Zug der Molecule ay (Fig. 14 Taf. IV) gegen das Leere hin, wodurch die fortgeschobene und gepreſste Luft die ihr keinen so groſsen Widerstand leistenden flächeren Seiten nm des Ellipsoïds so lange ausdehnt, bis durch die Erreichung der Kugelgestalt der weiteren Bewegung eine Gränze gesetzt wird, und mit dem Gleichgewichte Ruhe sich einstellt. An den Einfluſs einer, wie im Mittelpunkte vereinigten Kraft ist auch hier gar nicht zu denken.

Zuletzt haben wir in der Seifenblase alles beides, Druck auf die ähnere Masse und ihren Zug, fast in demselselben Orte vereinigt. Um eine Ebene zu bilden, bewegt sich die äufsere Moleculen - Schicht *nn* (Fig. 15 Taf. IV) gegen die Masse, drückt sie also, die innere Moleculen-Schicht *a a* aber gegen das Leere, gegen die Höhle der Blase, zieht also die innere Masse hinter sich her. Da aber diese beiden activen Bewegungen nach derselben Richtung, nämlich nach dem Mittelpunkte der Höhle erfolgen, so geben sie auch nur einen einzigen Erfolg, nämlich: die vom Mittelpunkte entfernten Theile der Blase nähern sich demselben, die geprefste Luft aber entfernt ihrerseits die näheren, weniger gekrümmten also minderen Widerstand leistenden *z z*, und die Blase rundet sich ab. Also auch hier kann keine, wie im Mittelpunkte vereinigte attractive Kraft einen Einflufs auf die Abrundung haben. Es ist dieser Erfolg dem in einem elastischen Ringe ähnlich; ein solcher biegt sich auch um einen Mittelpunkt, ohne von ihm influencirt zu seyn.

Aus dem bisher Abgehandelten folgt also, dafs von der Oberfläche einer tropfbaren Flüssigkeit, wenn sie gekrümmt ist, eine primäre, unmittelbar auf das Innere der Masse wirkende Kraft ausgeht, wodurch dieses hinein oder heraus bewegt wird, und von diesem Inneren eine Rückwirkung erfolgt, wodurch wiederum secundär diejenigen Theile der Oberfläche bewegt werden, die weniger gekrümmt, auch weniger Widerstand leisten, zuletzt aber selbst eine andere Flüssigkeit, die Luft nämlich, mit der es in Berührung ist, auch bewegt werden kann, und auch auf die Oberfläche der tropfbaren Flüssigkeit zurückwirken mufs, wenn sie von ihr eingeschlossen ist. Die oberflächlichen Molecule bilden also um die Masse einer losen, tropfbaren Flüssigkeit herum ein gespanntes und den eingeschlossenen Inhalt kräftig zusammendrückendes Netzwerk. Ist dieser Inhalt die unzusammendrückbare tropfbare Flüssigkeit selbst, wie im vollen Tropfen, so kann freilich diesem Drucke nur in sofern Folge geleistet werden, als sich die Molecule ver-

schieben können, was nur dann geschehen kann, wenn
sie andererseits nicht eben so stark gedrückt werden. Ist
aber dieser Inhalt eine expansible Flüssigkeit, wie in der
Blase, so muſs dieser Druck, aufser dem Verschieben
der Lufttheilchen, auch noch diese Flüssigkeit verdichten. Dieſs läſst sich übrigens durch Versuche auch nachweisen. Wird ein Tropfen tropfbarer Flüssigkeit mit
nicht tropfbarer ausgefüllt, so wird diese, wenn sie einen offenen Ausgang findet, wirklich herausgepreſst. So
ein mit Luft ausgefüllter Tropfen ist eben die Seifenblase. Hält man während des Ausblasens die Oeffnung
mit den Lippen zu, so behält die Blase ihre einmal angenommene Gröſse; so wie man aber die Lippen weg-
bringt verkleinert sie sich und drängt die Luft in den
Strohhalm zurück, die, indem sie die äufsere wegdrängt,
dichter als diese seyn muſs. Nur müssen die Blasen
nicht gröſser als Haselnüsse seyn, wenn sie die dazu
nöthige Kraft noch besitzen sollen; auch muſs man nicht
zu viel Seifenwasser dazu verwenden, denn der aus dem
Ueberschusse sich unten an der Blase sammelnde Tropfen zersprengt sie leicht. Trifft man die gerade nöthige
Menge des Wassers und Gröſse der Blase, so zieht sie
sich, ohne zu platzen, oft ganz zurück in's Röhrchen
hinein.

Wie schon angedeutet wurde, so muſs diese den
Tropfen und die Blase abrundende Kraft mit dem Radius der Krümmung im umgekehrten Verhältnisse stehen.
Ist die Oberfläche ganz eben, so ist dieser Grad $=0$,
je kleiner aber dieser Radius ausfällt, desto mehr drückt
oder zieht sie den Inhalt zusammen oder aus einander.
Dieſs ist der Grund, warum ein Tropfen von kleinem
Radius durch die Anziehung der Erde, wenn seine Bewegung durch eine Unterlage aufgehalten wird, durch
die Schwere also, seine Kugelgestalt nicht merkbar verändert, und daſs, je gröſser er wird, diese Schwerkraft ihn sichtbar desto mehr abplattet, so daſs grofse

Massen tropfbarer Flüssigkeiten am Ende grofse Ebenen
oder eigentlich nur sehr schwache, dem grofsen Erdra-
dius entsprechende Krümmungen, in welchen also die
Krümmungsthätigkeit fast aufhört, bilden. Die grofse
Wasserkugel, aus der nur stellenweis festes Land her-
aussieht, die unseren Planeten mit bildet, wird also nicht
durch dieselbe Kraft wie ein Tropfen abgerundet. Hier
wirkt schon die in den einzelnen Moleculen nur schwach
sich äufsernde, in den unendlich vielen, der ganzen Erde
durch Addition aber sehr vergröfserte Attraction, auch
in die Entfernung sehr stark, kann also wie versetzt in
die Mitte des Erdballes, wie aus demselben herauswir-
kend, schon gedacht werden; hydrostatische Gesetze machen sich deshalb schon geltend, sie runden jetzt die
grofse Meeresfläche ab. Der Planet ist also hinsichts
des Flüssigen wie ein in seiner oberflächlichen Thätigkeit sehr geschwächter Tropfen, in dessen Mitte aber
dafür die weit stärker wirkende Schwerkraft verlegt worden ist, die wegen solcher Lage nicht nur die Kugelgestalt nicht mehr zu stören, den Tropfen nicht mehr ab-
zuplatten vermag, sondern vielmehr zu seiner Abrundung
selbst jetzt beiträgt.

Obgleich die Tropfenabrundung von der Anziehung
der oberflächlichen Molecule ausgeht, wobei die inneren
sich nur passiv verschieben, ohne dabei ihren Abstand,
also das Volumen der Flüssigkeit im Ganzen abzuändern,
so mufs sich doch das Zahlenverhältnifs zwischen inneren und äufseren Moleculen während solcher Kugelbildung ändern. Es müssen nämlich während der Abrundung wirklich oberflächliche Molecule in das Innere der
Masse ganz eindringen; denn da unter allen Gestalten
die Kugel diejenige ist, die im Verhältnifs zum Volumen
die kleinste Oberfläche hat, so müssen, während die
Masse der Kugelgestalt immer näher kommt, auch immer
mehr äufsere Molecule zu inneren werden. Es müssen
also die der Mitte der sich bildenden Kugel näheren

Parthien der Oberfläche nicht so viel von derselben sich
entfernen, als die davon entfernteren an dieselbe sich
annähern; ist daher die Kugel voll, so fällt ihre äufsere
oberflächliche Schicht, ist sie hohl, so fällt ihre innere
oberflächliche Schicht im Durchschnitt dem Mittelpunkte
näher zu, und im zweiten Fälle mufs auch das Niveau
uu (Fig. 14 Taf. IV) sinken. Doch brauchen sich die
inneren Molecule dabei einander gar nicht zu nähern;
denn ein Annähern der einzelnen Molecule an einander,
und ein Annähern ihrer gesammten Oberfläche zum Mittelpunkt des Körpers ist ja ganz etwas Anderes.

Als unmittelbarer Erfolg einer solchen gleichen Anordnung der Molecule um einen Mittelpunkt mufs die
Summe der gegenseitigen, derselben Masse angehörenden
Molecular-Attractionen als die möglichst gröfste ausfallen,
und dadurch der Grad des Zusammenhanges des Ganzen
vermehren. Denn obgleich jedes Molecul die Attraction
ohne Rücksicht auf das Daseyn oder Nichtdaseyn anderer allseitig ausübt, so kann doch eine Attraction mit
gegenseitigem Austausch nur zwischen wenigstens zweien
Moleculen derselben Masse stattfinden, also nicht von
den oberflächlichen nach aufsen der Masse, wo es keine
derselben angehörenden Molecule mehr giebt, ausgeübt
werden. Da also die oberflächlichen Molecule nur einseitig in diesen Austausch mit den innerlichen eingehen,
die inneren, ringsherum von anderen umgebenen Molecule aber, diefs allseitig thun, so mufs die Summe der
gegenseitigen Anziehungen in der ganzen Masse gröfser
ausfallen, wenn sie verhältnifsmäfsig weniger von den nur
theilweis die gegenseitige Attraction austauschenden oberflächlichen Moleculen besitzt. Dadurch gewinnt aber die
ganze Masse an Gröfse des Zusammenhanges, denn nur
die Quantität der gegenseitigen Attractionen kann einer
tropfbar-flüssigen, aus weit von einander abstehenden,
ihren Abstand aber nicht verändernden, doch seitwärts
sich sehr leicht verschiebbaren Moleculen bestehenden

Masse, irgend einen Zusammenhalt geben. Es ist einleuchtend, daſs vier in einer Linie gelagerte Molecule
weniger Zusammenhang haben müſsten, als im Fall sie
ein Tetraëder bildeten; im ersten Falle wären sie ja
nur durch drei gegenseitige Anziehungslinien, im anderen aber durch sechs dergleichen verbunden.

Man könnte daher die Erscheinung der Kugelbildung auch so ausdrücken: daſs eine Masse tropfbarer
Flüssigkeit den möglichst gröfsten inneren Zusammenhang
zu erreichen strebt, also nicht eher zur Ruhe kommt,
bis ihre Molecule eine solche gegenseitige Stellung annehmen, daſs sie die möglichst gröfste Summe des Ge-
genüberseyns, was den Contactpunkten bei den sich berührenden Kugeln entspricht, gewinnen. Da im Innern
immer zwölf Molecule um eins sich lagern können, um
ein oberflächliches aber immer weniger, so müssen unter diesen einige sich immer den andern zuwenden, bis
nach einander einzelne, von anderen ganz umringt, zu
innerlichen werden. Auf diese Weise würde selbst diese
Bestrebung der Masse, die möglichst gröfste Summe der
gegenseitigen Contactpunkte zu gewinnen, auch nur von
der Bewegung der oberflächlichen Molecule abhängen,
und ihr Eindringen in das Innere der Masse, also gar
nicht durch die, wie in seinem Mittelpunkte concentrirte
Attraction, erfolgen.

2) Capillare Depression ist nur eine Folge der Spannung
der anomal gelagerten oberflächlichen Flüssigkeitsmolecule unter sich selbst, und ihres Druckes auf das passive
Innere der Masse.

Nach den bis jetzt angestellten Betrachtungen ist es
leicht, die Ursache der capillaren Depression und der
damit verbundenen Bewegungen einzusehen.

Wird Quecksilber in ein Glas gebracht (Fig. 16
Taf. IV), so steht es von seinen Wänden allenthalben,
obgleich nicht leicht bemerkbar, ab. Bringt man jedoch

etwas Wasser oder Baumöl darauf, so dringt diefs in
den Zwischenraum ein; ein Beweis also, dafs er vorhanden ist. Auch sickert ja durch diese feine Lücke Luft
in die Torricelli'sche Leere, in den nicht gut ausgekochten Barometern. Das Quecksilber bildet also nur
einen, durch die Gestalt des Gefäfses zwar bedingten
grofsen Tropfen, der übrigens doch frei in demselben
liegt, weil er in keine Verbindung mit den Gefäfswän-
den eingeht. Er endigt sich oben mit einer horizontalen Ebene, die aber nicht ganz bis an die Wand als
solche reicht; denn die ringsherum hervorstehende Kante
a zieht sich als eine Krümmung durch die Spannung ihrer
oberflächlichen Molecule ein, rundet sich ab, wird also
theilweise deprimirt. Taucht man aber ein gläsernes Täfelchen n so nahe bei der Wand z ein, dafs seine Entfernung weniger als zwei Radien der Depressionssphä-
ren ausmacht, so erfolgt schon eine totale Depression,
weil die beiderseitigen Krümmungen eine Kante v hervorzubringen streben, die als solche, wegen der Spannung ihrer oberflächlichen Molecule, nicht bestehen kann,
sondern sich abflächen, nach ihrer Abrundung aber das
Niveau $m\,m$ unter dasjenige im Gefäfse x versetzen mufs.
Je mehr man daher das Täfelchen n der Wand z nähert,
desto mehr sinkt auch das Niveau $m\,m$.

Läfst man einen Tropfen Quecksilber in ein gleich
weites gläsernes, horizontal gestelltes Röhrchen, in welcher Lage die Schwere keine Bewegung verursacht, hinein, so nimmt er die Gestalt eines an beiden Enden ab-
gerundeten Cylinders an (Fig. 17 Taf. IV), und bleibt
ruhig stehen, weil die Convexität an beiden Enden von
demselben Radius, der gegen die Masse beiderseits gerichtete Druck also auch von demselben Grad ist, sich
also im Gleichgewicht hält. Der Radius der seitlichen
Convexität des Cylinders ist zwar eben so grofs, wie
der seiner Enden; da aber die erste Convexität nur nach
einer Richtung, die andere sphärische nämlich nach zweien

sich kreuzenden gebildet ist, so ist der Druck der Seiten auf die Masse nur halb so grofs, wie der der Enden. Nur also mit dem Ueberschusse, mit der Hälfte der Kraft, die die Masse von den Endconvexitäten aus erleidet, wird sie gegen die Wand gedrückt. Da aber dieser Druck senkrecht auf die Wände sich äufsert, so kann er auch keine Bewegung hervorbringen.

Ist aber der Kanal aus zwei an einander stofsenden cylindrischen von ungleichen Durchmessern (Fig. 18 Taf. IV) gebildet, oder ist er kegelförmig (Fig. 19 Taf. IV), so bewegt sich die Quecksilbersäule z gegen das erweiterte Ende hin; denn jetzt sind die Convexitäten von verschiedenen Radien, die dem engen Ende nähere vom kleineren Radius, übt also einen stärkeren Druck auf die Masse aus, als die andere ihr widersetzen kann, weswegen auch die Flüssigkeit sich gegen das weitere Ende hin bewegen mufs. Der Druck der Seiten des Quecksilberconus auf die Wand ist auch nicht mehr gleich, und mufs diese Bewegung noch befördern. Die ganze Masse a bekommt aber jetzt eine kleinere Oberfläche, als z hatte, nähert sich schon mehr einer Kugel, ruht aber nicht eher, bis sie an eine breite Stelle des Rohrs anlangt, wo sie fast einen ganzen Tropfen bilden kann; denn erst jetzt werden die Radien beider Segmente der Kugel x einander gleich, halten sich also im Gleichgewicht.

Füllt man ein Röhrchen ganz mit Quecksilber aus, legt es horizontal hin und läfst ein Ende des Quecksilberfadens mit einem Tropfen a (Fig. 20 Taf. IV) zusammenfliefsen, so vergröfsert sich dieser durch die Flüssigkeit, die ganz aus dem Röhrchen heraustritt; denn der, der kleinen Convexität am Ende des Quecksilbercylinders entsprechende Druck auf die Masse ist gröfser, als der, welcher die Convexität des Tropfens, die von einem gröfseren Radius ist, entspricht. Die Oberfläche des jetzt vergröfserten Tropfens ist aber doch kleiner, als die des früheren kleineren Tropfens, mit sammt sei-

ner cylindrischen Verlängerung, so, daſs auch hier eine
Verminderung der Oberfläche der sich bewegenden Masse
in Folge der endlichen Ruhe sich ausweist.

Bringt man ein Röhrchen in's Quecksilber vertical hinein (Fig. 21 Taf. IV), so steigt dasselbe darin
nicht so hoch, wie es auſser demselben steht, was doch
nach den hydrostatischen Gesetzen erfolgen sollte. Die
Ursache davon aber ist diese, daſs das Quecksilbersäulchen jetzt nur mit einer einzigen Convexität a oben sich
endet, die nur einen Druck von oben nach unten bewirkt, also das Säulchen deprimirt. Ihm entgegen wirkt
das in der umgebenden Masse fingirte Säulchen n, welches aber, da es sich mit einer Ebene z oben endigt,
welche gar keinen Druck noch Zug ausübt, nur allein
mit seiner Schwere dem Säulchen a entgegen wirken
kann. Der Ueberschuſs des Druckes der Convexität über
den Schweredruck zeigt sich also hier in dem Unterschiede der beiden Niveaus a und z. Daraus folgt, daſs,
je enger das Röhrchen ist, desto kleiner der Radius a,
und desto gröſser dieser Unterschied ausfallen muſs; daſs
er umgekehrt wie der Durchmesser des Kanals ist, und
zwischen zwei parallelen Wänden nur die Hälfte der
Depression wie in einem runden Kanal von demselben
Durchmesser betragen muſs. Dieſs hat Gay-Lussac
durch Versuche auch nachgewiesen.

Wird zuletzt ein Tropfen Quecksilber zwischen zwei
enge horizontale Glasplatten xx, zz (Fig. 22) gebracht,
die obere niedergedrückt, der Tropfen also flach zusam-
mengepreſst, so hebt, wie der Druck nachläſst, die kräftig sich abrundende Masse m die Platte zz empor. Nicht
nur also die Flüssigkeit bloſs allein, sondern auch feste
Körper können indirect durch die capillare Thätigkeit
bewegt werden.

Als Resultat aus dem Vorhergehenden folgt also, daſs
eine in einem Gefäſse eingeschlossene tropfbare Flüssigkeit, sobald sie es nicht naſs macht, nur als ein ein-

ziger ununterbrochener Tropfen, der nur durch die Gestalt des Gefäfses und Einflufs der Schwerkraft verschie-
dentlich entstaltet wird, zu betrachten ist. Es ist eine
einzige in sich abgesonderte Masse von Flüssigkeit, deren oberflächliche Molecule durch die Gefäsewände, an
die sie nicht fixirt sind, zwar in der Ausbreitung, nicht
aber in ihrer Spannung und Bewegung ringsherum verhindert werden. Diese Molecule wirken hingegen an
der ganzen Oberfläche der Flüssigkeit continuirlich frei
auf einander ein, und an ganz freien Stellen, wo die
Gegenwart einer Wand es nicht hindert, rundet sich die
Masse ab, und übt dadurch einen Druck auf den Rest
der Flüssigkeit aus, der, je nachdem diefs an einer oder
an mehreren Stellen der Oberfläche, einseitig oder entgegen gerichtet, gleich oder ungleich stark erfolgt, die
ganze Masse in Ruhe erhält oder bewegt; im letzten Falle
aber diese, nach Beendigung der Bewegung, immer einen relativ kleineren Umfang einnehmen macht. Die daraus erfolgende Gestalt wird immer eine gröfsere Annäherung zur Kugelgestalt, die aber in ihrer ganzen Vollkommenheit, erst in ganz vom Einflusse eines Gefäfses
befreiter und der einseitigen Schwerkraft nicht unterlie-
gender Masse sich bilden könnte.

3) Die Adhäsion der Flüssigkeit an die Gefäfswand ist
Ursache der Concavitätsbildung.

Eine in einem Gefäfse enthaltene tropfbare Flüssigkeit, von dessen Wänden sie angezogen wird, die sie
also benetzt, kann die Tendenz zur Kugelbildung nicht
mehr äufsern; denn durch solche Verbindung ihrer oberflächlichen Schicht mit der Wand wird sie an dieselbe
fixirt. Dadurch aber kann die Oberfläche der ganzen
Masse nicht mehr, wie in den bis jetzt von uns betrachteten Fällen, wo sie vom Gefäfse abstand, ein leicht be-
wegliches, auf allen Punkten ringsherum sich spannen-
des, und dadurch das Innere der Masse drückendes Con-

tinuum, sondern nur ein mit dem Gefäfse fest verbundenes unbewegliches Ganzes bilden. Ja, eine eingesperrte, das Gefäfs benetzende Flüssigkeit, hat dort, wo sie am Gefäfse liegt, eigentlich, im Sinne der capillaren Wirkung, keine Oberfläche mehr; denn die aus der anomalen Lagerung der oberflächlichen Molecule, wenn die Gefäfswand eine krumme ist, hervorgehende Spannung, kann auf das Innere der Masse nicht mehr wirken, weil die Gefäfswand selbst jetzt mit eben der Kraft, also nach aufsen der Masse, die Molecule der letzten Schicht anzieht, diese sich also jetzt an solcher Oberfläche so im Gleichgewichte, wie im Innern der Masse selbst, befinden. An einer horizontalen Glastafel als Halbtropfen hängendes Wasser hält sich auch an solcher Fläche so, wie die untere Hälfte eines ganzen Tropfens an seiner oberen. Die Molecule der eben so anziehenden starren Fläche ersetzen hier also die Flüssigkeits-Molecule, und der Halbtropfen findet darin gleichsam eine Ergänzung zur ganzen Kugel. Es verbinden sich also Flüssigkeits-Molecule und Wand-Molecule mit einander, wie die ersten unter sich selbst, und kein anderer Unterschied findet statt, als dieser, dafs die ersten beweglich, die anderen stabil sind; diese letzten also die ersteren in ihrer Bewegung hindern, oder ihre Richtung bestimmen, ihnen aber nicht folgen können.

So eine mit der Wand innigst verschmolzene Flüssigkeit macht nicht nur mit dem in ihr eingetauchten, sondern auch mit dem aus ihr hervorragenden Theile des festen Körpers ein Continuum aus, und die oberhalb der Oberfläche der Flüssigkeit doch ihr nächsten Wand-Molecule müssen also auch wie Flüssigkeits-Molecule auf die Bewegungen derselben einwirken. Wenn daher Wasser in einem gläsernen Röhrchen aufsteigt, so ist diefs so, wie wenn es in einem Wasserkanale aufstiege. Macht man auch vorher den Röhrchenkanal nafs, wodurch also eine Wasserschicht wirklich einen inneren Wasserkanal

bildet, so steigt das Wasser in demselben eben so hoch
und noch geschwinder. Daraus folgt also, dafs ein
von einer Flüssigkeit benetzt werdender Kanal wie ein
aus eben dieser Flüssigkeit bestehender, aber stabiler
wirkt, und dafs die Wand-Molecule der innersten Schicht
längs dem Kanale, unter dem Niveau der Flüssigkeit, als
gleichbedeutend mit den inneren, oberhalb dieses Niveaus aber als mit den oberflächlichen Flüssigkeits-Moleculen gleichwirkend zu betrachten sind.

Die dicht an der Wand, unterhalb ihres Niveaus
liegenden Flüssigkeits-Molecule können als innere, sich
also nur passiv durch Druck oder Zug, eine Kraft, die
nur anderswo herkommen kann, bewegen, weil die Kraft
ihrer activen Bewegung, nämlich ihre eigene Attraction
und Repulsion auf ihr Zusammenhalten sowohl gegenseitig unter sich, als auch mit der Wand gröfstentheils verwandt wird und darin aufgeht. Nur die mobilen Molecule der freien Oberfläche der Säule können sich activ
durch eigene Spannungen bewegen. Die oberhalb des
Niveaus, die Oberfläche der Flüssigkeit als ein Continuum verlängernden Wand-Molecule machen zwar auch
eine freie Oberfläche aus, als stabile aber können sie
sich doch nicht selbst bewegen, üben indefs nichts destoweniger einen, die nächsten Flüssigkeits-Molecule der
Oberfläche bewegenden Einflufs aus. Die Krümmungen
des an die freie Oberfläche der Flüssigkeit gränzenden
Theiles der Gefäfswand können also auch nicht gleichgültig auf die Molecule dieser Oberfläche seyn, und es
mufs sich schon ein solcher Erfolg, wie zwischen den
oberflächlichen Moleculen unter einander selbst, hier einstellen. Nur mufs hier der Unterschied stattfinden, dafs
im ersten Falle die durch beiderseitige Kräfte erweckte
Bewegung nur von einem mobilen gegen das stabile Molecul, im zweiten aber von beiden mobilen Moleculen
gegen einander ausgeführt wird.

Da die inneren Wand-Molecule sich gegen die in-

neren Flüssigkeitsmolecule so wie diese letzteren unter
sich selbst verhalten, so sind auch die Krümmungen des
untergetauchten Theils des Gefäßes in capillarer Hinsicht
keine mehr; sie können weder einen Druck noch einen
Zug mehr ausüben, sind also ganz so ohne Bedeutung,
wie sie im Innern der Masse selbst unmöglich sind.
Ein Gefäß kann auch die verschiedenste Gröfse und
Form, Erweiterung oder Verengung, unter dem capillaren Niveau haben, und doch, wenn es sich in dieser
Höhe mit einem engen Kanal endigt, und dieser in der
seinem Durchmesser zugehörigen Höhe über dem Niveau
der äufseren Flüssigkeit im Gefäfse sich befindet, kann
es die gröfste Masse Wasser schwebend erhalten. Es
fällt hier also die Wirkung so aus, wie wenn das Röhrchen bis ganz nach unten einen gleichen Durchmesser
hätte; denn nur ein im Durchschnitte der freien Oberfläche der Flüssigkeit entsprechender verticaler Cylinder
by (Fig. 21 Taf. IV) wird durch die capillare Kraft gehoben, das Uebrige im verschlossenen Raume oxs wird
aber nach hydrostatischen Gesetzen durch den Druck der
atmosphärischen Luft erhalten; unter der Luftpumpe würde
auch das Wasser im Raume x fallen, ohne einen Einfluß auf die Höhe yb auszuüben. Das Gefäß oxs
könnte also auch noch so grofs seyn, und eine noch
so grofse Masse Wasser enthalten, so würde sich doch
nichts an der capillaren Erscheinung ändern; denn sobald das Wasser mit der Wand, die es netzt, ein gar
nicht begränztes Continuum ausmacht, ist es ja immer,
auch im engsten Röhrchen so, wie wenn die Flüssigkeit
in's Unendliche sich hier erstreckte.

Nur also der Theil der Oberfläche der Flüssigkeit,
der gar nicht an der Gefäßwand liegt, sondern frei
und offen ist, nur die quere Fläche, womit sich das
Wassersäulchen endigt, kann sich activ und frei verändern, seine Krümmungen nicht von der Gefäßwand durch
Abdruck abnehmen, sondern durch Spannung seiner Mo-

lecule selbst hervorbringen, und ihren dynamischen Einfluſs weiter auf das Innere der Masse verpflanzen. Da aber so eine mobile Oberfläche immer ringsherum begränzt ist, nämlich an der stabilen Gefäſswand, mit der ihr Umfang zwar als Continuum hinsichts der gegenseitigen Anziehungen zusammenhängt, doch aber als eine activ mobile aufhört, so können die aus der Anziehung und Spannung ihrer Molecule hervorgehenden Bewegungen sich auch nur so weit ausbreiten.

Dieser Umstand verändert aber ganz die Folgen der oberflächlichen Molecularwirkung. Denn wenn in Folge derselben in einer ringsherum freien, an ein Gefäſs nicht anhängenden Flüssigkeit, die unmöglich nur mit einer einzigen Ebene, sondern nothwendig mit vielen ringsherum begränzt seyn muſs, ungeachtet der Tendenz zu einer Ebenebildung, doch eine Kugelbildung stattfand, so muſs hier, wo die Flüssigkeitsoberfläche an einen stabilen Umfang gebunden ist, die Ebenebildung nicht nur als Tendenz sich äuſsern, sondern auch zu Stande kommen können. Hier kann es nämlich nicht mehr auf die möglichst kleinste Oberfläche einer ganz losen Masse, welche einer Kugel zukommt, sondern auf die möglichst kleinste Oberfläche eines kleinen stabil begränzten Theils der ganzen Masse ankommen. Diese kann aber hier nur eine Ebene seyn; denn unter allen Flächen derselben Peripherie ist ja die Ebene die kleinste. Hier also werden auch die Molecule in einen spannungslosen Zustand, wie im Innern der Masse selbst, versetzt. Denken wir uns ein mit Wasser gefülltes Röhrchen, wo also, mit Ausschluſs der Seiten, nur die oberste Fläche bis an ihren Umfang zz (Fig. 23 Taf. II), wo sie sich an die Wand anheftet, frei ist, so muſs hier die Bestrebung eine Ebene zsz, als die in diesem Umfang möglichst kleinste Fläche, zu bilden sich äuſsern. Denn geben wir zu, daſs sich die Flüssigkeit mit einer convexen zaz wie das Quecksilber endete, so müſste sich eine solche

durch innere Spannung doch immer mehr verflächen, bis
sie ganz zur Ebene *zsz* würde. Und wenn die gekrümmte Quecksilberfläche unter solchen Umständen zwar
sich verflächen, nicht aber eine Ebene bilden kann, so
ist daran nur der Umstand schuld, daſs es lose im Gefäſse, mit dem es sich nicht verbindet, liegt, daſs also
die nächsten Molecule *zz* vom Gefäſse nicht angezogen,
nicht zurückgehalten werden, sich also nach der Masse
zu drängen, und die Kante *szx* deswegen nicht bestehen kann, sondern sich nach Innen als *sx* abrunden
muſs.

Die Ebene *zsz* (Fig. 23 Taf. IV) kann aber nicht
fortbestehen, sie wird durch den Einfluſs der sie bedingenden Gefäſswand auch wieder vereitelt, und verändert sich in eine Concavität. Denn nur der Theil der
Wand, welcher unter dem Wasserniveau *zz* sich befindet, bildet diese Wasserebene, wie man dieſs am Wasser sieht, von dem in ein Gefäſs gerade so viel einge-
gossen wird, daſs es mit dem Rande gleich hoch steht.
Ist des Wassers weniger da, so daſs die Gefäſswand es
übersteigt, so verändert sich die Ebene schon in eine
Concavität. An der Bildung dieser Krümmung hat also
hier die über das Niveau hervorragende Wand den we-
sentlichsten Antheil. Und wenn Quecksilber, wenn es
auch mit dem Rande des Gefäſses gleich hoch steht, doch
keine Ebene bildet, so geschieht es deswegen nur, weil
die von der Wand nicht angezogene Molecule *z* (Fig. 24
Taf. IV) gegen *t*, also gegen die Masse sich bewegt, was
sie abrundet, und so die Convexität bildet. Hier in der
Wassersäule aber kann das Molecul *z* demselben Weg
nicht folgen, denn da Flüssigkeit die Wand benetzt, so
wird es ja durch die Wand-Molecule *bx* zurückgehalten.
Statt dessen wird, da jetzt auch der über das Niveau
der Flüssigkeit hervorragende Theil der Wand hier wegen
der Continuität mit ihr und der Nähe seiner Molecule
auf sie einwirkt, dieses Molecul *z* von dem mehr ent-

fernten Wand-Molecul *y* und dem Flüssigkeits-Molecul
s angezogen, weil dazwischen in der Richtung *z o* und
z v keine Abstofsungselemente vorhanden sind, welche
so wie im Innern der Masse die Attraction vermindern.
Der überwiegenden Anziehung der Molecule *y s* folgend,
würde das Molecul *z* die Richtung in der Diagonale
z o einschlagen, wenn das Wand-Molecul *b* auch noch
nicht einwirkte. Wegen dieser Wandanziehung aber
mufs es den mit der Wand parallelen Weg *z v* einschlagen, und in diesem Falle braucht es von der Wand
nicht nur sich nicht abzureifsen, wozu selbst eine sehr
grofse Kraft nicht hinreichend wäre, sondern nicht einmal sich davon zu entfernen. Solchen Erfolg kann aber
nichts verhindern. So kann die Anziehung der unteren
Molecule wie *t a x* u. dergl. das Molecul *z* in seiner Bewegung nicht zurückhalten, denn die Abstände dieser
Molecule von *z* sind die normalen, wo Attraction und
Repulsion im Gleichgewicht stehen, und da sie aufserdem nicht fixirt, sondern als innere, von den sie umgebenden auch inneren Flüssigkeits- und Wand-Moleculen
gleich stark allerseits angezogen und abgestofsen, bereit
sind, sammt denselben der kleinsten äufseren Kraft zu
gehorchen, so müssen sie also dem Zuge des Moleculs
z willig nachfolgen. Auch kann die Erhebung der Flüssigkeit an der Wand auf die Art erfolgen, dafs das Molecul *s* von dem Molecul *y* angezogen in der Richtung
des Pfeils über die Molecule *t z*, zu welchen, obgleich
näheren, seine Attraction durch gröfsere Repulsion mehr
als zu der entfernteren *y* geschwächt ist, es sich hin begiebt, wohin ihm auch die übrigen folgen. Das Endresultat wird in beiden Fällen dasselbe seyn.

Es bildet sich also hier, statt des Winkels *s z y*
(Fig. 23 Taf. IV), eine Abrundung *s y* gegen das Leere,
wie in der Blase, mit einem Worte, eine Concavität.
So eine Concavität kann aber auch nicht fortbestehen,
denn die krumme, also anomal gelagerte Molecularschicht

z n z bestrebt sich zu verflächen, wird also gegen das Leere hin, wie in der Blase, durch innere Spannung bewegt, also hier gehoben, wodurch die Concavität wieder vermindert wird. Wegen der Befestigung der letzten Molecule *z z*, was in der freien ganzen Blase nicht stattfindet, muss aber die krumme Fläche *z n z* nicht nur wie in der Blase sich verflächen, sondern zuletzt ganz in die Ebene *z s z* sich zu verwandeln streben.

Dieses beständige Fortschreiten der peripherischen Molecule an der Wand, wodurch die Concavität gebildet wird, und die fortwährende Abflächung dieser Concavität, um eine Ebene wieder herzustellen, erklärt die capillare Bewegung während der Elevation; denn die Concavitätsbildung ist mit einem Vorrücken der Peripherie, und die Planbildung mit einem Vorrücken des Centrums der freien Oberfläche der Flüssigkeit nach einer und derselben Richtung gegen das Leere hin, im verticalen Röhrchen also in die Höhe, verbunden; beides zugleich wird also die Bewegung der ganzen Flüssigkeitsoberfläche hervorbringen, welcher auch die ganze übrige Masse passiv nachfolgen muss.

Um die capillare Elevation zu erklären, können wir aber die Anziehung zwischen den Wand- und Flüssigkeits-Moleculen nur in kleinsten, sinnlich unmerkbaren Distanzen in Anschlag bringen; die Vergrößerung bis zum sichtbaren Grade erweist sich aber leicht als eine Wiederholung und Addition des kleinen unmerkbaren primären Erfolgs. Mögen die entfernten Wand-Molecule *y* (Fig. 25 Taf. IV) und Flüssigkeits Molecule *c* das Molecul *a* auf die Höhe 1 bringen, so muss auch *c* durch das Molecul *a*, das jetzt am Orte 1 ist, und durch das Molecule *d* nach 4 gehoben werden; aber dann würde auch *d* von 4 und *s* nach 7 gehoben seyn. Auf diese Weise entstände also die Curve *y* 1 4 7 *s*, die jedoch nur eine sehr kleine, noch nicht sichtbare Erhöhung seyn mag. Aber diefs Heben kann hier nicht sein Ende haben; denn durch

durch 0 und 4 angezogen, muſs das Molecul *a* von 1 nach 2 sich erheben, desgleichen durch 2 und 7 gezogen, würde 4 nach 5 sich begeben, und auf dieselbe Art 7 nach 8 u. s. w., woraus also schon die gröſsere Erhöhung 0, 2, 5, 8 hervorginge. Auf die nämliche Weise würde auch durch gegenseitiges weiteres Erheben die Curve *r*, 3, 6, 9, *s* und andere immer höher und weiter sich erstreckende Erhöhungen hervorgehen, so, daſs sie am Ende schon sichtbar werden müssen.

Die Molecule heben sich also fast parallel (Fig. 25 Taf. IV) mit der Wand; ich sage nur fast, denn da dieselben ihren Abstand nur wenig verändern können, so müssen sie auf der concav werdenden, also sich vergröſsernden Oberfläche, näher an einander rückend, den Parallelismus verlassen, woraus folgt, daſs während solcher Concavitätsbildung, wo die Oberfläche sich vergröſsert, innere Molecule zu oberflächlichen werden müssen. Dieses gleicht sich jedoch während der gleichzeitigen Ebenebildung theilweise aus; denn hier vermindert sich wiederum die Oberfläche, wobei umgekehrt oberflächliche Molecule wieder zu inneren werden. Da zuletzt aber doch aus der Ebene eine Concavität zurückbleibt, so ist dieſs ein Beweis, daſs während der Elevation die Veränderung innerer Molecule in oberflächliche vorherrschend ist. In der Depression ist dieſs umgekehrt; denn diese endet immer mit einer Verkleinerung der Oberfläche der ganzen Masse. Aus dem Eintritte der oberflächlichen Molecule in's Innere der Masse wurde selbst die Eigenschaft der Tropfenbildung, als Bestrebung der möglichst gröſsten Summe gegenseitiger Anziehungen zu erlangen, gefolgert. In der capillaren Depression, woselbst eine durch das Gefäſs beengte, immer aber doch noch lose Masse, die Tendenz ringsherum zur Tropfenbildung nicht verliert, währt dieſs fort. Es findet auch noch in der ganzen freien Blase statt, nicht immer aber in einer theilweisen, durch Adhäsion an eine

Gefäfswand gebundenen und unterbrochenen. Dieser Unterschied involvirt aber keinen Widerspruch; denn die Abrundung des freien oder beengten Tropfens sowohl, als der freien Blase, geht blofs aus der Einwirkung eigener Molecule auf einander, also immer aus eigener Kraft hervor; hier aber wirkt auch eine fremde, nämlich die der Wand-Molecule, wodurch der Charakter des Erfolgs schon ein gemischter wird. In sofern auch die Molecule der Flüssigkeit blofs gegenseitig auf einander einwirken, behält die Wirkung den Charakter der Verkleinerung der Oberfläche; diefs ist der Fall in der Bildung der Ebene aus der Concavität. Das Entgegengesetzte, das Bilden der Concavität aus der Ebene, das Vergröfsern der Oberfläche, erfolgt aber nur durch die Attraction der Wand-Molecule, also durch Einwirkung einer fremden, aufserhalb der Flüssigkeits-Molecule gelegenen Kraft; es kann also gar keinen Einwurf gegen die Theorie begründen. Ja der erste Erfolg kann selbst bei der Elevation überwiegend ausfallen, z. B. wenn die Flüssigkeit in einem konischen Kanale aufsteigt, wo dann ihre Oberfläche, obgleich sie sich durch Vertiefung vergröfsert, durch Verkleinerung des Durchmessers sich doch noch mehr vermindern kann. Das endliche Vergröfsern der freien Oberfläche der Flüssigkeit gehört also nicht so zum Ursächlichen der Elevation, wie das Verkleinern zu dem der Depression, und ist vielmehr nur ein zufälliger Coëffect.

4) Capillare Elevation ist eine Folge der Anziehung der Gefäfswände und zugleich der Spannung der anomal gelagerten oberflächlichen Flüssigkeits-Molecule, wodurch aber nicht ein Druck, sondern umgekehrt ein Zug auf das passive Innere der Masse erfolgt.

Aus der bis jetzt auseinandergesetzten zweifachen Wirkung, nämlich der Gefäfswand-Molecule auf die oberflächlichen Flüssigkeits-Molecule, und dieser auf einan-

der, lassen sich alle der capillaren Elevation angehöri-
gen Phänomene, ohne der Erklärung Zwang anzuthun,
begreifen, wie diefs hier an einigen gezeigt werden soll.

Eine das Gefäfs benetzende Flüssigkeit mufs sich an
dessen Wänden erheben, denn abwechselnd durch die
Punkte *y*, *c*, *a*, *d*, *r*, *s* (Fig. 26 Taf. IV) gegenseitig
angezogen, mufs sie die concave, in der Mitte nur ebene
Fläche *r s x z* bilden; es ist diefs also eine theilweise
Elevation. Taucht man aber das Täfelchen *n* so nahe
bei der Wand *z* ein, dafs seine Entfernung nicht volle
zwei Radien der Wirkungssphären ausmacht, so erfolgt
schon eine totale Elevation, weil jetzt die beiderseitigen
Krümmungen eine spitzige Vertiefung *v* zu bilden streben, die als solche aber nicht bestehen kann, sondern
in Folge der Bestrebung zur Ebenebildung sich ausfüllt,
wodurch also das Niveau *m m* über dasjenige im Gefäfse
x zu stehen kommt. Je näher aber man das Täfelchen
n der Wand *z* bringt, desto höher steigt das Niveau *m m*.

Der Kanal eines vertical in's Wasser gebrachten
Röhrchens erhebt auf diese nämliche Weise zuerst ringsherum an der Oberfläche die Molecule, wodurch die concave Fläche *a m a* (Fig. 27 Taf. IV) gebildet wird, dann
verstreicht diese durch die Thätigkeit der freien oberflächlichen Flüssigkeits-Molecule, und es bildet sich die
über das äufsere Niveau erhöhte Ebene *a n a*. Alsdann
wird die Peripherie dieser Ebene von Neuem bis *b b*
gehoben, wo dann die Concavität *b n b* in die Ebene
b o b sich verwandelt, um wieder durch Anziehung von
c c zu vergehen. Und auf diese Weise steigt also die
Flüssigkeit immer höher, bis die Last der gehobenen
Säule der hebenden Kraft das Gleichgewicht hält. Doch
geschieht diefs Steigen nicht so abwechselnd abgebro-
chen, wie hier, um das Phänomen zu verdeutlichen, gesagt wurde. Das Steigen ist vielmehr continuirlich, und
ehe sich noch die Ebene *a n a* bildet, fährt schon die
Peripherie fort zu steigen, deswegen erscheint auch die

21 *

steigende Wasserfläche nicht abwechselnd plan und concav, sondern continuirlich concav.

Aber selbst wenn das Wasser in der verticalen Röhre zuletzt zu steigen aufhört, ohne jedoch dessen Ende erreicht zu haben, bleibt die alsdann ruhende Endfläche doch concav. Diefs rührt aber davon her, dafs die primäre Wandanziehung, die die Concavität hervorbringt, eine gar nicht abnehmende, die aus der Thätigkeit der Flüssigkeits-Molecule hervorgehende Ebenebildung aber, durch die Schwere der Flüssigkeit influencirt, wirklich eine abnehmende Kraft ist, die erste also immer gleich stark die Peripherie der Oberfläche hebt, dann aber das Centrum immer weniger, zuletzt aber gar nicht folgen kann. Die Anziehung der Wand erstreckt sich ja nicht bis an die Axe des Kanals, vielmehr wird dadurch nur eine dünne Wasserschicht fixirt, die eine zweite, diese eine dritte u. s. w. hält, die also alle als selbst mobil und an der mobilen Oberfläche hängend, immer mehr nach der Mitte zu, der Schwere nachgeben, wodurch also am wenigsten dicht bei der Gefäfswand, und am meisten in der Axe des Kanals, die Flüssigkeitssäule niedergedrückt wird. Diefs erklärt also die Concavität selbst dann, wenn die Flüssigkeit in einem verticalen Röhrchen zu steigen aufgehört hat.

Bei einer kleinen Vertiefung zr kann das Wand-Molecul y (Fig. 28 Taf. IV) das Flüssigkeits-Molecul a immer noch überwiegend anziehen, weil dazwischen ein Abstofsungselement x fehlt. Wenn aber die Vertiefung schon fast einer Halbkugel gleich wird, dann mufs das weitere Heben aufhören; denn jetzt, wo die Gefäfswand ys zur Tangente der hohlen Halbkugel zm wird, kann n von y nicht mehr überwiegend angezogen, also auch nicht gehoben werden, weil ja diese Molecule yn jetzt mit dem mittelsten z eine gerade Linie bilden, dieses Molecul z also zum Abstofsungselemente der beiden andern wird, mit welchen es nur in gleichem Abstande

bleiben kann. Man hat auch gefunden, dafs die Concavität auf einer gehobenen und zur Ruhe gelangten Flüssigkeitssäule immer einer Halbkugel nahe kommt.

Je kleiner der Durchmesser des Kanals wird, je
weniger er also von der steigenden Masse enthält, desto
weniger mufs auch die Schwere dem Steigen entgegen wirken, und also die Höhe gröfser ausfallen. Freilich vermindert sich auch die hebende Kraft wie der Durchmesser oder Umfang des Kanals, sein Inhalt aber wie das
Quadrat des Durchmessers, so dafs in einem Kanal von
der Hälfte des Durchmessers eine zwei Mal kleinere Kraft
eine vier Mal verminderte Last doch zwei Mal höher heben kann, was auch Gay-Lussac's Versuche bestätigen.
Zwischen zwei parallelen Flächen hebt sich aber eine
Flüssigkeit nur halb so hoch, als in einem Kanale von
demselben Durchmesser; denn jetzt ist im Verhältnifs zur
Last die Anziehungskraft der Wände um die Hälfte vermindert. Die Höhe hängt aber, wie bekannt, bei übrigens gleichen Röhren, nicht von der specifischen Schwere
der Flüssigkeit allein ab; denn sie ist dieser Schwere
nicht umgekehrt proportional, wie man diefs vorzüglich
bei Wasser und Alkohol wahrnimmt, wo der letztere,
obgleich leichter, doch weniger hoch steigt. Auch eine
erwärmte Flüssigkeit steigt weniger hoch, obgleich sie
specifisch leichter geworden. Die Ursache davon werden wir in der zweiten Abtheilung sehen.

Läfst man an ein horizontales Röhrchen nur eben
so viel Wasser hinzu, dafs es bis an seine Axe reicht
(Fig. 29 Taf. IV.), so saugt es dasselbe ein, und da in
dieser Lage die Schwere auf die Hemmung der Bewegung nicht einwirkt, so müfste diese eine unendliche
seyn; wirklich hört sie erst dann auf, wenn die Länge
des Rohrs, oder die Menge der Flüssigkeit nicht mehr
ausreicht. Kommt das Wasser bis an's Ende des Kanals, so bildet es eine Ebene; und die Bewegung hört
auf; es läuft aber nichts heraus. Diese Bildung einer

Ebene bestätigt das früher Gesagte; denn da es in diesem Falle über die Endfläche der flüssigen Säule keine anziehende Wand mehr giebt, welche die Peripherie der flüssigen ebenen Oberfläche ziehen könnte, und auch die Schwere die Concavität nicht bilden mithilft, so äufsert sich hier als alleiniger letzter Bewegungsact die Spannung der Molecule unter sich selbst, wodurch die concave Oberfläche sich zuletzt in eine Ebene verwandelt, und auch schon so bleibt, nachdem Ruhe erfolgt.

Senkt man das Ende des Röhrchens (Fig. 29 Taf IV), so treibt die Schwere des Wassers in einer Convexität hervor; es fliefst aber dennoch nichts heraus, denn in einer convexen Oberfläche üben ja die oberflächlichen Molecule einen Druck gegen die Masse, dieser drängt sie also in den Kanal zurück. Diese Wirkung ist zwar eine solche wie beim Quecksilbertropfen, doch darin abweichend, dafs, da dieser Wassertropfen an der Glasöffnung adhärirt, er keine Kugel, sondern eine Fläche zu bilden strebt, wie diefs schon an der Convexität zxz (Fig. 23 Taf. IV), die in die Ebene zsz sich zu verwandeln strebt, gezeigt wurde.

Selbst von einem vertical gehaltenen, aber nicht in's Wasser eingetauchten Röhrchen, wenn man fortwährend Wasser an sein unteres Ende anbringt, wird dasselbe eingezogen und steigt gegen seine Schwere bis zu einer gewissen Höhe, die gröfser als diejenige des in's Wasser eingetauchten Röhrchens ist. Hier steigt die Flüssigkeit deswegen höher, weil sie durch zwei Kräfte nach derselben Richtung getrieben wird, erstens: durch die nach oben gegen das Leere gekehrte Ziehkraft des oberen concaven Endes der Flüssigkeitssäule, und zweitens: durch die nach oben, aber auch zugleich gegen die Masse gekehrte Druckkraft des unteren convexen Endes dieser Säule. In beiden gekrümmten Flächen ist die zur Ebenebildung nöthige Bewegung gegen das obere Ende des Röhrchens gerichtet, die ganze Säule mufs also dem fol-

gen. Ist der Durchmesser der hängenden Halbkugel
dem der Säule selbst gleich, so steigt das Wasser zwei
Mal so hoch, wie im Fall die Säule unten mit einer
Ebene endigt. Diefs ist der Fall, wenn das untere Ende
des Röhrchens in's Wasser gelassen wird, wo die in
der Flüssigkeit fingirte Verlängerung der Wassersäule n
(Fig. 21 Taf. IV) sich mit der Ebene z endigt, dieser
äufseren Höhe aber, nach hydrostatischen Gesetzen, die
im Kanale mit der Ebene y sich endigende entspricht,
also die blofs durch den Zug des concaven oberen Endes erhobene Säule yb sich unten wirklich mit einer
Ebene endigt.

Bringt man in ein horizontales Röhrchen einen Tropfen Wasser a (Fig. 30 Taf. IV) hinein, so bleibt das
daraus gebildete, an beiden Seiten gleich concave Säulchen ruhig stehen, weil hier die ziehende Kraft an beiden Enden denselben Grad und eine entgegengesetzte
Richtung hat. Ist die Menge des eingebrachten Wassers
klein, so wird auch das Säulchen kürzer, ohne dafs jedoch die Convexitäten minder tief werden. Wenn die
Menge des Wassers sich jedoch immer mehr vermindert,
so kommen die Concavitäten dicht an einander, und bilden den Meniskus b; bei gröfserer Wasserverminderung
bleibt das Plättchen c mit kleinerer Ausbreitung an der
Peripherie, und zuletzt das Plättchen d mit gar keiner
sichtbaren Ausbreitung. Diefs ist wieder eine Bestätigung des früher Ausgesprochenen; denn hier ist es, durch
die Wirkung der oberflächlichen Molecule, zur Bildung
einer möglichst kleinsten Fläche, einer Ebene gekommen,
die schon in allen Lagen, wegen ihrer kleinen Masse
und Gewicht, eine solche bleibt. Das Spannende ist
hier immer die die Peripherie nach beiden Seiten ver-
ziehende Attraction der Wand, obgleich man zuletzt diese
Ausbreitung gar nicht sieht. Hier, wo es also an Wasser fehlt, um die sichtbare Erhöhung rs (Fig. 25 Taf. IV)
zu bilden, bleibt nur die kleinere unsichtbare ys zurück,

um das Plättchen, zu befestigen und zu spannen; denn
dafs die Peripherie, wenn auch nicht sichtbar, doch breiter als die Mitte ist, folgt schon daraus, dafs solche Plättchen nicht hier, sondern in der Mitte zerreifsen.   Stofsen zwei Seifenblasen zusammen und verbinden sie sich
mit einander, so bildet sich zwischen ihnen auch eine
plane dünne Querwand (Fig. 31 Taf. IV). . Die beiden
äufseren Flächen dieser Doppelblase bleiben. Kugelabschnitte, weil diese für die sich frei ringsherum anziehenden und bewegenden Molecule die relativ kleinste
Oberfläche abgeben; die gemeinschaftliche Scheidewand
ist aber aus demselben Grunde plan, weil beim fixirten
Umfange aa die Ebene auch die relativ kleinste ist.
Der Schaum, der aus sehr vielen, mit einander verbundenen Blasen entsteht, zeigt äufserlich lauter Kugelab-,
schnitte, innerlich lauter ausgespannte Plättchen.

. Wird in das erweiterte Ende eines horizontal liegenden konischen Röhrchens ein Tropfen Wasser hineingelassen, so bewegt er sich gegen das engere Ende
hin, weil hier, obgleich die Richtungen der Zugkräfte
entgegengesetzt sind, diese an beiden Oberflächen des
Wassers doch nicht gleich stark wirken, sondern die
der kleineren überwiegend ist.   Denn in einer Concavität von kleinerem Radius bildet das Molecul a (Fig. 32
Taf. IV.) mit dem es überwiegend anziehenden y, und
diese Anziehung vermindernden z, einen kleineren Winkel, als das Molecül n in der Cavität eines gröfseren
Radius, wo die Lage der Molecule nzy sich einer geraden Linie mehr nähert, die Attraction zwischen yn
also mehr vermindert wird, die peripherische Ziehkraft
im ersten Falle demnach gröfser ausfällt.   Auch liegen
die oberflächlichen Molecule gegen einander unter einem
desto spitzeren Winkel, also gespannter, je kleiner der
Radius der Krümmung ist, wodurch also auch die Kraft
zur Ebenebildung im ersten Falle gröfser wird. Aus
beiden Gründen mufs also der Wasserconus a (Fig. 33

Taf. IV) gegen das engere Ende des Röhrchens sich bewegen, und hier den dünneren aber längeren x bilden.

Da während der Elevation eine Verbindung der
Flüssigkeits- und Gefäfs-Molecule und gegenseitige Anziehungen vorhanden sind, so folgt daraus, dafs wie diese
Flüssigkeits-Molecule sich gegen die Wand hin bewegen, diese sich ihnen entgegen bewegen müfste, wenn sie
lose wäre, und es keine andere die Anziehungskraft über-
steigende Hindernisse gäbe. Darauf gründen sich die
durch capillare Kräfte den festen Körpern mitgetheilte
Bewegungen. Werden z. B. zwei an Fäden angehängte,
etwas aus einander gebrachte Plättchen in's Wasser zum
Theil eingesenkt (Fig. 34 Taf. IV), so steigt das Wasser dazwischen in die Höhe, und die Plättchen bewegen
sich gegen einander, bis sie sich ganz an einander anschliefsen. Dem Zuge des Molecules z nach v. (Fig. 24
Taf, IV) müssen andere von unten hinauf folgen, die
wiederum andere heben, und diefs erstreckt sich unten
bis über die Oeffnung, wobei ihr Gewicht zu überwinden ist. Ist aber die Wand yx beweglich, so kann,
statt dafs die nach oben sich verlängernde Säule von
unten mit neuem Wasser sich anfüllt, diefs mit derselben Masse, die schon zwischen den Plättchen vorhanden ist, geschehen, nur müssen sich die Wände einander nähern, um den Zwischenraum zu vermindern.
Wenn also diefs Nähern mit weniger Kraftaufwand, als
das Heben des Wassers aus dem Gefäfs hinauf geschehen kann, so geschieht es auch eher als dieses. Anstatt zufliefsen mufs vielmehr noch ein Theil des Wassers abfliefsen, wenn die Flächen zuletzt ganz an einander haften.

Auf eben diese Weise lassen sich die Bewegungen
schwimmender Körper gegen einander oder gegen den
Rand des Gefäfses, wenn die Flüssigkeit sie näfst, erklären. Schwimmen zwei gläserne hohle Kugeln auf dem
Wasser, so fängt dieses schon in einem Abstande von

mehr als 6 Linien ringsherum an sich leise gegen sie zu
erheben, was man an dem durch Abspiegelung verun-
stalteten Bilde der geraden Fensterrahmen erkennen kann.
Dieses hinaufgezogene Wasser zieht die Kugeln nach allen Seiten gleich hin, also blofs in die Tiefe und nicht
seitwärts. Nähert man sie aber einander bis auf die
Weite eines Zolles, so dafs die durch sie angezogenen
Wassersphären in einander kommen, so fangen sie an,
sich einander ganz langsam zu nähern, beschleunigen aber
ihre Geschwindigkeit, bis sie an einander stofsen. Diefs
erklärt sich folgendermafsen: Die concave Fläche *ama*
(Fig. 35 Taf. IV) wird durch die Thätigkeit ihrer sich
spannenden Molecule eine minder concave, sie würde
sich also nach *n* heben, wenn die Kugeln fixirt wären;
da sie aber mobil sind, so mufs die an sie angeheftete
und durch ihre Schwere sinkende Wasserfläche *ana* sie
gegen einander anziehen. Aber die Hebung der immer
mehr concav werdenden Fläche, und das Ziehen durch
ihr Gewicht kann nicht aufhören, bis die an einander
gekommenen Körper der weiteren Annäherung selbst eine
Gränze setzen, wo dann die dazwischen gehobene Flüssigkeit in der Höhe schwebend schon fort bleibt.

Wird eine Kugel auf einer Hälfte *b* (Fig. 36 Taf. IV)
mit Fett bezogen und mit Hexenmehl bestreut, so zieht diese
Hälfte das Wasser nicht mehr an. Mit beiden Hälften
auf's Wasser gesetzt, wird nur die Hälfte *a* vom Wasser angezogen; diesem einseitigen Zuge kann aber die
Kugel nicht folgen, weil sie mit der anderen Hälfte *b*
in die Vertiefung des von ihr abstehenden Wassers auf
die entgegengesetzte Seite zurückfällt; sie dreht sich aber
auf der Stelle um, so dafs die Fläche *a* allein nach unten kommt, und vom Wasser schon ringsherum gleich
angezogen wird.

Als Resultat aus dem Vorhergehenden in diesem Abschnitte folgt, dafs eine das Gefäfs netzende Flüssigkeit
nicht als eine mit ihm ein einziges Continuum ausma-

chende zu betrachten ist. Der untere in die Flüssigkeit
versenkte Theil des Gefäßes ist wie eine in's Unendliche gehende Fortsetzung des Innern der Flüssigkeit, der
über dieselbe erhobene Theil ist aber wie eine Fortsetzung der freien Oberfläche der Flüssigkeit. Er macht
mit dieser concaven Fläche gleichsam eine einzige, in der
in's Unendliche sich erstreckenden Flüssigkeit, unendlich
verlängerte Blase aus. Die im Gefäße fixirte Flüssigkeit
wird also durch ihre Adhäsion mit ihm Eins, und sowohl ihre eigenen Molecule, als diejenigen des Gefäßes
selbst, welche unter das Niveau zu fallen, können als
innere nicht auf die Bewegung der Säule einfliefsen, indem ihre Wirkungskräfte in gleichen gegenseitigen Einwirkungen aufgehen. Nur die Molecule der freien Oberfläche der Säule, die blofs mit ihrem Umfange an die
Gefäfswand fixirt ist, geniefsen einer freien, aus ihrer
Anziehung und Abstofsung unter einander hervorgehenden Bewegung, deren Folge Krümmungsveränderungen
sind, und deren Endziel Ebenebildung ist. Diese wird
aber durch die Anziehung der Wand vereitelt, indem
dadurch wieder die Concavitätsbildung hervorgerufen
wird. Beide Bewegungen können jedoch gleichzeitig bestehen, indem beide, wenn auch nicht von denselben
Stellen, jedoch nach derselben Richtung, nämlich die
eine von der Peripherie, die andere vom Centrum derselben Oberfläche ausgehen, und zugleich gegen das Leere
hin fortschreiten, in der, mit dieser Oberfläche parallelen Richtung aber sich bewegend, ohne gegenseitige Störung durchdringen können. Aus beiden zugleich geht
die nach der entgegengesetzten Seite der Masse, nach
der Leere hin gerichtete Zugkraft hervor, die, je nachdem die Flüssigkeit an einer oder an mehreren Stellen
in freie Oberflächen ausgeht, einseitig oder vielseitig, in
derselben Richtung oder gegen einander, gleich oder ungleich stark ausfällt, die ganze Masse entweder in Ruhe
erhält oder ihre Bewegung hervorbringt. Auch kann diese

Zugkraft, außer mit der Schwerkraft, sich mit der capillaren Druckkraft verbinden, gegen einander oder mit einander wirken, also Gleichgewicht oder Bewegung zusammen hervorbringen.

(Schluß im nächsten Heft.)

X. *Vorläufige Anzeige von einer Untersuchung über das Verhalten des Acetons zum Platinchlorid; von William C. Zeise in Kopenhagen.*

Wird eine Lösung von Platinchlorid in ungefähr drittehalb Th. Aceton bis zur Syrupsconsistenz abdestillirt und die Destillation ein oder zwei Mal mit dem Destillate wiederholt, so bekommt man ein Gemisch von mehreren neuen Verbindungen des dadurch hervorgebrachten Chlorürs. Das Destillat ist reich an Salzsäure und enthält wenigstens *einen* ätherartigen Körper. Es hält zum Theil schwer die verschiedenen Verbindungen jenes Gemisches rein darzustellen; und obgleich ich schon ziemlich viel Zeit darauf verwendet habe, bin ich doch nicht sicher, sie alle in diesem Zustande erhalten zu haben. — Von diesen Verbindungen scheint ein gelber krystallisirbarer Körper, dessen elementare Zusammensetzung

$$Pt + 2Cl + 6C + 10H + O$$

ist, besonders einer Erwähnung zu verdienen.

Um diesen Körper darzustellen, rührt man den braunen, sauren, theerartigen Rückstand so oft mit neuen Portionen Wasser an, als diese eine braungelbe Farbe annehmen, und seiht die Auflösung schnell durch Leinwand, um die ungelöste harz- oder pechähnliche Masse zurückzuhalten. Die Auflösung fängt bald an sich von unten her zu trüben, und im Laufe von $\frac{1}{4}$ bis 1 Stunde scheiden sich daraus in ziemlich großer Menge kleine, gelbe

Krystalle. Die davon abgegossene Mutterlauge stellt man im Vacuum über Schwefelsäure nebst Kalk oder Kalihydrat, bis sie zu einer krystallinischen braunen Masse eingedampft ist. Wird diese darauf, wie jener theerartige Rückstand, mit Wasser behandelt, so bekommt man eine neue Portion von dem krystallisirbaren Körper, jedoch hier fast immer stark braun gefärbt. Um ihn reiner zu erhalten, löst man denselben in dem bei der Behandlung des Chlorids mit Aceton erhaltenen sauren Destillat auf, destillirt die filtrirte Flüssigkeit bis zur Syrupsconsistenz ab, und behandelt den Rückstand, wie angegeben, mit Wasser. Endlich löst man, um jede Spur vom braunfärbenden Stoff zu entfernen, das ganze krystallisirte, zwischen Löschpapier wohl ausgedrückte und getrocknete Product in Aceton auf, filtrirt die gesättigte heiße Lösung in ein Glas mit weiter Oeffnung, und dampft die abgekühlte, von den angeschossenen Krystallen abgegossene Flüssigkeit durch vorsichtige Destillation so weit ab, daß fast alles daraus krystallisiren kann. Die so erhaltenen Krystalle werden mit kleinen Quantitäten Aceton abgespült und dann getrocknet. — Auch habe ich eine beträchtliche Menge von diesem Körper dadurch erhalten, daß das mit einer gewissen Menge Aceton angerührte Chlorid 24 Stunden in einem wohl zugepfropften Glase aufbewahrt wurde. — Ich nenne diesen Körper *Metacechlorplatin.*

Das Metacechlorplatin ist schwefelgelb, die Krystalle sind klein und schwer genau zu bestimmen; es ist fast ohne Geruch. Getrocknet bei gewöhnlicher Temperatur an der Luft, verliert es im Vacuo über Schwefelsäure fast gar nichts an Gewicht, auch dann nicht, wenn es dabei in einer Wärme etwas über 100° gehalten wird. Es läßt sich leicht entzünden, verbrennt mit zum Theil grüner Flamme, und giebt als Rückstand Platin mit silberweißer Farbe. Erhitzt in einer Retorte schwärzt es sich, giebt dabei, ohne Aufschwellen, in großer Menge

einen anfangs eigenthümlich, später zum Theil salzsäure-
artig riechenden Dampf, wovon wenigstens ein Theil sich
leicht zu einem öligen Körper verdichtet; der kohlige
Rückstand verbrennt in freier Luft langsam wie Zunder, und läfst silberweifses Platin zurück. Wasser löst
bei gewöhnlicher Temperatur fast nichts davon; damit
erhitzt, giebt es eine gelbe Flüssigkeit, die aber doch
nur sehr wenig von dem Salze enthält, und woraus sich
beim Kochen ein brauner, flockichter Körper ausscheidet,
während auch das Ungelöste in eine braune schleimige
Masse verwandelt wird, ohne bemerkbare Erscheinung
von metallischem Platin. Aether scheint nichts davon zu
lösen; Alkohol wirkt bei gewöhnlicher Temperatur nur
wenig darauf, beim Erhitzen löst er etwas mit gelber
Farbe, und setzt beim Abkühlen ein gelbes krystalli-
sches Pulver ab. Salzsäure, selbst die concentrirte, wirkt
nur bei erhöhter Temperatur darauf; die saure Auflösung
erträgt Siedhitze ohne bemerkbare Veränderung. Von
Kalilauge wird das Metacechlorplatin leicht zu einer braunen Flüssigkeit aufgelöst. Eine Auflösung von Chlorkalium
oder Chlornatrium löst es auch beim Erhitzen, und die gelb
gefärbte Lösung zeigt beim Kochen keine Veränderung.

Die Bestimmung des Kohlenstoffs und Wasserstoffs
geschah durch Verbrennen, theils mittelst Kupferoxyds,
theils durch chromsaures Bleioxyd.

Die Zusammensetzung des Metacechlorplatins
$$(PtCl^2 + C^6 H^{10} O)$$
mit der des Acetons ($C^6 H^{12} O^2$) verglichen, zeigt, dafs
$H^2 O$ hier von einem Atom Platinchlorür ersetzt worden ist. Da aber mehrere andere Chlorürverbindungen,
wie es scheint, gleichzeitig damit gebildet werden, so
ist doch vielleicht die Wirkung nicht so einfach. Jedenfalls entsteht dabei wahrscheinlich eine Verbindung von
2 At. Chlor mit 2 At. Wasserstoff, wie bei der Wirkung von Platinchlorid auf Alkohol; und es bildet daher wohl auch hier, durch Reaction von 1 At. Sauer-

stoff, eine dem Aldehyd entsprechende Verbindung (vergleiche meine Abhandlung über das entzündliche Chlorplatin in diesen Annalen, Bd. XXXX S. 251). Jene Verbindung reiht sich übrigens, wie man sieht, sehr wohl an die von Kane angezeigten Producte des Acetons mit Schwefelsäure, Salzsäure etc. (diese Ann. Bd. XXXXIV S. 473). Auch scheint dabei Erwägung zu verdienen, daſs, während bei der Wirkung von Platinchlorid auf Alkohol, 2 Atome Chlorür sich mit 1 Atom Aetherin (C^4H^8) verbinden, zwar nur 1 At. Chlorür, aber noch H^2O (und vielleicht als Stellvertreter des zweiten Atoms Chlorürs) eine Verbindung mit C^6H^8 bildet.

Wenn die durch Verdampfen im Vacuo erhaltene braune, krystallinische Masse die letzte Portion Metacechlorplatin gegeben hat, bleibt eine saure, braune Flüssigkeit zurück. Wird diese in einem Destillirapparat erhitzt, so trübt sie sich, zeigt dabei ein ziemlich starkes Brausen, indem eine ölartige Flüssigkeit übergeht; und im Laufe von einer halben bis 1 Stunde hat sich aus dem jetzt entfärbten Fluidum in groſser Menge ein kohlenschwarzer, kleinflockiger Körper ausgeschieden. Von diesem will ich hier nur anführen, daſs er sich bei gelindem Erhitzen mit Explosion entzündet. — Ich nenne ihn, bis weiteres, *Pyracechlorplatin.*

Das ursprüngliche syrupartige Product der destillirten Auflösung des Chlorids giebt, wenn Wasser nichts mehr daraus zieht, einen schwarzbraunen, pechartigen Körper in sehr beträchtlicher Menge. Ich bezeichne ihn der Kürze wegen durch die Benennung *Platinharz.* Bei gewöhnlicher Temperatur ist er spröde wie Harz, mit glasigem Bruch, und wenn er sehr sorgfältig mit Wasser ausgezogen und darauf im Vacuum über Schwefelsäure und Kalihydrat getrocknet ist, so läſst er sich sehr wohl pulverisiren. Etwas erwärmt, ist er weich und knetbar wie Wachs, und läſst sich leicht in Fäden ziehen. Entzündet verbrennt er mit stark leuchtender, an dem Saum etwas grünlicher Flamme zu metallischem Platin. Im Destillirapparat erhitzt, schwillt er bedeutend auf, und giebt dabei einen reichlichen Dampf, der sich zum Theil leicht verdichtet; der kohlichte Rückstand verbrennt an der Luft sehr langsam zu Platin. Kalilauge löst das Harz gänzlich, Aceton fast alles davon, Alkohol und Aether einen gewissen Theil. Der in diesen zwei Flüssigkeiten unauflösliche Theil giebt mit Aceton eine Lösung, woraus Aether einen braunschwarzen, nur in Aceton und Kalilauge auflöslichen Körper ausscheidet; diesen nenne ich, bis weiteres, *Chloraceplatin.* — Der in Alkohol und Aether auflösliche Theil scheint aber noch zwei verschiedene Körper zu enthalten. Diese, so wie das Metacechlorplatin und die übrigen Haupt- und Nebenproducte, werde ich hoffentlich bald ausführlich beschreiben können. — In Verbindung hiemit beschäftige ich mich vor der Hand auch mit Untersuchungen über das Verhalten des Metacetons, des Holzgeistes und des Terpenthinöls mit Platinchlorid. — Auch gedenke ich einige andere Metallchloride und andere Haloïde in dieser Beziehung zu studiren.

XI. *Wirkung des Chlors auf Essigsäure.*

Schon vor langer Zeit beobachtete Hr. Dumas, daſs bei Einwirkung von trocknem Chlor auf krystallisirte Essigsäure im Sonnenschein eine krystallisirbare flüchtige chlorhaltige Säure entstehe. Durch Lösung dieser Säure in Wasser, Abdampfung im Vacuo, Destillation des trocknen Rückstandes mit wasserfreier Phosphorsäure erhielt er sie endlich rein. Analysirt ergab sich ihre Zusammensetzung $= C_4 H_2 Cl_6 O_4$ (*Compt. rend. T. VII p.* 474).

XII. *Ueber die Bereitung der Selensäure;*
von Heinrich Rose.

Man erhält bekanntlich nach Mitscherlich diese Säure aus Selen oder einem Selenmetall, wenn man dieselben mit salpetersaurem Kali oder Natron schmilzt [1]). Nach Berzelius kann man diese Säure aus der selenichten Säure bereiten, wenn man letztere in selenichtsaures Kali verwandelt, die Auflösung desselben mit etwas kaustischem Kali vermischt, und durch die Auflösung Chlorgas bis zur vollkommenen Sättigung leitet; man erhält auf diese Weise ein Gemenge von Chlorkalium und selensaurem Kali [2]). — Nach beiden Methoden erhält man die Selensäure an Alkali gebunden, von welchem zu trennen, oder an gewisse andere Basen überzutragen, schwer oder mit Umständen verknüpft ist.

Bei meinen früheren Untersuchungen über die im Harze vorkommenden Selenmetalle vermittelst Chlorgas, erhielt ich, als ich das flüchtige Selenchlorid in Wasser leitete, aus dieser Auflösung, durch welche lange überschüssiges Chlorgas geleitet worden war, vermittelst einer Auflösung von schweflichtsaurem Alkali keinen Niederschlag von Selen, und konnte durch dieses Reagenz eine Fällung von Selen nur dann hervorbringen, wenn ich zu der Auflösung Chlorwasserstoffsäure hinzufügte und sie lange damit kochte [3]). Offenbar war in der Auflösung das Selen als Selensäure enthalten, welche durch schweflichtsaures Alkali erst dann zu Selen reducirt wird, wenn sie durch Behandlung mit Chlorwasserstoffsäure in selenichte Säure verwandelt worden ist.

---

1) Poggendorff's Annalen, Bd. IX S. 624.

2) Berzelius's Lehrbuch, Bd. III S. 16 der 4ten deutschen Auflage.

3) Poggendorff's Annalen, Bd. III S. 285.

Will man daher freie Selensäure bereiten, so ist es am zweckmäſsigsten, durch eine Auflösung von Selenchlorid oder selenichter Säure Chlorgas strömen zu lassen. Man erhält sie dann nur mit Chlorwasserstoffsäure vermischt, welche bei gehöriger Verdünnung und in der Kälte nicht reducirend auf die Selensäure einwirkt.

Unmittelbar aus dem Selen erhält man die Selensäure am zweckmäſsigsten auf folgende Weise: Man zerkleinert dasselbe zu einem groben Pulver, und befeuchtet dasselbe in einem etwas geräumigen Glase mit so vielem Wasser, daſs dasselbe eine Schicht von einigen Linien über dem Selenpulver bildet. In dieses Gemenge leitet man durch den durchbohrten Kork des Glases einen langsamen Strom von Chlorgas; die Gasleitungsröhre muſs durch die Schicht des Wassers auf das Selen geführt werden. Man sieht deutlich, daſs das Selen durch die Einwirkung des Chlorgases erst in flüssiges braunes Selenchlorür und dann in festes weiſses Selenchlorid verwandelt wird, ebe es sich im Wasser auflöst. Hat sich flüssiges Selenchlorür gebildet, das sich längere Zeit unter der Schicht von Wasser erhalten kann, wenn dieselbe ruhig über ihm steht, und bewegt man das Glas, so daſs es sich mit dem Wasser mengt, so wird dasselbe durch fein zertheiltes Selen roth; denn das Chlorür löst sich bekanntlich im Wasser nur unter Abscheidung eines Theils des Selens auf. Dieses fein zertheilte Selen wird indessen sehr bald durch das Chlorgas im Wasser aufgelöst.

Hat sich das Selen vollständig in dem wenigen Wasser aufgelöst, so verdünnt man die Auflösung mit vielem Wasser, und leitet das Chlorgas noch einige Zeit durch dieselbe, bis man sieht, daſs es im Ueberschuſs vorhanden ist. Man läſst darauf das überschüssige Chlor in einem Becherglase an der Luft oder bei sehr gelinder Hitze verdampfen, und hat dann eine Auflösung von Selensäure, die Chlorwasserstoffsäure, aber keine selenichte Säure enthält.

1,643 Grm. Selen auf diese Weise in Selensäure verwandelt, gaben, nachdem die Auflösung mit Chlorbaryumauflösung versetzt worden war, 5,787 Grm. selensaurer Baryterde. Der Berechnung nach hätten aus jener Menge 5,819 Grm. selensaurer Baryterde erhalten werden müssen. Der geringe Unterschied von 0,032 Grm. rührt theils davon her, dafs eine sehr geringe Menge von Selenchlorid mit dem überschüssigen Chlorgas als Dampf fortgeleitet wurde, theils aber auch davon, dafs die selensaure Baryterde in einer sauren Auflösung nicht eben so vollständig unauflöslich ist, als die schwefelsaure Baryterde.

XIII. *Vorläufige Resultate einer Untersuchung der im Hohofenschacht sich bildenden Gase. Aus einem Briefe des Hrn. Dr. R. Bunsen an den Herausgeber.*

Cassel, 18. Oct. 1838.

— Eine im Auftrage unserer Oberbergdirection unternommene Untersuchung der im Hohofenschacht sich bildenden Gase nimmt jetzt mein Interesse sehr lebhaft in Anspruch, und wird mich noch einige Zeit beschäftigen. Die bereits erhaltenen Resultate sind nicht unwichtig für die Theorie und den practischen Betrieb des Hohofenprocesses.

Ich habe die Producte dieses grofsen Reductionsprocesses vermittelst eines sehr einfachen Apparates aus allen Teufen des Ofens in hermetisch verschlossenen Glasröhrchen aufgesammelt, und so Schritt für Schritt die Zer-

22 *

setzungserscheinung im Kernschacht bis in das Gestell hinab verfolgen können. Ohne Sie für jetzt mit den übrigens nicht uninteressanten und zum Theil sehr unerwarteten theoretischen Ergebnissen aufzuhalten, die sich aus den bereits angestellten Versuchen schon ergaben, erlaube ich mir Ihnen nur beiläufig ein rein practisches Resultat mitzutheilen, das vielleicht einer vorläufigen Bekanntmachung nicht unwerth ist. Die Untersuchung der unter der ersten Gicht der im Veckerhagener Hohofen, welcher mit erhitzter Luft betrieben wird, aufgesammelten Gase hat nämlich folgende Zusammensetzung ergeben:

	Zusammensetzung dem Vol. nach.	Zusammensetzung dem Gew. nach.	In den Gasen verbrannt enthaltener Sauerstoff.	Zur vollständigen Verbrenn. noch nöthiger Sauerstoff.
Stickstoff	60,07	57,76		
Kohlenoxyd	25,31	24,26	13,75	13,75
Kohlensäure	11,17	16,77	12,13	
Wasserstoff	1,41	0,09		0,73
Kohlenwasserstoff	2,04	1,12		4,42
	100,00	100,00	25,88	18,90.

Da die in 100 des Gasgemenges enthaltene Kohle 44,78, die Gasarten selbst aber 18,9 Sauerstoff zu ihrer völligen Verbrennung zu Kohlensäure erfordern, so ergiebt sich, dem Welter'schen Gesetze zufolge, die wichtige Thatsache, dafs *mindestens* $\frac{18,9 \times 100}{44,78} = 42$ Procent des angewandten Brennmaterials, das sich auf die einfachste Art noch realisiren läfst, bisher bei dem Hohofenbetriebe gänzlich unbenutzt verloren gegangen ist. Die Leichtigkeit, mit welcher sich diese Gase, den Versuchen zufolge, selbst auf weite Erstreckungen fortleiten und als Brennmaterial benutzen lassen, verspricht sehr wichtige Vortheile für das Eisenhüttenwesen und ähnliche metallurgische Processe. ·Hr. Hütteninspector Pfort am Kurfürstlichen Eisenwerke zu Veckerhagen ist bereits mit Versuchen im Grofsen beschäftigt, um dieses bisher verlorene Brennmaterial zum Betriebe eines Holzverkohlungsofens und einer Dampfmaschine zu verwenden. Wir haben uns zu einer gemeinschaftlichen Untersuchung vereinigt, um diesen Gegenstand in practischer Beziehung in seinem ganzen Umfange zu bearbeiten.

XIV. *Ueber die Zusammensetzung des Vesuvians; von Hrn. Hefs.*

(Aus den Berichten der St. Petersburger Academie; vom Verfasser übersandt.)

Bisher haben die ausgezeichnetsten Mineralogen sich noch nicht über die Zusammensetzung des Vesuvians einigen gekonnt. Nur so viel ist gewifs, dafs viele unter ihnen die chemische Formel desselben als gleich mit der des Granats annehmen. Auf diese Weise würden Granat und Vesuvian nur zwei verschiedene Formen einer und derselben Substanz seyn [1]). Indefs ist dem nicht also. Einen schönen Krystall dieser Substanz von Slatooust besitzend, liefs ich denselben durch Hrn. Ivanov, einen meiner ausgezeichnetsten Schüler, analysiren. Folgendes sind die Resultate seiner Analyse:

		Sauerstoffgehalt.	
$\ddot{S}i = 37,079$		19,262	
$\dot{A}l = 14,159$		6,612	
$\dot{C}a = 30,884$	8,644		19,621
$\dot{F}e = 16,017$	3,646	13,009	
$\dot{M}g = 1,858$	0,719		
99,997			

1) Elemente d. Krystallographie, von G. Rose, Berlin 1833, S. 145.

woraus sich strenge ergiebt:

$$2(\dot{C}a^3, \dot{F}e^3, \dot{M}g^3)\ddot{S}i + \ddot{A}l\ddot{S}i.$$

Wir besitzen nun also drei Mineralspecies, die nur durch die Anzahl der zusammensetzenden Elemente verschieden sind:

Granat	$\dot{R}^3\ddot{S}i + \ddot{A}l\ddot{S}i$
Vesuvian	$2\dot{R}^3\ddot{S}i + \ddot{A}l\ddot{S}i$
Epidot	$\dot{R}^3\ddot{S}i + 2\ddot{A}l\ddot{S}i$

Die Analyse des Hrn. Ivanov kann keinem Zweifel unterliegen; denn sie wurde, wie alle unter meiner Leitung gemachten, mit einer dem Analysten unbekannten Menge angestellt. Da die von der Analyse gegebene Zahl mit dem, von mir selbst bestimmten, Gewicht der zu analysirenden Substanz übereinstimmte, so kann sich kein Fehler in die Resultate eingeschlichen haben.

XV. Angebliches Vorkommen des Titans im menschlichen Körper; von F. R. Marchand.

Der englische Chemiker O. Rees giebt an, sowohl im Blute als in den Nebennieren einen geringen Titangehalt gefunden zu haben (*Phil. Mag. T. V p.* 398). Da ich mich vor einiger Zeit mit der Untersuchung des Blutes beschäftigte, unternahm ich es, die Richtigkeit dieser Angabe zu prüfen. In der Asche eines Pfundes menschlichen Blutes konnte ich eben so wenig eine sichere Reaction auf Titan erhalten, wie aus der Asche eines Paares Nebennieren, in der Eisenoxyd durch das Löthrohr leicht entdeckt wurde. Aus dem Umstande, dafs Titan in der anorganischen Natur so häufig ein Begleiter des Eisens ist, liefse sich freilich auch vermuthen, dasselbe in dem thierischen Körper neben dem Eisen auftreten zu sehen, eine Idee, welche Hr. Alexander von Humboldt schon vor 40 Jahren geäufsert hat, (Gereizte Muskel- und Nervenfaser, Bd. II S. 118 Note) indefs ist, wenigstens bis jetzt, diese Vermuthung wohl noch nicht mit Sicherheit bestätigt.

XVI. *Ueber den Idokras von Slatoust; von F. Varrentrapp.*

Schon mehrere ausgezeichnete Chemiker, wie Klap-
roth, von Kobell ¹) und zuletzt vorzüglich Magnus ²), haben durch sehr vollständige und umsichtig angestellte Versuche das auffallende und interessante Resultat erhalten, daſs Idokras und Granat ganz dieselbe chemische Zusammensetzung besitzen.   Es blieb trotz aller
darauf gerichteten Aufmerksamkeit und aller zur Auffindung eines wesentlichen chemischen Unterschiedes angestellten Versuche unermittelt, wodurch die verschiedenen
Krystallformen beider bedingt sind.   Um so mehr Aufmerksamkeit erregte es daher, als Hr. Ivanov vor einiger Zeit in den Berichten der St. Petersburger Academie eine Analyse des Idokrases von Slatoust in Sibirien bekannt machte, deren Resultat von allen früheren
so sehr abweicht, daſs daraus eine ganz andere Formel
hervorgeht; und doch gehört gerade der Idokras von diesem Fundorte zu den von Hrn. Magnus untersuchten.

   Hr. G. Rose hatte von seiner Reise nach Sibirien
eine nicht unbedeutende Menge dieses Minerals mitge-
bracht, und theilte mir davon eine hinreichende Menge
zur Wiederholung der Analyse mit, die ich in Hrn. H.
Rose's Laboratorium anstellte.

   Das erhaltene Mineral bestand aus grünen, durchsichtigen, schön ausgebildeten Krystallen, in einer feld-
spathartigen Masse eingewachsen, aus welcher sie sich
leicht lösten.   Ganz so beschreibt Hr. Magnus das von
ihm analysirte Exemplar von demselben Fundorte.

   Die sorgfältig ausgewählten Krystalle wurden fein

---

1) v. Kobell, Charakteristik d. Mineralien, 1. Abth. S. 142.

2) Poggendorff's Annalen d. Physik und Chemie, Bd. XX S. 474
und Bd. XXI S. 51.

zerrieben, 2,828 Gɹm. des Pulvers mit 9 Grm. kohlensaurem Natron geschmolzen, die geschmolzene Masse
durch Chlorwasserstoffsäure zerlegt und nach den bekannten Methoden weiter behandelt. Ich erhielt:

Thonerde	0,506	Grm.
Eisenoxydul	0,179	-
Kieselerde	1,062	-
Kalkerde	1,006	-
Talkerde	0,074	-
	2,827.	

Diefs Resultat stimmt fast ganz mit dem der Analyse des Idokrases von Slatoust von Hrn. Magnus
überein, weicht aber beträchtlich von dem von Ivanov
ab, wie aus folgender Uebersicht hervorgeht:

	Analyse v. Magnus.	Anal. v. Ivanov.	Meine Analyse.
Kieselerde	37,178	37,079	37,55
Thonerde	18,107	14,159	17,88
Kalkerde	35,790	30,884	35,56
Eisenoxydul	4,671	16,017	6,34
Magnesia	2,268	1,858	2,62
	98,024	99,997	99,95.

Der grofse Unterschied zwischen den Resultaten des
Hrn. Ivanov einerseits, und denen des Hrn. Magnus
und den meinigen andererseits, ist schwer zu erklären.
Vielleicht ist in der Anwendung einer zu geringen Menge
von Kali, bei der Trennung der Thonerde vom Eisenoxyd, der geringere Gehalt an Thonerde und ein Theil
der gröfseren Menge von Eisenoxyd bei Hrn. Ivanov's
Angaben zu suchen, so wie eine geringere Menge von
Kalkerde vielleicht dadurch erhalten wurde, dafs, nach
der Trennung der Kieselerde, die davon abfiltrirte Auflösung vermittelst Ammoniak gefällt, der Niederschlag
aber nicht schnell und nicht vor dem Zutritt der Luft
geschützt filtrirt wurde, wodurch derselbe kohlensaure
Kalkerde enthalten konnte. Ich erhielt etwas Eisenoxy-

dul mehr und etwas Thonerde weniger als Hr. Magnus. Dieser Unterschied bringt indessen keine Verschiedenheit in der Aufstellung der chemischen Formel hervor, da offenbar in den von mir untersuchten Exempla-
ren des Idokras ein kleiner Theil der Thonerde durch
eine entsprechende Menge Eisenoxyd ersetzt wird, weshalb nicht die ganze Quantität des von mir gefundenen
Eisens als Oxydul anzunehmen ist.

Schon 1818 machte Fuchs [1]) die interessante Bemerkung, dafs Idokras, so wie mehrere andere viel von
einem Alkali oder einer alkalischen Erde enthaltende Mineralien, wenn er in starkem Feuer geschmolzen worden ist, sich durch Säuren zersetzen läfst und damit eine
Gallerte bildet. v. Kobell und Magnus bestätigten
diefs, und letzterer bewies noch, dafs das spec. Gewicht
des Idokrases durch Schmelzen sich bedeutend verringere, obgleich keine Veränderung der Zusammensetzung
wahrgenommen werden kann.

Um zu einer zweiten Analyse das Mineral durch
Säuren zerlegen zu können, wurde daher dasselbe geschmolzen. Herr Frick hatte die Güte, mir eine
Quantität der ausgesuchten Krystalle im Ofen der Ber-
liner Porcellanfabrik schmelzen zu lassen. Ich erhielt
ein gut geflossenes klares Glas von brauner Farbe, wovon ein Theil zerrieben und mit Chlorwasserstoffsäure
übergossen sehr schnell zu einer festen Gallerte gestand.
2,845 Grm. des Pulvers der geschmolzenen Masse wurden mit Chlorwasserstoffsäure zerlegt. Die nach dem
Abdampfen zur Trockne wieder mit etwas Salzsäure be-
feuchtete Masse wurde mit Wasser übergossen, die Kieselerde abfiltrirt, gut ausgewaschen, geglüht und gewogen. Diese wurde nochmals durch Kochen mit kohlensaurem Natron gelöst. Sie hinterliefs hiebei 0,010 Rückstand von unzersetztem Mineral, worin die Gegenwart

---

1) Fuchs, Journ. für Chemie u. Physik von Schweigger, Bd. XXIV
S. 373 Anmerkung.

von Kieselerde, Thonerde, Eisenoxyd und Kalkerde nachgewiesen wurde, so dafs also nur 2,835 Grm. der Verbindung zersetzt worden waren.

Ich erhielt:

Kieselerde	1,073
Thonerde	0,510
Kalkerde	0,997
Eisenoxydul	0,183
Talkerde	0,080
	2,843

oder im Hundert:

Kieselerde	37,84
Thonerde	17,99
Kalkerde	35,18
Eisenoxydul	6,45
Magnesia	2,81
	100,27.

Für das spec. Gewicht des krystallisirten Idokrases erhielt ich als Mittelzahl aus vier Wägungen 3,346, und
für das des geschmolzenen, übereinstimmend mit Magnus's Angabe, 2,929 — 2,941.

XVII. *Vorläufige Notiz über die Isolirung des Aethyls; von C. Löwig.*

Wird Kalium in kleinen Stücken in einer unten zu-
geschmolzenen, 3 bis 5 Linien weiten und langen Glasröhre mit reinem Chloräthyl zusammengebracht, so entsteht sogleich eine ziemlich lebhafte Einwirkung, und das
Kalium überzieht sich mit einer weifsen Rinde. Um viele
Berührungspunkte zwischen Kalium und Chloräthyl her-

vorzubringen, muſs von Zeit zu Zeit mit einem Glasstabe
die weiſse Kruste vom Kalium entfernt, und durch Zer-
drücken desselben überhaupt eine gröſsere Oberfläche
hervorgebracht werden. So wie das Chloräthyl mit dem
Kalium in Berührung kommt, fängt es sogleich an zu kochen und verflüchtigt sich äuſserst schnell. Wird mit
der Glasröhre, in welcher die Zersetzung vor sich geht,
eine andere, in einem rechten Winkel gebogene, welche in eine kleine tubulirte Vorlage mündet, in Verbindung gesetzt, und wird der ganze Apparat mit einer Mischung von Eis und Salz kalt gehalten, so condensirt
sich in demselben wieder das sich verflüchtigte Chloräthyl, aber kein anderes flüssiges Product; und wird zuletzt mit der tubulirten Vorlage eine Gasentwicklungs-
röhre verbunden, so entweicht, wenn das Chloräthyl
wasserfrei war, auch nicht eine Blase eines permanenten Gases. Wird nun, so lange als noch metallisches
Kalium vorhanden, immer Chloräthyl in die Röhre gebracht, so kann zuletzt alles Kalium in die weiſse Substanz übergeführt werden. Wird dieses weiſse Pulver
einer höheren Temperatur ausgesetzt, so entweichen brenn-
bare Gase, die Masse schwärzt sich, und es bleibt ein
kohliger Rückstand, welcher bei Zutritt der Luft augenblicklich verbrennt. Wird das Pulver mit Wasser in
Berührung gebracht, so entsteht ein Brausen und es entwickelt sich etwas Wasserstoffgas. Wird die alkalische
Auflösung in Wasser mit Salzsäure gesättigt, so ergiebt
sich durch salpetersaures Silberoxyd, daſs eine groſse
Menge Chlorkalium in der Auflösung enthalten ist. Wird
die wäſsrige Auflösung mit ein wenig Aether geschüttelt
und die ätherische Lösung bei einer niedrigen Temperatur im luftverdünnten Raume verdunstet, so bleibt
eine ölige Flüssigkeit zurück, welche jedoch in einer
kurzen Zeit ebenfalls sich verflüchtigt. Dieselbe brennt
mit heller Flamme, besitzt einen eigenthümlichen Geruch
und seifenartigen, jedoch scharfen brennenden Geschmack.

Wird das weiſse Pulver einer Elementaranalyse unterworfen, so erhält man Wasserstoff und Kohlenstoff genau wie im Aethyl.

Beim Verbrennen mit Kupferoxyd wurden erhalten auf:

0,870 Kohlensäure = 0,2405 Kohlenstoff
0,450 Wasser = 0,0500 Wasserstoff
auf 100 Theile berechnet:

Kohlenstoff	82,79
Wasserstoff	17,21
	100,00

		berechnet.
4 At. Kohlenstoff	305,74	83,05
10 - Wasserstoff	62,40	16,95
1 At. Aethyl	368,14	100,00.

Aus diesen Versuchen scheint mir unzweideutig hervorzugehen, daſs, bei der Einwirkung des Kaliums auf Chloräthyl, Chlorkalium und Aethylkalium gebildet werden, und daſs das Aethyl demnach in jeder Beziehung die Rolle eines einfachen Körpers übernimmt.

Wird Chloräthylgas mit Kalium, welches auf ein kleines Porcellanschälchen gebracht, über Quecksilber zusammengebracht, so steigt das Quecksilber in demselben Verhältnſs in der Röhre, als die Zersetzung von Statten geht.

Ob bei der Zersetzung des Aethylkaliums mittelst Wasser reines Aethyl abgeschieden, oder ein Hydrat desselben gebildet werde, wage ich vor der Hand nicht zu entscheiden, obgleich ich Gründe habe, das erstere zu vermuthen.

Schlieſslich bemerke ich noch, daſs das Aethyl mit Schwefel ähnliche Verbindungen bilden kann als das Kalium, und daſs diese Verbindungen erhalten werden, wenn zu einer weingeistigen Auflösung des entsprechenden

Schwefelkaliums Chloräthyl gesetzt wird. Schon in sehr kurzer Zeit schlägt sich das reinste Chlorkalium nieder, ein Umstand, der mir ebenfalls zu beweisen scheint, daſs der Aether kein Hydrat eines Kohlenwasserstoffs seyn kann.

In kurzer Zeit werde ich über diese Verbindungen und über das Aethyl weiter berichten.

XVIII. *Submariner Vulkan.*

Hr. D a u s s y hat kürzlich der Academie eine Note über-reicht, in der er zu zeigen sucht, daſs, obwohl viele der auf Seekarten angegebenen »*vigies*« (d. h. der auf off-nem Meere bis nahe zur Oberfläche reichenden oder we-nig darüber hinausragenden Klippen und Sandbänke) nur in der Einbildung existiren, indem häufig Schiffswracke, todte Wallfische, Eisschollen u. s. w. dafür angesehen wurden, und mit Sicherheit nur die Felsen von *Penedo de San Pedro* im atlantischen Ocean, und der Felsen *Rockol*, ungefähr 75 Lieues von der gröſsten der Hebri-den, hieher gerechnet werden können, man dennoch nicht mit Zuverlässigkeit behaupten dürfe, daſs nicht dort, wo man eine solche Gefahr angegeben finde, niemals eine solche vorhanden gewesen sey, da noch die Vorgänge im Mittelmeere i. J. 1830 (Ann. Bd. XXIV S. 65) und die bei den Azoren i. J. 1720 und 1811 (Ann. Bd. X S. 24) beweisen, daſs durch vulkanische Hebungen Inseln enstehen können, die nur ein vorübergehendes Daseyn ha-ben. Durch eine aufmerksame Prüfung der von Seefah-rern gelieferten Angaben findet er es sehr wahrschein-lich, daſs im atlantischen Ocean, einige Meilen südlich vom Aequator und unter 20 bis 22 Grad Länge west-lich von Paris, zwischen dem Cap des Palmes und dem Cap Saint-Roque, also da wo sich die Westküste von

Afrika am meisten der Ostküste von Amerika nähert, entweder einst ein ähnliches Ereignifs stattgefunden habe, oder noch ein submariner Vulkan vorhanden sey. Die Angaben, worauf er sich stützt, sind folgende:

1747 Oct. 17 erfuhr das Schiff *le Prince*, Kapitain Bobriant, unter 1° 35' S. und 20° 10' W. einen oder zwei starke Stöfse. Dasselbe war der Fall:

1754 Febr. 5 mit dem Schiff *la Silhouette*, Kapitain Pintaul, unter 0° 20' S. und 23° 10' W., und:

1758 Apr. 13 mit dem Schiff *la Fidèle*, Kapitain Lehoux, ebenfalls unter 0° 20' S. und 23° 20' W.

1761 Mai 3 sah Kapitain Bouvet auf dem Schiff *le Vaillant* unter 0° 23' S. und 21° 30' W. eine Sandinsel.

1771 Oct. 3 erfuhr die Fregatte *le Pacifique*, Kapitain Bonfils, unter 0° 42' S. und 22° 47' W. bei sehr unruhigem Meere einen heftigen Stofs. Man sondirte sogleich, konnte aber keinen Grund erreichen.

1806 Mai 19 sah Kapitain Krusenstern, als er sich unter 2° 43' S. und 22° 55' W. befand, 12 bis 15 Meilen nord-nordwestlich von sich, zwei Mal eine sehr hohe Rauchsäule aufsteigen. Er sowohl wie Dr. Horner hielt dieselbe für eine vulkanische Eruption.

1816 Dec. 18 segelte das Schiff *Triton*, Kapitain Proudfoot, unter 0° 23' S. und 20° 6' W. über eine Untiefe (*écueil*). Die Gefahr schien von West nach Ost eine Ausdehnung von 3 Meilen (*Milles*) zu haben, und von Nord nach Süd von einer Meile. Mit 26 Faden (*brasses*) fand man einen braunen Sandgrund. Keine Brandung war sichtbar.

1831 April 12, Mittags bei schönem Wetter und Meeresstille, erfuhr das Schiff *l'Aigle*, Kapitain Taylor, unter 0° 22' S. und 23° 27' W. einen heftigen Stofs, während man zugleich ein dumpfes Geräusch unter dem Wasser hörte.

1832 im November bekam das Schiff *la Seine*, Kapitain Le Marié, unter 0° 22′ S. und 21° 15′ W. einen so heftigen Stofs, dafs man glaubte auf eine Sandbank gerathen zu seyn.

1835 Febr. 9, unter 0° 57′ S. und 25° 39′ W., begegnete dasselbe der Barke *la Couronne* von Liverpool. Man lothete sogleich, ohne indefs mit 135 Faden Grund erreichen zu können.

1836 Jan. 28, Abends 9 Uhr, wurde das Schiff *le Philantrope*, Kapitain Jayer, unter 0° 40′ und 22° 30′ W. drei Minuten lang so heftig erschüttert, dafs man glaubte, es sey auf einer Sandbank gestrandet. Dasselbe widerfuhr zu derselben Stunde, nur 10 Meilen westlicher, dem nordamerikanischen Schiff *St. Paul* von Salem.

Zufolge einer Notiz im Novemberheft 1836 des *Journ. of the asiat. Soc. of Bengal* zeigte Hr. Huntley in der Gesellschaft zu Calcutta vulkanische Asche vor, die Kapitain Fergusson, vom Schiff *Henry Tanner*, unter 0° 35′ S. und 18° 10′ W. von Paris, auf sehr bewegtem Meere aufgefischt hatte. Die Asche war schwarz, hatte das Ansehen von Steinkohlenasche oder Bimstein. — Auf einer früheren Reise wurde die Mannschaft desselben Schiffs, fast an demselben Ort (1° 35′ S. und 23° 5′ W. v. Paris), durch ein sehr starkes Geräusch in grofse Unruhe versetzt. Man glaubte auf ein Korallenriff gerathen zu seyn, konnte indefs mit dem Loth keinen Grund erreichen.

(*Compt. rend. T. VI p.* 512. — Einige dieser Angaben sind bei uns nicht unbekannt. Auf dem trefflichen Planiglob von J. Grimm (Berlin 1836) findet man ungefähr an der angegebenen Stelle schon Vigia und einen submarinen Vulcan angeführt. *P.*).

XIX. *Feuersbrünste durch Aerolithen.*

Veranlafst durch die Anfrage eines Departements-Tribunals, ob Fälle der Art constatirt seyen, wie es die Vertheidiger eines auf Brandstiftung Angeklagten in Betreff einer Feuersbrunst behaupteten, kurz vor welcher ein Meteor gesehen wurde, hat Hr. Arago nachgeschlagen, und in den *Mémoires de Dijon, T. I*, die Angabe gefunden, dafs in der Nacht vom 11. auf den 12. October 1761 zu *Chamblan*, eine halbe Lieue von *Seurre* (Bourgogne), ein Haus durch ein Meteor angezündet wurde. Er fügt hinzu, da die Nacht vom 11. auf den 12. *November* die sey, in welcher sich das periodische Phänomen der Sternschnuppen zeige, so dürfe man annehmen, dafs besagter Aerolith zu dieser Kategorie von Meteoren gehört habe. Das Merkwürdigste sey, dafs, während sie in so grofser Menge fielen, doch nur ein einziger Unglücksfall, als von ihnen veranlafst, angeführt werde (*Compt. rend. T. VII p.* 76).

[Eine reichere Ausbeute würde sich noch in Chladni's Werk: »*Ueber Feuermeteore u. s. w.*« gefunden haben. Es ist daselbst auch der oben genannte Fall angeführt, und merkwürdig genug, als Tag desselben der 12. *November* (der bekannte Sternschnuppentag) genannt [1]). Wahrscheinlich beruht Hrn. Arago's erste Angabe auf einem Druckfehler, wie es auch der Nachsatz glaublich macht. — Von neueren Unglücksfällen erwähnt übrigens Chladni (der im Ganzen 28, zum Theil aber freilich unverbürgte, namhaft macht) drei, nämlich von 1801 Oct. 23, 1803 Juli 4 und 1810 Mitte Juli's. Durch das erstere Meteor ward in England bei Bourg St. Edmont das Haus eines Müllers angezündet, durch das zweite in einem Gasthofe zu East-Norton viel Zerstörung angerichtet, und das dritte legte bei Shabad in Ostindien fünf Dörfer in Asche. — Siehe übrigens Ann. Bd. XXXVI S. 562, Bd. XXXVIII S. 402 und Bd. XXXX S. 160. *P.*]

1) Weshalb dieser Fall auch in dem in diesen Annal. Bd. XXXVIII S. 559 gegebenen Verzeichnifs angeführt ist.

1838. ANNALEN *No. 11.*
DER PHYSIK UND CHEMIE.
BAND XXXXV.

I. *Ueber einige Magnetisirungs-Erscheinungen;*
vom Herausgeber.

Als ich vor einiger Zeit die Saxton'sche Maschine benutzte, um die chemischen Wirkungen der magneto-elektrischen Ströme mit denen der Volta'schen zu vergleichen [1]), wandte ich die kleine sinnreiche Hülfsvorrichtung an, durch welche dem Strome dieser Maschine eine
constante Richtung gegeben wird. Man erhält dann die
Bestandtheile des zersetzten Körpers getrennt an den Po-
lardrähten, und, wenn man den Strom in einen Multiplicator leitet, entsprechen die Abweichungen der Magnetnadel, wenigstens unter gewissen Vorsichtsmafsregeln,
genau dem Sinn, in welchem man den Anker vor den
Polen des Hufeisenmagneten rotiren läfst. Kurz es ist
dann zwischen dem Strome der Maschine und dem einer kleinen Volta'schen Säule in der Hauptsache kein
anderer Unterschied, als der: dafs ersterer intermittirend
und mit periodisch schwankender Stärke, letzterer dagegen continuirlich, und, wenigstens für kurze Zeit, mit
constanter Intensität wirkt [2]).

Anders verhält es sich, wenn man den Strom so
anwendet, wie er unmittelbar von der Maschine erzeugt
wird, wenn man, ohne von jener oder einer anderen
Hülfsvorrichtung Gebrauch zu machen, die Enden des
um den Anker gewickelten Drahts geradezu durch einen

---

1) Annal. Bd. XXXXIV S. 642.

2) Die Einrichtung der Saxton'schen Maschine setze ich aus deren
Beschreibung in den Annalen, Bd. XXXIX S. 401, als bekannt voraus; auf die erwähnte Hülfsvorrichtung werde ich im Zusatz II dieser Abhandlung zurückkommen.

Leiter mit einander verbindet. Dann findet bei jedem halben Umlauf des Ankers eine Umkehrung des in diesem Draht erregten Stromes statt, und ohne irgend eine plötzliche Unterbrechung erfährt zugleich seine Intensität ganz regelmäfsige Oscillationen. Die Intensität ist Null, wenn die Arme des Ankers gerade vor den Polen des Hufeisenmagneten stehen, wächst von hier ab, so wie jene sich von diesen entfernen, und erreicht ihr Maximum, wenn die die Mitten der Arme verbindende Linie winkelrecht ist auf der, welche die Mitten der Pole verbinden würde. Im zweiten Quadranten des Umlaufs nimmt die Intensität eben so allmälig ab, bis sie endlich, wenn die Arme wieder vor den Polen angelangt sind, zum zweiten Male Null wird. Im dritten und vierten Quadranten sind die Schwankungen der Intensität dieselben wie zuvor, aber die Richtung des Stroms in beiden ist die entgegengesetzte von der im ersten und zweiten Quadranten. Eine Umkehrung des Sinns der Rotation des Ankers bewirkt, dafs der Strom im ersten und zweiten Quadranten die Richtung bekommt, welche er früher im dritten und vierten besafs. Eine Vergröfserung der Rotationsgeschwindigkeit dagegen erhöht die Intensität im Ganzen, wenigstens bis zu dem Punkt, wo die Dauer eines halben Umlaufs noch die zur Umkehrung der Polarität des Ankers erforderliche Zeit übersteigt; auch wird eine grofse Rotationsgeschwindigkeit aus gleichem Grunde die Lage der Null- und Maximapunkte ein wenig verschieben können.

Diese Anwendungsweise des magneto-elektrischen Stroms erfordert, bei der Einrichtung der Saxton'schen Maschine, dafs man den hohlen Metallcylinder, welcher das eine Ende des um den Anker gewickelten Drahts aufnimmt, durch das dazu bestimmte Kupferscheibchen beständig mit dem darunter stehenden Quecksilbergefäfs in Verbindung erhält; während man die in jenem Cylinder isolirt angebrachte Metallaxe, mit welcher das andepe Ende des Ankerdrahts verknüpft ist, durch einen gebogenen Metallstift mit einem zweiten Quecksilberge-fäfs in Leitung setzt. Verbindet man dann die beiden Gefäse durch einen Metalldraht, und bringt den Anker vor den Polen des Hufeisenmagneten in Rotation, so entsteht in dem geschlossenen Metallbogen der oben be-schriebene, sowohl in Richtung als Intensität veränder-liche Strom, und wenn der Verbindungsdraht dünn ge-nug ist, wird er bis zum sichtbaren Glühen erhitzt.

Die zuvor erwähnten Versuche veranlafsten mich un-ter anderen die Saxto'schen Maschine auf eben be-schriebene Weise zur Hervorbringung des Glühphäno-mens zu benutzen, und nachdem ich dasselbe für mei-nen Zweck genugsam beobachtet hatte, kam ich auf den Gedanken, den Draht eines Multiplicators, statt des dün-nen Platindrahts, zur Verbindung der beiden Quecksil-berbehälter anzuwenden. Ich erwartete, dafs die Wir-kung auf die Magnetnadel Null seyn werde, weil, mei-ner Meinung nach, bei der gleichen Intensität beider Reihen von Stromtheilen oder Strömen, und bei der kur-zen Dauer eines jeden derselben, die Ströme von der ei-nen Richtung die Wirkung der von der entgegengesetz-ten vollständig aufheben müfsten. Statt dessen wurde aber, als ich die Maschine in Rotation versetzte, die Doppelnadel des Multiplicators, zu meiner grofsen Ver-wunderung, mit bedeutender Gewalt um 90° abgelenkt oder gegen die Drahtwindungen senkrecht gestellt. Noch darüber nachdenkend, wodurch wohl, ungeachtet der Gleichheit der Ströme, die eine Reihe derselben ein so entschiedenes Uebergewicht über die andere erlangt ha-ben möchte, wiederholte ich den Versuch, indem ich die Maschine abermals und in demselben Sinn wie zuvor ro-tiren liefs. Zu meinem nicht geringeren Erstaunen sah ich jetzt die Nadel nach der entgegengesetzten Seite aus-schlagen und ebenfalls ganz unverändert auf 90° stehen bleiben.

Das Paradoxe dieser Erscheinung veranlafste mich, sie näher zu studiren, und dabei fand ich bald, dafs man es ganz in seiner Willkühr habe, die Nadel in dem einen oder dem anderen Sinne abzulenken, da die Ablenkung immer nach der Seite erfolgte, nach welcher die Nadel schon, vor der Wirkung der Maschine, einen kleinen Ausschlag gehabt hatte. Wich z. B. der obere Nordpol der Doppelnadel, vor Einwirkung der Ströme, um etwa 10° nach Westen ab, so erfolgte die Ablenkung von 90° nach dieser Seite hin; war dagegen derselbe Pol vorher um etwa 10° nach Osten abgelenkt worden, so ging er, unter Einwirkung der Ströme, vollends nach dem magnetischen Osten. In welcher Richtung man den Anker rotiren liefs, war hiebei ganz gleichgültig, und mufste es natürlich auch seyn, da hiedurch in der Reihe von abwechselnd entgegengesetzten Strömen nur die Richtung des ersten Stroms verändert wurde. Auch die Geschwindigkeit jener Rotation war nur in sofern von Einflufs, als mit Erhöhung derselben die Ablenkung der Nadel freier wurde von kleinen Hin- und Hergängen; eine Geschwindigkeit, bei welcher etwa 14 Umkehrungen des Stroms in einer Secunde erfolgten, war schon mehr als hinreichend diese kleinen Oscillationen, oder die partiellen Wirkungen der einzelnen Ströme, bei der ungefähr zwei Zoll langen Doppelnadel des angewandten Multiplicators zu vernichten.

Dagegen erwies sich die anfängliche Ablenkung der Magnetnadel als unumgänglich nothwendig zur Hervorbringung des beschriebenen Phänomens. Je gröfser man sie machte, desto leichter oder bei desto geringerer Rotationsgeschwindigkeit des Ankers trat dieses ein. Und wenn man sie ganz verhinderte, indem man auf den Limbus des Multiplicators einen kleinen Platinbügel setzte, welcher der Nadel nur Ausschläge von etwa 8 bis 10 Grad nach beiden Seiten der Nulllinie erlaubte, war von dem Phänomen nichts mehr zu beobachten; vielmehr trat dann ein, was ich vor der Anstellung dieser Versuche erwartet hatte: Die Nadel stellte sich auf den Nullpunkt der Theilung oder parallel den Drahtwindungen, dabei zwar kleine sehr rasche Oscillationen machend, die aber in dem Maafse mehr verschwanden, als die Rotationsgeschwindigkeit des Ankers erhöht wurde [1]).

Offenbar hat die eben beschriebene Wirkung einer Reihe von abwechselnd entgegengesetzten Strömen keine Aehnlichkeit mit der, welche zwei continuirliche und gleichzeitige Ströme von paralleler, aber entgegengesetzter Richtung auf eine Magnetnadel hervorbringen würden. Zur fast überflüssigen Bestätigung dieses Satzes leitete ich den Strom einer Volta'schen Kette in einen Multiplicator, der mit zwei entgegengesetzt gewundenen Kupferdrähten von gleicher Dicke, Länge und Zahl von Umwindungen versehen war, so dafs sich der Strom beim Eintritt in diese Drähte, deren gleichliegende Enden in zwei Quecksilbernäpfchen tauchten und von hier ab durch einfache Drähte mit der Kette verbunden waren, in zwei partielle Ströme von gleicher Stärke, aber entgegengesetzter Richtung in Bezug auf die Nadel, theilen mufste. Die Wirkung dieser Ströme auf die Magnetnadel war, wie zu erwarten, Null, nicht blofs beim Parallelismus der Nadel mit den Drahtwindungen, sondern auch bei jeder anderen Stellung derselben [2]).

Es mufste demnach einleuchten, dafs das Phänomen der doppelsinnigen Ablenkung, wie man es nennen mag, nur in dem raschen Wechsel der Stromrichtung seinen

---

1) Sehr auffallen mufs es, dafs Hr. De la Rive bei gleicher Anwendung einer Art Saxton'schen Maschine das ganze Phänomen nicht beachtet hat, um so mehr, als er doch von Ablenkungen der Magnetnadel spricht. S. 171 dieses Bandes der Annalen.

2) Hiebei waren, wie gesagt, die entgegengesetzten continuirlichen Ströme unter sich parallel; machten sie einen etwas bedeutenden Winkel mit einander, so würde allerdings ihre Wirkung auf die Nadel eine gewisse Aehnlichkeit mit der beschriebenen Erscheinung haben.

Grund haben konnte. Auf welche Weise es aber durch
diesen Wechsel hervorgebracht wurde, blieb noch zu ermitteln. Da bei dem angewandten Verfahren der magneto-elektrische Strom seine Intensität und Richtung auf
eine ganz stetige Weise änderte, nach unserer heutigen
Vorstellung über die Natur eines elektrischen Stroms also
in dem Draht-Continuum eine gewisse Elektricitätsmenge
gleichsam hin und her oscillirte, so glaubte ich anfangs,
eine eigenthümliche Modification in der Beschaffenheit
des Stroms, oder eine Reaction der beiden Stromtheile
auf einander möge die Ursache der beobachteten Erscheinung seyn. Einer meiner Freunde äußerte jedoch gegen
mich die Vermuthung, daß dabei vielleicht eine inductive
Wirkung des Stroms auf die Magnetnadel stattfinde. Diese
Vermuthung gab mir Anlaß, über die Art, wie eine solche Wirkung geschehen müßte, weiter nachzudenken, und
dabei ergab sich denn bald, daß die Voraussetzung von
Umkehrungen der Polarität der Magnetnadel, oder auch
nur von Oscillationen in ihrer Intensität, gleichzeitig mit
den Umkehrungen der Stromrichtung, völlig ausreiche,
das Phänomen genügend zu erklären. Ich stellte hierauf
eine nicht unbedeutende Anzahl möglichst abgeänderter
Versuche zur Prüfung dieser Hypothese an, und da mir
keiner ein mit derselben unverträgliches Resultat lieferte,
so glaube ich sie als den Schlüssel zu der paradoxen
Erscheinung ansehen zu müssen.

Ich will zunächst die Hypothese auseinandersetzen,
dann die zu ihrer Prüfung angestellten Versuche.

Um die Wirkung der Stromreihe auf die als astatisch angenommene Doppelnadel des Multiplicators klar
einzusehen, braucht man nur die Wirkung eines Paares
entgegengesetzter Ströme auf die eine, z. B. die nördli-
che, Hälfte der einen Nadel, oder genauer auf einen
Punkt in dieser Hälfte näher zu betrachten; und um die
Sache zu vereinfachen, kann man annehmen, jeder der
beiden Ströme habe nur eine augenblickliche Dauer und

eine Intensität, welche die mittlere sey von allen, welche er während seiner ganzen, obwohl sehr kurzen Dauer durchläuft.

Angenommen nun zuvörderst, die beiden Ströme haben auf solche Weise eine gleiche Intensität, so kann man sie, wegen Entgegengesetztheit ihrer Richtung, durch $+M$ und $-M$ ausdrücken. Angenommen ferner, der betrachtete Punkt in der Nordhälfte der Nadel habe, vor Einwirkung der Ströme, die Intensität N, und zugleich sey diese Nadelhälfte in einer gewissen Lage auf der Seite der Stromrichtung, nach welcher sie durch den *positiven* Strom gebracht werden würde. Wenn nun, bei Einwirkung der Ströme, der positive den Nadelmagnetismus N durch Magnetisirung um eine gewisse Gröfse n erhöht, und der negative durch entgegengesetzte Magnetisirung um dieselbe Gröfse n schwächt, so wird die Einwirkung beider Ströme zusammen proportional der Summe der beiden Producte:

$$+M(N+n) \text{ und } -M(N-n),$$

d. h. proportional:

$$+2Mn,$$

mithin wird die Nadelhälfte durch die vereinte Wirkung beider Ströme einen Impuls im Sinn der ursprünglichen Ablenkung oder der Wirkung $+M(N+n)$ des *positiven* Stromes erhalten.

Nun denke man sich die Nadelhälfte unter gleichem Winkel wie zuvor auf der Seite der Drahtwindungen liegend, nach welcher sie durch den *negativen* Strom gebracht werden würde. Da ein elektrischer Strom eine Stahl- oder Eisennadel immer übereinstimmend mit der Ablenkung magnetisirt, welche er ihr, nach der Magnetisirung, zu geben trachtet, so wird jetzt der *negative* Strom den Nadelmagnetismus um die Gröfse n verstärken und der *positive* um dieselbe Gröfse schwächen. Die vereinte Wirkung beider Ströme wird also proportional seyn der Summe der beiden Producte:

$$- M(N + n) \text{ und } + M(N - n),$$

d. h. proportional:

$$-2Mn,$$

folglich wird jetzt die Nadelhälfte durch die vereinte Wirkung beider Ströme einen Impuls auch im Sinn der ursprünglichen Ablenkung, aber nun in dem der Wirkung $-M(N+n)$ des *negativen* Stroms erhalten.

Die eben auseinandergesetzte Hypothese gilt zwar zunächst nur für einen Punkt in einer Nadelhälfte unter der Wirkung eines einzigen Paares entgegengesetzter Ströme; allein es ist leicht zu ersehen, daß sie auch auf das astatische System beider Nadeln unter der Einwirkung der ganzen Reihe von abwechselnd entgegengesetzten Strömen ihre Anwendung findet. Es ist ferner ersichtlich, daß, da über die Größe der ursprünglichen Ablenkung nichts Besonderes festgesetzt worden, die Schlüsse für alle Ablenkungen gültig bleiben, für welche man noch eine Erhöhung oder Schwächung oder gar Umkehrung des Nadelmagnetismus durch magnetisirende Einwirkung der Ströme annehmen kann; folglich stimmt die Hypothese im Allgemeinen in so weit schon vollkommen mit der Erfahrung, als sie sagt, die Nadel werde unter der Einwirkung einer Reihe abwechselnd entgegengesetzter Ströme von gleicher Intensität in dem Sinne weiter abgelenkt, in welchem sie ursprünglich abgelenkt worden ist, mag diese Ablenkung auf mechanischem Wege, oder durch vorausgegangene Wirkung elektrischer Ströme hervorgebracht seyn [1]).

Betrachten wir jetzt die Folgerungen aus der Hypothese im Speciellen.

Von den beiden Ausdrücken $\pm M(N + n)$ und $\mp M(N - n)$ ist, abgesehen vom Zeichen, der erstere

---

1) Es wäre möglich, daß man zur Vervollständigung der Hypothese noch eine Rückwirkung der Nadel auf den Strom annehmen müßte; indeß dürfte diese jedenfalls nur sehr gering seyn.

der größere. Das will sagen, die Wirkung desjenigen Stroms, in dessen Sinn die Nadel schon abgelenkt war, ist immer die stärkere. Diese Folgerung habe ich experimentell geprüft, indem ich den Anker aus der Stellung, wo seine Arme gerade vor den Polen standen, successiv um 180° drehte, und zwischen jedem solchen halben Umlauf eine geraume Zeit verstreichen liefs. Ganz deutlich sah ich dann, dafs die Wirkung desjenigen Stroms, welcher die Nadel, mochte sie rechts oder links abgelenkt seyn, zum Meridian zurückzuführen strebte, wie gelähmt war gegen die des entgegengesetzten Stroms, welcher die Nadel vom Meridian zu entfernen suchte. Diefs Experiment widerlegt zugleich die anfängliche Meinung von einer Reaction der Ströme auf einander, da hier der eine Strom längst in dem Draht erloschen seyn mufste, als der entgegengesetzte eintrat.

Zu derselben Folgerung wird man auch geführt, wenn man auf die innere solide Axe des rotirenden Ankers, statt sie durch einen Metallstift mit dem Quecksilber in stetiger Verbindung zu halten, die nadelförmige Spindel steckt, die zur Hervorbringung von Funken benutzt wird. Dann ist die Kette bei jedem ganzen Umlauf des Ankers zwei Mal geschlossen und zwei Mal unterbrochen, lang genug, um während der Unterbrechungen den Multiplicatordraht als ganz befreit von jedem elektrischen Strom ansehen zu können, und dennoch geht die Ablenkungs-Erscheinung so gut von statten, wie bei continuirlicher Schliefsung.

Um die vereinte Wirkung zweier successiven Ströme nachzuweisen, braucht man nur pausenweise den Anker einzelne ganze Umläufe machen zu lassen. Man sieht dann immer durch jeden Umlauf die Nadel vom Meridian abgelenkt werden, sobald nämlich, wie ich hier immer voraussetze, die Drahtwindungen des Multiplicators im magnetischen Meridian liegen, und die Nadel schon vorher eine Ablenkung nach der einen oder anderen Seite erfahren hatte. Die Stärke dieser Impulse $\pm 2\,Mn$ hängt natürlich von M und n ab.

Was M oder die Intensität der Ströme betrifft, so habe ich deren Einfluss auf folgende, auch in anderer Hinsicht lehrreiche Weise nachgewiesen. Ich verband die beiden Quecksilberbehälter, welche zugleich die Enden des Ankerdrahts und die des Multiplicatordrahts aufnehmen, noch durch kurze Bügel aus Eisendraht von etwa der doppelten Dicke des Multiplicatordrahts, so dass sich der Strom der Maschine zwischen diesem Draht und den Eisenbügeln theilen mußte. Schon bei Anwendung eines einzigen Eisenbügels wurde der Strom in dem Multiplicatordraht so geschwächt, dass es an der Ablenkungs-Erscheinung sichtbar ward; noch mehr der Fall war diefs bei zwei oder drei Bügeln, und bei fünf oder sechs hörte sie ganz auf, d. h. ging fast nichts mehr von dem Strome durch jenen Draht.

Der Factor n oder die Gröfse des der Nadel durch die Ströme eingeprägten oder entzogenen Magnetismus hängt von mehren Umständen ab, zunächst von der *Intensität der Ströme*, dann von der *Masse* und *Magnetisirbarkeit* der Nadel, endlich von ihrer *Entfernung* von den Strömen, und dem *Winkel*, welchen sie mit deren Richtung bildet.

Von diesen Umständen habe ich besonders zwei, nämlich die *Magnetisirbarkeit* der Nadel und den *Winkel* derselben gegen die Stromrichtung, einer Prüfung unterworfen, da sie für das in Rede stehende Phänomen die wichtigeren sind. Die deshalb angestellten Versuche haben mich zu Resultaten geführt, die zwar nicht neu sind, die aber, wie mir scheint, nicht immer so beachtet und gewürdigt wurden, als dafs es überflüssig seyn könnte, sie hier näher auseinanderzusetzen.

Im Allgemeinen nämlich ist es wohl bekannt, dafs ein elektrischer Strom, z. B. der einer Volta'schen Kette oder

Saxton'schen Maschine, magnetisirte Stahlnadeln ablenkt und unmagnetisirte mit Magnetismus begabt, aber dafs er diese beiden Kräfte, die *ablenkende* und die *magnetisirende*, stets zugleich ausübt, freilich nach Umständen bald die eine, bald die andere mit gröfserer Stärke, hat man sich, und ich schliefse mich selbst nicht aus, nicht immer gehörig vergegenwärtigt.

Thatsache ist, dafs ein solcher Strom immer zugleich ablenkt und magnetisirt, aber nach gleichsam umgekehrtem Gesetze. Die *ablenkende* Kraft ist ein Maximum, wenn die Nadel oder der Stab der Stromrichtung parallel liegt; *sie nimmt ab mit dem Winkel* zwischen beiden, und wird Null, wenn dieser Winkel in einen rechten übergeht. Die *magnetisirende* Kraft dagegen ist Null beim Parallelismus zwischen der Stromrichtung und der Nadel oder dem Stab, *wächst mit dem Winkel*, und erreicht ihr Maximum, wenn dieser Winkel ein rechter wird. Beide Kräfte entspringen übrigens aus derselben Ursache, und wirken, auf ein und derselben Seite der Stromrichtung, in gleichem Sinne.

Aus diesen, durch ältere Erfahrungen genugsam festgestellten Sätzen erklärt sich, warum zum Auftreten des in Rede stehenden Phänomens eine vorläufige Ablenkung der Nadel nothwendig ist; sie ist es, weil nur dann die Magnetisirung der Nadel stattfinden kann, ohne welche, wie unsere Theorie ergab, das Phänomen unmöglich wird.

Eine zweite hier in Betracht kommende Thatsache, die zwar ebenfalls nicht unbekannt, aber dennoch bei der Beurtheilung von Magnetisirungs-Erscheinungen sehr häufig aufser Augen gelassen worden ist, besteht darin, dafs die *temporäre* oder *vorübergehende* magnetische Polarität, d. h. diejenige, die nur während der Wirkung der magnetisirenden Ursache Bestand hat, nicht blofs dem *weichen Eisen* eigenthümlich ist, sondern auch dem *Stahl*, selbst dem *gehärteten*, freilich in einer mit dem Grade seiner Härtung abnehmenden Stärke. Die *perma-*

nente oder *bleibende* magnetische Polarität, d. h. die nach
Entfernung der magnetisirenden Ursache noch bestehende,
ist vorzüglich dem *Stahle* eigen, im geringen Grade aber
auch dem *Eisen*. Der Unterschied zwischen *Eisen* und
Stahl liegt demnach nicht darin, daſs ersteres *bloſs* temporär und letzterer *bloſs* permanent magnetisirbar wäre,
sondern darin, daſs das Eisen vorwaltend auf die erstere,
der Stahl aber vorwaltend auf letztere Weise magnetisirt werden kann. Das weichste Eisen und der härte-
ste Stahl sind aber beider Magnetisirungsweisen fähig, und
zwar, was wohl zu merken ist, beider *gleichzeitig* und
selbst in entgegengesetzter Richtung.

Daſs die Sache sich wirklich so verhält, wiewohl
sie bis in die neueste Zeit von groſsen Autoritäten anders
dargestellt wird [1]), davon giebt das Phänomen der doppelsinnigen Ablenkung den sprechendsten Beweis; wenigstens müſste man sonst auf die gegebene Theorie, so
wie überhaupt auf jede Erklärung desselben, wie mir
scheint, gänzlich verzichten. Ich habe mich nämlich durch
eigens deshalb angestellte Versuche überzeugt, daſs dasselbe gleich gut zu Stande kommt, man mag Nadeln von
weichem Eisen, angelassenem oder *glashartem* Stahl anwenden. Letztere waren aus runden Feilen (sogenannten Rattenschwänzen) kleinster Sorte gebildet, und stellten sich bei Rotation der Maschine, wenigstens für die
Beurtheilung mit bloſsem Auge, mit gleicher Schnelligkeit senkrecht gegen die Stromrichtung wie Nadeln aus
Eisendrähten. Bei genauen Messungen wird man indeſs,
zweifle ich nicht, einen Unterschied in der Stärke der
temporären Magnetisirung des Stahls und des Eisens finden. Daſs übrigens diese Magnetisirung nur temporär
seyn kann, liegt in den Bedingungen zum Gelingen des
Versuchs; auch hat ja Barlow schon vor Jahren gezeigt, daſs harte Stahlstäbe unter gleichen Umständen

1) So namentlich von den Verfassern aller französischen Lehrbücher der
   Physik.

wie Eisenstäbe vom tellurischen Magnetismus ergriffen
werden.

Von dem, was so eben über die doppelte Wirkung
elektrischer Ströme und die doppelte Magnetisirbarkeit des
Stahls und Eisens gesagt worden ist, kann man sich durch
einen einfachen Versuch auf eine recht schlagende Weise
überzeugen.

Man nehme eine etwas kräftige einfache Volta'sche
Kette und leite deren Strom durch einen Multiplicator, dessen *magnetisirte* Doppelnadel entweder aus angelassenem
oder glashartem Stahl bestehen kann. Die Nadel wird
um 90° abgelenkt werden; z. B. ihr oberer Nordpol nach
der Rechten. Nun suche man, während die Kette geschlossen bleibt, die Nadel durch einen Stift langsam in
den Meridian zurückzuführen; sie wird dabei einen beträchtlichen und stets wachsenden Widerstand leisten.
Auch jenseits des Meridians wird man diesen Widerstand verspüren, aber so wie man die Nadel weiter schiebt,
wird er schwächer; endlich verschwindet er ganz, und
nun löst sich die Nadel vom Stifte ab und springt auf
90°, diametral ihrer früheren Lage entgegengesetzt. Auf
dieser linken Seite, wohin der Nordpol, da er vom
Strome nach der Rechten geführt wurde, nur durch eine
äuserliche Gewalt gebracht werden kann, wirkt die magnetisirende Kraft des Stroms der ablenkenden entgegen.
Bei kleinen Winkeln hat noch letztere das Uebergewicht;
mit Vergröserung des Winkels wächst aber die erstere
immer mehr, immer mehr schwächt sie den Nordpol durch
Hervorrufung eines Südpols, endlich wird dieser stärker
als ersterer; und nun kehrt die ablenkende Kraft die
Richtung ihrer Wirkung um, und vereint ihren Effect
mit dem der magnetisirenden Kraft.

Diese der Nadel durch den Strom eingeprägte magnetische Polarität ist indefs nur *temporär*; besteht nur
während des Geschlossenseyns der Kette. So wie man
die Kette öffnet, kehrt die Nadel, wenn sie nicht ganz

astatisch ist, vermöge ihrer *permanenten* Polarität, die unter diesen Umständen der temporären entgegengesetzt ist, in den Meridian zurück. Meistens ist die permanente Polarität zwar etwas geschwächt; allein man kann es durch ein schickliches Verhältniß der Intensität des Stroms zur Masse und Magnetisirbarkeit der Nadel so einrichten, daß die Schwächung nur unbedeutend ist. Höchst selten wird auch diese Polarität ganz zerstört seyn [1]), und so liefert der Versuch, selbst ohne besondere Sorgfalt angestellt, den augenscheinlichsten Beweis, das *beide* Magnetisirungen, die *permanente* und die *temporäre, gleichzeitig* und in *entgegengesetzter Richtung* neben einander im Stahl bestehen können, und zwar sowohl im *angelassenen* als im *glasharten.*

Mit einer Doppelnadel von *weichem Eisen* oder von *Nickel* machen sich die Erscheinungen eben so, vielleicht nur der Stärke nach etwas abgeändert. Niemals habe ich gesehen, daß die, aus ihrer anfänglichen Abweichung durch den Stift in den Meridian zurückgeführte Nadel, in dem Meridian selbst ihre Polarität verloren hätte, sondern immer mußte man sie noch um 10° bis 20° über diesen hinaus fortschieben, ehe die Umkehrung der durch die anfängliche Ablenkung erlangten Polarität erfolgte. (Bei glasharten Stahlnadeln, die unmagnetisirt der Wirkung des Stroms ausgesetzt wurden, erfolgte sogar diese Umkehrung schon in dem Abstande weniger Grade vom Meridian.) Hieraus scheint mir klar hervorzugehen, daß selbst Eisen und Nickel bis zu einem gewissen Grade die Fähigkeit besitzen, die einmal erlangte magnetische Polarität, nach Aufhebung der magnetisirenden Ursache, zu bewahren. Ich habe kein

---

1). Große Aenderungen oder gar Umkehrungen in der permanenten Polarität einer Stahlnadel bewirkt die Volta'sche Kette hauptsächlich im Moment des Schließens; vor diesen kann man sich also sicher stellen, wenn man die Nadel im Moment des Schließens den Drahtwindungen des Multiplicators parallel hält.

Eisen gefunden, welches diese Fähigkeit nicht besessen hätte. Besteht der Act der Magnetisirung nicht sowohl in einer Trennung der beiden magnetischen Flüssigkeiten, die vorauszusetzen man sich genöthigt sieht, als vielmehr in einer gleichsinnigen Stellung der kleinsten Theilchen, die schon beide magnetische Flüssigkeiten getrennt enthalten, oder, um Ampère's Sprache zu reden, in einer analogen Stellung kleiner elektrischer Kreise; so muſs man auch, wie mir scheint, noch die Annahme hinzufügen, daſs diese Theilchen oder Kreise selbst im weichen Eisen durch eine Art von Widerstand in ihrer anfänglichen Lage zurückgehalten werden, weil, wenn sie sich mit gleicher oder gröſserer Beweglichkeit wie die ganze Nadel drehen lieſsen, diese Nadel gar keine Ablenkung von Seiten des Stromes erfahren könnte.

Kehren wir indeſs zu unserem Hauptgegenstand zurück. Wie wir gesehen, kann die Wirkung eines Paares entgegengesetzter Ströme durch $\pm 2\,Mn$ vorgestellt werden. Da dieser Ausdruck den Nadelmagnetismus N nicht enthält, so folgt, daſs derselbe auf das in Rede stehende Phänomen gar keinen Einfluſs hat, sobald nur die vorausgesetzten Bedingungen erfüllt sind, nämlich das Nadelsystem astatisch oder von der Einwirkung des Erdmagnetismus befreit ist, und die beiden entgegengesetzten Ströme *gleiche* Intensität besitzen. Diese Folgerung habe ich durch Versuche mit Nadeln von unmagnetisirtem Stahl und weichem Eisen geprüft, und, wie zu erwarten stand, vollkommen bestätigt gefunden. Es ist übrigens zum Auftreten der besagten Erscheinung gar nicht nothwendig, daſs das Nadelsystem vollkommen astatisch sey. Auf Doppelnadeln von gewöhnlichen Dimensionen hat die Saxton'sche Maschine eine solche Gewalt, daſs sie eine ganz bedeutende Richtkraft besitzen können, und dennoch fast senkrecht auf den Meridian gestellt werden. Selbst einfache Nadeln, über den Drahtwindungen schwebend, werden stark ergriffen. Man kann auch ohne Schaden zwischen beide eine solide Kupferplatte einschieben.

In dem Bisherigen wurde nur der Fall betrachtet, dafs die Ströme beider Reihen gleiche Intensität besitzen. Nehmen wir jetzt diese Intensität als ungleich an, dann hat die Wirkung eines Strompaares zum Ausdruck:

für eine anfängliche Ablenkung nach der einen, z. B. der rechten Seite

$$M(N+n) - M'(N-n')$$

und für eine nach der linken

$$M(N-n) - M'(N+n'),$$

wenn M' die gröfsere oder geringere Intensität des einen Stromes, und n' den durch ihn erregten Magnetismus bezeichnet. Setzt man $M' = \alpha M$ und, was erlaubt ist, auch $n' = \alpha n$, so werden jene Ausdrücke:

für die ursprüngliche Ablenkung nach der rechten Seite

$$(1 - \alpha) M N + (1 + \alpha^2) M n$$

und für die nach der linken

$$(1 - \alpha) M N - (1 + \alpha^2) M n.$$

Soll die Ablenkung nach beiden Seiten hin durch das Strompaar vergröfsert werden, so ist nothwendig, dafs der letztere Ausdruck negativ sey. Wenn M' die kleinere Intensität bezeichnet, was anzunehmen immer erlaubt ist, da wir sonst nur M' gegen M zu vertauschen brauchten, so ist α ein ächter Bruch, und offenbar kann dann der zweite Ausdruck nur negativ werden, wenn N oder der ursprüngliche Magnetismus eine gewisse Gröfse, die von dem Intensitätsverhältnifs der Ströme und der Magnetisirbarkeit der Nadeln abhängt, nicht überschreitet.

Während also bei gleicher Intensität beider Reihen von Strömen der ursprüngliche Magnetismus einer astatischen Doppelnadel keinen Einflufs auf das Phänomen ausübt, kann dasselbe, bei Ungleichheit dieser Intensität, nur eintreten, wenn die Nadel, in Bezug auf die Grö-

Gröfsen α und n, nicht zu [stark magnetisirt ist, oder keine zu grofse Masse hat.

Ich habe diese Folgerung, welche eine interessante Probe für die Richtigkeit der aufgestellten Theorie abgiebt, dadurch geprüft, dafs ich in den Kreis der Saxton'schen Maschine eine einfache Volta'sche Kette einschaltete. Die Stromreihe, die in Richtung mit dem Strom der Kette zusammenfiel, mufste dann natürlich eine gröfsere Intensität besitzen als die entgegengesetzte. Der Erfolg dieser Versuche stimmte ganz mit der Theorie überein. Bei einer stark magnetisirten Doppelnadel oder einem astatischen System von 3 Zoll langen Stäben kam das Phänomen gar nicht oder sehr unvollkommen zum Vorschein, während es bei unmagnetisirten Stahlnadeln oder Nadeln von weichem Eisen sehr intensiv auftrat.

Je gleicher die Intensitäten beider Stromreihen sind, d. h. je mehr sich α der Einheit oder $1-\alpha$ der Null nähert, desto leichter wird, selbst mit sehr starken Nadeln, das Phänomen hervorzubringen seyn. Indefs ist ersichtlich, dafs auch $\alpha = 0$ seyn oder die eine Stromreihe ganz ausfallen könnte, und dennoch die Erscheinung zu Stande kommen würde.

Im Fall nämlich, dafs $\alpha = 0$ oder die eine Stromreihe verschwindet, werden die obigen Ausdrücke:

$$M N + M n \quad \text{und} \quad M N - M n,$$

und, wenn sie entgegengesetztes Zeichen bekommen sollen, mufs n gröfser als N seyn.

Dazu ist erforderlich, entweder dafs der Nadelmagnetismus N klein oder der vom Strom hervorgebrachte secundäre Magnetismus n grofs sey. Letztere Gröfse hängt nun, wie schon gesagt, von der Strom-Intensität, von der Masse, der Magnetisirbarkeit und der Lage der Nadel ab; bei einer und derselben Nadel und derselben Strom-Intensität wächst sie mit dem Winkel der Nadel gegen die Strom-Richtung. Wenn N also nicht sehr

grofs ist, wird man es durch Vergröfserung dieses Winkels oder der ursprünglichen Ablenkung in seiner Gewalt
haben, $N-n$ negativ zu machen. Ist dagegen N sehr
klein oder Null, so wird man diefs schon bei kleinen
Ablenkungen erreichen.

Die deshalb angestellten Versuche bestätigten diese
Schlüsse vollkommen. Als ich nämlich auf die eingangs
dieser Abhandlung angedeutete Weise einen intermittirenden Strom von constanter Richtung mit der Saxton'-
schen Maschine hervorbrachte, und ihn auf eine Doppelnadel von weichem Eisen oder unmagnetisirtem Stahl wirken liefs, erfolgten die doppelsinnigen Ablenkungen schon
bei sehr kleinen Winkeln; stark magnetisirte Nadeln oder
Stäbe erforderten dagegen einen mehr oder weniger grofsen, immer bedeutenden Werth der ursprünglichen Ablenkung. Hält man aber solche Nadeln oder Stäbe durch
einen auf den Limbus des Multiplicators gesetzten Platinbügel etwa zwischen $+10°$ und $-10°$ der Theilung,
so tritt das Phänomen nicht mehr ein; vielmehr kann
man dann immer aus der erfolgenden Ablenkung mit Sicherheit auf die Richtung des Stroms schliefsen, wie sie
durch den Sinn der Rotation des Ankers bedingt wird.

Die Unterbrechungen des Stroms sind übrigens nicht
wesentlich für die Erscheinung; mit dem continuirlichen
Strom einer Volta'schen Kette erhält man ganz dieselben Resultate. Man kommt dann auf die schon S. 365
beschriebenen Thatsachen zurück.

Indefs ist leicht ersichtlich, dafs eine Magnetnadel
das Phänomen der doppelsinnigen Ablenkung bei einem
continuirlichen oder intermittirenden Strom niemals mit
der Leichtigkeit zeigen wird, wie bei einer Reihe abwechselnd entgegengesetzter Ströme von gleicher Intensität. Im ersten Falle sind nämlich dazu wahre, wenn
auch nur temporäre Umkehrungen der Polarität dieser
Nadel erforderlich, im letzteren dagegen nur geringere

Oscillationen in ihrer Intensität, oder die temporären Magnetisirungen brauchen nicht die Gröfse der permanenten zu erreichen [1]).

Nach allen diesen Deductionen dürfte man wohl die zur Erklärung der doppelsinnigen Ablenkung aufgestellte Hypothese unbedenklich als Theorie betrachten können. Ich will indefs noch eines Versuches erwähnen, der einen, wenn auch nur indirecten Beweis von ihrer Richtigkeit ablegt. Ich leitete die Reihe abwechselnd entgegengesetzter und gleich starker Ströme der Maschine durch den vorhin erwähnten Multiplicator mit zwei umgekehrt gewickelten Drähten, und zwar anfangs durch den einen Draht, dann durch den andern, und endlich durch beide, wobei natürlich jeder von jedem Strom nur die Hälfte bekam. Einzeln gab jeder Draht dieselbe Wirkung, vereint wirkten sie gar nicht. Beides ist leicht erklärlich. Die Richtung der Drahtwindungen kann keine Verschiedenheit bewirken, da die Richtung der Rotation des Ankers gleichgültig ist. Und die Vernichtung der Wirkung bei vereinten Drähten ist einfach eine Folge davon, dafs dann die Nadel stets zu gleicher Zeit zwei entgegengesetzte Impulse erfährt. Es ist aber doch interessant zu sehen, dafs zwei Dinge sich aufheben können, die einzeln dieselben Wirkungen geben.

---

1) Da das Phänomen der doppelsinnigen Ablenkung, bei gleicher Intensität der beiden Stromreihen, schon bei sehr unbedeutenden Magnetisirungen der Nadel zum Vorschein kommen mufs, so glaubte ich, dasselbe werde ein Mittel abgeben, die Magnetisirbarkeit von Metallen nachzuweisen, die bis jetzt nicht als Träger des Magnetismus bekannt sind. Sey es indefs, dafs ich in der Wahl der Metalle nicht glücklich war, oder dafs der Strom keine hinlängliche Intensität besafs, genug der Erfolg war immer negativ oder höchst zweifelhaft. Selbst Nadeln aus Packfong, das doch Nickel enthält, aber freilich auch keine directe Wirkung auf die Magnetnadel ausübte, zeigten sich indifferent. Nur Nickel verhielt sich entschieden wie Eisen und Stahl.

In den bisher beschriebenen Versuchen wurde die Reihe von abwechselnd entgegengesetzten Strömen immer durch eine Saxton'sche Maschine hervorgebracht, und man könnte demnach die freilich immer wenig wahrschein- liche Meinung fassen, als sey das Phänomen der dop- pelsinnigen Ablenkung ausschliefslich ein Eigenthum der magneto-elektrischen Ströme. Um einer solchen Mei- nung zuvorzukommen, beschlofs ich, das Phänomen durch den Strom der Volta'schen Kette hervorzubringen, und liefs mir zu dem Ende ein kleines Instrument anfertigen, welches den Volta'schen Strom mit gleicher Leichtigkeit und mindestens eben so oft in einer gegebenen Zeit um- zukehren erlaubt, als es bei dem Spiel der Saxton'- schen Maschine mit dem magneto-elektrischen Strom der Fall ist. Ich habe diefs Instrument in einem Zusatz zu dieser Abhandlung unter dem Namen *Inversor* näher be- schrieben, und will hier nur kurz seiner Wirkungen er- wähnen. Als ich mittelst dieses Instruments den Strom ei- ner einfachen grofsplattigen Zink-Kupfer-Kette etwa 20 Mal in einer Secunde umkehrte, erhielt ich die Erscheinung der doppelsinnigen Ablenkung vollkommen so deutlich und intensiv als mittelst der Saxton'schen Maschine. Auch alle Abänderungen, welche die Intensität des Stroms, die Beschaffenheit der Nadel und die Gröfse der ursprüng- lichen Ablenkung in der Erscheinung hervorbringen, zeig- ten sich in unveränderter Gestalt ganz wie zuvor.

Es kann demnach keinem Zweifel unterliegen, dafs Volta'sche Ströme sich in dieser Beziehung genau wie magneto-elektrische verhalten, obgleich die ersteren, ver- möge der Einrichtung des Inversors, nicht ganz solche Oscillationen in ihrer Intensität erleiden, wie es bei letz- teren der Fall ist [1]).

---

1) Ich habe auch versucht, den Strom einer Thermokette aus 25 Wis- muth-Antimon-Paaren, die auf einer Seite in der gewöhnlichen Tem- peratur gehalten, und auf der andern bis zur Siedhitze des Wassers

Es giebt noch ein anderes Mittel, die Erscheinung der doppelsinnigen Ablenkung hervorzubringen, welches zwar dem Aeufsern nach ganz verschieden von den vorherigen ist, die Ursache des Phänomens aber fast noch augenfälliger darthut wie jene. Diefs Mittel giebt ein *rotirender Magnetstab* an die Hand.

Einen in seiner Mitte, senkrecht gegen seine Längenaxe durchbohrten kräftigen Magnetstab von etwa 3,5 Zoll Länge befestigte ich, mittelst einer durch das Loch gesteckten Schraube, auf einer Centrifugalmaschine und liefs ihn in einer Verticalebene rotiren, neben einer horizontal aufgehängten Magnetnadel, deren Mittelpunkt sich in gleicher Höhe mit dem Mittelpunkt des Stabes befand, und, wenn dieser horizontal lag, in einer auf seiner Längenaxe rechtwinklichen Linie, von dem einen Ende desselben einen Abstand besafs, der einige Linien gröfser war als die halbe Nadellänge. Die Verticalebene der Rotation war die des magnetischen Meridians, und bei horizontaler Lage des Stabes würde also derselbe, falls er nicht auf die Magnetnadel gewirkt hätte, mit dieser parallel gewesen seyn.

Bei dieser Vorrichtung mufste, wenn der Stab rotirte, ein Pol nach dem andern neben der Nadel vorbeigehen, und je nach seiner Natur eine anziehende oder abstofsende Wirkung auf die Nadel ausüben. Bei sehr langsamer Rotation geschah diefs auch, und daher war die Nadel fortwährend in überaus grofsen Oscillationen begriffen. So wie aber die Rotation eine gewisse Geschwindigkeit erreicht hatte, hörten diese Oscillationen auf, und an deren Stelle trat eine fast gänzliche Unbestimmtheit in der Richtung der Nadel ein. Hielt man sie für einen Augenblick in dem Meridian, so blieb sie in diesem; stellte man sie dagegen winkelrecht auf den-

---

erhitzt wurden, mittelst des Inversors auf die Magnetnadel wirken lassen, allein ohne Erfolg, wahrscheinlich aber nur wegen unzureichender Stärke des Stroms.

selben, d. h. winkelrecht gegen die Rotationsebene des Magnetstabes, so beharrte sie auch in dieser Stellung, und zwar kehrte sie in diese Stellung zurück, wenn man sie ein wenig aus derselben abzulenken suchte. Gleichgültig war es dabei, welcher Pol der Nadel dem Magnetstab zugewandt ward; jeder wurde in gleichem Grade *angezogen;* kurz der rotirende Magnetstab verhielt sich in dieser Beziehung ganz wie eine Scheibe von weichem Eisen.

Offenbar ist hier die directe oder *primäre* Wirkung des Stabes auf die Nadel aus dem Grunde ganz aufgehoben, weil diese für die beiden Pole des Stabes *entgegengesetzter* Art ist, der eine Pol z. B. durch *Anziehung* vernichtet, was der andere, kurz zuvor dagewesene, durch *Abstofsung* bewirkt hat. Dagegen ist die *secundäre* Wirkung geblieben, weil sie für beide Pole des Stabes und der Nadel *gleicher* Art ist [1]), und sich folglich *addirt.* In der That wird der *Nordpol* des Stabes einen *Südpol* in der Nadel hervorrufen, gleichviel ob ihm deren Nord- oder Südpol zugewandt ist; und der *Südpol* des ersteren wird eben so beständig einen *Nordpol* in der Nadel erzeugen. Beide Pole werden also, vermöge ihrer secundären Wirkung, eine *Anziehung* auf das zugewandte Ende der Nadel ausüben, desto kräftiger, je stärker ihre *secundäre* oder *magnetisirende* Einwirkung ist.

Diese *magnetisirende* Einwirkung hängt hier ganz von denselben Umständen ab, welche wir vorhin bei den elektrischen Strömen auseinandersetzten, nämlich von der Stärke der magnetischen Polarität des Stabes, von der Masse, Magnetisirbarkeit, Entfernung und Richtung der Nadel; und je günstiger diese Umstände sind, desto stärker wird sie hervortreten.

Ich richtete besonders auf die Beschaffenheit der Nadel meine Aufmerksamkeit, um zu sehen, ob *gehärteter* Stahl auch bei dieser Erscheinung sich vorübergehend magnetisirbar erweise. Ich nahm deshalb wieder meine Zuflucht

1) Wenigstens der Hauptsache nach, S. 376.

zu runden Feilen, da Feilen überhaupt als der allerhärteste Stahl angesehen werden können. Der Erfolg entsprach ganz der Erwartung; die Feilen wurden vom rotirenden Magnet beständig angezogen, wie Nadeln von
angelassenem Stahl, wenn gleich etwas weniger stark.

Der eben beschriebene Versuch rief mir eine Thatsache in's Gedächtnifs, welche von älteren Physikern, namentlich von Musschenbroek, Aepinus, von Swinden, umständlich behandelt, in neuerer Zeit aber wenig
beachtet worden ist, wiewohl sie gewifs alle Beachtung
verdient. Ich meine die *Anziehung* zwischen den *gleichnamigen* Polen zweier Magnete. Diese Anziehung ist
eine so häufig vorkommende Erscheinung, dafs man den
seltenen Fall, in welchem sie nicht zu Stande kommt,
gewissermafsen als Ausnahme betrachten, und den Satz
aufstellen könnte: *alle Magnetpole ziehen einander an,
die ungleichnamigen in jeder Entfernung, die gleichnamigen in sehr kleiner.*

Die Anziehung zwischen den gleichnamigen Polen
zweier Magnetstäbe beruht, wie schon die älteren Physiker zeigten, auf einer *secundären* oder *magnetisirenden* Wirkung [1]. Sind nämlich die Nordpole beider
Stäbe in hinlänglicher Nähe einander zugewandt, so ruft
jeder derselben in dem anderen Stabe einen Südpol hervor, so dafs dann die Wirkung zweier Nordpole und
zweier Südpole unter sich und auf einander in Betracht
kommt. Die totale Wirkung zweier Magnetstäbe, die
einander sehr nahe sind oder gar berühren, möchte wohl
sehr schwer zu berechnen seyn. Begnügt man sich indefs, als wenigstens zur annähernden Lösung des Proble-
mes führend, die Wirkung zweier einander sehr nahe

[1] Dafs ich das Wort *Pol* hier so wie in der ganzen Abhandlung nur
im vulgären Sinne gebrauche, bedarf wohl keiner besonderen Erwähnung.

liegender Elemente beider Stäbe in Erwägung zu ziehen, und bezeichnet die Quantitäten der in beiden Elementen thätigen magnetischen Flüssigkeiten mit n, s und n', s', so ist einleuchtend, dafs man diese Wirkung proportional setzen kann dem Product:

$$(n-s)(n'-s') \text{ oder } nn'+ss'-ns'-n's.$$

Die *ausgeführte* Multiplication zeigt, dafs die Wirkung aus zwei Abstofsungen (zwischen den gleichnamigen Polen) und zwei Anziehungen (zwischen den ungleichnamigen) besteht. Sollen letztere die Oberhand bekommen, so mufs, da sie das *negative* Zeichen besitzen, das Ganze *negativ* werden, und diefs kann, wie die *angedeutete* Multiplication am einfachsten erweist, nur geschehen, entweder wenn $s > n$ oder $s' > n'$. Es ist aber s der von n' und s' der von n hervorgerufene Südpol; folglich mufs in dem einen Stab der secundäre Südpol stärker als der primäre Nordpol seyn, oder die magnetische Polarität, wenigstens vorübergehend, umgekehrt werden; und diefs kann offenbar nur dann geschehen, wenn der primäre Nordpol des zweiten Stabes stärker ist als der des ersteren, weil man nicht annehmen darf, dafs der Nordpol jenes zweiten Stabes in dem ersteren Stabe einen Südpol hervorrufen könnte, der stärker, oder auch nur eben so stark wäre, als er selbst. Die Stärke der Anziehung zwischen zwei gleichnamigen Polen hängt wesentlich ab von der Gröfse der Verhältnisse $s' : n$ und $s : n'$, oder von dem Grade der Magnetisirbarkeit der Stäbe; allein wie sehr auch diese Verhältnisse sich der Einheit nähern, kommt die Erscheinung doch nur in dem (freilich allergewöhnlichsten) Fall zu Stande, dafs n und n' ungleich sind, d. h. der eine Magnetstab eine stärkere Polarität oder gröfsere Masse hat als der andere. Die Anziehung zwischen den gleichnamigen Polen zweier Magnetstäbe ist demnach immer ein Kriterium für die Ungleichheit dieser Stäbe in der einen oder anderen Beziehung.

So wird in der Hauptsache auch das Phänomen von den älteren Physikern dargestellt [1]). Es scheint mir indefs, als sey der Vorgang verwickelter und entfernt dem ähnlich, welchen wir bei der Reflexion des Lichts zwischen zwei Glasplatten eintreten sehen. In der That sieht man nicht ab, warum nicht die secundäre Südpolarität in z. B. dem ersten Stabe eine tertiäre Nordpolarität im zweiten Stabe hervorrufen sollte, diese wieder eine quaternäre Südpolarität im ersten und so fort. Ist der Vorgang wirklich ein solcher, so würde die Wirkung zwischen zwei Elementen der beiden Stäbe vorgestellt werden können durch das Product der beiden unendlichen Factoren:

$$(n-s+n_1-s_1+n_2-s_2+\ldots)$$
$$(n'-s'+n'_1-s'_1+n'_2-s'_2+\ldots),$$

worin, wenn man die Natur oder Magnetisirbarkeit beider Stäbe als verschieden annimmt, gesetzt werden könnte:

$$s\;=\alpha n' \qquad\qquad s'\;=\alpha' n$$
$$n'_1=\alpha' s \qquad\qquad n_1=\alpha\, s'$$
$$s_1=\alpha\, n'_1 \qquad\qquad s'_1=\alpha' n_1$$
$$n'_2=\alpha' s \qquad\qquad n_2=\alpha\, s'_1$$
$$s_2=\alpha\, n'_2 \qquad\qquad s'_2=\alpha' n_2$$

$$\ldots\ldots\ldots\qquad\qquad\ldots\ldots\ldots$$

Nimmt man überdiefs an $n'=kn$, so wird obiges Product:

$$(1-\alpha k)(k-\alpha')(1+\alpha\alpha'+\alpha^2\alpha'^2+\ldots)^2 n^2$$

oder:

$$(n-s)(n'-s')\left(\frac{nn'}{nn'-ss'}\right)^2.$$

Auch nach dieser Hypothese kann also die Wirkung zweier Elemente nur dann in Anziehung übergehen, wenn einer der Factoren $n-s$ und $n'-s'$ negativ wird; aber

1) Van Swinden (*Recueil de Mémoires sur l'analogie de l'électricité et du magnetisme, T. I p.* 282) glaubt indefs, dafs das Phänomen schon bei gleicher Stärke beider Stäbe zum Vorschein kommen könne, wenn sie nur ungleich magnetisirbar seyen.

die Stärke dieser Anziehung ist beträchtlich gröfser als im ersten Fall, da noch ein dritter Factor hinzugetreten, der um so gröfser ist, als, bei gegebenen n und n', die secundären s und s' gröfser, oder die Stäbe magnetisirbarer sind.

Eine Prüfung dieser Hypothese durch Messungen erforderte zunächst, dafs man nach derselben die Gesammtwirkung zweier Magnete berechnete, ein schwieriges Problem, welches unter andern die Kenntnifs des Gesetzes, nach welchem α und α' mit der Entfernung abnehmen, nöthig machte.

Daher habe ich denn auch keinen Versuch zur Bewahrheitung dieser Hypothese gemacht, sondern mich darauf beschränkt, das Phänomen der Anziehung gleichnamiger Pole überhaupt und besonders in Rücksicht auf die Beschaffenheit des Stahls zu studiren. Im Allgemeinen habe ich nicht zwei Magnetstäbe gefunden, die nicht diese Anziehung gezeigt hätten, wenn der eine horizontal aufgehängt und der andere hinreichend genähert wurde. Bei hinlänglichem Unterschiede in der Stärke der Magnetstäbe genügte eine blofse Annäherung, und interessant war es dabei zu sehen, wie bei einem gewissen Abstande des genäherten Stabes von dem schwebenden, der zuvor einseitig gehemmt worden, die Abstofsung langsam in Anziehung überging [1]. Bei geringerer Gröfse jenes Unterschiedes war dagegen wirkliche Berührung zwischen beiden Stäben nöthig, und in dieser Form zeigte sich die Anziehung selbst bei Stäben aus dem allerhärtesten Stahl, nur bei einigen, besonders dicken parallelepipedischen, mit dem Umstande, dafs sie nicht mit den vorderen Endflächen, sondern ein wenig von der Seite her, mit den Endkanten in Berührung gesetzt werden mufsten. Auch schien bei den widerspenstigsten Stäben die Dauer der Berührung einen verstärkenden Einflufs auf die Anzie-

---

[1] Die Oscillationen des aufgehängten Stabes sind eigenthümlich; sie geschehen um eine feste Gleichgewichtslage zwischen zwei instabilen.

hung auszuüben. Immer ging auch in solchen Fällen nach der leisesten Trennung die Anziehung in Abstofsung über [1]).

Ich habe die Erscheinung der Anziehung gleichnamiger Magnetpole hier etwas ausführlich betrachtet, einerseits weil sie als Beispiel der Ueberwucht einer secundären Wirkung über eine primäre gewifs an sich interessant genug ist, um sie aus der Vergessenheit hervorzuziehen, andererseits aber, weil sie das einfachste Mittel darbietet, die Thatsache der gleichzeitigen Existenz beider Magnetisirungen, der permanenten und der temporären, noch dazu in entgegengesetzter Richtung, in einem und demselben Stahlstabe darzuthun; denn, dafs, bei nicht zu grofsem Unterschied der Magnetstäbe, der secundäre Magnetismus nur temporär ist, erhellt daraus, dafs, nach hinreichender Entfernung der Stäbe, der primäre permanente, wenn auch mehr oder weniger geschwächt, immer sogleich wieder hervortritt [2]). Aus diesem Grunde schien mir diese Erscheinung im engsten Zusammenhange mit den vorher beschriebenen zu stehen.

Die Erscheinungen, welche den Gegenstand dieser Abhandlung ausmachen, mufsten nothwendig die Frage

---

1) Als eine interessante, obschon aus einer Unregelmäfsigkeit in der Härtung des Stahls leicht erklärliche Anomalie, will ich erwähnen, dafs ich zwei Stäbe besitze, deren Südpole die Anziehung nur in geringem Grade zeigen, während sie mit den Nordpolen sich so stark anziehen, dafs sie einander tragen. Die Nordpolhälften waren angelassen. — Bemerkenswerth ist auch, dafs ich an dem Südpol eines Magnetstabes, während dessen Nordpol von dem Nordpol eines stärkeren Magnetstabes angezogen, also temporär umgekehrt wurde, keine solche Umkehrung wahrnehmen konnte. Die temporäre Magnetisirung erstreckte sich also unter diesen Umständen nicht über den ganzen Stab.

2) Kaum ist es wohl nöthig zu bemerken, dafs die secundäre Magnetisirung, in entgegengesetzter Richtung mit der primären, schon vor dem Eintritt der Anziehung vorhanden ist. — Ueberhaupt glaube ich, dafs

erregen, ob man sie als *Magnetisirungs*- oder als *Inductionsphänomene* anzusehen habe, ob überhaupt die *Magnetisirung* (namentlich die *temporäre*) von der *Induction* verschieden sey, und in welchem Grade. Sey es mir erlaubt, meine Ansicht darüber kurz auszusprechen.

Ich entsinne mich nicht, daſs Jemand die *Magnetisirung* (namentlich die *temporäre*) und die von Faraday *entdeckte Inductionen* öffentlich auf eine bestimmte Weise als *Ein* Phänomen oder als leichte Modificationen *Eines* Phänomens bezeichnet habe; allein ich glaube vermuthen zu dürfen, daſs Mancher im Stillen diese Meinung hegt. Um zu sehen, in wiefern diese Meinung gegründet sey, wollen wir die Gesetze jener Induction und der Magnetisirung neben einander stellen, und uns dabei zuvörderst für den Magneten der Ampère'schen Hypothese von elektrischen Strömen bedienen.

Gesetze der Induction: — 1) Wenn bei paralleler Lage zweier geschlossener Leiter in dem einen ein elektrischer Strom *erregt* wird, entsteht in dem andern ein *entgegengesetzter* Strom, wenn er *verschwindet* ein *gleich-*

die secundären Magnetisirungen einfluſsreicher sind, als man gemeiniglich glaubt, da sie eben nur temporär sind, und oft nur im schwachen Grade einen bleibenden Einfluſs auf den primären permanenten Magnetismus der Magnetstäbe hinterlassen.

Ein Weg, den temporären Einfluſs zweier Magnetstäbe auf einander zu ermitteln, scheint mir folgender zu seyn. Man lasse die Stäbe erstlich einzeln schwingen. Daraus ergiebt sich, wenn man ihre Trägheitsmomente kennt, das Verhältniſs ihrer Magnetismen $\frac{m}{m'}$; dann lasse man sie, nach Art einer Nobili'schen Doppelnadel, in kleinem Abstande unter einander an Einem Faden schwingen, einmal in gleichsinniger und das andere Mal in widersinniger Lage. Dieſs liefert zunächst das Verhältniſs $\frac{m+m'}{m-m'}$, und dadurch einen zweiten Werth von $\frac{m}{m'}$. Wenn die Stäbe einen merklichen Einfluſs auf einander ausgeübt haben, wird der letztere Werth verschieden seyn vom ersten.

gerichteter. Während seines *Bestehens* erregt der primäre Strom *keinen* secundären. — 2) Wenn ein geschlossener Leiter, in paralleler Lage, einem elektrischen Strom *genähert* wird, entsteht in ihm ein *entgegengesetzter* Strom, wenn er eben so *entfernt* wird, ein *gleichgerichteter*. Bei *Ruhe* des Leiters wird in ihm *kein* secundärer Strom erregt.

Gesetze der Magnetisirung: — 1) Es mag in dem einen Leiter ein elektrischer Strom *entstehen* oder *vergehen*, immer erregt er in dem andern Leiter (dem Stahl- oder Eisenstabe) einen Strom von *gleicher* Richtung mit der seinigen. Auch während seines *Bestehens* erregt der primäre Strom einen secundären, ebenfalls *gleichsinnigen*. — 2) Es mag der primäre Strom *genähert* oder *entfernt* werden, immer erregt er in dem andern Leiter einen Strom von *gleicher* Richtung mit der seinigen. Dasselbe findet auch bei der *Ruhe* statt. — Kurz bei der Magnetisirung wirkt der primäre Strom *unausgesetzt unter allen Bedingungen*, und immer erregt er einen secundären Strom von *gleicher* Richtung mit der seinigen, *niemals* einen *entgegengesetzten*.

Daſs dieſs wirklich die Gesetze der Magnetisirung sind, davon kann man sich leicht überzeugen. Angenommen, die Magnetisirung eines Eisenstabes geschehe mittelst und innerhalb eines schraubenförmigen Drahts, durch den ein elektrischer Strom geleitet wird. Dasjenige Ende dieses Drahtes, welches, nach Ampère, z. B. einen Nordpol vorstellt, ertheilt auch dem Stabe an diesem Ende einen Nordpol, der Strom mag *entstehen, bestehen* oder *vergehen* [1]). Bei einem hohlen und einem darin

1) Daſs dem wirklich so sey, habe ich noch durch folgenden Versuch bestätigt. Ein kleines Hufeisen von weichem Eisen befestigte ich senkrecht, im magnetischen Meridian, mit den Armen nach oben gekehrt, und lieſs über deren Enden, im Abstande einiger Linien, eine Magnetnadel schweben, so daſs die Verticale durch ihren Mittelpunkt mit der Axe des Hufeisens zusammenfiel. Das Hufeisen war

gesteckten soliden Magneten haben aber, wenn die gleichnamigen Pole sich berühren, die supponirten elektrischen
Ströme gleiche Richtung. Analog verhält es sich mit der
Wirkung eines Magnetstabes auf einen Eisenstab. Immer erregt z. B. der Nordpol des Magneten in dem ihm
zugewandten Ende des Eisenstabes einen Südpol, er mag
sich *nähern*, *ruhen* oder sich *entfernen*. Bei zwei Magneten, die sich mit den ungleichnamigen Polen ansehen,
haben aber die supponirten elektrischen Ströme gleiche
Richtung. Wären die Gesetze der Magnetisirung denen
der Induction gleich, so müfste z. B. der *Nordpol* eines
Magneten in dem ihm zugewandten Ende des Eisenstabes bei *Näherung* einen *Nordpol*, bei *Entfernung* einen *Südpol* erregen, und bei *Ruhe* gar keine Wirkung
ausüben.

Noch mehr tritt die Verschiedenheit zwischen der
Magnetisirung und der von Faraday *entdeckten In-
duction* hervor, wenn man sich lediglich an die *Thatsa-
chen* hält, und die Ampère'sche Hypothese von der
Constitution des Magneten bei Seite stellt. Dann ist die
Magnetisirung Erregung von Magnetismus [1]), die von

umwickelt mit besponnenem Draht, der zu einer Volta'schen Batterie von drei Plattenpaaren führte. Natürlich wirkte das Hufeisen
schon für sich auf die Nadel, viel stärker aber, wenn dasselbe mit
der Batterie verbunden war, und durch den Sinn der Verbindung
stand es im Belieben, den unter dem Nordpol der Nadel befindlichen Arm zu einem Süd- oder Nordpol zu machen, und somit der
Nadel ihre natürliche Lage zu lassen oder die entgegengesetzte zu geben. Nie habe ich bei diesen Versuchen beobachtet, dafs im Moment des Schliefsens eine andere Polarität hervorgerufen worden wäre,
als die, welche während des Schlusses und im Moment des Oeffnens
stattfand.

1) Die verschiedenen Arten der Magnetisirungen sind nur verschieden
durch die Natur des Magnetisirenden (in sofern es ein elektrischer Strom,
ein Magnet oder unser Erdkörper seyn kann) und des Magnetisirten
(in sofern es Stahl, Eisen oder Nickel seyn kann); das Resultat der
Magnetisirung ist aber immer dasselbe: die *magnetische Polarität*.
In welchem Grade diese vorübergehend oder bleibend sey, hängt nur
von der Beschaffenheit des Magnetisirten ab.

Faraday *entdeckte Induction* eine eigenthümliche Art Erregung von elektrischen Strömen. Ich will mich hier nicht über die Wahrscheinlichkeit der Ampère'schen Hypothese verbreiten, kann aber nicht umhin zu bemerken, dass mir die gänzliche Verschiedenheit der Gesetze, welche man, nach ihr, für die Wirkungsweise der elektrischen Ströme annehmen muss, je nachdem sie magnetisiren oder induciren sollen, eben kein günstiger Umstand für dieselben zu seyn scheint. Man darf nicht etwa glauben, dass die Natur des Eisens diese Verschiedenheit bedinge; denn bekanntlich gelten für Eisen, unter andern Umständen, die Faraday'schen Inductionsgesetze so gut wie für die übrigen Metalle.

Nach allen diesen Gründen, glaube ich, ist man berechtigt, bei dem heutigen Zustand der Wissenschaft, *Magnetisirung und Induction als zwei verschiedene Phänomene zu betrachten;* und namentlich möchten wir Deutsche, die wir das Wort Induction früher nicht gebrauchten, alle Ursache haben, es auf die, auch für das Eisen, neue Klasse von Erscheinungen zu beschränken, deren Entdeckung wir Faraday verdanken [1]).

Wenn man einmal die Verschiedenheit zwischen Magnetisirung und Induction wohl aufgefasst hat, so, glaube ich, kann man auch nicht anstehen, die in dieser Abhandlung beschriebenen Erscheinungen für *Magnetisirungsphänomene* zu erklären. In der That läfst sich leicht erweisen, dafs selbst, wenn der Strom der Saxton'schen Maschine oder Volta'schen Säule im Stande wäre, secundäre elektrische Ströme nach den Gesetzen der Induction in einer Magnetnadel zu erregen, diese Erregung doch nie zu der Erscheinung der doppelsinni-

---

1) Anders verhält es sich mit den Engländern, die mit dem Wort Induction schon längst die gemeine elektrische Vertheilung bezeichneten. Faraday parallelisirt seine Entdeckung mit dieser Erscheinung, und daher übersetzte ich auch in seinen früheren Abhandlungen, um seine Ansichten getreu wieder zu geben, Induction stets durch Vertheilung.

gen Ablenkung Anlaſs geben könnte. Betrachten wir
nämlich zuvörderst den Fall mit einer Reihe gleich starker Ströme von abwechselnd entgegengesetzter Richtung,
und bezeichnen diese Ströme mit + und —. Jeder
dieser Ströme erzeugt zwei inducirte Ströme, einen beim
Kommen und einen beim Gehen; bezeichnen wir auch
diese Ströme, je nach ihrer Richtung, durch + und —.
Die Drehung der Nadel könnte nur aus den Wirkungen der ersten Ströme auf die letzteren erfolgen (da,
wie früher gezeigt, die Wirkungen auf die Ströme des
primären Magnetismus einander aufheben), und diese
Wirkungen würden vorgestellt durch die Producte der
Zeichen + und —. Offenbar müſsten nun diese Producte gleiches Zeichen haben, wenn die Wirkungen sich
addiren sollten; daſs dieſs aber bei einer Induction nicht
der Fall seyn kann, wird aus folgendem Schema erhellen:

Inducirende Ströme	+	—	+	—
Inducirte Ströme	— +	+ —	— +	+ —
Impulse	— +	— +	— +	— +

Eben so verhält es sich mit dem Fall eines bloſs
unterbrochenen Stroms von constanter Richtung, ein Fall,
auf den der vorhergehende zurückkommt, wenn man sich
die eine Reihe von Strömen fortgenommen denkt. In
beiden Fällen würden also, wie man sieht, die Impulse,
welche die Nadel vermöge der Wirkung der inducirenden
Ströme auf die inducirten bekäme, einander vernichten;
folglich wird die Nadel vermöge einer inductiven Action
keine Ablenkung erfahren können. Dieselben Schlüsse
gelten auch für den Fall mit dem rotirenden Magneten,
und was die Wirkungen des continuirlichen Stroms der
Volta'schen Kette betrifft, so ist schon dadurch, daſs sie
während des Bestehens des Stromes stattfinden, jeder
Gedanke an Induction abgeschnitten. Ich glaube demnach, daſs man vollkommen berechtigt ist, die beschrie-
be-

benen Erscheinungen als Magnetisirungsphänomene zu betrachten.

Reihen sich nun gleich diese Erscheinungen längst bekannten Thatsachen an, so scheint mir doch, verdienen sie alle Aufmerksamkeit der Physiker, schon deshalb, weil sie augenfällig die Nothwendigkeit darthun, *bei allen genaueren Messungen der magnetischen Intensität des elektrischen Stroms Magnetstäbe von bedeutender Masse oder in hinreichendem Abstande anzuwenden* [1]), *damit die Ablenkungswinkel klein, und sonach die temporären Magnetisirungen verhütet werden, denen selbst der allerhärteste Stahl ausgesetzt ist.* Das Verfahren, die Intensität des Stroms durch Schwingungen einer auf seiner Richtung senkrechten und ihm sehr nahen Magnetnadel zu bestimmen, scheint mir unter allen das bedenklichste zu seyn, weil dabei die Nadel dem Minimo der ablenkenden, und dem Maximo der magnetisirenden Kraft des Stromes unterworfen wird.

Zusatz I. — Der Inversor.

Das kleine Instrument, dessen ich vorhin (S. 372) unter dem Namen *Inversor* erwähnt habe, bezweckt, den Strom einer hydro- oder thermo-elektrischen Kette oftmals in einer gegebenen Zeit mit Bequemlichkeit umzukehren, und kann auch eben so zur blofsen Unterbrechung eines solchen Stromes angewandt werden. Man sieht es auf Taf. III Fig. 8 und 9 in zwei Dritteln der natürlichen Gröfse, von zwei gegen einander rechtwinklichen Seiten her, abgebildet.

Es besteht zunächst aus der etwa 4 Linien dicken Holzscheibe c, c, c, in welche die Kupferstücke a und b, zwanzig an der Zahl, vom Rande her eingelassen sind. An diese legen sich, von beiden Seiten, die etwas gröfseren, aber nur etwa 0,5 Linie dicken Holzscheiben d,

---

1) Wenn man nicht **Pouillet's** Sinusbussole (Annal. Bd. XXXXII S. 284) anwenden will.

d, und an diese wiederum die beiden Kupferscheiben f, f, deren Durchmesser dem der dicken Holzscheibe gleich sind. Die kupferne Axe AB des Instruments hängt nicht zusammen, sondern es ist die Hälfte A an die eine und die Hälfte B an die andere dieser Kupferscheiben f, f fest gelöthet. Eben so sind die Kupferstücke a und b durch Schrauben abwechselnd mit der einen und der andern Kupferscheibe verbunden, und zwar so, daſs die Stücke a auf diese Weise mit der Axenhälfte A, und die Stücke b mit der Axenhälfte B in leitender Verbindung stehen. Die Axe AB ruht auf den vom Brette GG getragenen Ständern FF in Pfannen, die durch die aufgeschrobenen Messingplatten HH bedeckt sind. Die Axe wird durch die Kurbel CD in Bewegung gesetzt, und um ihr auch eine sehr bedeutende Rotationsgeschwindigkeit geben zu können, ist sie noch mit der Rolle EE versehen, welche man dann durch eine Schnur mit einer Centrifugalmaschine oder ähnlichen Vorrichtung zu verbinden hat. Ein Räderwerk würde natürlich demselben Zweck entsprechen.

Gegen den Rand der Scheibe drücken die Kupferstäbchen nm mittelst der Kupferfedern hk, in welchen sie mit ihren oberen Theilen pq eingeschroben sind. Durch mehr oder weniger tiefes Einschrauben in die Federn kann man den Druck der Stäbchen gegen die Scheibe beliebig vergröfsern oder verkleinern. Die Federn sind durch Schrauben l, l am Brette befestigt, und können, mittelst Ausschnitte an ihren unteren Enden, die man in Fig. 9 sieht, so gestellt werden, daſs, wie aus Fig. 8 am besten zu ersehen, die Stäbchen nm genau den Abstand zweier der Stücke a, b von einander haben. Die Federn h', k' mit den Stäbchen $m'p'$, $n'q'$ haben ganz dieselbe Einrichtung, und sind eigentlich nur eine Zugabe zum Instrument.

Will man mit dem Inversor den Strom einer Volta'schen Kette in abwechselnd entgegengesetzter Richtung auf die Nadel eines Multiplicators wirken lassen, so verbindet man durch Drähte die Federn *i, i* respective mit den Polen der Kette, und die Federn *h, k* respective mit den Enden des Multiplicatordrahts. Klar ist, daſs dann bei Drehung der Scheibe die Verbindung dieser Drahtenden mit den Polen oder die Richtung des Stroms umgekehrt werden muſs, so wie ein *b*, das unter *n* war, mit *m* in Berührung kommt, während zugleich ein *a* an *n* heranrückt. Es werden also bei jedem ganzen Umlauf der Scheibe 20 Umkehrungen des Stroms erfolgen, und da man die Scheibe schon mit der bloſsen Kurbel sehr bequem zwei und selbst drei Mal in einer Secunde umdrehen kann, so wird man in derselben Zeit 40 bis 60 Umkehrungen erhalten. Mit der Saxton'schen Maschine erhält man nicht leicht mehr als 20.

Während die Stäbchen *m* und *n* ganz auf Holz ruhen, ist natürlich der Strom unterbrochen. Es hängt indeſs von der Dicke der Stäbchen ab, wie lange die Unterbrechung dauern soll. Haben die Stäbchen genau die Dicke oder Breite der eingelassenen Kupferstücke und deren Zwischenräume, so ist die Unterbrechung nur momentan; sind sie schmäler, werden die Unterbrechungen gröſser. Es ist daher gut, den Enden *n, m* der Stäbchen keinen quadratischen oder cylindrischen Querschnitt zu geben, sondern die Form einer stumpfen Schneide, damit man durch bloſses Drehen der Stäbchen die Unterbrechungen nach Belieben verlängern oder verkürzen kann. Versieht man beide Stäbchenpaare *nm, n'm'* mit solchen stumpfen Schneiden, dreht diese senkrecht gegen die Ebene der Scheibe, und stellt das eine Paar so, daſs es Holz berührt, während das andere auf Metall ruht, so hat man zwei Reihen von Umkehrungen, die man erforderlichenfalls durch zwei Multiplicatoren, oder durch einen Multiplicator und eine Flüssigkeit senden kann.

Will man den *Inversor* oder *Umkehrer* bloſs als *Unterbrecher* oder *Blitzrad* [1]) benutzen, so ist es am

1) **Neef**, Annalen, Bd. XXXVI S. 352.

besten den einen Pol der Kette zugleich mit beiden Axen-
hälften *A* und *B* in Verbindung zu setzen, und das eine
Ende des Multiplicatordrahts mit der Feder *h* oder *k*,
während das zweite Ende dieses Drahts geradezu mit
dem andern Pol verknüpft ist. Die Schneide von *m*
oder *n* mufs hiebei senkrecht gegen die Rotationsebene
gestellt werden. Man braucht auch den einen Pol der
Kette nur mit der einen Axenhälfte, z. B. mit *A*, zu
verbinden, und das eine Ende des Multiplicatordrahts
mit der Feder *h*; allein man verliert dann die Hälfte der
bei gleicher Rotationsgeschwindigkeit möglichen Unterbrechungen. Endlich kann man auch die Federn *i, i*
mit einander verbinden, den einen Pol der Kette mit *h*
oder *h'* und das eine Ende des Multiplicatordrahts mit
k oder *k'*, während das andere Ende direct mit der Kette
verknüpft ist.

Es ist klar, dafs man durch Vergröfserung der Dimensionen des Instruments die Zahl der Umkehrungen
oder Unterbrechungen in einer gegebenen Zeit bis in's
Unbestimmte vergröfsern könnte. Indefs würde dasselbe
dadurch an Bequemlichkeit des Gebrauchs verlieren. Bei
dem meinigen, das vom Mechanikus Kleiner hieselbst
sehr niedlich ausgeführt ist, hält die Scheibe nur etwa
drittehalb Zoll im Durchmesser, und wenn man noch ein
Räderwerk daran anbringen wollte, welches die Rotationsgeschwindigkeit verfünffachte, so würde man damit,
ohne weiteren Hülfsapparat, 200 bis 300 Umkehrungen
in einer Secunde bewerkstelligen können. Und diefs ist
mehr als zu irgend einem bis jetzt bekannten Zweck erforderlich seyn dürfte.

Den Gebrauch von Quecksilber, um an den betreffenden Punkten die Berührung zwischen den metallischen
Theilen inniger zu machen, habe ich vermieden, da eine
solche Amalgamation immer ihre grofsen Nachtheile für
das Instrument haben würde, und ohnediefs die Berührung vollkommen genug ist, so lange das Metall blank
ist. Sollte es an irgend einer Stelle blind geworden

seyn, so braucht man es nur mit sogenanntem Glaspapier abzureiben, wodurch es schnell seinen vollen Metallglanz wieder bekommt. Aus ähnlichem Grunde werden die Verbindungsdrähte nur durch kleine Klemmschrauben (die in der Zeichnung nicht angegeben sind) mit den Federn i, i, h, k, h', k' in Berührung gesetzt.

Um von den Inversor noch eine andere Anwendung zu machen, als zu welcher er ursprünglich construirt ward, suchte ich mit Hülfe desselben durch den Strom einer Volta'schen Batterie die merkwürdige, von Hrn. De la Rive [1]) mittelst einer Saxton'schen Maschine entdeckte Veränderung des Platins hervorzubringen. Zu dem Ende verband ich die Federn i, i durch Kupferdrähte mit den Polen einer Batterie, bestehend aus zehn, mit verdünnter Schwefelsäure geladenen Zink-Kupfer-Paaren von etwa 12 Quadratzoll Oberfläche jeder Zinkseite und doppelter Kupferfläche, und schraubte an die Federn h und k Platindrähte, die in verdünnte Schwefelsäure hinabreichten. So lange die Berührer m, n mit einem Paar der Kupferstücke a, b in Berührung standen, fand an den Platindrähten eine reichliche Gasentwicklung statt; so wie ich aber den Inversor rotiren ließ, etwa mit einer Geschwindigkeit von zwei Umläufen oder von 40 Stromumkehrungen in der Secunde, nahm diese Entwicklung rasch ab und hörte endlich ganz auf, sonderbar genug aber nicht gleichzeitig an beiden Platindrähten, sondern an dem einen etwa nach 10, am andern erst nach 25 Minuten. Währenddeß verloren die Platindrähte immer mehr an Metallglanz und nach einer halben Stunde waren sie deutlich mit einer dünnen Schicht von grauer Farbe überzogen. Als darauf die Rotation eine Viertelstunde weiter fortgesetzt wurde, hatte dieser Ueberzug noch mehr an Dicke zugenommen, und sichtlich war dieser Ueberzug an dem Draht am stärksten, der am längsten Gas ausgegeben hatte.

Ich habe diese Erscheinung nicht weiter verfolgt, da

1) S. Ann. Bd. XXXXI S. 157, auch den Aufsatz II dieses Heftes.

Hr. **De la Rive** sie zum Gegenstand einer ausführlicheren Untersuchung zu machen gedenkt, kann indeſs nicht
umhin, noch eines Umstandes zu erwähnen, der mir bemerkenswerth scheint. Als nämlich die Gasentwicklung
an den Platindrähten bereits gänzlich aufgehört hatte, und
nun, ohne die Rotation des Inversors irgendwie zu un-
terbrechen, die Platten der Batterie aus der Säure gehoben und etwa nach einer halben Minute wieder hinabgelassen wurden, trat im Moment der Eintauchung abermals eine reichliche Gasentwicklung an den Platindrähten ein, die indeſs nach wenigen Secunden wieder aufhörte.

Zusatz II. — Die Saxton'sche Maschine.

Die Erfahrung, daſs die Erscheinung der doppelsinnigen Ablenkung eben so leicht mit einer einfachen Volta'schen Kette wie mit der **Saxton**'schen Maschine zu
Stande komme (S. 372), machte mich begierig, eine, wenn
auch nur ungefähre, Vorstellung von der Intensität des
Stromes dieser Maschine zu erlangen. Bekanntlich verdanken wir **Ohm** den wichtigen und für die Theorie der
elektrischen Ströme fundamentalen Satz, daſs die Intensität eines solchen Stromes gleich ist der elektromotorischen
Kraft, dividirt durch den gesammten Widerstand, welchen der Strom in der Kette zu überwinden hat. Hienach kann der Strom einer Kette intensiv seyn, entweder weil jene Kraft groſs, oder der Widerstand klein
ist. Bei der **Saxton**'schen Maschine ist der Widerstand verhältniſsmäſsig klein, weil der Strom, wenn man
nicht absichtlich eine Flüssigkeit einschaltet, sich in einem ganz metallischen Kreise bewegt. Trotz dem also
dieser Strom lebhafte Funken und starke Schläge giebt,
könnte dennoch seine elektromotorische Kraft nur gering seyn.

Diese Kraft nun war es, welche ich näher zu kennen wünschte. Um dahin zu gelangen, versah ich die
Maschine mit der Hülfsvorrichtung, welche dem Strom

derselben eine constante Richtung giebt, schaltete in
ihren Kreis folgweise eine, zwei, drei und mehre Zink-
Kupfer-Ketten ein, und setzte den Anker in Rotation,
in dem Sinn, daſs der magneto-elektrische Strom dem
hydro-elektrischen entgegen wirken muſste. Ein gleichzeitig eingeschalteter Multiplicator, dessen Doppelnadel,
aus zuvor (S. 370) angegebenen Gründen, durch einen
Platinbügel zwischen +10° und —10° der Theilung
gehalten ward, diente als Anzeiger für das zwischen den
beiden Strömen beabsichtigte Gleichgewicht, und die Zahl
der dazu erforderlichen Zink-Kupfer-Paare lieferte dann,
wenigstens näherungsweise, das Maaſs für die elektromotorische Kraft, welche eine gegebene Saxton'sche
Maschine bei einer gewissen Rotationsgeschwindigkeit
ihres Ankers entwickelt.

Wenn man eine solche Aequilibrirung vornehmen
will, hat man namentlich auf zwei Umstände zu achten,
auf möglichste Entwicklung des magneto-elektrischen
Stroms und auf die richtige Benutzung desselben. Die
Stärke der elektromotorischen Kraft dieses Stroms hängt
bei einer gegebenen Maschine lediglich von der Rotationsgeschwindigkeit des Ankers ab, und steigt bis zu
einer gewissen Gränze mit dieser. Die Benutzung der
Kraft aber wird, unter den genannten Umständen, wesentlich bedingt von der Construction der Vorrichtung,
die dem Strom eine constante Richtung geben soll.

Ich gebrauchte hiezu anfänglich die schon S. 353
erwähnte Vorrichtung. Um ihre Construction verständlich zu machen, gebe ich hier von derselben, da ihrer
in der früheren Beschreibung der Saxton'schen Maschine (Annalen, Bd. XXXIX S. 401) noch nicht gedacht worden ist, einen Durchschnitt in natürlicher Gröſse [1]).

1) Wer ihr Erfinder ist, weiſs ich nicht. Hr. Prof. Magnus lernte
sie in London durch Hrn. Faraday kennen.

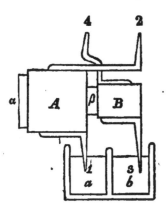

α ist der hohle Theil der Ankeraxe, mit welchem das eine Ende des Ankerdrahts in Verbindung steht, β der isolirt darin steckende solide Theil, welcher das andere Ende dieses Drahts aufnimmt. Beide Axen sind natürlich von Metall. Auf α wird der Kupfercylinder A geschoben, der mit den Haken 1 und 2 versehen ist, auf β eben so der Kupfercylinder B, der die Haken 3 und 4 trägt. Von den letzteren macht 4 eine Biegung zur Ebene der Figur hinaus, damit er den Haken 2 nicht berühre; auch sind diese beiden Haken, da wo sie sich berühren könnten, vorsichtshalber mit Siegellack überzogen. a und b sind die durch eine Scheidewand getrennten und mit Quecksilber gefüllten Behälter (S. 354).

Aus der Zeichnung wird ohne weiteres einleuchtend seyn, daſs, wenn man den Anker rotiren läſst, abwechselnd bei jedem halben Umlauf, der Haken 1 von A und der 4 von B mit a in Berührung kommt, so wie andererseits der Haken 3 von B und der 2 von A mit b. Von den Behältern a und b ist also, abwechselnd bei jedem halben Umlauf des Ankers, der eine mit den Axen a und β, der andere mit β und α verbunden; und da durch die entgegengesetzten Magnetisirungen, die der Anker bei jedem halben Umlauf erfährt, der Strom in dem ihm umgebenden Draht, in gleichen Perioden seine Richtung umkehrt, so erfolgt, vermöge dieser doppelten Umkehrung, in dem Leiter, welcher das Quecksilber in a und b verbindet, ein Strom von constanter Richtung.

Dieser Strom ist jedoch ein intermittirender, da zwei Mal bei jedem Umlauf des Ankers alle Haken während einer gewissen Zeit ganz auſser Verbindung mit dem Quecksilber stehen. Die Dauer dieser Unterbrechungen und die Zeit, wann sie eintreten, haben aber auf die Intensität des Stroms einen bedeutenden Einfluß; sie hängen ab theils von dem Winkel zwischen der Hakenebene und der Ankerebene, theils von der Tiefe, bis zu welcher die Haken in das Quecksilber tauchen.

Beträgt dieser Winkel z. B. 45° und hat das Quecksilber einen solchen Stand, daß die Eintauchung für jedes Hakenpaar beginnt, wann die Ankerebene entweder horizontal oder vertical steht (welche beiden Fälle, bei einer solchen Stellung der Haken, aus dem Sinn der Rotation des Ankers entspringen), so hört sie auf, wann diese Ebene respective in die verticale oder horizontale Lage gekommen ist. In beiden Fällen ist also die Dauer der Eintauchung eines jeden Hakenpaars nur gleich der Dauer eines Quadranten der Rotation, und während der beiden dazwischen liegenden Quadranten findet eine Unterbrechung des Stromes statt.

Eine gleiche Dauer besitzen die Unterbrechungen, vorausgesetzt, daß das Quecksilber noch denselben Stand habe, wenn die Hakenebene parallel liegt der Ankerebene; nur beginnt dann der Strom oder die Eintauchung der Haken, wann die Ankerebene um 45° gegen den Horizont neigt, nach dieser oder jener Seite, je nach dem Sinn der Rotation.

Indeß findet zwischen den beiden ersten und den beiden letzten Fällen, was die Intensität des Stroms betrifft, ein bedeutender Unterschied statt.

Betrachtet man nämlich eine der Stellungen, in der die Ankerarme gerade vor den Polen des horizontalen Hufeisenmagneten liegen, als den Nullpunkt der Rotation, so geht die Dauer des Stroms, in den beiden ersten Fällen, von 0° bis 90° und von 180° bis 270°, oder, wenn man in entgegengesetzter Richtung dreht, von 270° bis 180° und von 90° bis 0° [1]). Da die Punkte

1) Die Dauer des Stroms könnte auch in die beiden Quadranten von 90° bis 180° und von 270° bis 0° fallen; nur müßte dann die Hakenebene auf der andern Seite um 45° gegen die Ankerebene neigen.

0° und 180° den Minimis und die Punkte 90° und 270° den Maximis der elektromotorischen Kraft entsprechen (S. 354), so beginnt also der Strom, bei der einen Rotationsrichtung, mit einem Minimum und hört mit dem folgenden Maximum auf, weshalb man dann auch im Moment der Unterbrechung sehr glänzende Funken bekommt; bei der umgekehrten Rotationsrichtung fällt dagegen der Anfang mit einem Maximum und das Ende mit dem nächstfolgenden Minimum zusammen, und daher bekommt man bei der Unterbrechung keine Funken. Bei beiden Rotationsrichtungen muſs offenbar die mittlere Intensität eines jeden Stromtheils, eben weil er einen Quadranten zwischen zwei Extremen umfaſst, gleich seyn der mittleren Intensität des continuirlichen Stroms, der während eines ganzen Umlaufs erzeugt würde [1].

In den beiden letzteren Fällen, wo nämlich die Hakenebene der Ankerebene parallel liegt, fällt die Dauer des Stroms, je nach der Rotationsrichtung [2], entweder

1) Daſs die Stromtheile, unter den genannten Umständen, für beide Rotationsrichtungen des Ankers gleiche mittlere Intensität besitzen, ungeachtet sie bei der einen Richtung mit dem Maximo und bei der andern mit dem Minimo der Intensität aufhören, im ersten Falle also sehr lebhafte Funken geben, im zweiten aber nicht, davon kann man sich durch die Wirkung auf die Magnetnadel überzeugen. Sie ist in beiden Fällen gleich. Daraus geht hervor, daſs die Elektricität, welche als Funke erscheint, bereits auf die Magnetnadel gewirkt hat.

Uebrigens erscheinen die Funken, bei allen Stellungen der Haken, nur in den Momenten der *Unterbrechung* des Stroms, niemals bei *Bildung* desselben. Es möchte dieſs, im Verein mit andern Thatsachen (Ann. Bd. XXXXIV S. 633) wohl ein Argument gegen die Realität des Funkens bei *Schlieſsung* einer hydro-elektrischen Kette seyn.

2) Auch je nach den beiden Stellungen der Haken, die beim Parallelismus ihrer Ebene mit der Ankerebene möglich sind. Es können nämlich die Haken 1 und 3 oder die 2 und 4 einem und demselben Ankerarme zugewandt seyn. Dieſs giebt bei einer und derselben Rotationsrichtung eine entgegengesetzte Stromrichtung. — Aehn-

in die Quadranten von 45° bis 135° und von 225° bis
315°, oder in die von 315° bis 225° und von 135°
bis 45°. In diesen Fällen schließt also der partielle
Strom immer die Maxima der Intensität in seiner Mitte
ein, und erstreckt sich von diesen rück- und vorwärts
nur um 45 Grad; er besitzt daher, ungeachtet bei seiner Unterbrechung nur Funken von mäßigem Glanze
erscheinen, eine mittlere Intensität, die bedeutend größer ist als die des ununterbrochenen ganzen Stroms, folglich auch größer als die des partiellen Stroms in den
beiden ersten Fällen.

Bei der Aequilibrirung der Saxton'schen Maschine
mit der Volta'schen Kette wirkt offenbar der Volta'sche
Strom nur während der Dauer des magneto-elektrischen
Stroms, da beide Elektricitätserreger nur ein System bilden, sie durch das Eintauchen und Ausheben der Haken
gleichzeitig geschlossen und geöffnet werden. Die Intensität des Volta'schen Stroms kann, wenigstens für eine
kurze Zeit, als constant betrachtet werden; die des magneto-elektrischen Stroms kann es ebenfalls, denn, obwohl, wie noch eben erwähnt, jedes Stück desselben
eine veränderliche Intensität besitzt, so ist doch erstlich
jedes Stück darin dem andern gleich, und überdieß folgen die Aenderungen so rasch auf einander, daß die
Wirkung auf die Magnetnadel sehr nahe dieselbe seyn
muß, wie wenn statt der veränderlichen Intensität eine
constante gesetzt würde, welche die mittlere wäre von
allen, welche jedes Stromstück während seiner ganzen
Dauer durchläuft. Diese mittlere Intensität der einzelnen Stromstücke ist aber, wie wir eben gesehen, verschieden nach der Stellung der Hakenebene gegen die
Ankerebene, und eben so auch verschieden nach der
Tiefe der Eintauchung der Haken in das Quecksilber, wodurch namentlich die Dauer eines jeden partiellen Stroms

liches gilt von den beiden Stromwendern, die weiterhin beschrieben
werden sollen.

bedingt wird. Bei der zuvor beschriebenen Hakenvorrichtung, bei der man immer nur einzelne Stücke des
magneto-elektrischen Stroms mit dem Volta'schen vergleichen kann, kommt es also sehr darauf an, wie grofse Stücke und welche Stücke man zu diesem Vergleiche wählt.

Will man das Maximum des Saxton'schen Stroms
mit dem Volta'schen vergleichen, so mufs man offenbar
die Hakenebene der Ankerebene parallel stellen, und
das Niveau des Quecksilbers in den Behältern so weit
herablassen, dafs die Haken nur sehr nahe bei ihrer
senkrechten Stellung ein wenig in dasselbe eintauchen.
Will man dagegen diesen Vergleich mit der mittleren
Intensität des Saxton'schen Stromes anstellen, so mufs
man die Hakenebene einen Winkel von 45° gegen die
Ankerebene machen lassen, und dem Quecksilber einen
solchen Stand geben, dafs es dann, bei horizontaler Lage
der Ankerebene, so eben von den Haken berührt wird.

Den letzteren Vergleich, nämlich den Vergleich der
mittleren Intensität würde man auch bewerkstelligen können, wenn man eine Vorrichtung besäfse, welche dem
Strom der Maschine eine constante Richtung gäbe, ohne
irgend eine erhebliche Unterbrechung desselben zu veranlassen. Ich habe zwei solche Vorrichtungen anfertigen lassen, von denen die eine, wie die beschriebene
Hakenvorrichtung, den Gebrauch von Quecksilber erfordert, die letztere aber nicht.

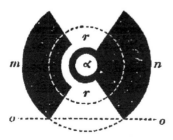

Die erstere, von der ne-
benstehende Figur eine Vor-
deransicht in natürlicher Gröfse darstellt, besteht aus einer Holzrolle *rr*, die bestimmt
ist, auf die dünnere solide Axe
α des Ankers gesteckt zu wer-
den. Sie ist inwendig mit einem kupfernen Cylinder
gefüttert, und trägt vier Sectoren von Kupfer, zwei an

jeder ihrer Grundflächen. Welchen Winkel diese Sectoren umspannen, ist gleichgültig, und hängt nur ab von dem Stande des Quecksilbers, in welches sie eintauchen sollen. Dagegen müssen sie an Einer Grundfläche mit ihren Endradien in gegenseitiger Verlängerung liegen, und die homologen Radien der Sectoren an der andern Grundfläche müssen ihnen respective parallel seyn. Zwei von diesen Sectoren, nämlich n und der hinter m, an der Rückseite der Rolle befindliche, stehen in Verbindung mit dem inneren Kupfercylinder, also, da dieser die Axe α berührt, auch mit dieser Axe. Die beiden andern Sectoren, nämlich m und der hinter n befindliche, hängen nicht mit dem inneren Kupfercylinder zusammen, sondern sind mit Kupferfedern versehen, welche auf die hohle Ankeraxe β drücken. Die Feder des vorderen Sectors m geht durch die Rolle und durch ein Loch in dem hinteren Sector, ohne diesen zu berühren, bis zur Axe β.

Das Spiel dieses Inversors ist ganz dasselbe wie das der Hakenvorrichtung, von der er im Wesentlichen nur darin abweicht, daſs statt der Haken die Sectoren gesetzt sind. Man giebt ihm eine solche Stellung auf der Axe des Instruments, und dem Quecksilber in den Behältern eine solche Höhe, daſs, bei horizontaler Lage der Ankerebene, die unteren Ecken der Sectoren so eben das Quecksilber berühren. Setzt man nun den Anker in Rotation, so daſs z. B. der mit der Axe β verbundene Sector m eintaucht, so wird derselbe offenbar eine halbe Umdrehung hindurch fortwährend eingetaucht bleiben, und wenn er aushebt, wird die, vorhin obere Ecke von n in das Quecksilber $o\,o$ treten. Eben so verhält es sich gleichzeitig mit dem hinter m liegenden Sector, der mit der Axe α verbunden ist. Bei dem zweiten halben Umlauf findet Aehnliches statt; nur sind die Quecksilberbehälter a und b (siehe S. 392), wenn sie bei der ersten respective mit den Axen α und β verbunden wa-

ren, jetzt respective mit β und α verknüpft. Die Umkehrungen erfolgen, wann die Ankerebene horizontal
liegt, also wann der Strom seine Richtung umkehrt; daraus entspringt dann die Constanz der Stromrichtung in
dem die Behälter a und b verbindenden Leiter.

Eine Unterbrechung des Stroms findet hier nur statt,
wenn die Sectoren m und n, und eben so die hinteren,
gleichzeitig in das Quecksilber tauchen. Da aber diese
gleichzeitige Eintauchung aller Sectoren selbst bei schneller Rotation. des Ankers, wobei allerdings ein ziemlich
starkes Wellenschlagen des Quecksilbers nicht zu ver-
hüten ist, nur eine verhältnifsmäfsig kurze Dauer hat,
und zwar während einer Zeit, wo der Strom sich auf
dem Minimo seiner Intensität befindet, so entspringt daraus kein erheblicher Nachtheil. Auch sind diese Unterbrechungen nur scheinbar, indem der Strom während
derselben durch das Quecksilber in sich selbst zurückfliefst; daher treten dann auch keine Funken auf, falls
das Quecksilber nicht etwa, bei zu, starkem Schaukeln,
momentan ganz von den Sectoren abläfst.

Die zweite Vorrichtung erfordert nicht nothwendig
den Gebrauch von Quecksilber und hat dadurch Vorzüge vor der ersten. Man sieht sie nebenstehend in natürlicher Gröfse, von oben her, ab-
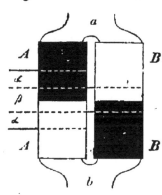
gebildet [1]). Auch sie besteht der
Hauptmasse nach aus einer Holzrolle, die aber so gearbeitet ist,
dafs man sich denken kann, es
seyen zwei Rollen blofs zusam-
mengefügt, Die eine dieser Rollen A wird auf die dickere hohle
Axe α der Maschine gesteckt, die
andere B auf die dünnere solide
Axe β. Jede Rolle ist inwendig mit einem Kupferringe

---

1) Sie wurde, wie die vorhergehende, von dem Mechanikus Hrn. Kleiner sehr sauber ausgeführt.

gefüttert, und auf der Hälfte ihres Umfangs, der ganzen Breite nach, mit einem dicken Kupferbogen ausgelegt. Dieser Kupferbogen steht durch Schrauben mit dem inneren Kupferringe in Verbindung, und ist mit dem Holze so abgedreht, daſs er mit ihr Eine Cylinderfläche bildet. Beide Rollen haben, durch eine Holzlage getrennt, eine solche gegenseitige Stellung, daſs der kupferne Halbkreis der einen, nur das Holz der andern neben sich hat, Anfang und Ende beider Halbkreise in zwei diametralen Linien zusammenfallen, wie aus der Figur erhellt, worin das Kupfer schwarz angegeben ist. Der Umfang beider hier nur im Gedanken getrennter Rollen bildet eine einzige Cylinderfläche.

a und *b* sind die Projectionen zweier Kupferfedern, welche ungefähr die Gestalt eines S besitzen, und mit ihrem unteren Ende auf einem Brettchen, das einer Hebung und Senkung fähig ist, festgeschraubt sind. Diese Federn berühren das Rollensystem, seiner ganzen Breite nach, in zwei diametralen, in Einer Horizontalebene liegenden Linien, und sie vertreten dadurch die Stelle der Quecksilberbehälter bei den beiden früheren Vorrichtungen, indem sie, mittelst Klemmschrauben, die Verbindungsdrähte aufnehmen, welche den Strom durch den in die Kette eingeschalteten Leiter führen sollen.

Aus dieser Einrichtung wird erhellen, daſs jede Feder für gewöhnlich nur das Kupfer einer der beiden Rollen berührt, daſs diese Berührung aber, nach jedem halben Umlauf des Ankers, von der einen Rolle auf die andere übergeht. Wenn z. B. die Feder *a* anfänglich auf das Kupfer von *A* drückte, wird sie, bei dem nächsten halben Umlauf, gegen das Kupfer von *B* federn; umgekehrt wird es sich mit *b* verhalten. Giebt man also dem Rollensystem *A B* eine solche Stellung auf den Axen des Ankers, daſs der Wechsel jener Berührung eintreten muſs, wann der Strom seine Richtung ändert, d. h. bringt man die Enden der Kupferbogen in die Ebene des Ankers, so wird offenbar der Strom, der mittelst der Federn *a* und *b* durch den an sie geschraubten Leiter geht, eine constante Richtung haben, so lange man den Anker in einerlei Richtung rotiren läfst.

Eine Unterbrechung des Stroms, oder richtiger eine Abschliefsung desselben durch das Rollensystem, wird bei dieser Vorrichtung nur während der kurzen Zeiträume stattfinden, wo jede Feder beide Kupferbogen berührt. Je mehr die Federn in Schneiden auslaufen, desto kürzer werden diese Unterbrechungen seyn. Indefs ist es vortheilhaft den Federn eine gewisse Dicke zu lassen, weil aus den Unterbrechungen, da sie in die Perioden der Minima der Strom-Intensität fallen, ein geringerer Verlust entspringt als aus mangelhafter Berührung der Federn mit den Rollen. Auch ist es zweckmäfsig, die breiten Federn kammförmig einschneiden zu lassen, damit jeder Kupferbogen von mehren, wenigstens vier, für sich federnden Stücken berührt werde; auch kann man Rollen und Federn, wenn man will, noch amalgamiren, doch ist diefs nicht nothwendig.

Ich habe nach einander alle drei Vorrichtungen zu der beabsichtigten Aequilibrirung angewandt. Ehe ich indefs die Resultate derselben auseinandersetze, mufs ich noch eines Umstandes erwähnen, der auf dem ersten Blick diese Operation sehr mifslich zu machen scheinen kann.

Wie leicht zu ersehen, wird der Strom der Volta'schen Kette, indem er den um den Anker der Saxton'schen Maschine gewickelten Draht durchläuft, nicht nur diesen Anker magnetisiren, sondern auch in den parallelen Drahtwindungen Inductionsströme hervorrufen. Es fragt sich nun zunächst, welchen Einflufs diese Wirkungen auf die besagte Aequilibrirung haben können.

Die Magnetisirungen des Ankers sind, wenn der Volta'sche Strom etwas kräftig ist, so stark, dafs der Anker, wenn man denselben zuvor rechtwinklich gegen

die

die Ebene des Hufeisenmagneten stellt, bei Schliefsung der Kette mit Gewalt in diese Ebene herabgezogen wird. Man könnte nun meinen, dafs dadurch die elektromotorische Kraft der Saxton'schen Maschine, welche der der Volta'schen Kette entgegenwirken soll, bedeutend abgeändert werde. Indefs ist diefs nicht der Fall; denn erstlich magnetisirt der Volta'sche Strom, vom Anfang bis zu Ende seines Daseyns, den Anker stets in einerlei Sinn, und die so empfangene constante Polarität kann, *während ihres Bestehens*, keine Rückwirkung auf den Draht ausüben. Wenn also der Strom der Volta'schen Kette keine Unterbrechungen erleidet, wie es bei Anwendung der Stromwender, S. 396 und 398, der Fall ist (indem, während der Saxton'sche Strom in sich zurückfliefst, der Volta'sche ununterbrochen bleibt), wird er die elektromotorische Kraft des Saxton'schen Stroms nicht abändern können. Allein selbst wenn der erste Strom unterbrochen wirkt, wie es bei der Hakenvorrichtung, S. 392, der Fall ist, haben die durch ihn hervorgerufenen Magnetisirungen des Ankers keinen Einflufs. Denn die *Schwächung*, welche der Volta'sche Strom bei seinem *Beginn* durch die *entstehende* Polarität des Ankers erleidet, wird gleich seyn der *Verstärkung*, welche er bei seinem *Ende* durch die *verschwindende* Polarität erfährt; und bei der raschen Folge der Unterbrechungen müssen die Wirkungen dieser abwechselnden Schwächungen und Verstärkungen offenbar einander aufheben. Gleiches gilt von den inductiven Wirkungen, die der Volta'sche Strom in den Drahtwindungen selbst hervorruft; auch sie zerstören einander, wegen Entgegengesetztheit ihrer Richtung bei Anfang und Ende des Stroms.

Man kann also, wie mir scheint, mit voller Sicherheit annehmen, dafs der Volta'sche Strom keine Abänderung in der elektromotorischen Kraft des magneto-elektrischen Stroms veranlasse. Auch können die Verstärkungen, welche der erstere Strom, nach allgemeiner Erfahrung, durch jedesmaliges Oeffnen der Kette erfährt, wegen der kurzen Dauer dieser Oeffnungen, nur einen ganz unmerklichen Einflufs - haben. Mithin wird man auch den Volta'schen Strom während der kurzen Dauer seiner Aequilibrirung mit dem magneto - elektrischen als von constanter Intensität betrachten können.

Was nun die Resultate dieser Aequilibrirung betrifft, so waren sie kürzlich folgende: Wenn der Anker der Saxton'schen Maschine *acht* ganze Umläufe in der Secunde vollbrachte, und die Volta'sche Zink - Kupfer-Batterie mit verdünnter Schwefelsäure geladen war, wurden etwa *drei* Plattenpaare zu dem beabsichtigten Gleichgewicht erfordert. Bei Anwendung der Hakenvorrichtung (unter Stellung der Hakenebene in Parallelismus mit der Ankerebene, und bei solchem Stande des Quecksilbers, dafs die Schliefsung des Systems in den Quadranten von 45° bis 135° und von 225° bis 315° erfolgen mufste, S. 395) hatte die Saxton'sche Maschine ein wenig das Uebergewicht. Bei Anwendung der beiden anderen Stromwender, welche gleichsam die mittlere Intensität der Maschine liefern, oder, weil während der kurzen Unterbrechungen des Saxton'schen Stroms, die Volta'sche Kette fortwirkt, dem Strome dieser einen kleinen Vorsprung einräumen, war dagegen entweder vollkommenes Gleichgewicht oder ein sehr kleines Uebergewicht auf Seite des letzteren Stromes vorhanden.

Ich habe diese Aequilibrirungen sehr oft vorgenommen, ohne indefs ganz scharfe Resultate erhalten zu haben. Der Grund hievon liegt wohl darin, dafs einerseits die Multiplicatoren von gewöhnlicher Construction zu eigentlichen Messungen ganz unbrauchbar sind, und dafs es andererseits ohne Uhrwerk, welches mir fehlte, fast unmöglich ist, dem Anker der Saxton'schen Maschine die erforderliche Rotationsgeschwindigkeit genau und mit hinlänglicher Constanz zu geben. Indefs wer-

den die angegebenen Resultate sich wenigstens nicht sehr
von der Wahrheit entfernen.

Uebrigens ist klar, dafs eine solche Aequilibrirung
immer eine individuelle bleibt, da jede Saxton'sche
Maschine ein anderes Resultat liefern wird. Indefs ist
sie dennoch nicht ohne Nutzen. Denn erstlich glaube
ich nicht, dafs Maschinen von den Dimensionen, wie ich
sie anwandte [1]), und wie sie hier auch jetzt der Mechanikus Hr. Oertling in grofser Vollkommenheit an-
fertigt, eine bedeutend gröfsere Wirkung geben werden; und zweitens führt selbst ein solcher individueller
Vergleich zu einigen Resultaten von allgemeiner Natur,
wovon schon der folgende Zusatz ein Beispiel liefern
wird [2]). Wegen dieser und ähnlicher Anwendungen,
deren die Saxton'sche Maschine fähig ist, schien es
mir nicht überflüssig, die verschiedenen Umstände, welche auf ihre Wirksamkeit von Einflufs sind, so wie die
Vorrichtungen, welche diese Wirkung zu erhöhen be-
zwecken, ausführlich zu beschreiben.

Hinsichtlich dieser Vorrichtungen mufs ich noch bemerken, dafs, in der Wirkung auf die Magnetnadel, die
beiden letzten Stromwender (S. 396 und 398) entschieden den Vorzug vor dem ersten haben, in sofern sie
schon bei der mäfsigen Rotationsgeschwindigkeit von 4
Umläufen in der Secunde eine Ablenkung erzeugen (70°
an einem Multiplicator mit einfacher Nadel), die man
mit der Hakenvorrichtung, wegen der Unterbrechungen

---

1) Die von mir angewandte ist von Newman in London gearbeitet.

2) So ist auch durch die Erfahrung, dafs die elektromotorische Kraft
einer sehr wirksamen Saxton'schen Maschine, bei angegebener Rotationsgeschwindigkeit, nur der von *drei* Zink-Kupfer-Paaren gleich
kommt, die Hoffnung, die ich früher von den Wirkungen eines rotirenden Magnetstabes zur Construction einer so sehr wünschenswer-
then magneto-elektrischen Maschine von constanter und starker Intensität hegte, bedeutend herabgesetzt. Indefs denke ich die in dieser Hinsicht angefangenen Versuche nächstens wieder aufzunehmen.

des Stroms, mindestens erst bei der doppelten Geschwindigkeit erreicht. Was das Maximum der Ablenkung betrifft, welches man durch möglichst gesteigerte Rotationsgeschwindigkeit zu erlangen vermag, so schien mir zwischen der Wirkung der Haken und der der Sectoren
kein grofser Unterschied zu bestehen, vielleicht weil, bei
zu rascher Rotation, die letzteren das Quecksilber zu
sehr in Schwankung setzen. Die Vorrichtung mit den
Federn behielt aber auch hiebei den Vorsprung, was zugleich, da nichts an ihr amalgamirt war, die Vollkommenheit des metallischen Contacts ohne Quecksilber erweisen kann.

Auch bei der Wasserzersetzung scheinen die beiden letzten Inversoren, wie es zu erwarten stand, den
Vorrang zu haben. Gewifsheit habe ich jedoch darüber
nicht erlangen können, da die in dem gesäuerten Wasser stehenden Platten, mochten sie von Kupfer oder von
Platin seyn, so starke und rasche Veränderungen erlitten, dafs ich, bei mehren hinter einander angestellten
Versuchen mit demselben Inversor und derselben Rotationsgeschwindigkeit, niemals gleiche, sondern fortwährend kleinere Gasmengen erhielt. Die räthselhaften Veränderungen, welche Metallplatten in leitenden Flüssigkeiten durch Wirkung eines elektrischen Stroms erfahren, sind bei der Saxton'schen Maschine, wegen des
verhältnifsmäfsig geringen Widerstandes, den der Strom
in ihr selbst findet, bei weitem merkbarer als bei der
Volta'schen Säule. Die Saxton'sche Maschine wird dadurch ein vortreffliches Instrument, dergleichen Veränderungen näher zu studiren. Eine vorläufige Untersuchung derselben hat mich bereits auf verschiedene merkwürdige Thatsachen geführt, die ich in einer künftigen
Abhandlung näher zu beschreiben gedenke.

Zusatz III. — Fechner's Experimentum crucis.

Die Richtigkeit dieses Versuchs kann wohl, bei der anerkannten Genauigkeit seines Urhebers und nach Bestätigung desselben durch einen entschiedenen Gegner der Contacttheorie [1]), keinem Zweifel mehr unterliegen. Eine blofse Wiederholung dieses Versuchs dürfte demnach gegenwärtig ziemlich überflüssig seyn. Indefs bot die eben beschriebene Aequilibrirung der Saxton'schen Maschine mit der Volta'schen Säule eine zu interessante Variation desselben dar, als dafs ich nicht hätte versucht seyn sollen, diese in Ausführung zu bringen.

Die Sache ist aufserordentlich einfach. Ich sagte vorhin, dafs der Strom der Saxton'schen Maschine, bei acht Umläufen des Ankers in der Secunde, drei Zink-Kupfer-Paaren das Gleichgewicht halte, wenn man einen der S. 396 und 398 beschriebenen Inversoren anwendet. Nun *dieses Gleichgewicht bleibt*, so weit sich an einem gewöhnlichen Multiplicator beobachten läfst, *ungeändert, man mag die Platten von einem oder von zwölf Quadratzoll nehmen, mag sie mit Wasser oder mit Säure laden;* ja bei Anwendung von grofsen Platten wird es sichtbar, dafs die Ladung mit Wasser der Kette ein kleines Uebergewicht über die Maschine giebt, eine Erscheinung, die auch Fechner in anderer Weise beobachtet hat, und die sehr ungezwungen durch noch nicht eingetretene Veränderung der Platten erklärlich wird [2]).

Unter dieser Form ist das Experimentum crucis frei

---

1) Annalen, Bd. XXXXIV S. 59.

2) Bestätigt wird diese Erklärung durch den Umstand, dafs nach längerer Zeit, und früher bei der mit Säure, als bei der mit Wasser geladenen Kette, mehr als drei Zink-Kupfer-Paare zur Aufhebung des magneto-elektrischen Stroms von angegebener Stärke erforderlich sind. Diefs beweist, dafs die Abnahme des hydro-elektrischen Stroms durch Schwächung der elektromotorischen Kraft erfolgt, wenn gleich Erhöhung des Leitungswiderstandes auch dazu beitragen kann.

von den (auch sonst nicht begründeten) Einwürfen, welche man gegen dasselbe erhoben hat. Denn hier bleibt der Leitungswiderstand, welchen die Volta'sche Kette, sie mag mit Wasser oder mit Säure geladen seyn, außerhalb ihrer selbst zu überwinden hat, immer der nämliche; es ist nur der in ihrem Schließungsdraht erregte magneto-elektrische Strom, der ihre Wirkung aufhebt. Der einzige Einwand, der den Gegnern allenfalls bliebe, wäre der, daß sich das Gleichgewicht der Ströme nicht in letzter Schärfe beobachten lasse. Indeß stehen erstlich die möglichen Fehler bei dieser Beobachtung in gar keinem Verhältniß zu dem außerordentlich großen Unterschied in der Intensität der Ströme einer mit Wasser und einer mit Säure geladenen Volta'schen Kette, und für's Zweite könnte Der, welcher die Gültigkeit des beschriebenen Versuchs noch bezweifeln wollte, denselben leicht in solcher Weise wiederholen, daß jeder Zweifel gehoben würde. Die Anwendung eines Spiegelapparats wie ich ihn in diesen Annalen, Bd. VII S. 121 beschrieben habe, und die Drehung der Saxton'schen Maschine durch ein Uhrwerk würden diesen Zweck vollkommen erreichen lassen. Mir scheint indeß die Anwendung dieser Mittel, bloß dieses Zweckes halber, ein unnöthiger Luxus zu seyn [1]).

Ich habe übrigens das Experimentum crucis noch in folgender Weise wiederholt. Ich nahm zwei Trogapparate, jeden von zwei Zink-Kupfer-Paaren. Die Platten beider waren quadratisch, aber bei dem einen hielten sie einen Zoll in Seite, und bei dem andern drei und einen halben Zoll, so daß sie sich, der Fläche nach,

---

1) Einen anderen Weg, die Richtigkeit der von Fechner aus seinem Experimentum crucis gezogenen Schlüsse zu erweisen, giebt die Compensation einer hydro-elektrischen Kette durch eine thermo-elektrische an die Hand. Ich habe einige vorläufige Versuche in dieser Beziehung angestellt, deren weitere Verfolgung Gegenstand einer künftigen Abhandlung bilden soll.

wie 1 : 12 verhielten; überdiefs stand jede der gröfseren Zinkplatten zwischen zwei Kupferplatten. Nun verband ich beide Apparate in widersinniger Lage, schaltete
einen Multiplicator ein und lud die *kleineren* Platten mit
Brunnenwasser, die *gröfseren* mit *verdünnter Schwefelsäure.* Trotz der grofsen Ungleichheit in der Flächen-
gröfse und in der in's Spiel gesetzten Affinität war aber
doch im Wesentlichen der Strom Null oder Gleichgewicht zwischen beiden Apparaten vorhanden. Dieser
Versuch beweist zugleich, dafs die Verdopplung der Kupferfläche auch nur dadurch den Strom verstärkt, dafs
sie den Leitungswiderstand verringert.

II. *Untersuchungen über die Eigenschaften der magneto-elektrischen Ströme;*

(Schlufs von S. 179.)

IV. Einflufs der Gröfse und Gestalt des metallischen Lei-ters, der die Ströme in die Flüssigkeit führen soll.

Mehrmals hatte ich bei den vorhergenannten Versuchen beobachtet, dafs ich, wenn ich Platinplatten von
4 bis 8 Quadratcentimetern in den flüssigen Leiter tauchte,
um die Ströme darin einzuführen, kein oder wenig Gas
an ihrer Oberfläche erhielt; dagegen wurde die Gasentwicklung reichlich, wenn ich, alle übrigen Umstände
gleichlassend, statt der breiten Platten schmälere, oder,
besser noch, blofse Drähte nahm. Um diese Erscheinung zu studiren, brachte ich in die Kette Säuren von
verschiedener Concentration, einerseits mittelst einer Platinplatte, die ich mehr oder weniger tief in die Flüssigkeit eintauchen konnte, andererseits mittelst eines Platindrahts, den ich mit einer oben geschlossenen Röhre
umgeben konnte, um das an ihm entwickelte Gas auf-

zufangen. Platte und Draht hielt ich sorgfältig in gleichem Abstand in der Flüssigkeit. Die Feder des Metallthermometers war gleichfalls in der Kette.

Die folgenden Versuche zeigen, dafs, in dem Maafse
als ich die Platte tiefer in die Flüssigkeit tauchte, die
Menge des an ihr entwickelten Gases abnahm, während
die Gasentwicklung am Draht und die Temperatursteigerung am Federthermometer zunahmen. Wenn aber die
Berührungsflächen zwischen der Platte und Flüssigkeit
so grofs geworden, das an dieser Platte keine Gasentwicklung mehr stattfand, hatten auch die Wärmewirkung
und die Gasentwicklung am Draht das Maximum ihrer
Zunahme erreicht. Selbst wenn die Platte dann tiefer
eingetaucht wurde, erhielt man weder mehr Wärme in
der Feder noch mehr Gas am Draht. Mit jeglicher leitenden Flüssigkeit war das Resultat dasselbe, nur die
Tiefe der Eintauchung, bei der die Gränze eintrat, wech-
selte mit der Natur der Flüssigkeit. Auch war, wenn
der Draht mit der Röhre zum Auffangen des Gases umgeben war, die absolute Stärke aller Wirkungen geringer, wegen des Hindernisses, welches der in der Röhre
befindliche Theil der Flüssigkeit dem Strome darbot.

Erster Versuch. 4 Maafs destillirten Wassers und
1 Maafs Salpetersäure, in einem Glase von 2,5 Zoll
Durchmesser und 4 Zoll Höhe; quadratische Platinplatten von 2 Zoll Seite in der Mitte des Glases, mehr oder
weniger tief eingetaucht. Platindrähte von 0,5 Linie
Dicke, am Rande des Glases bis zum Boden eingetaucht,
nicht umgeben von einer Röhre.

Eintauchungsgrad d. Platte.		Temperatur des Federthermometers.	Gas-Erzeugung an der Platte.
Tiefe.	Fläche.		
0''',5	12 □'''	26°	reichlich
1	24	31	dito
2	48	37	schwächer
3	72	40	sehr schwach
4	96	42	einige Blasen

Eintauchungsgrad d. Platte.		Temperatur des	Gas-Erzeugung
Tiefe.	Fläche.	Federthermometers.	an der Platte.
6'''	144 □'''	44—45°	fast Null
9	216	45	Null
12	288	45	-
24	576	45	-

Zweiter Versuch. Dieselben Umstände wie zuvor, abgerechnet, daſs der Platindraht mit einer Röhre zur Auffangung des entwickelten Gases umgeben war.

Eintauchungsgrad der Platte.		Temperatur des	Gas am Draht
Tiefe.	Fläche.	Federthermometers.	Zehntel-Kub. Zoll.
0''',5	12 □'''	15°	2,5
1	24	17	3
3	72	20	3,5
6	144 [1])	20	4
12	288	20	4
24	576	20	4.

Dritter Versuch. Dieselben Umstände wie zuvor, abgerechnet, daſs die Flüssigkeit aus 4 Maaſs Schwefelsäure und 1 Maaſs destillirten Wassers bestand.

Eintauch. d. Platte.	Gasentwickl.	Temperatur des	Gas am Draht
Tiefe.	an der Platte.	Federtherm.	Zehntel-Kb. Zoll.
0''',5	Gas	18°	1,5
1	dito	19	2
2	dito	24	3
3	wenig	25	$3\frac{1}{2}$
6	kein	25	$3\frac{1}{2}$
12	-	25	$3\frac{3}{4}$
24	-	25	4

Bei allen diesen Versuchen lieſs sich das Gasgemenge, welches sich am Draht entwickelt und in der Röhre aufgefangen wurde, ohne Rückstand verpuffen,

[1]) Von hier ab kein Gas mehr an der Platte.

Beweis, daſs es Wasserstoff und Sauerstoff im Verhältniſs der Wasserbildung war.

Nun nahm ich statt des Platindrahts eine zweite
Platinplatte; sie war 11 Lin. breit und ward 4 Lin. tief
eingetaucht, was, beide Seiten gerechnet, 88 Quadratlinien Berührungsflächen macht. Jetzt fand keine Gasentwicklung mehr statt und das Federthermometer zeigte
46°. Die groſse Platinplatte war vollständig eingetaucht,
d. h. 24 Lin. tief. Als flüssige Leiter wurden dieselben
Mischungen wie zuvor angewandt.

Die eben berichteten Resultate haben das Merkwürdige, daſs sie das Daseyn eines Stroms erweisen, der
obgleich stark genug, um, ungeachtet seines Durchgangs
durch eine Flüssigkeit, das Federthermometer bis 46°
zu erwärmen, dennoch unfähig ist, diese Flüssigkeit zu
zersetzen, während doch im Allgemeinen ein weit schwä-
cherer Strom zur Zersetzung von schwefelsaurem, und
besonders von salpetersaurem Wasser hinreicht. Es ist
die Vergröſserung der Berührungsfläche zwischen den Platten und der Flüssigkeit, welche hier das Zersetzungsver-
mögen des Stroms schwächt und selbst vernichtet, ein
Umstand, der dagegen die Wärmewirkung desselben und,
bei Volta'schen Strömen, auch die chemische Intensität
verstärkt. Dieser Unterschied ist nicht der einzige, welcher in dieser Beziehung die Volta'schen Ströme von
den magneto-elektrischen unterscheidet [1]). Diese letz-

---

1) Indeſs würde man sich doch eine unrichtige Vorstellung von der
Magneto-Elektricität bilden, wenn man glauben wollte, sie wäre von
der Volta'schen wesentlich durch etwas anderes als durch ihren Ursprung verschieden. Die von den Hrn. Verfasser beschriebenen Eigenschaften der magneto-elektrischen Ströme entspringen nur aus dem
steten und schnellen Wechsel ihrer Richtung. Es kann, meiner Meinung nach, keinem Zweifel unterliegen, einerseits daſs die Voltaschen
Ströme, wenn man ihre Richtung eben so oft umkehrt, die nämlichen Eigenschaften zeigen werden (wie ich das an speciellen Beispielen, S. 372 und 389 erwiesen zu haben glaube), und andererseits,
daſs die magneto-elektrischen Ströme, wenn man ihnen eine con-

teren zeigen in der Zunahme ihrer Wärmewirkung eine
Gränze, entspringend aus der Vergröfserung der Berührungsfläche zwischen dem metallischen und flüssigen Leiter; diefs kann man aus der vorhergehenden Tafel ersehen. Im Augenblick, wo diese Berührungsflächen so
grofs geworden sind, dafs man keine Gasentwicklung
mehr wahrnehmen kann, hat der Strom das Maximum
seiner Intensität erreicht; man kann diese Flächen vergröfsern, verringert dadurch die Intensität zwar nicht,
aber erhöht sie auch nicht.

Noch mehr; begnügt man sich, die Berührungsfläche
blofs eines der metallischen Leiter zu vergröfsern, ohne
die des andern abzuändern (wie bei den drei ersten Versuchen), so beobachtet man, dafs die Gasmenge, welche
an dem metallischen Leiter mit unveränderter Fläche entwickelt wird, denselben Gang in ihrer Zunahme befolgt
wie die Wärme-Intensität des Stroms, und dafs sie ihre
Gränze in demselben Augenblick erreicht. Niemals habe
ich ähnliche Gränzen bei den Volta'schen Strömen wahrgenommen, im Gegentheil beobachtet, dafs, je mehr die
Berührungsfläche zwischen Metall und Flüssigkeit vergröfsert wurde, desto mehr auch die Intensität der chemischen und der Wärme-Wirkung des Stromes wuchs.
Woraus mag nun dieser und der vorhin beschriebene
Unterschied zwischen den beiden Arten von Strömen entspringen, namentlich der Mangel an Gasentwicklung bei
magneto-elektrischen Strömen, wenn die mit der Flüssigkeit in Berührung stehende Fläche eine gewisse Gröfse überschreitet.

Um diesen doppelten Unterschied zu erklären, mufs

---

stante Richtung giebt, sich ganz den Volta'schen gleich verhalten.
Schon bei ihrer Erregung durch die Saxton'sche oder eine ähnliche Maschine, wo sie immer noch keine constante Intensität besitzen,
weichen sie in ihren Eigenschaften nicht wesentlich von dem hydro-
elektrischen ab, wie aus der Notiz im Bd. XXXXIV S. 642 zu ersehen ist.   *P.*

man' von dem direct durch die Erfahrung gegebenen Satz ausgehen, dafs die chemische Action in der Säule eine ungeheure Menge Elektricität entwickelt in Vergleich zu der, welche durch Induction in den magneto-elektrischen Ketten erregt wird. In den Fällen nun, wo beide Arten von Strömen mittelst Metallplatten durch sehr gut leitende Flüssigkeiten geführt werden, ist der durch den flüssigen Leiter gehende Antheil der gesammten Elektricität bei den Volta'schen Strömen weit kleiner als bei den magneto-elektrischen. Vergröfsert man die mit der Flüssigkeit in Berührung stehende Metallfläche, so erhöht man freilich bei beiden den durchgehenden Antheil; allein man gelangt zu einer Fläche von solcher Gröfse, dafs Alles vom magneto-elektrischen Strome durchgeht. Man ist gewifs diese Gränze erreicht zu haben, wenn aus einer ferneren Vergröfserung der Fläche keine Erhöhung der Intensität des Stroms entspringt. Bei den Volta'schen Strömen kann diefs nicht stattfinden. Wie schwach sie auch seyn mögen, so entwickelt doch die Quelle, aus der sie entspringen, so viel Elektricität, dafs es fast unmöglich ist, eine so grofse Metallfläche mit der Flüssigkeit in Berührung zu setzen, dafs Alles durchgelassen werde. Vergröfsert man diese Fläche, so vergröfsert man auch beständig den Antheil des Stromes, und folglich die Intensität desselben. Vielleicht wäre es möglich auch bei den Volta'schen Strömen die Gränze zu finden, jenseits welcher eine Vergröfserung der Berührungsfläche keine Erhöhung ihrer Intensität mehr bewirkte; allein dazu sind, wie einige Versuche mir gezeigt haben, ungemein schwache Säulen und sehr grofse Metallflächen nöthig.

Das Daseyn einer weit näheren Gränze bei den magneto-elektrischen Strömen erklärt sich daraus, dafs die ursprüngliche Intensität dieser Ströme weit geringer ist als die der Volta'schen oder hydro-elektrischen Ströme. Derselben Ursache hat man auch die Verschiedenheit zu-

zuschreiben, welche die Ströme beider Gattungen darbieten, wenn Zwischenplatten in die von ihnen durchlaufenen Flüssigkeiten eingeschaltet werden. Ist die Berührungsfläche dieser Zwischenplatten mit der Flüssigkeit
so bedeutend, daſs der magneto-elektrische Strom ganz
durchgelassen wird (was in den Versuchen des Paragraph III der Fall war), so werden sie keine Schwächung in der Intensität dieser Ströme hervorbringen; dem
ist aber nicht so bei den Volta'schen Strömen, welche
eine unendlich gröſsere Berührungsfläche erfordern, um
gänzlich durchgelassen zu werden.

Hat man endlich für die magneto-elektrischen Ströme
die Gränze der Berührungsfläche erreicht, wobei sie gänzlich durchgelassen werden, so gewahrt man bei Ueber-
schreitung derselben, daſs diese Ströme keine chemischen
Zersetzungen mehr erzeugen. Wir bemerken auch, daſs
dann die Ströme kein Hinderniſs mehr in ihrem Durchgang erfahren. Es verhielte sich also mit den chemischen Wirkungen wie mit den calorifischen; sie würden
sich nur so lange zeigen als der Strom in seinem Durchgang gehindert wird, und nur in den Punkten, wo er
diese Hindernisse erfährt. Eben so wie man durch Vergröſserung des Durchmessers eines Drahts den Durchgang des Stroms durch denselben erleichtert und zugleich
die Wärmewirkungen desselben verringert oder vernichtet, eben so werden, durch Vergröſserung der Berührungsfläche zwischen den Metallen und der Flüssigkeit, die
chemischen Wirkungen des Stroms zuletzt vernichtet.
Gewiſs ist wenigstens, daſs diese Eigenschaften sich immer an den Punkten zeigen, wo der Strom den meisten
Widerstand findet, und folglich an den Flächen, wo sich
die heterogenen Leiter berühren; sie verschwinden, wie
wir oben bei den magneto-elektrischen Strömen gesehen haben, wenn die Berührungsfläche so grofs geworden ist, daſs der Widerstand, welchen der Strom erleidet, dort nicht gröſser ist als im übrigen Theil der Kette.

Noch mehr! Derselbe Strom, welcher keine chemische
Zersetzung bewirkt, wenn er durch eine Berührungsfläche von hinreichender Größe durchgelassen wird, erzeugt eine solche in einem anderen Theil der nämlichen
Kette, wo die Berührungsfläche zwischen den beiden heterogenen Leitern geringer ist.

Bei sehr schwachen Volta'schen Strömen sieht man
wohl auch, daß über eine gewisse Gränze hinaus die
Menge des Gases, das der Strom aus der von ihm zersetzten Flüssigkeit erzeugt, nicht zu-, sondern abnimmt, wenn
man die Berührungsfläche vergrößert. Indeß ist es mir
nicht gelungen diesen Flächen eine solche Größe zu geben, daß durchaus keine solche Gasentwicklung mehr stattgefunden hätte, oder, was nach dem Gesagten auf dasselbe
hinausläuft, kein Hinderniß mehr für den Strom dage-
wesen wäre. Bei Verknüpfung des einen Pols einer sehr
schwachen Säule mit einer Platinplatte von zwei Quadratzoll Fläche und des anderen Pols mit einem bloßen
Draht, gewahrte ich kein Gas an der Platte, wohl aber
solches an dem Draht; allein da das entwickelte Gas,
je nachdem der Draht mit dem positiven oder negativen
Pol in Verbindung stand, bloß Sauerstoff oder Wasserstoff war und kein Gemeng von beiden, so schloß ich,
daß das Gas, welches sich hätte an der Platte entwikkeln sollen, wahrscheinlich in der Flüssigkeit gelöst blieb,
oder, wegen der großen Oberfläche, an der es sich entwickelte, in so feinen Blasen entwich, daß es unwahr-
nehmbar ward. Uebrigens verdient dieser Punkt auf's
Neue untersucht zu werden; ich gedenke baldigst auf
denselben zurückzukommen und ihn zu studiren, besonders rücksichtlich der Volta'schen Ströme und des Einflusses, welchen nicht bloß die Dimension, sondern auch
die verschiedene Natur der in Contact stehenden flüssigen und metallischen Leiter auf das Phänomen ausüben
können [1]).

1) Seit der Beendigung dieser, im Druck etwas verspäteten Abhand-

Ehe ich diesen Abschnitt schliefse, mufs ich noch hervorheben, welchen Einflufs die Gestalt des mit der Flüssigkeit in Berührung stehenden metallischen Leiters auf die Durchführung des magneto-elektrischen Stroms durch diese Flüssigkeit ausüben kann.

Eine Mischung von 9 Maafs Wasser und 1 Maafs Schwefelsäure wurde in die magneto-elektrische Kette gebracht, einerseits mittelst einer Platinplatte von einem Quadratzoll Oberfläche, andererseits mittelst Platinleiter von verschiedener Form. Beständig erhielt ich einen das Federthermometer bis 42° erwärmenden Strom, wenn ich, alle übrigen Umstände gleich lassend, diesen verschieden gestalteten Platinleitern folgende Dimensionen gab:

1) Platinkugel   Oberfläche 200 □'''
2) Platinplatte, dick 0''',5   -   -   108 -
3) Platinplatte, dick 0 ,25   -   -   144 -
4) Platinplatte, sehr dünn   -   -   240 -
5) Platinplatte, noch dünner   -   -   256 -

Bei Angabe der Oberfläche der Platten sind nur die beiden grofsen Seiten gezählt, nicht die Kanten. Fügt man bei den dickeren Platten die Oberfläche der Kanten hinzu, so ergiebt sich für die gesammte Oberfläche der 0''',5 dicken Platte 123 und der 0''',25 dicken 153 Quadratlinien. Man erhält auch einen Strom von 42° Intensität, wenn man statt der Platinplatten ein Stück Platinschwamm von 3''' Höhe, 2''' Breite und 1''' Dicke, also von 22 Quadratlinien äufserer Oberfläche anwandte. Wegen der porösen Beschaffenheit des Schwamms kann indefs die Zahl der Berührungspunkte zwischen Metall

lung ist es Hrn. Matteucci gelungen, durch hinreichende Vergröfserung der Metallplatten, mittelst welcher er den Strom einer schwachen Säule durch eine Flüssigkeit leitete, alle chemische Zersetzung dieser Flüssigkeit verschwinden, zu machen, während, unter denselben Umständen, bei schmäleren Platten die Zersetzung statt hatte. (*Mémoire de Mr.* Matteucci *sur la propagation du courant électrique dans les liquides, p.* 7.)

und Flüssigkeit nicht blofs die seiner äufseren Oberfläche seyn.

Es scheint also aus obigen Versuchen hervorzugehen, dafs die metallischen Leiter, welche den Strom am besten in eine Flüssigkeit einführen, d. h. welche dazu die kleinste Anzahl Berührungspunkte mit der Flüssigkeit erfordern, diejenigen sind, welche, wie dicke Platten, eine Art von Prismen mit möglichst vielen Kanten bilden, während dünne Platten, welche nur halb so viel Kanten darbieten, denselben am schwächsten fortleiten. Die Kugel würde in dieser Beziehung einer dicken Platte nachstehen, und eine dünne übertreffen; der Schwammzustand aber der vortheilhafteste seyn.

Vielleicht, dafs eine schwache chemische Wirkung auf der mit der Flüssigkeit in Berührung stehenden Oberfläche des Platins nicht ohne Einflufs auf die Entstehung der in diesem Abschnitt beschriebenen Erscheinungen ist, wie wir weiterhin noch näher ersehen werden.

V. Besondere Erscheinungen an der Oberfläche von Metallen, die zur Einschaltung von Flüssigkeiten in die magneto-elektrische Kette gedient haben.

Als ich gesäuertes Wasser lange Zeit mittelst der nämlichen zwei Platindrähte durch den magneto-elektrischen Strom zersetzte, sah ich zu meiner Ueberraschung, dafs die in einer gegebenen Zeit entwickelte Gasmenge bedeutend abnahm und endlich Null ward. Die Dauer der Zersetzung zur Erlangung dieses Resultats war verschieden nach Umständen, von denen wir weiterhin reden werden. Indefs, wiewohl keine oder nur eine sehr schwache Zersetzung stattfand, hatte der Strom dennoch nichts von seiner Intensität verloren, wie aus den Anzeigen des zugleich in die Kette gebrachten Galvanometers und Federthermometers hervorging.

Als ich nach Unterbrechung des Stroms die Platindräbte herauszog, fand ich sie auf dem Theil, der in der
Flüs-

Flüssigkeit gestanden hatte, überzogen mit einem schwachen zarten Pulver, ganz ähnlich dem Platinschwarz von Liebig, welches bekanntlich nichts als äußerst fein zertheiltes Platin ist.

In der Flamme einer Weingeistlampe erhitzt, nahm dieser Ueberzug das weiße Ansehen von nicht polirtem Platin an; gerieben mit dem Glättstahl, ohne erhitzt zu werden, wurde er vollkommen dem Platin ähnlich. Ein mit diesem schwarzen Ueberzug versehener Platindraht in ein Gemenge von Sauerstoff und Wasserstoff gebracht, bewirkte sogleich die Verbindung dieser Gase. Der Ueberzug widerstand der längeren Einwirkung aller Säuren; sie lösten ihn weder, noch veränderten sie ihn. Nur Königswasser löste ihn nach einer gewissen Zeit.

Hienach ist offenbar der schwarze Ueberzug nichts als sehr zertheiltes metallisches Platin, welches die magneto-elektrischen Ströme entweder direct oder indirect von der Oberfläche der Drähte abgelöst hatten. Und in der That besaßen letztere, nach Abnahme des schwarzen Ueberzugs, weniger Gewicht, als zur Zeit, da sie zur Fortleitung der magneto-elektrischen Ströme in die Flüssigkeit gebracht wurden. Ein Platindraht verlor durch Absonderung der schwarzen Schicht, mit der er überzogen war, sieben Milligramm; er war nur 18 Linien tief in die Flüssigkeit eingetaucht gewesen.

Ich habe den Versuch sehr oft angestellt, mit Drähten von verschiedener Dicke und Länge, und sowohl mit concentrirten als mit verdünnten Säuren, ja selbst mit Salz- und Alkali-Lösungen. Immer sah ich nach kürzerer oder längerer Zeit die Platindrähte sich mit dem schwarzen Pulver von metallischem Platin überziehen, abgerechnet die Fälle, wo, bei Anwendung von Chlorwasserstoffsäure oder Lösungen von Chloriden, das Platin durch das Chlor angegriffen wurde. In diesen Fällen blieb der schwarze Ueberzug nicht auf den Platindrähten, sondern deren Oberfläche nahm ein mattes Ansehen an, zum Beweise, daſs sie angegriffen worden war.

Die Schnelligkeit, mit welcher der schwarze Ueberzug sich bildete, schien von der mehr oder weniger groſsen Leitungsfähigkeit der Flüssigkeit abzuhängen. Indeſs schien mir, als habe der Zustand, in welcher sich die Oberfläche der Drähte bei Eintauchung in die Flüssigkeit befand, einen noch gröſseren Einfluſs als die Natur der Flüssigkeit. Drähte, welche lange Zeit und oftmals mit Volta'schen Strömen zur Zersetzung gedient hatten, solche, welche lange Zeit in sehr reinen Säuren gelegen hatten und darauf mit destillirtem Wasser zweckmäſsig gewaschen worden waren, bildeten sich auf dem schwarzen Ueberzug am schnellsten. Durch Glühen in einer Weingeistlampe und ruhiges Erkaltenlassen wurden die Drähte weniger geschickt zur Erzeugung des Phänomens. Ueberhaupt schienen mir alle Umstände, welche die Oberfläche des Platins befähigen, ein Gemenge von Sauerstoff- und Wasserstoffgas zu vereinigen, auch diejenigen zu seyn, welche dieses Metall geschickt machen, sich, wenn es magneto-elektrische Ströme in eine Flüssigkeit leitet, am schnellsten mit dem schwarzen Pulver zu überziehen.

Ich setzte eben die das Platin betreffenden Thatsachen aus einander; die übrigen Metalle gaben, unter denselben Umständen, fast ganz ähnliche Resultate. Das Gold bekleidete sich mit einer grünen Haut, das Palladium mit einer schwarzblauen. Beide Metalle brachte ich, wie das Platin, in eine Flüssigkeit, welche, wie verdünnte Schwefelsäure, sie nicht angreifen konnte. Gold und Palladium bedeckten sich weit leichter und folglich weit schneller mit der Schicht fein zertheilten Metalls. Uebrigens habe ich mich auch hier überzeugt, daſs diese Schicht nur sehr fein zertheiltes Metall war. Der Glättstahl gab ihr metallischen Glanz; eingebracht in ein Knallgemisch, bewirkte das mit seiner zertheilten Schicht über-

zogene Gold oder Palladium schnell die Verbindung der
Gase; nur mußte dazu bei dem Golde das Knallgemisch zuvor bis ungefähr 50° C. erwärmt werden. Endlich ist reine Salpetersäure ohne Wirkung auf die das
Gold bedeckende Schicht, was nicht der Fall seyn würde,
wenn diese nicht aus Gold im vollkommen metallischen
Zustand bestände.

Um die eben beschriebenen Erscheinungen noch unter anderem Gesichtspunkt zu studiren und mich noch
mehr zu versichern, daß der Ueberzug, welcher das Platin, das Gold und das Palladium bedeckt, wenn diese
Metalle eine Zeit lang zur Einführung magneto-elektrischer Ströme in eine Flüssigkeit gedient haben, wirklich
reines Metall im Zustande äußerster Zertheilung, ohne
Beimischung von Oxyd, ist, habe ich noch folgende Versuche angestellt: Zwei Platindrähte steckte ich in ein
Glas durch zwei im unteren Theile desselben angebrachte
Löcher, und zwar so, daß der in dem Glase befindliche Theil der Drähte ganz von der leitenden Flüssigkeit bedeckt war. Diese beiden, wenig von einander
abstehenden Drähte dienten zur Einführung der magneto-
elektrischen Ströme in die Flüssigkeit. Diese Ströme
entwickelten anfangs durch Wasserzersetzung eine reichliche Menge Gas, welches in getheilten Röhren, die über
die Drähte gestülpt waren, so aufgefangen wurde, daß
keine Blase entweichen konnte. Zugleich, wie ich die während der Operation entwickelten Gase auffing und maaß,
beobachtete ich sorgfältig das in den Kreis eingeschaltete Federthermometer. Dieselben Versuche machte ich
auch, nachdem ich die Platindrähte durch Golddrähte ersetzt hatte. Folgendes sind die Resultate:

Erster Versuch. Platindrähte in Salpetersäure, verdünnt mit dem vierfachen Volum an Wasser.

Verflossene Zeit.	Temp. des Federthermomet.	Entwickeltes Gas Zehntel-Kbzoll.	Entwickeltes Gas in jeder Minute.
1 Minut.	27°	4	4
2 -	29	7	3
3 -	30	$9\frac{1}{2}$	$2\frac{1}{2}$
4 -	32	12	$2\frac{1}{2}$
5 -	33	$13\frac{1}{4}$	$1\frac{1}{4}$
6 -	34	$14\frac{3}{4}$	$1\frac{1}{2}$
7 -	35	16	$1\frac{1}{4}$
8 -	35	$17\frac{1}{4}$	$1\frac{1}{4}$
10 -	37	$19\frac{3}{4}$	$1\frac{1}{4}$
15 -	38	25	1
16 -	39	$25\frac{3}{4}$	$\frac{3}{4}$
17 -	40	$26\frac{1}{4}$	$\frac{1}{2}$

Nach Verlauf von 17 Minuten war das Federthermometer von 27° auf 40° gestiegen, und die in einer Minute entwickelte Gasmenge von vier Maaſs auf ein halbes gesunken. Die Drähte waren nun vollständig mit einer schwarzen Schicht überzogen. Die magneto-elektrischen Ströme folgten einander, wie bei den früheren Versuchen, immer mit der Geschwindigkeit von 27 in der Minute. — Die erhaltenen $26\frac{1}{4}$ Maaſs Gas wurden verpufft; es blieb dabei kein Rückstand, zum Beweise, daſs es nur ein Gemenge von Sauerstoff und Wasserstoff im Verhältniſs der Wasserbildung war, und daſs mithin bei der Operation kein Sauerstoffgas absorbirt wurde.

Zweiter Versuch. Golddrähte in Salpetersäure, verdünnt mit dem Neunfachen seines Volums an Wasser.

Verflossene Zeit.	Temp. des Federthermomet.	Entwickeltes Gas Zehntel-Kbzoll.	Entwickeltes Gas in jeder Minute.
1 Minut.	34°	7	7
2 -	38	$12\frac{1}{2}$	$5\frac{1}{2}$

Verflossene Zeit.	Temp. des Feder-thermomet.	Entwickeltes Gas Zehntel-Kbzoll.	Entwickeltes Gas in jeder Minute.
3 Minut.	38°	17	$4\frac{1}{2}$
4 -	42	$21\frac{1}{4}$	$4\frac{1}{4}$
5 -	43	25	$3\frac{3}{4}$
6 -	44	$28\frac{1}{2}$	$3\frac{1}{2}$
7 -	45	$31\frac{3}{4}$	$3\frac{1}{4}$
8 -	46	35	$3\frac{1}{4}$
9 -	46	38	3
10 -	46	$40\frac{1}{2}$	$2\frac{1}{2}$.

Nach Ablauf der 10 Minuten erhielt ich, bei Fortsetzung des Versuchs, beständig 46° am Federthermometer und $2\frac{1}{2}$ Maafs Gas in der Minute. Bei mehrma-
liger Verpuffung des Gasgemenges erhielt ich niemals einen merklichen Rückstand, abgerechnet einige schwache
Spuren von Wasserstoffgas, was auf eine schwache Oxydation des Goldes hinweist.

Vergleicht man den zweiten Versuch mit dem ersten, so wird man bemerken, dafs, wiewohl die Flüssigkeit weniger leitend war, der durch die Golddrähte gehende Strom dennoch stärker war, weil er in derselben
Zeit zugleich mehr Gas gab und das Federthermometer
stärker erwärmte. Diefs rührt davon her, dafs, bei
Gleichheit aller übrigen Umstände, die Ströme leichter
vom Golde als vom Platin in die Flüssigkeit übergehen.
Eine andere Verschiedenheit zwischen diesen beiden Versuchen besteht darin, dafs bei dem ersteren, nach Verlauf einer gewissen Zeit, die Gasentwicklung fast Null
ward, nachdem sie auf eine constante Weise abgenommen hatte, während man bei dem zweiten ziemlich schnell,
nach Verlauf von 10 Minuten, zu einem Punkt gelangte,
wo die Gasentwicklung, nachdem sie rasch abgenommen
hatte, constant ward, ohne Null zu seyn. In der That
betrug sie $2\frac{1}{2}$ Maafs in der Minute.

Ich habe noch andere ähnliche Versuche angestellt,
sowohl mit Platindrähten als mit Golddrähten, unter An—

wendung verschiedener Flüssigkeiten. Mit einer durch das Neunfache ihres Volums an Wasser verdünnten Schwefelsäure entwickelten die Golddrähte weniger Gas und steigerten die Temperatur des Federthermometers höher. So hatten sie nach 18 Minuten nur 19 Maaſs Gas entwickelt und dagegen das Federthermometer bis 50° erwärmt. Ueberdieſs betrug die, fortwährend abnehmende Gasmenge, nach 18 Minuten, nur $\frac{1}{4}$ Maaſs in der Minute, war also fast unmerklich. Nach einer gewissen Zeit, die länger als bei den Golddrähten war, hörten auch die Platindrähte in der verdünnten Schwefelsäure auf Gas zu geben, während sie zugleich dem in den Kreis gebrachten Federthermometer eine Maximum-Temperatur verliehen.

Platinplatten zu schwärzen, ist mir nicht gelungen, vielleicht weil ich die Wirkung der magneto-elektrischen Ströme nicht lange genug fortdauern lieſs; jedoch erhielt ich den Uebergang von fein zertheiltem Metall mit Leichtigkeit auf der ganzen Oberfläche zweier Platindrähte von 6 Zoll Länge und einer halben Linie Dicke, so wie auf dünnen schraubenförmig aufgerollten Drähten von mehr als einem Fuſs Länge. Platten von Gold und besonders von Palladium bekleideten sich leicht mit dem besagten Ueberzug. Ich brauche wohl nicht zu sagen, daſs zu allen vorhergehenden Versuchen möglichst reine Metalle und Flüssigkeiten angewandt wurden.

Ich will nicht weiter in das Detail der vorstehenden Versuche eingehen, sondern sogleich untersuchen, welche Folgerungen man aus den angegebenen Thatsachen ziehen könne, und welche Fragen sie veranlassen. Diese Untersuchung wird mich zur Beschreibung einiger anderen Versuche führen, auf welche ich natürlich durch sie geleitet ward.

Ehe ich mir die Bildung des besagten Ueberzugs zu erklären suchte, wollte ich wissen, warum mit Eintritt dieser Bildung die Gasentwicklung abnahm, während an-

dererseits, wie es das in den Kreis eingeschaltete Federthermometer zeigte, die Intensität der durchgelassenen Ströme wuchs. Rührt die Abwesenheit oder Abnahme der Gasentwicklung davon her, dafs der pulve-
rige Ueberzug, durch Vermehrung der Berührungspunkte
zwischen Metall und Flüssigkeit, denselben Effect bewirkt, wie, nach dem vorhergehenden Paragraph, die
Vergröfserung der Oberfläche der Platten, welche den
Strom in die Flüssigkeit leiten? Rührt sie nicht vielleicht davon her, dafs Sauerstoff und Wasserstoff, als
entspringend aus der in dieser Hypothese unaufhörlich
von den Strömen bewirkten Zersetzung, fast gleichzeitig
zu den Drähten gelangen, und sich durch Einflufs der
Schicht von fein zertheiltem Metall zur Bildung von Wasser wieder vereinigen? Es ist mir noch unmöglich, mich
auf eine entscheidende Weise für die eine oder die andere dieser Erklärungen auszusprechen; indefs bin ich
sehr geneigt, die erstere anzunehmen, d. h. anzunehmen,
dafs keine Zersetzung der Flüssigkeit stattfand, wenn
keine Gasentwicklung sichtbar ward. Ich werde meine
Beweggründe angeben, jedoch später auch die Thatsachen, die mir in dieser Beziehung noch einige Zweifel
übrig lassen.

Am Platinschwamm, statt des Platindrahts genommen, habe ich nie die geringste Gasentwicklung wahrgenommen, wie langsam die magneto-elektrischen Ströme
auch auf einander folgen mochten. Hier findet also keine
Wiederzusammensetzung der Gase statt, eben so wenig
wie bei den Platten. Nun kommt beim Platin der Schwammzustand am meisten dem schwarzen Ueberzuge nahe, obwohl er ihm nicht ganz gleich ist. Daraus folgt, dafs der
Vorgang im zweiten Falle dem im ersten gleich seyn
mufs.

Ueberdiefs, wenn das Ausbleiben oder die Abnahme
der Gasentwicklung nur von der Wiedervereinigung der
Gase herstammte und die Ströme sonst dieselben Wir-

kungen ausübten, warum sieht man denn, wie es die
Angaben des Federthermometers zeigen, die Ströme merklich an Intensität zunehmen in dem Maafse als sich weniger Gas entwickelt? Dieser umgekehrte Gang in den
beiden Wirkungen dieser Ströme ist so hervortretend,
dafs man ihn in allen Fällen wahrnimmt. So geben z. B.
Golddrähte, wie man gesehen, in verdünnter Schwefelsäure eine weniger reichliche Gasentwicklung dafür aber
in verdünnter Salpetersäure eine stärkere Wärmeentwicklung. Auch sehen wir, dafs, so wie die Gasentwicklung
aufhört oder constant geworden ist, die Temperatur des
Federthermometers ihr Maximum erreicht. Bliebe nun
die Menge des entwickelten Gases immer unverändert,
und fände blofs eine Wiedervereinigung dieser Gase in
mehr oder weniger grofsem Verhältnifs statt, so sähe
man nicht ein, warum ihrerseits die Wärmewirkung sich
verändern sollte; dagegen begreift man leicht, dafs die
magneto-elektrischen Ströme, in dem Maafse als sie leichter in die Flüssigkeit übergehen und dem zufolge eine
geringere Zersetzung hervorbringen, auch eine gröfsere
Wirkung auf das von ihnen durchlaufene Federthermometer ausüben müssen.

Zur Stütze der Meinung dafs keine Zersetzung der Flüssigkeit stattfindet, wenn die Gasentwicklung fehlt, will ich
noch ein Factum hinzufügen. Bekanntlich erhöht eine
Temperatursteigerung das Leitungsvermögen der Flüssigkeiten, wahrscheinlich, weil Wärme die Zersetzung derselben begünstigt. Nun habe ich mich überzeugt, dafs bei
magneto-elektrischen Strömen eine Temperatur-Erhöhung
das Leitungsvermögen der Flüssigkeiten nur in dem Fall
verstärkt, dafs eine Gasentwicklung stattfindet. Im Fall
dafs diese Gasentwicklung fehlt, entweder weil Platten
als metallische Leiter angewandt werden oder die Drähte
mit dem feinen Metallpulver überzogen sind, in diesem
Fall erhöht die Wärme nicht das Leitungsvermögen der
Flüssigkeiten. Es mufs also zwischen diesem und dem

ersteren Fall einiger Unterschied vorhanden seyn, und
dieser Unterschied besteht darin, dafs in dem zweiten
Fall keine Zersetzung der Flüssigkeit stattfindet. Folgendes sind die Resultate des von mir über diesen Punkt
angestellten Versuchs.

Platindrähte als Leiter der magneto-elektrischen Ströme, getaucht in eine
mit dem Neunfachen ihres Volums an Wasser verdünnte Schwefelsäure.

Temperatur der Flüssigkeit.	Temperatur des in die Kette eingeschalteten Federthermomet.	Temperatur der Flüssigkeit.	Temperatur des in die Kette eingeschalteten Federthermomet.
13° R.	30°	90° R.	54° *
31	40	90	45 **
40	43	70	47
60	45	50	50
70	48	45	51
75	50	26	54 *
80	52	26	40 **

In den Fällen * waren die Drähte sehr schwarz,
und die Gasentwicklung vollständig Null; in den Fällen
** dagegen waren die Drähte von dem Ueberzug befreit und die Gasverbindung reichlich.

Wenn also die Drähte mit dem schwarzen Ueberzug bekleidet sind, und nicht die geringste Gasentwicklung stattfindet, leitet die Flüssigkeit den Strom gleich
gut, ihre Temperatur mag 26° oder 90° R. seyn; in
beiden Fällen zeigt nämlich das Federthermometer 54°.
Wenn dagegen die Drähte von ihrem Ueberzuge befreit
worden sind, leitet die Flüssigkeit den Strom weniger
gut bei niederen als bei höheren Temperaturen; denn
bei 90° Temperatur zeigt das Federthermometer 45°, und
bei 26° R. nur 40°.

Ich mufs auch noch bemerken, dafs der mit Erhitzung
der Flüssigkeit rasch zunehmende Gang des Federthermometers, oder, was auf dasselbe hinausläuft, der Inten-

sität des Stroms, von zwei Ursachen herrührt: 1) von der Temperatur-Erhöhung der Flüssigkeit, welche sie, so lange Zersetzung stattfindet, zu einem besseren Leiter macht, und vor allem 2) von der Bildung des schwarzen Ueberzugs auf den Drähten, welcher den Durchgang der magneto-elektrischen Ströme erleichtert.

Anlangend den Umstand, daſs beim Erkalten der Flüssigkeit, von da ab, wo die Drähte gesäubert worden, das Federthermometer nur 45° statt 54° zeigt, so entspringt derselbe alleinig aus der Bildung des schwarzen Ueberzugs, weil, wenn man, nachdem die Flüssigkeit auf die Temperatur 26° R. herabgekommen ist, diesen Ueberzug fortnimmt, alsdann das Federthermometer nur 40° zeigt, statt 54° vor der Fortnahme des Ueberzugs.

Bei den vorstehenden Versuchen ersetzte ich nun die beiden Drähte durch zwei grofse Platinplatten, um so, selbst zu Anfange, nicht die geringste Spur von Zersetzung zu haben. Bei Einschaltung des Federthermometers in die Kette fand ich, daſs dasselbe immer dieselbe Temperatur, nämlich 93° anzeigte, die zwischen den Platten befindliche Flüssigkeit mochte die Temperatur 27° oder 90° R. haben. Diese Flüssigkeit bestand immer aus sehr reiner Schwefelsäure, verdünnt mit dem Neunfachen ihres Volums Wasser, und bildete zwischen den Platten eine Schicht von nur drei oder vier Linien.

Die eben genannte Erfahrung beweist also, daſs die Flüssigkeit, sobald keine Zersetzung derselben stattfindet, bei Erhöhung ihrer Temperatur, nicht an Leitungsfähigkeit für magneto-elektrische Ströme zunimmt. Im Verein mit der vorhergehenden beweist sie also, daſs, weil die Wärme ohne Einfluſs auf das Leitungsvermögen der Flüssigkeit ist, sobald die magneto-elektrischen Ströme durch Drähte, bedeckt mit ihrem Ueberzug von fein zertheiltem Metall, durch dieselbe geleitet werden, keine Zersetzung der Flüssigkeit stattfindet.

Ich will nun untersuchen wodurch sich auf den Metalldrähten, die zur Einführung magneto-elektrischer Ströme in leitende Flüssigkeiten dienen, die Schicht fein zertheilten Metalles bilde.

Es fragt sich, ob nicht der unterbrochene und oftmals wiederholte Uebergang der abwechselnd entgegengesetzten Ströme aus den Drähten in die Flüssigkeit vermöge einer mechanischen Erschütterung der Theilchen an der Oberfläche der Drähte diesen Effect bewirke. In der That ist es begreiflich, dafs die sehr rasche Folge dieser instantanen und abwechselnd entgegengesetzten Ströme allmälig eine Auflockerung der, bald nach der einen, bald nach der anderen Richtung gezogenen Theilchen hervorbringen könne. Die Lebhaftigkeit der Schläge, welche man erfährt, wenn man sich selbst zum Leiter magneto-elektrischer Ströme macht, scheint diese Meinung zu begünstigen; auch die wohl bekannte Eigenschaft der elektrischen Ströme, vor allem der instantanen, mechanische Effecte hervorzubringen, und besonders, wie Hr. Fusinieri gezeigt, Metalltheilchen abzureifsen und fortzuführen, würde diese Meinung bestätigen. Bei den Erscheinungen, die uns beschäftigen, giebt es keine Fortführung, sondern nur eine Auflockerung (*désagrégation*); denn bedient man sich zur Leitung der Ströme zweier Drähte von verschiedenen Metallen, z. B. eines Gold- und eines Platindrahts, so findet man in dem, jeden Draht bekleidenden Ueberzug immer nur Theilchen desjenigen Metalles, aus welchem der Draht besteht.

Die Erschütterungen, von denen wir eben sprachen, sind keine blofse Hypothese. Ersetzt man nämlich zur Leitung der magneto-elektrischen Ströme den einen Metalldraht durch Quecksilber, so sieht man die Oberfläche dieses Metalls in eine bedeutende Bewegung gerathen, von ähnlicher Art wie die, welche sich zeigt, wenn man dasselbe zum negativen Pol einer Säule gebraucht, doch deutlicher mit den Kennzeichen einer Vibrationsbewegung. Damit dieser Versuch gelinge, braucht man nur eine

Schicht Quecksilber von einigen Linien Dicke in ein
Glas zu schütten, eine Schicht von Schwefelsäure, verdünnt mit dem Neunfachen ihres Volums an Wasser,
darauf zu giefsen, und in letztere senkrecht einen Platindraht so tief hineinzustecken, dafs er dem Quecksilber sehr nahe sey, ohne dieses zu berühren. So wie
man die magneto-elektrischen Ströme durch dieses System gehen läfst, sieht man das Quecksilber in eine Vibrationsbewegung gerathen, genau der ähnlich, welche es
annimmt, wenn man den Rand des Glases, in welchem
es enthalten ist, vibriren läfst. Es sind Wellen, die vom
Mittelpunkt ausgehen, und deren kreisförmige, polygo-
nale oder elliptische Gestalt vom Umrifs des Glases abhängt. Das Phänomen bleibt sich gleich, der Platindraht
mag in der Mitte des Gefäfses oder mehr nach dem Rande
eingetaucht seyn, sobald nur sein unteres Ende der Oberfläche des Quecksilbers sehr nahe ist, ohne sie jedoch
zu berühren. Aufser den Wellen gewahrt man jedoch
von Zeit zu Zeit auf dieser Oberfläche rasche Ströme
in der Säure. Diese Ströme sind denen ganz ähnlich,
welche unter denselben Umständen bei der Volta'schen
Säule stattfinden, und scheinen zu entspringen aus der
Mittheilung der Schwingungsbewegung, in welcher das
Quecksilber begriffen ist.

Eine andere Art von Schwingungsbewegung, welche die magneto-elektrischen Ströme veranlassen, zeigt
sich in gewissen Fällen ringsum die Metalldrähte, welche diese Ströme in eine Säure oder Salzlösung leiten.
Am besten sind sie zu beobachten, wenn man zwei Silberdrähte in verdünnte Schwefelsäure taucht. Man sieht
dann um jeden Theil der beiden Drähte eine Folge von
Undulationen, die um so rascher ist, je schneller die
Ströme aufeinanderfolgen. Bringt man einen blofsen Tropfen Flüssigkeit zwischen die beiden einander sehr nahe
gebrachten Drähte, so dafs er durch Capillarität schweben bleibt, so sieht man ganz deutlich auf dem Tropfen,

dort wo er mit den Drähten in Berührung ist, die kleine
Bewegung, von der ich eben sprach. Kupfer - und Blei-
drähte zeigen sie auch, doch in geringerem Grade als die
Silberdrähte. Man kann diese Erscheinung auch an Gold-
und Platindrähten beobachten; allein nur dann, wenn
diese Drähte, in Folge eines längeren Durchgangs der
magneto-elektrischen Ströme, mit einem dicken Ueberzug fein zertheilten Metalls versehen sind. Vor allem
in diesem letzten Fall treten diese weniger deutlichen
Bewegungen unter der Gestalt von abwechselnden Schatten und Lichtern auf, die sich, auf der Oberfläche der
Drähte selbst, in die umgebende Flüssigkeit fortzupflan-
zen scheinen.

Ich entwickelte eben die Beweggründe, welche uns
zu nöthigen scheinen, die Bildung einer Schicht von sehr
fein zertheiltem Metall auf der Oberfläche der Drähte,
die zur Leitung magneto-elektrischer Ströme in eine Flüssigkeit dienen, einer mechanischen Ursache zuzuschreiben, d. h. einer Art von Auflockerung, bewirkt durch
diese Ströme. Indefs giebt es eine andere Erklärungsweise für diese Erscheinung; sie gründet sich auf die
Beobachtung dessen, was bei Anwendung anderer Metalle, als Gold, Platin und Palladium, vorgeht.

Bei Anwendung von Silberdrähten zur Leitung der
magneto-elektrischen Ströme in eine mit dem Neunfachen ihres Volums an Wasser verdünnte Schwefelsäure
findet man nach kurzer Zeit diese Drähte mit einer Schicht
sehr zertheilten Silbers bedeckt. Während der Operation entwickelt sich an diesen Drähten eine sehr kleine
Menge Gas, und sonderbarerweise ist diese Gasentwicklung nicht gleich an beiden Drähten; sie ist stärker bald
an dem einen, bald an dem andern. Sammelt man die
kleine Menge des entwickelten Gases, so findet man,
dafs es Wasserstoffgas ist, was man von der Bildung
von Etwas in der Flüssigkeit gelösten schwefelsauren Silbers herleiten mufs. Kupferdrähte, statt der Silberdrähte

genommen, bedecken sich auch mit einer Schicht fein zertheilten, aber vollkommen metallischen Kupfers. Auch entwickelt sich in diesem Fall noch weniger Gas wie in dem vorher genannten. Mit Bleidrähten ist der Vorgang ebenfalls derselbe.

Die Bildung des Ueberzugs von fein zertheiltem Metall rührt bei Drähten von Silber, Kupfer und Blei offenbar von einer Folge von Oxydationen und Desoxydationen her, die an der Oberfläche dieser Metalle statthatten. In der That wird jeder die magneto-elektrischen Ströme leitende Draht successiv Sauerstoff und Wasserstoff von dem durch diese Ströme zersetzten Wasser empfangen. Diese Aufeinanderfolge geschieht sehr rasch, so dafs die kaum oxydirte Oberfläche dieser Metalle von dem Wasserstoff wieder reducirt wird; daraus entsteht dann der beobachtete Effect. Denselben Effect kann man hervorbringen, wenn man zur Einführung des Stromes einer Volta'schen Kette in eine leitende Flüssigkeit Kupfer oder Blei anwendet. Wenn einer dieser Drähte, nachdem er einige Zeit mit dem positiven Pol verbunden war, negativer Pol wird, so findet man ihn bekleidet mit einem Ueberzug fein zertheilten Metalls. Das Oxyd, welches, während er positiver Pol war, auf ihm gebildet ward, wird vom Wasserstoff reducirt, wenn er negativer Pol ist, und das Metall erscheint vollkommen rein, aber sehr zertheilt.

Nun fragt sich, ob das, was mit den eben genannten Metallen vorgeht, auch mit dem Platin, Gold oder Palladium geschehen könne. Dazu bedürfte es der Annahme, dafs diese Metalle in dem Augenblick, wo der Sauerstoff des durch den Strom zersetzten Wassers an ihrer Oberfläche frei wird, sich oxydiren können. Begreiflich könnte diefs am Golde und Palladium vorgehen, darf man aber wagen, dasselbe vom Platin zu sagen? Die Zeit, welche beim Gebrauch von Platin zur Erzeugung des Phänomens erforderlich ist, die Schnelligkeit,

mit der es fortschreitet, wenn die erste Schicht des Ueberzugs sich gebildet hat, scheinen günstig für die Meinung,
daſs eine Oxydation des Platins stattfinde.   In der That
bedarf es nur einer sehr schwachen Oxydation, einer
Zerstörung derselben durch das Wasserstoff, darauf wieder einer Oxydation, und sofort, um zu erklären, wie
nach 10, 15 und zuweilen 30 Minuten ein Ueberzug von
fein zertheiltem Metall entstehen könne.   Wir haben gesehen, daſs die Oberfläche des Platins, je reiner und je
sorgfältiger mit Säuren gewaschen, desto schneller den
Ueberzug bildet; begreiflicherweise muſs aber dieser Umstand die Oxydation des Metalls begünstigen.   Aus demselben Grunde bewirkt dasjenige Platin, dessen Oberfläche vollkommen rein ist, am leichtesten die Verbindung
von Wasserstoff- und Sauerstoffgas in dem Knallgemeng;
denn wenn es richtig ist, wie ich zu glauben geneigt
bin, daſs die Oberfläche des Platins sich unter gewissen Umständen oxydiren könne, so leidet es keinen Zweifel, daſs die Vereinigung von Gasen, welche das Platin
im Zustande von Pulver, von Schwamm oder von Platten mit sehr sauberer Oberfläche bewirkt, herrührt von
successiven Oxydationen und Desoxydationen, die das
Metall in diesen Zuständen sehr rasch erleidet.   Daraus
erfolgt. Wasserbildung und Temperatursteigerung, das
Platin erhitzt sich, glüht, und die Wärme veranlaſst
ihrerseits schnell die Vereinigung des ganzen Antheils
vom Gasgemenge, welches noch nicht vereinigt war.

Die eben auseinandergesetzte Erklärung würde die
in diesem Abschnitt beschriebenen Erscheinungen in eine
Kategorie bringen mit denen, zu welchen die Entdek-
kung von D ö b e r e i n e r Anlaſs gegeben hat. Beide
würden von demselben Principe abhängen, nämlich davon, daſs Metalle, wie *Platin, Gold* und *Palladium*, welche im Zustande der Reinheit für nicht oxydirbare Metalle gelten, dennoch unter gewissen Umständen oxydirbar sind. Allein die Leichtigkeit, mit welcher sie des-

oxydirt würden, gäbe ihnen die Eigenschaft, selbst in gewöhnlicher Temperatur die Verbindung des zu ihrer Oxydation angewandten Sauerstoffs mit dem zu ihrer Desoxydation dienenden Wasserstoff zu veranlassen. Man würde auch begreifen, warum, zur Erleichterung dieser Desoxydation und folglich der Gasvereinigung, bei den leicht oxydirbaren Metallen eine Temperatur-Erhöhung nöthig ist, wie es die Versuche von Dulong und Thénard über diesen Gegenstand erwiesen haben. Ich wage nicht zu entscheiden, ob es ein wahres Oxyd oder ein Suboxyd sey, welches sich auf der Oberfläche dieser für nicht oxydirbar geltenden Metalle bildet; doch ist es wahrscheinlich eher ein Suboxyd. Ich begnüge mich blofs am Schlusse dieses Abschnitts einige Thatsachen anzugeben, welche der Meinung günstig scheinen, dafs Platin und Gold, selbst im Zustande vollkommener Reinheit, sich auf ihrer Oberfläche zuweilen schwach oxydiren können, ohne dafs man es direct wahrnimmt.

Nachdem ich eine Platinplatte von zwei bis vier Quadratzoll Oberfläche sorgfältig in Säuren und Wasser abgewaschen hatte, liefs ich sie einige Stunden an der Luft liegen, tauchte sie darauf in sehr reine und schwach concentrirte Schwefelsäure und verband sie mit dem negativen Pol einer schwachen Säule, während der positive Pol mit einem in dieselbe Flüssigkeit gesteckten Platindraht verknüpft war. Sobald die Kette geschlossen ward, sah ich Sauerstoffblasen am Draht entweichen; allein an der Platte zeigten sich die Wasserstoffblasen erst einige Minuten hernach. Ich sammelte die während der Operation entwickelten Gase sorgfältig und verpuffte sie darauf; es fand sich Sauerstoff im Ueberschufs. Offenbar waren die ersten Blasen Wasserstoff zur Desoxydation der Platinplatte verwandt. Die sonach absorbirte Menge Wasserstoffgas ist desto beträchtlicher, je gröfser die Oberfläche der Platte ist, weil es dann eine desto gröfsere Fläche zu desoxydiren giebt. Noch bedeutender

der

der ist sie, wenn man die Platte durch ein Stück Platinschwamm ersetzt, welches ebenfalls gewaschen und langsam an der Luft getrocknet worden. Alle diese Erscheinungen finden nicht statt und kein Wasserstoff wird mehr absorbirt, wenn man die Platinplatte oder den Platinschwamm, statt ruhig in der Luft erkalten zu lassen, unmittelbar nach dem Abwaschen in die zu zersetzende Flüssigkeit taucht; ein abermaliger Beweis, daſs das Platin sich nach der Abwaschung an der Luft langsam oxydirt.

Nun bediente ich mich zweier Golddrähte, um eine verdünnte Säure durch die Säule zu zersetzen, und lieſs jeden dieser Drähte abwechselnd als positiven und negativen Pol wirken. Nach kurzer Zeit fand ich, daſs der, welcher als negativer Pol gedient hatte, mit einem Ueberzug von fein zertheiltem Metall bekleidet war. Mit Palladium erhielt ich dasselbe Resultat; mit Platin gelang es mir dagegen nicht, wahrscheinlich deshalb, weil ich den Versuch nicht lange genug fortsetzte, und vor allem, weil ich die Pole nicht oft genug verwechselte.

Uebrigens werde ich sehr bald auf diesen Gegenstand zurückkommen. Durch neue Versuche, die noch nicht ganz beendet sind, hoffe ich fernere Beweise für die Möglichkeit der Oxydation der für nicht oxydirbar geltenden Metalle beizubringen, bloſs dadurch, daſs ich sie, nach Abwaschen und längeres Liegenlassen in einer Säure, der Luft aussetze.

Es würde mich nicht in Erstaunen setzen, wenn die Vibrationsbewegungen, welche ich auf der Oberfläche der die magneto-elektrischen Ströme in eine Flüssigkeit leitenden Drähte beobachtet habe, zum Theil wenigstens von der Aufeinanderfolge der erwähnten Oxydationen und Desoxydationen herrührten. Indeſs die so deutliche Vibrationsbewegung des Quecksilbers, die offenbar nicht durch diese Ursache erklärt werden kann, so wie der Umstand, daſs Gold und Platin die Erscheinung nur dann zeigen,

wenn sie mit einem dicken Ueberzug von fein zertheiltem Metall bekleidet sind, lassen mich vermuthen, daſs
auch eine Vibrationsbewegung direct von den magneto-
elektrischen Strömen hervorgebracht werden könnte. Es
wäre möglich, daſs diese Bewegung zugleich mit der Reihe
von Oxydationen und Desoxydationen zur Auflockerung
der Metalltheilchen beitrüge, und demnach dieſs sonderbare Phänomen zugleich von beiden Ursachen abhinge.
Ich bin indeſs geneigt, der zweiten Ursache, d. h. der
Reihe von Oxydationen und Desoxydationen einen weit
gröſseren Einfluſs beizulegen.

VI. Von den Erscheinungen bei gleichzeitigem Durchgange
der magneto-elektrischen Ströme durch flüssige und metallische Leiter.

Eine groſse Platinschale von sechs Zoll Durchmesser wurde gefüllt mit Schwefelsäure, verdünnt mit dem
Neunfachen ihres Volums an Wasser, und eine Platinplatte von vier Quadratzoll Oberfläche in diese Flüssigkeit getaucht. Mittelst eines senkrecht in ihrer Mitte be-
festigten Platinstifts wurde diese Platte in horizontaler
Lage gehalten, und zwar so, daſs sie nirgends den Rand
der Schale berührte. Als die magneto-elektrischen Ströme
durch die Schale, Flüssigkeit und Platte gingen, zeigte
das in die Kette eingeschaltete Federthermometer 82°.
Bei diesem Versuch konnten die Ströme nur nach
dem Durchgang durch die Flüssigkeit zum Federthermometer gelangen. Ich versuchte nun, ohne die Flüssigkeit zu entfernen, die Ströme auch durch Vermittlung
eines ganz metallischen Leiters zum Federthermometer
gelangen zu lassen. Zu dem Ende richtete ich die Sache folgendermaſsen ein: Die magneto-elektrische Kette
bestand zunächst aus einem metallischen Leiter, der zu
dem einen Ende der Feder des Metallthermometers führte,
darauf, von dem andern Ende dieser Feder zu einem
zweiten metallischen Leiter, der verbunden war mit dem

Rest der Kette mittelst eines Systems von zwei parallelen Leitern, nämlich einerseits der Schale und Platte von Platin mit eingeschalteter Säure, und andererseits einem ganz metallischen Draht. Auf diese Weise gelangten die magneto-elektrischen Ströme zum Federthermometer theils durch die Schicht Schwefelsäure, theils durch den ganz metallischen Leiter. Die Hinzufügung dieses neuen Leiters zu dem ersten, der keine Veränderung erlitten hatte, mußte, so scheint es, den Durchgang der zum Federthermometer gerichteten Ströme erleichtern und folglich dessen Temperatur erhöhen. Folgendes waren indeß die Resultate der Versuche, als zu diesem zweiten, parallel mit der Flüssigkeit in die Kette eingeschalteten Leiter Metalldrähte von verschiedener Natur und Länge genommen wurden.

Ein Silberdraht von 0,25 Lin. Durchmesser und 17 Zoll Länge änderte nichts an der Intensität des Stroms; das Federthermometer zeigte nach wie vor 82°. Bei Verlängerung des Drahts sank dieß Thermometer, und bei ungefähr zwölf Fuß Länge erreichte es sein Minimum, nämlich 67°. Bei fernerer Verlängerung des Drahts stieg das Federthermometer wiederum und erreichte so 76° bei 37 Fuß Länge.

Mit einem Platindraht von gleichem Durchmesser waren die Resultate ähnlich. Nur mußte man, um dasselbe Resultat zu erhalten, dem Platindraht stets geringere Längen als dem Silberdraht geben. So gaben 5 Zoll vom ersten denselben Effect wie 17 Zoll vom letzteren, d. h. sie änderten nichts an der Intensität des Stroms. Mit einer Länge von 3 Fuß, statt der beim Silber erforderlichen 12 Fuß, erhielt man das Minimum von 67°. Endlich kam man mit einer Länge von 12 Fuß, statt 37, auf die ursprüngliche Temperatur zurück. — Ein Eisendraht von gleichem Durchmesser erforderte zur Hervorbringung derselben Effecte noch geringere Längen.

Mit Drähten von sehr kleinem Durchmesser waren die respectiven Längen weit geringer.

Im Allgemeinen standen die Längen der Drähte, welche gleiches Resultat gaben, im umgekehrten Verhältnifs der Leitungsfähigkeit dieser Drähte. Diejenigen, welche wegen ihrer Natur oder ihrer Dimensionen am besten leiteten, mufsten am längsten seyn.

Die eben beschriebenen Versuche scheinen mir nach der Theorie, welche den elektrischen Strom als eine in Bewegung begriffene Flüssigkeit betrachtet, unerklärlich. In der That empfängt das Wärmegalvanometer den elektrischen Strom auf einem Wege; ohne diesen Weg fortzunehmen oder irgendwie abzuändern, fügt man einen zweiten hinzu. Was kann die Wirkung dieses zweiten Weges seyn? Erleichtert er die Strömung der Flüssigkeit, indem er in derselben Zeit eine gröfsere Menge zum Federthermometer gelangen läfst und somit das Federthermometer erwärmt, oder vielmehr bewirkt er, wenn der erstere Weg schon vollkommen ist, kein Resultat, und erhöht demnach die Intensität des durchgelassenen Stromes nicht. Wie läfst sich aber begreifen, dafs er diese Intensität nicht verringere? Wie ist es denkbar, dafs zwei Leiter, zwischen welchen sich der Strom theilen mufs, weniger gut leiten als ein einziger, wenn die respectiven Längen in einem gewissen Verhältnifs stehen? Diefs scheint mir nach der Undulationstheorie erklärlich zu seyn.

In der That können wir nach dieser Theorie, wie beim Lichte, annehmen, dafs der durch den Silberdraht gegangene Stromtheil, im Moment, da er das Federthermometer erreicht, um eine halbe Welle gegen den durch die Flüssigkeit gegangenen Theil zurückstehe, wenn die Länge des Silberdrahts zwölf Fufs beträgt. Dafs dagegen die beiden Stromtheile in Accord stehen, wenn der Silberdraht 17 Zoll lang ist. Diefs würde für die halbe Welle eine Länge von 127 Zoll und folglich für die

ganze Länge derselben in einem 0,25 Lin. dicken Silberdraht 254 Zoll geben. Indeſs, da die Gränzen nicht
sehr scharf sind, hält es schwer diese Längen recht genau anzugeben.

Bei Annahme der Hypothese von einer Wellenbe-
wegung zur Erklärung der Fortpflanzung des elektrischen
Stroms würden die angeführten Versuche beweisen, daſs
die Wellen um so länger wären als das Mittel, welches
sie fortpflanzt, leitender ist.

Ich bin in diesem Augenblick beschäftigt, genauere
Apparate anfertigen zu lassen, um das Studium der eben
beschriebenen Erscheinungen zu verfolgen, ein Studium,
welches, obgleich kaum begonnen, doch schon so weit
gediehen ist, um folgende zwei Sätze feststellen zu können:

1) Ein Strom, von gleicher Richtung mit einem andern, kann diesen entweder verstärken oder schwächen,
je nach dem Verhältniſs der Wege, welche beide von
Einem Punkte ab, bis zur Ankunft an einem zweiten
Punkt, zurückgelegt haben.

2) Zur Hervorbringung gleicher Wirkungen müssen
die von den Strömen durchlaufenen Wege desto länger
seyn, je leitender diese Wege sind.

Die Ursache, warum die eben beschriebenen Erscheinungen nicht leicht mit den gewöhnlichen Volta'-
schen Strömen zu erhalten sind, liegt darin, daſs die
Elektricität, welche diese Ströme erzeugt, so bedeutend
ist, daſs die Hinzufügung eines zweiten Leiters, statt die
Vertheilung einer und derselben Elektricitätsmenge zwischen diesem und dem ersten Leiter zu bewirken, vielmehr
den Ausfluſs einer beträchtlicheren Menge dieses Agens
veranlaſst, daher dann die Resultate nicht mehr vergleichbar sind. Sollten sie es seyn, so müſste der erstere
Leiter schon für sich allein alle in dem Volta'schen Apparat entwickelte Elektricität fortleiten können; dann
würde die Hinzufügung des zweiten Leiters nichts weiter thun, als unter zwei verschiedenen Wegen den näm-

lichen Strom zu vertheilen, der früher nur einem Wege
folgte. Ich verzweifle nicht, diesen Fall bei den Volta'-
schen Strömen verwirklichen zu können. Wenn es mir
gelingt, werde ich es in der Arbeit, in welcher ich die
Gegenstände dieses Paragraphs ausführlicher zu untersuchen gedenke, eigends bemerken.

III. *Die elektrische Polarisirung des Flüssigen, als das Wesen aller galvanischen Thätigkeit der Ketten aus starren und flüssigen Leitern; von Karsten.*

(Aus den Berichten der K. Academie der Wissenschaften.)

Der wesentliche Unterschied zwischen dem chemischen
und dem galvanischen Proceſs besteht darin, daſs sich bei
jenem *die entgegengesetzten Elektricitäten der im Contact befindlichen Körper* unmittelbar mit einander ausgleichen, bei diesem aber ein polares Auseinandertreten
*der entgegengesetzten Elektricitäten in der Flüssig-
keit*, und deren Ausgleichung zu Null-Elektricität in den
starren Elektricitätsleitern stattfindet. Deshalb kann wahre
galvanische Thätigkeit nur vorhanden seyn, wenn der flüssige Leiter der Zersetzung fähig ist, und deshalb können
die sogenannten chemischen Elemente immer nur chemisch auf einander wirken. Um über die Erscheinungen Rechenschaft zu geben, welche die gewöhnliche, aus
zwei, in leitender Verbindung mit einander stehenden
heterogenen Metallen und aus einer Flüssigkeit zusammengesetzte galvanische Kette darbietet, muſs nachgewiesen werden, warum das eine Metall beharrlich im posi-
tiv-elektrischen Zustande verbleibt und dadurch zur Anziehung der — Elektricität aus der Flüssigkeit genöthigt
wird, während das andere Metall im negativ-elektrischen

Zustande beharrt, um fortwährend die + Elektricität ab-
zuführen. Dieser Erfolg wird dadurch herbeigeführt, daſs
durch die Wechselwirkung eines starren Elektricitätslei-
ters von starker elektromotorischer Kraft auf eine zer-
setzbare Flüssigkeit, jener in den positiv-, diese in den
negativ-elektrischen Zustand versetzt wird; daſs ein zweiter — und mit dem ersten in leitender Verbindung ste-
hender — starrer Leiter von geringerer elektromotorischer Kraft, theils unmittelbar (durch die Berührung mit
dem stärkeren, positiven, Elektromotor), theils mittelbar
(durch die Zuführung der — Elektricität der Flüssigkeit
durch den stärkeren Elektromotor) die negative Elektricität erhält, und dabei die ihm durch die Berührung mit
der Flüssigkeit ursprünglich ebenfalls zukommende + Elektricität einbüſst, und daſs sich durch die auf diese Weise in
entgegengesetzt elektrischen Zustand versetzten beiden
starren Leiter, ein polares Verhalten der zersetzbaren
Flüssigkeit dergestalt einleitet, daſs durch den stärkeren
Leiter die — Elektricität, und durch den schwächeren,
oder negativ-elektrischen, die + Elektricität der Flüssigkeit angezogen wird, daſs beide Elektricitäten in dem
Schlieſsungsbogen ununterbrochen vernichtet werden, und
daſs sich, als eine Folge dieses polaren Gegensatzes, der
negativ elektrische Bestandtheil der Flüssigkeit am positiven, der positiv-elektrische Bestandtheil am negativen
Metall ansammelt. Aus dieser Wirkungsart der Kette
geht hervor, daſs galvanische Action eben so wenig wie
chemische Wirkung zwischen starren Körpern möglich
ist, daſs also von den drei in der Kette thätigen Körpern sich einer nothwendig im flüssigen Zustande befinden muſs, wobei es für den galvanischen Erfolg selbst,
— wenn auch nicht für die Gröſse der Thätigkeit, —
ganz gleichgültig zu seyn scheint, ob sich der flüssige
Körper in der gewöhnlichen Temperatur im Zustande der
Flüssigkeit befindet, oder ob er erst durch Temperatur-
erhöhung flüssig gemacht werden muſs; ferner daſs die

Wirkung der Kette lediglich auf die Trennung der entgegengesetzten Elektricitäten und ihrer Träger, der Bestandtheile des flüssigen Körpers gerichtet ist; dafs die starren Leiter dabei keine andere als die mit der galvanischen Action zufällig verbundene chemische Veränderung erfahren; dafs die Vorstellung von einem elektrischen Strom, der durch die Flüssigkeit und durch die ganze Säule gehen soll, nicht richtig ist, dafs daher auch ein Widerstand der Flüssigkeit gegen den elektrischen Strom nicht vorhanden seyn kann; dafs ein anderer elektrischer Strom, als derjenige, welcher durch die Schliefsungsbögen der einzelnen Ketten geht, nicht existirt; dafs dieser Strom von der + Elektricität und — Elektricität aus dem flüssigen Leiter abstammt, also nothwendig aus zwei einander in entgegengesetzter Richtung sich begegnenden Strömen besteht; dafs die starren Leiter keine Elektricität zu diesen beiden Strömen absenden, dafs die beiden Ströme von + Elektricität und — Elektricität aus der Flüssigkeit, in den Schliefsungsbögen der einzelnen Ketten ununterbrochen zu 0 Elektricität ausgeglichen werden, und endlich, dafs die ponderablen Bestandtheile, in welche die Flüssigkeit polarisch zerlegt wird, nur allein an den starren Leitern, oder an den Polen der Kette, aber niemals und unter keiner Bedingung in der Flüssigkeit selbst abgesondert werden können.

Die Volta'sche Säule kann durch freie Elektricität, die den Polen zugeführt wird, nicht geschlossen werden, und die Polarisirung der Flüssigkeiten, welche die Maschinen-Elektricität immer nur in einem schwachen Grade zu bewirken vermag, wird gänzlich aufgehoben, wenn sie nach einer Richtung erfolgt, die derjenigen entgegengesetzt ist, nach welcher die Flüssigkeiten durch die Elektromotoren in der Kette polarisirt werden. Bei der Volta'schen Säule wird die Polarisirung der Flüssigkeiten durch den Contact derselben mit den beiden starren Elek-

tromotoren bewirkt; und für die *gebundenen* Elektricitäten der Flüssigkeit bleiben die einströmenden ungleichnamigen *freien* Electricitäten unwirksam, weil die freie
Elektricität das Bestreben hat, vorzugsweise die ihr ent-
gegenstehende freie Elektricität zu vernichten. Die gebundenen Elektricitäten in der Flüssigkeit können daher
durch freie Elektricitäten nur in einem geringen Grade
polarisirt werden, und die Polarisirung findet gar nicht
statt, wenn die Flüssigkeit durch elektromotorische Wirkung schon nach der entgegengesetzten Richtung polarisirt worden ist.

Wenn zwei Flüssigkeiten mit einander in Berührung
stehen, so polarisiren sie sich dergestalt elektrisch, dafs
die am mehrsten saure Flüssigkeit die — Elektricität, und
die am mehrsten alkalische Flüssigkeit die + Elektricität erhält; das Wasser vertritt die Stelle des Alkali, wenn
es mit Säuren oder mit concentrirten Salzauflösungen, und
die Stelle der Säure, wenn es mit concentrirten wäfsrigen
Auflösungen von Alkalien in Berührung steht. Bei den
Ketten aus zwei flüssigen und einem starren Leiter beruht
das Wesen der galvanischen Action ebenfalls auf der
elektrischen Polarisirung der Flüssigkeit. Zur Thätigkeit
gelangen diese Ketten dadurch, dafs das in die Flüssigkeiten eingetauchte Metall diejenige Elektricität annimmt,
welche die Flüssigkeit durch die Berührung mit der anderen erhalten hat, wodurch es fähig gemacht wird, die
entgegengesetzte Elektricität aus derselben Flüssigkeit zu
dem starren Leiter in der anderen Flüssigkeit überzu-
führen. Ketten aus zwei Flüssigkeiten und einem starren Leiter lassen sich, in derselben Art wie die gewöhnlichen galvanischen Ketten, zu einem ganzen System von
Ketten, nach Art eines Becherapparates zusammensetzen.
Schon durch die Verbindung von 12 Schenkelröhren, bei
denen der eine Schenkel verdünnte Schwefelsäure und
der andere eine wäfsrige alkalische Auflösung enthält, bekommt man, durch die Verbindung der verschiedenen,

mit Säure und Alkali angefüllten Schenkel vermittelst
Platin, einen recht wirksamen Apparat, dessen Wirkung
vorzüglich deshalb im ersten Augenblick überraschend
erscheint, weil bei demselben nur das Platin allein als
starrer Elektricitätsleiter angewendet worden ist. Es bedarf der Bemerkung kaum, dafs die Wirkung dieses Kettenapparates sehr verstärkt wird, wenn man Kupfer oder
Zink in das Alkali stellt und mit dem Platin in der Säure
combinirt. Der Apparat erhält dadurch das Ansehen eines gewöhnlichen galvanischen Kettenapparates, von welchem er sich aber durch die Lage der Pole ganz wesentlich unterscheidet, die nur in dem Fall mit der Lage
der Pole der gewöhnlichen Kette aus zwei starren Leitern und einer Flüssigkeit übereinstimmt, wenn sich der
stärkere Elektromotor in der am mehrsten alkalischen
Flüssigkeit befindet.

IV. *Untersuchungen über die Wärme;*
von J. D. Forbes.
(Schlufs von S. 86.)

III. Ueber die Brechbarkeit der Wärme.

Seit Hr. Melloni die bewundernswürdige Entdeckung
gemacht, dafs das Steinsalz jede Wärmeart durchzulassen und zu brechen vermag, ist die Bestimmung der
Brechbarkeit der Wärme aus verschiedenen, leuchtenden
oder nicht leuchtenden Quellen eine der wichtigsten Aufgaben. Auch hat Hr. Melloni bereits eine solche Bestimmung in seiner zweiten Abhandlung über strahlende
Wärme unternommen (s. Annalen, Bd. XXXV S. 409).
Der dabei angewandte Apparat (a. a. O. Taf. III) besteht aus einer Thermosäule, erbaut aus einer einzigen
senkrechten Reihe von Elementen, so dafs sie ein ho-

hes und schmales Wärmebündel anffangen kann. Sie ist beweglich auf einem Kreissector, in dessen Mittel ein Prisma gestellt ist, durch welches das Wärmebündel aus seiner ursprünglichen Richtung ab in die cd (s. Taf. III dieses Bandes Fig. 4) gebrochen, und somit auf das in d befindliche Galvanometer ein Maximum-Effect hervorgebracht wird. Während alle übrigen Theile in ihrer Lage bleiben ist klar, daſs die Säule nach d' gebracht werden muſs, sobald die Wärmequelle Strahlen von gröſserer Brechbarkeit aussendet. Obwohl der Kreisbogen (wenn ich die Beschreibung recht verstehe) einen Radius von elf Zoll besaſs, so war doch für Wärme aus verschiedenen Quellen nur eine kleine Verschiebung erforderlich, und Hr. Melloni nimmt daher an, daſs sein Versuch, obgleich er einen Unterschied der Brechbarkeit *nachweise*, doch zur Messung desselben nicht hinreiche.

Es giebt viele Gründe, eine solche Form des Apparats für genauere Messungen zu verwerfen. Ich will nur die Unmöglichkeit erwähnen, ein Wärmebündel zu erhalten, das in den verschiedenen Entfernungen von der Quelle (vorausgesetzt natürlich, daſs die Strahlen mittelst Refraction durch eine Steinsalzlinse möglichst parallel gemacht sind) gleich breit sey 1) wegen der Winkelgröſse der Wärmequelle, 2) wegen der zerstreuten Reflexion und Refraction an den Oberflächen der Linse und des Prismas, 3) wegen mangelnder Homogenität der Strahlen. Aller dieser Umstände wegen muſs das Bündel in einiger Entfernung von der Säule eine sehr merkliche Breite erlangen, und folglich die Wirkung der Wärme innerhalb eines gewissen Raumes wahrnehmbar und selbst beinahe gleichförmig werden. Ich kann auch aus Erfahrung hinzufügen, daſs die Schwierigkeit, die Vorrichtung zu einem Versuche zu verändern, um ein Maximum der Wärmewirkung an der Säule zu erhalten, so bedeutend ist, daſs kein scharfes Resultat aus einem bloſs vorläufigen Versuch gezogen werden kann. Endlich scheint die Kleinheit in der Veränderung der Brechbarkeit eine kritischere Methode zu ihrer Messung zu erfordern. Aus allen diesen Gründen schien es mir wünschenswerth, eine mehr einwurfsfreie Methode zu entdecken.

- Die von Wollaston zur Messung der Brechungsverhältnisse des Lichts so erfolgreich angewandte totale Reflexion bietet, wenigstens theoretisch, den Vortheil dar, dafs sie in ihrer Wirkung plötzlich ist, indem der Uebergang aus der partiellen Reflexion (abgerechnet, was aus dem Mangel an Homogenität entspringt) in die totale eine instantane Aenderung ist, welche beim Licht die Intensität des kleineren Effects viele Male übertrifft. Es liefs sich erwarten, dafs ein Apparat, der zur Bestimmung des wahren Winkels der totalen Reflexion der Wärme aus verschiedenen Quellen eingerichtet sey, eine bestimmtere Angabe über die Brechbarkeit der Wärme liefern werde als jeder andere. Nach vieler Ueberlegung habe ich den folgenden Apparat construirt.

- Er besteht hauptsächlich aus einem Rahmen, ähnlich einer genau quadratischen Büchse, zehn Zoll in Seite, ohne Deckel und Boden, mit Angeln an jeder Kante, so dafs er zu einer Raute von beliebiger Schiefe gestaltet werden kann. Siehe A, B auf Taf. III Fig. 6. Durch eine sogleich zu beschreibende Vorrichtung werden die Wärmestrahlen der Kante ac einer der Seiten der Büchse parallel gemacht und auf das Prisma P geleitet, von wo sie, nach erlittener Reflexion (partieller oder totaler), an der Hinterfläche des Prismas, parallel der Linie ad weiter gehen und auf die Vorderseite der Säule p fallen. Damit nun die reflectirten Strahlen diesen Weg einschlagen können, ist nöthig, dafs, vorausgesetzt das Prisma sey ein gleichschenkliches, die hintere reflectirende Fläche gleiche Winkel mache mit den einfallenden und reflectirten Strahlen. Um dieses zu erreichen wurde die verschiebbare Raute angewandt. Das Prisma P steht auf

dem Ständer O, welcher um die Verbindungslinie der
Seiten C und D drehbar ist. An diesem Ständer O
ist ein Messinglineal aE befestigt, welches durch die
Diagonale des Rahmens geht, und vermöge eines, parallel seiner Länge gemachten Schlitzes, durch welchen
eine Klemmschraube geht, beständig in dieser Lage erhalten wird. Mittelst einer darauf angebrachten Theilung dient dieses zugleich dazu, für jeden Fall die
Länge der Diagonale, und folglich die Winkel der Raute
anzugeben.

Ein geringes Nadenken über diese mechanische Vorrichtung wird zeigen, wie sie ihrem Zweck entspricht.
Die Strahlen aus der Wärmequelle S, parallel gemacht
durch die Steinsalzlinse L, fallen auf das Prisma P und
von da, nachdem sie zwei Refractionen und eine Reflexion erlitten haben, auf die Vorderfläche der Säule p.
Diefs wird immer geschehen, so lange die Hinterfläche
des Prismas gleiche Winkel mit den Linien ac, ad bildet, was der Fall seyn wird, so lange sie rechtwinklich
ist auf dem Lineal aE, welches den Winkel cad halbirt. Nun ist klar, dafs, so lange der Winkel cad klein
bleibt, die Reflexion *partiell* seyn wird, dafs man aber,
so wie die Diagonale verkürzt wird, einen Punkt erreicht, wo plötzlich die *totale* Reflexion beginnt, was sich
durch einen *Sprung* in dem mit der Säule verbundenen
Galvanometer kund thun mufs. Dieser Winkel mufs
bei den Strahlen von gröfster Brechbarkeit am frühsten
erreicht werden, und die Berechnung des Brechungsverhältnisses des Prismas wird auf ein einfaches mathemati-
sches Problem zurückgeführt.

Ehe wir weiter gehen, wollen wir folgende Aufgabe lösen. *Ein Lichtstrahl GD* (Fig. 5 Taf. III) *falle
so auf die Oberfläche AC eines bei A und B gleich-
winklichen Prismas, dafs er die Fläche AB genau unter dem Winkel der totalen Reflexion trifft. Gegeben*

ben sey der Einfallswinkel α *und gesucht werde das Brechungsverhältnifs* μ.

Was von einem Strahle GD gilt, welcher, nach der Refraction, die Hinterfläche in ihrem Mittelpunkt K trifft, gilt auch von jedem andern mit ihm parallelen Strahl. Auch bilden die einfallenden und ausfahrenden Strahlen DG, EH gleiche Winkel mit der Fläche AB, wenn die Winkel A und B gleich sind. Der Hypothese nach ist DKC oder β der Winkel der totalen inneren Reflexion, dessen Sinus $= \frac{1}{\mu}$. Sey DKk der Brechungswinkel $= \varrho$, dann ist $\sin \alpha = \mu \sin \varrho$. Betrachten wir dann α als positiv, wenn G zwischen L und C fällt, und den entsprechenden Werth von ϱ ebenfalls positiv, so haben wir im Dreieck KDC:

$$180° = \beta + ACK + (90° + \varrho).$$

Nennen wir I den Winkel bei C, und $ACK = \frac{1}{2} I$, so ist:

$$90° = \beta + \tfrac{1}{2} I + \varrho.$$

Allein:

$$\sin \alpha = \mu \sin \varrho = \mu \sin [90° - (\beta + \tfrac{1}{2}I)]$$
$$= \mu \cos(\beta + \tfrac{1}{2}I)$$
$$= \mu \{ \cos \beta \cos \tfrac{1}{2}I - \sin \beta \sin \tfrac{1}{2}I \}$$
$$= \mu \{ \sqrt{1 - \sin^2 \beta} \cdot \cos \tfrac{1}{2}I - \sin \beta \sin \tfrac{1}{2}I \}$$

und da $\sin \beta = \dfrac{1}{\mu}$

$$= \mu \left\{ \sqrt{1 - \frac{1}{\mu^2}} \cdot \cos \tfrac{1}{2}I - \frac{1}{\mu} \sin \tfrac{1}{2}I \right\}$$
$$= \sqrt{\mu^2 - 1} \cdot \cos \tfrac{1}{2}I - \sin \tfrac{1}{2}I,$$

woraus:

$$\mu = \sqrt{1 + \left(\frac{\sin \alpha + \sin \tfrac{1}{2}I}{\cos \tfrac{1}{2}I} \right)^2}.$$

Ich hatte ein Steinsalzprisma von solcher Construction, dafs die Incidenz an der Vorderfläche beinahe vertical

war auf dem Winkel der totalen Reflexion, damit so
viel wie möglich jeder aus einer Unvollkommenheit der
Oberfläche oder einer nicht vollen Gleichheit der Winkel *A* und *B* entspringende Fehler vermieden und auch
innerhalb der Gränzen des Versuchs der Wärmeverlust
bei der Reflexion an den beiden Oberflächen fast ungeändert bleibe, da er für Incidenzen, die der Senkrecht-
heit nahe kommen, als constant angesehen wird [1]). Diefs
von Hrn. J. Adie verfertigte Prisma hatte zwei Winkel
von 40° und einen von 100°; es war so genau gearbeitet, dafs die Winkel, wie es sich mit dem gewöhnlichen
Goniometer ergab, noch nicht um fünf Minuten von den
angegebenen Werthen abwichen.

Aus Fig. 6 Taf. III wird nun Folgendes erhellen:
Die von der Quelle *S* aus divergirende Wärme, durch
die Linse *L* in ein Bündel fast paralleler Strahlen verwandelt, geht durch die Blendung *T*, welche an der
einen oder anderen Seite des Prismas aufgestellt ist, und
fünf Viertelzoll in Höhe und gewöhnlich einen, zuweilen
aber nur drei Achtelzoll in Breite hält. Diese Blendung
bezweckt, dafs ein hinreichend schmales Strahlenbündel
angewandt werde, um so unabhängig zu seyn von der
veränderlichen Breite, unter welcher die Fläche des Prismas dem Bündel dargeboten wird. Eine zweite weit
schmälere Blendung *t* läfst nur die parallel der Linie *ac*
ankommenden centralen Strahlen zu der Säule. Die
trichterförmige Mündung der Säule *p* ist verschlossen
durch einen Schirm mit einem verticalen Schlitz von einem Zoll Breite, in Richtung der Axe der Säule. Da
die Luftströme sehr störend für die Beobachtung sind,
so versah ich das vordere Ende der Säule mit einem
Holzrohr *r*, welches eine Steinsalzlinse enthielt, wodurch
die Säule nicht nur gänzlich vor Luftströmen geschützt,
sondern auch ihre Empfindlichkeit erhöht wird.

1) S. Melloni: Ueber die Reflexion der Wärme (Ann. Bd. XXXVII
S. 212).

Die wichtigeren Ajustirungen des Apparates sind:

1) Die reflectirende Hinterfläche der Prismas unter gleiche Winkel gegen die Seiten ac und ad der Raute zu stellen. Um diefs bewerkstelligen zu können, steht das Prisma auf einer Messingplatte, die eine concentrische Bewegung mit der des Ständers PO besitzt. Die Ajustirung geschah dann, indem man ein genau paralleles Spiegelglas in die Lage der Hinterfläche des Prismas brachte, zwei Senkbleie in der Verkürzung der Linien ac, ad aufhing, und in c beobachtete, ob das reflectirte Bild des andern Fadens in der Richtung ac zu sehen war. Wenn diefs der Fall war, wurde die den Spiegel tragende Messingplatte durch eine Klemmschraube befestigt.

2) Den Mittelpunkt der Linse L in die Linie ac zu bringen. Diefs geschah, indem man eine kleine Lampenflamme in die Lage der Axe der Säule brachte, und die Linse so lange verschob, bis das Bild der Flamme genau auf die Verlängerung von ac fiel. Das Prisma war dabei so gestellt, dafs die Einfallswinkel fast senkrecht waren; Reflexion von einem Spiegel würde vorzüglicher gewesen seyn.

3) Die Ajustirung der Quelle hinter der Linse. Wenn die Wärmequelle eine leuchtende war, geschah sie dadurch, dafs man die Axe des gebrochenen Lichtcylinders mit der Linie ac zusammenfallen liefs; war sie nichtleuchtend, so fand sich, dafs sie dann gewöhnlich eine beträchtliche Breite hatte, da eine kleine Verschiebung in der einen oder andern Richtung nur einen geringen Unterschied in der Wirkung auf die Säule hervorbrachte.

Der Uebergang der partiellen Reflexion zur totalen ist bei weitem nicht so plötzlich als man wünschen möchte, und diefs ist leichter erklärt als verbessert. Es entspringt hauptsächlich aus der Gröfse der Wärmequelle, dem daraus hervorgehenden Nichtparallelismus der gebrochenen Strahlen in Folge unvollkommener Politur der Flächen, un-

ungleicher Intensität der Strahlen, in verschiedenen Theilen des Cylinderdurchschnitts, und endlich aus der Heterogenität der Wärmestrahlen einer jeden Quelle.

Die ersten rohen Versuche zeigten alles dieses deutlich. Bei Verkürzung der Diagonale *ab* der Raute (Fig. 6 Taf. III) ging die partielle Reflexion sichtlich in totale über, und die Veränderung war nicht allein sehr grofs, sondern auch an einem Punkt sehr rasch. Der Punkt, bei dem die schnellste Veränderung stattfand, war offenbar der, wo der gröfsere Theil der einfallenden Strahlen eine totale Reflexion erlitt, und könnte deshalb als ein mittlerer Ausdruck für die Qualität der Wärme betrachtet werden. Indefs war die Veränderung doch noch zu allmälig, um diesen Punkt geradezu mit Genauigkeit bestimmen zu können. Man unternahm daher die mühsame Arbeit, für eine gewisse Anzahl zwischen der partiellen und totalen Reflexion liegender Punkte die Intensitäten der reflectirten Wärme zu bestimmen, und construirte dann nach den erhaltenen Resultaten eine Curve, welche die Längen der Diagonale der Raute (eine Function des Einfallswinkels) zu Abscissen, und die Intensitäten zu Ordinaten hatte. So konnte man dann graphisch ermitteln, bei welchem Werth der ersteren die Werthe der letzteren am schnellsten wuchsen, oder, mit andern Worten, wo die Tangente den gröfsten Winkel mit der Axe machte oder wo der Punkt der entgegengesetzten Biegung der Curve lag. Dieser Punkt liefert daher mittelst der zuvor entwickelten Formel das *mittlere* Brechungsverhältnifs einer gegebenen Wärmegattung, während die Form der Curve wenigstens zu einer Vermuthung über die Vertheilung von mehr oder weniger brechbaren Wärmegattungen in dem gegebenen Strahle führt.

Man prüfte die Richtigkeit dieses und anderer Sätze, indem man die Wärme, welche in verschiedenen Stufen der totalen Reflexion zur Säule gelangte, auf ihre Qualität untersuchte. Wenn, wie Hr. Melloni zuerst wahrscheinlich gemacht hat, Wärme von *niederer* Temperatur am *wenigsten* brechbar ist (und umgekehrt), wenn ferner eine solche Wärme Substanzen, wie Glas, am schwierigsten durchstrahlt, so folgt, daſs auf einer gewissen Stufe der totalen Reflexion, wo die brechbareren und deshalb durchgänglicheren Strahlen schon eine totale Reflexion erlitten haben, während die übrigen Strahlen des ursprünglichen Bündels noch gebrochen werden, die so reflectirte Wärme leichter durch Glas gehen müsse als die direct von der Quelle ausgesandte.

Diese Vermuthung erwies sich vollkommen richtig, auch zeigten fernere Versuche, daſs der reflectirte Strahl, beim Beginn und bei Vollendung der totalen Reflexion, genau dieselbe Zusammensetzung wie der einfallende Strahl hat, daſs dagegen in den Zwischenstufen die Qualität der reflectirten Wärme sich fortwährend ändert, wodurch denn die Ansicht, daſs die Allmäligkeit des Uebergangs der partiellen in totale Reflexion hauptsächlich aus der Heterogenität der Wärme entspringe, vollständig bestätigt wird.

Man sieht dieſs aus den Resultaten des folgenden Versuchs, bei welchem die reflectirten Strahlen in verschiedenen Stufen der Reflexion mit einem 0,06 Zoll dikken Glase untersucht wurden:

Diagonale *a b*. Fig. 6 Taf. III.	Ablenkung des Galvanometers.		Verhältniſs.	
	Mit Glas.	Ohne Glas.		
14,5 Zoll	8°,3	13°,75	60 : 100	Total. Refl. vollständ.
15,0	7 ,85	12 ,65	62 : 100	
15,25	7 ,1	10 ,9	65 : 100	
15,5	5 ,5	7 ,85	70 : 100	
15,75	3 ,4	5 ,1	67 : 100	
16,0	2 ,3	3 ,75	61 : 100	
16,5	1 ,45	2 ,3	63 : 100	Partielle Reflexion.

Die Versuche, deren Resultate nun angeführt werden sollen, sind mit einer, aus verschiedenen Quellen

herstammenden und mittelst Durchgang durch verschiedene Substanzen abgeänderten Wärme angestellt, so sorgfältig, als es ihre Wichtigkeit erheischte.

Der Mittelpunkt der Säule p war 13 Zoll, und die
Wärmequelle S zwölf Zoll vom Prisma P entfernt; ein
Diaphragma T von 1 bis 1,25 Zoll Oeffnung stand gewöhnlich zwischen P und L nahe an P; die Oeffnung
der Säule, deren Mittelpunkt genau in der Linie ad
lag, war 1 Zoll weit. Vom Prisma wurde nur derjenige Theil angewandt, der frei war von Sprüngen, die
eine totale Reflexion hätten veranlassen können. Die
Diagonale der verschiebbaren Raute wurde von 14,5 bis
16,5 oder 17,0 Zoll verändert, und innerhalb dieser Gränze
wurden acht Beobachtungen gemacht. Häufig wurde mit
den Beobachtungen vor- und rückwärts gegangen, und
das Mittel aus beiden Reihen genommen, in Rücksicht,
dafs die Intensität der Wärmequelle sich verändert haben
könnte. Immer ward auch eine Beobachtung eigens
zur Prüfung auf eine solche Veränderung angestellt.

Die Intensität, welche der 14,5 Zoll langen Diagonale entsprach, wurde als 100 angenommen; die übrigen
wurden auf diese bezogen, mittelst der angeführten graphischen Methode. Hierdurch wurden verschiedene Beobachtungsreihen, selbst an verschiedenen Tagen angestellt,
mit einander vergleichbar. Wenn, wegen der Natur der
Wärme (z. B. bei einer durch Alaun gegangenen oder
aus einer Quelle von niederer Temperatur herstammenden) die Wirkungen sehr klein waren, wurde der Mangel durch Vervielfältigung der Beobachtungen ergänzt.
Wo dieses Mittel fehlschlug (wie bei der Wärme von
242° F.) wurden die Resultate fortgelassen.

Als Beispiel, wie verfahren wurde, mögen folgende
fünf Beobachtungsreihen dienen:

Dunkel heißes Messing.

Länge der Diagonale ab.	Galvanometer		Ueber-schuſs.	Verhältnisse der Resultate.
	stand auf	schwang bis		
14,5 Zoll	$A.$ 0°,1	$A.$ 11°,0	10°,9	100 : 100
15,0	0 ,0	9 ,3	9 ,3	85 : 100
15,25	0 ,15	8 ,0	7 ,85	72 : 100
15,5	0 ,15	6 ,2	6 ,05)	55 : 100
—	0 ,3	6 ,3	6 ,0)	
15,75	0 ,25	4 ,6	4 ,35	40 : 100
16,0	0 ,15	3 ,15	3 ,0	28 : 100
16,25	0 ,2	2 ,25	2 ,05	19 : 100
16,5	0 ,15	1 ,9	1 ,75	16 : 100
14,5 Zoll	0 ,05	10 ,8	10,75.	

Glühendes Platin.

14,0 Zoll	$B.$ 0°,25	$A.$ 15°,25	15°,5	100 : 100
14,5	$A.$ 0 ,05	15 ,5	15 ,45	100 : 100
15,0	$B.$ 0 ,15	13 ,65	13 ,8	89 : 100
15,25	0 ,0	11 ,75	11 ,75	75 : 100
15,5	0 ,1	8 ,8	8 ,9	58 : 100
15,75	0 ,1	6 ,1	6 ,2	40 : 100
16,0	0 ,1	4 ,05	4 ,15	27 : 100
16,25	0 ,0	3 ,3	3 ,3	21 : 100
16,5	0 ,15	2 ,5	2 ,65	17 : 100
16,75	0	2 ,25	2 ,25	15 : 100
14,0 Zoll	0°,9	14°,4	15°,3	
. . .	1 ,25	13 ,75	15 ,0	
. . .	1 ,7	13 ,75	15 ,45.	

Wärme der Locatellischen Lampe nach dem Durchgange durch eine Alaunplatte.

Länge der Diagonale	Dynamische Effecte.		Mittl. Effect.	Verhältnisse.
	Direct. Reihe	Umgekehrte Reihe		
14,5 Zoll	3″,1	3″,2 ; 3,25	3″,18	100 : 100
15,0	2 ,95	2 ,9	2 ,92	91 : 100
15,25	2 ,9	2,65 ; 2,5 ; 2,7	2 ,69	84 : 100
15,5	2 ,15	2 ,1	2 ,12	66 : 100
15,75	1 ,75 ; 1,7	1 ,75	1 ,73	54 : 100
16,0	1 ,2	1 ,25	1 ,22	38 : 100
16,25	0 ,8	0 ,6 ; 0,6	0 ,67	21 : 100
16,5	0 ,75 ; 0,75	0 ,7	0 ,73	23 : 100
17,0	0 ,55		0 ,55	17 : 100

Auf diese Weise wurde die Wärme aus elf verschiedenen Quellen untersucht:

1) Die directen Strahlen der Locatellischen Lampe, dabei einen schwach concaven Reflector angewandt.

2) Dieselbe Lampe, mit einem sphärischen Reflector, concentrisch mit dem Docht; die Wärme durch Alaun geleitet.

3) Dieselbe Wärme, durch eine *Fensterscheibe* von 0,06 Zoll Dicke geleitet.

4) Dieselbe Wärme nach dem Durchgange durch ein *schwarzes Glas*, durch welches die unbewölkte Sonne so eben sichtbar war.

5) Dieselbe Wärme, nach dem Durchgange durch ein *dunkelfarbiges Glimmerblatt*, welches für Sonnenlicht gänzlich undurchsichtig war. Bei geringen Dicken läfst dieser, manchem Mineralogen unbekannte, Glimmer grünes Licht durch, bei gröfserer ist er haarbraun. Er reflectirt ein grünschwarzes Licht.

6) Wärme vom glühenden Platin.

7) Dieselbe Wärme nach dem Durchgang durch die obige Fensterscheibe.

8) Dieselbe Wärme, nach dem Durchgang durch opakem Glimmer.

9) Wärme von dunkelheifsem Messing von 700° F., nämlich einem fast cylindrischen Schornstein von berufstem Messing, über eine Weingeistflamme so gestellt, dafs er sie gänzlich verhüllte. Dieser giebt merkwürdig gute Resultate, ohne die Winkelbreite der Quelle beträchtlich zu vergröfsern, was bei Anwendung einer Linse sehr vermieden werden mufs. Er ist in der That nicht merklich breiter als der schraubenförmige Platindraht in No. 6.

10) Dieselbe Wärme nach dem Durchgange durch klaren *Glimmer* von 0,0044 Zoll Dicke.

11) Wärme von einem Tiegel mit Quecksilber von ungefähr 450° F. Der Tiegel hielt ungefähr 2 Zoll in

Seite, war äufserlich berufst und durch eine Weingeistflamme erhitzt. Die Temperatur des mit Sand bedeckten
Quecksilbers ward bei jeder Beobachtung an einem eingetauchten Thermometer beobachtet.

Nach Anstellung dieser Versuche wurden die Resultate auf bereits angedeutete Weise graphisch construirt,
um die den Brechungsverhältnissen entsprechenden Punkte
zu finden, an denen die Curven eine doppelte Biegung
machen oder ihre Tangenten im Maximo gegen die Ab-
scissenaxe neigen. Folgendes waren die Resultate hievon; wobei zu bemerken, dafs wegen einer leichten Veränderung, die am 21. März mit dem Apparat vorgenommen ward, die Resultate der vor diesem Tage angestellten, von denen nach demselben gemachten, geschieden
wurden. Die Abänderung scheint indefs keinen bedeutenden Einflufs ausgeübt zu haben.

Wärmequellen.

	Länge der Diagonale, die dem Punkt der entgegengesetzten Biegung der Curve entsprach.	
	Vor dem 21. März.	Nach dem 21. März.
Locatelli's Lampe, direct	15,47 ; 15,50 ; 15,60 [1])	15°,54 ; 15,47
- mit Alaun		15 ,79 ; 15,73
- mit Fensterglas . .	15,64	15 ,70 ; 15,60
- mit opakem Glas . .		15 ,75 ; 15,67
- mit opak. Glimmer		15 ,60 ; 15,62
Glühendes Platin	15,51 ; 15,47	15 ,52
- mit Glas		15 ,64 ; 15,67
- mit opakem Glimmer		15 ,62
Messing bei 700° F.	15,44 ; 15,42	15 ,45 ; 15,47 ; 15,45
- mit klarem Glimmer		15 ,62 [2]) ; 15,55
Quecksilber bei 450°		15 ,52 ; 15,52 ; 15,45

1) Diese Beobachtung war mit einem sehr engen Diaphragma angestelt. Die Ablesungen waren daher gering, und sind deshalb im Endresultat ausgelassen.

2) Wegen Unregelmäßigkeit in den Beobachtungen zum Endresultat nicht angewandt.

Aus diesen Zahlen wurden nun mittelst der Formel S. 446 die folgenden Werthe der Einfallswinkel und Brechungsverhältnisse für verschiedene Längen der Diagonalen berechnet:

Diagonale a b.	Einfallswinkel. α.	Winkel der totalen Reflexion β.	Brechungsverhältniß μ.
15,0 Zoll	—1° 25'	40° 55'	1,527
15,1		40 37	1,536
15,2	—0 32	40 20	1,545
15,3		40 3	1,554
15,4	+0 21	39 47	1,563
15,5		39 30	1,572
15,6	+1 16	39 12	1,582
15,7		38 55	1,592
15,8	+2 11	38 37	1,602
15,9		38 20	1,612
15,0	+3 8	38 4	1,622

Für die Punkte der entgegengesetzten Biegung der Curve, und folglich für die Werthe der Brechungsverhältnisse der *überwiegendsten* Strahlen jeder Quelle ergeben sich folgende Werthe von *ab*:

Wärmequellen.	ab.	μ.
1) Locatelli's Lampe, direct	15,19	1,571
2) - - mit Alaun	15,76	1,598
3) - - - Fensterglas . . .	15,65	1,587
4) - - - opakem Glas . .	15,71	1,593
5) - - - opakem Glimmer	15,61	1,583
6) Glühendes Platin	15,50	1,572
7) - - mit Glas	15,66	1,588
8) - - - opakem Glimmer	15,62	1,584
9) Messing bei 700° F.	15,45	1,568
10) - mit klarem Glimmer	15,55	1,577
11) Quecksilber bei 450°	15,50	1,572
Mittlere Lichtstrahlen	15,8	1,602

Die folgende Tafel enthält die den obigen Schlüssen zum Grunde liegenden *mittleren* Resultate der einzelnen Beobachtungsreihen:

Wärme-quelle.	Länge der Diagonale ab:							
	14,5.	15,0.	15,25.	15,5.	15,75.	16,0.	16,25.	16,5.
No. 1	100	93	80	60	41	30	22	18
- 2	100	91,5	84,5	71,5	51	39	24	18,5
- 3	100	93	84	66	47	33	23,5	18
- 4	100	97,5	89	75,5	55	42,5	26	22,5
- 5	100	94	82	67,5	48,5	32,5	23	20
- 6	100	89	75	58	41	30	22	18
- 7	100	88	77	62,5	42,5	30,5	23	17,5
- 8	100	92	78	63	46	30	22	18
- 9	100	84	69	51	35,5	25	20	15
- 10	100	85	71	52	33	26	13	11
- 11	100	92	77	57	42	29	22	13

Vergleicht man die obigen Resultate mit dem Brechungsverhältnifs des Lichts beim Steinsalz, *wie es angegeben wird*, so bekommt man das alle Wahrscheinlichkeit widerstreitende Resultat, dafs die Wärme brech-
barer sey als das Licht. Diefs wird indefs durch den
directen Versuch nicht bestätigt. Denn bringt man eine
kleine Lichtquelle nach S (Fig. 6 Taf. III) und einen
Schirm nach p, so findet man das Brechungsverhältnifs
der leuchtendsten Strahlen höher als das irgend einer
Wärmegattung, nämlich zum wenigsten $=1,602$, entsprechend einer Diagonale $ab = 15,8$ Zoll, wie S. 456 angegeben. Durch zwei Versuche mit einer kleinen Oelflamme,
ohne Docht, ergab sich beide Mal 15,87 für die Diagonale; und eine Locatellische Lampe, die wegen der Gestalt ihrer Flamme einen besseren Vergleichungspunkt
darbietet, gab 15,76; so dafs man 15,8 als den richtigen Werth für das Licht ansehen kann.

Indefs ist gewifs, dafs das Brechungsverhältnifs des
angewandten Steinsalzes wirklich bedeutend unter 1,60
liegt. Ein einziger Versuch mit Wollaston's Instrument gab 1,53 und 1,54. Ohne mehr als nöthig bei diesem Unterschied zu verweilen, da es hier sich nur um
den Vergleich von Wärme und Licht unter gleichen Umständen handelt, will ich, sagt der Verfasser, zwei Ur-

sachen anführen, die denselben, meiner Meinung nach, erzeugen können.

1) Unläugbar ist der Uebergang von totaler zu partieller Reflexion allmäliger als es blofs vermöge der Heterogenität der Strahlen seyn könnte, wie das aus dem Versuch mit Licht sehr deutlich hervorgeht. In der ganzen Ausdehnung des Versuchs (von $ab=14,5$ bis $ab=16,5$) variirt der Einfallswinkel *in* dem Prisma von 42° 22' bis 36° 38'. An jedem Punkt besteht die Intensität aus total und aus partiell reflectirtem Lichte folglich mufs innerhalb dieser Gränzen um so intensiver Licht reflectirt werden als die Incidenz gröfser ist, und diefs bewirkt, wie leicht zu ersehen, dafs, in dén obigen Resultaten, für gleiche Intensitäten die Längen der Diagonale vergröfsert werden.

2) Wie schon zuvor bemerkt, bilden die Strahlen, wegen der Dimensionen der Licht- oder Wärmequelle, kein gebrochenes Bündel von gleichförmiger Intensität. Gewöhnlich sind die centralen Strahlen die hellsten. Nun ist sichtlich, dafs in Folge der Variation des Einfallswinkels die centralen Strahlen quer über die Vorderfläche der Säule gehen, und dafs demnach aus dieser Ursache allein eine Maximum-Wirkung an einem Punkt erzeugt wird.

Die erstere Ursache hat wohl den bedeutendsten Einflufs, und, da zu glauben steht, dafs ihre Wirkung auf alle Arten von Wärme und auch von Licht gleich sey, so wird man vermuthlich der Wahrheit näher kommen, wenn man von den oben gefundenen Brechungsverhältnissen 0,04 oder 0,05 abzieht. Relative Verhältnisse sind aber hier bei weitem die wichtigsten.

Zu bemerken ist auch, dafs die vorstehenden Resultate nur für die *vorherrschende* Wärmeart in jeder Quelle gelten; über die *Zusammensetzung* eines Strahls und den Betrag der Dispersion werden sie keinen Aufschlufs geben.

In Bezug auf die Brechbarkeit der Wärme kann man nun folgende Thatsachen als festgestellt ansehen:

1) Die *mittleren* Brechungsverhältnisse der Wärme schwanken von 1,51 bis 1,55, also nur um 0,04, wenig mehr als die des Lichts beim Steinsalz, für welche man gemeiniglich die Gränzen 1,54 und 1,57 angiebt. Beim Licht gelten diese Angaben indefs für die *äufsersten* Strahlen, was man schwerlich bei der Wärme sagen kann.

2) Das *mittlere* Brechungsverhältnifs der *directen* Strahlen aus verschiednen Quellen variirt erstaunlich wenig. In der That sind die Unterschiede für die *directen* Wärmestrahlen der Locatellischen Lampe, des glühenden Platins und des bis 450° F. erhitzten Tiegels fast unmerklich, fallen innerhalb der Beobachtungsfehler. Doch ist zu merken, dafs diefs mit einer aufserordentlichen Verschiedenheit in der Zusammensetzung jedes dieser Strahlen verträglich ist.

3) Dagegen ist die Wirkung eingeschalteter Substanzen auf die durchgelassene Wärme sehr merkwürdig. So weit die vorstehenden Versuche reichen, wird dadurch (durch Alaun, Glas, opakes Glas und opaken Glimmer bei Locatellischer Lampe; durch Glas und opaken Glimmer beim glühenden Platin; durch klaren Glimmer bei dunkler Wärme) das Brechungsverhältnifs *erhöht*. Diefs ist der Fall selbst bei den Substanzen, die das Licht gänzlich abhalten, und daher, wie sich annehmen läfst, nur die Wärme von bedeutender Brechbarkeit absondern von dem gewöhnlich mitfolgenden Licht, nicht aber die brechbarsten Strahlen zurückhalten und die von niederer Temperatur durchlassen. Wahrscheinlich wirkt keine Substanz auf diese Weise, obwohl einige (z. B. schwarzes Glas und schwarzer Glimmer, wie Melloni's Versuche anzeigen) wahrscheinlich das Wärmespectrum an beiden Enden absorbiren. Wahrscheinlich ist diefs der Grund, warum das zuvor angewandte schwarze Glas ei-

nen so geringen Antheil Wärme durchliefs, indem dieser aus Strahlen von *höheren* Graden der Brechbarkeit bestand, während die von den *niedrigen*, *mittleren* und *höchsten* Graden absorbirt wurden.

4) Ueber die Homogenität der verschiedenen Wärmegattungen läfst sich, wie schon erwähnt, aus den obigen Versuchen nichts *Sicheres* schliefsen. Sie bestätigen indefs eine Ansicht, welche der Verfasser schon seit lange hegte, nämlich dafs die Wärme aus nicht leuchtenden Quellen homogener sey als jede andere. Diefs ergiebt sich aus dem S. 80 Angeführten, und noch mehr aus der Gleichförmigkeit der Resultate bei allen Versuchen mit dunkler Wärme.

Aus dem Ganzen seiner Untersuchung zieht er endlich noch folgende Schlüsse:

1) Die Ungleichheit in der Polarisirbarkeit der Wärmestrahlen (die nicht bei den Lichtstrahlen angetroffen wird) neben dem geringen Unterschied in ihrer Brechbarkeit mache es wahrscheinlich, dafs für die Wärme eine in mancher Beziehung andere mechanische Theorie als für das Licht aufgesucht werden müsse.

2) Diefs gehe auch aus den Erscheinungen der Depolarisation der Wärme hervor, die, obwohl im Charakter denen des Lichts ähnlich, doch *numerisch* erstaunlich von ihnen abweichen. Die in dieser Beziehung erlangten Resultate (S. 85) nöthigen zu der Annahme, *entweder* dafs die Wellenlänge bei der Wärme mehre Male gröfser sey als beim Licht, *oder* dafs die Geschwindigkeit der ordentlichen und aufserordentlichen Strahlen in doppelt brechenden Krystallen gänzlich verschieden sey von der des Lichts, *oder* dafs beides zugleich stattfinde. Von diesen Hypothesen scheint die zweite den Vorzug zu verdienen, da wir über die Erscheinungen der Doppelbrechung nichts als aus diesem Versuch wissen, während die Versuche über die Brechungsverhältnisse, nach der herrschenden Dispersions-

theorie, zu zeigen scheinen, dafs die mittlere Wellenlänge bei der Wärme nicht bedeutend abweichen kann
von der beim Licht. Diefs kommt auf die Annahme zurück, dafs die Doppelbrechung bei der Wärme schwächer sey als bei dem Licht, oder, in anderen Worten,
dafs bei der Wärme zur Hervorbringung eines bestimmten Effects eine gröfsere Dicke des Krystalls erforderlich sey als bei dem Licht. Der zweite und dritte Abschnitt dieser Abhandlung bestätigen einander in sofern,
als die Gleichheit der Depolarisation und der Brechbarkeit bei Wärme aus verschiedenen Quellen höchst unwahrscheinlich würde, wenn die Wellenlänge in diesen
Fällen bedeutend verschieden wäre.

Aus dem dritten Abschnitt ergiebt sich endlich, dafs
bei allen untersuchten Wärmegattungen das *mittlere* Brechungsverhältnifs *geringer* ist als beim Licht, und zwischen engen Gränzen liegt, besonders bei den noch nicht
durch diathermane Substanzen abgeänderten Wärmearten;
das die Dispersion bedeutend, aber noch unbekannt, und
bei Wärme von niedriger Temperatur wahrscheinlich am
schwächsten ist.

V. *Ueber die bei Verbrennung verschiedener ein-*
fachen und zusammengesetzten Substanzen
entwickelte Wärme. Aus dem Nachlasse
des verstorbenen D u l o n g [1]).

Folgende Resultate wurden Hrn. Hefs bei seiner Anwesenheit in Paris im Sommer 1837 von dem der Wissenschaft leider seitdem entrissenen D u l o n g mündlich
mitgetheilt, und von Ersterem auf Veranlassung der Aeufserung in den *Comptes rendus*, dafs man die wichtige

[1) *Compt. rend. T. VII p.* 871.

Arbeit über die Wärme nicht unter den Papieren des Verstorbenen aufgefunden habe, Hrn. Arago übersandt.

.1) Die entwickelten Wärmemengen sind für gleiche Substanzen fast gleich bei verschiedenen Temperaturen.

2) Gleiche Volume von allen Gasen entwickeln bei ihrer Verbindung mit Sauerstoff gleiche Wärmemengen.

3) Auf gleiche Sauerstoffmenge entwickelt sich eine gleiche Wärmemenge, es mag sich eine Verbindung wie $R+O$ oder wie $R+2O$ bilden.

4) Bei den starren Substanzen sind die entwickelten Wärmemengen sehr ungleich.

Die Uebersendung dieser Resultate hat Hrn. Arago Veranlassung gegeben, weitere Nachforschungen anzustellen, und es ist ihm geglückt, unter den hinterlassenen Handschriften des Verstorbenen nicht nur die folgende Tafel aufzufinden, sondern auch von Hrn. Cabart, welcher den Verstorbenen in seinen Arbeiten unterstützte, eine Beschreibung des von denselben angewandten Calorimeters zu erhalten.

Beschreibung des Kastens des Dulong'schen Calorimeters; von Hrn. Cabart.

Ein rechteckiger Kasten von Kupfer, 25 Centim. tief, 7,5 Centim. breit und 10 Centim. lang ist die Hülle, in der die Verbrennung vorgenommen wird. Der Sauerstoff oder im Allgemeinen das verbrennende Gas kann durch zwei Röhren hineingeleitet werden.

Die erstere, nachdem sie parallel an der Wand herabgegangen ist, mündet seitwärts etwas ein, über dem Boden. Cylindrisch in ihrem oberen Theile, ist sie abgeplattet und rechteckig fast in ihrer ganzen Länge. Die zweite, unter dem Kasten angebracht, ist anfangs vertical und auf einer kleinen Strecke cylindrisch, darauf horizontal und abgeplattet, dann von Neuem cylindrisch

und vertical. Die cylindrischen Theile dieser beiden
Röhren dienen als Dillen.

Je nach Erfordernifs wird die eine oder die andere
angewandt. Das durch die eine derselben fortwährend
zuströmende Gas führt, nachdem es die Verbrennung
bewirkt hat, die etwa gebildeten gasigen Producte mit
sich, und tritt aus der Hülle durch einen rechteckigen
Kanal von 5 Centim. Weite, dessen Mündung, ein wenig über dem Boden, in der dem Eintritt des Gases ge-
genüberliegenden Wand befindlich ist. Dieser Kanal
geht, nachdem er in fast horizontaler Richtung sieben
oder acht Mal hin und her gebogen ist, senkrecht herab,
und steigt dann wieder, um in zwei cylindrischen Dillen zu endigen, von denen die eine, in der Axe des
Rohrs, das Thermometer aufnimmt, welches die Temperatur des Gases bei seinem Austritt messen soll. Diefs
Gas begiebt sich durch die andere Dille in ein Gaso-
meter (*gazomètre de dégagement*).

Eine Oeffnung, angebracht in einer der Ecken des
Kastens und gelöthet an ein Kupferrohr, das nach aufsen durch eine Glasplatte verschlossen ist, erlaubt die
die Verbrennung begleitenden Erscheinungen zu beobachten.

Ein horizontales und auf der Ebene der vorhin beschriebenen Zuleitungsröhren winkelrechtes Rohr hat wahrscheinlich zur Verbrennung gewisser Flüssigkeiten dienen
sollen.

Der obere Rand des Kastens ist versehen mit einer
Rinne, in welche man Quecksilber thut, und in welche
die Ränder eines rechtwinklichen kupfernen Deckels, der
ein zwei Centimeter weites Rohr von Kupfer trägt, ein-
greifen.

Die Hülle und ihre Anhängsel, mit Ausnahme der
Dillen, waren in einem rechtwinklichen Kasten von 11
Liter Rauminhalt eingeschlossen, und auf allen Seiten
umgeben von Wasser, das diesen Kasten füllte. Die

Temperatur dieses Wassers wurde durch zwei Thermometer ermittelt und durch zwei zweckmäfsig angebrachte Umrührer in der ganzen Masse gleichförmig erhalten.

Nach Beschreibung des wichtigeren Theils des Apparats bleibt nur noch von der Art des Experimentirens das Wenige zu sagen, was ich darüber habe erfahren können.

Die Gase wurden aus einer Spitze verbrannt, deren Oeffnung nach der gröfseren oder geringeren Verbrennlichkeit der Gase im Durchmesser verschieden war. Die Verbrennung der Flüssigkeiten geschah mittelst einiger Baumwollenfäden, welche in eine, an einem Ende verschlossene und die Flüssigkeit enthaltende Röhre tauchten. Ich weifs nicht, wie alle diese Körper entzündet wurden, nicht einmal, ob diefs vor oder nach ihrer Einführung in die verbrennende Atmosphäre geschah.

In Betreff der starren Körper kenne ich das Detail etwas näher. Die Metalle, mit Ausnahme des Eisens, das als spiralförmige Drähte angewandt wurde, waren in Pulverform in einer rechteckigen Kapsel von Kupfer oder Platin enthalten. Sie wurden mit einer indifferenten Masse vermischt, wenn man fürchtete, dafs sie in der Hitze zusammenbacken würden. Die Entzündung geschah durch ein Stückchen Zunder. Bei der Kohle ward dieses Mittel vergebens angewandt.

Die in scharfe Kegel auslaufenden Kohlencylinder wurden, in der Mitte von Kohlenpulver, in Platintiegeln stark geglüht, und darauf langsam erkalten gelassen. Die Spitze des Kegels wurde in einer Alkoholflamme zum Glühen gebracht. Diefs reichte hin, die Kohle zum Brennen zu bringen, wenn man sie rasch in Sauerstoff brachte.

Um die bei der Verbrennung entwickelte Wärme zu bestimmen, benutzte Dulong den von Rumford angegebenen Kunstgriff. Dieser besteht bekanntlich darin, dafs man den Versuch beginnt, wenn die Temperatur des Wassers einige Grade unter der der umgebenden Luft

Luft liegt, und ihn zu beenden, wenn sie um eben so viel Grade darüber ist. Diese Berichtigung ist nur richtig, sobald der erste Theil der Erhitzung in derselben Zeit geschieht wie die zweite. Diese Vorsicht ist Dulong nicht entgangen. Er hat die Sache so eingerichtet, dafs die Dauer seiner Versuche in zwei gleichen Erhitzungen entsprechende Hälften getheilt wurde.

Resultate, ausgezogen aus Dulong's handschriftlichen Registern.

Die Einheit, in welcher alle folgende Zahlen ausgedrückt sind, ist die Wärmemenge, welche erforderlich seyn würde, um 1 Grm. flüssigen Wassers von gewöhnlicher Temperatur um 1° C. zu erwärmen.

Wasserstoff. 1 Litre bei 0° und $0^m,76$, gab beim Verbrennen in fünf Versuchen folgende Wärme-Einheiten:

3120 ; 3118 ; 3108,6 ; 3111,3 ; 3075,3.

Darnach werden entwickelt, wenn 1 Litre Sauerstoff bei 0° und $0^m,76$ sich mit Wasserstoff verbindet, Wärme-Einheiten:

6240 ; 6236 ; 6217,2 ; 6222,6 ; 6150,6.

Sumpfgas. 1 Litre bei 0° und $0^m,76$ gab in 4 Versuchen:

9481,5 ; 9604,2 ; 9317 ; 9948.

Darnach entwickelt 1 Liter Sauerstoff mit diesem Gas:

4740,7 ; 4802,1 ; 4658,5 ; 4974.

Kohlenoxydgas. Da dasselbe für sich nicht brennt, ward es mit der Hälfte seines Volums an Wasserstoff vermischt. Wärme von 1 Liter Kohlenoxydgas in drei Versuchen:

3069 ; 3120 ; 3202.

Oelbildendes Gas. Wärme von 1 Liter, in fünf Versuchen:

15264 ; 15298 ; 15576 ; 15051 ; 15501.

Absoluter Alkohol.. 1 Lit. Dampf, bei 2 Versuchen:
14441 ; 14310.

Kohle. 1 Liter Kohlendampf, in 4 Versuchen:
8009 ; 7540 ; 8040 ; 7843.

Terpenthinöl-Dampf. Wärme von
1 Liter =70607 ; 1 Gramm =10836.

Olivenöl. Wärme von
1 Gramm =9862.

Schwefeläther, in 2 Versuchen:
1 Grm. =9257,2 ; 1 Liter Dampf =32738,0
dito =9604,8 ; dito =33968,0.

Cyan. 1 Liter in drei Versuchen:
12602 ; 12080 ; 12129.

Bei der Verbrennung des Cyans bildet sich eine kleine Menge salpetriger Säure.

Wasserstoff und Stickstoffoxyd:
1 Liter Wasserstoff 5220,7.

Kohlenoxyd und Stickstoffoxyd:
1 Liter Kohlenoxyd 5549.

In diesen beiden Versuchen bildet sich salpetrige Säure in sehr merklicher Menge. Die Kohle verbrennt im Stickstoffoxyd nicht mit demselben Grad des Glühens wie im Sauerstoff.

Schwefel im Sauerstoff (wobei wasserfreie Schwefelsäure entsteht). Ein Gramm gab in drei Versuchen:
2719,5 ; 2452 ; 2632.

Eisen. Auf 1 Liter verbundenen Sauerstoffs erzeugte Wärme in 2 Versuchen:
6152 ; 6281.

Zinn. Auf 1 Liter verbundenen Sauerstoff erzeugte die Verbrennung in drei Versuchen:
6411 ; 6790 ; 6325.

Zinnoxydul. Auf 1 Liter verbundenen Sauerstoffs erzeugte die Verbrennung in 3 Versuchen:
6343 ; 6611 ; 6262,9.

Beim zweiten Versuch, glaubt **Dulong**, habe sich eine Verbindung vom Oxydul mit Oxyd erzeugt.

Kupfer. Entwickelte Wärme auf 1 Liter Sauerstoff. 3 Versuche:

Nach Gewicht   3503 ;   3742 [1])   3549

Nach Maaſs   4118 ;   3702   3719.

Kupferoxydul. Ein einziger Versuch: 3130.

Antimon. Auf 1 Liter Sauerstoff.

1ster Versuch: 5383,6. Nach Gewicht.

              5259,8   -   Maaſs.

2ter   -   5348   - Gewicht.

              5373   - Maaſs.

3ter   -   5707 [2])

4ter   -   5875

5ter   -   5444,6.

Die dabei absorbirte Sauerstoffmenge entspricht genau der antimonigen Säure.

Zink. Entwickelte Wärme auf 1 Liter Sauerstoff; 3 Versuche:

         7599 ; 7378 ; 7753.

Kobalt. Ein Versuch: 5721.

Nickel. Ein Versuch: 5333.

Nach einigen Zeilen auf einem losen Blatt scheint **Dulong** vermuthet zu haben, daſs zwischen den specifischen Wärmen und den bei der Verbrennung durch eine gleiche Sauerstoff - Absorption erzeugten Wärmemengen ein einfaches Verhältniſs bestehe. Die Zahlen in vorstehender Tafel scheinen dieser Idee günstig zu seyn.

1) Wohl 3542?   *P.*

2) Nicht bemerkt, ob nach Gewicht, oder nach Maaſs.   *P.*

VI. Ueber die Farbe des Meeres; von Hrn. Arago.

(Aus den Instructionen für die Expedition zur wissenschaftlichen Untersuchung des Algierischen. — *Compt. rend. T. VII p.* 219.)

Das Studium der Farben des Meeres hat den Scharfsinn vieler Gelehrten und Seefahrer beschäftigt, ohne
dafs man sagen könnte, das Problem sey gänzlich gelöst.

Was für eine Farbe hat das Meer? Die Antwor-
ten auf diese Frage lauten fast gleich. Mit *Ultramarin*
vergleicht Kapitain S c o r e s b y die allgemeine Farbe der
Polarmeere, mit einer vollkommen klaren Auflösung des
schönsten Indigo oder mit *Himmelblau* Hr. C o s t a z die
Farbe des Mittelmeeres, mit *lebhaftem Azur* der Kapitain T u c k e y die Farbe der Wogen des atlantischen
Oceans in den Aequinoctialregionen, mit *lebhaftem Blau*
endlich Sir H u m p h r y D a v y die vom Schnee- oder
Gletscher-Wasser reflectirten Farben. Himmelblau, mehr
oder weniger dunkel, d. h. mit kleineren oder gröfseren
Antheilen weifsen Lichts gemischt, scheint also immer
die Farbe des Oceans seyn zu müssen. Warum ist dem
aber nicht also?

Wir sprachen so eben von reinem Wasser. Das
Meergewässer ist aber oft mit fremdartigen Stoffen an-
geschwängert. Die so ausgedehnten und scharf abgeschnittenen grünen Zonen in den Polarregionen z. B.
enthalten Myriaden von Medusen, deren gelbliche Farbe,
gemischt mit der blauen des Wassers, das Grün hervorbringt. Unfern des Cap Palmas, an der Küste von Gui-
nea, schien das Schiff des Kapitain Tuckey in einer
Milch zu schwimmen; hier waren es ebenfalls Massen
von Thieren, die, auf der Oberfläche schwimmend, die
natürliche Farbe des Wassers versteckten. Die carmin-

rothen Zonen, welche andere Seefahrer im grofsen Occan durchschnitten, haben auch keine andere Ursache. Wenn in der Schweiz die Farbe eines Sees aus Blau in Grün übergeht, so ist dessen Wasser, nach Sir Davy, mit Pflanzensubstanzen erfüllt. Nahe an der Mündung grofser Flüsse endlich hat das Meer oft eine braune Farbe, in Folge des Schlamms und anderer darin schwebender Substanzen. Wir mufsten bei diesen, von den Beimischungen des Wassers erzeugten Farben verweilen, damit man sie nicht verwechsele mit denen, von welchen wir jetzt sprechen wollen.

An Stellen, wo das Meer eine geringe Tiefe hat, zeigt sich die himmelblaue Farbe desselben abgeändert und zuweilen gänzlich umgewandelt. Der Grund hievon ist der, dafs dann das vom Boden reflectirte Licht, mit dem natürlichen Licht des Wassers gemischt, in's Auge gelangt. Die Wirkung dieser Superposition könnte nach den Gesetzen der Optik berechnet werden; allein dazu müfste man nicht blofs die Natur der beiden gemischten Farben kennen, sondern auch, was schwieriger ist, die verhältnifsmäfsigen Intensitäten. So giebt ein gelber, wenig reflectirender Sandboden dem Meer eine grüne Farbe, weil Gelb zu Blau gemischt bekanntlich Grün erzeugt. Nun denke man sich das dunkle Gelb durch ein glänzendes ersetzt, und es wird das schwache Blau des reinen Wassers dieses lebhafte Licht kaum *grün färben*, folglich das Meer gelblich erscheinen. In der Bai von *Loango* ist das Wasser immer stark roth; man würde glauben, es sey mit Blut gefärbt. Tuckey hat sich überzeugt, dafs daselbst der Meeresboden sehr roth ist. Wäre dieser Boden, statt lebhaft roth, nur dunkelroth und wenig reflectirend, so würden die Gewässer der Bucht von *Loango* orange oder vielleicht gelb erscheinen.

Gegen diese Betrachtungsweise des Problems macht man einen Einwurf, der auf den ersten Blick gewichtig scheint. Ein weifser Sandgrund, sagt man, müfste die

Meeresfarbe nicht abändern; denn wenn auch das Weifs
die ihm beigemischten Farben blasser macht, so kann
es doch ihren Ton nicht verändern. Die Antwort darauf ist leicht. Wodurch hat man sich versichert, dafs
der Sandgrund weifs sey. Etwa dadurch, dafs man in
freier Luft einen Theil heraufzog, dem *weifsen* Licht der
Sonne oder der Wolken aussetzte? Befindet sich denn
der Sand am Boden des Meeres unter denselben Umständen? Hätte man ibn an freier Luft mit rothem, grünem
oder blauem Licht beleuchtet, so würde er roth, grün oder
blau erschienen seyu. Suchen wir also, welche Farbe
den Boden des Wassers treffe.

Das Wasser befindet sich in dem Fall aller jenen,
von Physikern, Chemikern und Mineralogen so oft untersuchten Körpern, welche zweierlei Farben besitzen,
eine durchgelassene und, davon ganz verschieden, eine
reflectirte. Die reflectirte Farbe des Wassers ist blau,
die durchgelassene, wie Einige glauben, grün. Das Wasser, nachdem es das beleuchtende Licht *gebläut* hat,
zerstreut also einen Theil desselben nach allen Richtungen, und dieses zerstreute Licht macht die *eigene Farbe*
der Flüssigkeiten aus. Die übrigen, *unregelmäfsig durch-*
gelassenen Strahlen werden bei ihrem Durchgang durch
das Wasser gegrünt, desto stärker, je dicker die Wassermasse ist.

Diefs vorausgesetzt, wollen wir zu dem Fall eines
nicht tiefen Meeres mit weifsem Sandgrund zurückkeh-
ren. Dieser Sand erhält das Licht erst durch eine Schicht
Wasser; es gelangt also grün zu ihm, und diese Farbe
ist es, welche er reflectirt. Allein bei dem zweiten Wege,
welchen die Lichtstrahlen vom Sande zur Luft durch das
Wasser zurücklegen, wird ihre grüne Farbe zuweilen
so dunkel, dafs sie beim Austritt über das Blau vorwal-
tet. Darin liegt vielleicht das ganze Geheimnifs der Färbungen, welche für den erfahrenen Seemann bei stillem

Wetter die gewisse und köstliche Anzeige einer großen Tiefe sind.

Ich sagte eben: *bei stillem Wetter*, und das nicht ohne Absicht. Wenn das Meer aufgeregt ist, können nämlich die Wellen, in gewisser Stellung, eine so große Menge *durchgelassener* oder *grüner* Strahlen in's Auge senden, daß das reflectirte Blau ganz verdeckt wird. Einige kurze Bemerkungen werden diefs verdeutlichen.

Man denke sich ein dreiseitiges Prisma, in freier Luft, horizontal vor einem Beobachter aufgestellt, etwas tiefer als dieser. Dieses Prisma wird durch Refraction keinen direct aus der Atmosphäre anlangenden Strahl in's Auge senden können. Im Gegentheil wird die Vorderfläche des Prismas ein Bündel atmosphärischen Lichts auf den Beobachter reflectiren, wovon aber ein großer Theil über dessen Kopf hinweggeht. Dieser Theil müfste in seinem Laufe gebeugt, von oben nach unten gebrochen werden, um in's Auge zu gelangen. Ein zweites Prisma, wie das erste aufgestellt, aber näher an dem Beobachter, würde genau dasselbe bewirken.

Leicht wird man errathen, worauf wir abzielen. Die Wogen des Oceans sind gleichsam Prismen. Niemals ist deren bloß eine da; sie folgen einander in fast parallelen Richtungen, und wenn zwei Wogen einem Schiffe nahe kommen, wird ein Theil des an der Vorderfläche der zweiten reflectirten Lichts die *erstere durchdringen*, darin von oben nach unten gebrochen werden, und so zu dem auf dem Verdeck befindlichen Beobachter gelangen. Da haben wir also abermals durchgelassenes, und folglich *gegrüntes* Licht, welches zugleich mit dem gewöhnlichen blauen in's Auge gelangt; da haben wir die Erscheinungen großer Tiefen mit weißem Sandgrund, ohne große Tiefe; — ein grünes Meer durch das Vorwalten der durchgelassenen Farbe über die reflectirte.

Wir haben hier die flüchtigen Umrisse einer Theorie der Meeresfarben entworfen, um Seefahrer in dem

Studium dieses Gegenstandes zu leiten. Die Untersuchung der Umstände, in denen diese Theorie mangelhaft seyn könnte, wird auf Versuche oder wenigstens auf Beobachtungen führen, an die sonst wahrscheinlich Niemand gedacht haben würde. So z. B. wird Jedermann begreifen, daſs die *Wellenprismen* nicht gleiche Wirkungen in allen Richtungen ihres Fortschreitens werden hervorbringen können, und man darf erwarten, daſs wenn der Wind umspringt auch eine Veränderung in der Meeresfarbe eintreten werde. Auf den Schweizer Seen ist das Phänomen augenscheinlich; wird dem aber so auf offnem Meere seyn?

Einige Personen beharren dabei, dem Blau des Himmels eine wichtige Rolle in der Erzeugung des Meeresblau spielen zu lassen. Diese Idee scheint uns auf eine entscheidende Probe gestellt werden zu können, und zwar folgendermaſsen:

Die blauen Strahlen der Atmosphäre gelangen erst nach regelmäſsiger Reflexion vom Wasser in's Auge. Wenn der Reflexionswinkel 37° ist, sind sie polarisirt. Durch einen Turmalin wird man sie dann gänzlich fortnehmen, und das Meeresblau für sich, ohne fremdartige Beimischung, erblicken können.

Um sich bei Studium der Farben des Oceans möglichst gegen Reflexe zu schützen, haben sehr geschickte Seefahrer empfohlen, immer durch das Rohr zu sehen, durch welches der Arm des Steuers geht. Dann zeigt das Wasser an einigen Punkten schön *violette* Farben; allein, mit ein wenig Aufmerksamkeit kann man sich überzeugen, daſs diese Farben nichts Wirkliches haben, sondern nur Wirkungen des Contrastes sind, entspringend aus dem in fast senkrechter Richtung schwach reflectirten Lichts der Atmosphäre, das durch die Nähe der durchgelassenen grünen Farben, welche man immer um das Steuer erblickt, gefärbt ist.

Mag man indeſs den eben auseinandergesetzten Ver-

such zur Erklärung der Meeresfarben annehmen und aus-
bilden, oder verwerfen und durch einen anderen ersetzen wollen, so wird man doch mit der Untersuchung
beginnen müssen, welche Farbe das Meer besitze, wenn
man, bei *gewöhnlichem Tageslicht,* durch dasselbe schaut.
Erinnert man sich, wie stark *grünlich* eine Fensterscheibe
durch die Kanten gesehen erscheint, selbst wenn sie nur
von der Seite her senkrecht beleuchtet ist, so wird man
ganz das Ziel dieser Aufgaben einsehen. Folgendes
scheint mir ein sehr einfaches Mittel zu ihrer Lösung zu
seyn.

Angenommen, ein Beobachter sey mit einem jener
großen hohlen Prismen von Spiegelglas versehen, deren
die Physiker sich zum Studium der Refraction von Flüssigkeiten bedienen. Der Brechungswinkel sey 45°, und
das Prisma werde, mit der Kante des Brechungswinkels
nach unten und horizontal, zum Theil und so in's Wasser getaucht, daß eine der Seitenflächen dieses Winkels
vertical stehe, also die andere um 45° gegen den Horizont neige.

Bei dieser Vorrichtung wird das Licht, welches sich
im Wasser einige Centimeter unterhalb seiner Oberfläche horizontal bewegt, und, wenn der Ausdruck mir erlaubt ist, seine *Schnittfarbe (couleur de tranche)* bildet, die senkrechte Glasplatte das Prisma winkelrecht
treffen, in das Prisma eindringen, durch die darin enthaltene *Luft* gehen, die zweite Glasplatte erreichen und
dort vertical von unten nach oben reflectirt werden. Der
Beobachter also, der auf diese Platte sieht, wird die eigene Farbe des Wassers durch Refraction eben so gut
erblicken, wie wenn er sein Auge in das Wasser hielte.
Unter dieser Form ist der Versuch so einfach, so leicht
und rasch anzustellen, daß allen Reisenden zu empfeh-
len wäre, ihn so oft wie möglich anzustellen, nicht blofs
auf dem Meere, sondern auch auf Seen und Flüssen.

Ich brauche wohl nicht zu bemerken, daß es nö-

thig sey, das Prisma oben durch ein weifses Planglas
zu verschliefsen, damit es sich nicht mit Wasser fülle.
Uebrigens wird der Apparat in der Hand der Künstler
leicht die Form eines üblichen Instruments erhalten [1]).

VII. Der Bumerang [2]).

Der Bumerang (*Boomerang*) oder Keili (*Kilee*) ist eine
australische Wurfwaffe, die, obwohl schon von einigen
früheren Reisenden, z. B. vom Kapt. King, beschrieben,
doch erst seit dem vorigen Jahre näher bekannt geworden ist, und als ein interessantes mechanisches Problem
die Aufmerksamkeit der Mathematiker und Physiker auf
sich gezogen hat. Den ersten Anlafs dazu gab ein Brief
des Hrn. J. S. Moore an Hrn. Prof. Mac-Cullagh
in Dublin, den dieser am 22. Mai 1837 in der Königl.
Irländischen Academie vorgelesen und folgendermafsen
bevorwortet hat.

Der Bumerang ist ein flaches Stück Holz von hy-
perbolischer Gestalt, etwa drittehalb Zoll breit, auf einer Seite ganz eben, und auf der anderen schwach ge-
wölbt. Von einem Ende zum anderen ist er, in ge-
rader Linie, ungefähr drittehalb Fufs lang, und die Mitte
dieser Linie hat von der Mitte des Instruments oder dem
Scheitel der Hyperbel etwa einen Fufs Abstand. Gehörig geworfen, beschreibt er einen Kreis, kehrt um, kommt
auf den Werfenden zurück, geht sogar hinter ihm fort
und sucht abermals umzukehren, ehe er zu Boden fällt.
Es ist sonderbar, dafs eine solche Waffe mufste von

---

1) Man sollte glauben, das Prisma liefse sich durch einen blofsen Glasspiegel, der unter 45° gegen den Horizont geneigt in's Wasser getaucht wird, genügend ersetzen. **P.**

2) Aus mehren Nummern der *Proceedings of the Royal Irish Academy*.

Wilden erfunden werden; denn, so weit bekannt, kommt sie nur bei den Ureinwohnern Neuhollands vor. Sie soll in den westlichen Gegenden *Keili*, in den östlichen *Bumerang* genannt werden [1]). Einige dieser Keili's wurden Hrn. Moore vom Swan River zugesandt, und obwohl ihm das Werfen derselben nicht glückte, gelang es ihm doch mit anderen, die er, im Allgemeinen von gleicher Form, aber etwas mehr gekrümmt, hatte anfertigen lassen. Die oben angegebenen Dimensionen fand er am zweckmäfsigsten.

Hr. Moore selbst bemerkt in seinem Briefe Folgendes: Die Eingebornen werfen den Bumerang mit der convexen Kante gegen die Luft; ihre Bewegung ist dabei von der Linken zur Rechten. Mir gelang es indefs auf

2) Als ich in diesem Sommer einige Tage in Dublin verweilte, hatte ich unter andern Gelegenheit, den Gebrauch des Bumerang durch eine im Werfen desselben recht geübte Person aus eigener Anschauung kennen zu lernen, und ich mufs gestehen zu meiner grofsen Ueberraschung, denn die Bahn des unter stetem Herumwirbeln erst horizontal dahin fliegenden, dann rasch aufsteigenden und wieder zurückkehrenden Instruments ist so seltsam, und, nach der Richtung des Windes und anderen Zufälligkeiten beim Wurf, so mannichfaltig, dafs man sich schwerlich, ohne es gesehen zu haben, eine ganz lebendige Vorstellung davon machen kann. In Dublin ist der Bumerang bereits so gemein, dafs er in Läden als Spielzeug verkauft wird; es möchte indefs in den Händen von Kindern immer eine etwas gefährliche Spielerei bleiben, da sich, wenigstens ohne eine grofse Uebung im Werfen, nicht im Voraus bestimmen läfst, wohin das Instrument seinen Weg nehmen wird. Aus diesem Grunde gebrauchen auch die Australier den Bumerang, wie man mir sagte, mehr um Vögel aus einem dahin ziehenden Schwarm zu erschlagen, oder um den Feind, ehe man den Wurfspiefs nach ihm wirft, in Verwirrung zu setzen, als um damit nach einzelnen entfernten Gegenständen zu zielen, was auch fast unmöglich scheint. Daher ist der Bumerang den Australiern auch kein Ersatz für Bogen und Pfeil, welche sie nicht kennen. Wer sich über die anderweitigen Waffen der Neuholländer (worunter noch ein zweites, eigenthümliches: *der Wurfstock*) näher unterrichten will, kann es auf kürzestem Wege aus Meinecke's lehrreichem Werk: *Das Festland Australien, eine geographische Monographie* (1837) Bd. II S. 192.   *P.*

die Weise, dafs ich ihn an einem Ende anfafste, mit der concaven Kante einwärts und der flachen Seite nach unten, seine Ebene einen Winkel von 40° mit dem Horizont machen liefs, und nun fortwarf, wie wenn er etwa dreifsig Ellen davon in den Boden schlagen sollte, und zwar so, dafs er zugleich eine drehende und eine fortschreitende Bewegung bekam. Statt in den Boden zu schlagen, wird dann, in etwa 25 Ellen Entfernung, seine Ebene horizontal und bleibt es auf einer Strecke von 15 Ellen. Nun erhebt sich die Waffe in die Luft, nach der Linken gehend, macht mit ihrer Ebene einen Winkel von 30 bis 40 Grad gegen den Horizont, und beschreibt anscheinend einen Kreisbogen nach der Linken hin. Nachdem sie, in der Entfernung von 60 bis 70 Ellen, eine Höhe von 40 bis 60 Fufs erreicht hat, kehrt die Waffe um, sinkt zu dem Punkt herab, von wo ab sie geworfen ward, und, während zugleich ihre Ebene mehr horizontal wird, streicht sie einige Fufs über dem Boden hinweg, und geht rechts neben dem Werfenden vorbei. Während des Vorbeigehens richtet sie ihre Ebene mehr auf, steigt zum zweiten Male in die Höhe, und beschreibt eine andere kleinere Curve (15 bis 20 Ellen hinter dem Werfenden) in ähnlicher Weise wie zuvor, blofs mit der Ausnahme, dafs sie diese zweite Curve von der Linken zur Rechten beschreibt, entgegengesetzt dem Laufe ihrer Rotation und der ersten Curve, welcher beständig von der Rechten zur Linken geht.

Hr. Mac-Cullagh macht hiebei auf die Theorie dieser Bewegung aufmerksam. Wenn ein Körper von irgend einer Form, sagt er, im Vacuo geworfen wird, so wissen wir, dafs sein Schwerpunkt eine Parabel in einer senkrechten Ebene beschreibt, während er um eine durch diesen Punkt gehende Axe rotirt. Es ist daher einleuchtend, dafs im vorliegenden Fall das fortwährende Abweichen von der senkrechten Ebene der Wirkung der Luft zugeschrieben werden muſs. Die gegenseitige Einwirkung der Luft und eines Körpers, der zugleich mit einer fortschreitenden und drehenden Bewegung begabt ist, zu berechnen, ist aber ein Problem, das die gegenwärtigen Kräfte der Mechanik weit übersteigt. Das Problem kann nur annäbernd gelöst werden, und, wie sehr wir es auch vereinfachen mögen, bleiben doch die Rechnungen sehr mühsam. Selbst die Voraussetzung eines Widerstandes proportional dem Quadrat der Geschwindigkeit (welche gewöhnlich in Fragen dieser Art als eine Annäherung betrachtet wird) würde zu verwickelten Resultaten führen. — Uebrigens ist zu bemerken, daſs man die Bewegung des Keili im Rohen durch das bekannte Experiment nachahmen kann, wo man ein sichelförmig ausgeschnittenes Stück Karte durch einen Schnepper mit dem Finger fortschleudert, so daſs es in seiner eigenen Ebene rotirt. —

Auf Veranlassung eines in einer späteren Sitzung der Irländ. Academie von Hrn. Carroll über die Bewegung des Bumerang gelesenen Aufsatzes hat Hr. Prof. Lloyd einige Bemerkungen über denselben Gegenstand gemacht, in denen er zu zeigen sucht, daſs die eigenthümliche Bewegung dieses Projectils nur ein äuſserster Fall von bekannten Gesetzen sey. Wenn ein Körper sich in einem widerstehenden Mittel bewegt, und wenn die Resultante aller der Widerstandskräfte, die auf die einzelnen Theile seiner Oberfläche wirken, nicht in der Verticalebene des Wurfs enthalten ist, so muſs der Körper von dieser Ebene abweichen. Dieſs ist im Allgemeinen der Fall bei der Bewegung eines Körpers in einem widerstehenden Mittel. Es läſst sich zeigen, daſs diese Wirkung des Widerstandes der Luft ungewöhnlich groſs ist bei einem Körper, der (wie der Bumerang) aus zwei geraden, unter einem stumpfen Winkel verbundenen Armen besteht und mit einer drehenden Bewegung geworfen wird; daraus entspringt die starke Abweichung in diesem Fall, die (bekanntlich) bis 180° geht. Diese anomale Abweichung ist aber keineswegs blofs einem Projectil von dieser Form eigen, vielmehr giebt es andere Gestalten, welche diese Eigenschaft in einer noch merkwürdigeren Weise zeigen.

Die zweite Eigenthümlichkeit in dem Flug des Bumerang, nämlich sein abwechselndes Auf- und Niedersteigen, schreibt Hr. Lloyd einer *Nutation* der Rotations-axe desselben zu, indem das Instrument, wegen seiner flachen Gestalt, gezwungen wird, sich in seiner eigenen Ebene zu bewegen, welche auch die Ebene der Rotation ist. Die *fortschreitende* und *drehende* Bewegung eines schweren Körpers sind in einem *widerstehenden* Mittel nicht unabhängig von einander, wie sie es im Vacuo sind, und mithin werden Veränderungen in der fortschreitenden Bewegung entsprechende Veränderungen sowohl in der Geschwindigkeit als in der Richtung der Drehung hervorbringen [1]).

Auch die Archäologen haben ihre Aufmerksamkeit dem Bumerang zugewandt. In einer am 22. Jan. d. J. in der Irländisch. Academie gehaltenen Vorlesung sucht Hr. Samuel Ferguson zu zeigen, dafs die Eigenthümlichkeiten dieses Instruments auch der *cateia* und der *aclys* der römischen Klassiker zukommen, und die letztere wahrscheinlich einerlei sey mit der *ancyle* der Griechen.

Die Hauptbeweise für die *cateia* liegen 1) in dem ihr von Silius Italicus beigelegten Epithet *panda*, und 2) in der von Isidorus, einem Schriftsteller am Ende des sechsten und Anfang des siebenten Jahrhunderts, gegebenen Beschreibung, in der es heifst: »*Si ab artifice mittatur rursum redit ad eum qui misit*« (*Origin. l. XVIII c.* 7).

1) Ein Ungenannter hat im *Phil. Mag. Vol. XII p.* 329 eine vollständige Theorie des Bumerang zu geben gesucht.

Die Hauptbeweise für die *aclys* bestehen: 1) in der Identificirung der *aclys* und *cateia* bei Servius (in *Aenid. l. VII v.* 730, 741) — 2) in einem von Valerius Flaccus (*Argonaut. l. VI. v.* 99) aus ihrer halbmondförmigen Gestalt gezogenen Schluß, und 3) in einer Angabe des Sidonius Appollinaris, einem Schriftsteller des fünften Jahrhunderts, welcher, indem er sich, wie es scheint, auf diese Waffen bezieht, sie als Wurfwaffen beschreibt: »*quae feriant bis, missa semel*« (*Carm. V v.* 402).

Auf die Identität von *aclys* und *ancyle* schloß er aus ihrer etymologischen Verwandtschaft und aus den Angaben des Scholiasten vom Euripides — αγκυλαι τα αχοντια, απο του επηγκυλιασθαι (Euripid. Orest. *v.* 1479).

Eine Untersuchung der Wurzelbedeutung dieser Namen bestätigte die beigebrachten Zeugnisse, indem sie zeigte, daß jeder eigentlich ein gekrümmtes Instrument bezeichnete.

Die Angabe von Isidorus, daß die *cateia* und die Keule des Herkules einerlei wären, wurde ebenfalls bestätigt durch eine Untersuchung über die Wurzelbedeutung des Worts *clava*, und durch Vorzeigung antiker Zeichnungen von gekrümmten *clavis* (fast identisch in der Form mit einer Varietät des australischen Instruments), von denen eine die Waffe des Herkules scheint vorstellen zu sollen. Eine fernere Bestätigung ergab sich aus der Thatsache, daß Instrumente, die nach dem Muster dieser angefertigt wurden, den eigenthümlichen Flug des Bumerang zu zeigen vermochten. Auch die Keule oder der Hammer von *Thor*, dem Hercules der skandinavischen Mythologie, besaß, wie die *Edda* angiebt, ähnliche Eigenschaften, und daß Instrumente von der Gestalt eines Kreuzes oder eines Hammers die Eigenschaften der australischen Waffe besitzen, ist ja dargethan worden. Dieß wirft einiges Licht auf die Kreuze auf heidnischen Britischen Münzen und auf die in Irischen Romanzen aufbewahrten Sagen von kreuzförmigen Wurfspiefsen.

Nachdem er so die Beziehungen zwischen der gekrümmten Keule und dem Bumerang festgestellt, sprach Hr. F. die Vermuthung aus, es möchte wohl einige Verwandtschaft stattfinden zwischen den germanischen Völkern, »*who still call their club Keile and Kiele, a name properly descriptive of a crooked weapon*« (!? *P.*) und den australischen Stämmen, welche das ähnliche Instrument Keili (Kiliee) nennen.

Aus der merkwürdigen Thatsache, dafs die Namen des geraden Spiefses in mehren europäischen Sprachen entweder identisch oder in der Wurzel verwandt seyen mit denen für die gekrümmte Wurfwaffe, schlofs er, dafs der Bumerang eine ältere Waffe sey als der Speer.

VIII. *Notizen.*

1) *Störung der Magnetnadel.* — Am 17. und 18. Nov. 1835, als die Magnetnadel zu Paris während eines *Nordlichts* sehr unruhig war, beobachtete Hr. G a y auch zu Valdivia in Chili grofse Unregelmäfsigkeiten in dem Gang derselben. Ob gleichzeitig ein *Südlicht* vorhanden war, konnte er wegen bedeckter Luft nicht entscheiden. (*Compt. rend. T. VI p.* 833.)

2) *Regen ohne Wolken.* Am 31. Mai d. J. Nachmittags 2 Uhr beobachtete Hr. W a r t m a n n in Génf wiederum (s. Ann. Bd. XXXXIII S. 420) die Erscheinung eines Regens, während der Himmel rings um das Zenith vollkommen heiter war. Der Regen dauerte sechs Minuten, war lau, fiel senkrecht herab, und zwar anfangs ziemlich dicht und in ziemlich grofsen Tropfen, später aber in immer kleineren. Die Temperatur war 18° C. Regen und Sonnenschein wechselten an dem Tage sehr oft. (*Compt. rend. T. VI p.* 832.)

1838.   ANNALEN   *No.* 12.
DER PHYSIK UND CHEMIE.
               BAND XXXXV.

I. *Ueber die Sonnenwärme, das Strahlungs- und*
   Absorptionsvermögen der atmosphärischen Luft
   und die Temperatur des Weltraums;
        von Hrn. **Pouillet.**

(Schluſs von S. 57.)

XVII. **K**ehren wir jetzt zu den Gleichgewichtsbedingungen der diathermanen Hüllen zurück, um die Ursachen zu untersuchen, welche auf ihr doppeltes Absorptionsvermögen von Einfluſs seyn können, so bemerken
wir, daſs die specifische Wärme der Substanz dieser
Hüllen keine Aenderung erleiden kann, ohne daſs nicht
auch die Absorptionskräfte sich in gewissem Verhältniſs
ändern. In der That, wenn man die Kugel, statt mit einer gegebenen Hülle, mit einer anderen Hülle, von gleicher
Masse und gleicher Substanz, aber verschiedener speci-
fischer Wärme, umgiebt, so ist es ungemein wahrscheinlich, daſs die Effecte anders seyn werden, daſs diese
Hüllen nicht dieselben Temperaturen annehmen, daſs sie
nicht dieselben Anhäufungen von Wärme auf der Kugel
veranlassen, selbst wenn man annimmt, daſs die relativen Werthe der beiden Absorptionskräfte bei beiden
dieselben bleiben.

Diese einfache Bemerkung, im Verein mit einigen
anderen Betrachtungen, die hier nicht entwickelt werden
können, haben mich zu der Annahme geführt, daſs die
Absorptionskräfte einer und derselben elastischen Flüssigkeit, betrachtet als diathermane Substanz, proportional
sind der Masse und der Wärmecapacität derselben. Theilt
man die Atmosphäre z. B. in 100 concentrische Schichten von gleicher Masse, so werden die Absorptionskräfte

irgend zweier einzelnen Schichten proportional seyn den specifischen Wärmen dieser beiden Schichten. Nahe an der Oberfläche der Erde, wo der Druck grofs und die Wärmecapacität klein ist, wird folglich der Antheil der absorbirten Wärme geringer seyn als nahe an der oberen Gränze der Atmosphäre, wo der Druck gering und die Capacität bedeutend ist. Man sieht, dafs zugleich die untere Schicht eine weit kleinere Dicke hat als die obere. Diese Betrachtung modificirt, wie wir angedeutet haben, die zu den Gipfeln hoher Berge gelangende Mengen von Sonnenwärme, und führt diese Mengen auf einen allgemeinen Ausdruck zurück, in welchen man noch die barometrischen Drucke und die entsprechenden specifischen Wärmen zu substituiren hat. So kann die Absorption, welche wir gefunden und durch Versuche bestätigt haben, auf verschiedene Höhen ausgedehnt werden, zu welchen man sich unmöglich erheben kann, um ähnliche Versuche anzustellen, wie wir in Paris gemacht.

Das nämliche Princip, und die zuvor von uns entwickelten, führen endlich auch zu einem einfachen Ausdruck für die gesammte Menge strahlender Wärme, welche in einer gegebenen Zeit von der Flächeneinheit irgend einer atmosphärischen Schicht ausgesandt wird. In der That hängt diese Wärmemenge nur ab von der eigenen Temperatur t dieser Schicht, von deren Wärmecapacität c, von deren Masse m, von der Zahl $B = 1,146$, welche die Constante der Strahlung ist, und endlich von einer unbekannten Constanten k, welche von der Natur der elastischen Flüssigkeit abhängt. Ihr Werth ist also:

$$B\,k\,m\,c\,a^t.$$

Für eine andere Schicht von gleicher Masse, aber in gröfserer Höhe liegend, deren Temperatur $= t'$ und deren Wärmecapacität $= c'$ wird die in derselben Zeit verlorene Gesammtmenge von Wärme seyn:

$$B\,k\,m\,c'\,a^{t'}.$$

Diefs gesetzt, betrachten wir den Zustand der At-

mosphäre unter dem Aequator, dabei annehmend, dafs
der Himmel lange unbewölkt gewesen sey, und sich in
der ganzen Höbe der atmosphärischen Säule Temperatur-Gleichgewicht eingestellt habe; da dann die mittlere
Temperatur eines jeden Tages am Boden sowohl wie in
jeder Luftschicht in beliebiger Höhe constant ist, so müssen der Boden und die verschiedenen Schichten der Atmosphäre an jedem Tage alle empfangene Wärme verlieren. Die Wärmemenge, welche z. B. eine der unteren Schichten empfängt, hängt nun ab von dem ihr eig-
nen Absorptionsvermögen und von der auf sie einfallenden Wärme, theils von unten her abseiten der Erde,
theils von oben her abseiten der Sonne und des Weltraums. Dasselbe gilt für eine der oberen Schichten, nur
wird diese offenbar von der Sonne und dem Weltraum
mehr einfallende Wärme bekommen als die untere Schicht,
weil diese Wärme in dem Maafse schwächer wird, als
sie in tiefer liegende Schichten eindringt; auch ist ersichtlich, dafs die untere Schicht ihrerseits dafür weit
mehr Erdwärme empfängt als die obere Schicht; weil
die Erdwärme aus demselben Grunde in dem Maafse
schwächer wird als sie in höher liegenden Schichten eindringt. Das Verhältnifs dieser von irgend zwei Schichten empfangenen, oder vielmehr empfangenen und verlorenen, Quantitäten kann näherungsweise berechnet werden, und man findet, dafs es sich nicht sehr von der
Einheit entfernen kann, so lange man wenigstens nicht
zu Schichten, die den Gränzen der Atmosphäre sehr nahe
sind, übergeht. Nimmt man das Verhältnifs als Eins an,
so bedeutet dies, dafs zwei Luftschichten, eine obere
und eine untere, in sehr kleiner oder sehr grofser Entfernung von einander, jeden Tag gleiche Wärmemengen
absorbiren; weil aber beide Alles verlieren, was sie
empfangen, so ist einleuchtend, dafs sie in derselben
Zeit auch gleiche Wärmemengen verlieren. Mithin mufs
man haben:

31 *

$$B k m c^t = B k m c' a^{t'},$$

woraus:

$$t - t' = \frac{1}{l.a} . l . \frac{c'}{c}.$$

Diefs Resultat, welches auf eine so einfache Weise das Gesetz der Temperatur-Abnahme in der Luft unter den Tropen ausdrückt, und bis zu der Gränze der Atmosphäre gültig zu seyn scheint, erfordert eine experimentelle Bestätigung, so weit wenigstens eine solche möglich ist.

Nun weifs man aus den Untersuchungen von Laplace und von Poisson, dafs die Wärmecapacitäten elastischer Flüssigkeiten mit dem Druck, den diese Flüssigkeiten erleiden, verknüpft sind durch eine Relation von der Form:

$$\frac{c'}{c} = \left(\frac{p}{p'}\right)^{1-\frac{1}{k}},$$

die für trockne Luft wird:

$$\frac{c'}{c} = \left(\frac{p}{p'}\right)^{\frac{6}{11}},$$

und man weifs, dafs diese Formel durch Hrn. Gay-Lussac und Welter's sehr genaue Versuche bestätigt ist, Versuche, die sich auf Drucke von 144 Millim. bis 1460 Millim., und auf Temperaturen von $+40^\circ$ bis -20° C. erstrecken.

Mithin kann man die Wärmecapacitäten der verschiedenen Luftschichten schon bis zu vier Fünfteln der Höhe der Atmosphäre berechnen; es wäre jedoch interessant die Versuche des Hrn. Gay-Lussac fortzusetzen, und sie, wo möglich, mit derselben Genauigkeit bis zu -60° oder -80° C. auszudehnen, einer Temperatur, die man gegenwärtig mit dem Apparat des Hrn. Thilorier erlangen kann. (Siehe meine Versuche über diesen Gegenstand in den *Compt. rend. T. IV p.* 513)[1]).

Nimmt man indefs vorläufig an, dafs die Formel des Hrn. Poisson wirklich bis zu einem Druck von

1) Annalen, Bd. XXXXI S. 144. *P.*

0,01 Atmosphäre gültig sey, so findet man, dafs die Temperatur der diesem Druck entsprechenden Schicht, 163° C. unter der mittleren Temperatur der dem Boden benachbarten Schicht liegt, und da diese +27° C. ist, jene also 136° C. unter Null liegt.

Berechnet man die Temperaturen von 100 Schichten, von denen jede 0,01 des atmosphärischen Drucks entspricht, und nimmt das Mittel, so bekommt man annähernd, was man die mittlere Temperatur der Luftsäule nennen kann, weil es in der That diese Temperatur ist, vermöge welcher die gesammte Säule strahlende Wärme aussendet. Die Rechnung giebt für dieses Mittel —8° C.

Endlich ist auch noch eine andere Bestätigung möglich. Bekanntlich ist die Barometerformel für eine ziemlich bedeutende Höhe gültig, und giebt eine Beziehung zwischen den senkrechten Abstand zweier Schichten und den entsprechenden Druckwerthen. Diese Beziehung ist annähernd:

$$z = 18393 . l . \frac{p}{p'},$$

und verbunden mit den vorhergehenden, führt sie zu dem Resultat:

$$t - t' = \frac{z}{224,8},$$

d. h. dafs, innerhalb der Gränzen der Anwendbarkeit der Formel, der Temperaturunterschied beider Schichten einen Centigrad auf 225 Meter Höhe beträgt.

Bekanntlich geben die Versuche des Hrn. v. Humboldt 200 Meter. Der Unterschied von einem Achtel rührt ohne Zweifel von mehren Ursachen her, besonders davon, dafs die Formel, welche die Wärmecapacitäten mit den Drucken verknüpft, nur auf trockne Luft angewandt werden darf, während die Luft unter dem Aequator, wegen ihrer Temperatur, gerade sehr feucht ist.

XVIII. Ein am Erdboden der nächtlichen Strahlung ausgesetztes Thermometer empfängt Wärme aus zwei

verschiedenen Quellen, nämlich aus dem Weltraum und
aus der Atmosphäre. Da die Wärme des Weltraums
während ihres Laufes durch die Atmosphäre einer Absorption unterliegt wie die Sonnenwärme, so sind es im
Allgemeinen nur die 3 oder 4 Zehntel, welche zum Thermometer gelangen könnten, wenigstens wenn die Versuche nicht auf sehr hohen Bergen angestellt sind. Was
die während der Nacht von der Atmosphäre selbst ausgesandte Wärme betrifft, so ist sie das Ergebniß der
Strahlung aller einzelnen concentrischen Schichten, welche man sich vom Meeresspiegel ab bis zu den Gränzen
der Atmosphäre denken kann, und sie ist demnach abhängig von der Temperatur-Vertheilung, in der ganzen
Höhe der atmosphärischen Säule. Wir können hinzufügen, daß ihr Einfluß weit bedeutender ist, als man bisher vermuthet hat. Was übrigens auch das Intensitäts-
Verhältniß dieser beiden Ursachen seyn mag, so kann
man sich offenbar eine einzige Ursache denken, die fähig wäre einen Effect gleich dem der gleichzeitigen Wirkung jener hervorzubringen; oder in anderen Worten,
man kann sich denken, die Wärme des Weltraums und
die der Atmosphäre seyen fortgenommen und statt deren
ein Umschluß mit Maximum-Emissionsvermögen gesetzt,
dessen Temperatur eine solche sey, daß sie zum Thermometer und zum Boden genau so viel Wärme sendet,
als diese zugleich von der Atmosphäre und dem Weltraum empfangen. Es ist die unbekannte Temperatur dieser
Zenithal-Hülle, welche ich *Zenithal-Temperatur* nenne.

Diese Betrachtungsweise der Erscheinungen hat nicht
zum Zweck, die besonderen und vielleicht ungleichen
Einwirkungen, welche das Thermometer in dieser oder
jener Richtung erleidet, darzustellen, sondern nur die
endliche und gesammte Wirkung, welcher es unterworfen ist, mit Genauigkeit auszudrücken, so daß das Sinken desselben unter die Temperatur der Umgebung dasselbe sey bei Gegenwart der Zenithal-Hülle, als bei der
vereinten der Atmosphäre und des Weltraums. Endlich

ist klar, daſs die Zenith-Temperatur nothwendig in jedem Augenblick für einen und demselben Punkt der Erdoberfläche veränderlich seyn muſs, um so mehr also von einem Punkt zum andern, weil sie aus zwei Elementen besteht, einem unveränderlichen, nämlich die Temperatur des Weltraums, und einem fortwährend sich ändernden, nämlich die Temperatur der verschiedenen atmosphärischen Schichten.

Den Vortheil einer solchen Zerfällung des Problems wird man besser einsehen, wenn wir gezeigt haben, was für neue Verhältnisse daraus zwischen den unbekannten, bestimmt werden sollenden Gröſsen hervorgehen. Sey z die Zenith-Temperatur, und, wie vorhin, t' die Temperatur des Weltraums, t'' die mittlere Temperatur der atmosphärischen Säule, b und b' das von der Atmosphäre respective auf die Erdwärme und auf die Himmelswärme ausgeübte Absorptionsvermögen. Dieſs gesetzt bedenke man:

1) Daſs die Zenith-Hülle in der Zeit-Einheit durch die Flächen-Einheit eine Wärmemenge:

$$B \, a^z$$

aussendet, worin B die vorhin erwähnte Constante 1,146 ist. Für das Strahlungsvermögen ist kein Coëfficient da, weil wir ihn gleich Eins annehmen müssen.

2) Daſs die Atmosphäre gleichfalls eine Wärmemenge

$$B \, b \, a^{t''}$$

aussendet, weil ihr Emissionsvermögen ihrem mit b bezeichneten Absorptionsvermögen gleich ist.

3) Endlich, daſs der Weltraum eine Wärmemenge

$$B \, a^{t'}$$

aussendet, von ihr aber nur den Antheil $(1 - b')$, welcher die Atmosphäre direct durchdringt, zum Erdboden gelangt, woraus folgt, daſs der Weltraum sich in Bezug auf das am Boden befindliche Thermometer verhält, wie wenn er ein Emissions-Vermögen $1 - b'$ besäſse und bloſs eine Wärmemenge

$$(1-b')\,B\,a^v$$

aussendete.

Da die Zenithhülle die Stelle der Atmosphäre und des Weltraums vertritt, so muſs die von ihr ausgesandte Wärmemenge in Bezug auf das Thermometer strenge gleich seyn der Summe der von der Atmosphäre und dem Weltraum ausgesandten Wärmemengen.

Man hat also:

$$B\,a^x = B\,b\,a^{v'} + (1-b')\,B\,a^v$$

oder:

$$a^x = b\,a^{v'} + (1-b)\,a^{v'} \ldots \ldots (4)$$

Diefs ist die allgemeine Relation, welche die Zenith-Temperatur unaufhörlich verknüpft mit der Temperatur des Weltraums, mit der mittleren und veränderlichen Temperatur der Luftsäule und mit den beiden ungleichen Absorptionskräften der Atmosphäre.

XIX. Versuchen wir nun, wie es möglich sey, die Zenithal-Temperatur in jedem Augenblick der Nacht beinahe so zu beobachten, wie man die Lufttemperatur beobachtet.

Dazu wende ich zwei Methoden an. Die eine beruht auf der Anwendung von Spiegeln, die andere auf der eines neuen Instruments, welches ich *Aktinometer* nenne. Bekanntlich ist dieser Name schon durch eine sehr wichtige Erfindung des Hrn. Herschel in Beschlag genommen [1]), und er scheint von diesem berühmten Astronomen glücklich gewählt zu seyn, um alle Instrumente zu bezeichnen, welche, wie sie auch construirt seyn mögen, die Messung der Effecte der nächtlichen Strahlung zum Zweck haben.

Es wird genügen, hier die zweite Methode anzugeben. Rücksichtlich der ersten bemerke ich blofs, daſs die Erkältung, welche man im Brennpunkt eines mit seiner Axe gegen das Zenith gerichteten Spiegels beobachtet, nicht abhängt von der Concentration der Strahlen,

1) S. Ann. Bd. XXXII S. 661, Bd. XXXX S. 318 und Bd. XXXXI S. 559.

wie man bisher vorausgesetzt hat, indem eine blofse Platte
von polirtem Metall oder vielmehr ein hohler Kegel beinahe denselben Effect gewährt, so dafs es mir möglich
war, die Spiegel durch Reflectoren dieser Art, die weit
bequemer sind, zu ersetzen. Indefs sind die Versuche
mit diesen Reflectoren wie mit Spiegeln sehr fein und
die Formeln sehr verwickelt; sie enthalten die wirkliche
Temperatur der Luft, und das Verhältnifs der Erkaltung,
welche aus ihrem Contact entspringt, zu dem, welches
aus der Strahlung hervorgeht; zwei Data, in welchen
man unmöglich einige Ungewifsheit vermeiden kann.

Das Aktinometer ist in Fig. 2 Taf. I abgebildet. Es
besteht aus vier Ringen von 2 Decimeter im Durchmesser, ausgefüllt mit Schwanendaunen, und auf einander ru-
hend, so dafs die Daunen nicht zusammengedrückt werden. Die Haut vom Schwan bildet den Boden jedes
dieser Ringe. Diefs System steht in einem ersten Cylinder von Silberblech c, der mit Schwanenhaut umhüllt
und von einem gröfseren Cylinder c' eingeschlossen ist.
Ein Thermometer ruht in den oberen Daunen. Der Rand
d hat eine solche Höhe, dafs das Thermometer nur zwei
Drittel des Himmels übersehen kann, und er ist im Niveau der Daunen mit Löchern versehen, damit die kalte
Luft regelmäfsig abfliefsen könne.

Setzt man diesen Apparat während der Nacht der
Strahlung des Himmels aus, und beobachtet von Stunde
zu Stunde sein Thermometer und ein benachbartes Thermometer, das frei in der Luft vier Fufs über dem Boden aufgehängt ist, so ist es der Unterschied dieser Temperaturen oder das Sinken des Aktinometers, woraus sich
die Zenithal-Temperatur ergiebt. Dazu mufs aber der
Apparat so graduirt seyn, wie wir es sogleich anzeigen
wollen.

XX. Hätte das Aktinometer eine unbegränzte Oberfläche und befände es sich im Vacuo unter einer hemi-
sphärischen Hülle von constanter Temperatur, so würde

es offenbar die Temperatur dieser Hülle annehmen; in
seiner wirklichen Gestalt, nur zwei Drittel des Himmels
übersehend, und eingehüllt in eine Luftschicht, die es
erwärmt, muſs es dagegen in seiner Temperatur immer
die Hülle übertreffen. Die Graduation hat zum Zweck,
zu bestimmen, wie viel es erwärmt sey, so daſs es hinreicht, seine Temperatur und die der umgebenden Luft
zu kennen, um daraus die Temperatur der Hülle abzuleiten, mit welcher es strahlende Wärme austauscht. In
der That begreift man, daſs zwischen der Temperatur
der Hülle und dem Sinken des Aktinometers ein einfaches Verhältniſs stattfinden muſs. Um diefs Verhältniſs
zu entdecken, machte ich mir einen künstlichen Himmel
aus einem Gefäſse von einem Meter Durchmesser und
gehalten in zwei Metern Höhe durch drei dünne Säulen.
Diefs Gefäſs war am Boden geschwärzt und mit einem
bis —20° erkältendem Gemisch gefüllt; das Aktinometer stand senkrecht darunter, in solchen Abständen, daſs
das in der Mitte befindliche Thermometer nach einander ein Viertel, ein Drittel und zwei Drittel der Halbkugel übersah. In jeder Lage wartete ich das Temperatur-Gleichgewicht ab, und zeichnete zugleich die Temperatur der umgebenden Luft und die des Apparates auf.
Aehnliche Versuche, bei der Temperatur des schmelzenden Eises und bei anderen intermediären Temperaturen
angestellt, haben mich zu folgendem Resultat geführt:
*Wenn man von der Temperatur der Umgebung neun
Viertel des Sinkens des Aktinometers abzieht, so findet
man die Temperatur des künstlichen Himmels.* Diefs
Resultat ist offenbar auf das Himmelsgewölbe oder vielmehr auf die Zenithal-Hülle anwendbar; beobachtet man
also in der Nacht die Temperatur t der umgebenden Luft,
und das Sinken d des Aktinometers, so ergiebt sich die
Zenithal-Temperatur durch die Formel:

$$z = t - \tfrac{9}{4}d,$$

was das Resultat der Graduation ist.

XXI. Weiferhin findet man eine Tafel mit einer Reihe von Versuchen, die in sehr heiteren, windstillen Nächten zur Bestimmung der Zenithal-Temperatur unternommen wurden. Diese Versuche bestätigen, dafs die Zenithal-Temperatur während der Nacht fast wie die Temperatur der umgebenden Luft sinkt. Dieses vom Untergang bis zum Aufgang der Sonne fortschreitende Sinken ist eine wesentliche Thatsache, die unmittelbar zu einer wichtigen Folgerung führt.

In der That haben wir gesehen, dafs die Zenithal-Temperatur ausgedrückt wird durch zwei sich addirende Glieder, eins, das von der mittleren Temperatur der Luftsäule abhängt und veränderlich ist, und ein anderes, das von der Temperatur des Weltraums abhängt und constant ist. Da nun die Zenithal-Temperatur in einer einzigen Nacht bedeutende Variationen erleidet, so ist diefs ein offenbarer Beweis, dafs das constante Glied, welches in ihren Ausdruck eintritt, nur einen sehr kleinen Werth hat in Bezug auf das veränderliche Glied, und dafs folglich bei der nächtlichen Strahlung die Wärme des Weltraums sehr klein ist in Bezug auf die von der Strahlung der Atmosphäre herrührende Wärme.

Diese Folgerung ist nicht leicht vereinbar mit den Meinungen, die dem Weltraum eine viele Grade unter Null liegende Temperatur beilegen, wohl aber vollkommen mit bekannten Thatsachen, die schon Anzeigen in diesem Sinne hätten liefern können, wenn sie in ihrer Gesammtheit mit all der Aufmerksamkeit, die sie verdienen, zergliedert worden wären. Die zahlreichen Resultate von Wells, Daniell und allen übrigen Physikern, die Versuche über die nächtliche Strahlung angestellt haben, beweisen nicht nur, dafs ein Thermometer, welches in der Nacht an einem freien Ort auf den Erdboden gelegt wird, um 6, 7 oder gar 8° C. unter die Temperatur der Umgebung sinkt, sondern auch dafs dieselbe Erscheinung, fast mit derselben Intensität, auch in den kältesten Monaten des Jahres eintritt, d. h. im Januar und Februar, wenn die Temperatur auf viele Grade unter Null herabgesunken ist. So hat Wilson einen Unterschied von fast 9° C. zwischen der Temperatur der Luft und der der Oberfläche des Schnees beobachtet. Scoresby und Parry haben in den Polarregionen analoge Senkungen beobachtet, als die Temperatur der Luft mehr als 20° unter Null war.

Erwägt man nun, daſs das Erwärmungsvermögen, welches die Luft durch ihren Contact auf das Thermometer am Boden, der kälter ist als sie, ausübt, fast dasselbe ist, sie mag sich in 10° über oder 10° unter Null befinden, so ergiebt sich, daſs das Erkältungsvermögen, welches dieses Thermometer im letzteren Fall auf —18° C. bringt, auch dieselbe Stärke hat als das Erkältungsvermögen, welches dasselbe im ersten Fall auf +2° C. erhält. Und da dieses Erkältungsvermögen von der Temperatur des Weltraums abhängt, so folgt auch, daſs die Temperatur dieses Raums weit unter —18° C. liegt; denn, wenn sie nur —30° oder —40° C. wäre, würde das Thermometer, welches bei einer Lufttemperatur von —10° auf —18° stände, dieser Himmelstemperatur schon zu nahe seyn, als daſs es von ihr in der Erniederung unter Null erhalten werden könnte, wie das Thermometer, welches bei einer Lufttemperatur von +10° auf +2° stände. Was vielleicht diese Schluſsfolgerung verhindert hat, sind im Allgemeinen die Erklärungen, welche man von der nächtlichen Strahlung aufgestellt hat; man hat den oberen Schichten der Atmosphäre, die man als sehr kalt kannte, ein eigenthümliches Erkältungsvermögen beigelegt, vergessend jedoch dabei, daſs sie, wie kalt sie auch sind, Wärme aussenden, und daſs diese Wärme sich mit der des Weltraums zur Erhöhung der Effecte vereinigt.

Die Resultate, welche ich mittelst des *Aktinometers* erhalten habe, stimmen im Ganzen mit den bekannten

Thatsachen überein. Es ist vielleicht wesentlich diefs zu bemerken, um zu zeigen, dafs wenn die Folgerungen, zu denen wir gelangt sind, in einigen Punkten den bisherigen Meinungen widersprechen, diefs mehr in der Natur der Dinge als in der Ungenauigkeit der Versuche liegt.

XXII. In Erwägung, dafs die Gleichung (4) als eine Bedingungsgleichung immer für alle von der Erfahrung gegebenen Werthe der Zenithal-Temperatur erfüllt seyn mufs, war es mir möglich die Gränzen der Himmelstemperatur zu bestimmen; allein die Erscheinungen, welche sich in den Aequatorialregionen und das ganze Jahr hindurch auf eine constante Weise zeigen, führen zu einer anderen Fundamentalgleichung, aus welcher man die Temperatur des Weltraums ableiten kann, ohne zu der mittleren Temperatur der atmosphärischen Säule seine Zuflucht zu nehmen.

In der That kann in der Aequatorialzone die Oberfläche der Erde, darin die sie bedeckende Atmosphäre mitbegriffen, als ein Cylinder betrachtet werden, dessen Grundfläche die Wendekreise sind, und der immer zur Hälfte von der Sonne erleuchtet wird. Dieser Cylinder empfängt in jedem Augenblick alle Wärme, welche auf das Rechteck seiner Projection fällt. Die Fläche dieses Rechtecks ist $2rh$, folglich empfängt er in jeder Minute eine Wärmemenge:

$$1,7633 . 2rh.$$

Allein, da diese Wärmemenge auf die ganze Seitenfläche des Cylinders oder auf $2\pi rh$ vertheilt ist, so ist klar, dafs jede Einheit nur empfängt:

$$\frac{1,7633}{\pi} = 0,56.$$

Das ist die Menge von Sonnenwärme, die im Mittel alle Tage in jeder Minute auf jedes Quadratcentimeter der Aequatorialzone fällt.

Zu gleicher Zeit macht auch die Himmelswärme ihre

Wirkung fühlbar, und wenn man die unbekannte Temperatur des Weltraums mit t' bezeichnet, so ist es leicht zu sehen, daſs die von einem Quadratcentimeter in der Minute aufgenommene Wärmemenge ist:

$$B a^{v}.$$

Folglich ist die Summe der empfangenen Wärmemengen:

$$B a^{v} + 0,56.$$

Allein die vereinten Wirkungen des Weltraums und der Sonne können ersetzt werden durch eine einzige Hülle mit Maximum-Emissionsvermögen. Und bezeichnet man mit v die unbekannte Temperatur dieser Hülle, welche im Stande ist, dieselben Wirkungen zu thun oder vielmehr dieselbe Wärmemenge auszusenden, so hat man:

$$B a^{v} = B a^{v} + 0,56.$$

Zwar ist die Wirkung der Sinne eine intermittirende, indem sie des Nachts fehlt und bei Tage zu verschiedenen Stunden mit verschiedener Stärke wirkt; allein diese Intermittenzen, welche die bei Tage und bei Nacht zu beobachtenden Temperaturveränderungen hervorbringen, hindern nicht die Richtigkeit der vorstehenden Gleichung; sie hindern auch nicht, daſs nicht die Gleichgewichtsbedingungen diathermaner Hüllen streng auf die Hülle anwendbar sey, deren unbekannte Temperatur wir mit v bezeichnet haben.

Diese Temperatur v muſs eine solche seyn, daſs sie an der Oberfläche der Erde, zwischen den Tropen, die mittlere Temperatur $27^{0},5$ C. erzeugt, die sich aus den Beobachtungen ergiebt. Nun aber haben wir gesehen, daſs der Ueberschuſs der Temperatur einer Kugel über die der Hülle sich immer aus der Formel:

$$a^{t-v} = \frac{2-b'}{2-b}$$

ableiten läſst, worin t die Temperatur der Kugel und t' die der Hülle.

Hier ist die Temperatur der Kugel 27⁰,5 C. und die der Hülle v, folglich müssen wir haben:

$$a^{27^o,5 - v} = \frac{2 - b'}{2 - b}.$$

Nimmt man den hieraus entspringenden Werth von a^v, und substituirt ihn in der vorhergehenden Gleichung, indem man auch für B seinen Werth 1,146 setzt, so findet man:

$$a^t = 1,235 \frac{2 - b}{2 - b'} - 0,489.$$

Und da die Gesammtheit der Sonnen-Versuche giebt $b' = 0,35$, so gelangt man endlich zu der Gleichung:

$$a^{t'} = 1,008 - 0,748 . b.$$

welche als unbekannt nur die Temperatur t' des Weltraums, und das Absorptionsvermögen b, welches die Atmosphäre auf die Erdwärme ausübt, enthält.

Der gröfste Werth von b giebt die untere Gränze für die Temperatur des Weltraums, und da b nicht gröfser als 1 seyn kann, so kann die Temperatur des Weltraums nicht unter:

$$-175° \text{ C.}$$

seyn. Für $b' = 0,3$ fände man $-187°$ und für $b' = 0,4$ nur $-164°$ C.

Hat man diese untere Gränze einmal gefunden, so ist es auch leicht die obere Gränze zu erhalten; denn sie entspricht dem kleinst möglichen Werth von b. Da nun die Versuche über die Zenithal-Temperatur zeigen, dafs b nothwendig gröfser ist als 0,8, so folgt daraus, dafs die Temperatur des Weltraums geringer ist als:

$$-115° \text{ C.}$$

Zur Bestimmung der zwischen diesen beiden Gränzen liegenden Zahl, welche die wirkliche Temperatur des Weltraums in jetziger Zeit vorstellt, bedarf es ohne Zweifel sehr vieler Versuche, unter allen Breiten und in allen Höhen angestellt.

Indefs gewähren schon die von mir angestellten Ver-

suche eine gewisse Annäherung; sie geben mir für die
Temperatur des Weltraums:

$$-142^\circ \text{ C.}$$

und ich glaube nicht, dafs dieser Werth viel von der
Wahrheit abweichen kann; er entspricht $b=0,9$.

*Das End-Ergebnifs dieser Untersuchungen ist also,
dafs die Sonne in jeder Minute eine Wärmemenge
$=1,7633$ auf jedes Quadratcentimeter der Erde ausstrahlt, dafs die Atmosphäre bei heiterem Wetter vier
Zehntel dieser Wärme und neun Zehntel der von der
Erde ausgesandten Wärme absorbirt, und dafs die Temperatur des Weltraums in gegenwärtiger Zeit 142° unter
Null ist.*

Man kann nicht genug hervorheben, welch wichtige Rolle die Ungleichheit der Absorptionskräfte der Atmosphäre in den Erscheinungen auf der Erde spielt, und
wie wichtig es daher ist, diese Kräfte genau zu bestimmen. Ohne Zweifel wird man künftig andere Apparate und andere Verfahrungsarten ersinnen, mittelst deren es möglich ist, in jedem Augenblick die gemischten
Einflüsse der Strahlung des Himmels und der der Atmosphäre von einander zu trennen. Wenn es gegenwärtig scheint, als sendeten uns die verschiedenen Stücke
des Himmels, die nach einander durch das Zenith gehen,
gleiche Wärmemengen zu, so rührt diefs sehr wahrscheinlich nur von der Unvollkommenheit unserer Apparate
her. Wir sehen am Himmel in der Natur, dem Abstande, der Zahl und Gruppirung der Gestirne solche
Verschiedenheiten, dafs wir unmöglich annehmen können, der immerwährend wechselnde Theil des Himmels,
welcher sich über dem Horizont befindet, sey stets dem
darunter befindlichen gleich; und mithin ist es unmöglich,
dafs alle Hemisphären, welche wir uns am Himmelsgewölbe denken können, wirklich eine gleiche Wärmemenge auf die Erde sendeten. Es ist besonders die Aequatorialzone, wo man zunächst diese Unterschiede zu er-

mit-

mitteln suchen mufs, weil sie dort ohne Zweifel gröfser,
regelmäfsiger und leichter zu beobachten seyn müssen.

XXIII. Die folgende Tafel enthält die Resultate der
mit dem Aktinometer angestellten Versuche. Man wird
darin das allmälige Sinken der Zenithal-Temperatur wahrnehmen. Die letzte Spalte dieser Tafel enthält die mittlere Temperatur t'' einer Säule der Atmosphäre zu Paris
zur Zeit einer jeden Beobachtung, und berechnet nach der
Formel für die Zenithal-Temperatur, in welcher blofs
diese Gröfse t'' unbekannt ist.

Mittlere Temperaturen der Atmosphäre zur Zeit der Akti-
nometer-Beobachtungen in den Monaten April, Mai und
Juni.

Stunden.	Temperatur der Luft.	des Aktinomet.	Unter- schied.	Zenithal- Tempera- turen.	Mittlere Tem- peraturen der Atmosphäre.
(Alle Angaben in Centigraden.)					

Vom 10. zum 11. April.

7^h Ab.	10,2	+ 3,9	6,3	— 4,0	—23,5
8	9,9	+ 3,0	6,9	— 5,6	—25,5
9	9,6	+ 2,2	7,4	— 7,0	—27,0
10	9,0	+ 1,8	7,2	— 7,2	—27,5
5 Morg.	5,0	— 3,0	8,0	—13,0	—35
5 ½	5,0	— 3,0	8,0	—13,0	—35
6	5,5	— 2,3	7,8	—12,0	—34

Vom 14. zum 15. April.

7^h Ab.	8,5	+ 0,8	7,7	— 6,0	—26
8	7,0	— 0,5	7,5	— 9,9	—30,0
9	5,8	— 1,6	7,4	—10,8	—32,0
10	5,0	— 2,4	7,4	—11,6	—33,5
4 ½ Morg.	1,0	— 6,0	7,0	—14,7	—37,5
5	1,0	— 6,0	7,0	—14,7	—37,5
6	1,6	— 5,2	6,8	—13,7	—36,0

Stunden.	Temperatur der Luft.	des Aktinomet.	Unter-schied.	Zenithal-Tempera-turen.	Mittlere Tem-peraturen der Atmosphäre.

Vom 20. zum 21. April.

Stunden.	Temperatur der Luft.	des Aktinomet.	Unter-schied.	Zenithal-Tempera-turen.	Mittlere Temperaturen der Atmosphäre.
8^h Ab.	5,6	— 0,8	6,4	— 8,8	—29,5
9	4,5	— 2,0	6,5	—10,1	—31,5
10	3,6	— 3,0	6,6	—11,7	—33,5
4 ½ Morg.	0,0	— 7,0	7,0	—15,7	—38,5
5	0,0	— 7,0	7,0	—15,7	—38,5
5 ½	0,1	— 6,5	6,6	—14,5	—37,0

Vom 5. zum 6. Mai.

Stunden.	Temperatur der Luft.	des Aktinomet.	Unter-schied.	Zenithal-Tempera-turen.	Mittlere Temperaturen der Atmosphäre.
5^h Ab.	25,5	+19,9	5,6	+12,9	— 2,0
6	25,1	+17,5	7,6	+ 8,0	— 8,0
7	23,1	+15,0	8,1	+ 4,9	—12,0
8	22,9	+13,9	9,0	+ 2,6	—15,0
9	21,5	+12,5	9,0	+ 1,4	—16,5
10	17,5	+10,0	7,5	+ 0,6	—17,5
4 Morg.	12,1	+ 5,0	7,1	— 3,9	—23,5
4 ½	12,1	+ 5,0	7,1	— 3,9	—23,5
5	12,0	+ 6,0	6,0	— 1,5	—20,0

Vom 23. zum 24. Juni.

Stunden.	Temperatur der Luft.	des Aktinomet.	Unter-schied.	Zenithal-Tempera-turen.	Mittlere Temperaturen der Atmosphäre.
7^h Ab.	20,0	+12,0	8,0	+ 2,0	—16,0
8	17,8	+10,5	7,3	+ 1,4	—16,5
9	17,6	+10,7	6,9		
10	16,3	+ 9,2	7,1	+ 0,3	—18,0
4 Morg.	11,3	+ 5,3	6,0	— 2,2	—21,0
4 ½	11,5	+ 5,6	5,9	— 1,8	—25,5

XXIV. Es scheint mir nothwendig, noch einige der allgemeinsten Folgerungen aus diesen Untersuchungen anzugeben.

Aus dem Vorhergehenden ergiebt sich die gesammte Wärmemenge, welche der Weltraum im Laufe eines Jahres zur Erde und zur Atmosphäre sendet, und es ist leicht zu ersehen, dafs diese Wärmemenge im Stande ist, auf unserer Erde eine Eisschicht zu schmelzen von 26 Metern Dicke.

Wie wir gesehen, wird die Menge der Sonnenwärme ausgedrückt durch eine Eisschicht von

31 Metern Dicke.

Mithin empfängt die Erde in Summa eine Wärmemenge, ausgedrückt durch eine Eisschicht von

57 Metern Dicke,

und die Wärme des Weltraums trägt dazu bei mit einer Größe, die $\frac{5}{6}$ von der Sonnenwärme ist.

Zwischen den Tropen beträgt die Himmelswärme nur $\frac{2}{3}$ der Sonnenwärme; denn hier wird letztere vorgestellt durch eine Eisschicht von

39 Metern Dicke.

Man wird ohne Zweifel erstaunt seyn, daß der Weltraum mit seiner Temperatur von — 142° C. der Erde eine so beträchtliche Wärmemenge geben könne, eine Menge, die fast der mittleren, die wir von der Sonne empfangen, gleich kommt; dieß Resultat scheint auf dem ersten Blick der Meinung von der Kälte des Weltraums oder der Macht der Sonne so sehr zu widersprechen, daß man sie als unzulässig betrachten könnte. Indeß muß man erwähnen, daß die Sonne in Bezug auf die Erde nur 5 Milliontel des Himmelsgewölbes einnimmt, und daß sie folglich zwei hunderttausend Mal mehr Wärme aussenden müßte, um denselben Effect zu bewirken.

Unter einem anderen Gesichtspunkt könnte man übrigens zu der Meinung veranlaßt werden, daß in diesen Berechnungen die Macht der Sonne sehr überschätzt worden sey; denn wenn man, statt der Wärmemengen, die Temperaturen untersucht, so gelangt man zu dem Resultat:

Daß, wenn die Sonne ihre Wirkung auf unseren Erdkörper nicht ausübte, der Erdboden überall die Temperatur:

—89° C.

haben würde. Da nun die mittlere Temperatur am Aequa-

tor +27°,5 C. ist, so folgt, daſs das Daseyn der Sonne
die Temperatur der Aequatorialzone um

116°,5

erhöht. Eben so wäre die mittlere Temperatur einer
Säule der Atmosphäre unter dem Aequator

—149° C.

Die vorstehenden Formeln zeigen, daſs sie ungefähr
—10° C. ist; mithin würde die Mitteltemperatur der gesammten Atmosphäre in der heiſsen Zone durch die intermittirende Gegenwart der Sonne erhöht um

139° C.

Diese Erhöhung der irdischen Temperatur durch die
Sonne übertrifft um Vieles die, welche Hr. Poisson
aus den Temperatur-Veränderungen in verschiedenen Tiefen unter dem Erdboden abgeleitet hat. Es scheint mir
indeſs, daſs beide Methoden übereinstimmendere Resultate
geben würden, wenn es möglich wäre, den so bedeutenden Einfluſs der Atmosphäre auf eine directere Weise
in die Formeln einzuführen.

Um diese Rechnungen auf andere Regionen auszudehnen, muſs man die Abnahme der Bodentemperatur mit
Zunahme der Breite in Erwägung ziehen; annähernd ist
auch leicht ersichtlich, daſs die Wirkung der Winde zur
Erhöhung der Temperatur in den Polarregionen beitragen, und zugleich die Temperatur der zwischen den Po-
lar- und Wendekreisen liegenden Regionen mehr oder
weniger erniedrigen; die Aequatorialzone scheint hiedurch
in ihrer Temperatur wenig erniedrigt zu werden.

Dieser Auszug bezweckt vor Allem, eine Idee zu geben von den theoretischen Principien und experimentellen Methoden, die dieser Arbeit zum Grunde liegen.
Es ist mir vielleicht erlaubt, besonders auf diese beiden
Punkte die Aufmerksamkeit der Mathematiker und Physiker zu lenken. Was die aus meinen Versuchen hervorgehenden Zahlen betrifft, so werden sie modificirt werden; fernere Versuche, zugleich an verschiedenen Punk-

ten der Erde angestellt, sind erforderlich, um ihnen ganz
die Genauigkeit zu geben, deren sie bedürfen.

II. *Versuch einer neuen physikalischen Theorie
der Capillarität; von J. Mile.*

(Schlufs von S. 332.)

II. Abtheilung.
Von der capillaren Repulsion.

Wie gewöhnliche capillare Bewegungen nur von der
in unmerklicher Ferne sich äufsernden überwiegenden
Anziehung der oberflächlichen Molecule einer tropfbaren
Flüssigkeit abhängen, eben so können dergleichen Bewegungen durch überwiegende und einseitige Abstofsung
der oberflächlichen Wärmeatmosphären in unmerklicher
Ferne stattfinden, die deswegen auch capillare Repulsion
heifsen mag, um sie von der inneren gewöhnlichen zu
unterscheiden, deren Folge Volums- und Aggregations-
Veränderung sind. Wir wollen hier also vorzüglich von
jenen bekannten Repulsionen sprechen, die wohl selten
Jemand nicht bemerkte, wie z. B. die Abstofsung eines
Tropfens Wasser von einer erhitzten Oberfläche, oder
das Hinaufsteigen eines Tropfens Talg an der in die
Lichtflamme schief eingelassenen Spitze einer Lichtputze
u. dergl. Alle diese Erscheinungen können als unmittelbare Folgen der eben aufgestellten Theorie angesehen
und bewiesen werden.

Die capillare Thätigkeit im Allgemeinen kann, wie
schon angedeutet wurde, nur Folge der Wirkung der
ganzen Materie, also nicht nur der Molecule, sondern
auch zugleich ihrer Wärmeatmosphären seyn. Ist aber
die ganze Masse der Flüssigkeit und die an sie ansto-

fsende Fläche des starren Körpers gleichmäfsig erwärmt,
so stellt sich ein Gleichgewicht in der Repulsion der
auf einander wirkenden Wärmeatmosphären ein, und
die Bewegung und Formveränderung kann alsdann nur
aus der durch Krümmung der Oberfläche veränderten
Attraction der Molecule, oder aus der, wegen verminderter Adhäsion stärker wirkender Schwerkraft hervorgehen. Benetzt man z. B. irgend eine Fläche mit Wasser und stellt sie vertical hin, so dafs das Wasser in
Tropfen abzufliefsen fast aufhört, und erwärmt sie dann
von der anderen Seite, so vermehrt sich die Menge des
abfliefsenden Wassers; ein Beweis, dafs die Molecule
der Wasserschicht jetzt, wegen ihrer durch vergröfserte
Repulsion mehr verminderten Attraction, schwächer an
einander und an der Oberfläche halten, leichter also durch
die Schwerkraft gesenkt werden. Diefs ist also auch augenscheinlich die Ursache, warum erwärmtes Wasser, obgleich specifisch leichter geworden, doch weniger hoch
als kaltes im capillaren Röhrchen steigt.

Selbst die primär, durch eigene Krümmungen oder
durch Gefäfswand-Einflufs bedingten Spannungen der
convexen oder concaven Oberflächen der Flüssigkeitssäulen müssen mit Wärmeveränderungen, mit Binden oder
Freilassen der latenten Wärme, verbunden seyn, was
nur wegen ihrer Geringheit, sowohl äufserlich wie durch
innere Veränderung in der ganzen Masse, nicht bemerkbar werden kann. Bei primär, von aufsen in gröfserer
Menge beigebrachter Wärme, welche schon die ganze
Masse ergreift, kann aber secundär Formveränderung und
Bewegung schon sichtbar werden. Hinzu- oder Hinweg-
leiten von Wärme mufs nämlich die Wärmeatmosphären
aller Molecule in ihrem Umfange und ihrer Intensität
vergröfsern oder verkleinern, also eine gröfsere oder
kleinere, immer aber allgemeine Repulsionskraft hervorbringen, welche die Molecule von innen der Masse
gegen die Oberfläche hin, oder von der Oberfläche ge-

gen die Mitte zu gleichmäfsig bewegt, also eine Volum-
veränderung hervorbringt. Es läfst sich aber leicht einsehen, dafs, wenn der Wärme-Einflufs von aufsen einseitig geschieht, die Masse, aufser ihrer Volumsveränderung,
auch noch im Ganzen verrückt werden mufs.

Um einen solchen Erfolg hervorzubringen, mufs aber
der einseitige Wärmeeinflufs stark und aus der geringsten Ferne einwirken, kann also nur durch Wärmedifferenz der Molecule einer Flüssigkeit, die an einer starren
oder auch flüssigen Fläche adhärirt, hervorgebracht werden, und aus diesem Grunde nur aus dem Einflusse der
oberflächlichen Wärmeatmosphären, als denen im Contacte einander nächsten, hervorgehen. Wie nämlich ein
Flüssigkeitsmolecul nicht nur auf ein anderes ihm nächstes derselben Masse, sondern auch auf ein Molecul
eines nahen fremden Körpers, und umgekehrt dieses auf
jenes, wenn sie einander eben so nahe, wie die Flüssigkeits-Molecule unter einander, sich befinden, eine starke
Attraction ausübt, eben so mufs die Atmosphäre eines
Moleculs nicht nur die Atmosphäre des ihm nächsten derselben Masse, sondern auch die Atmosphäre der Molecule eines fremden Körpers, und umgekehrt diese die
Atmosphäre der Flüssigkeits-Molecule, wenn sie sich
einander nahe befinden, stark abstofsen. Diefs kann
aber nur an der Oberfläche der beiden an einander kommenden Materien geschehen; denn im Innern umhüllen
sie ja die demselben Körper angehörenden Molecule
sammt ihren Atmosphären gegenseitig, bilden also eine
Aufsenseite nicht gegen fremde Körper, sondern gegen
einander selbst. Die Wärmeatmosphären der inneren
Molecule, als ringsherum von andern umgeben, können
also auch nur sich selbst gegenseitig abstofsen, und nur
die der letzten Schicht, die einerseits entblöfst sind, können den äufseren Moleculen anderer, nicht nur flüssiger,
sondern auch starrer Körper, sich unmittelbar nahen, und
es kann also schon ohne Hindernifs eine starke Gegenwir-

kung zwischen den beiderseits oberflächlichen Wärmeatmosphären solcher Körper sich einstellen.

Möglichst grofse Annäherung der Wärmeatmosphären an einander, und das Ausgehen des Einflusses, wie
im Innern von dem Umfange einzelner Elemente, so äufserlich von der Oberfläche der Massen, ist also eben
so eine Bedingung der Repulsion, als sie es auch der
Attraction ist, und dieser gemeinschaftliche Charakter mufs
uns vorzüglich bestimmen, beiderlei Phänomene als parallele und zu derselben Art gehörende anzusehen. Auch
gehen sie im Grunde beide, was nicht genug wiederholt
werden kann, obgleich die eine von der Thätigkeit der
Molecule selbst, die andere aber von der ihrer Atmosphären abhängt, doch aus beiden Kräften zugleich, und jede
besondere nur aus einem Vorherrschen dieser oder jener hervor. Hier wie dort müssen also Bewegungen, der
Flüssigkeit sowohl als auch des starren Körpers, durch
einander entstehen können. Wir haben demnach hier
folgende Repulsionsbewegungen in Betracht zu ziehen:

a) der Molecule einer und derselben tropfbaren Flüssigkeit, die durch sich selbst,

b) der Molecule verschiedener Flüssigkeiten, die durch
einander,

c) ganz kleiner Massen von Flüssigkeiten, die durch
Körper, und

d) starrer Körper, welche durch Flüssigkeiten bewirkt
werden.

Ein hier noch zu machender Hauptunterschied ist
jedoch folgender: Repulsion ist zwar eine unmittelbare
Folge der überwiegenden Wirkung einander genäherter
Wärmeatmosphären, wodurch relativ die Attraction vermindert wird; die thermometrische Wärmedifferenz zweier
einander genäherter Körper wirkt aber dabei nur mittelbar. Durch einseitige Erwärmung, durch eine gröfsere
Wärmedifferenz wird Repulsion zwar meistens, doch aber
nicht einzig und allein hervorgebracht. Die verschiede-

nen Körper sind ja auch bei äufserlich gleicher Temperatur von ungleichen Wärmecapacitäten, Sied- und Ge-
frierpunkten; alles diefs deutet auf ex- und intensive Verschiedenheit der Wärmeatmosphären ihrer Molecule hin.
Solche Körper müfsten sich also, hinsichts der Repulsionen, bei äufserlich gleichen Temperaturen eben so verhalten, wie andere bei grofsen Differenzen derselben.
Diesem wurde auch hier nachgeforscht, und es eben so
gefunden.

Wir werden demnach die Repulsionen in zwei Ab-
sätzen abhandeln:

1) solche, die durch äufsere Wärmedifferenz, von Körpern, die hinsichts der Intensität ihrer Wärmeatmosphären nicht sehr abweichen, und

2) solche, die blofs durch Contact gleich erwärmter,
aber hinsichts der Intensität ihrer Wärmeatmosphären sehr ungleichen Körper hervorgebracht werden.

1) Repulsionen, die durch äufsere thermometrische Wärme-
-differenz hervorgebracht werden.

a) Repulsionsbewegungen der homogenen Flüssigkeits-
Molecule durch einander selbst, bei einseitiger Erwärmung, äufserern sich in folgendem als Beispiel
gewählten Falle:

Betrachtet man die Bewegung der schwarzen verkohlten Partikel um den Docht einer brennenden Kerze
mit Aufmerksamkeit, so sieht man, dafs sie sich unaufhörlich vom Dochte ab und ihm zu bewegen. Rasch
vom Dochte abgestofsen (Fig. 37 Taf. IV), eilen sie der
Peripherie abwärts zu, um unterwärts zum Dochte zurückzukehren, und steigen an ihm auf; manche verbrennen hier, die meisten aber kehren mit vergröfserter Geschwindigkeit zur Peripherie zurück, um ihren Lauf oft
unendliche Male zu wiederholen. Diese in den Strom
eingesenkten starren Körperchen können augenscheinlich
nicht selbstständig in der zähen Flüssigkeit so rasch sich
bewegen, sie müssen sich vielmehr hier passiv verhalten;

es ist also die Flüssigkeit selbst, die in zwei Strömen sich bewegt, nämlich die leichtere erwärmte Schicht oberwärts vom Dochte ab, und die relativ kältere schwerere unterwärts gegen ihn zu. Wie die einen über die andern wegeilen, sieht man am besten an einer Wachskerze von ein Paar Zoll Durchmesser, wo bei einem gröfseren Becken auch schon gröfsere Partikel Kohle, wozu ich die Korkkohle am besten fand, angewandt werden können. Bringt man auf die Flüssigkeit ein erbsengrofses Korkkügelchen und nähert es dem Rande oder dem Dochte, so eilt es jenem oder diesem zu, und bleibt daran hängen; diefs ist also auch ein Erfolg der Attraction, weil ja auch hier die Flüssigkeit sich sowohl am Rande, wie auch an der Kugel selbst durch capillare Attraction erhebt. Bringt man aber ein kleines flaches Stückchen Kork in die Flüssigkeit, welches fast ganz untertaucht, an dem sich also die Flüssigkeit nur wenig oder gar nicht erhebt, so nimmt es immer nur eine einzige Richtung in seiner Bewegung, nämlich vom Dochte nach dem Rande zu, und man mag es dem Dochte auch noch so nahe bringen, so bleibt es doch daran nicht hängen. Hier wirkt also die capillare Attraction nicht mehr, und die jetzt überwiegende Repulsionsbewegung wird durch nichts gestört.

Alles spricht dafür, dafs hier die dem erwärmten Dochte nächsten und auch erwärmten Wachs-Molecule von ihm abgestofsen werden, und die anderen nicht nur passiv blofs durch Druck weiter fortschieben, sondern sie wirklich ihrerseits abstofsen. Denn wäre diefs nicht der Fall, so würden sich ja die mehr erwärmten Flüssigkeits-Molecule, als specifisch leichter, auf den um den Docht gebildeten Hügel hinaufzuziehen bestreben, und hier bleiben, nicht aber so gewaltig hinunterstürzen, und die relativ kältere und schwerere am Rande vor sich in die Höhe treiben können. Dafs Einsaugung des Brennstoffs durch den Docht und seine Verdampfung keinen

Antheil an dem Hervorbringen des Phänomens haben, davon überzeugt uns der Umstand, daſs wenn man statt eines brennenden Dochts einen bloſs stark erwärmten metallenen Cylinder in den geschmolzenen Talg einbringt, um ihn derselbe Kreislauf wie um den Docht stattfindet. Dasselbe Hinwegschleudern der obersten Schicht und die Rückbewegung der unteren findet auch dann statt, wenn man eine Stelle der Wand des Gefäſses, worin eine Flüssigkeit ist, von auſsen erwärmt. Daſs übrigens auch die capillare Hügelbildung im Herde der Erwärmung zum Erfolge nicht nothwendig ist, ersieht man daraus, daſs derselbe auch bei einer Vertiefung stattfindet, wenn nur in diese der relativ wärmere Punkt gesetzt wird, z. B. wenn mit einem Löthrohre die Spitze der Flamme eines gebeugten Dochtes auf einen Punkt der Oberfläche der Flüssigkeit senkrecht nach unten gerichtet wird, wo der erhitzte Luftstrom eine Erwärmung und zugleich eine Vertiefung hervorbringt, aus welcher strahlenförmig die sichtbaren Partikel eben so wie um den Draht herumgeschleudert werden.

Es sind also diese Bewegungen als Folge der Repulsion der Molecule der Flüssigkeit unter einander nicht zu verkennen, und die Differenz des specifischen Gewichts kann gewiſs nicht die einzige Ursache dieser Strömungen seyn, obgleich sie dazu mitwirkt. Die am Dochte x (Fig. 38 Taf. IV) durch Erwärmung ex- und intensiv vergröſserte Molecularatmosphäre a stöſst die folgende, schon etwas abgekühlte b, und diese die noch mehr abgekühlte c u. s. w. bis an's Ende der Reihe ab, wodurch ihr gegenseitig ungleicher Abstand bestimmt wird, und da an der Stelle von a immer ein neues Element auftaucht, so muſs sich der ganze Zug abwärts vom Dochte fortbewegen.

b) Auch heterogene ungleich erwärmte Flüssigkeiten stoſsen sich ab, wie folgende Beispiele zeigen.

Setzt man auf Wasser einen Tropfen Oel von ungefähr derselben Temperatur, so bleibt dieser, als specifisch leichter, auf der Oberfläche, in Form einer abgeplatteten Kugel oder Linse, schwimmend; wird aber zuvor so ein Tropfen hoch erwärmt, so breitet er sich immer mehr, und bei grofser Wärmedifferenz selbst in ein sehr dünnes, ein Paar Zoll weites Schichtchen aus. Der erwärmte Tropfen z (Fig. 39 Taf. IV) strebt auf allen Punkten die Molecule fortzustofsen. In der Mitte x aber kann diefs nicht geschehen, weil dadurch das Wasser an der Peripherie aa, also in seinem höchsten Punkte, noch höher gehoben werden müfste, dem seine Schwere aber entgegen wirkt. Der Abstofsung an der Peripherie wirkt aber die Schwere nicht so entgegen; denn der, der sich zurückziehenden Peripherie der Wasserconcavität axa nachfolgende und sich ausbreitende Oeltropfen z verflächt sich ja zu gleicher Zeit und sinkt weniger tief ein, wodurch also auch der tiefste Punkt x der Wasserhöhlung steigt und die erhobene Wasserperipherie aa sinkt, was dem hydrostatischen Gesetze nicht entgegen ist. Diefs geschieht also, und der Tropfen z verdünnt und breitet sich immer mehr aus, so lange er nur die, das kleine Hindernifs überwiegende Abstofsung ausüben kann. Auf diese Art breiten sich auch auf Wasser oder auf kaltes Oel gelassene geschmolzene Talg- und Wachstropfen in ganz dünne und weite Plättchen aus. Wird ein warmer Talgtropfen am Rande eines Tellers in's Wasser hinabgelassen, so schiefst er mit grofser Schnelligkeit hervor, ehe er erstarrt.

c) Dafs auch ganze Massen einer Flüssigkeit vom starren Körper abgestofsen werden, zeigen folgende Beispiele:

Libri hat zuerst die Aufmerksamkeit darauf gerichtet, dafs ein, an einem horizontal gehaltenen Drahte (oder besser an einem schmalen Blechstreifen, weil die Masse gröfser wird) hängender Tropfen irgend einer Flüssigkeit, sich, wenn dieses Ende erwärmt wird, davon ent-

fernt, auch selbst dann, wenn man dieses Ende gegen
die Flamme neigt. Giefst man einige Tropfen Flüssigkeit auf einen flachen Löffel und erwärmt dessen vorderen Theil, so steigt die Flüssigkeit an dem hinteren
hinauf. Wird ein Draht durch ein linsenförmig zugeschnittenes Stück Kork (Fig. 40 Taf. IV) geschoben, darunter ein Tropfen Oel x angebracht und über
dem Korke vermittelst eines Löthrohrs erwärmt, so verschwindet der Tropfen, indem die Flüssigkeit an der
schiefen Korkwand ringsherum steigt, so dafs der Stift
ganz unbedeckt bleibt. Läfst man ihn aber in dieser
verticalen Lage erkalten, so findet sich der Tropfen
von Neuem ein. Hier wird also die Flamme oberhalb
der Flüssigkeit und weit davon entfernt angebracht, und
doch mit demselben Erfolge. Um aber jedem Einwurfe,
dafs hier Strömungen der erwärmten Luft etwa einen
Einflufs ausüben, zu begegnen, stelle ich den Versuch
auf folgende Weise an: Ich lasse einen Tropfen Baumöl
in ein Haarröhrchen hinein, so dafs es in seiner Mitte
ein mit zwei Concavitäten sich endigendes Säulchen bildet, welches, wenn das Röhrchen horizontal liegt, unbeweglich an derselben Stelle bleibt. Erwärmt man nun
dasselbe vor dem Ende des Säulchens, so bewegt sich
dasselbe nach dem andern Ende hin, und kommt nicht
zurück, wenn man auch das Röhrchen nach der erwärmten Seite hinneigt. Wird es sehr geneigt, so treibt freilich die Schwere der Flüssigkeit dieselbe nach dem erwärmten Ende hin; bei einer etwas verminderten Neigung läuft sie aber von Neuem gleich dem andern Ende
zu, steigt also in die Höhe. Hier kann also der durch
Erwärmung hervorgebrachte Luftstrom an der Bewegung
gar keinen Antheil haben, wie man diefs bei dem Versuche von Libri glaubte. Die Ursache dieses Vorganges ist augenscheinlich nur die überwiegende Repulsion
zwischen den einerseits stärker erwärmten, also auch sich
stärker abstofsenden Atmosphären der Molecule des star-

ren Körpers *a* (Fig. 41 Taf. IV) und der Flüssigkeit *b*,
wodurch diese nach der entgegengesetzten relativ kälte-
ren Seite, wo die Repulsion zwischen den näheren Moleculen *c d* eine geringere ist, hinbewegt wird. Auch in
dem, an einem Ende *a* (Fig. 42 Taf. IV) erwärmten
Haarröhrchen vergröfsert sich der Abstand der Glas- und
Flüssigkeits-Molecule, wodurch ihre Attraction vermindert wird, so dafs jetzt die des anderen Endes *d* überwiegend wird, und die Säule sich also hinbewegt. Während dieser Bewegung der ganzen Masse mufs auch noch
zwischen den Moleculen selbst vermehrte Repulsion eintreten, wie diefs durch ihren ungleichen Abstand in der
Figur 41 und 42 angezeigt ist; die Verflächung des am
erwärmten Blechstreifen hängenden Tropfens, und das
Wiederkehren seiner Wölbung während des Abkühlens
ist davon ein Beweis. Alle dergleichen Versuche gerathen vorzüglich mit Oel, Talg oder Wachs, die, ohne
leicht zu verdampfen, eine höhere Temperatur als das
Wasser ertragen, mit denen also eine gröfsere Wärmedifferenz zu erreichen ist. Dafs hier, wie bei der capillaren Attraction, eine unmerkbare Ferne als Bedingung des Erfolgs nöthig ist, sieht man daraus, dafs ein an
der Wand nicht adhärirendes Quecksilbersäulchen, selbst
während des Erglühens des einen Endes des Haarrohrs,
sich ganz und gar nicht nach dem andern bewegt; die
Wärmeatmosphären der Molecule des Glases und des
Quecksilbers sind hier also schon zu entfernt von einander, um auf sich gegenseitig hinlänglich stark einzuwirken, eben so wie diefs der Fall bei der Attraction
ihrer Molecule ist.

Auf die eben beschriebene Art kann man die Repulsionskraft selbst messen. Bringt man in ein U-förmig gebogenes, gleich weites Röhrchen etwas Flüssigkeit hinein, die dann in beiden Schenkeln gleich hoch steigt,
und erwärmt man mit einem Löthrohr blofs ein Säulchen an der Stelle, wo das Niveau steht, so senkt sich

dieses, das andere hingegen steigt. Oel, welches fast bis
zum Kochen an einem Ende erhitzt wurde, stieg in einem
Kanale von 1 Millim. Durchmesser fast 6 Millim. hoch,
die Differenz beider Niveaus konnte also 12 Millim. seyn.
In einem Kanale von 3 Millim. Durchmesser stieg es aber
nur 2 Millim. Die Differenzen der Höhen sind also den
Durchmessern der Kanäle umgekehrt proportional, eben
so, wie bei der capillaren Attraction es die Höhen der
Säulen waren; denn in beiden Fällen geht die moleculare Wirkung von der Peripherie der freien Oberfläche
der Flüssigkeitssäule aus, die deswegen so wie ihr Durchmesser abnimmt, und ist gegen das Gewicht der Säule
gerichtet, das aber so wie ihre freie Oberfläche, also wie
das Quadrat ihres Durchmessers abnimmt, so daß demnach die drei Mal geringere Repulsionskraft eines drei
Mal engeren Kanals ein neun Mal geringeres Gewicht
zu überwinden hat, also auch die Säule drei Mal stärker deprimirt, so daß sie im andern Schenkel drei Mal
höher über das andere Niveau steigt. Fast bis zum Kochen am Niveau eines Schenkels erhitztes Wasser zeigte
einen ungefähr vier Mal geringeren Erfolg; die Temperaturdifferenz ist hier aber auch eine kleinere, als beim
Oele. Auf diese Weise, wenn eins dieser Niveaus mit
schmelzendem Eis umgeben wäre, und das andere durch
ein Gefäß ginge, worin Oel, stufenweis durch eine darunter angebrachte Lampe sich erwärmte, würde man nach
einem in diesem Oele eingesenkten Thermometer die jeder Temperaturdifferenz entsprechende Niveaudifferenz,
also auch den Repulsionsgrad bei einer im Röhrchen enthaltenen Flüssigkeit abnehmen, und dann durch Vergleich
den Unterschied desselben auch bei verchiedenen heterogenen Flüssigkeiten bestimmen können. Die in dem
erwärmten Schenkel durch Wärmesteigerung veränderte
Länge der Säule wäre gar nicht nöthig zu berücksichtigen, weil hier in beiden Schenkeln die Flüssigkeitssäulen nur als Lasten im Gleichgewichte stehen. Aus die-

sem Grunde kann auch der Umstand, daſs die Erwärmung sich vielleicht mehr oder weniger unter das Niveau erstreckt, keine Störung im andern Schenkel hervorbringen; denn dadurch wird ja nur in dem erwärmten Schenkel die Säule mehr oder weniger nach oben verlängert; deprimirt aber wird sie nur mit der der Wärme im Punkte des Niveaus entsprechenden Kraft, denn nur von dieser, die Säule beendigende Oberfläche geht die deprimirende Kraft aus. An der Skale des kalten Schenkels würden wir also immer nur die Folge der Deprimirung, nicht aber die der Rarefaction ersehen.

Hierher gehört auch der Versuch mit dem auf eine stark erhitzte Metallfläche gelassenen Wassertropfen. Nicht nur so kleine, sondern auch, wie bei den Perkins'-schen Versuchen, grofse Massen Wasser werden abgestofsen und verdunsten weit langsamer, indem sie auch eine niedrige Temperatur, im Freien selbst eine unter dem Siedpunkte liegende, annehmen. Ein Wassertropfen rotirt und springt aufserdem fortwährend und läuft bei der kleinsten Neigung herab. Augenscheinlich rührt dieser Mangel der Adhäsion davon her, daſs die Wasseroberfläche als eine an die Oberfläche des Metalls im kalten Zustande adhärirende, auch jetzt sich ihr immer mehr, aber doch nur bis an die repulsive Wirkungsgränze der durch Erwärmung vergröfserten Wärmeatmosphären, nicht aber bis an die attractive Wirkungsgränze der Moleculen selbst nähert. Die Kugelform des Tropfens bleibt also unverändert, und die darunter sich fortwährend entwickelnden und abziehenden Dämpfe setzen sie in Bewegung. Versuche haben gezeigt, daſs das Abstehen von der starren Fläche und die Bewegung der Flüssigkeit wirklich von besonderen Umständen abhängen. In einem glühenden Gefäfse eingeschlossenes Wasser fliefst, ungeachtet des Dampfdruckes, durch kleine Oeffnungen nicht heraus, und es erfolgt dieses erst dann, wenn es sich etwas abkühlt, wie Perkins gezeigt hat; es muſs

also

also wie Quecksilber von der glühenden Wand des Gefäfses abstehen, ohne sich jedoch zu bewegen, weil doch
die einmal gebildeten Dämpfe nicht abgehen, also auch
keine neuen sich bilden können, sondern die einmal da
vorhandenen mit unverändertem Spannungsgrade einwirken müssen, diefs aber eine oscillirende Bewegung nicht
hervorbringen kann. Wird aber die eingeschlossene Wassermasse vom ruhenden Dampfe ringsherum gleich stark
gedrückt, so ist auch kein Grund vorhanden, dafs sie
sich darin durch eigene Schwere nicht senken und an
der unteren Fläche nicht adhäriren, also auch nicht aus-
fliefsen sollte. Da diefs aber nicht geschieht, so kann
die es verhindernde Ursache nicht der Dampf, sondern
nur die Erwärmung der Metallfläche seyn. Wenn die
Beibehaltung der Kugelform eines Wassertropfens auf
erwärmter Fläche nur einzig und allein Wirkung des
Wasserdampfes wäre, so müfste ein Wassertropfen sich
im ersten Augenblicke mit der Fläche verbinden oder
wenigstens stark abflächen, und erst später sich abrunden; denn Wasserdampf braucht ja eine gewisse Zeit-
dauer, um zu entstehen. Es muss ihm ja eine, wenn auch
geschwinde, doch stufenweise Erwärmung des Tropfens
vorangehen; dieser würde also Zeit genug haben, sich
mit der Fläche zu verbinden und als solcher aufzuhören.
Dieses ist aber nicht der Fall, und der anfänglich kalte
Tropfen bleibt als solcher fortbestehend da, ehe er noch
einen Dampf abgiebt. Auch geschieht hier die Verdampfung äufserst langsam, wovon das lange Fortbestehen
des Wassertropfens ein Beweis ist. Es kann auch unter der convexen Fläche des kleinen Tropfens nur eine
unbedeutende Menge Dampfs sich sammeln, und die
Spannung dieser geringen Menge, als in offener Luft
vergehend, kann auch nicht grofs ausfallen. Es würde
sich dann auch das Phänomen an solchen Flüssigkeiten,
die erst in sehr hoher Temperatur kochen, also sehr dünne
und wenig gespannte Dämpfe geben, nicht äufsern kön-

nen, welches aber doch der Fall ist; denn Oel- und Quecksilber-Tropfen bestehen als solche auf erwärmten Flächen fort, obgleich sie von ihren Dämpfen weniger bewegt werden. Mit einer eisernen oxydirten, wenn auch stark erhitzten Fläche, verbindet sich ein darauf gebrachter Oeltropfen zwar gleich und fängt Feuer; auf einem glatten silbernen Schüsselchen hingegen verbleibt er vorher eine Weile in Kugelgestalt, bewegt sich auch, wird aber nicht herausgeworfen, wie ein Wassertropfen. Ein Ducaten wurde zu einem eben solchen Schüsselchen ausgetieft und erwärmt, und dann ein Quecksilbertropfen darauf gebracht; dieser rotirte kaum auf derselben Stelle, sprang jedoch, wegen seiner gröfseren specifischen Schwere und dünneren Dämpfe, nicht heraus, und verband sich ruhig erst nach der Erniederung der Temperatur mit dem Golde. Solche Abstofsungen können doch wahrlich nicht die dünnen Quecksilberdämpfe verursachen, und es bleibt hier zur Erklärung nichts als die directe Repulsion der erhitzten Fläche übrig. Die Wirkung der Dämpfe verbindet sich also nur mit der Repulsionskraft der erwärmten Fläche, und die erste ist gewifs nicht die einzige Ursache des Fortbestehens des Tropfens auf erwärmten Flächen, zu welchen er adhärirt, wenn sie kalt sind.

Es scheint mir hier noch nöthig einem Einwurfe vorzubeugen. Es ist nämlich bekannt, dafs beim Löthen, wenn das Löthmetall geschmolzen ist, der daraus gebildete Tropfen erst dann sich mit den zu löthenden Flächen verbindet, wenn auch diese erhitzt werden. Hier scheint also die Attraction, und nicht die Repulsion mit der Erwärmung zuzunehmen. Diefs ist aber nur scheinbar, und der eigentliche Grund davon ist dieser: Das geschmolzene Metall ist an den Punkten, wo es eine kalte Fläche berührt, nicht mehr flüssig, weil es hier einen Theil seiner Wärme verliert; es berührt also dieselbe wie ein anderer starrer Körper, und zwischen sol-

chen ist keine starke Adhäsion möglich. Verliert aber
das Löthmittel seine Wärme, also auch seine Flüssigkeit
bei Berührung der Flächen nicht, nämlich wenn diese
selbst auch erwärmt werden, so findet die Verbindung
statt. Die Löthflüsse, als Colophonium, Salmiak, Borax
u. dergl. können, da sie selbst zuerst flüssig werden
und an beiden Theilen adhäriren, die Verbindung noch
erleichtern, scheinen diefs jedoch vorzüglich dadurch zu
thun, dafs sie einen die Adhäsion hindernden Zwischenkörper, den Sauerstoff nämlich, indem sie die Metallflächen desoxydiren, hinwegräumen.

d) Dafs zuletzt auch umgekehrt starre Körper durch
Repulsion der flüssigen bewegt werden können, kann
auch durch Beispiele gezeigt werden.

Wie ein erwärmter Docht nach allen Seiten die
Flüssigkeits-Molecule gleich stark abstöfst, also als gleicher Druck ringsherum wirkt, eben so mufs er auch
selbst durch ihren Gegendruck nach der entgegengesetzten Seite abgestofsen werden; er müfste also, wenn
er auch beweglich wäre, dennoch in Ruhe verbleiben,
weil die Wirkung der Action und Reaction sich ringsherum aufhebt. Könnte aber ein beweglicher Docht nur
einseitig die Flüssigkeit, auf der er schwimmt, erwärmen,
so müfste er, wenn unsere Voraussetzung richtig wäre,
sich nach der entgegengesetzten Seite bewegen. Diefs
bestätigt sich auch wirklich. Man schneide aus Kork ein
kleines flaches Parallelepiped so zu, wie der, ungefähr
ein Viertel der Länge betragende Querdurchschnitt (Fig. 43
Taf. IV) zeigt, und bringe in die, der ganzen Länge nach
fortlaufende Spalte *a* einen eben so langen Streifen gro-
ber Leinwand hinein, der als Docht *b* dienen soll. Setzt
man nun das Ganze auf Oel, so schwimmt es darauf,
und senkt sich so tief, dafs seine Oberfläche *x x* an den
Docht kommt, und diesen imprägnirt. Wird jetzt dieser
schmale, aber lange Docht angezündet, so schwimmt das
Kähnchen nach der der Flamme entgegengesetzten Rich-

tung fort, wie es der Pfeil anzeigt. Bringt man kahn-
förmig ausgeböhlte Korkstückchen, die mit Oel oder Talg
angefüllt und mit einem kleinen Dochte versehen sind,
auf's Wasser, und hat das durch den angezündeten Docht
erhitzte Brennmaterial einen Abfluſs in's Wasser, so schieſst
es hervor, und der Kork rückt jedesmal weit zurück.

Die angeführten Beispiele zeigen uns also, daſs durch
Wärmedifferenz zwischen den Moleculen der Flüssigkeit
unter einander, wie auch zwischen ihnen und denen starrer Körper, Repulsionen stattfinden können, und es dringt
sich hier unwillkührlich die Frage auf: ob dergleichen
Repulsionen nicht auch unter bloſs starren Körpern sich
äuſsern könnten? Denn in solchem Falle wäre dieſs ein
Analogon mit der Adhäsion der starren Körper unter einander, was, als noch durch eine unmerkliche Ferne bedingt, den Uebergang von der capillaren in die gewöhnliche als Schwere sich äuſsernde Attraction ausmacht.
Wenn dem, auch in Hinsicht der Repulsion etwas Aehnliches entsprechen sollte, so könnte es auch nur zwischen
den einander sehr genäherten Partikeln starrer Körper
sich äuſsern, vorzüglich aber zwischen den feinsten Pul-
vern, und zwar solchen, die durch hohe Temperatur sich
chemisch nicht verändern können. Wirklich will Adams
bemerkt haben, daſs die leichte, fein gepulverte, ungleich
in einem Tiegel aufgehäufte Kieselsäure, wenn dieser erhitzt wird, anstatt sich in der anfänglichen Lage zu erhalten, eine horizontale Oberfläche annimmt, und in eine
Bewegung geräth, die vollkommen der einer Flüssigkeit
gleicht. Dieses deutet nur auf eine unter den kleinsten
Theilchen entstandene Repulsion hin, wodurch sie in
einem geringen Abstande von einander, so wie Flüssigkeits-Molecule, entfernt gehalten werden (Berz. Jahresb.
No. 16 S. 24). Auch hat Powell (Poggend. Annal.
Bd. XXXIV S. 636) bemerkt, daſs, wenn man eine erwärmte Glaslinse auf eine ebenfalls erhitzte Glasfläche
hinlegt, der Abstand der gewöhnlichen Newton'schen

Farbenringe um den Contactpunkt mit dem Abkühlen der Gläser zunimmt, was darauf hindeutet, dafs der Abstand der erkalteten Gläser abnimmt.

Diese Phänomene mögen nun auf, durch erhöhte Temperatur hervorgebrachter, Repulsion beruhen; ich mufs aber gestehen, dafs eine solche, zwischen starren oder selbst flüssigen Körpern, wenn sie nur so weit von einander entfernt waren, dafs eine capillare Adhäsion nicht mehr stattfand, mir nicht gelungen ist. Einen im Röhrchen eingesperrten Quecksilbertropfen konnte ich durch einseitiges Erwärmen des Rohrs, wie ich diefs schon oben bemerkte, nicht von der Stelle bringen, was doch so leicht mit einem an der Wand adhärirenden Oeltropfen gelingt. Einen mit Lycopodium bestreuten, an einer verticalen Metallwand seitwärts anliegenden, aber nicht adhärirenden Wassertropfen, konnte ich durch Erwärmung dieser Wand auch nicht im Mindesten bewegen. In den angeführten Beispielen konnte aber doch der Abstand der Pulverpartikel durch eine grofse Vertheilung, und der Linsen durch Druck, so klein geworden seyn, dafs er die Repulsion schon möglich machte. Man hat aber, nicht einsehend, dafs diese Phänomene, durch unmerkliche Ferne bedingt, der Capillarität angehören, selbst in grofsen Entfernungen sie hervorbringen wollen. So wollte Fresnel (*Annal. de chimie*, *T. XXIX p.* 57) eine Bewegung im Abstande, der viele Linien betrug, aus derselben Ursache, wie die des Tropfens am erhitzten Drahte, wo doch das adhärirende Wasser denselben gar nicht verläfst, herleiten. Er hing eine sehr feine Magnetnadel an einen Faden von ungesponnener Seide, befestigte an einem Ende ein Glimmerblatt und am andern ein Blatt von Flittergold. Auf einen festen Fufs wurde ein anderes Blatt von demselben Messing gestellt, und diese Vorrichtung unter die Luftpumpe gebracht Nach Auspumpung der Luft wurde der Apparat so gedreht, dafs ein Blatt durch die magnetische Direction der Nadel zu dem Messingblatte geführt und durch einen gelinden Druck daran gehalten wurde. Als alles in dieser Ordnung war, liefs er durch ein Brennglas entweder das fixe oder das bewegliche Blatt erhitzen, die sogleich von einander sprangen, und durch fortgesetzte Hitze in einem Abstande von einem Centimeter von einander gehalten werden konnten. Während des Abkühlens näherten sie sich einander langsam wieder. Das Glimmerblatt schien weniger weit abgestofsen als das Metallblatt. Als die Luft allmälig hineingelassen und der Versuch bei verschiedenem Drucke angestellt wurde, blieb das Resultat dasselbe.

Man hat damals die Bedingung des Erfolgs des Librischen Versuchs, nämlich die unmerkliche Ferne der gegenseitig auf einander einwirkenden Körper, so weit übersehen, dafs man sie wirklich befähigt glaubte, auch noch in grofsen Entfernungen solche Repulsionen auszuüben, wie eben der Fresnel'sche Versuch zeigt. Selbst der berühmte und hochgeachtete Verfasser der Jahresberichte über die Fortschritte der physikalischen Wissenschaften, dem ich die Beschreibung des obigen Versuchs entlehnte, sagt: (No. 6 S. 60) «Eine nähere Ausmittlung dieser Frage ist von der gröfsten Wichtigkeit. Wenn es sich bestätigt, dafs die Gravitation der Körper zu einander auf irgend eine Weise durch die Temperatur modificirt wird, welch neuer Stoff zum Nachdenken über das Verhältnifs zwischen den Himmelskörpern und ihren relativen Temperaturen.» Pouillet zeigte aber später (Berzel. Jahresb. No. 9 S. 43), dafs, obgleich diese Erscheinungen beim Fresnel'schen Experiment in verdünnter Luft hervorgebracht werden, sie doch nur von dem Luftstrome herrühren, den die Erwärmung verursacht, indem sie eine Circulation in dem verschlossenen Raume hervorbringt, wodurch Attraction und Repulsion zu entstehen scheinen. Ein im oberen Theile der Glocke an einem Haare aufgehängter Strohhalm wurde abgestofsen, und ein anderer im unteren Theile wurde angezogen, wenn eine Stelle der Glocke zwischen ihnen erwärmt wurde; sie wurden zu einer Art Windfahne für den in der Glocke erregten Strom von verdünnter Luft. Seit Pouillet's Versuchen schien die ganze Sache über Repulsion durch einseitiges Erwärmen aufgegeben zu seyn und gerieth in Vergessenheit, so, als ob dieser Versuch auch dem von Libri einen vernichtenden Schlag beigebracht hätte. Dafs aber dieses nicht der Fall ist, glaube ich bewiesen zu haben, indem, durch Aufdrücken des capillaren Charakters, dieser Repulsion, als Wirkung in unmerkliche Ferne, eine enge Gränze angewiesen worden ist, und sie dadurch von den andern blofs scheinbaren unterschieden, als eine wirklich primäre innerliche, und nicht erst durch Luftbewegung hervorgebrachte gesichert wird.

Demnach kann die an die Molecule gebundene Wärme nur in den continuirlichen oder dicht an einander adhärirenden tropfbarflüssigen und starren Massen als eine der Attraction entgegenwirkende Kraft betrachtet werden; wo diese beiden Kräfte zusammen abgesonderte Massen hervorbringen, aus deren Anhäufung die besonderen Himmelskörper hervorgehen, kann wohl, wegen der weiten Entfernung, die im Quadratverhältnisse abnehmende Attraction der Molecule noch mit Erfolg wirken, nicht aber die in gröfserem Verhältnisse abnehmende Repulsionskraft ihrer Atmosphären. Nur noch im äufserst verdünnten Zustande, als eine strahlende, als oscillirende könnte vielleicht Wärme die Zwischenräume der Himmelskörper durchdringen, wodurch aber schwerlich ihre Gravitation influencirt wird. Eine andere Kraft, die aus ihren Rotationen hervorgehende centrifugale, mufs hier der Attraction der Gesammtmassen entgegenwirken; erst wo diese es zu thun aufhört und eine gröfsere Annäherung der früher entfernten Massen veranlafst, verhindert die capillare Wärme ein gänzliches Zusammenkommen ihrer Molecule. Wie aber derselbe Erfolg, wie Ausdehnung, Veränderung des Aggregatzustandes und Gefühl der Wärme, einmal durch den unmittelbaren Uebergang des Agens, der Wärmeatome nämlich, das andere Mal durch einen blosen Anstofs desselben, durch Oscillation, erregt werden kann, gehört freilich zu den noch unerklärten Dingen, und man kann hier immer, so wie Berzelius, bei Gelegenheit der Anzeige der Theorie von Laplace (Jahresb. No. 3 S. 54), sich wundern »in einer physisch-chemischen Darstellung den Gefährten des Lichts, die Wärme (mit Laplace), in der Theorie als einen Körper aufgenommen zu sehen.« Aber diese Verwunderung mufs sich bei Anschauung der Phänomene der Maschinenelektricität, der Hydro-, Thermo- und Magneto-Elektricität wiederholen, wo chemische, mechanische und scheinbar blofs dynamische Erscheinungen abwechseln, wo allenthalben Licht- und Wärme-Thätigkeiten, die Melloni aber selbst als Schwingungsagentien unterscheidet, bald gegen die Schwere zu wirken, bald mit groben Massen nichts Gemeinschaftliches zu haben scheinen, bald als etwas besonderes Bewegtes, bald als die Bewegung selbst uns vorkommen. Es kann diesem jedoch immer nur ein Körper zum Grunde liegen; denn Bewegung ohne ein Bewegtes ist eine Unmöglichkeit. Es könnten also die Wärmeatmosphären der Molecule nichts anderes als dasselbe verdichtete Agens seyn, das den Weltraum als Aether anfüllt und durch seine Oscillation die Strahlung hervorbringt, hier aber so dünn vertheilt seyn mag, dafs es, bei dem in der Einleitung schon bemerkten Gay-Lussac'schen Versuche, aus der Torricellischen Leere nicht verdichtet und am Thermometer nicht angezeigt werden konnte.

2) Repulsionen, die durch Contact gleich erwärmter Körper hervorgebracht werden.

Dergleichen Repulsionen, wie sie durch eine äufsere thermometrische Wärmedifferenz hervorgebracht werden, könnten wohl, wie schon angedeutet wurde, zwischen heterogenen Körpern auch bei gleichen Temperaturen stattfinden; denn nicht die freie thermometrische Wärme bringt unmittelbar das Phänomen hervor, sondern im Allgemeinen die Ungleichheit der Wärmeatmosphären, die ja gröfstentheils durch latente Wärme gebildet werden, also in den verschiedenartigen Körpern mit der freien nicht gleich proportional, sondern auch bei gleichen äufseren Temperaturgraden der Intensität nach sehr ungleich seyn müssen. Ich sah mich also um, eine Flüssigkeit aufzufinden, die eine Abstofsung in hohem Grade hervorzubringen verspräche, um an ihr diesen Vorgang zu studiren. Sie konnte nur unter denjenigen Substanzen gefunden werden, deren Repulsion so grofs ist, dafs auch Wegnahme grofser Quantitäten von Wärme ihre Molecule doch nicht so dicht an einander bringen könnte, dafs die Attraction sehr überwiegend würde; mit einem Worte, die durch Kälte schwer zur Erstarrung zu bringen wären. Hier dringt sich der Alkohol gleich auf. Diese Flüssigkeit konnte selbst durch die sich schnell verflüchtende feste Kohlensäure in Thilorier's Versuche nicht erstarren, obgleich sie schon mehr als 90° unter dem Wassergefrierpunkte erzeugte. Die schwache Attraction der Alkohol-Molecule unter einander zeigt sich auch direct in den Adhäsionsversuchen, und dadurch, dafs er, ungeachtet seiner Leichtigkeit, doch verhältnifsmäfsig weit weniger als Wasser in capillaren Röhrchen aufsteigt. Auch andere Eigenschaften sprechen für grofse Repulsionskraft im Alkohol, wie die grofse, selbst unter die fetten und ätherischen Oele fallende specifische Schwere, der niedrige Siedgrad und die leichte Verdampfung. Dem Alkohol kommt am nächsten der so sehr flüchtige Aether, der zwar schon bei 30° erstarrt, aber auch 30 und einige Grade niedriger als Alkohol kocht, aus welchem Grunde auch schon seine Dämpfe, da sie dichter und gespannter sind, einen sichtbaren Einfluß ausüben könnten. Diese Flüssigkeiten verhielten sich auch gegen gleich warmes Wasser und andere Flüssigkeiten in allen Stükken wirklich so wie andere, im Fall sie vorher stark erwärmt wurden. Wir werden dieß an einer mit dem eben beschriebenen Phänomen parallel laufenden Reihe von Versuchen sehen.

Wie ein auf eine kalte Wasserfläche gelassener erwärmter Oeltropfen, eben so breitet sich ein kalter Alkoholtropfen darauf aus; da aber Alkohol, indem er sich mit Wasser mischt, darin bald vergeht, so dauert auch die Erscheinung nur eine kurze Weile. Schaut man aber auf eine Wasserfläche, die in einem Weinglase gleich hoch mit seinem Rande steht, gegen das Licht schief hinein, so erkennt man schon an der Kreislinie den flachen, sich geschwind verbreitenden, auf allen Punkten zitternden, dann eben so geschwind sich verkleinernden und zuletzt ganz verschwindenden Tropfen. Die Mischung des Alkohols mit dem Wasser geschieht, wie die Bewegung es anzeigt, nur mit Ueberwindung eines Hindernisses, welches nur das des Abstoßens seyn kann, wie dieß die dem Kochen ähnliche Aufwallung zeigt. Schaut man, während ein Tropfen Alkohol auf's Wasser gebracht wird, die Wasseroberfläche durch die Glaswand von unten an, so sieht man, wie der Alkohol in unzähligen, sich schlängelnden feinen Fäden in's Innere der Wassermasse einzudringen strebt, die aber darinnen, indem sie sich am Ende doch mit dem Wasser mischen, wie durch Abreißen verschwinden. Diese Bewegung geschieht augenscheinlich nicht durch die Schwerkraft, die doch den specifisch leichteren Alkohol im Wasser nicht sinken machen kann. Bestreut man die Wasserfläche mit geraspeltem Kork und bringt einen Tropfen Alkohol in die Mitte,

so laufen die Korktheilchen in der Runde Zoll weit aus
einander und kehren wieder zurück, augenscheinlich in
Folge des Auseinanderbreitens und Wiederzusammenzie-
hens des Tropfens. Der ersten Hälfte der Erscheinung
kann also nur dieselbe Ursache wie beim erwärmten Oeltropfen zu Grunde liegen, nämlich eine durch Abstofsung des Wassers an der Peripherie immer weiter gehende Ausbreitung des Tropfens selbst, der beim Alkohol aber, wegen seines stufenweisen Abgangs, immer
kleiner wird und zuletzt ganz aufhört, was die andere,
ihm eigenthümliche Hälfte der Erscheinung ausmacht.

Ein hierher gehörender Versuch ist lange bekannt,
den man aber anders und irrig deutet. Legt man nämlich auf eine flach, ungefähr eine Linie hoch, über eine
Glasfläche ausgebreitete Wasserschicht einen Alkoholtropfen auf, so geht das Wasser an dieser Stelle bis
auf den festen Grund aus einander. Man hat dieses so
erklärt, als wenn der Alkohol zum Glase eine gröfsere
Attraction, oder Verwandtschaft, oder, wie es Andere haben wollen, eine gröfsere Adhäsion als das Wasser hätte,
das Wasser also davon wegtriebe, um selbst dahin zu
gelangen. Der Versuch gelingt aber auf allen Flächen,
z. B. Metall-, wie auch Holz-, Kork- oder Wachsflä-
chen; das im Grunde des Wassers Liegende ist also hier
gleichgültig. Dann könnte aber auch solche in Linien
weiten Abständen sich äufsernde Anziehung keine capillare Attraction, keine Adhäsionskraft, keine Verwandt-
schaftskraft seyn, weil alles dieses nicht in Distanz wirkende Kräfte sind. Der Einflufs kann hier also nur von
den sich unmittelbar berührenden Körpern ausgehen, also
nur zwischen Alkohol und Wasser stattfinden. Augenscheinlich stofsen hier die Alkoholtheilchen das Wasser
ab, die nach unten in Fäden vorschiefsenden Ströme gewinnen den Boden, adhäriren daran und treiben das Wasser davon ringsherum weg, bis zuletzt, in Folge des Ver-
schwindens des Alkoholtropfens, das Wasser, durch seine

eigene Schwere getrieben, auf seine frühere Stelle zu-
rückkehrt.

Uebrigens weisen solche Abstofsungskraft des Alkohols folgende Versuche direct nach: Giefst man Wasser
in einen flachen Löffel, eine Untertasse oder ein Uhrglas
und läfst einen Tropfen Alkohol am Rande hineinflie-
fsen, so stöfst er bei seiner Ankunft am Wasser dasselbe einige Linien weit ab, so dafs das Wasser wie
Quecksilber mit einem convexen Rande eine Weile stehen bleibt, und einem Theile des Alkohols immer noch
den Abflufs erschwert, bis es nach dem endlichen Vermischen seine frühere Lage und Adhäsion mit dem Gefäfse wieder gewinnt. Dafs dieser Erfolg hier durch directe Abstofsung des Wassers, und nicht etwa einzig
und allein durch eine zur Wasseradhäsion durch Alkohol
wie durch Talg unfähig gemachte Fläche eintritt, erhellt
schon daraus, dafs derselbe auch dann stattfindet, wenn
man den Alkoholtropfen nicht am Rande, sondern ein
Paar Linien weit davon hineinläfst. Ein an einem horizontal gehaltenen Streifen hängender Wassertropfen wird,
wenn man einerseits einen Alkoholtropfen dazu fliefsen
läfst, wie im Libri'schen Versuch, durch Erwärmung
weiter fortgeschoben; denn auch hier befinden sich die
Alkohol-Molecule ab (Fig. 41 Taf. IV) in weiteren Abständen als die Wasser-Molecule cd, wodurch diesseits
stärkere Repulsion, jenseits aber, am Wasserrande, relativ gröfsere, also überwiegende Attraction wirkt. Alkohol in ein horizontal gelegtes Röhrchen, worin ein ru-
hendes Wassersäulchen sich befindet, in ganz kleinen
Quantitäten so hineingelassen, dafs er selbst nicht zu-
sammenfliefst, treibt das Wasser eben so fort, wie diefs
die einseitige Erwärmung (Fig. 42 Taf. IV) es thut. In
dem einen Schenkel eines über ein Millimeter im Durchmesser haltenden U förmig gebeugten Röhrchens, worin
das Wasser also gleich hoch steht, lasse man einen kleinen Tropfen Alkohol an der Wand herabfliefsen; sobald

dieser das Wasser berührt, fällt dasselbe gleich, und steigt im andern Schenkel weit höher als die ganze Menge Alkohol beträgt. Stellt man ein, ein Millimeter weites Röhrchen in ein mit Wasser angefülltes Glas, so steigt das Wasser in demselben über das äufsere Niveau; läfst man jetzt Alkohol an der Wand hinabfliefsen, so fällt in dem Augenblicke, wie man den Alkohol an der Wasseroberfläche ankommen sieht, dasselbe herab. Es fällt anfänglich fast bis auf das äufsere Niveau, was also weit mehr beträgt, als die Höhe, zu welcher in demselben Röhrchen reiner und desto mehr mit Wasser innig vermischter Alkohol über sein anderes Niveau steigen würde. Diese Erscheinung läfst sich nur durch die Annahme erklären, dafs die von x nach z (Fig. 44 Taf. IV) niedergedrückte concave Wasseroberfläche durch die von der Peripherie, wo der Alkohol anhängt, ausgehende abstofsende Einwirkung, wegen des nicht augenblicklichen Vermischens, sich in eine, für's Auge freilich unsichtbare, der Dichtigkeit nach aber doch existirende convexe Schicht s verändern, die mit ihrem Druck nach unten, dem Zuge der concaven Alkoholfläche z nach oben entgegen wirkt und die Herabdrückung im Ganzen noch vermehrt. Nach einer Weile, wenn die innigere Vermischung stattfindet, hebt sich auch das Niveau etwas. Dieses wäre also eine zusammengesetzte, sich nicht gleich aufhebende repulsiv-attractive Wirkung.

Wegen ihrer Repulsionskraft müfste eine Alkoholfläche einen Wassertropfen, so wie eine erwärmte, schwebend in seiner Kugelgestalt erhalten. Diesem ist aber der grofse Unterschied des specifischen Gewichts entgegen; denn bringt man einen Wassertropfen auf eine Alkoholfläche, so sinkt er gleich unter. Unterstützt man ihn aber etwas, wie diefs ja auch bei erhitzten Flächen geschehen mufs, so thut der Alkohol das Uebrige, er erhält ihm seine Kugelgestalt. Man giefse auf eine horizontale Glasfläche eine Linien dicke Schicht Alkohol, und setze einen kleinen Tropfen Wasser darauf, so behält er lange seine Kugelgestalt, bevor er durch's Vermischen mit Wasser sich langsam abflächt und dann ganz vergeht. Auch Bewegungen starrer Körper können durch die hier erwähnte Repulsion erfolgen. Läfst man ein schief zugeschnittenes Stück Kork auf Wasser schwimmen, worauf man einen Tropfen Alkohol bringt, so schwimmt es, sobald der Alkohol das Wasser erreicht, in der entgegengesetzten Richtung mit grofser Schnelligkeit fort. Und bringt man auf einen kalten, auf Wasser schwimmenden Oeltropfen einen kleinen Alkoholtropfen, so wird, wenn dieser an der einen Seite in's Wasser abfliefst, der Oeltropfen nach der entgegengesetzten fortgeschleudert, so dafs er in viele kleinere zerreifst, die erst später langsam wieder zusammenfliefsen.

Alle diese Versuche zeigen also, dafs Alkohol und Wasser, bevor sie sich ganz mit einander vermischen, sehr stark abstofsen. Diefs findet nicht nur an der Gränze ganzer an einander in Contact kommender Massen, sondern selbst auch dann noch statt, wenn sie schon in einander gerathen, wie man dieses an den besonderen, ungleich dichten, und das Licht auch ungleich stark brechenden Strömen als feinen Fäden erkennt. Erst wenn die Mischung ganz gleichförmig wird, z. B. durch Schütteln, hört die Abstofsung auf, und es findet selbst jetzt in dem Gemische eine innigere Vereinigung statt, als sie früher in beiden besonderen Flüssigkeiten war, was sich dadurch ausweist, dafs die gemeinschaftliche Flüssigkeit sich verdichtet, latente Wärme frei wird, und der Alkohol dem Wasser entzogen werden kann als auf chemischem Wege, oder dadurch erst, dafs das Gemisch in Dämpfe verwandelt wird, die als ungleich flüchtig durch Erkaltung in verhältnifsmäfsig ungleichen Mengen abgesondert werden. Mit welchem Widerstreben sich der Alkohol mit dem Wasser vermische, zeigen vorzüglich folgende Versuche. — Bringt man einen Tropfen Wasser in ein 6 bis 8 Millimeter weites und horizontal gelegtes Glasröhrchen, so nimmt er darin die Form x (Fig. 45 Taf. IV) an; bringt man aber an die Stelle a einen Tropfen Alkohol, so treibt dieser den Wassertropfen, indem er ihn vorn abrundet, weiter hin; zugleich sieht man, wie die Alkoholströme sich in Fäden bis an die obere Wasserfläche s hinaufziehen, wodurch zuletzt der Tropfen hier auch abreifst, das Ganze x aber noch weiter fortrückt. Hier sieht man, wie die Vermischung des Alkohols mit Wasser, obgleich er sich damit in allen Proportionen vereinigt, doch nicht das Werk eines Augenblickes ist. Hält man ein ungefähr 2 Millimeter weites, mit Wasser angefülltes Haarrohr frei und vertical, nimmt den unten anhängenden Halbtropfen ab, und setzt statt dessen einen Alkoholtropfen an, so sieht man, wie der Alkohol mitten im Wasser sich in einem feinen Faden (Fig. 46 Taf. IV) langsam hinaufschlängelt, und erst, wenn man ihn die Oberfläche des Wassers erreichen sieht, fällt die Wassersäule augenblicklich fast um die Hälfte ihrer Höhe herab. Schon während des Hinaufziehens in der Mitte der Flüssigkeit müssen augenscheinlich die kleinen Alkoholmengen das Wasser nach allen Seiten ringsherum gleich stark abstofsen; es kann aber eben deswegen sich nach keiner Seite hin bewegen, sein Niveau bleibt also ruhig stehen, und der Alkohol, als specifisch leichter, steigt nur auf im Wasser. Kommt er aber auf ihrer Oberfläche an, so kann er nur einseitig wirken, und das Wasser wird dann schon hinabgedrückt. In einem, 1 Millimeter im Durchmesser haltenden Röhrchen sind dazu mehr als 3 Secunden, in einem, $\frac{1}{2}$ Millimeter habenden mehr als 12 Secunden nöthig, in einem noch engeren weit mehr, und in ganz engen kommt es gar nicht zu Stande; gegen das Licht gehalten, sieht man darin keine Fäden mehr aufsteigen. Ich habe vertical hängende, mit Wasser gefüllte Haarröhrchen, von ungefähr $\frac{1}{10}$ Millimeter im Durchmesser,

Stunden lang beobachtet, den unten hängenden und ver-
dampfenden Alkoholtropfen fortwährend durch neue ersetzt, und nicht bemerkt, daſs das Wasser-Niveau, so
wie bei weiteren Röhren, augenblicklich herabschoſs;
nach langer Zeit hatte es sich etwas unmerklich gesenkt,
und ich glaube dieſs daraus zu erklären, daſs sich Alkohol in dem am Ende des Röhrchens hängenden Tropfen mit Wasser mischt, und als solches leichteres Gemisch hinauf kommt, wo es, wie bekannt, eine kürzere
Säule als das Wasser bildet.

Diese Versuche berechtigen, glaube ich, zu dem
Schlusse, daſs Alkohol einen neben dem Wasser unver-
mischt und besonders flieſsenden Strom nur in einem
nicht zu engen Kanale bilden kann; wohl zu verstehen,
einen im stehenden Wasser flieſsenden Strom; denn für
sich besonders und allein können sowohl reiner Alkohol, als mit Wasser vermischter, so wie auch reines
Wasser, in weit engere Haarröhrchen, sowohl capillar
hineinsteigen, als auch durch solche flieſsen, wenn sie als
communicirende Kanäle angewandt werden. Es wurden die beiden weiten Glasröhre ab (Fig. 47 Taf. IV)
durch ein ganz enges Haarröhrchen x verbunden, und
brachte man nun in einen Schenkel Wasser oder Alkohol,
so floſs die Flüssigkeit so lange in den andern, bis beide
Niveaus gleich wurden; und wurde in einen Schenkel
Alkohol, in den andern Wasser gebracht, so floſs bei
der geringsten Neigung die höher stehende Flüssigkeit
in das andere Gefäſs hinab. Ein Erheben dieser oder
jener Flüssigkeit gegen das hydrostatische Niveau wurde
auch nach längerer Zeit nicht bemerkt, und die Flüssigkeiten schienen, sehr lange in diesem Contact stehend,
in keine Vermischung einzugehen, wenn sie nicht durch
den hydrostatischen Druck gezwungen wurden, eine zur
andern hinüberzugehen.

Es dringt sich hier unwillkührlich die Frage auf, ob
die eben betrachteten Repulsionswirkungen beim Her-

vor-

vorgehen der Dutrochet'schen Ex- und Endosmose-
Erscheinungen nicht mitwirken? denn wie bekannt, bringen dieselben Alkohol und Wasser besonders stark hervor. Nach dem Vorhergehenden müfste aber der Alkohol das Wasser durch die Kanäle vor sich her treiben;
der Versuch zeigt aber, dafs diefs nur in Kautschuck-
blasen, in thierischen aber umgekehrt stattfindet. Giefst
man Wasser in ein Glas und in ein unten mit thierischer
Blase verbundenes Glasrohr, das darin steht, Alkohol
bis zu demselben Niveau ein, so steigt die Flüssigkeit
im Röhrchen, und fällt, wenn die Flüssigkeiten gewechselt werden. Die Bewegung geschieht hier also in der
Richtung vom Wasser nach dem Alkohol, also gegen
die specifisch leichtere Flüssigkeit, wie nach gewöhnlichen hydrostatischen Gesetzen. Dieser Erfolg könnte
aber, wie die meisten, ein zusammengesetzter seyn; der
Unterschied der specifischen Schwere könnte die Bewegung vom Wasser nach dem Alkohol, die Repulsion des
Alkohols aber eine umgekehrte determiniren, und wir
hätten vielleicht nur das Ueberwiegende vor uns im Phänomen. Um dieses zu erfahren, müfste man eine wirkende Ursache von der andern sondern, indem man
die Versuche in horizontal liegenden Röhren vornähme.
In ein winkelförmig gebogenes, ein Paar Linien weites
Rohr wurde ein Tropfen Quecksilber x (Fig. 48 Taf. IV)
eingebracht, und dasselbe fast horizontal, mit dem Winkel nur etwas niedriger gelegt, damit der Metalltropfen,
durch seine Schwere, nicht leicht hin und her laufe.
Dann wurde in ein Ende das Wasser b, in das andere
der Alkohol a bis zu der auf dem Glase gezeichneten
Linie hineingelassen; alsbald verlängerte sich die Wassersäule zusehends um einige Millimeter, wobei ihr Niveau unregelmäfsige Oscillationen machte. Es dringt hier
also der Alkohol zwischen der Glaswand und dem Quecksilber durch, und treibt auch so das Wasser fort. Auf
welche Weise geschieht diefs aber? Nach dem, was

bei Erklärung der 44sten Figur gesagt wurde, könnte es
wirklich eine repulsiv - attractive capillare Kraft seyn,
nämlich die sich berührenden, wegen der Repulsion sich
aber nicht gleich mischenden, dadurch jedoch verschieden gekrümmten Flüssigkeiten, könnten rückwärts auf
sich selbst wirken. Das an der Berührungsfläche mit
dem Alkohol zusammentreffende Wasser, als dichtere
und nicht augenblicklich mit ihm vermischbare Flüssigkeit, müfste gegen denselben die Convexität s (Fig. 48
Taf. IV) bilden, im Alkohol also eine Concavität abfor-
men, wodurch also das Wasser durch den Druck seiner
Krümmung sich zurückzöge. Aber auch in den engen
Raum, zwischen Glas und Quecksilber angelangt, müfste
die Wasserconvexität dieselbe Wirkung thun. Auch
selbst diesseits des Quecksilbers angelangt, mufs immer
noch die dichtere Wasserconvexität z sich bilden, die,
obgleich sie vorrückt, durch Mischung doch so abnimmt,
dafs, ungeachtet die Wassersäule sich verlängert, die Convexität immer an derselben Stelle z verbleibt, wo sich
der Alkohol aus dem engen in den weiten Kanal er-
giefst. Es ist hier also eine fortdauernd, einseitig von
a nach b wirkende capillare Kraft vorhanden; denn der
an beiden Enden der Alkoholsäule, aus seinen umgekehrt gestellten Concavitäten a und z in entgegengesetzter Richtung hervorgehende Zug hebt sich auf; die obere
Wasserconcavität b und die untere Wasserconvexität z
ziehen und drücken die Säule aber nur nach einer und
derselben Richtung, müssen sie also wirklich bewegen,
und dann die Alkoholsäule nach sich ziehen. Das Oscil-
liren der Wasserfläche b kommt aber daher, dafs ein
Ueberschufs von noch unvermischtem Alkohol oben an
der Wand bis an's Ende dann und wann ankommt, und
hier einen, die Säule deprimirenden Stofs ausübt. Man
sieht dieses augenscheinlich, wenn von ungefähr Luft-
bläschen sich mit dem Alkoholstrome verbinden; denn
jedesmal, so wie ein solches an der Oberfläche ankommt,

fährt diese zurück und Alkoholfäden werden sichtbar.
Aus dem ganzen Versuche folgt also, daſs der Alkohol
das Wasser wirklich vorwärts drückt; und stellt man
das horizontal liegende Röhrchen (Fig. 48 Taf. IV), nachdem dieses Vorrücken schon anfing, vertical auf, so kehrt
sich die Richtung der Bewegung um, woraus wieder folgt,
daſs jetzt auch das hydrostatische Gesetz sich geltend
macht, und die schwächere ihm entgegenstrebende capillare Wirkung verwischt.

Schiebt man in die Mitte eines geraden, ein Paar
Linien weiten Röhrchens einen aus Schreibpapier, nicht
zu dicht zusammengerollten (nicht zerknitterten) eng pas-
senden, 2 bis 3 Linien langen Pfropfen hinein, den man
an beiden Seiten mit einem Rasirmesser gerade abschnei-
det, und läſst man in dasselbe, horizontal liegend, einerseits Alkohol und andererseits Wasser hinein, so verlängert sich auch hier zusehends die Wassersäule. Die
Kanäle zwischen den Papierwänden wirken also wie die
zwischen dem Glase und Quecksilber. Ein aus Goldschlägerhäutchen, eben so, wie der vorige zugerichteter
Pfropfen, wirkt auch eben so, und auch hier, zwischen
seinen genäherten Flächen, geht die Strömung, wenn
das Röhrchen horizontal liegt, in der Richtung vom Alkohol zum Wasser. Es dringt sich hier jedoch die Frage
auf, ob die Bewegung auch quer durch das Häutchen,
in derselben Richtung ginge, wenn es der einseitigen
Wirkung der Schwere nicht ausgesetzt wäre, also in horizontaler Lage stattfände? Ein an einem Ende *a* (Fig. 49
Taf. IV) mit einem Goldschlägerhäutchen überbundenes
Glasrohr wurde in der Axe eines an einem Ende *b* verschlossenen gröſseren, durch eingepreſste kleine Korktheilchen *cc*, die aber den Eingang nicht ganz versperr-
ten, fixirt, und Wasser in das eine, Alkohol in das andere, bis zu einem Zeichen hineingelassen, und — die
Strömung fand, umgekehrt, nämlich vom Wasser zum Alkohol, statt, also schon eben so, wie sie auch in verti-

caler Lage sich äufsert. Die Poren des Häutchens wirken also nicht so wie die durch Zusammenlegung, von
den Flächen desselben Körpers gebildeten Kanäle. Sollte
hier nur die für eine Flüssigkeit gröfsere Enge derselben die Ursache davon seyn, so dafs zwar Wasser, nicht
aber Alkohol, oder wenigstens die eine eher als die andere
Flüssigkeit eindringe? Warum ginge aber dann Alkohol
wieder eher als Wasser durch die Kautschuckporen? Es
mufs also hier noch der aus ihrer chemischen Natur hervorgehende Unterschied der Adhäsion mitwirken, wofür
auch das spricht, dafs, wie bekannt, nach Sömmering's
Erfahrung, thierische Häute auch schon Gase und Dämpfe, und zwar Wasser-, nicht aber Alkoholdämpfe leicht
durchlassen, was die Kautschuckhäute, nach Mitchell
(Berzel. Jahresb. No. 12 S. 56), umgekehrt thun.

Bei solchen einseitigen, eher durch die eine als
durch die andere Flüssigkeit erzwungenen Durchdringun-
gen kann aber die Bewegung nicht mehr so, wie das früher
an der 48sten Figur erklärt worden ist, erfolgen; denn
jetzt wird das vor sich Hindrängen des Wassers durch
den Alkohol unmöglich, sobald der letzte die für ihn zu
engen Poren nicht passiren kann, und der ganze gegenseitige Einflufs kann nur an der Oeffnung und nicht in
der Tiefe des Kanals stattfinden. Die in eine Pore überwiegend eindringende und sie ausfüllende Flüssigkeitssäule x (Fig. 50 Taf. IV), sollte sie sich auch nicht augenblicklich mischen und mit einer Ebene $a\,a$ gegen
die andere Flüssigkeit z enden, müfste sich doch immer, während des nachherigen Vermischens, durch ihren
Abgang in die Concavität $a\,c\,a$ verändern, und der andern z eine Convexität aufdringen, wodurch einerseits
ein Druck der Flüssigkeit z auf sich selbst, andererseits
ein Zug der Flüssigkeit x gegen z, also im Ganzen eine
Strömung beider Flüssigkeiten von x nach z entstände.
Auf diese Art mufs, ohne Rücksicht auf Repulsions- und
Dichtigkeitsunterschied, die die Pore leichter durchdrin-

genden Flüssigkeit, durch die andere ausgespült und in
Concavität verändert, sie auch vor sich hintreiben, und
also durch die Kautschuckblase der Alkohol das Wasser und durch die thierische das Wasser den Alkohol,
obgleich es von ihm abgestofsen wird, fortbewegen. Wie
bekannt, treibt auch reines Wasser eine Zuckerauflö-
sung, obgleich diese specifisch schwerer ist, in die Höhe;
hier kann, wegen seiner Zähigkeit, das Zuckerwasser
nicht so leicht wie reines Wasser in die Pore eindringen, jedoch so viel, dafs es die Convexität *aca* bildet,
wodurch das Gleichgewicht fortwährend gestört wird.
Auf dieselbe Art müssen Milch, Gummi arabicum u. dergl.
wirken. Es mögen übrigens vielleicht auch noch andere
Kräfte, selbst Elektricität, mitwirken, durch welche, wie
bekannt, verschiedene Materien durch Häute mit bewegt
werden, obgleich Dutrochet während solcher Vorgänge keine merkbaren Zeichen am Galvanometer finden konnte. Ob das Organische nicht in manchen Fällen mitwirke, ist nicht erwiesen; so viel ist aber gewifs,
dafs organische Häute sich, nach Dutrochet, durch
dünne Schieferblättchen mit demselben Erfolge vertreten
lassen. Auch Poisson hält diese Phänomene für capillare (*Nouvelle Théorie de l'action capillaire*, p. 296).
Nach ihm sollten auch die zusammenstofsenden Flüssigkeiten, in der gemeinschaftlichen Berührungsfläche, eine
mehr concav, die andere mehr convex werden, was die eine
einseitige Bewegung hervorbrächte, und die Möglichkeit
davon wird noch mathematisch bewiesen. Es könnten
aber doch am Ende nicht allé solche Bewegungen alleinig aus der capillaren Wirkung hervorgehen, eben so,
wie das Anschwellen der Stricke und des Holzes durch
eindringendes Wasser, was auch Alle als Beispiel der
Capillarität anführen, doch nicht daraus erklärlich ist;
denn die, die Holzkanäle nicht ganz ausfüllenden und
also concav sich endenden Wassersäulchen müfsten ja
die Wände einander nähern, könnten also das Ganze

nicht erweitern; und wenn das Wasser die Kanälchen ganz ausfüllt, was auch zuletzt immer eintritt, so können diese auch jetzt nur als communicirende, nicht aber als capillare Röhren wirken. Eben so können die capillaren Gefäſse der lebenden Pflanzen und Thiere nicht capillar wirken, weil sie immer voll angefüllt sind, ihre Flüssigkeiten also der gekrümmten Endoberflächen entbehren, aus welchen doch die capilläre Attraction allein nur hervorgehen kann.

Der Aether verhält sich so wie Alkohol, jedoch mit dem Unterschiede, daſs er eine noch gröſsere Kraft ausübt; er stöſst selbst den Alkohol ab. Läſst man nämlich Aether am Rande eines Uhrglases in den Alkohol flieſsen, so zieht sich dieser mit einer convexen Kante zurück, wie Wasser vor dem Alkohol. Wird ein Tropfen Aether auf, mit Korkpartikeln bestreuten, Alkohol gelassen, so treibt er sie aus einander. In Haarröhrchen drückt ein Aethertropfen den Alkohol nieder und dergl. Auf dieselbe Art, und noch in höherem Grade, wirkt aber Aether auf Wasser. Läſst man einen Aethertropfen auf Wasser und sieht gegen das Licht schief hinein, so bemerkt man auch hier leicht, wie er sich ausbreitet, dann wieder verengt und zuletzt wieder verschwindet. Betrachtet man aber unterdessen die Wasserfläche von unten durch die Glaswand, so bemerkt man doch keine so groſsen und langen herabsinkenden Fäden, wie bei auf's Wasser gegossenem Alkohol. Der Aether muſs sich also gleich in weit kleinere Mengen theilen und mischen; aus diesem Grunde bringt er auch die folgende Erscheinung nicht mehr hervor. Bringt man nämlich einen Aethertropfen unter eine, in einem vertical gehaltenen Röhrchen hängende Wasser- oder Alkoholsäule, so sieht man gar kein Aufsteigen der Aetherströme darin, und die Niveaus werden nicht so stoſsweise deprimirt, wie dieses der Fall ist, wenn man Alkohol unter eine Wassersäule bringt. Mit Alkohol gelingt diefs schon in Kanälen, die keinen ganzen Millimeter im Durchmesser haben; mit Aether kann es aber selbst in Röhrchen von 5 Millimeter, die also eine nur wenig hohe Säule Wasser tragen, nicht hervorgebracht werden.

Der dichte und sehr gespannte Aetherdampf übt einen merkbar deprimirenden Einflufs auf eine Wasser- oder Alkoholfläche aus, und simulirt dadurch eine Actio in distans. Nähert man die Oeffnung eines Aetherfläschchens oder einen an einem Stäbchen hängenden Tropfen Aether, dem Rande oder der Mitte der Oberfläche eines mit Korkspänen bestreuten Wassers, so laufen diese aus einander, und diefs findet selbst in der Entfernung einiger Linien von der Oberfläche noch statt. Sie scheinen hier eben so aus einander zu gehen, wie diefs der Fall ist, wenn man auf die Wasserfläche durch ein vertical gehaltenes Röhrchen schwach bläst, wodurch zugleich eine Vertiefung im Wasser hervorgebracht wird. Schaut man auf eine reine Wasserfläche schief gegen das Licht, so bemerkt man auch, dafs unter dem Aetherdampfe wirklich Eindrücke entstehen. Bringt man eine dünne Schicht Wasser auf eine Glasfläche und nähert die Oeffnung des Aetherfläschchens oder einen anhängenden Tropfen, so treibt sein Dampf das Wasser auch aus der Stelle und legt einen runden Theil trocken. Nur einzeln, wie aus einem zerrissenen Thaunetze zurückgebliebene unregelmäfsige, an der Fläche adhärirende Tröpfchen bedecken jetzt diese Stelle; sie scheinen aber kein Wasser, sondern ein Gemisch desselben mit Aether zu seyn, weil sie sich ziemlich geschwind, doch aber nicht augenblicklich, verflüchtigen, und weil auf dieselbe Art, aber dichter gelagerte und gröfsere, Tröpfchen sich auch dann bilden, wenn ein kleiner Tropfen Aether unmittelbar auf so eine, das Glas bedeckende Wasserschicht gebracht wird, vor welchem sich das Wasser gleich zurückzieht, und er augenscheinlich jetzt nur allein sich so

verbreiten kann. Es findet also, während der Aetherdampf das Wasser wegtreibt, eine wirkliche Condensation desselben statt, die jedoch durch das Wasser oder
wahrscheinlicher durch das in einander Gerathen beider
Dämpfe bedingt ist. Denn nähert man einer auf Glas ver-
breiteten Wasserfläche, die man schief unters Licht, besonders vor der Flamme einer Kerze anschaut, einen in
der Rinne eines der Länge nach gespaltenen Federkiels
hängenden Tropfen Aether, so entstehen sogleich in dem
Zwischenraum sichtbar condensirte Dämpfe, wie ein far-
benspielender Nebel, und ein, auch noch so nahe, der
trocknen Glasoberfläche genäherter Aethertropfen, giebt
keine sichtbar condensirten Dämpfe, weder als Nebel in
der Luft, noch als Thau auf dem Glase. Die Eindrücke
des Wassers unter dem Aetherdampf und sein Fliehen
scheinen also nur von der Condensation desselben im
Wasser abzuhängen; denn ein so starker mechanischer
Druck, wie dazu nöthig wäre, ist auf keine Weise bemerkbar. Wird z. B. auch das feinste Goldschlägerhäutchen dicht vor ein Röhrchen, aus welchem Aether ver-
dampft, gehalten, so bewegt es sich doch nicht im Mindesten. Die Einwirkung des Aetherdampfes auf Wasser
ist also eigentlich nur scheinbar eine Actio in distans,
denn sie wird durch unmittelbare Berührung der vereinigten condensirten Wasser-Aetherdämpfe hervorgebracht,
die dann, dem Wasser zugemengt, auf dieselbe Weise
schon wirken, wie ein unmittelbar darauf gelassener Tropfen Aether.

Es möchte scheinen, daſs eine gröſsere Flüchtigkeit
der zu deprimirenden Flüssigkeit die Wirkung vergrö-
ſsern müſste, so daſs selbst bei minder dichten Dämpfen
der andern darüber hängenden Flüssigkeit derselbe Erfolg
schon stattfände. Dafür spricht der Umstand, daſs die
flüchtige Essigsäure nicht nur vom Aetherdampf, sondern
selbst schon vom Alkoholdampf, auf einer Glastafel aus der
Stelle getrieben wird, was doch mit dem Wasser durch

Alkohol nicht geschieht. In dem Zwischenraume entwik-
kelt sich auch ein weiser Nebel. Doch ist auch eine
stärkere Dampfentwicklung und selbst eine Nebelbildung
nicht immer ein Vorzeichen vom Eintreten des Erfolgs.
So giebt Alkohol dichtere Dämpfe als Wasser, und obgleich zwischen einer auf dem Glase ausgebreiteten Al-
koholschicht und einem darüber schwebenden Aethertropfen, ein weiser dichter Nebel sich bildet, so wird dennoch der Alkohol nicht aus der Stelle getrieben, was
jedoch durch den flüssigen Aether geschieht. Umgekehrt,
wird fettes Oel durch den Ammoniakdampf auch ohne
sichtbaren Nebel deprimirt, nicht aber durch den Liq.
ammon. caust., mittelbar angebracht. Hält man einen
Tropfen desselben über einen auf Wasser schwimmenden Tropfen irgend eines Oels (nur Mandelöl bringt
eine zu geringe Wirkung hervor), so verflächt sich derselbe, indem er sich mehr ausbreitet, zieht sich nach
dem Wegbringen des Ammoniaks wieder zurück, und
ein dünnes Oelhäutchen wird auf diese Weise zerrissen.
Auch wird die Oberfläche des Oeltropfens, an der Stelle
matt, über welcher eben der Ammoniaktropfen sich befand. Läst man aber den Ammoniaktropfen selbst auf
das Oel fallen, so bewirkt er keine Depression, ver-
seift sich ruhig damit, und selbst dann, wenn man ihn
am Rande zwischen Oel und Wasser fallen läst, erfolgt
nicht die mindeste Bewegung. Eine solche verhindert
wahrscheinlich das mit dem Liquor verbundene Wasser.
Auch sieht man keinen Nebel in dem Zwischenraum, wenn
man Oel auf Glas und darüber *Liq. ammon.* hält, was
auch bei der geringen Dichtheit der Oeldämpfe nicht ver-
wundern kann, aber der Beschlag auf der Oelfläche bildet sich nichts destoweniger. Hier wirkt also der Ammoniakdampf abstofsend auf das nicht flüchtige Oel, mit
dem es sich augenscheinlich verbindet, nicht aber so auf
den flüchtigen Alkohol und Aether; denn in Dämpfen
stofsen sie sich nicht ab, thun es jedoch im tropfbaren

Zustande. Aether- und Alkoholdampf stofsen aber wieder das fette Oel nicht ab, thun es hingegen umgekehrt im tropfbaren Zustande. Verschiedene ätherische Oele werden nicht nur durch Alkohol und Aether im tropfbaren Zustande, sondern auch schon vom Aetherdampfe vertrieben. Auch in den zähen Bals. peruv. macht Aetherdampf eine sichtbare Vertiefung und treibt ihn vom Rande eines Uhrglases weg, doch wird die Stelle nicht trocken gelegt. Desgleichen verhält sich Kreosot und Eupion. Das stark riechende Terpenthinöl wird aber vom Alkohol-, Aether- und Ammoniakdampf gar nicht afficirt, nur tropfbarflüssig wirken sie abstofsend darauf. Auf einer über Glas ausgebreiteten Essigsäureschicht, behält ein Tropfen Terpenthinöl seine Kugelgestalt, auf Wasser aber nicht, und er dehnt sich in so ein dünnes Häutchen aus, wie diefs ein fettes Oel erst dann thut, wenn es heifs auf kaltes Wasser aufgetragen wird; ausgenommen doch das Ricinusöl, welches sich auch kalt schon so sehr darauf ausbreitet. Auch Bals. copaivae wird nur von tropfbarem Alkohol und Aether abgestofsen. Verschiedene Säuren (Acid. hydrochl., nitr., sulph., phosph.) werden sowohl vom Alkohol wie auch vom Aether, aber nur im flüssigen Zustande, und Acid. cyan. nur allein vom Aether abgestofsen. Dafs zuletzt auch starre Körper, wenn sie dichten Dampf ausströmen, sich auf Flüssigkeiten bewegen können, z. B. Kampher auf Wasser, ist bekannt. Diese Bewegung ist aber schwach; die geschabten Kamphertheilchen rücken und drehen sich etwas nur von oder gegen einander, und diese Bewegungen werden augenscheinlich durch ungleiche capillare Repulsionen, und nicht etwa durch einen mechanischen Druck der Dämpfe auf's Wasser hervorgebracht.

Aus dem Vorhergehenden ist leicht abzunehmen, dafs hier auch chemische Verwandtschaft im Spiele ist, und Ursache von so manchem scheinbar Anomalen im Vorgange seyn mag; es öffnet sich hier ein weites Feld, um dergleichen Berührungsveränderungen auch in chemischer Hinsicht zu untersuchen, was in diesem Aufsatz, wo nur die capillare Wirkung beachtet werden sollte, nicht geschehen kann. Denn dafs das capillare Verhalten ein ganz anderes als das chemische ist, wurde schon in der Einleitung bemerkt; es theilt zwar mit ihm die Bedingug des Wirkens nur in unmerkliche Ferne, aber aufserdem ist es ihm sogar oft entgegengesetzt. Alkohol und Wasser, Aether und Alkohol, Ammoniak und Oel verbinden sich chemisch und stofsen sich capillar ab, so dafs man fast zu dem Glauben verführt wird, diese vorangehende Abstofsung sey eben eine Aeufserung grofser chemischer Affinität, als wenn die zuerst schwer zu überwindenden, die Molecule einhüllenden Wärmeatmosphären dann desto stärker die einmal an einander gelangten zusammenhielten. Capillarität entspricht also einem Etwas noch Aeufseren, Chemismus schon dem Inneren der Körper. Im ersten Falle wirken nur ganze, wenn auch wegen ihrer Kleinheit als besondere, oft unsichtbare Massen, und verschiedene Atomaggregate, wenn sie nur von einer gemeinschaftlichen Wärmeatmosphäre eingehüllt sind, mit ihren Oberflächen auf einander; im andern wirken aber schon besondere Atome durch einander. So lange Körper capillar auf einander wirken, sind sie, wenn auch oft schon gemengt, doch noch nicht eins, diefs werden sie erst dann, wenn sie sich chemisch mit einander verbinden, wenn die Veränderung nämlich bis in's Innere des Inhalts der besonderen Wärmeatmosphären reicht. Wir wollen also diese Linie, welche Capillarität vom Chemismus trennt, nicht überschreiten, mit dem wenigen Angeführten uns begnügen, und abbrechen; denn für die Theorie der Capillarität im Allgemeinen scheint es hinreichend, an einigen Beispielen nachgewiesen zu haben, dafs attractiv-repulsive Aeufserungen bald stattfinden, bald nicht, und im ersten Falle stärker oder schwächer wirken können.

Am Schlusse dieser Abhandlung sey es mir erlaubt auszusprechen, dafs durch die hier aufgestellte schlichte Ansicht (wenn ich mich nicht irre) die Capillarität, welche den gewöhnlichen hydrostatischen Gesetzen so entgegen zu seyn scheint, und so sehr als Ausnahme von der rationellen Mechanik galt, dafs das Kapitel über die capillare Attraction in den Lehrbüchern auf's Gerathewohl hier oder dort angehängt werden konnte, von der capillaren Repulsion aber gar nicht die Rede war, jetzt vielleicht einen consequenten Platz in einem Kapitel der Mechanik einnehmen kann, wo sie als Wirkung einer von der Oberfläche der tropfbaren Flüssigkeiten ausgehenden mechanischen Spannungskraft, die aber die gewöhnliche, durch Wärmerepulsion modificirte moleculare Attraction ist, den Uebergang vom Mechanismus zum Chemismus bilden könnte.

III. *Berechnung und Interpolation der Brechungsverhältnisse nach Cauchy's Dispersionstheorie, und deren Anwendbarkeit auf doppelbrechende Krystalle; von G. Radicke.*

(Schlufs von S. 262.)

Die Formel (*A*) läfst sich benutzen, aus vier, durch Messung bestimmten Werthen von Θ_c die übrigen drei zu finden. Es lassen sich nämlich, wenn z. B. Θ_1, Θ_3, Θ_5, Θ_7 für eine Substanz gegeben sind, aus (*A*) Θ, $\mathfrak{U}$, $\mathfrak{W}$, $\mathfrak{W}$ eliminiren, indem man aus derselben Gleichung ableitet:

$$\left. \begin{aligned} \Theta_1 &= \Theta + \mathfrak{U}\beta_1 + \mathfrak{W}\gamma_1 + \mathfrak{W}\delta_1 \\ \Theta_3 &= \Theta + \mathfrak{U}\beta_3 + \mathfrak{W}\gamma_3 + \mathfrak{W}\delta_3 \\ \Theta_5 &= \Theta + \mathfrak{U}\beta_5 + \mathfrak{W}\gamma_5 + \mathfrak{W}\delta_5 \\ \Theta_7 &= \Theta + \mathfrak{U}\beta_7 + \mathfrak{W}\gamma_7 + \mathfrak{W}\delta_7 \end{aligned} \right\} \quad \ldots \ldots (17)$$

Aus der ersten dieser Gleichungen, in Verbindung mit
(A) zieht man: $\Theta_c - \Theta_1 = \mathfrak{U}(\beta_c - \beta_1) + \mathfrak{V}(\gamma_c - \gamma_1)$
$+ \mathfrak{W}(\delta_c - \delta_1)$, und leitet daraus, durch $\beta_c - \beta_1$ dividirend
und $\dfrac{\gamma_c - \gamma_1}{\beta_c - \beta_1} = \gamma'_c$, $\dfrac{\delta_c - \delta_1}{\beta_c - \beta_1} = \delta'_c$ setzend, her:

$$\frac{\Theta_c - \Theta_1}{\beta_c - \beta_1} = \mathfrak{U} + \mathfrak{V}\gamma'_c + \mathfrak{W}\delta'_c.$$

Da deswegen auch $\dfrac{\Theta_3 - \Theta_1}{\beta_3 - \beta_1} = \mathfrak{U} + \mathfrak{V}\gamma'_3 + \mathfrak{W}\delta'_3$ ist, so
erhält man durch Subtraction der beiden letzten Glei-
chungen:

$$\frac{\Theta_c - \Theta_1}{\beta_c - \beta_1} - \frac{\Theta_3 - \Theta_1}{\beta_3 - \beta_1} = \mathfrak{V}(\gamma'_c - \gamma'_3) + \mathfrak{W}(\delta'_c - \delta'_3),$$

und wenn man durch $\gamma'_c - \gamma'_3$ dividirt, und

$$\frac{\delta'_c - \delta'_3}{\gamma'_c - \gamma'_3} = \delta''_c$$

setzt:

$$\left(\frac{\Theta_c - \Theta_1}{\beta_c - \beta_1} - \frac{\Theta_3 - \Theta_1}{\beta_3 - \beta_1}\right) : \gamma'_c - \gamma'_3 = \mathfrak{V} + \mathfrak{W}\delta''_c.$$

Subtrahirt man von dieser Gleichung wiederum diejenige,
welche aus derselben hervorgeht, wenn man $c = 5$ setzt,
und dividirt durch $\delta''_c - \delta''_5$, so erhält man $\mathfrak{W}$ als blofse
Function von δ''_c. Setzt man darin von Neuem $c = 7$,
so erhält man einen anderen numerischen Werth für $\mathfrak{W}$;
beide Werthe von $\mathfrak{W}$ einander gleichgesetzt, geben die
Gleichung:

$$\left\{\frac{\dfrac{\Theta_c - \Theta_1}{\beta_c - \beta_1} - \dfrac{\Theta_3 - \Theta_1}{\beta_c - \beta_1}}{\gamma'_c - \gamma'_3} - \frac{\dfrac{\Theta_5 - \Theta_1}{\beta_5 - \beta_1} - \dfrac{\Theta_3 - \Theta_1}{\beta_3 - \beta_1}}{\gamma'_5 - \gamma'_3}\right\} : (\delta''_c - \delta''_5)$$

$$= \left\{\frac{\dfrac{\Theta_7 - \Theta_1}{\beta_7 - \beta_1} - \dfrac{\Theta_3 - \Theta_1}{\beta_3 - \beta_1}}{\gamma'_7 - \gamma'_3} - \frac{\dfrac{\Theta_5 - \Theta_1}{\beta_5 - \beta_1} - \dfrac{\Theta_3 - \Theta_1}{\beta_3 - \beta_1}}{\gamma'_5 - \gamma'_3}\right\} : (\delta''_7 - \delta''_3)$$

folglich:

$$\Theta_1 = \Theta_1 + \frac{\beta_c - \beta_1}{\beta_3 - \beta_1}(\Theta_3 - \Theta_1)$$

$$+ \frac{\beta_c - \beta_1}{\beta_5 - \beta_1} \cdot \frac{\gamma'_c - \gamma'_3}{\gamma'_5 - \gamma'_3}\left[\Theta_5 - \Theta_3 - \frac{\beta_5 - \beta_1}{\beta_3 - \beta_1}(\Theta_3 - \Theta_1)\right]$$

$$+\frac{\beta-\beta_1}{\beta_7-\beta_4}\cdot\frac{\gamma'-\gamma'_3}{\gamma'_7-\gamma'_3}\cdot\frac{\delta''-\delta''_5}{\delta''_7-\delta''_5}\left\{\Theta_7-\Theta_1-\frac{\beta_7-\beta_1}{\beta_3-\beta_1}(\Theta_3-\Theta_1)\right.$$

$$\left.-\frac{\beta_7-\beta_1}{\beta_5-\beta_1}\cdot\frac{\gamma'_7-\gamma'_3}{\gamma'_5-\gamma'_3}\left[\Theta_5-\Theta_1-\frac{\beta_5-\beta_1}{\beta_3-\beta_1}(\Theta_3-\Theta_1)\right]\right\}$$

oder, wenn man für die Constanten die numerischen Werthe setzt:

$$\Theta_2 = \quad 0,47143\,\Theta_1 + 0,73685\,\Theta_3 - 0,24587\,\Theta_5$$
$$+ 0,03759\,\Theta_7$$
$$\Theta_4 = \quad 0,09913\,\Theta_1 + 0,16566\,\Theta_3 + 0,82448\,\Theta_5 \qquad (B)$$
$$- 0,08927\,\Theta_7$$
$$\Theta_6 = -0,15023\,\Theta_1 + 0,08584\,\Theta_3 + 0,62126\,\Theta_5$$
$$+ 0,44313\,\Theta_7$$

Aus dem Obigen ist klar, dafs diese Entwicklungen, bei welchen Cauchy nur einfach brechende Mittel vor Augen hatte, auch für doppelbrechende ein- und zweiaxige Mittel gelten müssen, sobald 1) s^2 sich nach geraden Potenzen von k entwickeln läfst, wie es für die einaxigen Krystalle und für die zweiaxigen des prismatischen Systems, wenigstens für die in der Richtung der Elasticitätsaxen sich bewegenden Strahlen, unbedingt der Fall ist; 2) sobald a_1, a_2, a_3 ... sich nicht von Farbe zu Farbe in demselben Mittel ändern, wie es wirklich der Fall ist, wenn man nur solche (demselben Mittel angehörige) Strahlen vergleicht, deren Wellen-Ebenen parallel sind; 3) sobald den mit einander verglichenen Strahlen der verschiedenen Mittel gleiche Werthe von s zukommen.

Wenden wir nun die Formeln (B) auf den Kalkspath, Bergkrystall, Arragonit und Topas an. Die Werthe von Θ_a und θ_a, den Rudberg'schen Messungen entnommen, sind in folgender Tafel enthalten, in welcher für die beiden ersten Substanzen der gewöhnliche Strahl durch o, der ungewöhnliche durch e, bezeichnet ist. In Bezug auf die beiden letzten Substanzen ist der geschwindeste (nach dem einen der beiden auf der Ebene der optischen Axe senkrecht stehenden Hauptschnitte polarisirte) Strahl mit π, der langsamste (nach dem andern dieser Hauptschnitte polarisirte) Strahl mit μ, und der Strahl von mittlerer Geschwindigkeit, welcher nach der Ebene der optischen Axen polarisirt ist, mit ν überschrieben.

	Bergkrystall.		Kalkspath.	
	o.	e.	o.	e.
θ_1	1,54090	1,54990	1,65308	1,48391
θ_2	1,54181	1,55085	1,65452	1,48455
θ_3	1,54418	1,55328	1,65850	1,48635
θ_4	1,54711	1,55631	1,66360	1,48868
θ_5	1,54965	1,55894	1,66802	1,49075
θ_6	1,55425	1,56365	1,67617	1,49453
θ_7	1,55817	1,56772	1,68330	1,49780
Θ_1	2,374373	2,402190	2,732674	2,201988
Θ_2	2,377177	2,405136	2,737436	2,203889
Θ_3	2,384492	2,412678	2,750623	2,209237
Θ_4	2,393550	2,422101	2,767565	2,216168
Θ_5	2,401415	2,430295	2,782291	2,222336
Θ_6	2,415695	2,445003	2,809545	2,233620
Θ_7	2,427893	2,457746	2,833499	2,243405

Arragonit.

	π.	ν.	μ.
θ_1	1,52749	1,67631	1,68061
θ_2	1,52820	1,67779	1,68203
θ_3	1,53013	1,68157	1,68589
θ_4	1,53264	1,68634	1,69084
θ_5	1,53479	1,69053	1,69515
θ_6	1,53882	1,69836	1,70318
θ_7	1,54226	1,70509	1,71011
Θ_1	2,333226	2,810014	2,824451
Θ_2	2,335395	2,814979	2,829224
Θ_3	2,341297	2,827678	2,842225
Θ_4	2,348987	2,843742	2,858938
Θ_5	2,355580	2,857892	2,873533
Θ_6	2,367967	2,884427	2,900821
Θ_7	2,378565	2,907332	2,924475

T o p a s.

	$\pi.$	$\nu.$	$\mu.$
θ_1	1,60840	1,61049	1,61792
θ_2	1,60935	1,61144	1,61880
θ_3	1,61161	1,61375	1,62109
θ_4	1,61452	1,61668	1,62408
θ_5	1,61701	1,61914	1,62652
θ_6	1,62154	1,62365	1,63123
θ_7	1,62539	1,62745	1,63506
Θ_1	2,586951	2.593678	2,617633
Θ_2	2,590007	2,596734	2,620513
Θ_3	2,597287	2,604190	2,627932
Θ_4	2,606674	2,613655	2,637630
Θ_5	2,614721	2,621615	2,645567
Θ_6	2,629395	2,636257	2,660911
Θ_7	2,641893	2,648594	2,673123

Die folgende Tafel enthält die aus den Werthen von Θ_1, Θ_3, Θ_5. Θ_7 mittelst der Gleichungen (B) berechneten Werthe von Θ_2, Θ_4, Θ_6, θ_2, θ_4, θ_6. Die mit D bezeichnete Spalte enthält die Abweichungen von den Beobachtungen:

B e r g k r y s t a l l.

	$o.$	$D.$	$\geq.$	$D.$
Θ_2	2,377175	+ 2	2,405070	+ 66
Θ_4	2,393575	—25	2,422149	— 48
Θ_6	2,415763	—68	2,445173	—170
θ_2	1,54181	0	1,55083	+ 2
θ_4	1,54712	— 1	1,55632	— 1
θ_6	1,55428	— 3	1,56370	— 5

K a l k s p a t h.

	$o.$	$D.$	$e.$	$D.$
Θ_2	2,737458	— 22	2,203835	+ 34
Θ_4	2,767564	+ 1	2,216276	—108
Θ_6	2,809722	—177	2,233609	+ 11
θ_2	1,65452	0	1,48454	+ 1
θ_4	1,66360	0	1,48871	— 3
θ_6	1,67622	— 5	1,49453	0

Ar-

Arragonit.

	π.	D.	ν.	D.	μ.	D.
Θ_2	2,335354	+ 39	2,814885	+ 94	2,829207	+ 17
Θ_4	2,348959	+ 26	2,843737	+ 5	2,858944	— 6
Θ_6	2,367902	+ 65	2,884404	+ 23	2,900798	+ 23
θ_2	1,52819	+ 1	1,67779	+ 3	1,68203	0
θ_4	1,53264	0	1,68634	0	1,69084	0
θ_6	1,53880	+ 2	1,69836	0	1,70318	0

Topas.

	π.	D.	ν.	D.	μ.	D.
Θ_2	2,589775	+232	2,596590	+144	2,620420	+ 93
Θ_4	2,606664	+ 10	2,613561	+ 94	2,637399	+231
Θ_6	2,629438	— 43	2,636277	— 20	2,660599	+312
θ_2	1,60928	+ 7	1,61139	+ 5	1,61877	+ 3
θ_4	1,61452	0	1,61665	+ 3	1,62401	+ 7
θ_6	1,62155	— 1	1,62366	— 1	1,63113	+ 10

Vergleichen wir die zu den Werthen von Θ gehörigen Differenzen in den mit D überzeichneten Spalten mit der Differenz, auf welche die gröfsten Unterschiede in den Fraunhofer'schen Messungen führen, d. h. mit 0,000159, so finden wir unter den 30 vorstehenden Werthen nur fünf, welche dieses Maafs übersteigen, und unter diesen nur drei, bei welchen die Abweichung erheblicher ist, ohne jedoch das Doppelte zu erreichen, Uebrigens gehören diese letzteren gerade dem Topase an (den Strahlen π, Θ_2; μ, Θ_4; μ, Θ_6), für welchen von Rudberg nur *eine* Reihe Messungen angestellt ist. Ueberdiefs ist bei den Messungen Rudberg's die Fehlergränze mindestens doppelt so grofs als bei denen Fraunhofers.

'Zu bemerken ist noch, dafs die oben aufgeführten Werthe von Θ nur bis zur 5ten Decimale genau sind, und dafs die letzte Stelle nur zur Parallelisirung mit den Cauchy'schen Zahlen mit aufgenommen ist.

Noch genauer stimmend und den Messungen gewifs vorzuziehen, sind die aus der Gleichung (A) gezogenen Werthe von Θ_a.

Die Constanten der Gleichung (A) sind für die in Rede stehenden Substanzen in der folgenden Tafel enthalten:

	Bergkrystall.		Kalkspath.	
	$o.$	$e.$	$o.$	$e.$
Θ	2,396371	2,425021	2,773376	2,218663
$\mathfrak{u}$	—0,111782	—0,115960	—0,210413	—0,086742
$\mathfrak{B}$	0,003817	0,003883	0,003822	0,001372
$\mathfrak{W}$	0,000102	0,000003	—0,000549	—0,000321

Arragonit.

	$\pi.$	$\nu.$	$\mu.$
Θ	2,351572	2,849438	2,864809
$\mathfrak{u}$	—0,094791	—0,202676	—0,208800
$\mathfrak{B}$	0,001909	0,003834	0,003565
$\mathfrak{W}$	—0,000180	0,000437	—0,000253

Topas.

	$\pi.$	$\nu.$	$\mu.$
Θ	2,609561	2,616389	2,640515
$\mathfrak{u}$	—0,114651	—0,114598	—0,116708
$\mathfrak{B}$	0,003745	0,004410	0,003751
$\mathfrak{W}$	0,000141	0,000221	0,000146

Die folgende Tafel enthält die mittelst der Gleichung (A) corrigirten Werthe von Θ_a und θ_a:

Bergkrystall.

	$o.$	$D.$	$e.$	$D.$
Θ_1	2,374388	—15	2,402254	—64
Θ_2	2,377184	— 7	2,405113	+23
Θ_3	2,381468	+24	2,412643	+35
Θ_4	2,393553	— 3	2,422096	+ 5
Θ_5	2,401398	+17	2,130237	+58
Θ_6	2,415734	—39	2,445102	—99
Θ_7	2,427872	+21	2,457704	+42

	o.	D.	e.	D.
θ_1	1,54090	0	1,54992	— 2
θ_2	1,54181	0	1,55084	+ 1
θ_3	1,54417	+ 1	1,55327	+ 1
θ_4	1,54711	0	1,55631	0
θ_5	1,54965	0	1,55892	+ 2
θ_6	1,55126	— 1	1,56368	— 3
θ_7	1,55816	+ 1	1,56771	+ 1

Kalkspath.

	o.	D.	e.	D.
Θ_1	2,732684	+ 10	2,201922	+66
Θ_2	2,737483	— 47	2,203869	+20
Θ_3	2,750564	+ 59	2,209222	+15
Θ_4	2,767538	+ 27	2,216229	—61
Θ_5	2,782267	+ 24	2,222301	+35
Θ_6	2,809654	—109	2,233606	+14
Θ_7	2,833414	+ 85	2,243152	—47
θ_1	1,65308	0	1,48389	+ 1
θ_2	1,65153	— 1	1,48454	+ 1
θ_3	1,65848	+ 2	1,48635	0
θ_4	1,66359	+ 1	1,48870	— 2
θ_5	1,66801	+ 1	1,49074	+ 1
θ_6	1,67620	— 3	1,49453	0
θ_7	1,68328	+ 2	1,49782	— 2

Arragonit.

	π.	D.	v.	D.	μ.	D.
Θ_1	2,333211	+15	2,810027	—13	2,824437	+14
Θ_2	2,335388	+ 7	2,814946	+33	2,829231	— 7
Θ_3	2,341324	—27	2,827710	—37	2,842227	— 2
Θ_4	2,348969	+16	2,843731	+11	2,858939	— 1
Θ_5	2,355606	—26	2,857891	+ 1	2,873512	— 9
Θ_6	2,367925	+42	2,884409	+18	2,900804	+17
Θ_7	2,378581	—16	2,907352	—20	2,924490	—15
θ_1	1,52749	0	1,67631	0	1,68061	0
θ_2	1,52820	0	1,67778	+ 1	1,68203	0
θ_3	1,53014	— 1	1,68158	— 1	1,68589	0
θ_4	1,53264	0	1,68634	0	1,69084	0
θ_5	1,53480	— 1	1,69053	0	1,69515	0
θ_6	1,53881	+ 1	1,69835	+ 1	1,70318	0
θ_7	1,54226	0	1,70510	— 1	1,71011	0

T o p a s.

	π.	D.	ν.	D.	μ.	D.
Θ_1	2,587033	— 82	2,593744	—66	2,677593	+ 40
Θ_2	2,589900	+107	2,596688	+46	2,620508	+ 5
Θ_3	2,597350	— 63	2,604248	—58	2,628081	—149
Θ_4	2,606635	+ 39	2,613578	+77	2,637525	+105
Θ_6	2,614678	+ 43	2,621634	—19	2,645540	+ 27
Θ_6	2,629439	— 44	2,636264	— 7	2,660721	+190
Θ_7	2,641917	— 24	2,648574	+20	2,673466	— 43
θ_1	1,60842	— 2	1,61050	— 1	1,61790	+ 1
θ_2	1,60932	+ 3	1,61142	+ 2	1,61880	0
θ_3	1,61163	— 2	1,61377	— 2	1,62114	— 5
θ_4	1,61451	+ 1	1,61666	+ 2	1,62405	+ 3
θ_5	1,61700	+ 1	1,61915	— 1	1,62651	+ 1
θ_6	1,62155	— 1	1,62365	0	1,63117	+ 6
θ_7	1,62540	— 1	1,62744	+ 1	1,63507	— 1

Von den 70 Werthen übertrifft also nur einer (nämlich: Topas Θ_6, μ: bei welchem die Differenz 0,000190
beträgt) die den Fraunhofer'schen Messungen entnom-
mene Gränze der Beobachtungsfehler, d. h. 0,000159, und
zwar nur um sehr weniges.

Es ist indefs, wie schon bemerkt worden, diese Gränze
bedeutend gröfser anzunehmen [1]), wie sich aus den Rudberg'schen Doppelmessungen ergiebt, und wie es sich auch
nicht anders erwarten läfst, da bei doppelbrechenden
Krystallen die Kanten der zu den Messungen angewendeten Prismen den Elasticitätsaxen parallel seyn müssen,
und eine geringe Abweichung von diesem Parallelismus
noch Fehler zur Folge haben mufs, die von den Mes-
sungsfehlern unabhängig sind.

Ferner ist es vielleicht nicht Zufall, dafs die gröfsten Differenzen in obiger Tabelle gerade beim Kalkspath
und Topas sich finden, für welche Krystalle von Rud-

1) Beim Bergkrystall war nämlich die gröfste Differenz zwischen den
aus den Messungen abgeleiteten Werthen von Θ 0,000310, und beim
Arragonit 0,000513.

berg nur einfache Messungen angestellt sind, während
die zum Grunde gelegten Brechungsverhältnisse des Berg-
krystalls und Arragonits Mittelwerthe aus zwei Messungs-
reihen sind.

Bei der Vergleichung der Werthe von Θ, ϑ'_c, ϑ''_c,
ϑ'''_c, welche, dem Obigen zufolge, eine abnehmende Reihe
bilden sollten, fand Cauchy, dafs von den der Rechnung unterworfenen Substanzen nur für Terpenthinöl bei
zwei Strahlen $\vartheta'''_c > \vartheta''_c$ wurde, und glaubte den Grund
darin suchen zu müssen, dafs dasselbe zu den doppelbrechenden Substanzen gehöre [1]. Er wiederholte daher die Rechnung, ohne dieselbe zu Hülfe zu ziehen.
Da indefs die resultirenden Differenzen höchst unbedeutend waren, so glaubte ich mich der Wiederholung der
Rechnung für die hier behandelten Substanzen nach der
abgeänderten Formel überheben zu dürfen, und füge nur
die Constanten der der Form nach unveränderten Gleichung

$$\Theta_c = \Theta + \mathfrak{U}\beta_c + \mathfrak{B}\gamma_c + \mathfrak{W}\delta_c$$

hinzu:

$c =$	β_c.	γ_c.	δ_c.
1.	0,190868	—0,16970	—0,2737
2.	0,168734	—0,08510	0,1688
3.	0,108921	0,07534	0,1612
4.	0,031477	0,17924	—0,0547
5.	—0,038125	0,19999	—0,1698
6.	—0,171613	0,04521	0,0654
7.	—0,290264	—0,24541	0,1064.

[1] Mir scheint es wahrscheinlicher, dafs der Grund in der anomalen
Polarisirungsart des Terpenthinöls liege, und nicht in der doppelbre-
chenden Kraft im Allgemeinen, da noch nicht bewiesen ist, ob die
Elasticität in demselben die Bedingungen a, b, c (S. 249 und 250)
erfüllt. Bei den hier betrachteten Krystallen findet wenigstens keine
Divergenz der Reihe statt.

woraus sich ergiebt:

$$S''\beta_a = -0{,}138675 \;,\quad S'''\beta_a = -0{,}368439 \;,$$

$$S'''\gamma_a = -0{,}41949.$$

Von den Constanten, die sich nicht mit der Farbe, sondern nur mit dem Mittel ändern, bleibt $\mathfrak{U}$ wie vorher. $\mathfrak{Y}$ und $\mathfrak{W}$ müfsten noch besonders berechnet werden aus:

$$\mathfrak{Y} = \mathfrak{U}'' - \mathfrak{U}\,S''\beta_a \quad \text{und} \quad \mathfrak{W} = \mathfrak{U}''' - \mathfrak{U}\,S'''\beta_a - \mathfrak{Y}\,S'''\gamma_a.$$

Das hier vorkommende $\mathfrak{U}''$ und $\mathfrak{U}'''$ ist gleichfalls mit dem der vorhergehenden Rechnung identisch, und ist für die obigen Substanzen enthalten in folgender Tafel:

	Bergkrystall.		Kalkspath.	
	$o.$	$e.$	$o.$	$e.$
$\mathfrak{U}''$	0,019338	0,019984	0,033039	0,013416
$\mathfrak{U}'''$	0,039548	0,040956	0,075197	0,030996

Arragonit.

	$\pi.$	$\nu.$	$\mu.$
$\mathfrak{U}''$	0,015071	0,031976	0,032558
$\mathfrak{U}'''$	0,033861	0,073330	0,075014

Topas.

	$\pi.$	$\nu.$	$\pi.$
$\mathfrak{U}''$	0,010665	0,040675	0,019956
$\mathfrak{U}'''$	0,019665	0,040438	0,041434

Aufser den bisher erwähnten Methoden zur Bestimmung des Brechungsverhältnisses enthält der §. 11 in der Cauchy'schen Abhandlung noch eine andere, die indefs eine geringere Genauigkeit gewährt. Es wird nämlich bei der Anwendung dieser Methode nöthig, aufser den Brechungsverhältnissen noch die Wellenlängen, welche mit weniger Genauigkeit als jene gemessen werden können, der Erfahrung zu entnehmen. Es mag daher hier nur der von Cauchy eingeschlagene Gang näher angedeutet werden.

Die Tendenz darin ist, zuvörderst in der Gleichung (*A*), welche sich bei dem geringeren Grade der Genauigkeit, die dabei möglich ist, auf:

$$\Theta_c = \Theta + \mathfrak{U}\beta_c + \mathfrak{B}\gamma_c \dots \dots \dots (C)$$

reducirt, β_c und γ_c durch s zu ersetzen.

Zu diesem Zweck wurde in die Gleichung

$$k^2 = \theta^2 k^2 = b_1 s^2 + b_2 s^4 + b_3 s^6 + \dots,$$

wo k auf die Luft bezogen ist, für s^2 sein Werth $k^2\omega^2$, und alsdann $b_1\omega^2 = a$, $b_2\omega^4 = b$, $b_3\omega^6 = c$ gesetzt, so daſs sich ergiebt:

$$\theta^2 = a + b s^2 + c s^4 \text{ oder } \Theta_c = a + b s^2_c - c^2 s^4_c.$$

Aus dieser Gleichung wurde Θ, $\mathfrak{U}$, $\mathfrak{U}'$, $\mathfrak{U}''$ in a, b, c ausgedrückt, so daſs aus der Gleichung:

$$\Theta_c = a + b s^2_c + c s^4_c = \Theta + \mathfrak{U}\beta_c + \mathfrak{B}\gamma_c,$$

durch Gleichsetzung der Coëfficienten von a, b, c, die Werthe von s_c^n, und daraus mittelst $s = \omega k$ und $s = \dfrac{2\pi\omega}{l}$ die Werthe von k_c^n, l_c^{-n} gefunden wurden, nämlich:

$$\left.\begin{array}{l} s_c^n = \tfrac{1}{7} S s_a^n + \beta_c S' \varDelta s_a^n + \gamma_c S'' \varDelta^2 s_a^n \\ k_c^n = \tfrac{1}{7} S k_a^n + \beta_c S' \varDelta k_a^n + \gamma_c S'' \varDelta^2 k_a^n \\ l_c^{-n} = \tfrac{1}{7} S l_a^{-n} + \beta_c S' \varDelta l_a^{-n} + \gamma_c S'' \varDelta^2 l_a^{-n} \end{array}\right\} \quad (D)$$

wo die Zeichen S, S', S'' und $\varDelta$ dieselbe Bedeutung in Bezug auf s, k, l haben, in welcher sie in Bezug auf Θ gebraucht wurden. Aus der ersten dieser Gleichungen, indem für n nach einander 2 und 4 gesetzt, und die numerischen Werthe für $S s_a^n$, $S' \varDelta s_a^n$, $S'' \varDelta^2 s_a^n$ substituirt wurden, wurde β_c und γ_c als Function von s_c^2 und s_c^4 wie folgt gefunden:

$$\beta_c = \quad 0{,}40503 - 0{,}025988\, s_c^2 - 0{,}0000921\, s_c^4$$
$$\gamma_c = -1{,}2677 \ + 0{,}18623 \ s_c^2 - 0{,}0059055\, s_c^4,$$

welche, in die Gleichung (*C*) gesetzt, geben:

$$\Theta_c = \Theta + 0{,}40503\,\mathfrak{U} - 1{,}2677\,\mathfrak{B}$$
$$- [\,0{,}025988\,\mathfrak{U} - 0{,}18623\,\mathfrak{B}\,]\, s_c^2 - [\,0{,}0000921\,\mathfrak{U}$$
$$+ 0{,}0059055\,\mathfrak{B}\,]\, s_c^4.$$

Die Coëfficienten der Gleichung.

$$\Theta_c = a + b\, s_c^2 + c\, s_c^4 \dots \dots \dots (E)$$

sind daher;

$$a = \Theta + 0{,}40503\,\mathfrak{U} \quad -1{,}2677\,\mathfrak{B}$$
$$b = \quad -0{,}025988\,\mathfrak{U} \quad +0{,}18623\,\mathfrak{B}$$
$$c = \quad -0{,}0000921\,\mathfrak{U} - 0{,}0059055\,\mathfrak{B}$$

während s_c^n aus (D) zu nehmen ist.

Wie oben aus der Gleichung $\Theta_c = \Theta + \mathfrak{U}\beta_c + \mathfrak{B}\gamma_c + \mathfrak{W}\delta_c$ durch Elimination von Θ, $\mathfrak{U}$, $\mathfrak{B}$, $\mathfrak{W}$ 3 Werthe vón Θ_c in den übrigen ausgedrückt gefunden wurden, so lassen sich hier durch ganz dasselbe Verfahren aus (C, D) 4 Werthe von Θ_c, s_c, k_c, l_c beziehlich aus den drei andern finden.

Für die Wellenlänge sind die resultirenden Relationen, wenn man l_1, l_3, l_6 als gegeben ansieht:

$$l_2^{-2} = \quad 0{,}65735\ l_1^{-2} + 0{,}36384\,l_3^{-2} - 0{,}02119\,l_6^{-2}$$
$$l_4^{-2} = -0{,}442081\,l_1^{-2} + 1{,}29516\,l_3^{-2} + 0{,}14692\,l_6^{-2}$$
$$l_5^{-2} = -0{,}55325\ l_1^{-2} + 1{,}19070\,l_3^{-2} + 0{,}36255\,l_6^{-2}$$
$$l_7^{-2} = \quad 1{,}09480\ l_1^{-2} - 1{,}83757\,l_3^{-2} + 1{,}74278\,l_6^{-2}.$$

Cauchy's Correctionen der Fraunhofer'schen Messungen.

Von Fraunhofer bestimmte Brechungsverhältnisse:

	$B=\theta_1$	$C=\theta_2$	$D=\theta_3$	$E=\theta_4$	$F=\theta_5$	$G=\theta_6$	$H=\theta_7$
Wasser, 1ste Messung	1,330935	1,331712	1,333577	1,335851	1,337818	1,341293	1,344177
— 2te	1,330977	1,331709	1,333577	1,335849	1,337788	1,341261	1,344162
Kalilösung	1,399629	1,400515	1,402805	1,405632	1,408082	1,412579	1,416368
Terpenthinöl	1,470496	1,471530	1,474434	1,478353	1,481736	1,488198	1,493874
Kronglas No. 13	1,524312	1,525299	1,527982	1,531372	1,534337	1,539908	1,544684
Kronglas No. 9	1,525832	1,526849	1,529587	1,533005	1,536052	1,541657	1,546566
Kronglas Litt. M	1,554774	1,555933	1,559075	1,563150	1,566741	1,573535	1,579470
Flintglas No. 3	1,602042	1,603800	1,608494	1,614532	1,620012	1,630772	1,640373
Flintglas No. 30	1,623570	1,625477	1,630585	1,637356	1,643466	1,655406	1,666072
Flintglas No. 23, 1ste Messung	1,626564	1,628451	1,633666	1,640544	1,646780	1,658849	1,669680
— — 2te	1,626596	1,628469	1,633667	1,640195	1,646756	1,658848	1,669686
Flintglas No. 13	1,627749	1,629681	1,635036	1,642024	1,648260	1,660285	1,671062

In der folgenden Tafel, welche die Correctionen der Werthe von θ'_c oder Θ_c enthält, sind die mit (I) bezeichneten nach der Formel:

$$\Theta_c = \vartheta_c + \vartheta'_c + \vartheta''_c + \vartheta'''_c$$

unter Zuziehung sämmtlicher vorstehenden Messungen berechnet, die mit (II) bezeichneten nach der Formel:

$$\theta_c = \Theta + \vartheta'_c + \vartheta''_c + \vartheta'''_c,$$

gleichfalls unter Zuziehung aller dieser Messungen, die mit (III) bezeichneten dagegen sind nach der letzten Formel mit Hülfe der vorstehenden Messungen, ausgenommen derer des Terpenthinöls, berechnet:

	Θ_1 I	Θ_1 II	Θ_1 III	Θ_2 I	Θ_2 II	Θ_2 III	Θ_3 I	Θ_3 II	Θ_3 III	Θ_4 I	Θ_4 II	Θ_4 III	Θ_5 I	Θ_5 II	Θ_5 III	Θ_6 I	Θ_6 II	Θ_6 III	Θ_7 I	Θ_7 II	Θ_7 III
Wässer	—12	—22	—20	47	41	36	—13	—6	—1	—21	—12	—14	35	36	34	1	—17	—18	—33	—17	—17
Kalilösung	—4	—11	—12	—6	—9	—9	8	13	8	1	7	13	2	3	—2	—12	—23	—20	9	20	20
Terpen-thinöl	24	12	—14	—1	—7	—11	9	—1	1	—12	—1	1	—12	—9	—12	33	13	15	—22	3	—1
	—31		—14	10		18	36		47	58		43	—26		—28	5		34	22		4
Kronglas No. 13	34	39	35	—33	—31	—25	—1	—3	—13	—1	—5	4	—33	—35	—39	36	42	48	—2	—9	—9
No. 9	13	—9	—14	—20	—19	—11	61	59	46	—30	—33	—22	41	40	35	—74	—68	—60	32	26	24
Litt. M	1	6	—3	3	6	—21	—11	—14	—38	6	1	19	8	8	—16	12	20	31	—4	—13	—17
Flintglas No. 3	—7	6	—27	—31	—25	—58	19	11	56	21	8	—25	—13	—14	—2	—25	—5	30	39	19	31
No. 30	—22	—13	—8	44	49	42	65	71	60	43	35	27	20	22	19	43	58	52	—22	—36	—33
No. 23	—2	2	—7	10	11	25	7	6	—13	—17	—20	6	18	16	12	6	—4	7	—11	—15	—20
	39	16	45	22	31		26	19	8	—79	—90	—82	42	41	39	13	32	37	—54	—72	—75
No. 13	—8	—44	—56	—40	—59	—41	14	37	11	33	66	86	—25	—22	—31	—22	—80	—67	47	103	96

Die entsprechenden Correctionen der Brechungsverhältnisse selbst sind:

	θ_1 I	θ_1 II	θ_1 III	θ_2 I	θ_2 II	θ_2 III	θ_3 I	θ_3 II	θ_3 III	θ_4 I	θ_4 II	θ_4 III	θ_5 I	θ_5 II	θ_5 III	θ_6 I	θ_6 II	θ_6 III	θ_7 I	θ_7 II	θ_7 III
Wasser	4	8	8	16	15	14	5	2	0	8	4	5	13	13	13	0	6	7	12	6	6
	2	4	5	—2	—3	—3	—3	—5	—3	0	3	5	—1	—1	—1	—4	—9	—7	3	7	7
Kalilösung	9	4	5	0	—2	4	3	0	0	4	0	0	4	3	4	12	3	5	8	1	0
Terpenthinöl	—11		5	3		6	—12	—16		20	15	1	9	9		2	1	1	7		1
Kronglas No. 13	11	13	11	—11	—10	—8	0	—1	—4	0	—2	—7	—11	—11	—13	—12	—14	—16	1	3	3
No. 9	4	3	5	7	6	4	—20	—19	—15	—10	—11	—6	13	13	11	—24	—22	—19	10	8	8
Litt. M	0	2	1	1	2	7	4	4	12	2	0	8	3	3	5	4	6	11	1	4	5
Flintglas No. 3	2	2	2	10	8	18	6	3	17	7	2	8	4	4	1	8	2	9	12	6	9
No. 30	7	4	2	—14	—15	—13	—20	—22	—18	—18	—11	—8	6	7	6	—13	—18	—16	—7	—11	—10
No. 23	1	1	2	3	3	8	2	2	4	5	6	2	5	5	4	2	1	2	—3	—4	—6
	12	16	14	5	7	10	8	6	2	—24	—27	—25	13	12	12	—4	—10	—11	—16	—22	—22
No. 13	—2	—14	—17	—12	—18	—13	—4	—11	—3	10	20	26	—8	—7	—9	—7	—24	—20	14	31	29

Die nach Spalte (III) corrigirten Brechungsverhältnisse bei Vereinigung der Doppelreihen für Wasser und Flintglas No. 23 zum arithmetischen Mittel sind:

Wasser.	Kalilösung.	Kronglas			No. 3.	Flintglas		
		No. 13.	No. 9.	Litt. M.		No. 30.	No. 23.	No. 13.
θ_1	1,330963	1,399624	1,524301	1,525837	1,554775	1,602034	1,623572	1,626574	1,627766
θ_2	1,331705	1,400519	1,525307	1,526853	1,555926	1,603818	1,625464	1,628451	1,629694
θ_3	1,333576	1,402805	1,527986	1,529572	1,559087	1,608477	1,630603	1,633668	1,635033
θ_4	1,335850	1,405632	1,531371	1,533012	1,563146	1,614540	1,637348	1,640533	1,641998
θ_5	1,337796	1,408086	1,534350	1,536041	1,566746	1,620043	1,643472	1,646760	1,648269
θ_6	1,341285	1,412574	1,539892	1,541676	1,573524	1,630781	1,655390	1,658842	1,660305
θ_7	1,344169	1,416368	1,544687	1,546558	1,579475	1,640364	1,666082	1,669697	1,671033

IV. *Untersuchung des Gigantoliths;*
von H. G. Trolle-Wachtmeister.

(Aus den *Kongl. Vetensk. Acad. Handling.*)

Hr. Nordenskjöld hatte die Güte mir ein von ihm
bei Tammela in Finland gefundenes neues Mineral mitzutheilen, welches er, seiner zuerst in die Augen fallenden Eigenschaft wegen, Gigantolith nannte. Wirklich
ist auch das Mineral ausgezeichnet durch seine grofsen
und dabei wohl ausgebildeten Krystallgruppen. Aber
was darnächst nicht der Aufmerksamkeit entgehen kann,
ist: in den Bruchflächen, in der Art des Farbenspiels
und in anderen Kennzeichen eine Art von Aehnlichkeit,
welche man Familien-Aehnlichkeit nennen könnte mit
gewissen dunkeln Talkvarietäten, z. B. der von Finbo,
mit dem krystallisirten Fahlunit und auch mit dem Glimmer, welche demselben Krystallsystem angehören, zu welchem der Gigantolith gerechnet werden mufs. Wenn
späterhin die chemische Analyse entdeckt, dafs diese
Aehnlichkeit so zu sagen verwirklicht wird durch die
Zusammensetzung, welche diesem Minerale einen Platz
in derselben Gruppe mit denen anweist, welchen es sich
durch sein Aussehen schon nähert, so verknüpft sich damit das besondere und für die systematischen Ansichten
grofse Interesse, welches durch die Harmonie zwischen
den äufseren Charakteren und dem Princip der Verbindung der Bestandtheile hervorgerufen wird. Solches
schien mir der Fall zu seyn mit dem von Hrn. Nordenskjöld entdeckten Mineral, dessen Beschreibung ich
nun die Ehre habe der Königl. Academie vorzulegen,
ohne Besorgnifs, damit dem Hrn. Nordenskjöld in
den Weg zu treten, da es nicht bekannt ist, dafs derselbe seit der langen Zeit, dafs das Mineral von ihm

seinen Namen empfing, eine Analyse damit vorgenommen habe.

Der Gigantolith kommt krystallisirt vor, in einer Bergart, die, nach dem unbedeutenden Rückstand derselben bei dem Exemplar zu urtheilen, aus einem feinen, sehr glimmerreichen Granitgneis besteht, aus welchen Pünktchen von Granaten hervorschimmern. Die Krystalle sind in allen Richtungen mit einander verwachsen; aber vorzüglich gut ausgebildet, und gewöhnlich von fast anderthalb Decimalzoll im Durchmesser. Sie sind gerade Prismen, mit zwölf gleich breiten, unter 150° gegen einander neigenden Flächen, zeigen also Haüy's *Forme peridodécaèdre.* Nach Bendant entspringt diese Krystallform (sein *prisme régulier à 12 pans*) aus dem Rhomboidal-Typus, gleich wie das sechsseitige Prisma des Glimmers; und beide gehören, wie Rose gezeigt, zu dem drei- und ein-axigen Systeme. Sie haben zwei verschiedene Blätterdurchgänge, beide parallel mit der Grundfläche des Krystalls. Den einen, entstanden aus der feinblättrigen Textur des Minerals, zeigt die glänzende Fläche im Querbruch, der andere bildet Tafeln, deren Lage auf einander den Krystall bilden, dessen Seiten, etwas uneben durch die Kanten der Tafeln, nicht gleichförmig schimmernd sind. Der Querbruch dagegen hat einen Glanz, welcher zwischen dem Glasglanz des Glimmers und dem Wachsglanz des Talkes steht. Ich würde ihn: halbmetallisch nennen. Die Farbe ist dunkel stahlgrau, mit einem Stich in's Braune, wie beim Finbo-Talk und gewissen Fahlunit-Krystallen. Auf dem Querbruch, aber nicht auf den Seiten, läßt er sich mit dem Nagel ritzen, doch nicht so leicht wie der Talk, und ist im Anfühlen nicht oder nicht bestimmt so fett wie dieser, dessen eigener, durch Anhauchen sich entwickelnder Geruch dem Gigantolith gleichfalls fehlt.

Verhalten vor dem Löthrohr: Die Probe schmilzt leicht, mit einigem Aufschwellen, zu einer glänzenden, lichtgrünlichen Schlacke, welche nicht zur Kugel zusammenfließt. Mit Borax und Phosphorsalz schmilzt sie langsam und schwer zu einem klaren Glase, dessen schwache Eisenfarbe beim Erkalten gänzlich verschwindet. Im Kolben giebt sie Wasser, welches auf ein geröthetes Lackmuspapier alkalisch reagirt. In hinlänglicher Menge gesammelt, mit Salzsäure vermischt und in einem Uhrglase eingetrocknet, hinterläßt dieses Wasser einen weißen Anflug, der aufgelöst auf salpetersaures Silberoxyd reagirt. Die hiedurch erwiesene Gegenwart des Ammoniaks ist bemerkenswerth. Wäre der Talkerdegehalt des Minerals bedeutender, so könnte man an einen Zusammenhang denken zwischen dem Alkali, als Product der Erhitzung, und dem organischen Stoff, dessen Gegenwart sich bei Einwirkung der Hitze im bedeckten Gefäß bei mehren krystallisirten Talkerdesilicaten verräth, die wegen ihrer hellen Farbe den verkohlten Stoff erkennen lassen.

Die Analyse gab:

	Gefunden.	Berechnet.	Sauerstoffgeh.
Wasser mit Ammoniak	6,00	6,60	5,86
Kieselsäure	46,27	45,11	23,44
Thonerde	25,10	25,10	11,72
Eisenoxyd	15,60	15,15	3,45
Talkerde	3,80	3,80	1,47
Manganoxydul	0,89	0,89	0,19
Kali	2,70	2,70	0,46
Natron	1,20	1,20	0,30
Fluor	Spur		
	101,56	100,55.	

Erinnert man sich, daß eine Einmischung von Kieselsäure seitens der Reactionsmittel, der Reibschale und des Glases selten vermieden werden kann, so fällt die unbedeutende Correction, welche das Resultat der Analyse
lyse

lyse durch Berechnung erlitten hat, fast ganz und gar
fort. Als Zusammensetzungsformel ergiebt sich dann sogleich:

$$3(\dot{Fe}, \dot{Mg}, \dot{Mn}, \dot{K}, \dot{N}) \, 2\ddot{Si} + 2\ddot{Al}\ddot{Si} + \dot{H}$$

oder mineralogisch:

$$(f, M, mg, K, N)S^2 + 2AS + Aq.$$

Hieraus folgt, dafs der Gigantolith, mit den Talk-
arten, dem Glimmer und dem Fahlunit zu der Gruppe
von Mineralien gehört, die aus Silicaten von Alkali und
Talkerde, nebst Silicaten von Thonerde, mit Talkerde,
oft zu mehr oder weniger grofsem Theil gegen Eisenoxydul und Manganoxydul umgetauscht, bestehen. Bezeichnet man mit $\dot{R}$ das Alkali, die Talkerde und die
damit isomorphen Bestandtheile, so würde die Grund-
formel des Gigantoliths, chemisch ausgedrückt:

$$\dot{R}^3 \ddot{Si}^2 + 2\ddot{Al}\ddot{Si} + \dot{H}.$$

V. *Resultate der Untersuchung des auf der Reise der Bonite mit dem Biot'schen Apparat geschöpften Meerwassers.*

Zur Aufbewahrung des mit dem Biot'schen Apparat
(S. Annal. Bd. XXXVII S. 461) an fünf, weiterhin genannten Orten heraufgezogenen Wassers hatten Flaschen
mit eingeriebenem Stöpsel gedient, die indefs um ein
Drittel gröfser als der Recipient dieses Apparats, und
daher nur zu zwei Dritteln vom Wasser erfüllt waren.
Mit dem an denselben Orten an der Oberfläche ge-
schöpften Wasser waren dagegen ähnliche Flaschen ganz
gefüllt worden. Die letzteren Wasserproben waren ganz
klar; die aus der Tiefe dagegen hielten mehr oder weniger beträchtliche Mengen von weifslichen Flocken in
Schwebung. Alle Versuche mit diesen Proben wurden
im Collège de France unter Aufsicht des Hrn. Fremy

gemacht. Die Dichtigkeit wurde dadurch bestimmt, dafs man eine Stöpselflasche bei Temperaturen von 7,5 bis 10° C. folgweise mit destillirtem und mit Meer-Wasser füllte und wägte. Die Bestimmung der im Wasser gelösten Gasmenge geschah, indem man einen ganz mit dem Wasser gefüllten Ballon von bekannter Capacität bis zum Sieden erhitzte und das entweichende Gas über Quecksilber auffing. Die Kohlensäure wurde mittelst Kali, der Sauerstoff mittelst Phosphor bestimmt. Endlich wandte man zur Bestimmung der Salze das von Gay-Lussac in den *Ann. de chim. et de phys. T. IV* beschriebene Verfahren an, d. h. man dampfte eine gewogene Menge des Meerwassers in einen gewogenen und, damit nichts verspritze, um 45° geneigten Kolben zur Trockne ab, und erhitzte den Rückstand bis zum dunkeln Rothglühen. Das Gewicht dieses Rückstandes war die Salzmenge weniger die aus der Zersetzung des Chlormagniums entsprungene Chlorwasserstoffsäure; um diese zu ermitteln, bestimmte man die Magnesia in dem Rückstand und ersetzte deren Sauerstoff durch das Aequivalent an Chlor. So wurden folgende Resultate erhalten:

Zeit und Ort.	Tiefe. Faden (Brasses)	Dichte bei 8 bis 10°.	Salz in 100 Wasser.	Gas in 100 Vol. Wass. *)	Zusammensetzung des Gases in 100.		
					Sauerstoff.	Stickstoff.	Kohlensäure.
1836 Aug. 30 Südsee 11° 8' N. 108° 50' W.	0	1,02594	3,429	2,09	6,16	83,33	10,51 **)
1837 März 19 Golf von Bengal.	70	1,02702	3,528	2,23	10,09	71,05	18,00
11° 43' N. 87° 18' O.	0	1,02545	3,218	1,98	5,53	80,50	13,97
1837 Mai 10 Golf v. Bengal.	200	1,02663	3,491	3,04	3,29	38,56	56,15
18° 0' N. 85° 32' O.	0	1,02611	3,378	1,91	6,34	80,34	13,32
1837 Juli 31 Ind. Ocean	300	1,02586	3,484	2,43	5,72	64,15	30,13
24° 5' S. 52° 0' O.	0	1,02577	3,669	1,85	9,84	77,70	12,46
1837 Aug. 24 Atlant. Ocean	450 ***)	1,02739	3,518	2,75	9,85	55,23	34,92
30° 40' S. 11° 47' O.	400	1,02708	3,575	2,04	4,17	67,01	28,82

*) Die Gase sind als unter 760mm und bei 0° C. vorhanden berechnet.

**) Diese Kohlensäure-Menge ist unsicher.

***) Das an diesem Ort an der Oberfläche geschöpfte Wasser ging verloren.

Aus diesen Resultaten erhellt, dafs die *Dichte* des Meerwassers im Allgemeinen in der Tiefe gröfser ist als an der Oberfläche; nur das dritte Beobachtungspaar macht hievon eine Ausnahme.

Auch der Salzgehalt ist im Allgemeinen unten gröfser als oben. Nur ein Fall macht hievon eine Ausnahme; allein derlei Ausnahmen erklären sich durch den Unterschied der Temperatur an der Oberfläche und in der Tiefe.

Der *Luftgehalt* nimmt ebenfalls mit der Tiefe zu, und dasselbe gilt vom *Kohlensäuregehalt* dieser Luft. Es fragt sich nun, ob diese Kohlensäure fertig gebildet im Wasser vorhanden war, oder, ob sie von der Zersetzung durchsichtiger Thierchen oder der erwähnten flokkigen Substanz herrührte, und sich also auf Kosten des Sauerstoffs der im Wasser enthaltenen Luft erst bildete. Im letzteren Falle würde die Luft aus der Tiefe bedeutend mehr Sauerstoff enthalten haben, als die von der Oberfläche [1]). (Auszug aus den *Compt. rend. T. VI p.* 616.)

VI. *Ueber Käsestoff im Blute.*

Dr. J. Franz Simon hat im Blute von Menschen und Thieren bedeutende Mengen Käsestoff gefunden. Die Blutkügelchen bestehen nur aus Käsestoff und Blutroth. Einen weiteren Bericht darüber, und eine Methode, leicht und mit analytischer Genauigkeit das Blut zu zerlegen wird ein nächstes Heft enthalten.

1) Bei den grofsen Schwankungen in den Resultaten der Gasanalysen kann man sich übrigens unmöglich einiger Zweifel an deren vollen Richtigkeit erwehren. *P.*

Gedruckt bei A. W. Schade in Berlin.

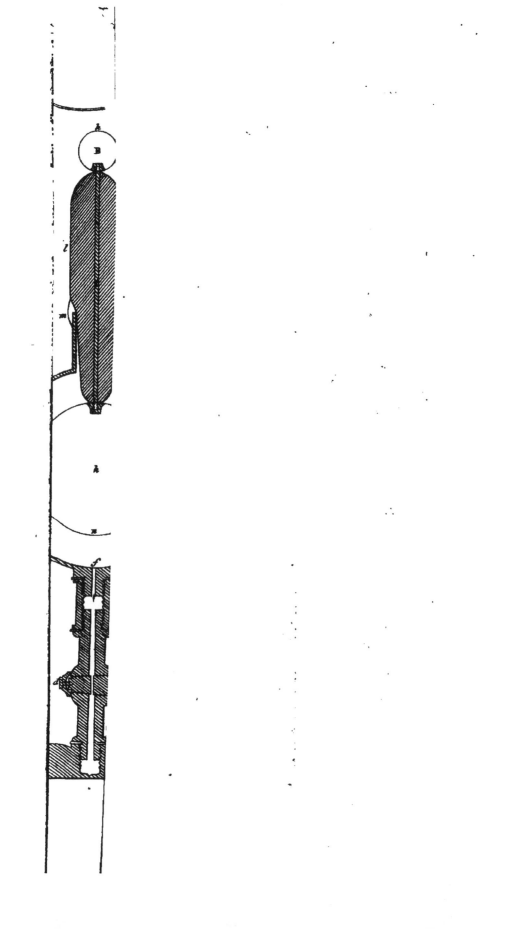

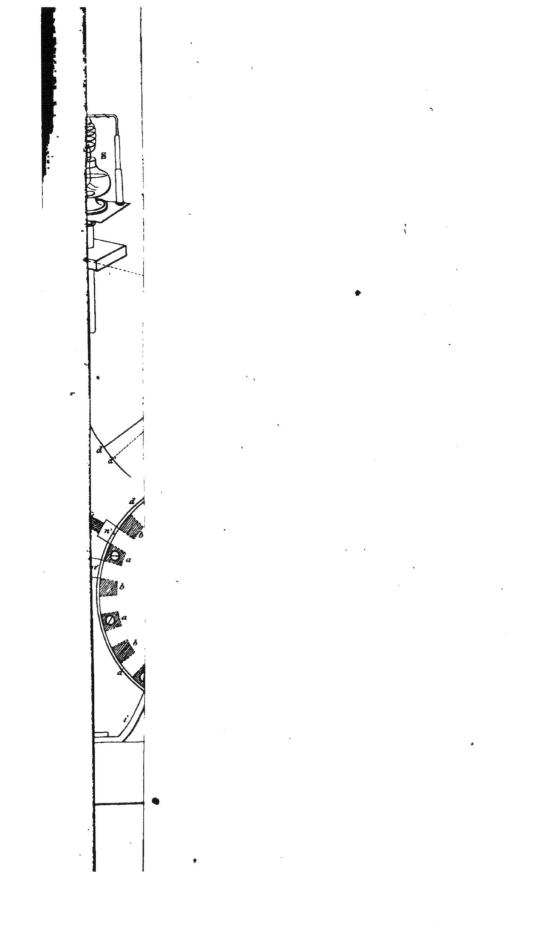

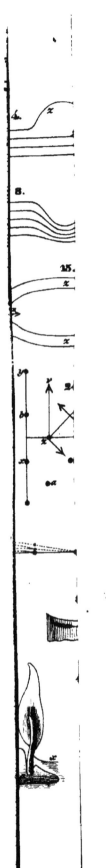

Milton Keynes UK
Ingram Content Group UK Ltd.
UKHW031120280823
427620UK00009B/586